Western Civilization (Seventh Edition)

西方文明史读本

〔美〕丹尼斯·舍尔曼 著 **(第七版)**

赵立行 译

大学译丛

复旦大学出版社

内容简介

　　本书介绍了漫长的西方文明史的各个发展阶段，从几千年前肇始于古代近东河谷地带的农业村落一直到现代社会。本书广泛介绍了历史学家所使用的材料、他们解释历史证据的方法以及他们在研究长达六千多年的西方文明演进中所面临的挑战。作者精心挑选了政治、经济、社会、思想、宗教和文化史的各种资料和图像，给读者提供了有价值的背景，并使其更容易理解所选材料的历史意义，以此作为进一步探究历史和历史学家训练的敲门砖。

致 帕特、乔、达瑞尔、维拉和雷蒙德

当选择、改变和责任融为一体的时候，

我们如此静静地聆听自己。

目　录

前言 ··· 1
关于本书使用 ··· 1

第一部分　古代世界

1. 古代近东的文明 ··· 2
　　原始材料 ·· 3
　　　　使用原始材料：汉谟拉比法典 ································· 3
　　　　汉谟拉比法典 ·· 4
　　　　吉尔伽美什史诗 ·· 6
　　　　献给尼罗河的赞美诗 ··· 8
　　　　献给法老的赞美诗 ··· 9
　　　　《旧约》——创世纪和出埃及记 ······························ 10
　　　　献给阿吞的赞美诗和《旧约·诗篇》104：埃及人和希伯来人 ······ 11
　　图像材料 ·· 12
　　　　使用图像材料：乌尔的"王国旗帜" ························ 12
　　　　苏美尔：乌尔的"王国旗帜" ·································· 14
　　　　古埃及门那墓中的壁画 ·· 14
　　　　环境与古代近东文明的兴起 ·································· 15
　　二手材料 ·· 17
　　　　使用二手材料：农业革命 ····································· 17
　　　　罗伯特 J·布莱德伍德：农业革命 ························· 18
　　　　威廉 H·麦克尼尔：文明的进程 ··························· 20
　　　　赫伯特 J·穆勒：古代世界的自由——苏美尔的文明 ······ 21
　　　　亨利·法兰克福和 H·A·法兰克福：古代人的思想冒险 ······ 23
　　　　莱昂内尔·卡松：古代埃及的日常生活——来世 ······ 24

芭芭拉 S·莱斯克：埃及妇女和古代近东 …………………………………… 25
　　　保罗·约翰逊：犹太史 …………………………………………………………… 25

2. 希腊文明的出现 …………………………………………………………………… 28
　　原始材料 …………………………………………………………………………… 29
　　　荷马：《伊利亚特》 ……………………………………………………………… 29
　　　赫西俄德：《工作与时日》 ……………………………………………………… 30
　　　殖民协定 ………………………………………………………………………… 31
　　　阿玛格斯的西摩尼德：关于妇女的诗歌 ……………………………………… 32
　　　迈加拉的提奥尼格斯：贵族和僭主 …………………………………………… 33
　　　梭伦：早期雅典 ………………………………………………………………… 34
　　　色诺芬：《斯巴达政体》 ………………………………………………………… 36
　　图像材料 …………………………………………………………………………… 38
　　　贸易、文化和殖民 ……………………………………………………………… 38
　　　移民和殖民 ……………………………………………………………………… 39
　　二手材料 …………………………………………………………………………… 40
　　　弗兰克 J·弗罗斯特：迈锡尼世界的结束 …………………………………… 40
　　　芬利·胡珀：希腊事实——荷马史诗 ………………………………………… 41
　　　萨拉 B·波默罗伊等：希腊"黑暗时代"的社会价值观和伦理观 ………… 42

3. 希腊古典和希腊化时代 ………………………………………………………… 45
　　原始材料 …………………………………………………………………………… 46
　　　修昔底德：《伯罗奔尼撒战争史》——历史方法 ……………………………… 46
　　　修昔底德：《伯罗奔尼撒战争史》——黄金时代的雅典 ……………………… 47
　　　索福克里斯：《安提戈涅》 ……………………………………………………… 49
　　　柏拉图：《理想国》 ……………………………………………………………… 50
　　　亚里士多德：《政治学》 ………………………………………………………… 52
　　　色诺芬：家庭管理 ……………………………………………………………… 54
　　　希波克拉底：医药和魔法 ……………………………………………………… 55
　　　伊壁鸠鲁：个人幸福 …………………………………………………………… 56
　　图像材料 …………………………………………………………………………… 57
　　　教育 ……………………………………………………………………………… 57
　　　女人区域 ………………………………………………………………………… 58
　　　《垂死的尼奥柏》：古典的平衡 ………………………………………………… 58
　　　市场老妪：希腊个人主义 ……………………………………………………… 59
　　　地理和希腊的政治结构 ………………………………………………………… 59
　　二手材料 …………………………………………………………………………… 60

萨拉 B·博麦罗伊：女神、妓女、妻子和奴隶——雅典的妇女和劳动	60
安托尼·安德鲁斯：希腊——奴隶制度	61
M·I·芬利：古代希腊——城邦的衰落	62
理查德·斯敦曼：亚历山大大帝	64
芬利·胡珀：希腊事实	65

4. 罗马的兴起 … 67

原始材料 … 67
- 波利比乌斯：《通史》——罗马政体 … 67
- 西塞罗：罗马贵族的教育 … 69
- 昆塔斯·卢克莱提乌斯·维斯皮罗：一个罗马人献给妻子的赞词 … 71
- 普劳图斯：《麦纳克米》——罗马奴隶制度 … 72
- 萨卢斯特：喀提林阴谋——共和国的衰落 … 72

图像材料 … 74
- 铸币的证据 … 74
- 地理和文化环境 … 74

二手材料 … 76
- 弗斯特尔·德·古朗士：古代城市的宗教仪式 … 76
- J·P·V·D·鲍斯东：生活与闲暇——罗马贵族 … 77
- 基利安·克拉克：罗马妇女 … 78

5. 罗马帝国和基督教的兴起 … 80

原始材料 … 81
- 小普林尼：通信集——罗马总督的日常生活 … 81
- 马库斯·奥列留：《沉思录》——皇帝兼斯多噶哲学家的理想 … 82
- 小普林尼和图拉真：罗马和早期基督教 … 83
- 《马太福音》 … 84
- 圣保罗：《罗马人书》 … 86
- 圣奥古斯丁：《上帝之城》 … 87
- 阿米阿努斯·马尔切利努斯：日耳曼部落 … 88
- 圣哲罗姆：罗马的陷落 … 89

图像材料 … 90
- 宝石雕刻：奥古斯都和帝国转变 … 90
- 墓葬装饰：死亡和罗马文化 … 91

二手材料 … 92
- 切斯特·G·斯塔尔：罗马帝国时代奥古斯都的地位 … 92
- E·R·道兹：异教和基督教——基督教的魅力 … 93

约·安·麦克纳马拉：罗马帝国的妇女 ·· 94
A·H·M·琼斯：后期罗马帝国 ·· 95

第二部分 中 世 纪

6. 中世纪早期 ·· 98
原始材料 ·· 99
都尔的格里高利：《法兰克人史》 ··· 99
封建主义的起源 ·· 100
查理曼：查理曼帝国对臣民的命令 ··· 101
艾因哈德：查理曼治下的战争和皈依 ·· 102
《桑腾编年史》：混乱与毁灭 ·· 103
漫游者：一位中世纪武士的生涯 ·· 103
图像材料 ··· 105
一本福音书中的插图：基督徒和早期中世纪文化 ·························· 105
插图本圣经中的绘画：世俗和宗教权威 ····································· 105
中世纪早期的收缩 ·· 106
二手材料 ··· 108
亨利·皮雷纳：穆罕默德和查理曼——中世纪文明的开始 ················ 108
大卫·尼可拉斯：加洛林西方——封建关系的起源 ·························· 109
丹尼尔 D·麦克加里：封建主义评价 ··· 110
约·安·麦克纳马拉和苏珊娜 F·维姆普勒：圣所和权力——中世纪妇女
的双重追求 ··· 111

7. 中世纪东方 ·· 113
原始材料 ··· 114
古兰经 ·· 114
哈桑·巴士里：给欧麦尔二世的信：伊斯兰禁欲主义 ······················ 115
阿维森纳：穆斯林学者的自传 ·· 116
查士丁尼法典：拜占庭和罗马法的遗产 ····································· 118
伊本·法德兰：罗斯——跨文化的接触 ······································· 119
图像材料 ··· 121
手稿图片：穆罕默德生活的场面 ·· 121
皇后狄奥多拉和她的随员 ·· 122
拜占庭帝国和伊斯兰的扩张 ··· 123
二手材料 ··· 125
西里尔·明戈：拜占庭——新罗马帝国 ······································· 125

伯纳德·路易斯：历史上的阿拉伯 ··· 126
伊拉·拉皮杜斯：伊斯兰的扩张 ··· 127
阿尔伯特·霍拉尼：伊斯兰世界 ··· 128
彼得·布朗：伊斯兰教的东方趋向 ··· 130

8. 中世纪盛期：11 至 12 世纪 ·· 132
原始材料 ··· 132
教皇格里高利七世：通信集——世俗和宗教权威 ······························· 132
达拉谟的雷吉纳德：圣戈德里克传——商人冒险家 ····························· 133
安德鲁·卡佩拉努斯：典雅爱情的艺术 ·· 134
格拉蒂安：教令集：中世纪妇女——并非以上帝的形象 ························· 135
图像材料 ··· 135
奥托三世的福音书：教会和国家 ··· 135
贝叶挂毯 ··· 136
中世纪的拓展 ··· 137
二手材料 ··· 140
雅克·勒·高夫：中世纪的价值观 ·· 140
玛格丽特·韦德·拉巴吉：中世纪妇女的模式——社会地位 ······················ 141
阿伦·加·古列维奇：商人 ·· 141
R·W·骚泽恩：中世纪的形成——农奴制度 ···································· 142
马克·布洛赫：封建社会——中世纪人的心理世界 ······························ 143

9. 中世纪盛期：十字军和东方 ··· 145
原始材料 ··· 145
教皇乌尔班二世：十字军的开始 ··· 145
奥拉赫的艾克哈德：十字军的动机 ··· 146
教皇尤金三世：十字军的诱惑 ··· 147
安娜·康尼努斯公主：亚力克修斯传——拜占庭人看待十字军 ··················· 147
欧萨马·伊本·马齐达：回忆录——欧洲人和穆斯林的互动 ······················ 148
图像材料 ··· 150
冲突与文化交流 ··· 150
二手材料 ··· 150
克里斯托弗·台尔曼：十字军东征的含义 ····································· 150
托马斯F·麦登：十字军的意义 ·· 151
罗伯特·布朗宁：拜占庭帝国——失败、衰落和复兴 ···························· 152

10. 中世纪盛期：13世纪 ... 154
原始材料 ... 155
- 教皇英诺森三世：教皇宣称至高无上 ... 155
- 鲁昂大主教尤德斯：教堂记录——教士管理 ... 155
- 阿西西的圣弗朗西斯：圣弗朗西斯的院规 ... 156
- 圣托马斯·阿奎那：《神学大全》 ... 157
- 腓特烈二世：政治权威——皇帝、诸侯和城镇 ... 159
- 汉撒同盟法令 ... 160
- 南安普敦商人行会条例 ... 160
- 巴塞罗缪·安吉立科：女仆 ... 162

图像材料 ... 162
- 中世纪生活 ... 162
- 世俗化和中世纪骑士 ... 163

二手材料 ... 163
- 莫里斯·肯：中世纪传说中的歹徒——社会等级和不公正 ... 163
- 雅克·罗西奥德：城市的生活——暴力和恐怖 ... 165
- 乔治·杜比：独处 ... 166
- 戴维·赫尔利：生态环境和人口变化 ... 167

11. 中世纪后期 ... 169
原始材料 ... 170
- 攻击教皇：教会会议至上运动 ... 170
- 伯纳德·居伊：宗教裁判官手稿 ... 171
- 约翰·弗罗莎特爵士：1381年起义 ... 172
- 乔瓦尼·薄伽丘：《十日谈》——佛罗伦萨的瘟疫 ... 173
- 国王爱德华三世：劳工条例 ... 175
- 杰弗里·乔叟：《坎特伯雷故事集》 ... 176
- 巴黎丈夫：教育如何做一位好妻子 ... 177

图像材料 ... 179
- 围攻教会 ... 179
- 死亡的胜利 ... 179
- 食物和犯罪 ... 180
- 中世纪后期的动荡 ... 180

二手材料 ... 181
- 弗朗西斯·奥克莱：中世纪后期的危机 ... 181
- 米拉德·梅斯：黑死病——经济社会的视角 ... 182
- 威廉 L·朗格：观察黑死病的心理视角 ... 184

第三部分　文艺复兴、宗教改革和扩张

12. 文艺复兴 ·· 188
 原始材料 ·· 189
  弗朗西斯科·彼特拉克：致薄伽丘的信：文学人文主义 ································ 189
  彼得·保罗·弗吉里奥：论自由学科 ·· 190
  克里斯蒂娜·德·皮桑：女性之城 ··· 191
  尼可洛·马基雅维利：《君主论》 ··· 192
  巴尔德萨·卡斯蒂利奥内：《廷臣论》 ··· 193
 图像材料 ·· 195
  拉斐尔：雅典学院——艺术和古典文化 ·· 195
  杨·凡·艾克：乔瓦尼·阿诺菲尼的婚礼——象征主义和北方文艺复兴 ·········· 196
  汉斯·荷尔拜因：财富、文化和外交 ·· 197
 二手材料 ·· 197
  雅各布·布克哈特：《意大利文艺复兴时期的文化》 ··································· 197
  彼得·伯克：文艺复兴的神话 ··· 198
  费代里克·查波德：马基雅维利和文艺复兴 ·· 199
  查理 G·诺特：文艺复兴的北方源头 ··· 200

13. 宗教改革 ·· 202
 原始材料 ·· 202
  约翰·特策尔：宗教改革的星火——赎罪券 ·· 202
  马丁·路德：因信称义 ·· 203
  马丁·路德：《论意志的束缚》 ·· 204
  马丁·路德：谴责农民起义 ·· 205
  约翰·加尔文：《基督教原理》——预定论 ·· 206
  耶稣会章程 ·· 207
  阿维拉的泰瑞莎：完善之道 ·· 208
 图像材料 ·· 209
  路德和《新约》 ··· 209
  赛巴尔德·贝哈姆：路德和天主教教士辩论 ·· 210
  彼得·保罗·鲁本斯：罗耀拉和天主教改革 ·· 211
 二手材料 ·· 211
  尤安·卡梅伦：什么是宗教改革？ ··· 211
  G·R·埃尔顿：宗教改革的政治解释 ··· 212
  约翰 C·奥林：天主教改革 ·· 213

斯蒂芬 E·奥兹门特：宗教改革的遗产 ·········· 215
玛丽莲 J·鲍克瑟和让 H·奎塔特：宗教改革中的妇女 ·········· 216

14. 海外扩张和新政治 ·········· 218
原始材料 ·········· 218
戈麦斯·埃亚内斯·德·阿祖拉拉：几内亚发现和征服编年史 ·········· 218
克里斯托弗·哥伦布：致桑切斯勋爵的信，1493年 ·········· 220
伯纳德·迪亚兹·德·卡斯蒂洛：回忆录——阿兹特克人 ·········· 221
雅各布·富格尔：致查理五世的信——金融与财政 ·········· 222
图像材料 ·········· 223
小弗兰斯·弗拉肯：帝国的资产和负债 ·········· 223
阿兹特克人眼中的墨西哥被征服 ·········· 224
探险、扩张和政治 ·········· 225
二手材料 ·········· 227
理查德 B·里德：欧洲的扩张 ·········· 227
M·L·布什：扩张对非欧洲世界的影响 ·········· 228
格瑞·纳什：红、白、黑——早期美洲的民族 ·········· 229

第四部分　近 代 早 期

15. 战争与革命：1560—1660年 ·········· 234
原始材料 ·········· 234
欧吉尔·格瑟林·德·布斯贝克：法国内战 ·········· 234
黎塞留：政治遗嘱和个人遗嘱 ·········· 235
詹姆斯一世：英国君主的权力 ·········· 236
下议院：英国议会的权力 ·········· 237
海因里希·克雷默和雅各布·斯普伦杰：女巫之锤 ·········· 238
图像材料 ·········· 239
蒂亚戈·维拉斯贵兹：布拉达之降 ·········· 239
杨·布鲁盖尔，塞巴斯蒂安·沃兰克斯：战争与暴力 ·········· 240
托马斯·霍布斯：《利维坦》——政治秩序和政治理论 ·········· 241
德国和三十年战争 ·········· 242
二手材料 ·········· 245
哈约·霍尔波恩：三十年战争的政治解释 ·········· 245
卡尔 J·弗里德里克：三十年战争的宗教解释 ·········· 245
M·S·安德森：旧制度中的战争与和平 ·········· 247
康拉德·鲁塞尔：英国内战的原因 ·········· 248

威廉·蒙特尔：魔鬼的侍女——宗教改革时期的妇女 ·················· 249

16. 贵族统治与专制主义的17世纪 ······················· 251
　　原始材料 ··· 251
　　　菲利普W·冯·霍尼克：奥地利人随心所欲遍布各地——重商主义 ········· 251
　　　大选侯弗里德里克·威廉：密信——普鲁士君主的权威 ················· 253
　　　圣西蒙：回忆录——法国被削弱的贵族 ··························· 254
　　　约翰·洛克：《政府论》下篇：立法权 ··························· 255
　　图像材料 ··· 256
　　　近代早期的城堡 ··· 256
　　　彼得·德·荷赫：母爱 ·· 257
　　二手材料 ··· 257
　　　G·杜兰：专制主义——神话和现实 ······························· 257
　　　乔治·麦考莱·特里威廉：英国革命，1688—1689年 ················ 258
　　　菲利普·阿里耶斯：孩童的世纪 ·································· 259
　　　彼得·拉斯利特：失去的世界——近代早期家庭 ···················· 260

17. 科学革命 ··· 262
　　原始材料 ··· 262
　　　勒奈·笛卡儿：《方法论》 ······································ 262
　　　伽利略·伽利莱：致托斯卡纳的克里斯蒂娜的信：科学和圣经 ·········· 263
　　　1633年教皇的审讯：伽利略被宣告有罪 ··························· 264
　　　伊萨克·牛顿爵士：《自然哲学的数学原理》 ······················ 265
　　图像材料 ··· 266
　　　新科学观 ·· 266
　　　伦勃朗·范·利津：蒂尔普博士的解剖课 ·························· 267
　　二手材料 ··· 268
　　　米切尔·波斯坦：科学为何在中世纪退步了？ ······················ 268
　　　乔治·克拉克爵士：近代早期欧洲——科学革命的动机 ·············· 269
　　　邦妮S·安德森和朱迪斯P·金瑟：妇女没有科学革命 ················ 270

18. 旧体制下的政治和社会 ··· 272
　　原始材料 ··· 273
　　　腓特烈大帝：政治遗嘱 ·· 273
　　　丹尼尔·笛福：完美的英国商人 ·································· 274
　　　匿名作者：奴隶贸易 ·· 276
　　　玛莉·维特雷·蒙塔古女士：给R·女士的信，1716年：妇女和贵族 ······ 277

· 9 ·

第三等级的妇女 …………………………………………………………………… 278
　图像材料 ……………………………………………………………………………… 279
　　让·奥诺雷·弗拉戈纳：秋千奇遇 ……………………………………………… 279
　　让·迪福雷恩：仁慈行为 ………………………………………………………… 279
　　C·C·P·劳森：丰特努瓦战役 ………………………………………………… 280
　　大西洋奴隶贸易 …………………………………………………………………… 281
　二手材料 ……………………………………………………………………………… 282
　　大卫·布里昂·戴维斯：奴隶制度——白人、黑人、穆斯林和基督徒 ……… 282
　　约翰·罗伯特：旧政体——理想与现实 ………………………………………… 283
　　莱奥纳德·克里格：复兴的贵族 ………………………………………………… 284
　　杰罗姆·布卢姆：贵族和农民 …………………………………………………… 285
　　玛丽 E·威斯纳：前工业时代欧洲妇女的工作 ………………………………… 286

19. 启蒙运动 …………………………………………………………………………… 288
　原始材料 ……………………………………………………………………………… 288
　　伊曼纽尔·康德：什么是启蒙运动？ …………………………………………… 288
　　巴龙·德·霍尔巴赫：《自然的体系》 …………………………………………… 290
　　丹尼斯·狄德罗：艺术与科学百科全书简介 …………………………………… 291
　　哲人 ………………………………………………………………………………… 292
　　伏尔泰：哲学辞典——英国模式 ………………………………………………… 293
　　玛丽·沃斯通克拉夫特：女权辩论 ……………………………………………… 294
　　托马斯·潘恩：理性时代——自然神论 ………………………………………… 295
　　让·雅克·卢梭：《社会契约论》 ………………………………………………… 296
　图像材料 ……………………………………………………………………………… 298
　　《百科全书》的卷首插图 ………………………………………………………… 298
　　约瑟夫·赖特：空气泵实验 ……………………………………………………… 298
　　奥地利的约瑟夫二世：宣传和开明君主 ………………………………………… 299
　二手材料 ……………………………………………………………………………… 300
　　莱斯特 G·克罗克：启蒙时代 …………………………………………………… 300
　　卡尔 L·贝克尔：18 世纪哲学家的天城 ………………………………………… 301
　　伯尼 S·安德森和朱迪斯 P·津塞：沙龙中的妇女 …………………………… 302
　　H·M·司各特：开明专制主义问题 ……………………………………………… 303

第五部分　19　世　纪

20. 法国大革命 ………………………………………………………………………… 306
　原始材料 ……………………………………………………………………………… 307

亚瑟·扬格：在法国旅行——革命的征兆 ············ 307
议事录：第三等级的不满 ············ 308
伊曼纽尔·约瑟夫·西耶斯：第三等级是什么？ ············ 309
革命性立法：取消封建制度 ············ 310
法国《人权宣言》 ············ 311
奥伦比·德·古日：妇女权利宣言 ············ 312
美国《独立宣言》 ············ 313
马克西米里安·罗伯斯比尔：对国民公会的演讲，1794年2月5日：为恐怖辩护 ············ 314
弗朗索瓦-泽维尔·约里克拉克：士兵给母亲的信——革命民族主义 ············ 315
图像材料 ············ 317
若拉·德·波特雷：革命的寓言 ············ 317
皮埃尔·纳西斯·盖兰：罗夏克奎林伯爵 ············ 317
内部动乱与恐怖统治 ············ 318
二手材料 ············ 320
乔治·勒费弗尔：法国大革命的出现 ············ 320
唐纳德 M·G·萨瑟兰：显贵的革命 ············ 321
露丝·格雷汉姆：面包和自由——法国大革命中的妇女 ············ 322
威廉·道尔：法国大革命的评价 ············ 323

21. 拿破仑时代 ············ 326

原始材料 ············ 326
雷穆莎夫人：回忆录——拿破仑的魅力 ············ 326
约瑟夫·富歇：回忆录——拿破仑的秘密警察 ············ 327
拿破仑的日记 ············ 328
图像材料 ············ 330
雅克·路易·大卫：拿破仑越过阿尔卑斯山 ············ 330
安东尼-让·格罗：波拿巴在雅法探望黑死病患者 ············ 331
二手材料 ············ 332
路易斯·贝吉龙：拿破仑统治下的法国——作为开明君主的拿破仑 ············ 332
马丁·莱昂斯：拿破仑·波拿巴和法国大革命的遗产 ············ 333
邦尼 G·史密斯：妇女和拿破仑法典 ············ 334

22. 工业化和社会变化 ············ 337

原始材料 ············ 338
1833年《工厂法》的证据：英国的工作环境 ············ 338
本杰明·迪斯累里：女巫或两个种族——采矿城镇 ············ 339
弗里德里希·恩格斯：《英国工人阶级状况》 ············ 341

萨缪尔·斯迈尔斯：自助——中产阶级的态度 ·········· 342
巴尔扎克：《高老头》——钱与中产阶级 ·········· 343
伊丽莎白·普尔·桑福德：妇女的社会和家庭特征 ·········· 344
弗洛拉·特里斯坦：妇女和工人阶级 ·········· 345
图像材料 ·········· 346
克劳德·莫奈：圣拉扎尔站 ·········· 346
威廉·贝尔·斯科特：铁与煤 ·········· 346
《米切尔·阿姆斯特朗的一生和冒险》插图 ·········· 347
工业化和人口变化 ·········· 347
二手材料 ·········· 349
罗伯特 L·海尔布伦纳：经济社会的形成——最先工业化的英国 ·········· 349
彼得 N·斯特恩斯：俄国的工业革命 ·········· 350
彼得·斯特恩斯、赫里克·查普曼：早期工业社会——进步还是衰落？ ·········· 351
米切尔·安德森：西欧的家庭和工业化 ·········· 353

23. 反动、改革、革命和浪漫主义：1815—1848 年 ·········· 355
原始材料 ·········· 356
梅特涅首相：与沙皇亚历山大一世的秘密备忘录中的保守原则 ·········· 356
卡尔斯巴德法令，1819 年：保守派的镇压 ·········· 357
杰里米·边沁：英国自由主义 ·········· 358
《经济学家》，1851 年：自由主义——进步和乐观主义 ·········· 360
宪章派的第一份请愿书：英国变化的要求 ·········· 361
《年度纪事》，1848 年：德国 1848 年革命目击记 ·········· 362
威廉·华兹华斯：转折——自然的美丽 ·········· 363
图像材料 ·········· 364
卡斯帕·大卫·弗里德里克：《雪中的修道院墓园》 ·········· 364
勒内·德·夏多布里昂：基督教真谛 ·········· 365
欧仁·德拉克罗瓦：自由领导人民——浪漫主义和自由主义 ·········· 366
奥诺雷·杜米埃：工人阶级的失望——特朗斯诺奈大街 ·········· 367
二手材料 ·········· 368
豪约·霍尔本：维也纳会议 ·········· 368
E·K·布拉姆斯泰德和 K·J·梅尔赫什：西方自由主义 ·········· 369
乔纳森·斯帕伯：欧洲革命，1848—1851 年 ·········· 370
约翰·魏斯：1848 年革命 ·········· 371

24. 民族国家、民族主义和帝国主义：1850—1914 年 ·········· 373
原始材料 ·········· 374

奥托·冯·俾斯麦：关于实用主义和国家社会主义的演讲 …………………………… 374
　　朱塞佩·马志尼：人的职责 …………………………………………………………… 376
　　海因里希·冯·特赖奇克：激进民族主义 …………………………………………… 377
　　弗里德里克·法比瑞：德国需要殖民地吗？ ………………………………………… 379
　　罗德亚德·吉卜林：白人的责任 ……………………………………………………… 380
　　皇家尼日尔公司：控制非洲的格式条约 ……………………………………………… 382
　图像材料 …………………………………………………………………………………… 383
　　乔治·哈考特：美化的帝国主义 ……………………………………………………… 383
　　1899年独立日：美帝国主义在亚洲 …………………………………………………… 384
　　帝国主义在非洲 ………………………………………………………………………… 384
　二手材料 …………………………………………………………………………………… 387
　　雷蒙德·格鲁：意大利统一的严格计划 ……………………………………………… 387
　　戴维·布莱克鲍恩：德国统一 ………………………………………………………… 388
　　艾瑞克J·霍布斯鲍姆：帝国的年代 ………………………………………………… 389
　　卡尔顿J·H·海斯：作为民族主义现象的帝国主义 ……………………………… 390
　　丹尼尔R·汉德里克：帝国的工具 …………………………………………………… 391
　　玛格丽特·斯托贝尔：性别和帝国 …………………………………………………… 392

25. 文化、思想和社会：1850—1914年 …………………………………………………… 394
　原始材料 …………………………………………………………………………………… 394
　　查尔斯·达尔文：物种起源和人类由来 ……………………………………………… 394
　　赫伯特·斯宾塞：社会静力学——自由主义和社会达尔文主义 …………………… 396
　　约翰·斯图亚特·密尔：《论自由》 ………………………………………………… 397
　　《我们的姐妹》：作为药剂师的妇女 ………………………………………………… 398
　　卡尔·马克思和弗里德里希·恩格斯：《共产党宣言》 …………………………… 399
　　安娜·迈尔：社会主义妇女成为社会主义者 ………………………………………… 401
　　艾米琳·潘克斯特：我们为什么激进 ………………………………………………… 402
　　教皇庇护九世：邪说汇编 ……………………………………………………………… 403
　　休斯顿·斯图尔特·张伯伦：19世纪的基础——种族主义 ………………………… 404
　　理查德·瓦格纳：音乐中的反犹主义 ………………………………………………… 405
　图像材料 …………………………………………………………………………………… 406
　　妇女的岁月 ……………………………………………………………………………… 406
　　雅各布·斯泰因哈特：城市 …………………………………………………………… 406
　二手材料 …………………………………………………………………………………… 407
　　F·H·欣斯利：政治自由主义的衰落 ………………………………………………… 407
　　亚当B·乌拉姆：未完成的革命——马克思主义阐释 ……………………………… 408
　　埃莉诺S·瑞默和约翰C·福特：欧洲妇女 ………………………………………… 409

第六部分　1914 年至现在

26. 战争与革命：1914—1920 年 ·· 412
　　原始材料 ·· 413
　　　　前线报告：凡尔登战役，1916 年 ··· 413
　　　　维尔浮莱德·欧文：甜蜜而荣光的幻灭 ·· 413
　　　　伊夫林·布吕歇尔：大后方 ·· 415
　　　　俄国临时政府的计划 ··· 416
　　　　V·I·列宁：《四月提纲》——布尔什维克的反抗 ································ 416
　　　　V·I·列宁：彼得格勒苏维埃会议上的讲话，1917 年 11 月 8 日：布尔什维克
　　　　　　掌握政权 ·· 417
　　　　伍德罗·威尔逊：《十四点》 ·· 418
　　图像材料 ·· 420
　　　　C·R·W·内维森：光荣之路 ·· 420
　　　　第一次世界大战：大后方和妇女 ··· 421
　　　　革命宣传 ··· 423
　　二手材料 ·· 423
　　　　罗兰·斯特龙伯格：第一次世界大战的起源 ····································· 423
　　　　哈特姆·波吉·冯·斯特兰德曼：德国人和战争的到来 ····················· 424
　　　　戈登 A·克雷格：战争和外交的革命 ·· 425
　　　　邦妮 S·安德森和朱迪斯 P·津泽：妇女、工作和第一次世界大战 ······ 426
　　　　亚瑟·沃尔沃斯：和平和外交 ·· 427
　　　　罗伯特·塞维斯：俄国革命 ·· 428

27. 民主、萧条和动荡：20 世纪 20 至 30 年代 ··· 430
　　原始材料 ·· 431
　　　　埃利希·马里亚·雷马克和里洛·林克：《归途》和《动乱年代》 ········ 431
　　　　海因里希·豪泽：与德国的失业者在一起 ·· 432
　　　　人民阵线纲领，1935 年 1 月 11 日 ·· 433
　　　　若塞·奥尔特加·加塞特：大众的反叛 ·· 435
　　　　西格蒙德·弗洛伊德：文明与缺憾 ··· 436
　　图像材料 ·· 437
　　　　乔治·格罗兹：魏玛共和国的衰落 ·· 437
　　　　魏玛共和国的失业和政治 ·· 438
　　　　大萧条时期的失业，1930—1938 年 ··· 438
　　　　失业与向妇女呼吁 ·· 439

二手材料 ··· 440
　　罗伯特·沃尔：1914 年的一代——幻灭 ··· 440
　　R·H·S·克罗斯曼：统治与被统治——战争期间的岁月 ··················· 441
　　詹姆斯 M·劳克斯：欧洲的大萧条 ··· 442

28. 法西斯主义和集权主义 ··· 444
原始材料 ··· 445
　　贝尼托·墨索里尼：法西斯主义的原则 ··· 445
　　阿道夫·希特勒：我的奋斗 ··· 447
　　约瑟夫·戈培尔：纳粹宣传册 ··· 449
　　盖达·迪尔：德国妇女和国家社会主义（纳粹主义） ························· 450
　　尤根尼·科根：地狱的理论和实践——纳粹精锐 ······························· 451
　　布鲁诺·贝尔特海姆：被启示的心灵——纳粹集中营 ······················· 451
　　佛瑞德·巴龙：目击大屠杀 ··· 453
　　约瑟夫·斯大林：苏联农业政策的问题——苏联集体化 ··················· 454
　　约瑟夫·斯大林：苏维埃会议上的报告，1936 年：苏联民主 ············ 455
图像材料 ··· 456
　　理查德·施皮茨：纳粹神话 ··· 456
　　极权主义，1919—1937 年 ·· 457
二手材料 ··· 458
　　F·L·卡斯滕：法西斯主义的兴起 ··· 458
　　克劳斯 P·费舍尔：希特勒和纳粹主义 ··· 459
　　丹尼尔·戈尔德哈根：希特勒的志愿行刑人 ······································· 461
　　斯蒂芬 L·李：斯大林的清洗 ··· 462

29. 第二次世界大战和战后世界 ··· 464
原始材料 ··· 465
　　罗伯特·亨瑞女士：不列颠之战 ··· 465
　　威廉·霍夫曼：斯大林格勒的德国士兵 ··· 465
　　杜鲁门主义和马歇尔计划 ··· 467
　　B·N·波诺马佑夫：冷战——苏联的观点 ··· 469
　　詹斯·赖希：柏林墙 ··· 470
　　哈里 W·莱德勒：英国工党掌握政权 ·· 471
　　联合国大会：反殖民主义宣言 ··· 472
　　贝尔福宣言、联合国 242 号决议和一个巴勒斯坦人的回忆录：以色列、
　　　巴勒斯坦和中东 ··· 474
　　西蒙·德·波伏娃：第二性，红袜子：女性主义宣言 ······················· 476

图像材料 ··· 479
　　　　欧洲的毁灭 ··· 479
　　　　冷战和欧洲一体化 ··· 480
　　　　亚洲和非洲的非殖民化 ··· 481
　　　　电视暴力 ··· 482
　　　　杰克逊·波洛克：第一号 ·· 482
　　二手材料 ··· 483
　　　　乔治 F·凯南：受谴责的慕尼黑绥靖政策 ···································· 483
　　　　A·J·P·泰勒：第二次世界大战的起源：为绥靖政策辩解 ······················ 484
　　　　格哈特·温伯格：武装的世界 ··· 485
　　　　詹姆斯 L·格姆雷：冷战的起源 ··· 486
　　　　达格·哈马舍尔德：在分裂世界中联合国的积极作用 ························· 487
　　　　弗朗兹·法农：地球上受苦的人 ··· 488

30. 透视当今 ··· 491
　　约翰·卢卡克斯：短暂的世纪结束了 ··· 491
　　雷蒙德 L·加特霍夫：冷战的结束 ··· 493
　　罗伯特·希尔波罗奈尔：共产主义之后 ··· 494
　　卡罗尔·思卡尔尼克·勒夫：东欧共产主义的剧变 ······························· 496
　　萨缪尔 P·亨廷顿：恐怖主义和文明的冲突 ····································· 497
　　尼尔·弗格森：2001 年 9 月 11 日后的未来 ···································· 498
　　马克·杰根史迈尔：宗教恐怖主义 ··· 500
　　迈克尔·伊格纳蒂夫：伊拉克战争 ··· 502
　　中东的战争、原油和动荡 ··· 502
　　托马斯 L·弗里德曼：全球化 ··· 503
　　J·R·麦克尼尔：生态威胁 ··· 505

前　言

　　我编辑《西方文明史读本》，心中有三个目标。首先，我想向读者展示历史学家用来写作历史的各种材料。因此，我不仅收录了原始材料，而且也收录视觉材料和二手材料。其次，本书力图简约，所收材料"切中要领"。为此，我仔细编辑了每一个选段，以求最有效地突出它的历史意义。第三，我编排本书的方式，是力求对读者有意义，而不是遵循课程的教科书或其他参考书籍的安排。为此，我按照编年的顺序安排材料，以西方文明在近东的起源为开端，逐渐展开到现代。偶尔，编年的方法会有所改变，如我们用一章来探讨文艺复兴，为的是说明这个时代的性质以及大多数课程的安排。

　　这本书广泛介绍了历史学家所使用的材料、他们解释历史证据的方法以及他们在研究长达五六千年的西方文明演进中所面临的挑战。每一则选材——无论是材料、照片还是地图——都配有介绍、评论和问题，为的是给读者提供有价值的背景，并使读者更容易理解所选材料的历史意义。我所选的材料也照顾到政治、经济、社会、思想、宗教和文化史的平衡。然而，不同章节所突出的是对理解某个时代非常重要的具体主题。例如，有些章节提供了更多关于社会和妇女史的材料，而其他章节则强调政治和宗教史。

　　这样篇幅的书只能包括有限的可以获得的历史材料。因此，《西方文明史读本》只是一种介绍。确实，我所希望的是，这里所呈现的材料主要是作为进一步探究历史和历史学训练的敲门砖。

本版的更新

这一新的版本包含如下变化：
- 本书最不同和最受欢迎的特点是每章的图像材料部分。我用一些新的图像、更大的复制品、更丰富的色彩和更多的新图像指南对某些部分进行了扩充。由于提供这些图像的方式在于鼓励学生"阅读"和分析他们视为历史材料的东西，因此新的图像、色彩和指南使这一部分更加有用、更加有趣。

■ 应评论者的要求,我添加了某些新的原始材料和二手材料。
■ 为了反映变化和发展,最后一章的材料已经修改,全新地关注最近历史发展的意义。

然而,本版的结构、方法和大致的篇幅都基本上和以前的版本相同。

本书的结构

如目录所表示的,本书各部分有长度不等的章节。所有的章节都结构相同。每一章都从内容简介开始,预览历史时期和所涵盖的题目。接下来是时间线索,概括相关的日期、个人和本章集中探讨的各种发展。另外,本书六个部分中每个部分开头段落所叙述的时间线索,把每一章所包含的发展变化均置于更宽广的视角之中。

接下来是历史材料的三个范畴,第一个是原始材料,通常是文字材料,表现亲历者所描述的事件和人物。接下来是图像材料——油画、图画、雕塑、陶器、照片、建筑、遗迹、钱币等等——它们提供纯粹通过书面材料很难获得的历史感悟。在这个范畴中也包括地图。最后是二手材料,大都是由回顾历史时代的学者们撰写的,其中提出了对原始材料的解释。

每类材料前面都有眉批,用于鉴别材料的性质,将素材置于历史背景之中,并指出其具体的焦点。关于图像材料——包括地图——的眉批也很多,帮助读者了解它们作为历史证据的独特价值。

眉批以思考要点作为结束。这些要点并不是作者必须在选材中搜寻的事实,相反,设计这些问题是刺激读者思考这些选段并指出每一则材料的用途。

每章都以章节问题结束,激发读者将主要的题目进行归并。

第一部分第一章中有三个特殊的小节:"使用原始材料"、"使用图像材料"和"使用二手材料"。它们为解释和使用这些不同的材料提供建议。

最后,紧接着鸣谢后面的是"关于本书使用",目的是帮助读者更好地注意本书的特色。

鸣谢

麦格·劳希尔出版社和作者感谢下列的评论者,他们提供了许多有帮助的评论和建议:大卫·伯纳托维奇、凯霍加社区学院、辛西娅·卡特、佛罗里达社区学院——北校园、小威廉E·金塞拉、北弗吉尼亚社区学院、罗文大学的苏珊娜·克拉德·泰伯、昆尼佩克学院的大卫·瓦龙。

丹尼斯·舍尔曼

关于本书使用

在使用本书时,你面临着类似所有历史学家都会面对的任务:发现过去的人们思考什么、做了什么、为什么,并将这种信息组织到编年的记录中。为此,历史学家必须从过去寻找证据,而这种证据会以不同的形式出现。大多数材料都由书面材料构成,从政府记录到墓志铭、回忆录和诗歌等,其他的材料包括会话、照片、雕刻、建筑、地图、陶器和口述传统。历史学家也使用二手材料——其他学者所撰写的对某个特定主题或时期的叙述。但是在寻找材料过程中,历史学家通常会心中有所想——某些特定的兴趣或暂时性的结论会影响他们对材料的寻找。因此,在处理材料时,历史学家对收录和强调哪些材料以及如何解释它们,要做出许多决定。历史学家所撰写的东西最终是他们所提出的问题、所使用的材料以及他们自己观念的综合。

本书列举所有这些材料,并让你尝试像历史学家那样亲自去思考。然而,处理材料需要实践。每一则历史材料通常都是沉默不语的。这要依靠历史学家(或者"你")去破解证据中的信息——在某种意义上向人们说明很久以前谁创造了那种材料或那些绘画。因此,历史学家(或"你")必须是一位熟练的侦探。下面是某些准则,可以帮助你磨炼侦探的技巧。

1. 何为背景?要了解材料的背景,你要阅读或分析。本书为你提供了三种阅读或分析的方法。第一,阅读出现材料的那一章的简介。这一预览概括了本章所涵盖时期最重要的发展变化。它介绍了本章所集中探讨的题目、组织结构和问题,并将这些材料置于所考察文明的更大历史背景之中。第二,读眉批——每则材料前面写的一个或两个段落,这些眉批提供这份材料的直接背景,介绍材料的作者或创作者,并指出材料的内容。

2. 它为何种材料?每章都分成三种材料:原始材料、图像材料和二手材料。原始材料是"一手"或"目击"地叙述历史事件或问题。历史学家视这些材料为他们了解和解释过去的主要素材。这些证据可能与人们想什么、他们为什么这样做和他们成就了什么最直接相关。

本书的图像材料——例如油画、雕塑、照片和建筑——远不只是装饰品或著名艺术和建筑的例子。这些材料同书面材料一样都解释了丰富的过去——如果你知道如何解释它们的话。随视觉材料一起出现的大段的眉批,对你进行挑战会有所帮助。

最后,二手材料是由某个未曾目击事件或未在材料所描绘的特定时代生活过的人(通常是回顾过去的学者)对某些事件的叙述和分析。二手材料作者通常在考察大量原始材料和其他材料的基础上解释所发生的事件。这些材料中的分析反映了作者的选择和他们自己对所发生事件的理解。学者们就如何解释重大历史发展往往会不一致。

有时原始材料和二手材料的界限是模糊的，如某则材料的作者生活在他或她所解释的事件发生的时代但并没有直接目击这些事件。如果历史学家把这样的材料视为对所发生事件的解释，那么这种材料就被视为二手材料。然而，如果历史学家用这份材料证明作者所处时代的假设和态度，那么这份材料就被视为原始材料。

3. 材料似乎在说什么？所有的材料都揭示有关过去的人和社会的某些信息（不管是直接的还是间接的）。当你考察每份材料时，要问自己：这份材料或图像就这一主题、社会、个人或时代告诉了我什么？每份材料的眉批后面有"思考"题，那会帮助你认识这些材料所包含的重要信息。

4. 谁创造了材料，为什么？要用批评的眼光来考察材料，要问自己四个问题。第一，谁创造了这一材料？了解作者或创作者——一位宗教人物？学者？工人？——会为你提供线索，了解材料所反映的观念中所体现的要点。第二，作者的偏见和假设可能是什么？如政治同情、团体忠诚或宗教信仰。考察这些可能为你提供作者并不打算传达的信息。第三，为什么要写作或创作这份材料？也许作者试图提倡某种观点，或者满足某强大团体的希望。识别材料背后的动机可以进一步阐明材料的含义。第四，这份材料打算提供给什么读者或观看者？他们是学者、贵族还是妇女？了解这一点可以帮助你解释一份材料的信息或者解释一幅油画的含义。

每种材料——原始材料、图像材料和二手材料——都对试图以批评的眼光进行分析的历史学家提出了自己的挑战。例如，某些原始材料可能是伪造的或者包含着错误，或许在材料中也存在着不一致的地方。这些问题使人们怀疑材料的可靠性。这类原始材料也限制了它的用处。例如，一份法律不会告诉你它是人们所遵守的还是强制颁布的。就如同一本书出版了，但并不意味着当时人们广泛阅读了这本著作。一份正式写下来的声明并不如日记那样能够反映一个人的感情和实际行为。而且，语言通常在演化，因此词句的含义可能随着时间已经变化了。为了完全理解一份原始材料，要极力想象你生活在材料最早创作的那个时代和社会。

图像材料特别需要谨慎解释。例如，一位画家的意图是很难揣摩的。而且，一幅特定的作品对16世纪的欣赏者和20世纪的欣赏者而言，含义可能完全不同。同样，一幅照片是摆好姿势照的还是无意识照的，差别很大。学者们对如何解释油画、陶瓷和钱币等材料分歧很大。因此，本书随图像材料而配上的描述可供人们自由讨论。它们的主要目的是向你说明历史学家是如何使用视觉材料的——作为非书面的证据，说明过去的人们珍视什么、思考什么和从事什么，并发现有趣的东西。

地图是特殊的图像材料。在本书中，使用它们的目的是阐释各种关系，如地理因素和政治发展的联系。同其他图像材料一样，在眉批中的描述指出了历史学家使用地图的某些方式。

关于二手材料，作者们（通常是历史学家）通常试图对某个事件或某个时代进行叙述，或者解释社会或政治的某些发展。就其性质而言，撰写二手材料意味着要对采纳什么信息作出决定。作者必须要从大量的历史材料中作出大量的判断。因此,头脑中要带着这些问题阅读二手材料:作者的观点或论点是什么?他或她用什么证据来支撑自己的观点?作者的观点对你有意义吗?作者的解释反映了他在政治或意识形态上有何种偏见?有些人会如何反对作者所提出的解释?

所有的历史材料——无论是原始材料、图像材料还是二手材料——都只能达到这样"客观的"程度。事实上,过去的大多数证据都忽略了有关平民生活、儿童生活或特定种族或团体的信息。但是,如果你知道寻找什么以及如何用批判的眼光进行分析,好的材料就确实反映了有价值的信息。在谨慎的历史学家手里,这些材料可以让人们兴奋地瞥见过去人们的希望、梦想、思想和行动。

5. 如何进行联系和比较?在考察材料时,要问自己:这份材料可以在某种程度上与本章的另一份材料、或者与本章所涵盖的更广的主题、或者与教科书或教室里所涵盖的任何主题或发展联系起来吗?寻求联系和比较有助于使你置身材料之外,认识到材料直接的信息之外的更大的历史潮流——也许可以认识你自己和你所在的社会。

为了确定这些联系,要阅读章节的介绍。这些介绍列举了某些宽泛的问题和题目,这些材料就是围绕这些问题和题目而组织的。有时眉批或"思考"要点也提供了比较之处。另外,每章结束时所提的问题也有助于建立联系和进行比较。为了回答这些问题,你需要进行分析性的思考,同时阅读章节中的几个选段,有时要考察几个章节的材料。

6. 利用"使用原始材料"、"使用视觉材料"和"使用二手材料"部分的模式。这些模式提供了如何阅读和研究原始材料、视觉材料和二手材料的例子。

使用本书的六要点一览
- 背景
- 材料的种类(原始材料、视觉材料和二手材料)
- 信息(材料似乎在说什么?)
- 批评性分析(谁创造了材料,为什么?)
- 联系和比较
- 模式(第一部分第一章中"使用原始材料"、"使用图像材料"和"使用二手材料"部分)

西方文明的演进

该图表以示意图的方式描绘了西方文明迄今为止的发展历程。阅读该图表的时候要特别仔细。图表所表示的联系更加注重判断,而不是事实本身。所忽略掉的东西——怎样联系,为什么联系——意义重大。然而,图表可以使我们很容易看清不同社会和文明间的联系,当我们细致地考察一个时期或一个社会时,经常会忽略这些联系。

思考:图表中各种联系之间可能的原因;为了使图表更加有用,需要添加什么。

第一部分
DI YI BU FEN

古代世界

1. 古代近东的文明

历史学家所称的"文明",大约在五六千年前肇始于古代近东河谷地带的农业村落,首先出现在底格里斯河和幼发拉底河附近的美索不达米亚,稍晚出现于尼罗河流域的埃及。在底格里斯河和幼发拉底河河系的三角洲地带,苏美尔人组成了像乌尔这样的城邦。公元前2340年,苏美尔人被来自北部的阿卡德人所征服,在接下来的2 000多年里,这一亚、非、欧交汇的地区,长期处于动荡之中,巴比伦人、赫梯人、亚述人、迦勒底人、米底人和波斯人相继称霸。一般说来,在公元前3000年左右,上、下埃及地区在一个国王之下统一起来。尽管这期间出现过一些变动的时期,但埃及是相当稳定的文明。古埃及文明持续了将近3 000年时间。

美索不达米亚文明和古埃及文明在很多方面都很相似。两者都依赖河流以及河流定期泛滥带来的肥沃土壤;两者都发展和保持了有组织的灌溉系统和洪水控制;两者最终都有强有力的国王和祭司阶层;两者都信奉威力无比的众神,且后者在尘世发挥着积极的作用。但是这两个文明之间也有着重要的区别。美索不达米亚在地理上不像埃及那样具备防卫优势,更容易遭受攻击。其河流不像尼罗河那样易于航行,洪水也不像后者那样定期泛滥。古埃及文明的特点是稳定和乐观,比较而言,美索不达米亚的文化和宗教反映的是动荡和悲观的意识。

在这两个地域之间,兴起了一系列很小且在政治上无足轻重的国家。其中最重要的是腓尼基人和希伯来人的国家。腓尼基人是一个商业民族,促进了贸易,建立了殖民地,并传播了近东的文化。希伯来人发展了宗教和伦理观念,这成为日后基督教和伊斯兰文明的基础。

在本章中有大量有关最早文明的起源、性质和传播的材料。如何界定"文明"?为什么文明发生在那里,什么时候产生的?这些古代文明的主要特征是什么?文明是通过什么步骤传播的?其他材料主要是关于三个主要文明的:美索不达米亚、埃及和希伯来。关于美索不达米亚,材料主要聚焦于文化、法律体系以及人们所提供的关于当地文明性质的见解。另外的材料集中在美索不达米亚社会中妇女的地位。就埃及而言,尼罗河和宗教的关系是什么?埃及主要的经济和社会特征是什么?法老的重要性是什么?埃及人如何看待死亡和来世？在希伯来方面，他们的宗教在西方文明发展中非常重要，如何与其他宗教进行比较？

总的来说，本章的材料介绍了文明的性质以及其在古代近东的根源。至于更加直接奠定西方文明基础的古希腊文明我们将在下一章考察。

本章和以后所有章节的材料都分成三个部分：原始材料、图像材料和二手材料。在本章中，每一部分材料的开头都有指南，聚焦于本部分的第一篇材料，就大家如何使用材料提出一些建议。

原始材料

使用原始材料：汉谟拉比法典

在前言中已经简要地界定和讨论了原始材料。接下来要更具体地指导人们使用原始材料。这里聚焦于本书第一篇原始材料《汉谟拉比法典》，接下来这将成为统一的范例。

1. 当阅读《汉谟拉比法典》选段等原始材料时，要把每一行都看做证据。假设你是一位历史学家，对美索不达米亚的历史一无所知，而这一文献落到你的手里。你的任务是把这一文献用作证据，支撑某些关于巴比伦文明的结论。

实际上，你已经有了初步认识，你已经通过章节介绍、年表和材料前的眉批对美索不达米亚的民族有所了解。你可以运用这些信息，把这一材料更恰当地放到历史场景中，获得运用这一材料所包含证据的意识。你也可以运用眉批中的信息来判定该材料的总体特征、来源以及写作年代。

2. 边读材料边思考问题。这些问题可以让你集中于把材料中的语句和片段用作证据。头脑中的一般问题是："关于这一文明，人们如何行动，如何思考，人们信仰什么，这一篇材料告诉了我什么？"尽量把阅读的每一行都视为一条证据，用它来对总体问题的一部分做出回答。在文献前面有斜体的"思考"要点，所提出的是具体问题。这些要点指明，这些材料特别用来提供证据，说明巴比伦的法律体系、社会分化以及政治和经济。

3. 把这些选段用作证据，几乎都有几种方法。阅读第1条，即《汉谟拉比法典》的第一部分，似乎可以说明这样的事实，巴比伦人可以对某些人提出谋杀"指控"，这一指控必须得到"证明"，从这一过程的结果所得出的推论（如果原告不能证明，就要被处以死刑）可以证明，巴比伦人已经有了正式的法律体系。你也可以进一步推论，这一法律体系基于某些公正（必须"证明"某种指控）和正义（如不能"证明"指控的人要被处死）的原则。另一方面，我们一定要小心，首要的是不能对这一条加以臆测，不要把我们的假设加诸过去。例如，尽管在第三条中提到一些依据（使用证据，而且证据的真实性至少要受到公开质疑），但是这一条并没有告诉我们什么构成了证据，或者是否有陪审体系。

阅读17、18和19条。很清楚，这几条揭示的是巴比伦社会中有奴隶，也暗示试图逃跑的奴隶会有麻烦，因为那些抓住逃跑奴隶并把他们归还给原来主人（17条）的人会得到奖赏，而那些隐藏逃跑奴隶（19条）的人要受到惩罚。18条也可以用作证明存在着有组织的官僚结构,他们负责保留书写的记录("把他们带到宫殿,为的是可以调查他的记录")。

阅读第 53、54 条。这两则条例要求地主保持抵御洪水的大坝得到维修(53 条),那些没有履行职责的要遭到重罚(53 和 54 条)。这些条例共同证明,当时存在着广泛的水利控制系统,保证农业生产,这需要地主(自愿的或强迫的)和政府(制定和执行这些法律)的合作。第 54 条还进一步揭示了巴比伦的奴隶制,因为一位地主也可以被卖为奴隶("他们要出售他"),现在可以证明,奴隶的来源不仅来自外部——通过战争、攻击和买卖等方式来自其他社会——也来自内部。

阅读 141 和 142 条。如何利用这些条例中的信息来说明巴比伦社会的婚姻、家庭生活和男女的相对地位呢?

4. 在完成了这一材料的各个部分后,反过来从整体上思考这一材料。这一材料能够用来证明有关巴比伦的制度和正义原则(法律的存在、法律是什么、法律的判决和执行、什么样的罪恶比其他罪恶严重)、巴比伦社会(奴隶的进口和来源、不同社会等级的存在、男女之间的关系、婚姻制度)、巴比伦政府(国王、官僚机构或政府的核心官员)和巴比伦经济(具有控制洪水体制的农业、钱币体系)等方面的结论。

汉谟拉比法典

从早在公元前 2300 年就编写的法律、惯例和政令汇编中,可以获得大量有关美索不达米亚诸民族的信息。其中最著名的是《汉谟拉比法典》,由公元前 18 世纪的巴比伦国王颁布,他可能运用更古老的苏美尔和阿卡德的法律。这部法律几乎提到了巴比伦生活的各个方面。下面的选段引自这部法典,这部法典原有 282 条,同时包括长长的序和跋,把汉谟拉比的权威追溯到神。

 思考:这些法律所反映的正义原则;这些法律所透露的巴比伦社会的社会等级;这一文献所揭示的巴比伦的政治和经济特征。

材料来源:Pritchard,James B., *Ancient Near Eastern Texts Relating to the Old Testament*,Copyright 1951 by Princeton University Press. Reprinted by permission of Princeton University Press.

1. 如果一个自由民(Seignior)①控告另一个自由民犯有谋杀罪,却不能证明,则原告要被处死。

3. 如果一个自由民在一个案件中提供假证,且不能证明自己所说的话,假如这一案件

---

① Seignior (awelum)一词,这里的字面意义是"人",但是在法律文献中,至少有三种含义:(1) 有时指较高等级的人,即贵族;(2) 有时指任何等级的自由民,无论地位高低;(3) 有时则指任何等级的人,从国王到奴隶。就最后一层含义而言,我用广义上的"人",就前两层含义而言,由于在上下文中无法明确到底指哪一种,我根据原文模糊的含义,用比较笼统的词汇"自由民",我按照意大利语和西班牙语的用法,指称任何等级的自由民,而非严格封建意义上的自由民,尽管在古代近东也有类似封建制度的东西,但那只是使用"自由民"一词的原因之一。

人命关天,那么这位自由民要被处死。

4. 如果他提供的假证所涉及的是谷物或钱财,那么他应被处以本案应处之刑罚。

6. 如果一个自由民偷窃教会或国家的财产,他应当被处死;从他手里接受赃物者也要被处死。

17. 如果一个自由民在外面抓到逃亡的男奴或女奴并交还给其主人,奴隶主应该用二舍克勒①白银酬谢。

18. 如果该奴隶不说出主人的名字,应当将其带到宫廷,通过调查记录而将其归还给主人。

19. 如果该自由民把奴隶藏匿在家中,而后来奴隶在他的家中被发现,那么他将被判处死刑。

22. 如果一个自由民犯盗窃罪而被抓获,应被判处死刑。

23. 如果盗窃者未被捕获,那么被偷盗者应在神面前具体指明他丢失的财产,盗窃所发生地域或地区的城市及其长官,应当赔偿他损失的财物。

48. 如果一自由民有未付的债务,而季节神阿达德淹没了其田地,或洪水将其冲毁,或因缺水而谷物颗粒无收,则当年不用向债主归还谷物;他可以取消契约文书,不用支付当年的利息。

53. 如果一个自由民懒于巩固其田地的堤堰,致使堤堰决口,并因此而冲毁了农地,那么这个造成自己堤堰决口的人应当赔偿所毁坏之谷物。

54. 如果他不能赔偿谷物,那么人们可以出售其本人及其财产,出售之所得由谷物被水冲毁的农民分配。

141. 如果一位自由民之妻,居住于自由民之家,决意离家经营商业,从而忽略了家庭,令丈夫蒙羞,则应受到检举证明;如果丈夫决定离婚,则可离婚,不用为她的离去付任何离婚费用。如果丈夫决定不离婚,则丈夫可以另娶他人,而前妇应留在夫家充当奴仆。

142. 如果妻子憎恨丈夫,声明"你不要占有我",那么市议会则应调查她的事情。如果她行事谨慎,并无过错,即使其丈夫经常外出且经常凌辱她,她也是如此,那么并无过错的妻子可以拿走嫁妆,回到娘家。

195. 如果儿子殴打父亲,则应断其手。

196. 如果一自由民毁坏一贵族成员之眼,则应毁其眼。

---

① 一舍克勒,约相当于8克的重量。

197. 如果他折断一自由民之骨,则应折其骨。

198. 如果他毁坏普通人之眼或折断普通人之骨,则应赔偿一名那白银。

199. 如果他毁坏自由民奴隶之眼或折断自由民奴隶之骨,则应赔偿该奴隶价格的一半。

200. 如果一自由民打落另一同等自由民的牙齿,则应打落他的牙齿。

201. 如果他打落普通人的牙齿,则应赔偿三分之一名那白银。

202. 如果一自由民击打地位较高者的面颊,则应在集会上遭牛尾鞭击打六十下。

209. 如果一自由民击打另一自由民的女儿,致使她流产,则应为此赔偿十舍克勒白银。

210. 如果该妇女死亡,则应杀死其女。

211. 如果他殴打普通人之女致使她流产,则应付五舍克勒白银。

212. 如果该妇女死亡,则他应赔偿二分之一名那白银。

吉尔伽美什史诗

通过考察一个民族的神话和文学,可以了解他们关于生与死的观念。《吉尔伽美什史诗》大致出现于公元前3000年后半期,是美索不达米亚著名的英雄史诗。其中的英雄吉尔伽美什,大约在公元前2700年统治着苏美尔人的乌鲁克城邦。这首诗歌讲述这位半神半人的国王神秘的冒险活动,他与生、与神、与死亡进行搏斗。在一次冒险中,吉尔伽美什通过出发寻求长生不老来面对死亡。寻求的经历之一是他下到冥府找到了乌特纳比西丁,神让后者长生不老。下面的选段讲述的是,吉尔伽美什询问乌特纳比西丁,后者向他讲述了大洪水的故事。

 思考:神的性质及其与人的关系;通过阅读或聆听这一故事,美索不达米亚人得出了什么关于生的结论;这一故事和圣经中诺亚和大洪水故事的关系。

材料来源:N. K. Sandars, Trans., *The Epic of Gilgamesh*, 2d rev. ed. (London: Penguin Books, 1972), Copyright N. K. Sandars, 1960, 1964, 1972.

"噢,父神乌特纳比西丁,你曾经位列诸神的集会之中。我想向你询问有关生与死的问题,我怎样才能找到我正寻找的永生?"

乌特纳比西丁说:"并没有什么永恒。我们建造过永远不倒的房子吗,我们签订过永远有效的契约吗?弟兄们分割的遗产能永远保持吗?河水的泛滥能够一直持续吗?只有蜻蜓的幼虫能够蜕皮,看见太阳的光芒。自古以来就没有永恒。睡着的人和死人多么相似,他们都像我们描绘的死亡。当主人和仆人一同走向死亡,他们之间有何区别?当诸神①、法官们和命运之母玛姆门图恩聚在一起时,共同裁决了人的命运。他们分配了生与死,但是他们并没有透露死亡日。"

然后吉尔伽美什对遥远的乌特纳比西丁说,"我现在看着你,乌特纳比西丁,你的外表与

---

① 此处用 Annunaki 一词指诸神。

我毫无区别,你的面容也没有什么特别之处。我原以为你像一位准备投入战斗的英雄,但是你躺在那里懒散度日。请你告诉我实情,你是如何与诸神为伍并获得永生的?"

乌特纳比西丁对吉尔伽美什说,"我将向你揭开这个奥秘,我会告诉你诸神的秘密。"

"你知道什尔巴克这个城镇,坐落在幼发拉底河岸,当城镇变得古老时,居住在其中的诸神也已变老。其中有阿努,天空的主人、他们的父亲;有勇士恩利尔,他们的忠告者;有尼努尔塔,他们的助手;有恩努基,运河的守望者;同时埃阿①也在其中。那时,大地丰盈,人口众多,世间像野牛一样咆哮,大神被喧嚣所吵醒。恩利尔听到了喧嚣,对聚在一起的神们说,'人类的喧嚣令人难以忍受,嘈杂声让我们无法入睡。'于是诸神想要放出洪水,但我的主人埃阿在梦中警告了我。他对着我的芦舍轻声低语,'芦舍啊,芦舍,墙壁啊,墙壁,芦舍啊,你听着,墙壁啊,你考虑;什尔巴克人啊,乌巴拉·图图之子,赶快毁掉你的房屋,建造一艘船,放弃你的财产,去寻求活命。放弃世间的财产,拯救你的灵魂。我说了,毁掉你的房屋,建造一艘船。'

"我明白了以后,对我的主人说,'看啊,我会尊重和执行你的命令,但是我怎么回答人民、城市和长者?'接着埃阿开口对我,他的仆人说,'告诉他们:我知道恩利尔对我恼怒,我不能再行走在这片土地上,不能再居住在这座城市里;我要下到海湾与我的主人埃阿同住。他将赐给你们丰盈的物产、珍贵的鱼和稀有的野禽,赐给你们丰收的季节。到了晚上,暴风雨的骑乘者将用洪流给你们带来谷物。'"……

"第七天,船造好了……

"我把我所有的金银和有生命的东西,我的家属和亲眷,地上野生或驯化的动物以及所有的工匠都装进船去……

"风刮了六天六夜,激流、暴风雨和洪水摧毁了世界,暴风雨和洪水一起狂怒,如同作战的军队。到了第七天黎明,暴风雨从南部消退了,海洋变得平静,洪水停止了;我看了看大地,大地一片寂静,所有的人都已化成泥土。海平面如同屋顶一样平铺开来;我打来一扇舱门,太阳照射到我的脸上。我划船而下,坐下来哭泣,泪流满面,因为到处都是水的荒原。我寻找陆地,徒劳无功,但是在14里格远的地方出现了一座山,船在那里搁浅了;船在尼什尔山上搁浅了不能动弹……第七天早晨,我放出鸽子,让它飞走。它飞走了,但是没有找到落脚点,又飞回来了。接着我放出了一只燕子,它飞着离开了,但是也没有找到落脚点,又飞回来了。我放出一只乌鸦,它看到水已退去,它觅食、盘旋、嘎嘎地叫,没有再回来。我迎着四面的风把所有东西都放了出去。我准备好了牺牲,把奠神的酒洒在山顶上。在祭台上我放了七又七只锅,堆起了木头、藤条、雪松和香桃木。诸神们嗅到了芳香的味道后,像苍蝇一样聚集到牺牲的周围。最后,伊什塔也来了,她举起用天上的宝石做成的项链,那是以前阿努神为了讨她的欢心而制作的。'你们这些在场的诸神啊,通过我脖子上的宝石,我将记住这些日子,就像我记得我颈上的宝石一样,我永远不会忘记这些最后的日子。除了恩利尔,诸神们都聚集到牺牲周围吧。他不能接近这些贡品,因为他不加考虑就带来了洪水,让我的子民统统毁灭。'

"恩利尔来了以后,看到了这艘船,十分生气,并对诸神、天空的主人充满怒火,'有人逃

---

① 智慧和幸运神。

脱了吗？本来谁都不能逃脱这一毁灭的。'接着井和运河之神尼努尔塔开口对勇士恩利尔说，'诸神中除了埃阿谁还能设计这样的事情？只有埃阿了解事情的全部真相。'接着埃阿开口对勇士恩利尔说，'神中最聪明的，勇敢的恩利尔，你为什么不加考虑就泛起洪水'……

"接着恩利尔进入船里，拉着我的手和我妻子一起进入了船里，跪在两边，他站在我们中间。他摸着我的前额祝福我们说，'直到今天乌特纳比西丁仅仅是个凡人，从此以后让他和他的妻子在远远的诸河河口居住。'因此，是神们把我带来居住在这遥远的地方，在诸河的河口。"

献给尼罗河的赞美诗

大多数早期文明都位于大河谷地带。尼罗河为埃及人提供了一块狭长肥沃的土地，否则这个地区既干旱，又不适合长期居住。而且，其每年可以预测的泛滥保证了土地持续肥沃，使埃及人能够灌溉庄稼，从而支撑起长久的文明。所以，不难理解，尼罗河会成为埃及宗教信仰的核心，并成为埃及的主神之一。下面选自尼罗河赞美诗中的片断，大致源于埃及早期，诗中赞美尼罗河的力量及其事迹：埃及人正是因此才能生活在有序、繁荣的世界里。

思考：埃及人如何看待神人之间的恰当关系；埃及人如何理解尼罗河及其特点；该材料所提供的关于埃及经济、社会和政治生活的信息。

材料来源：Miriam Lichtheim, *Ancient Egyptian Literature*, 3 vol., pp. 199, 206, 208–209. Coyright 1973–1980 Regents of the University of California.

当他①慵懒的鼻子塞住，
人人皆陷入贫穷；
当敬神的面包短缺，
无数的人就会毁灭。
当他肆虐起来，整片土地都在怒吼，
生灵都在嘶叫；
当卡努神造就了他，
人们就随着他的到来而起伏。
当他泛滥，大地欢悦，
每个人都丰衣足食。
每个人都抿不住嘴，
脸上露出灿烂的笑容。

你提供了食物，给人们施舍，
你创造了所有美好的东西！

---

① 指尼罗河。

1. 古代近东的文明

恐怖和极乐的神,

他带来了仁慈。

他为牛群带来芳草,

他为众神带来了牺牲。

他居住在阴间,

却掌控了天空和大地,

他使店铺丰足,

使谷仓流溢,

把财物施舍给穷人。

当你泛滥,哈辟神①,

我们已经为你准备了牺牲;

公牛已为你宰杀,

丰富的祭品已为你准备,

家禽已为你养肥,

沙漠中的野味也已捕获,

这一切都报答你的施舍。

人们把你所提供的东西

奉献给所有的神,

不但有精选的焚香、公牛和山羊,

还有屠杀好的鸟禽。

献给法老的赞美诗

埃及的历史和王权制度可追溯到公元前4000年,那时上下埃及显然已经在一位伟大的征服者国王之下统一起来。埃及的国王,或称法老,既被当作神,也被视为国家的绝对统治者。这些信仰反映在献给法老的赞美诗中。下面的选段是诸多此类赞美诗之一,时间是在赛索斯特里斯三世时期,其统治年代大约在公元前1880—前1840年之间。

 思考:埃及人对法老的认识;法老的什么事迹或力量对古埃及人最重要;古埃及人对法老和尼罗河的认识有什么相似或不同之处。

材料来源:Miriam Lichtheim, *Ancient Egyptian Literature*, vol. 1, pp. 199, 206, 208 - 209. Coyright 1973 - 1980 Regents of the University of California.

---

① 指尼罗河。

诸神为何欢悦：
是你增加了他们的供奉！
百姓为何欢悦：
是你开拓了他们的疆土！
祖先为何欢悦：
是你添加了他们的份额！
为什么埃及因你的力量而高兴：
因为你保卫了它的习俗！
为什么人们因你的领导而高兴：
因为你增加了他们的财富！
为什么两岸因你的威严而高兴：
因为你扩大了他们的收入！
为什么你征召的年轻人高兴：
因为你使他们富裕！
为什么老年人高兴：
因为你让他们充满活力！
为什么上下埃及因你的威力而高兴：
因为你保卫了他们的家园！

《旧约》——创世纪和出埃及记

在美索不达米亚较大的王国和埃及之间,拥挤着一些小的国家。对文明发展起着最重要作用的国家出现在巴勒斯坦,在那里,希伯来人建立了以色列和犹太王国。虽然他们的根可以追溯到遥远的过去,但是希伯来人最初是公元前2000年代末由摩西领导,从埃及东北部走向巴勒斯坦的。在公元前10和前9世纪,希伯来国家的势力达到鼎盛,但是它的重要性在于希伯来人发展的宗教。犹太教在诸多方面都与近东其他国家的宗教不同,尤其表现在它的一神教、契约性和道德训诫方面。下面从《旧约》的《创世纪》和《出埃及记》中所选的片段,就体现了犹太教的这些特点。

  思考：这些片段中所描绘的人与上帝的关系；如何比较这些希伯来人的信仰和埃及的信仰；作为一系列律法,如何将这些片段与《汉谟拉比法典》进行比较。

材料来源：*Scripture taken from the Holy Bible*, New International Version NIV . Copyright 1973,1978,1984 by International Bible Society. Used by Permission of Zondervan Publishing House. All rights reserved.

12：耶和华对亚伯兰说,你要离开本地、本族、父家,往我所要指示你的地去。
"我必叫你成为大国。我必赐福给你；
叫你的名为大,你也要叫别人得福。

1. 古代近东的文明

为你祝福的，我必赐福与他，那诅咒你的，我必诅咒他；
地上的万族都要因你得福。"

19：以色列人走出埃及地满三个月的那一天，就来到了西乃的旷野。他们离开了利非订来到西乃的旷野，就在那里的山下安营，摩西到神那里，耶和华从山上呼唤他说，"你要这样告诉雅各，晓谕以色列人，说我向埃及人所行的事，你们都看见了，且看见我，如鹰将你们背在翅膀上，带来归我，如今你们若实在听从我的话，遵守我的约，就要在万民中作属我的子民，因为整个大地都是我的。你们要归我作祭司的国度，为圣洁的国民。"这些话你要告诉以色列人。

摩西去召了民间的长老来，将耶和华所吩咐他的话，都在他们面前陈明。百姓都同声回答说，"凡耶和华所说的，我们都要遵行。"摩西就将百姓的话回复耶和华。

20：神吩咐这一切的话，说：

"我是耶和华你的神，曾将你从埃及地为奴之家领出来。

"除了我以外，你不可有别的神。

"不可为自己雕刻偶像，也不可作什么形象，仿佛上天、下地和地底下、水中的百物。不可跪拜那些像，也不可侍奉他，因为我耶和华，你的神，是忌邪的神，恨我的，我必追讨他的罪，自父及子，直到三四代。爱我并守我诫命的，我必向他们发慈爱，直到千代。

"不可妄称耶和华你神的名，因为妄称耶和华名的，耶和华必不以他为无罪。

"当记念安息日，守为圣日。六日要劳碌做你一切的工，但第七日是向耶和华你的神当守的安息日。这一日你和你的儿女、仆婢、牲畜并你城里寄居的客旅，无论何工都不可作，因为六日之内，耶和华造天、地、海和其中的万物，第七日便安息，所以耶和华赐福与安息日，定为圣日。

"当孝敬父母，使你的日子在耶和华你神所赐你的地上，得以长久。

"不可杀人。

"不可奸淫。

"不可偷盗。

"不可作假见证陷害人。

"不可贪恋人的房屋，也不可贪恋人的妻子、仆婢、牛驴并他一切所有的。"

众百姓见雷轰闪电、角声、山上冒烟就都发颤，远远的站立，对摩西说，

"求你和我们说话，我们必听，不要神和我们说话，恐怕我们死亡。"

摩西对百姓说，"不要惧怕，因为神降临是要试验你们，叫你们时常敬畏他，不至犯罪。"

献给阿吞的赞美诗和《旧约·诗篇》104：埃及人和希伯来人

某些特征使得希伯来人在古代近东独树一帜。然而，许多文明之间都有相似性，包括他们的宗教信仰和仪式。而且，希伯来人在许多方面都与埃及有着联系，并深受后者影响。从地理上来讲，巴勒斯坦是埃及和美索不达米亚大王国之间的缓冲地带。从历史上来讲，摩西成长的磨炼和出埃及都是源于埃及。希伯来和埃及宗教概念和表达方式之间的联系不太明

11

显但很重要。下面比较的片段取自埃及献给阿吞神的赞美诗和《旧约》中的《诗篇》104,前者编辑于公元前14世纪埃赫那吞统治时期,他试图改变某些传统的宗教观念,后者创作晚于前者6—7世纪,这两段文献表现出明显的类似性。

思考:如何解释这两个选段之间的相似性。

献给阿吞神的赞美诗:
当你坠入西部地平线,
大地死一般黑暗无边……
狮子纷纷走出洞穴;
所有爬行类动物,都要叮咬。
黎明时,你从地平线上升起……
驱走了所有的黑暗……
人们苏醒,站起身来……
所有的人都开始忙碌。
你的工作多么繁复,
人们根本看不到。
唯一的神啊,没有人如你一样,
你按照自己的愿望创造了大地。

《旧约·诗篇》104
你造黑暗为夜,
林中的百兽就都爬出来。
少壮狮子吼叫,要抓食。
日头一出,兽便躲避……
人出去做工,劳碌直到晚上。
啊耶和华,你所造的何其多,
都是你用智慧造成的。
遍地满了你的丰富。

图像材料

使用图像材料:乌尔的"王国旗帜"

在前言中,已经简单界定和讨论过图像材料。下面要讲的是使用图像材料的具体指南,以第一幅图像材料乌尔的"王国旗帜"为中心展开,它将成为一种样板(图1.1和1.2)。

图 1.1　乌尔"王国旗帜"

图 1.2　乌尔"王国旗帜"

1. 尽量把图像材料视为书写的原始材料。同对待原始材料一样,假定你是一位对苏美尔历史一无所知的历史学家,发现了这一图像材料乌尔的"王国旗帜"。你的目标是努力将其"读"为证据,支撑有关苏美尔文明某些方面的结论。

没有任何指导,将图像材料"读"作证据,比利用书写材料更加困难。图片复制使细节难以看清,而且大多数人不习惯用分析的方式来看图片。因此,在乌尔的"王国旗帜"眉批的第一段,我们用文字对图像材料进行了描述。在第二段,对照片中的证据进行分析。这里,同大多数图像材料一样,在照片和有关照片的书面描写和分析之间来回对照,将是非常有用的。

2. 同阅读原始材料一样,在观察图像材料和阅读图片指南时要思考问题。始终萦绕在心中的问题是,这张图片告诉了我们关于这一文明、关于人们怎样行动、关于他们怎样思考或他们信仰的什么内容? 关于其他问题,我们在"思考"栏目中进行了提示,比如艺术家试图向观众传达什么信息。

3. 这里的第一块嵌板表现了战争中的苏美尔人。眉批提醒我们从下到上阅读这三个嵌板,因为苏美尔的艺术家试图让我们这样看。在眉批的帮助下,我们可以看到猛攻敌人的马车,然后是步兵,最后是被带向取胜国王的俘虏。

第二块嵌板表现的是和平中的苏美尔人。也是从下面向上读,我们可以看到这个社会有组织地准备宴会,然后是宴会本身。

第二段揭示从乌尔的"国王旗帜"中所获得的信息,可以用作历史证据的某些方面,包括在苏美尔人中乌尔是有集权政治控制、组织严密的社会,这个社会至少在公元前2700年就已经开始使用各种驯养动物、工具和器具。

4. 现在返回来从整体的角度思考这一材料。为什么艺术家选择描绘这些场景?这些缺乏个性的形象要构成什么?今天人们在多大程度上可以制造类似的装饰,这一系列场景会描绘什么?

苏美尔:乌尔的"王国旗帜"

这一艺术品——用贝壳、天青石和红色石头镶嵌在一个木框子内制成,发现于一座年代为公元前2700年左右的坟墓里——描绘了苏美尔生活的两个方面,即战争与和平。在第一块嵌板的底部,从左向右读,一辆木制马车猛攻敌人并把他撞翻。在第二栏是步兵,穿着防卫性的斗篷、盔甲,手拿短矛,抓住并押送敌人。在第三栏右边的士兵把俘虏引向中央的国王。国王刚刚从他乘坐的左边的马车上下来,比其他人都高大。在第二块嵌板上,人们正在享受胜利的果实和和平,至少发生在宫廷里。在底部和中间栏,搬运者和仆人正把出产物、制作的物品和家畜运往宴会。在最上栏左边的国王和他的士兵们正在仆人的服侍下饮酒,竖琴手和右边的女歌手们唱起了小夜曲。

很明显,这幅图片提供了历史学家所谓文明社会的证据。展示了农业的劳动成果。为了特定目的各种动物都被训化。车轮等重要的发明已被应用。从竖琴、非常正式的宴会以及这一艺术品本身(它可能是某一七弦琴的盒子)的存在,都揭示当时已经产生了休闲活动。社会已经被组织起来,并表现出某些纪律,从马车的使用、步兵、搬运工、音乐家、仆人以及宴会本身,可以表明这一点。最后,国王代表直接与军事威力密切联系的集权式政治权威。注意这里唯一的女性是歌手。

思考:画中所描绘的人物为什么缺乏个性;这幅画所揭示的苏美尔社会等级的基础;你希望看到但画中所缺失的事情或场景;艺术家选择描绘这些特定场景以及仅仅描述你所见事物的原因。

古埃及门那墓中的壁画

这幅壁画来自古埃及书吏门那的坟墓,时间可追溯到公元前15世纪后期,描绘了埃及经济生活的基础(图1.3)。这幅关于收获的图片式记录,要从下向上读。在最底下的一栏从左向右看,普通百姓正用镰刀收割小麦。人们用绳篮挑着小麦经过两个女人,她们正为了保留一点点小麦而争斗,接着经过了两个劳动者(其中之一正在吹奏长笛),他们正在一棵枣椰树下休息,这些小麦要被送到脱粒和耙梳的劳动者那里。在第二栏,从右向左,牛踩踏着小麦,把麦粒和麦皮分开,同时劳动者们铲起小麦,让其迎风落下,除去麦壳。然后粮食运到进行监督的书吏门那那里,他正站在一座亭子里。帮助书吏的,是负责记录的下层书吏。在最上栏,从左到右,人们正用绳子丈量土地,以此作为核定税收的基础。在中间,门那注视下属们站成一排,抽打显然没有付税或失职的人。最后,这些谷物被堆积起来,装船运走。

图1.3 古埃及门那墓中的壁画

收获物看起来非常丰富,而且古埃及社会就是围绕这些收获物而严密组织起来的——从收集、加工和船运小麦,到估测税收和颁布法律。门那的权威,表现在他的身材大小以及他位于亭子之中,同时也表现在他的手中和身旁有权力的象征物。在早期社会中书写的重要性也有所表现:门那和他的直接下属之所以拥有权力,部分是因为他们会书写,这一技巧同中央权力组织经济和征收税收的能力密切相关。最后,这一壁画部分揭示了埃及宗教信仰的性质。这一场景描绘在坟墓的内壁上。因此这些画面并不是生者大众的,因为坟墓并非用来参观,而是为了死者或者死后的世界。这表明人们相信他们生活的现世和来世有非常密切的关系。

 思考: 这里存在一个文明社会的证据;这幅壁画和乌尔的"国王旗帜"之间的异同。

环境与古代近东文明的兴起

这三幅地图叙述了古代近东的天气、植被、农业地点和文明。地图1.4表明了现代社会的平均年降雨量(尽管在最近的五千年气候类型也许发生了变化,但可能并没有发生大的改变)。地图1.5表现了植被类型以及在同一地区发现的最早的农业地点。地图1.6表现这一地区的文明类型。

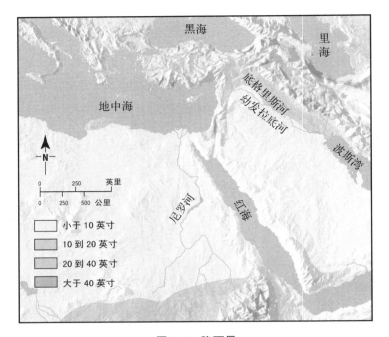

图1.4 降雨量

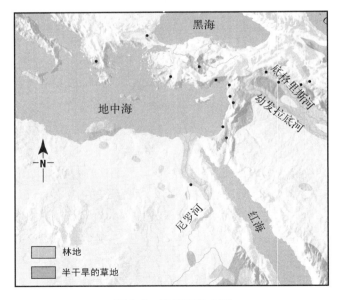

图1.5 植被和农业区

这些地图共同表明,早期的农业地点一般分布在雨量充沛的地区和亚热带林地,这两个地带都适合谷物种植。这些地区通常最终支撑了文明的发展。然而,一般说来,最早期的文明并不出现在这些地区,而是在降雨量少,同时在河流沿岸有一窄条亚热带林地的地区。河

1. 古代近东的文明

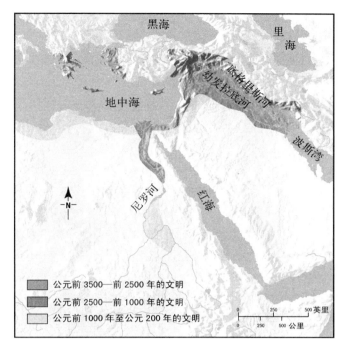

图 1.6　文明的分布

流可以弥补雨量的不足,但是降雨量少也会面临发展灌溉系统以及相应社会政治组织的挑战。这就是美索不达米亚和埃及早期文明所发生的事情。

二手材料

使用二手材料：农业革命

关于二手材料,我们在前言中已经简单地定义和讨论过。接下来是对使用二手材料的具体指导,以第一篇二手材料农业革命为中心,它将成为我们的范例。

1. 尽量不要把罗伯特 J·布莱德伍德所著的《农业革命》当作历史证据(如同原始材料那样)来阅读,而是当作学者(通常是历史学家)所提供的一系列结论——对原始材料证据所做的解释。你的任务是尽量理解作者的解释,评价作者提供的论点或证据是否恰好支持这些结论,并决定你在多大程度上同意或不同意他的解释。

2. 在你阅读二手材料时尽量思考问题。这一过程可以使你对作者选择或提供某种信息的原因以及作者试图向读者传达的结论保持警觉。也许你头脑中应该有的两个重要问题是,作者试图回答什么问题?作者所写的所有内容最终得出了什么?就每一篇二手材料而言,我们在眉批和"思考"要点中,都对这两个问题及其相关问题进行了指导。

这篇材料的眉批告诉我们,作者罗伯特 J·布莱德伍德试图解释农业革命,尤其是它的传播及意义。"思考"部分提醒我们注意作者在哪些具体的方面试图说服我们,例如他解释了农业革命的原因,以及他否定了其他学者提出的对农业革命的其他解释(环境决定论)。

3. 尽量阅读并用几句话总结布莱德伍德在每一段中试图讲述和争论的内容。他得出了什么结论?

也许有人这样来总结布莱德伍德的第一段,说他试图说服我们相信,农业革命是人类最重要的成就。他也界定了农业革命("植物和动物的驯化"以及"食物生产技术方面的成就")并说明它为什么如此重要("接踵而至"的是其他进步——城市社会和后来的工业文明)。

在第二段,布莱德伍德总结说,农业革命的起因(起源)是文化发展("文化的录制")。他论证说,农业的几项独立发明(多重起源)支持(或表明了)他的结论。

在第三段,布莱德伍德提出了农业起源的相反解释(环境决定论)。接着他提出了论点,说明他为什么相信这一相反的解释是错误的(随着气候的变化发生了或没有发生什么)。

在接下来的三段,布莱德伍德表明了自己的解释以及支撑这一解释的具体论点。总起来说,他试图总结每个段落所表述的内容。

在最后一段,他同其他作者一样,试图再次说服读者,他所写作的主题(农业革命)非常重要或意义深远。他是怎么做这一点的呢?

4. 最后,回过头来从整体上思考这一二手材料。尽量简要地整理作者的论点和结论。

你也许会说,布莱德伍德有两个主要论点。首先,农业革命对人类历史至关重要,因为它直接导致了城市文明的产生。第二,农业革命的原因是文化差异和专门化(或者称文化记录),而不是环境决定论(环境)。

思考:地理和气候因素如何有助于解释两河流域和埃及文明的兴起;地理和气候因素在某些地区如何加速了定居的发展,但并没有促使这些定居点发展成为大型的有组织的社会。

罗伯特 J·布莱德伍德:农业革命

五六千年前,最初的文明在古代近东兴起之前,人类已经在这个地域的部分地区生活了数千年。关于人类条件发生快速转变的原因,众说纷纭。然而,大多数历史学家和人类学家都指出,新石器时代的农业革命,是向文明过渡过程中最关键的进步,在这一过程中,通过植物的栽培和动物的驯化,人类不再是狩猎者和食物采集者,而成为食物生产者。在下面的选段中,考古学家和人类学家罗伯特 J·布莱德伍德,对农业革命及其传播和意义进行了分析。

思考:农业革命的起源或原因;布莱德伍德对环境决定论的否定以及对文化差异和专门化的接受;农业和城市起源之间的关系。

材料来源: *From Hunters, Farmers, and Civilization: Old World Archaeology* by C. C. Lamberg Karlovsky. Copyright 1979 By W. H. Freeman and

1. 古代近东的文明

Company. Reprinted with permission.

工具制造是从早期智人开始的。我们现代人与之媲美的成就是农业革命。毫无疑问，少量的人口可以通过狩猎和采集食物的技术而维持生存，这些技艺是通过早期人类和早期智人50万年至100万年的经验，不断传递和缓慢进步的。然而，随着植物的栽培和动物的驯化，更大更新范围的文化进化突然变得可能。更有效率的食物生产技术成就也许不能预定后来的发展，但是却让后来的发展步伐加快。最初的城市社会出现于距今几千年之前，而当代的工业文明从最初的文明不到10 000年后到来。

食物生产的成功试验，最初发生在西南亚，在"肥沃的新月形"地带多山的两侧。后来的农业试验发生在（可能是独立完成的）中国和新大陆（肯定是独立完成的）。农业革命的多次发生，说明它最可能是人类文化进步的后果，以及各种环境因素的特定结合。所以，农业的起源必须在文化记录中去寻找。

不久前环境决定论的支持者指出，农业革命是为适应伴随距今10 000年左右最后冰河期的消退而出现的环境巨变而发生的。然而在过去的75 000年里，有些时期气候也经历了与此相同的巨大变化，西南亚的食物采集者和地球上各个地区类似的居民，也确实找到了潜在的能够被栽培的植物和被驯化的动物。而且最近的研究表明，位于"肥沃的新月形"地带两侧农业起源的地区，并没有剧烈的气候变化。环境决定论者还用"邻近理论"争辩说，人与相应的动植物隔绝在沙漠绿洲，开始了驯化的进程。

在我看来，没有必要用外部的"原因"使这一问题复杂化。食物生产的革命似乎是当人类团体不断增长的文化差异和专门化达到顶峰的时候发生的。大约在公元前8000年，肥沃的新月形周围山区的居民逐渐清楚了解了自己的居住环境后，便开始栽培他们采集的植物，驯化猎取的动物。稍后在中美洲、或许在安第斯山脉，在西南亚和中国，人类的文化达到了相应的高度。从这些"核心"区域，文化的扩散将新的生活方式传播到世界的其他地区。

随着农业革命开始传播，强度提高的农业采集生活方式日益适应变化的趋势，开始走向自身的反面。新的技术能够广泛应用在不同的环境下，并可以进行适应性调整。底格里斯河附近略晚于加尔莫的哈苏纳遗迹，表明这里的人们已经同叙利亚—西里西亚阿姆格地区的人们就陶器以及燧石和黑曜石抛射尖头的制作交换意见。在这一地区，食物生产这一复杂体的基本成分——小麦、大麦、绵羊、山羊或者牛——已经向西越过他们本土居住环境的界限，遍布地中海整个东部地区。它们也远达里海东部的阿瑙。地区性的文化差异仍然存在，但是人们越来越接受和适应了来自其他地区的文化特性。渐渐地，新的生活方式伸展到爱琴海并远达欧洲，并沿着第聂伯河、多瑙河和罗纳河等河系以及海岸缓慢推进。强度提高的欧洲食物采集者接受了新的生活方式，但是正如戈登·柴尔德指出的，他们"不是盲目的模仿者：他们把来自东方的礼物，调整为新的有机的整体，能够使其沿着独创性的道路发展"。欧洲人已经栽培了裸麦和燕麦，它们最初是作为混在小麦和大麦种子中的杂草植物而传入欧洲的。在来自中美洲的农业类似传播过程中，北部的某些民族似乎抵制了这些新的方法，至少暂时是这样。

到公元前5000年左右，村落农业的生产方式似乎已经沿着山谷而下，伸向了底格里斯河和幼发拉底河低洼地的淤积土地。罗伯特 M·亚当斯相信,曾经有居住在低地的人擅长于从河流中采集食物。他们接受了从高地下来的人的农业观念。在低洼地,完全不同的气候、定期的洪水泛滥以及小规模的灌溉,使农业走向全新的技术转变。大约到公元前4000年,南部两河流域的农业产量大幅度增加,他们的农业开始支撑城市文明。这一时期最典型的古代遗址是欧贝德。

因此,在公元前3000—前4000年,人们的生活方式远比过去的250 000年所发生的变化要大。在农业革命之前,许多人必须花大量时间寻找下一餐食物,除非他们猎杀了大型动物能够饱食几顿。随着人们学会生产食物而不是采集、狩猎,并把食物放进谷仓,以及把动物活着留下来,他被迫而且也能够定居在较大的社团里。随着人们的能量可以释放在整个全新的活动中,便出现了专门的非农业技艺的发展。基本机械原理的发现、组装犁、车轮以及冶金术等新发明很快出现,绝非偶然。

威廉 H·麦克尼尔:文明的进程

历史学家一直对文明最初如何兴起和发展感兴趣。这一问题的核心是早期文明之间如何相互影响。下面的选段选自一篇文章"人类简史"(2000),著名历史学家威廉 H·麦克尼尔强调文明进程中交往网络——尤其是海洋——的重要性。

思考: 麦克尼尔如何界定"文明";为什么在文明进程中交通和运输如此重要。

材料来源: William H. McNeil, "A Short History of Humanity", *The New York Review of Books*, June 29 2000, pp. 9 - 11 as Excerpted.

文明把陌生的人结合在一起,不同阶层的人并肩生活在明显半自治的团体中。祭司和首领,战士和手艺人,商人和旅行者,主人和仆人各自的生活差别很大,但是所有人都依赖于商人的服务和交换。一方面受到习惯法则的约束,另一方面受到人口和资源供需方面的制约。

与最初的生活组织相比,以城市为基地的文明是(现在仍然是)混乱和不稳定的社会结构,但是它也更加强有力,可以通过服从深思熟虑的命令,或者通过协商,或多或少自愿地交换食物和服务,来协调许多人的行动。大量的人一起工作,不管是自愿的还是不自愿的,有意的还是无意的,都会出现同样的结果,即差别不大的个人组成的较大团体内部的合作从人类历史之初就出现了,换句话说,文明的社会形式比同质的社会更能对自然环境和更多的人口施加力量。所以从最初的文明兴起之始,文明的社会复合体就易于传播,直到现在所有人类都结合在一个全球体系中,特别迅速地交换着信息,打破几乎所有地方的传统生活方式。

一个具有适当想象力的历史学家,也许希望通过集中考察交通和运输方面的突破,来确定文明进程中的里程碑,正是交通和运输改变了信息在人们中间的传播和范围,并因此加快了新兴事物在远地的传播,比以前更好地满足了人们的希望或需求。

当人们刚刚学会使用短桨和帆来推进木筏和船只时,在容易航海的海岸远距离邂逅的可能性就出现了。几乎可以肯定的是,东南亚的部分地区(尤其是印度尼西亚海面上的岛屿)是实现这种突破的主要地点。那些在大约40 000年前(也许还要早)到达澳大利亚的人,一定使用了某种漂浮装置,这一事实表明,用于航海的某种水平仪当时已经出现了。但是木筏和船只很少留下考古学痕迹;而且由于随后的冰河融化大大抬高了海平面,东南亚和其他地方的早期沿岸居住地已经被淹没了。

而且,清楚的是,早期的航海船只已经开始利用季风在东南亚和印度洋沿岸来来往往。到苏美尔人时期这样的航海已经获得了很大的发展,他们的记录中已经提到了波斯湾顶端的苏美尔地区与印度和埃及社会——以及与外部更广阔地域的航海民族联系的海洋网络。

事实上,苏美尔人的城市是在这样的海洋网络和新的沙漠商队转运网络交汇的地方兴起的。驴子作为沙漠商队最初使用的重要动物,大约在7 000年前就已驯化,但是由于商队管理同海洋航行同样复杂,所以可能过了一段时间后陆路运输才变得重要。但是当地方上的人们了解,向要通过的商队收取商定的保护费比劫掠商队能更好地保证供应他们所渴望的外来商品时,长距离的陆路运输才比以前更稳定地把不同的人口联系起来。因而,在早已存在的古代航海网络和最新开通的陆路通道交汇的苏美尔,最初的城市出现在公元前4000—前3000年绝非偶然。商品和观念沿着交通线移动,在他们汇集的地方,苏美尔人以最理想的位置进行拣选,详细了解和改进来自远近各地的技巧和知识。

苏美尔人的成就,包括文字、冶金、有轮的运输工具和令人印象深刻的宗教,都沿着同样的网络向外传播。例如,在遥远的北部大草原,印欧的牧羊人接受了苏美尔人的七大主神——天、地、雷电、太阳、月亮、淡水和咸水。并且,经过后来的调整,他们的雅利安、希腊、拉丁、凯尔特、日耳曼和斯拉夫后裔携带着这些异教诸神进入了印度和整个欧洲。

同样,有轮的运输工具,以两轮马车的形状,在公元前1400年传到了中国,并帮助巩固了商朝的力量。但是在所有苏美尔的发明中,他们的写作手段也许是意义最大的,因为它为信息的储存和检索增添了新的尺度。由于书写记录比人的记忆有更大的空间,更持久和可靠,因此书写记录能够让祭司和统治者按照商议的原则收集和分配大量的物质财富。这样,政府变得更加有力,命令变得更加具有强制性,成千上万的人之间相互协调成为一种常规。

赫伯特J·穆勒:古代世界的自由——苏美尔的文明

历史学家一般把城市的发展视为向文明状态转变的标志,而且城市也确实是文明化的必要成分。一些最早的城市是苏美尔人在底格里斯河和幼发拉底河河谷所创建的,那里的居民已经发展了灌溉系统。在下面的选段中,赫伯特J·穆勒分析了城市和灌溉系统对苏美尔人社会、政治和宗教的意义,尤其探讨了文明所引起的问题。

 思考:为什么城市和灌溉系统要求新的法律和政治控制制度;为什么穆勒相信文明所带来的财富增加和机会对苏美尔人并不绝对是好事;苏美尔人所做出的政治、经济和社会决策怎样反映在他们的宗教中。

材料来源:Excerpts from *Freedom in the Ancient World* by Herbert J. Muller. Copyright 1961 by Harper & Row, Publishers, Inc. Reprinted by Permission of Harpercollins Publishers, Inc.

现在我们必须考虑随文明而来的问题——这些问题并非主要源于人性之恶,也源于城市的性质。苏美尔人箴言说:"友谊维持一日,亲属保持长久。"由不同成分组成的城市不再靠亲属纽带连成一体,甚至家庭也不再稳定。另一则箴言说,"为了愉悦:结婚,仔细考虑:离婚。"因此苏美尔人不能再依赖习俗或共同认同之类的非正式控制,这些东西在村落里维持秩序是绰绰有余的。他们必须用政治控制和法律制度来补充习俗,靠强力和道德说教来支撑。在这种意义上,城市产生了罪恶的问题。在这里,而非在伊甸园,产生了堕落。

更具体而言,文明的兴起制造了至今仍然纠缠着我们的问题。通过大型排水和灌溉系统,苏美尔人能够生产越来越过剩的物质财富。问题是:谁将占有和享受这些财富?苏美尔人的答案是一致的:主要是少数有特权的人。理论上拥有这一切的神,事实上需要祭司管家的服务,不久以后,这些人在帮助神享受这一切时,占有了自己不该享受的份额,牺牲了他们之下的仆人的利益。同城市大致相同,神的财产方面的等级分化日趋明显。苏美尔的熟练的手艺人,制作金属和宝石方面的工艺无人能比,但变成了穷人,买不起自己的产品。苏美尔人的书记员指出:"仆人总是穿着脏衣服。"另外的谚语详细描述了穷人的困境:

穷人生不如死;

有了面包没了盐,

有了盐却没了面包。

穷人并非一直存在。作为一个阶层,他们随城市相伴而生。新兴的奴隶也出现了:战场上的胜利者发现,驯化俘虏比驯化其他类型的动物更加有利可图。在城墙之外,城市创造了另外一类人——农民。村民没有文字,在文化上与他的同伴平等。农民则是文盲,认识到他不会写字,意识到自己依赖城市权威,并容易被后者剥削。总而言之,城市革命产生了畸形的东西,并随着工业革命越来越突出。随着集体财富增加,许多人的情况变得更糟,而且许多人感觉比新石器时代的村民更加糟糕。

同样,大型灌溉系统造成了一种政治问题:谁将控制它所需要的组织,行使它所赋予的权力?答案也是一样的:少数特权人物。随着神庙领地成长为一个城市,祭司阶层需要更多世俗的帮助,尤其是在战时。苏美尔传说保留了早期城市中某种民主大会的记忆,但是它强调大洪水之后"王权下降自天"。诸神派遣了国王来维持秩序,以确保很好地侍奉他们,城市的幸福是仰仗他们的。根据苏美尔人关于大洪水前黄金时代的传说,这并非纯粹天堂般的幸福:一个平静和繁荣的伊甸园,没有蛇、蝎子、鬣狗、狮子、野狗、狼——"没有恐惧和惊骇,人们没有对手。"无论如何,神授的国王像绝对君主那样统治,也许是一种恐怖。同他一起,蝗虫瘟疫出现了——收税官。文明又一次意味着畸形物:随着集体获得越来越显著的自由,许多个人享受的自由,都不如史前时代的村民。

在苏美尔,由于深厚矛盾的存在,这些问题进一步加剧。我们看到,人们在向自然扩展自己的力量时越来越依赖于超自然手段。现在,随着最成功地演示自己的创造力,人们也确信了对神的彻底依赖,确信没有他们自己毫无力量。苏美尔人的纪念性建筑正是这种极端矛盾的例证。金字形神塔启示了犹太人巴别塔的传说,但是它根本不是象征耶和华所误解的人类的放肆——而是象征人类可怜的奉承。苏美尔人的传说告诉我们,人类被创造,只是为了当神的奴隶;他从事所有肮脏的工作,而神们就可以休息和自由享受。苏美尔人创造了最卓越的成就,而诸神却因此获得了声望。他们也是最大的获益者,因为城市的所有工作都致力于促进他们的福祉,而不是人的幸福。

亨利·法兰克福和H·A·法兰克福:古代人的思想冒险

古代人对世界以及人在世界中的位置,有自己的假设和态度,对历史学家而言,理解这一点是很困难的。搜集古代民族政治和社会方面的信息比较容易,因为记录这些内容的方式我们能够理解。当对个人如何认知世界进行总结,而他们的认知和我们大相径庭时,需要我们更加敏锐地使用证据,解释时要充满想象力。在下面的选段中,考古学家和文化历史学家亨利·法兰克福和H·A·法兰克福试图描绘古代人和现代人之间在观念上最根本的不同:古代人并不认为物质世界是由无生命的东西或自然力量构成的(现代人通常指这些东西为"它"),而是把它们看作有生命的,能动的个体存在(古代人指这些东西为"你")。

思考:古代人和现代人态度不同的宗教意义;哪些证据可以用来支持或攻击这种解释;在解释古代世界科学的性质时这些态度所起的作用。

材料来源: Reprinted from *The Intellectual Adventure of Ancient Man*, by Henri Frankfort and H. A. Frankfort, by Permission of The University of Chicago Press. Copyright 1946, pp. 4 – 6.

古代人同当代原始人一样,总是把人看作社会的一部分,而社会嵌入自然之中并依赖宇宙力量。对他们而言,自然和人并不站在对立面,所以不必用不同的认知模式来理解。在这部著作的进程中,我们会了解到事实上自然现象通常是根据人的经验来构造的,而人类经验则是按照宇宙的事件来构造的。我们在这里接触到古代和我们的不同,这对我们的考察意义重大。

现代人和古代人看待周围世界的态度最根本区别是:现代具有科学头脑的人认为,现象界主要是"它";而古代人——也包括原始人——认为,自然界是"你"。……

在原始人眼里,世界既不是无生命的也不是空虚的,而是充满了生命;而且生命具有个性,存在于人、兽和植物中,存在于人们所遇到的每一个自然现象中——雷声、突然阴暗、林中恐怖的未知的空地,狩猎途中绊倒后突然击中自己的石头。任何时候与他面对的自然现象都不是"它"而是"你"。在这样的面对中,"你"揭示了它的个性、性质和意志。人们并没有用智力的区分来思考"你",而是像生命面对生命那样体验它,在相互关系中人的各种能力都卷入其中。思想、甚至行动和感情,都服从于这一经验……

在自然中全面的人面对活着的"你",而且这位全面的人——情感的、有想象力的以及有智力的——表达了这种体验。对"你"的所有体验都是非常个体的;而且早期的人类事实上把所发生的事情看做个体事件。表达对这些事件的描述和解释,仅仅一种行为,有必要采取故事的形式。换句话说,古代人讲述神话,而不是进行分析或得出结论。作为例证,我们可以分析驱走干旱带来雨水的大气变化。巴比伦人观察同样的事实,但是将其认为是巨鸟因都古德的干预,他前来拯救他们。他用黑色暴雨云的翅膀遮蔽了天空,吞下了天牛,正是后者炽热的胸膛烤焦了庄稼。

莱昂内尔·卡松:古代埃及的日常生活——来世

关于来世的概念,深刻地揭示着一个文明,因为这些概念经常反映一个文明的情绪、挣扎、问题和态度。埃及人非常关注来世,这反映在他们巨大复杂的金字塔坟墓建筑上。在下面的选段中,莱昂内尔·卡松分析了埃及人对死亡和来世的态度,并指出了那些态度的多样变化。

 思考:古埃及人看待来世的态度如何精确地反映了埃及人的特性;公元前1200年后发生变化的证据;辛努赫的叙述如何反映了对来世的关注。

材料来源: Lionel Cssson,"Daily Life in Ancient Life," *American Hertage*, pp. 107 - 108. Reprinted by Permission of American Heritage magazine, a division of Forbes Inc., 1975.

如我们屡次观察到的那样,埃及人性格愉快、乐观和自信,他们对来世的看法反映出这一点:在古埃及的大部分历史进程中,他们都把来世视为可以享受的事情,当然不会带着不祥的预感去观察。同时他们的头脑是实用的和唯物的,并不沉迷于幻想,而是把来世看做一个更好的世界。他们认为,死亡是人类今世生活的延续,如果周到地准备合适的葬礼、祈祷和仪式,这种延续仅仅包括今世生活最好的方面——没有什么可以恐惧,但另一方面,也不值得人们渴望迅速离开此世而进入其中。这种态度从古王国一直持续到公元前1200年左右的十九王朝,那时候发生了显著的变化。从这时候起,坟墓中的图画和文字不再关注今世的生活。图画不再描绘死者安详地思考他领地上忙碌的生活,而是病态地集中于木乃伊制作、葬礼、奥西里斯的审判、死者将看到的魔鬼和死亡的其他方面。文字放弃了自传,而热衷于坟墓外生活所需要的有魔力的食谱。这种重点的转移作为特殊的特点之一,标志着埃及堕落为宗教当道、迷信和固守仪式的国家,当时,希罗多德和其他希腊、罗马作家都记述了他们的印象。

但是这种转变直到我们提到的那个时期的末期才出现。在新王国的大部分时期里,埃及人都是很平静和自信地为进入来世做准备。那是一项职业,要花去他一生的大部分时间和资源,因为在没有确保其最后的长眠地和装备齐全之前,没有人可以安心。在中王国的传说《辛努赫的故事》中,叙述了一位官员被流放,但在年老时被法老及时召回,在自己的家乡幸福地终其一生的故事。辛努赫详细描述了他返回家乡的无上喜悦:

在金字塔坟墓中间为我建造了石头的金字塔坟墓。凿石工匠进驻了那块地基。草图设计者在其中设计;著名雕刻家在其中雕刻;在大墓地的监工对此表示关心。所需的材料都由放在坟墓杠杆上的设备来制造。停尸间的祭司们也已配备给我。为我建造的大墓地花园,占地远达城镇,就像给一个重要朝臣所建的那样。我的雕像被贴上了黄金,雕像的边缘是上好的黄金。而下令建造它的,是尊贵的陛下。

1. 古代近东的文明

芭芭拉 S·莱斯克：埃及妇女和古代近东

在埃及和两河流域文明早期，妇女远比在后来的文明中容易在政治、经济和宗教方面登上重要位置。怎样解释所发生的那些变化使得近东社会更多以男性为主导，而对妇女的压迫日甚呢？埃及学家芭芭拉 S·莱斯克在下面的选段中研究了这一问题。她把事件集中在公元前 3000 年代末和公元前 2000 年代初。

 思考： 哪三种因素解释了妇女地位和自由的衰落；埃及和早期苏美尔与亚述等后来的社会有怎样的不同；解释妇女地位和自由衰落的其他可能性。

材料来源： Barbara S. Lesko, "Women of Egypt and the Ancient Near East," in Renate Bridenthal, Claudia Koonz, and Susan Stuard, *Becoming Visible: Women in European History*, 2d ed. (Boston: Houghton Mifflin Co., 1987), p. 74.

苏美尔文明衰落后，近东的父权制兴起，对妇女的压制越来越严重，那么它形成的真正原因是什么呢？有几种原因浮现出来。首先是尚武精神。在埃及那样的早期农业社会，内部的冲突实际上操纵在强有力的中央集权的政府手中，战争通常在边界之外发生，在有记载的最初 1 500 年里并没有常备军，同时国家很少受到侵略的影响，妇女一直同样承担市民的义务和职责，并拥有完全的权利。然而，在由时刻保持警惕而且性格多疑的游牧民后代所建造的新兴国家里，城市之间的战争经常发生，外部敌对势力的侵犯司空见惯，尚武精神发展起来，排除了妇女并使她们具有依赖性。其次，在商业主义同时影响甚大的地区——如叙利亚，建立了最严重的父权制。建立在个人进取心基础上的商业首先大规模出现在旧巴比伦地区，那里的文献记载了男人们第一次一致努力控制妇女获得财产收入。这不但可以在汉谟拉比法典中看到，也可以在隐蔽的纳迪图妇女条例中看到。如叙利亚那样，与致命的尚武精神一起，商业主义的兴起也对妇女的权利形成毁灭性的影响。在埃及，大规模的商业实际上一直由国家垄断，所以它对社会的影响无关紧要。

我们可以进一步指出，甚至在埃及新王国这一具有某种尚武精神的帝国时期，妇女的地位和自由也没有大幅度降低。这引入了第三个因素：信心。一个高度自信的国家能够给予宽容。埃及对它的神，对生命的永恒，对自己土地的慷慨都充满自信。苏美尔在早期形成时期也具有这样的优点，后来的社会却不再如此。正是受到威胁的男性和受到威胁的社会——如亚述，三面被死敌和虚弱贫穷的以色列所包围——限制了妇女的作用。

保罗·约翰逊：犹太史

历史学家的主要任务是把一个民族、一个时代或一种变化不同于其他之处阐释清楚。在分析犹太人时，大多数历史学家都强调犹太宗教是一神教，只承认一个神，而且犹太教的主要因素后来都直接与在那个地区所建立的其他两个宗教,即基督教和伊斯兰教联系起来,或者结合进后两者之中。在下面的选段中,保罗·约翰逊超越了犹太的一神教,而集中探讨作为古代作家的犹太人在哪些方面比较独特。

思考:约翰逊的解释是否得到古代近东原始宗教文献的支持;古代犹太文学的这两个特点为什么如此重要;如何将这种对古代文学的解释与法兰克福对古代人心智的解释进行比较。

材料来源:Excerpt from *A history of the Jews* by Paul Johnson, Copyright 1987 by Paul Johnson, Reprinted by Permission of Harpercollins Publishers, Inc. and Geroge Weidenfeld & Nicolson, Limited.

作为古代作家,犹太人具有两个独特的特点。他们首先创造了重要的、真正的和解释性的历史。有人说他们从具有历史思想的民族赫梯人那里学会了历史这门技艺,但明显的是,他们从早期开始就着迷于自己的过去。他们知道自己是一个特殊的民族,并不是从没有记录的过去简单进化而来,而是为了明确的目的,通过一系列特殊的神圣事件而产生的。他们把决定、记录、评论和反应这些事件视为集体的事业。在遥远的时代,没有一个民族表现出如此强烈的探究自己起源的冲动。圣经不断给出探寻历史精神的例证:例如,为什么在艾城门有一堆石头?吉甲的十二块石头意味着什么?这种对原因说明的热情,对解释的探求,扩展成为一种总体的习惯,就是通过过去来看现在和将来。犹太人想了解他们自身和他们的命运。他们想了解上帝以及他的意愿和希望。因为在他们的神学中,上帝是所有事件的唯一原因——正如阿摩司所说,"如果不是耶和华所愿,罪恶怎会降临一座城市?"——也是历史的作者,由于他们是上帝的大型戏剧中所选中的角色,对历史事件进行记录和研究是理解上帝和人的关键。

所以犹太人全都是历史学家,圣经实质上从头到尾都是一本历史著作……

古代犹太的历史既有高度的神性也有高度的人性。历史是神创作的,独立运作或者通过人来运作。犹太人对不具人格的力量不感兴趣,也不相信。他们对创世的物理学不感到好奇,而是对古代文学的种类感兴趣。他们转身背对自然,忽视它的表现,除非它反映了神——人的戏剧。巨大的地理和经济支配力决定历史的思想,这个概念对他们而言非常陌生。圣经之中有许多自然的描写,有些异常美丽,但是它是历史喜剧的舞台背景,是人物的背景幕。圣经是充满活力的,因为它所描绘的完全是活着的创造物,尽管上帝也是活着的,但由于上帝无法被描绘或被想象,所以其关注点一直是男人和女人。

因此古代犹太文学的第二个独特性是:全方位地用文字表现人的个性。犹太人是第一个找到词汇来表现人类最深层情感的民族,尤其是身体或心理的痛苦、焦虑、绝望和悲哀所引起的情感,以及由人的独创性创造的治愈这些不幸的方法——希望、坚定、对神助的信仰、清白和正义的意识、忏悔、悔恨和谦逊。

1. 古代近东的文明

 **本章问题**

1. 本章讨论的什么社会特征符合通常所认为的"文明"?
2. 你如何解释这些文明的兴起,尤其是这些文明之间的相似性?
3. 评价地理、经济和其他因素在解释这些早期文明不同性质方面的相对重要性。
4. 以原始材料和二手文献为文本,描绘古代民族有关世界、社会和妇女的假设和态度最相似的地方。在古代近东的不同社会中,某些假设和态度是如何不同的?

2. 希腊文明的出现

尽管西方文明诞生于古代近东,但是我们还是更肯定地认为其根源是希腊文明。在希腊文明于公元前5—前4世纪达到巅峰之前,曾经历了漫长的发展历程。公元前3000—前2000年,克里特岛上的米诺斯已经发展了复杂的海上文明,它与希腊大陆有着密切的联系。在公元前2000年左右,尚武的迈锡尼希腊人兴起,在希腊大陆建立了霸权。这两个青铜时代的民族在大约公元前1400—前1000年之间陷入了一系列的剧变。经历了三个世纪的文化衰落以后,希腊再次脱颖而出,进入了蓬勃发展的时期。商业发展起来,而且希腊殖民了从黑海到西部地中海的广大地域。同时,城邦国家进入了一个政治演变和文化发展的时期。

这一时期的末期,有两个城邦国家特别突出:斯巴达和雅典。他们都代表着其他城邦也要经历的发展的极致。斯巴达发展了组织严密、崇尚武力、以陆地为根基的国家,控制了伯罗奔尼撒半岛。雅典发展了相对开放、民主的海上国家,控制了阿提卡,并资助商业和文化的发展。在公元前5世纪的最初几十年里,这些敌对的力量努力结盟,对付来自波斯的严重威胁,之后,他们在牵动整个希腊世界的斗争中成为竞争者。

本章中所选取的片段,主要讲述五个问题:第一,我们如何解释迈锡尼和米诺斯这一青铜时代文明的结束,以及向此后"黑暗时代"的堕落?考察的范围包括从入侵到内战的各种解释。第二,《荷马史诗》的历史意义是什么?《荷马史诗》对迈锡尼时代和黑暗时代提供了什么历史信息?《荷马史诗》总体上对希腊人和希腊文化有什么意义?第三,公元前800—前500年间希腊城邦经历了怎样的演进?这里的重点是早期斯巴达和雅典。这里也考察反映在政治变化中的某些社会分化。第四,公元前750—前550年间的希腊殖民运动有何意义?殖民地与希腊的经济和社会具有怎样的联系?殖民地在传播希腊文化方面发挥了什么作用?最后,在早期,希腊社会的性质和理想是什么?

本章的材料将把我们带到公元前6世纪末,正是在此时,古典时代开始了,这方面内容我们将在下一章进行考察。

2. 希腊文明的出现

原始材料

荷马：《伊利亚特》

荷马的《伊利亚特》既是一部文学作品，也是有关希腊文明的重要文化、宗教和社会的素材，它是从希腊早期流传下来的少数历史文献之一。《荷马史诗》很可能是在公元前9—前8世纪口头创作或汇编的，它所描绘的是可能发生于公元前13世纪的迈锡尼希腊人和特洛伊（小亚细亚一座城市的所在地，靠近达达尼尔海峡的入口）之间的大战。《伊利亚特》所描绘的政治环境混杂着迈锡尼时代的传统和继后的"黑暗时代"的典型惯例。下面的选段讲述希腊匠神赫菲斯托斯所锻造的盾牌。盾牌上装饰着两座城市的场景：第一座城市处在和平之中，正在举行审判，第二座城市正在遭受围攻，在它的周围是经济繁荣的景象。

 思考：这些城市的政治特征；裁定这一审判的基础；第二座城市的经济特征。

材料来源：Reprinted form Homer, *The Iliad*, trans. by Richmond Lttimore, by permission of the University of Chicago Press. Copyright 1977, pp. 388 – 390.

上面铸有两座美妙的人间城市，一座正在举行婚礼和宴会。

他们高举着火把，把新娘从闺房中引向城市街道，并高声唱起婚礼的赞歌。

年轻人们跳起旋转的舞蹈，优美的长笛和竖琴把他们的喧闹推向高潮，妇女们在门后观望着，投来艳美的目光。

一群人围聚在城市市场，两个男子正在为一桩命案的赔偿金争吵不休。一个公开发誓全额赔偿，而另一个人拒绝了，什么都不肯接受。

两个人闹上法庭请求裁决。人们谈论着双方，分别帮助一头。

但传令官让他们安静下来，长老们在法庭光滑的石凳上就座，手里拿着传令官交予的权杖，传令官请求长老发言。

争执的双方急切地来到他们面前，依次申诉自己的案情，在他们中间放着两塔兰特黄金，准备付给最公正的长老。

在另一座城市周围，出现了两支全副武装的部队，士兵手里是闪亮的枪矛。

双方还未达成一致，是进攻将其捣毁，还是双方平分这座优美的城市所拥有的所有财产。

但是城中的居民不肯放弃，武装起来准备伏击。

可爱的妻子和孩子们站在城墙上坚守，她们身边是年迈的老人。其他人在阿瑞斯和雅典娜的率领下悄悄出城。

两位天神都身着金衣和黄金甲，优美而又高大，远远望去特别显眼，而周围的人们都相形见绌。

这些人来到了设下埋伏的地点,那是所有动物饮水的地方,他们坐下来,将自己掩映在明亮的古铜色之中。

远离他们的地方,两个士兵为他们放哨,等待出现羊群和蹒跚的牛群,它们出现了,两个牧羊人赶着它们,欢快地吹着短笛,全然不知圈套就在前面。

其他人看到后,迅速从两边截断了牛群和漂亮的羊群,杀死了两个牧人……

在盾牌上他还描绘了一片宜人的土地,犁耕土地的美景,土地宽阔,已犁耕三遍,许多农夫赶着成对的牲畜来来往往……

他在盾牌上还描绘了一位国王的土地,众多的农夫正挥动着手里锋利的镰刀收割,在镰刀割过的地方,庄稼一个个成排地倒下,人们用绳子捆起庄稼。

旁边站着三个捆庄稼的人,身后孩子们拾捡收割后的庄稼,抱在怀里交给他们;他们身边是静静站在收割者队伍旁边的国王,举着权杖,无比欢心。

在一棵大树下,使臣们正在准备宴会,加工屠宰的肥牛。妇女们则取出白白的大麦,作为收割者的午饭。

他还在盾牌上铸出坠满葡萄的葡萄园,用黄金打造,上面的葡萄是暗色,葡萄藤则沿着银制的架子伸展。周围则是用硬金属制作的排水沟渠,围绕这一切的是锡制的围栏;只有一条小路通向葡萄园,路上走的是采摘葡萄的搬运工。

天真轻快的年轻男女,挎着编织的篮子,把甘甜的果实运走,他们中间有一个小伙,为他们弹奏着迷人的竖琴,轻声唱着献给利诺斯的歌。大家跟着他,伴着音乐,又唱又跳。

赫西俄德:《工作与时日》

在荷马史诗反映早期希腊诸多英雄价值的同时,大多数希腊人都面对日常工作的现实。描绘工作和财富等方面的最早素材之一,是生活在公元前8世纪的希腊诗人赫西俄德创作的。在《工作与时日》中,他描绘了自己在田地上生活和劳动的思想,也描绘了神话和寓言。下面的选段讨论了辛勤劳作的重要性以及如何获得财富。

 思考:赫西俄德所赞成的价值观;关系到赫西俄德的希腊社会内部的问题;根据赫西俄德的说法,如何最好地获得和保护财富。

材料来源:Hugh G. Evelyn-White, Trans., Hesiod, *the Homeric Hymns and Homerica*. New York: The Macmilian Co., 1914, pp. 25 – 31.

神和人都痛恨懒惰之人,因为他本性上如同无刺的雄蜂,白白浪费工蜂的劳动,只吃不做。你要注意适时安排工作,在适当的季节让谷仓装满粮食。人们通过劳动增加羊群和财富,通过劳动受到永恒之神的更多青睐。不体面的并非劳动,而是懒惰。但是如果你劳动,增加了财富,懒惰的人马上就会嫉妒你,因为声望和名誉伴财富而生。如果你把迷误的心从他人的财产转向自己的劳动,而且留心从事我吩咐你的生计,不管你的运气如何,劳动对你来说都是上策。罪恶的羞耻心是穷人的伴侣,羞耻心既极大地伤害人也能使人昌盛;羞耻

2. 希腊文明的出现

与贫穷相伴,自信则与富裕为伍。

不能强占财富:神所赐予的财富更好,因为如果一个人用暴力夺取大量财富,或者用花言巧语骗取,正如当贪婪蒙蔽了人的良心、丑闻践踏了荣誉时所发生的那样:神灵会贬斥他,让他的房屋倾颓,让他的财富在他手里瞬间消失……无论是谁,只要在原有基础上不断积累,就能避免两眼放光的饥饿。即使你一点点地积累,只要坚持不懈,很快就能积少成多。一个人家里有的东西不会烦扰他,最好把你的东西储放在家里,因为无论什么东西放在外面都可能意味着损失。使用自己的东西是快乐的,最痛心的是需要什么东西而自己没有,我命你注意这一点。当桶刚打开或差不多用完时,你要将其加满,但是中途要节省;用完了再节省是糟糕的。

答应朋友的报酬要兑现,即使是亲兄弟,也要找人作证,因为信任和不信任同样都对人有害。

不要让淫荡的女人用甜言蜜语哄骗你,她是盯着你的粮仓的。相信女人就是信任骗子。

应该只生一个儿子供养父亲一家,因为这样家中的财富才会增加。如果你生了第二个儿子,你就不能早死。然而宙斯也易于给人口多的人大量财富。人手多意味着多干活,收入也多。

如果你内心渴望财富,就去做这些事情,而且要劳动、劳动、再劳动。

殖民协定

从公元前 750 年到前 550 年,希腊本土、爱琴海岛屿和小亚细亚的希腊人在整个地中海区域甚至远至东部的黑海沿岸,都建立了殖民地。历史学家认为这是希腊人解决各种社会、政治和经济压力的方式之一,这些压力尤其是源自人口增长。无论如何,殖民地的扩展加速了希腊商业的发展,并奠定了希腊文明长久影响古典世界的基础。下面是大约在公元前 630 年签订的殖民协定,签订者是从爱琴海泰拉岛航行到北非昔兰尼的定居者。

 思考: 什么证据说明人们意识到支持这种探险是紧迫和必要的;为了强制推行公民大会的意志,人们认为什么惩罚是合法和有效的。

材料来源: *The Ancient World to A. D. 300*, 2d ed., edited by Paul J. Alexander. Copyright 1963 by Macmilian Publishing Co., Inc. Reprinted by Permission.

建立者的誓言(协定?)

(泰拉)的公民大会已经决定。由于阿波罗主动命令巴图斯和泰拉人去殖民昔兰尼,泰拉人决定派遣巴图斯到利比亚担任首领和国王,泰拉人将作为他的同伴一同航行。每一个家庭都将以同样的条件出航,每家派出一个儿子,各个地区的青年都将被招募。至于其他泰拉人,如果愿意,任何自由人都可以航行。如果殖民者占领了殖民地,那么来自同样的家庭,后来登陆利比亚的人,应当享有公民权、有资格担任官职,并可分配未占领的土地。但是如果他们没有占领该殖民地,如果泰拉人不能帮助他们,如果他们在五年的时间里都困苦不堪,他们可以不用担心地离开那片土地,(返回)泰拉,领回自己的财产,并成为公民。如果为城市所派遣而拒绝航行,应当被判死刑,其财产将被没收。父亲袒护自己的儿子,或兄弟袒护自己的弟兄,与拒绝航行的同罪。

阿玛格斯的西摩尼德：关于妇女的诗歌

希腊早期历史中很少有材料描绘希腊对妇女的态度。大多数可见的材料都是男人写的,提到妇女只是一笔带过。然而,有证据表明,厌恶妇女是早期希腊文学的普遍主题。下面的选段就是其中的例子之一。这一选段节选自阿玛格斯的西摩尼德创作的关于妇女的诗歌,他于公元前7世纪时期生活在阿玛格斯岛。这首诗强调了女人如何不同于男人,描绘了九个要否定的妇女类型和一个要肯定的类型。

思考：这说明了希腊男人对妇女的什么态度；在西摩尼德看来,好女人在哪些方面区别于坏女人。

材料来源：Hugh Lloyd-Jones, *Females of the Species: Semonides on Women* (Park Ridge, N.J.: Noyes Press, 1975), pp. 30,32,34,38.

初始,神分别创造了不同的女人的头脑：他用长毛的母猪造了第一个女人。她的房子里一切都乱糟糟的,满是污泥,在地上打滚；她从不洗澡,也不洗衣服,坐在粪堆旁,体态臃肿。

他用罪恶的雌狐造了另一个女人；她通晓一切。无论好事坏事都逃不过她,因为她把好事当坏事,而把坏事当好事。她的态度从不如一。

他用咬人的母狗造了另一个女人,是她母亲邪恶的亲生女儿,她想打听和知道所有事情。她到处窥视到处流浪,即使看不到人也总是狂吠。男人不管是威胁、发脾气、用石头打掉她的牙齿或者用甜言蜜语都不能阻止她,甚至与朋友坐在一起时也不停止,只是不停地狂吠,人们无可奈何。

另一个是用蜜蜂创造的,男人得到她是幸运的,因为只有她不会招致谴责。她能增加他的财富。她与丈夫相亲相爱,白头偕老,她是大方而又名声佳的家庭主妇。她在所有妇女中鹤立鸡群,而且美若天仙。她对于坐在妇女们中间讲述爱情故事毫无乐趣。像她这样的女人,是宙斯对男人的最好最明智的赐予。

宙斯设计所有这些女人都与男人在一起,而且要一直待在一起。女人,是宙斯所制造的最严重的瘟疫。如果说她们看起来对拥有她们的男人有某些用处,那么她们对那个男人来说尤其像瘟疫。与女人生活在一起的男人没有一天是在愉快中度过的,他不能迅速把饥饿、把作为敌人的同屋、把反对自己的神赶出自己的家。当一个男人特别希望在家里享受一下时,通过天意或者男人的善良,她找到了挑剔他的方法,并竖起鸡冠准备战斗。有女人在的地方,男人无法尽心招待前来家里做客的客人;看起来最体面的女人是做出最坏恶行的人,因为她的丈夫看不见……而邻居们乐意看到他如何被蒙蔽。每个男人都要小心赞誉自己的妻子而诟病他人之妻,我们意识不到我们所有人的命运都是一样的。是的,这是宙斯制造的最大瘟疫,他用一条无法打碎的铁链把我们与她们拴在一起。因此,一些人为了一个女人前往冥府打仗……

迈加拉的提奥尼格斯:贵族和僭主

在公元前7到前5世纪之间,在大多数城邦,都有一股脱离贵族控制政治和社会的倾向。这股潮流的一部分是僭主的出现。他宣称是下层的首领,并暂时取得了对贵族的胜利。在公元前6世纪,僭主的出现特别普遍,其结果令贵族非常痛苦。下面选自迈加拉的提奥尼格斯哀歌中的片段,对此作出了描绘。一位公元前6世纪的贵族由于僭主的兴起,失去了自己的财产并遭到流放。

 思考:提奥尼格斯如何比较普通人和贵族;一个普通人会如何回应提奥尼格斯;一位僭主会如何回应提奥尼格斯。

材料来源:George Howe and Gustave A. Harrer, eds., *Greek Literature in Translation*, J. H. Frere, Trans., rev. ed., Preston H. Epps, ed. (New York: Harper and Brothers, 1948), pp. 139-140. Reprinted by Permission of the Estates of George Howe and Gustave A. Harrer.

我们的国土一如从前的轮廓

普通人却完全变了模样:

他们以前从里到外打扮粗俗

他们未梦见过法律,也未寻求公正的原则,

纠正自己的错误,只是在过去的日子里,

蜂拥进城镇,如同牛群进了围栏,

现在成了勇敢和聪慧的人;而我们这些其余的人

(名义上是他们的长辈,以前最好的人)

却退化、下贱、胆怯和卑鄙!

有谁忍心见证这样的场景?

他们轻易的纵容和微笑,

鼓动了嘲笑、奉承和欺骗!

他们完全不管对与错,真理或荣誉!

——(因为任何困难、需要、任何大胆的计划或男子汉的行动)

你别指望从这些人中选出公正和稳定的朋友,

也别指望他们可以信赖。

只能改变习惯,让他们走他们的路!
屈尊俯就吧,亲切友善吧,轻松愉快吧!
不要招致僭主的宠爱,也不要加入他不公正的计划;
不管迟迟到来的还是勉为其难的,
只要你曾经发了誓言,
如果你们之间已经签了契约,
就不要谋杀他!遵守你的诺言!
但是如果他仍然滥用他非法的权力
践踏人民,挥霍无度,
就废除他,推翻它;无论如何,
你的诺言允许如此,也得到了神的许可……
我极度担心,希腊城市间的内讧和纷争,
他们野蛮的议事会,
到处蔓生。
你会保卫我们自己的城镇、创立者和朋友吗?

梭伦:早期雅典

在公元前8—前5世纪,雅典社会变得更加复杂,这影响了希腊的政治结构,它从君主和贵族政治逐渐演进到民主制度。这一时期核心的冲突来自富裕贵族和穷人阶层。在公元前7世纪后期和公元前6世纪早期,这一冲突差一点造成内战。公元前594年,梭伦这位公认的正直诚实的诗人和富裕贵族,被邀请进行调解,并做出决定以结束这场冲突。在下面的文献中,亚里士多德引用了梭伦的作品,描述梭伦如何试图找到公正的解决方法,承认双方的利益,但不完全满足任何一方。

思考:根据梭伦的看法,雅典社会的主要社会分化是什么;梭伦为自己的决议所做的辩解;梭伦决议的政治和社会意义。

材料来源:Aristotle, *The Athenian Constitution*, Trans. F. G. Kenyon (London: George Bell and Sons, 1891), pp. 18 – 20.

梭伦政策中的观点之所以正确,在于大家的看法都一致,而且梭伦在自己的诗歌中也是这样说的:

我所给予人民的适可而止,
既不贬损他们的荣誉,也不鼓励他们的贪婪;
即使对那些有钱有势的人,
我也不会让他们遭受不当的损失;
我伸展开一面盾牌,让双方都感到安全,
不让任何一方不公正地获得胜利。

2. 希腊文明的出现

他又说如何对待民众：
这样，人民就会好好地聆听领袖的话，
自由不可太多，强迫也不应过分；
人太过富裕，灵魂就会失衡，
孩子吃得太饱，就会桀骜不驯。
在另一地方，他说到希望重新分割土地的人：
他们为劫夺而来，欲望无止境，
每个人都想获得无穷的财富，
而我，言语温存①（with glozing smoothness），却内心似钢，
他们愚蠢的梦想落空；于是愤怒地声讨，
他们斜着眼睛瞪着我，
两眼闪着仇恨的光。但其中并无正义。
我所允诺的都已完成，连神都拍手喝彩，
我不能进一步愚蠢冒进。
我不愿用僭主的力量强行统治，
也不愿让君子和小人平等地享受我们富裕的家园。
他又说到穷人阶层和以前处于奴役状态的人们的贫困，但是因为"解负令（Seisachtheia）"②而得以解脱。

我把那些深受折磨的人们，
从命运多舛的不幸中解救出来，
当时间将我们审判时，
奥林匹亚诸神的伟大母亲，
黑色的大地，将是最好的证人。
我从您的胸膛里，扫除了插在上面的许多界标③，
你曾经受到奴役，是我让你自由。
许多因欺骗或法律而被卖掉的人们，
远离神建的土地，成为被遗弃的奴隶，
是我让他们重新回到雅典。
有些人因为债务的重负远走他乡，
不再说自己亲切的雅典语言，
而是四处飘荡，是我让他们重新回来。
那些身在此地却遭受奴役的人们，

---

① 字面意思是"把……解释过去"。
② "摆脱负担"——梭伦债务法的改革。
③ 这些界标竖立在抵押的土地上，记录债权的事实。

蜷缩在主人的不满之下,是我让他们重获自由。
因此我让力量和正义和谐共处,
因为我用法律的力量达成目的,
履行了自己的诺言。
我用公平的手制定了善恶的法律,
为每个人的命运作出了公正的裁决。
如果有人手执我的鞭子,
而他的心地狡诈而又贪婪,
则他不能阻止人们的争斗。
如果我允诺取悦一方,
然后又赞同另一方心中的谋划,
这个城市就会有许多人遭殃。
因此我从双方获取力量,
进退维谷,正如在一群猎狗中的一匹狼。

后来两派满腹牢骚,他又责骂了他们:

如果有什么地方必须受到责备,
不是因为我,因为人民连做梦也不正眼看这些恩惠,——
但是大人物,那些富裕的人,
会赞美我,把我当作他们的朋友。
因为他说,如果别的人取得这样崇高的职位——
他就会把人民挡在身后,
不掠夺完牛乳的营养绝不罢手。
而我在他们中间立起界标,
把冲突的双方完全隔开。

色诺芬:《斯巴达政体》

斯巴达是最强大最著名的希腊城邦之一。它位于伯罗奔尼撒半岛,在公元前7—前6世纪,因其保守、讲求纪律、内向、致力于军事和力量而获得名声。这一名声大都源自公元前7世纪中叶发生的事件,那时希洛人,也就是曾经是斯巴达邻居,后被征服变成奴隶的迈森尼亚人,起来反抗人数处于劣势的斯巴达人。历经许多困难后起义才被镇压,但是从那一刻起,斯巴达人开始不惜一切代价保持自己的优势地位。他们采取了各种政体改革,确保斯巴达的统一和军事力量。根据传统,这些改革归功于一位传说中的立法者莱库古。关于这些改革的一手材料非常缺乏。最好的证据来自色诺芬(公元前434—前355年),他是一位崇拜斯巴达的雅典人,在这些事情发生在两个世纪后,他对此进行了描述。下面的选段取自他的《斯巴达政体》。

2. 希腊文明的出现

思考：色诺芬如何解释斯巴达强大的力量和声望；斯巴达教育系统的性质和目的；斯巴达与其他希腊城邦有怎样的不同。

材料来源：Francis R. B. Godolphin, ed. *The Greek Historians*, vol. II, trans. Henry G. Dakyns (New York: Random House, 1942), pp. 658 – 661, 666 – 669. Reprinted by permission.

当我首次注意到斯巴达在诸希腊城邦中的独特地位、相对稀少的人口、强大的力量和声望时，我感到非常惊讶，解释这一事实令我感到困惑。当我开始考察斯巴达特殊的制度时，我心中的谜团解开了。进一步而言，我转向了为他们制定法律的立法者，服从这些法律是他们繁荣的秘诀。我尊重这位立法者莱库古，并认为他是最有智慧的人之一……

他坚持认为，女性锻炼身体的义务一点也不亚于男性；为了追求这一原则，为女性设立了在跑步和力量技巧方面的对抗赛，同男性一模一样。他相信，父母双方都健壮，他们的后代将更加充满活力……

他规定，必须在身体活力旺盛的时候过婚姻生活，因为他相信，这也是生育健康后代的条件之一……

但是当我们转向莱库古时，他不是让国家的每一个成员随意任命一位奴隶担任自己孩子的指导老师，而是为年轻的斯巴达人设立了公共监护人，即 paidonomos，给他适当的头衔，对孩子们有着绝对的权威……

他不是通过穿鞋子或拖鞋让脚变得柔软，而是通过光脚走路让脚变硬。他相信如果养成了这样的习惯，他们就能轻快地向上攀登，毫无危险地下到悬崖……

他不是穿很多衣服让他们变得娇气，而是让他们一年习惯于一件衣服，认为这样他们就能更有准备抵挡冷热的变化。

在食物方面，根据他的规定，长官必须监督他的餐友集体进餐，食物份量中等，以免过饱会身体变重，同时不能让他们不了解贫穷生活的痛苦。他相信通过在童年接受这样的训练，当他们必须饿着肚子独自跋涉时，他们能很好地适应……

另一方面，为了防止因饥饿而过度乏力，尽管他没有真正允许男孩们不费力地自行拿到需要的东西，但是他允许他们去偷这样或那样的东西，努力缓解自己的饥饿……

我看来，这整个教育的目的显然是让孩子们在获得供应品时更狡猾、更具创造性，同时也培育他们战争的本能……

另外，为了使男孩子们不缺少管理者，即使在指导人员本人不在的时候，他也会把权力授予恰好在场的任何市民，让他对他们发布命令，使他们守纪律，并对他们所犯的过失进行惩罚……

我们都知道，在大多数国家里，每个人都竭尽全力从事赚钱的生意：一个人在田里做耕夫，另一个人做水手，第三个人做商人，其他人则借助各种手艺谋生。但是在斯巴达，莱库古禁止他的自由市民从事任何与赚钱有关的事情。他命令他们，作为一名自由人，要把作为城市自由之基础的活动，作为自己唯一关心的事情……

在斯巴达，正好相反，越是强壮的人，越是乐意在政府任命的权威面前俯首帖耳。确实，他们以自己的谦卑,以跑着而不是拖拖拉拉地快速执行命令而自豪。他们渴望纪律,自己设立,自我敦促,这样的范例肯定会被其他人所效仿。

因此,长官①有能力惩罚所选择的人:他们有权利立刻实施罚款;他们有权利在任期内罢黜行政官员,不仅如此,还能真正将他收押,并交付审判判处死罪。他们被委以重任,不能像其他国家一样,允许所遴选的行政官在整个任期内随心所欲地行使权力,而是要像专制君主或者游戏的主持人那样,在官员违反法律之初,就不加警告毫不犹豫地施以惩罚……

另外一点更能激起我们对莱库古的敬意。他观察到,有这样一些团体,其中那些愿意视学习和快乐为美德的人,不知何故由于能力欠缺,不能为自己的祖国增加荣耀。这位立法者把这样的教训牢记在心,他命令,在斯巴达,每个市民实践任何一种美德都是一种公共义务。而且由于在某种美德方面人与人差别很大,所以他相应地选择培育或不进行培育,所以在美德方面,斯巴达城有充分的理由胜过其他国家,因为它,而且也只有它把达到高水准的尊贵生活视为公共义务。

图像材料

贸易、文化和殖民

这一场景(图2.1)出自公元前560年的一只拉哥尼亚杯子。它表现昔兰尼的希腊北非殖民地(一个多利亚人的希腊殖民地,最初是由泰拉人于公元前630年所建造的)。国王亚尔采西拉斯二世,正在监督大茴香的称重和装船,这种植物是从该地区出口的一种药草。左边,亚尔采西拉斯坐在甲板上,上面撑着遮蓬,显然他正在与管家争论。在右边,工人们正在运输大茴香,并喊出重量,同时下面工人们正在把它们装进货舱。周围是这个地区的动物:一只蜥蜴、一只猴子和几只鸟。

图2.1 拉哥尼亚杯

这只杯子反映了贸易对希腊人的重要性以及希腊殖民地在贸易中所发挥的作用。它也表明以地中海为基地的相互联系不断加强——对沿海地区非常熟悉,在这里,希腊人定居下来,并与他们在那里发现的文化和环境进行接触,依据希腊本土使用北非的植物作药物,以及大量类似的杯子从拉哥尼亚出口,可以推测出这一点。杯子上的词语证明,希

---

① 选出的行政官员。

腊人已普遍具备读写能力。

 思考：这只杯子和殖民协定之间的关系；这只杯子如何能被用作证据，说明希腊世界商业和殖民的重要性。

移民和殖民

这两幅地图揭示了希腊世界历史和地理之间的关系。地图2.2表示希腊的几种方言，箭头所表示的，是依据方言的线索推断的公元前13—前10世纪多利亚入侵后希腊移民的大致方向。地图2.3表明希腊环地中海和黑海的殖民范围，与腓尼基人和相对稳定的伊达鲁里亚人在意大利北部的早期殖民和正在殖民的区域进行对比。这张地图也区分了某些希腊殖民地的爱奥尼亚、多利亚和伊奥利亚起源。

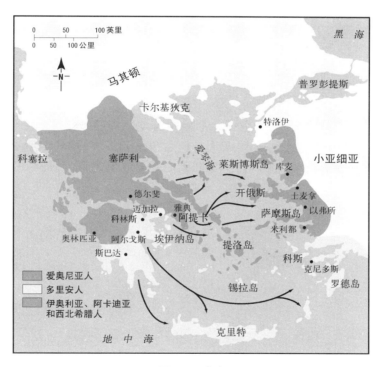

图2.2　方言

把这两张地图进行比较可以看出，殖民地的趋势是靠近早期的希腊移民，或者以此为出发点在地理上逐步扩展。例如，由于多利亚人向南和东南扩展到泰拉、克里特和罗德岛，所以将来的殖民地进一步向南扩展，如北非的殖民地（昔兰尼加），同时进一步向东南扩展，如到达了阿斯盆都。总体而言，爱奥尼亚人面对多利亚的入侵最富流动性，他们越过爱琴海逃到东部和小亚细亚沿岸。无论在数量上还是在范围上，他们的殖民地都是最丰富的，从西部的西班牙向东向北延伸到黑海末端。尽管殖民地变成了独立的城邦，但是某些移民和殖民的历史还是影响了将来的军事结盟。例如，讲爱奥尼亚方言的希腊人在希波战争和伯罗奔

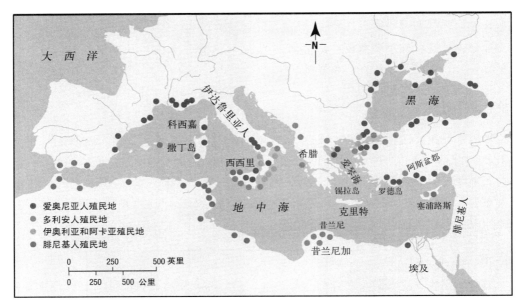

图 2.3 殖民地

尼撒战争中倾向于相互支持。

希腊殖民地的范围体现出殖民地在整个地中海地区传播文化的重要性。希腊人经常（有时通过战争）与竞争对手腓尼基人、定居的伊达鲁里亚人和西部地中海的罗马人进行接触。这些都有助于解释，当希腊不再是一直强大的军事政治力量，而且殖民地不再独立时，希腊和希腊罗马文化如何统治了地中海盆地的大部分地区。

 思考：希腊移民和殖民的历史和地理如何有助于在古代世界传播文化；方言的地理分析如何能使文明史变得清晰。

二手材料

弗兰克 J·弗罗斯特：迈锡尼世界的结束

米诺斯和迈锡尼等高度发达的青铜文明，似乎在公元前 13 至前 12 世纪突然崩溃了。确实，其崩溃得如此彻底，几乎没有什么记录留存下来。这迫使历史学家和考古学家推测性地解释它们的衰落。选自弗罗斯特的下列选段，对某些解释进行了评价。

 思考：多利亚入侵说的问题；为什么弗罗斯特支持内战说。

材料来源：From Frank J. Frost, *Greek Society*, 3d ed., pp. 11–13. Copyright 1987 D. C. Heath and Company.

2. 希腊文明的出现

过了那么长时间后希腊人从特洛伊归来，引发了许多变化。总体而言，城市之间发生了内战，驱逐者建立了其他城市……战争过了八十年后，多利亚人与赫拉克里斯的子孙们占领了伯罗奔尼撒。

修昔底德1.12

修昔底德这样描绘迈锡尼世界的结束，但是他简明扼要的话语并没有描绘出真实的画面：几乎迈锡尼的每个城堡和据点都毁灭或遗弃了，海外贸易几乎完全停止，而且复杂的城市经济消失了。接下来的300年，从各种理由来讲都是希腊的"黑暗时代"。

任何对某一特定社会感兴趣的人，都一定关心该社会瓦解的原因。关于迈锡尼世界的瓦解，人们仍然众说纷纭：史诗传说和考古只能暗示说发生了大的混乱，这场混乱似乎在公元前12世纪侵袭了整个东部地中海。许多年里，学者们一直认为，正如传说所揭示的那样，赫拉克里斯的后代所率领的多利亚人毁坏了大型的宫殿并占领了周围的土地。毫无疑问，多利亚人占领了原来迈锡尼人所统治的地区，因为在古典时代，这个地区的人们讲多利亚语和相关语言，并以自己的部落遗产而自豪。但是分析考古证据出现了困难，因为这些证据只是表明这一古代社会毁灭了。迈锡尼人的器物并没有被多利亚人取代。

现在许多学者关注修昔底德的第一段论述，即关注内战。有广泛的文学传说支持这一理论，因为甚至在战争之前，底比斯已经被归来的流放者所毁坏。而且，从特洛伊归来的英雄们都在家乡发现了动荡的局面。阿伽门农在浴缸里被屠杀了，奥德修斯通过血腥屠杀自己的对手才勉强活了下来。一个接一个城市，新的王朝接管了政权，地中海东部满是避难者。公元前1191年，拉莫西斯三世击退了来自埃及沿海的"海上民族"的入侵，人们通常认为，这些劫掠者的出现是因为当时的希腊发生了严重混乱。传说告诉我们，只有皮洛斯的涅斯托尔恢复了安全和繁荣。不幸的是，考古记录在这一点上对传说提出了挑战，记录表明，皮洛斯的宫殿是最早被破坏的，而且几乎被夷为平地。

所以，也许是内战造成了许多城堡的毁坏、造成其他地点无人居住而废弃，最后导致迈锡尼经济的崩溃。这样复杂的社会和经济结构要存活下来一定始终依赖相对和平的环境：作物必须适时地播种和收获，商品必须易手，船只必须到达目的地，税收必须缴纳，书记员必须保持记录。持续一代的战争很容易打破这种脆弱经济的平衡。一旦对外贸易终止，国内的繁荣就开始衰退。城镇变得孤立，驱使失去市场的手艺人和商人回到土地上当农民——在艰难时代当农民至少有饭吃。

芬利·胡珀：希腊事实——荷马史诗

荷马史诗作为文学作品是非常重要的，同时对历史学家而言，它也具有双重的重要性。首先，它为我们提供了希腊青铜时代后期和黑暗时代的丰富信息，否则我们对这一时期将一无所知。其次，由于在黑暗时代过后的几个世纪里，它在教育、宗教和文化方面都对希腊具有巨大的意义，所以让我们对希腊古典时代和希腊化时代文明能有深刻的理解。在下面的选段中，芬利·胡珀解释了《伊利亚特》和《奥德赛》的重要性。

思考： 胡珀如何比较荷马史诗和圣经；在哪些方面，把史诗当作宗教文献是有益的。

材料来源： Reprinted from *Greek Reality* by Finley Hooper, by permission of the Wayne State University Press. Copyright 1967, pp. 58-60.

荷马史诗对古代希腊社会，如同圣经对我们自己那样重要。也许还不止如此，因为《伊利亚特》和《奥德赛》过去是现在仍然是希腊教育的入门书籍。为了给希腊人增光，他们的孩子总是从本国最好的文学作品中选取范例学习读写。一个孩子经历的学校教育也许不长，但是如果他学会了读和写，就一定知道荷马。公元前399年，当苏格拉底在雅典大陪审团面前发表著名的申辩时，他引用了荷马的《伊利亚特》，至少这一点上他们是相同的。

如果把经文定义为"神启的话语"，荷马的作品并不是由经文构成。然而如同《圣经》一样，这些史诗中交织着三个固定的有关人类的主题：超自然的特性，超自然介入人类的事件，人类对相互之间行为的敏锐观察。

史诗描绘了12位奥林匹亚众神各自的职责。他们所有人的名字几乎都出现在线形文字B泥版中。荷马描绘的神，与迈锡尼所实际崇拜的神一模一样。然而泥版中提到了其他神，而且并不是所有神都有清晰的身份。也许某些神祇代表着比较原始的宗教仪式、蛇崇拜和生殖崇拜，这些都是荷马忽略掉的。当他的诗歌限定了所偏爱之神的数量时，就使非常混乱、而且可以互换的神谱，有了次序而且更加精致了。

在遥远的过去，棍棒和石头都被视为神，但是荷马讲述的时代，超自然的力量人格化为男人和女人，他们比一般的人寿命长，依靠特殊食物可以永远活着。他们行动起来有人类的感情和偏见，甚至希伯来的耶和华，也在夜晚的凉风中走路和谈话，并描绘自己是嫉妒的上帝。

神的性质并不是历史学家需要为其他人指定的，但是人们构想神的各种方式是历史学家研究的范畴。可以看到，尽管希腊一些哲学家谈到了某种独创性的原则，但是绝大多数古希腊人都是根据荷马所描绘的人性神的意愿来解释事件的……

荷马史诗并没有提出向更高概念神的演化发展，也没有回答关于人的主要问题。因此，这些"教导"赋予宗教以所有希腊人熟悉的完全非教条的特征。诸神当然帮助人类，而人们一定要崇拜、奉承和遵守他们。国家的福祉依赖于此。否定神是危险的，甚至是没有爱国心的，但是并没有人们必须赞同的教条或教义。虽然希腊人经常就物质上控制神殿的事而争吵不休，但是他们从来不会为了信仰而进行宗教战争。具有讽刺意味的是，后来高等宗教的追随者反而以圣书的名义导致了流血冲突。事实上，荷马的作品由于迎合了人类普遍的两难生存困境，确实团结了希腊人。

萨拉B·波默罗伊等：希腊"黑暗时代"的社会价值观和伦理观

荷马史诗列举了一个贯穿希腊历史的主题：好人的形象。这一形象概括了迈锡尼人的希腊观念以及表现在各种文化成果中的希腊理想。在下面的选段中，萨拉B·波默罗伊和

2. 希腊文明的出现

其他人一起,分析了希腊"黑暗时代"构成"好人"本质的社会价值观和伦理观。

思考:"好人"的主要成分是什么?这些价值观以何种方式反映了武士社会;如何比较这一分析和胡珀的解释。

材料来源:Sarah B. Pomeroy et al., *Ancient Greece: A Political, Social, and Cultural History* (New York: Oxford University Press, 1999), pp. 60-61.

在所有社会中,好和坏、对与错的观念,大都取决于他们特定的生活条件。荷马时代男性的行为规范围绕着战争。当希腊的形容词 agathos(好)用于荷马时代的男人时,总是局限于战斗和竞技中的勇敢和技艺。相反的词 kakos(坏)意指胆怯,或者在战斗中没有技巧、毫无用处。在这样的社会中,所有身体强壮的人都要战争,保卫自己的家园,所有人都被迫行动勇敢。人们希望领导人尤其勇敢,并在公共演说和商议中胜过他人。

其他传统行为准则是,"好人"应该敬神,恪守诺言和誓言,对朋友和战友忠诚。他应该表现出自我控制、殷勤好客、尊重妇女和老人。对乞讨者和哀求的外邦人施以同情。应当对俘虏的勇士也表示同情,并禁止玷污敌人的尸体。这些更加高贵的特征是人们所希望的,但并不是必须的,好人的唯一标准是好的战士。

一个武士社会,必须在严酷的"阿瑞斯的事迹"中,向其未来的战士灌输残忍的快乐,也就是歼灭敌人的欲望。《伊利亚特》那令人痛苦的家庭场景的最后,特洛伊英雄赫克托尔举起自己的幼儿,祈求神让他的儿子长大后成为强过父亲的战士,并"杀死敌人,带回血淋淋的战利品,讨母亲的欢心。"(《伊利亚特》6.479—481)荷马时代的希腊人不但在战争中凶猛,而且在胜利后也很野蛮:他们劫掠和焚烧所占领的村落,屠杀男人甚至婴儿,强奸和奴役妇女和女孩。

强烈的竞争精神是希腊男性品格的重要组成部分。荷马史诗中的人们经常相互比较或被别人比较。人们被驱使去赢得胜利,然后被人称作 aristos("最好的")。一个人被称作"阿凯亚人中最好的弓箭手,"另一个人则"在赛跑中超过所有年轻人",或者在投掷标枪、马车竞技或演讲中胜出。这种特别注重竞争的社会类型被称作竞赛型(Agonistic)社会,这一词来自希腊词汇 agon("竞赛"、"争斗")。竞争和争胜的本能弥漫于这个社会。赫西俄德(C. 700)说,一位贫穷的农民看到邻居致富,就会被激发努力劳动,而且"陶工与陶工竞争,工匠和工匠竞争,乞丐忌妒乞丐,歌手忌妒歌手。"(《工作与时日》20—26)

竞争和争斗的唯一目标就是获得 timē("尊敬"和"敬重")。尊敬通常是公众对某人技巧和成就的认可。通常会有一些显而易见的表示尊敬的标志:尊贵的座位、在宴会上获得额外的肉食、额外的战利品、贵重的奖品和礼物,其中包括土地。在现代读者看来,荷马时代的武士首领在物质财富方面太过贪婪,但是他们获得和占有很多动物和贵重物品的目的主要是增加名声和荣誉。该得到尊重而没有得到,甚至蒙羞,是难以容忍的侮辱。因此,在《伊利亚特》中,当阿伽门农要回了女俘布里赛伊斯,而女俘是军队奖励给阿基琉斯的"荣誉奖赏"时,就严重羞辱了阿基琉斯,结果两者之间发生了激烈的争吵,导致了所有希腊人的灾难。

忠诚于竞争伦理(从座右铭"始终最优秀,胜过其他人"中可以看出这一点)促使人们去成就大事业,并保持领袖风采。另一方面,始终追求个人和家庭的荣誉,纠缠于对侮辱的报复,会引发剧烈的政治动荡。无论好与坏,荷马时代的男性行为准则贯穿了整个古代,后来的希腊作家仍然会把《伊利亚特》和《奥德赛》视为行为对错的样板。

本章问题

1. 如何评价各种原始文献的历史价值,尤其是那些被认为是文学片段的文献?历史学家依赖文学文献解释希腊早期文明会出现什么问题?

2. 对各种理想观念,尤其是希腊"好人"的解释,原始材料是如何支撑的?

3. 考察历史、地理和文化因素,希腊在哪些方面与古代近东早期文明不同?你怎样解释其中的某些不同?

3. 希腊古典和希腊化时代

公元前5—前4世纪,希腊文明达到了顶点。历史学家对这一时期的希腊历史着迷,出于以下几个原因。首先,古典希腊被认为是西方文明最直接的基础,远甚于此前的古代近东文明。其次,许多希腊人对几乎所有的基本问题,都进行了理性和自然性的探讨,因此他们发展了对周围世界的科学解释,并运用理性来解决政治、伦理、历史和哲学问题。第三,希腊人探究和体验了人的各种情感,尤其表现在他们的文学和成功或悲惨的战争中。第四,他们创造了炫目的美学作品,尤其表现在雕塑、建筑和戏剧中。第五,希腊人坚信人的尊严和力量,并把平衡和控制作为人的理想。第六,希腊经历和试验了各种政治形式。简而言之,在研究古典希腊时,我们经常看到自身和我们所关心的东西。

本章考察希腊文明从古典时代(公元前500—前323年)向希腊化时代(公元前323—前31年)的演进。要讨论三个相互交叉的主题。第一个是城邦的性质,这对古代希腊是至关重要的。希腊人把城邦视为最适合过美好生活的政治、地理环境,是社会、经济、宗教和文化的中心。城邦应该如何管理?与忠诚于整个希腊世界相比,人们应该在多大程度上为自己的城邦尽责?个人和国家之间应保持何种平衡?为了考察这些问题,有必要审视以伯罗奔尼撒所代表的政治和社会形式不同的敌对城邦间的分化。考察希腊关于人类政治性质的观念,尤其是希腊关于民主的观念——希腊人尝试过的诸多政府形式之一——也是非常有益的。最后,学习希腊文明的人从考察个人之间的紧张关系以及作为城邦市民的职责,也能够学到很多东西。

第二个主题是希腊思想的特性。传统上,希腊思想的"现代性"给历史学家留下很深的印象。尤其是希腊思想的科学性和理性特点,以及希腊人在不诉诸宗教或超自然的前提下归纳和抽象自己的观念。为了表现这些特性,需要考察许多问题。希腊科学思想的性质是什么?他们如何将这种思想应用到医学、历史和政治之中?这些理性思想间有什么方法论的区别?他们倾向于用什么方法抽象和归纳他们的思想?在希腊社会的大片区域,非理性思想和对超自然的信奉起了什么作用?

第三个主题是质疑古典和希腊化时代希腊传统观念的正确性。我们通常认为希腊人尤其是雅典人,主张平衡、民主、公正、个人主义、理性、自然、自由和公开。人们猜想他们最大的缺点是没有能力在政治上统一起来,因此出现了伯罗奔尼撒战争同族相残的悲剧、公元前4世纪的衰落、马其顿的征服、重心从城邦向东部希腊化王国的转移以及古典时代的结束。这些认识的正确性到底如何呢?为了解决这些问题,有必要考察大量相关问题:希腊、尤其是雅典古典时代的理想是什么?希腊文化盛期集中体现什么?希腊社会妇女的地位如何?奴隶对希腊有什么意义?希腊有多民主,或者他们著名的思想家如何评价这种民主?如何解释公元前4世纪的"衰落",应该将其视为"衰落"呢,或仅仅是一种转变?

原始材料

修昔底德:《伯罗奔尼撒战争史》——历史方法

希腊最初的著名历史学家出现于古典时代。他们为我们追溯这一时期的历史事件提供了最有价值的材料。其中最伟大的是修昔底德(公元前471—前400年),他出身雅典上层富裕家庭,在伯罗奔尼撒战争初期是一位将军,因为在与斯巴达作战中失利而被雅典放逐20年。在《伯罗奔尼撒战争史》中,修昔底德追溯了战争的起源、进程以及对参与国和整个希腊世界的影响。在下面的选段中,修昔底德概括了一个历史学家探讨的方法,分析了冲突的起源,并对直接原因和深层原因进行了区分。

思考: 修昔底德的假设和推理;历史学家会用什么来证明历史写作的可疑之处或缺乏科学分析;修昔底德如何区分伯罗奔尼撒战争的"直接"原因和"真正"原因。

材料来源: From Francis R. B. Godolphin, ed., *The Greek Historian*, vol. 1 (New York: Random House, 1942), pp. 576 – 577. Reprinted by permission.

然而,关于古代社会,一个人依据我给出的证据得出像我这样的结论是不会有很大错误的。他不应该被诗人的夸大虚饰或编年史家的传说所误导,传说追求悦人耳目,而不是讲述真理。他们的叙述经不起检验,而且大部分事实都随时间的流失而迷失于传说之中。研究年代久远的事情,他一定要下决心依靠可以得到的最清晰的证据获得满意的结论。人们总是认为他们正在进行的战争是当时最伟大的,但当战争结束后,他们又会转身欣赏以前的其他战争。尽管如此,如果从事实出发去考察,伯罗奔尼撒战争仍然是迄今为止最伟大的战争。

无论是以前还是战争中发表的演说,要我或者转述给我的人回忆起其精确的词句是非常困难的。所以我让每位演讲者都酝酿好适合那个场合的感情,说出他们可能会说出的话来,同时我尽量给出他们实际要讲的话的大意。讲述这次战争中的事件,我不会根据偶然得到的材料,也不会根据我自己的想法。我所描述的,要么是我亲眼所见,要么是从别人那里听说但经过审慎调查的内容。这样的任务非常艰巨,因为同一事件的目击者会做出不同的叙述，因为他们记住或者关注的只是这一方或那一方的行动。由于具有严格的历史特点，我的记述也许不怎么动人。但是如果想看到所发生事件的真实画面，或者指望看到按照人类事物的次序将要发生的类似事件的人，认为我的著作是有益的，那样我就心满意足了。我的著作不是人们看过即忘的应景之作，而是垂诸永远的。

过去最伟大的战争是波斯战争，但即使是那场战争，通过两次海战和两次陆战也迅速决出了胜负。但是伯罗奔尼撒战争是一场旷日持久的战争，给希腊带来的灾难前所未有。从来没有那么多的城市被攻陷，那么多的人口被灭绝——有些是蛮族人干的，有些是希腊人相互残杀造成的，有些被攻占的城市住进了陌生人。无论在战争中还是在内部争斗中，流亡和屠杀从来没有如此频繁。过去曾经流传过的谣言，没有经过事实证实，现在似乎都成为可信的了。例如发生了多起地震，其广度和震度前所未有；日食的出现比以前所记录的更加频繁；有些地方出现了干旱导致饥荒；最后严重的瘟疫造成人们大批死亡。所有这些灾难与战争同时降临希腊，当雅典和伯罗奔尼撒撕毁了重新攻占尤卑亚后所订立的三十年休战合约后，战争就开始了。我首先要说明他们爆发战争的原因和他们争吵的理由，以便后来的人们能清楚地了解这次大战的起因。我认为，未公开宣布的真正原因是雅典势力的增长，这引起了斯巴达的恐惧，从而迫使他们开战，但是双方公开宣称的理由则如下所述。

修昔底德：《伯罗奔尼撒战争史》——黄金时代的雅典

修昔底德收在《伯罗奔尼撒战争史》中最著名的演说，是雅典领导人伯利克里（公元前490—前429年）在公元前431—前430年冬天所作的葬礼演说，纪念在第一次战役中牺牲的雅典人。其中伯利克里比较了雅典与对手斯巴达的生活和制度。他向雅典同胞们解释了雅典何以会如此强大。这一葬礼演说非常理想化地描绘了盛期的雅典城邦。

思考：伯利克里该演说的可靠性尤其要考虑修昔底德在前面文献中所描绘的方法；该文献中对雅典、雅典制度和人民的描绘；伯利克里如何比较雅典和斯巴达，斯巴达的首领会如何回应；伯利克里如何界定雅典人个体自由和市民义务之间的适当平衡。

材料来源：From Francis R. B. Godolphin, ed., *The Greek Historians*, vol. 1 (New York: Random House, 1942), pp. 648-651. Reprinted by permission.

首先我要讲我们的祖先们，因为当我们哀悼死者时，对他们表示敬意是正确和恰当的。他们一直居住在这片土地上，从未离开过，他们依靠勇敢把这片土地一代代传下来，从他们手里，我们接受了这一自由的国家。他们是值得尊敬的，尤其是我们的父辈，他们使这份遗产不断扩大，历经无数斗争，遗赠给我们这样一个大帝国。今天聚集在这里的大多数正直壮年，已经做了大量拓展的事业，为我们的城市提供了各种各样的东西，所以无论是和平年代还是战争时期，它都能应付自如。我不想说我们获得各种财富的军事行动，也不想说我们或父辈击退希腊人和或外邦人入侵时所具有的力量，因为这些故事很长，你们也非常熟悉。但是在赞美那些死者之前，我想指出我们依靠什么行动准则而势力上升，在什么样的制度和什么样的生活方式下我们的帝国变得如此强大。我认为，在这样的场合说这些想法不会不恰当，聚集在此的公民们和外乡人听了这些也会获益。

我们的政府并不与其他国家的制度对立。我们没有模仿邻居，反而是他们的榜样。我们之所以被称为民主政治，是因为政权在多数人手里而非在少数人手里。在处理私人纠纷时，法律保证对每一个都很公正，同时我们也认可杰出者的权利。如果一个市民各方面都很突出，他优先担任公职，这不是什么特权，而是对美德的奖赏。贫穷不是什么障碍，无论出身如何卑微一个人都能对国家有所贡献。在我们的政治生活中没有什么例外，在私人交往中我们不互相怀疑，我们的邻人做自己愿意的事，我们不会因此生气；我们不会让他难堪，尽管这不会伤人，但也令人不愉快。我们在私人交往中不受约束，在公共活动中尊敬他人之风盛行；通过尊重权威和法律，特别尊重那些颁布用来保护受委屈者的法律，以及那些违反了就要遭到一直谴责的成文法，这样就能防止做错事。

我们还没有忘记为我们疲劳的精神提供从劳顿中解脱的机会；我们一年之中有定期的运动会和献祭活动；在家里我们的生活非常精致；每天从这些事情上感受到的快乐，帮助我们赶走了忧虑。由于我们的城市非常伟大，全世界的各种东西都流向我们，因此我们享受别国的产品就像享有自己的东西一样自由。

另外，我们的军事训练在许多方面都优于对手。我们的城市对全世界开放，我们从来不驱逐任何一名外国人，或者防止他看到或学到任何东西，尽管这些东西的秘密一旦揭晓，就会对敌人有利。我们不依靠技巧或者欺骗，而是依靠自己的心和手。在教育方面，尽管他们从孩童时代就经受了培养勇气的艰苦训练，并且我们生活得自由自在，但同样乐意面对任何危险，这就是明证。斯巴达人并不是单独来阿提卡，而是让他们的同盟者一起前来；我们独自进入了邻近的国家，尽管我们的对手为保卫他们的家园而战，而且我们身处异地，但是我们不费吹灰之力就打败了他们。敌人从来没有遇到过我们真正的力量，我们在海军上分散了精力，在陆地上还要到处派遣我们的公民。但是只要遇到并打败了我们的一部分军队，他们就吹嘘全歼了我们，而当打败时则谎称被我们的全部军力所打败。

当我们宁愿以轻松的心情而不是艰苦的训练，用习惯成自然的勇敢而不是法律强迫来面对危险时，我们难道不是最大的获益者吗？因为我们并不提前忍受痛苦，而当痛苦到来的时候，我们与那些从不让自己休息的人一样勇敢，所以我们的城市无论在和平还是战争时期都同样令人羡慕。

我们热爱美丽的东西，但是厉行节约，我们开拓思维，但是不失刚毅。我们利用财富，但不是为了吹嘘和夸耀，而是因为它真正有用。承认自己贫穷并不可耻，可耻的是无所事事回避贫穷。一个雅典公民不能因为关心自己的家庭而忽视国家，甚至从事生意的人也应有清晰的政治观念。我们只是认为，一个对政治漠不关心的人并不是一个无害的人，而是一个无用的人。只有少数人是政策的发起者，但所有人都是政策的裁决者。在我看来，行动的最大障碍不是讨论，而是在准备行动之前没有讨论达成共识。我们具有在行动前和在行动中进行思考的特殊力量，而其他人因为无知而无畏，只要经过思索便犹豫不决。那些清晰地认识到生活的痛苦和欢乐却并不因此退缩的人，才算真正的勇敢。在做好事方面我们也与他人不同，我们交朋友靠给人好处而不是接受好处。施与恩惠的人是更牢固的朋友，因为他乐意通过慷慨让人始终心存感激,而接受恩惠的人感情比较冷漠,因为他知道,回报别人的慷慨不会赢得感激,只是在偿还债务。我们对邻居做善事,不是出于计较得失,而是出于对自由的自信和坦荡无畏的精神。

总结起来:我认为雅典是全希腊的学校,并且作为个体的希腊人,能够独立地适应各种不同的行动方式,而且特别多才多艺和温文尔雅。

索福克里斯:《安提戈涅》

许多有关希腊的材料都来自戏剧,戏剧在希腊生活中扮演着重要的教育、宗教和文化的角色。索福克里斯(公元前496—前406年)出身雅典贵族家庭,并担任了重要的公共职务,是古典时代最伟大的戏剧家之一。《安提戈涅》于公元前441年首次上演,他在这部戏剧中主要探讨社会职责和个人信仰之间、政治和道德意识之间的冲突。第一段选取的是底比斯国王克瑞翁给他的顾问们发表的演说。他提到了底比斯最近的冲突,冲突的双方是悲剧性地被推翻的国王俄狄浦斯的两个儿子。其中一个儿子波吕涅刻斯纠集底比斯的希腊敌人进攻这座城市,而另一个儿子厄忒俄克勒斯则守城保卫。两人都死于战斗,因此俄狄浦斯的弟弟克瑞翁登上王位。于是意志坚强的安提戈涅和克瑞翁之间出现了斗争,前者是波吕涅刻斯的妹妹,出于血缘和信仰的要求她要为哥哥举行合适的葬礼,而克瑞翁认为作为统治者必须维护国王的权威、惩治叛乱。克瑞翁决定厚葬厄忒俄克勒斯而将波吕涅刻斯抛尸荒野,并认为此决定是正确的。在第二段,安提戈涅为自己埋葬波吕涅刻斯而不遵守国家的法令的正当性做了辩护。

 思考:这一选段所揭示的态度和理想;克瑞翁如何看待统治者的职责,他的观点如何与道德和宗教义务相冲突;如何比较这一文献中和伯利克里国葬演说中所表现的个人与国家的关系。

资料来源:Sophocles: *Three Tragedies*, Trans. H. D. F. Kitto(Oxford University Press, London, 1962), pp. 8 - 9, 16 - 17, by permission of Oxford University Press.

克瑞翁:长老们,我们的城邦,过去诸神曾把它抛进争斗的怒涛,现在又使它平静下来,所以我用王室命令把你们召集到此地。你们是我从市民中遴选出来的。我很清楚你们多么尊重拉伊俄斯的王权,而且在俄狄浦斯掌管国家期间以及他死后,你们集中在他的子孙周围,忠诚一如从前。由于他们在同一天双双遭遇厄运,用被玷污的剑彼此残杀,由于我是死者的至亲,所以我现在登上王位、接受了王权。

如果一个人没有执过政、立过法,我们就没有办法知道他的脾性、思想或精神。一个统治国家的人,不愿沿着最明智的道路行进,因为恐惧而不愿说出自己的想法,他就是卑鄙小人。如果一个人把朋友放在祖国之上,我就会谴责他。因为如果看到破坏威胁着市民们的安全,我就难以保持安宁,我也不会把我们国家的敌人当成朋友,宙斯可以作证。这一点是千真万确的:只有城邦才能保护我们大家,它使我们度过了暴风雨,只有这艘船平稳航行,我们才能交到忠诚的朋友。

我信奉这样的原则,并保持我们城邦的繁荣。——现在,就俄狄浦斯的两个儿子而论,我已经宣布了一道合适的皇家命令:为了国家的利益光荣战斗并因此献出自己生命的人,应当被埋葬,并体面地享受人们献给一个光荣死去的人的所有仪式;而他的兄弟波吕涅刻斯,是一个流亡者,抛弃了自己的土地,焚烧了当地诸神的庙宇,想要喝族人的血,把其他人当作奴隶,我已经向底比斯宣布,谁也不要给他葬礼的荣耀,或者哀悼他,要将他抛尸荒野,任由野狗和鸟来咬来啄。这是我的愿望:我绝不允许坏人比好人赢得更多的尊重,但是任何人只要表现了对国家的爱,无论活着还是死了都会赢得我的赞美。

克瑞翁:你:简要地告诉我——我不想听长篇大论:难道你不知道有禁止埋葬的命令吗?

安提戈涅:我当然知道。是有一道法令。

克瑞翁:你竟敢不遵守法律?

安提戈涅:发布这道命令的并不是宙斯,管理死者的众神也没有强加于人类这样的法令,我认为你的——一个俗人——的法令不能够推翻上天制定的不成文的永恒不变的法令。它的权威不限于今日和昨日,而是永恒的,没有人知道它开始于何时。我会因为害怕一个俗人而违背天条,从而站到神的面前接受处罚吗?我知道我会死去,即使你没有颁布那道命令;如果我在命定的岁月之前死去,我干嘛还要计算它;像我这样活着,受尽无穷无尽的灾难,死了倒是一件好事。对我而言,遭遇这样的厄运并没有什么痛苦,但是如果我母亲的儿子死去,我不管他,让他抛尸荒野,那才会让我痛苦不堪,但是像这样倒没有什么。可能你认为我做的是傻事,但也许谴责我傻的人才是傻子。

柏拉图:《理想国》

希腊古典时代的各种城邦,尤其是雅典,均以其民主制度和实践而为人称道。然而,当时最伟大的政治理论家柏拉图(公元前427—前347年),却强烈批评民主制度。他是一位雅典贵族,成长于伯罗奔尼撒战争期间,因他的老师苏格拉底于公元前399年被判处死刑而满腹怨恨。在离开雅典很长一段时间后,柏拉图于公元前386年返回并创建了学校,被称为"学院",他希望按照他在《理想国》中阐释的理想在这里塑造哲学家和政治家。下面的选段选自柏拉图的《理想国》,他在其中用对话的方式考察民主及其危害。这本著作体现的并不是抽象的思想,因为这部著作写作的时期,以雅典为代表的民主统治形式和以斯巴达为代表的更加集权的形式,正处于敌对状态。

 思考:柏拉图论点的有力和不足之处;与伯里克利相比,柏拉图怎样看待(雅典的)民主。

材料来源:M. J. knight, ed., and B. Jowett, trans., *A Selection of Passages from Plato for English Readers* (Oxford, England: The Clarendon Press, 1895), pp. 80 – 82.

3. 希腊古典和希腊化时代

当穷人推翻他们的对手,屠杀了一些人,驱逐了一些人,同时给其余的人以平等的自由和权利时,民主就出现了,而且在这种统治形式中,官员是由公众投票选举的。

是的,他说,那就是民主的特性,无论是武力使革命成功,还是因为对手恐惧,都会使反对党退出。

那么他们的生活方式是怎样的,他们有怎样的政府?因为有怎样的政府,就有怎样的人。

很明显,他说。

首先,他们不自由吗?城市不充满自由和坦诚吗——一个人想说什么就说什么?

据说是这样,他回答说。

既然那里有自由,个人就能够随心所欲地安排自己的生活了?

很显然。

那么,在这样的国家里,就有最为多样的人物性格?

必定如此。

这也许是政治制度中最美的东西,如同锦绣的衣服,点缀着各式各样的花朵。如同妇女和孩子认为五颜六色是最美的一样,对许多人而言,这个国家有各式各样的人,因而是最美的。

是啊。

是的,我的老朋友,这里是寻找一种制度的最合适的地方。

为什么?

因为这里到处是自由——他们有各种类型的制度。如果一个人想组织一个国家,像我们所做的那样,一定要去一个民主城邦,像进入一个买卖这些东西的市场一样,选取一种适合自己的模式。如果他选好了,就可以建立自己的国家,他肯定会有足够的模式选择。

我认为,你没有必要治理这个国家,尽管你有这方面的能力。也不必被人管理,除非你喜欢这样,你不必去作战,尽管别人上了战场,别人要和平的时候你也不必坚守和平,除非你愿意——同样如果你喜欢,也不必因为法律禁止你当行政官或法律官员就不当——难道这样的生活方式不是目前最愉快的吗?

目前是的。

那些遭受谴责的人在某些情况下不是很可爱吗?你没有看到过吗?在一个民主国家里,许多人尽管被判处了死刑或流放,还是待在那里,在人们中间走来走去——贵族们像英雄一样炫耀,没有人看到他们或注意他们。

是的,我看到了很多,他回答说。

其次,民主制度的宽容精神、对小事的不屑一顾,对我们建城时庄严确立的良好原则表现出的蔑视——我们说过,一个人,除非天分极高,如果不从小就与美好的东西为伴,并从中获得乐趣和教益,是不会成为一个好人的——她是多么傲慢地把我们所有的理想都踩到脚下。完全不问一个人成为一名政治家的追求是什么,而是尊敬任何声称做他们朋友的人。

是的,她具有高贵的精神。

这些和其他一系列特点就是民主制度的特点,这是一种有趣的统治形式,充满多样性和

· 51 ·

混乱性,把平等不加区别地给予了平等者和不平等者。

我们对她完全了解了。

亚里士多德:《政治学》

亚里士多德(公元前384—前322年)是柏拉图的学生、亚历山大大帝的导师,吕克昂的创建者(一个与柏拉图学院相匹敌的学校),对政治学有不同的见解。亚里士多德强调对事实的收集和分类,表现在生理学和物理学中。虽然亚里士多德相信民主是更加平衡、更加高尚的城邦制度的衰退,但是他的见解是描述性的,并不像柏拉图那样过分谴责民主制度。这反映在其《政治学》的选段中。在第一段,亚理士多德考察了人类的政治和社会性质,揭示了典型希腊人的设想,即组成城邦是人类的本性。在第二段,亚里士多德分析了民主制度。

思考:在风格和形式上,亚里士多德的论点和柏拉图有什么异同;如何比较亚里士多德和伯里克利对雅典民主制度的描绘;亚里士多德列举的至今仍未实践的民主制度的特征。

材料来源:Aristotle, *Politics*, trans. Benjamin Jowett (Oxford, England: The Clarendon Press, 1905), pp. 25 - 28, 239 - 241.

每一个城邦都是某种团体,每个团体都是出于某种善念而建立的,因为人类的所有行动,都是为了获取他们认为善的东西。如果所有的团体都以某种善为目标,那么,包容一切的最高城邦和社会团体就会在更大程度上追求最高的善……

政府的类型是各不相同的,只要我们按照迄今为止一直指导我们的方法考察这一问题,就能明白地看到这一点。同其他科学一样,在政治学方面,这一复合物也应该分解成最简单的成分或者最小的单位。因此我们必须考察构成城邦的要素,从而看到在哪些方面相互不同,是否可以在不同的规则之间找出某种科学差别。

如果一个人从初生和起源入手来考察事物,不管他是考察城邦还是考察其他事情,都能够得出最清晰的观点。首先,(1) 那些单独无法生存的个体,必定进行结合,例如男人和女人,这样种族就能延续。这样的结合,并不是出于深思熟虑的目的,而是同其他动物和植物一样,有身后留下自己形象的自然渴望。(2) 一定有天然统治者和被统治者的结合,这样两者都能够保全。因为那些头脑天生有远见的人往往成为统治者或主人,那些能够用身体劳动的人则成为臣属,自然成为奴隶,因此主人和奴隶有共同的利益。然而,自然把妇女和奴隶区分开来,因为她不愿吝啬地像铁匠那样,使制作的德尔斐小刀具有多种用途。她让每样东西只有一种用途,制作器具时,只有想着让它只有一种而不是多种用途时才能制作精良。但是在蛮族人中间,女人和奴隶没有什么区别,他们之间也没有天然的统治者:他们只是一个由男女奴隶组成的团体。所以诗人们说:

"应当让希腊人统治蛮族人;"好像他们认为,野蛮人和奴隶天然是同一的。

从男、女以及主人和奴隶这两种关系中,首先出现了家庭……

家庭在性质上是为了满足人们日常需要而组成的团体,家庭的成员被嘉隆达斯

3. 希腊古典和希腊化时代

(Charondas)称为"食橱伴侣",克里特的厄庇米尼特(Epimenides)则称之为"畜槽伴侣。"但是如果几个家庭结合在一起,而且目标不再是满足日常需要,那么就出现了村落。村落最自然的形式是通过家庭繁衍而形成的聚居地,由儿辈们和孙辈们组成,他们被称为"喝同样的奶的人。"这就是为什么希腊的城邦最初都有国王的原因。因为希腊人联合起来以前,都是在王室统治之下,就如同现在蛮族人那样。每个家庭都由最年长者管理,因而在家庭的聚居地,国王式的统治形式开始流行,因为他们都是血亲……

当村落结合成一个团体,足够大足够完善,基本上或者完全能够自给自足时,城邦就出现了,最初纯粹是为了生活的基本需要,而它持续存在则是为了美好生活的缘故。因此,如果社会的早期形式是自然出现的,那么城邦也不例外,因为它是这些早期形式的终点,完美的本性就是终点。因为任何事物充分发展后,我们都会见到它的自然本性,不论我们说的是一个人、一匹马还是一个家庭。此外,一个事物的终极原因和终点,就是至善,达到自给自足就达到了终点和至善。

因此很明显,城邦是自然的产物,人从本性上是政治动物。一个因为本性或者出于偶然不归属于任何城邦的人,要么是一个超人,要么就是一个比人低等的生物……

民主制城邦的基础是自由,根据人们共同的看法,这种自由只能在这样的城邦才能享有——他们肯定这是各种民主最伟大的终极目标。自由的原则是所有人统治而且轮流统治。民主的正义事实上是对多数人平等,而不是按比例的平等,据此就出现了多数人至上的原则,多数人赞成的一定是终极目标而且是公正的。就是说,每个市民必须是平等的,因此在民主制度中穷人比富人更有权力,因为他们人数比后者多,且多数人的意志至上。这是民主的一个特征,所有的民主派人士都肯定这是他们城邦的原则。另一个原则是人们可以按自己的意愿生活。他们说这是自由人的特权,而且不能根据自己的愿望生活是奴隶的标志。这是民主的第二个特征,由此人们出现了这样的要求,即如果可能,则不受任何统治,如果没有可能,则轮换进行统治和被统治,这样就会与基于平等的自由相契合。

这就是我们的基础和民主的性质,它的特征如下:——由所有人从所有人中选出官员,而且所有人都会统治每一个人,而每一个人都会轮到统治所有人;任命所有官员,或者任命那些需要经验和技巧的官员,都要用抽签的方式决定;担任官员没有任何财产资格限制,或者限制得很低;任何人都不能担任两次同一职务,或者不能经常如此,除非担任军事官员;所有官员,或者绝大多数官员的任期都尽可能短;所有人都可以坐下来进行审判,或者从所有人中选举出的法官可以审判所有的案件,或者大多数案件,或者最大型最重要的案件——比如详细审查账目、章程和个人契约;公民大会应当对所有事物,或者对最重要的事物都有最高权力,行政官对任何事物都没有权力,或者只对很少的事物有权力。如果没有办法向所有的公民支付津贴,那么在所有的制度中议事会就是最民主的了。但是如果公民们获得津贴,就会把所有的政事都揽到自己手中,议事会的权力就被剥夺了,这一点我们前面已经论述过。民主制度的另一个特征就是支付津贴。如果有津贴的话,公民大会、法庭和行政官员,都能获得津贴,如果不能向所有人支付,那么要向法庭、正式的公民大会和行政官支付津贴,或者至少向那些被迫参加会餐的人支付。寡头政治的特征是出身、财富和教育,民主制度的特征似乎正好与此相反——出身低微、贫穷、职业平平。另一个特点是任何行政官员都不得终身任职,但是如果经历了前代制度的变革,还有些职位保留着终身任期,则应剥夺它的权力,同时要通过抽签而不是投票决定任职者。这些方面是民主制度普遍的特征,但是民主和大众最理想的形式是基于认可的民主公正原则,所有人都应该平等考虑。平等意味着富人在政府中享有的份额不能多于穷人,而且不能是仅有的统治者,所有人都应该根据他们的数量平等地统治。这样人们就认为他们在自己的城邦保证了平等和自由。

色诺芬：家庭管理

希腊的公共生活是由男人控制的。妇女,甚至是雅典高层妇女的日常生活,都很难超出家庭的范围。雅典的历史学家和随笔作家色诺芬(公元前434—前355年)从男人的角度描绘了妇女的生活。下面的选段选自《经济论》(家庭管理),其中伊斯霍马霍斯与苏格拉底讨论了婚姻、妇女和家庭生活。

 思考：如何看待妇女；丈夫和妻子的关系；男人和女人的不同角色。

材料来源：Excerpts from *Not in God's Image: Women in History from Greeks to the Victorians* by Julia O'Faolain and Lauro Martines. Copyright 1973 by Julia O'Faolain and Lauro Martines. Reprinted by Permission of HarperCollins Publishers, Inc.

"这就是我要问你的另一件事情",我说,"你是自己训练自己的妻子呢,还是当你把她从父母家里接来的时候她就已经知道如何料理家务了?"

他说,"当我把她从她家里接来的时候,她能知道什么呢,苏格拉底,她那时还不到15岁。在此之前,她一直处于严格看管之下,也就是说,尽量少看、少听、少问。她知道如何把交给她的羊毛做成斗篷,知道如何对女仆们分派纺线工作,你不认为已经不错了吗?她已经学会如何控制食欲,这种教育无论对于男人还是女人都是很重要的。"

"但是,伊斯霍玛霍斯,除此之外",我问,"你要训练和教导她其他的家庭职责吗?"

"是的",伊斯霍玛霍斯说,"但是要在祭拜神祇之后……而且她在神面前庄严宣誓,她会按照我的意思做,很清楚,她不会忽略所有这些功课。"

"告诉我你首先教她什么?……"

"好的,当我使她变得温顺之后,且足够放松,能够进行谈话时,我会问她下列问题：'告诉我亲爱的',我说,'你能明白我为什么要娶你,你父母为什么要把你许配给我么?你和我都清楚,我们两人当初分别和其他人结婚也没有什么困难。但是经过仔细考虑,我选择了你而你的父母选择了我,作为我们家庭和后代的最佳伴侣。现在,如果神赐给我们孩子,我就要考虑如何最好地培育他们,因为我们共同的利益就是在老年时能够保证有最好的家庭帮手和赡养。此刻我们才共同享有这个家庭……'"

"我妻子回答说,'但是我能帮你什么呢?我能做什么呢?一切都仰仗你。我妈妈说,我的职责就是处事得体。'"

3. 希腊古典和希腊化时代

"'噢,天哪',我说,'我父亲也是这样对我说的。但是无论男女,所谓最好的行为,就是能够保有财产,并尽可能诚实合法地使之增加。'"

"……你看在哪些方面,"我妻子问,"我可以帮助你增加财产呢?"

"'……在我看来,神让女人的天性更适合家庭工作,而使男人的天性更适合外面的工作……上天把照料家庭吃穿的任务托付给女人,做这样的工作,胆子小一点并没有坏处,所以他让女人比男人更加胆小……女人待在家里比外出工作更加合适,而男人待在家里不外出则不合适。如果一个人违背神赋予他的天性而离开了指定的岗位,就要遭到惩罚……你必须待在家里,把负责外勤的仆人派到外面去,监督在家里劳动的人,收受获得的,付出该花费的,提前计划要储存的,保证一年的供应不至于在一个月内消费掉。当羊毛送进来后,你要负责让人为需要的人制作斗篷,你还要注意谷物是否还可食用……你的许多职责会让你高兴:例如,如果你得到不会纺线织布的女奴,你教会了她,那么她就对你有了双倍的用处;或者你使一个什么都不会做的人成为操持家务的能手……'然后我带她去看家庭起居的房间,这些房间都装饰温馨,冬暖夏凉。我指出如何让整个房间朝南,以便享受冬日的阳光……我给她看女人的区域,这个区域用带有门闩的门和男人区域分开,为的是防止不合适地移动东西,同时也确保奴隶未得允许不能生孩子。对好的奴隶而言,如果有了家庭通常会更加卖力;但是对废物而言,一旦开始同居,就会有更多机会做坏事。"

希波克拉底:医药和魔法

到公元前5世纪,希腊对知识的科学探讨已经得到了发展。反映这一发展的主题之一是医学。科斯的希波克拉底(公元前460—前337年)建立了一所医学学校,强调细心观察和疾病的自然原因。这种方法逐渐摒弃了诸多有关疾病的宗教和超自然假设,并拒绝了神治疗疾病的各种方式。下面的选段出自希波克拉底,或至少出自他的学院,其中把这种方法用于治疗"神病",即当时癫痫病的普遍称谓。

思考:在这一文献中这些假设的科学性如何;现代的医生可能否定或支持的论点。

材料来源:From Hippocrates, *The Medical Works of Hippocrates*, Trans. John Chadwick and W. N. Mann, 1950. Courtesy of Charles C. Thomas, Publisher, Springfield, Illinois, and Basil Blackwell, Publisher, Oxford, England.

我不相信"神病"比其他疾病更神圣非凡,相反,它具有特定的特征和明确的原因。然而,由于它与其他疾病完全不同,所以那些用无知和惊讶来看待它的人,将之视为神的惩罚。这种以神为起因的理论,尽管有着对该疾病的复杂理解作支撑,但是由于其治疗方法太过简单,只是通过仪式净化和念咒语,因此该理论又被大大削弱了。如果一种疾病显著的特征是神降罪的证据,那么就会有许多"神病"。日发热、隔日热和四日热的特征也怪异非凡,然而没有人认为它们起因于神。我相信,这些疾病是由神引起的理由一点也不比所谓的"神病"

少,只是它们不是人们普遍感到惊讶的对象。另外,同样明显的是,我看到人们因为莫名其妙的原因发疯、神志昏迷,做许多奇奇怪怪的事情。我看到过许多人睡梦中呻吟和喊叫,有些人则窒息;其他人则从床上跳下来跑到外面去,一直神志不清地待在那里,直到清醒为止,尽管他有些虚弱苍白,但是他同以前一样健康健全。这些情况并非孤立的事件而是经常发生的。还有其他许多特征明确的痛苦,但是详细描述它们要花很多时间。

在我看来,最初称这种疾病为"神病"的,是那种现在称为巫医、信仰治疗者、庸医或江湖医生的人。确切地说,这些人是假装非常虔诚和特别聪明的人。他们通过掺进神的因素,为自己找不到合适的治疗方法而遮掩,同时通过称这种疾病为"神病",掩盖自己天生的无知……

他们还运用其他借口,如果病人治愈了,那么他们聪明的名声提高了;如果病人死了,他们会解释说神要进行惩罚,他们本身没有任何错误。他们并不开处方让病人吃任何液体或固体药物,也不嘱咐病人合理地洗澡……

那么,试图用这种方法治疗疾病的人,并不真的认为这些疾病要由神治疗或具有神圣的起因。如果疾病用净化和类似的治疗可以治愈,那么如何防止它以同样的方法出现?用魔术驱除这种疾病的人同样能让疾病再次出现,这其中同样没有任何神的因素,只有人为因素。通过这样的主张和手段,这些行医者假称比其他人更有知识,他们开出"奉献"和"净化"的处方,还喋喋不休地念叨神的处罚和着魔,以此进行欺骗。而我相信所有这些虔诚的表白其实是更加不虔诚,并否认神的存在,而且他们所有的宗教和关于上帝惩罚的话语,都是不虔诚的欺骗,关于这一点我还要进一步揭露……

我相信,这一疾病中的神意并不比其他疾病多,而是与其他疾病有同样的性质和类似的原因。而且,只要这一疾病不是根深蒂固,而且抗药性很强,那么就不比其他疾病更加难治。

同其他疾病一样,它是遗传性的。如果说迟钝的父母生出迟钝的孩子,患肺病的父母生出患肺病的孩子,坏脾气父母生出坏脾气的孩子,那么患这种疾病的父母为何不能生出同样患上此疾病的孩子呢?种子来自身体的所有部位,如果来自健康的部位,则它是健康的,如果来自患病的部位,则会致病。还有一个证据可以说明这一疾病并不比其他疾病更神圣,迟钝的人天生易患此疾病,而脾气大的人则一般不会。如果它源自神,那么所有类型的人都同样会染上,不会有这种区别。

伊壁鸠鲁:个人幸福

希腊化时代更加关心个人幸福,这一点与前面的古典时代反差极大。这种关注反映在伊壁鸠鲁的(公元前342—前268年)的学说中,他在雅典创设了一所学校,而且是颇具影响的希腊哲学家。下面的选段选自一封他给学生的信,其中伊壁鸠鲁描绘了快乐是什么,另一个选段选自他的残篇,其中他仍然集中于个人幸福,但是把评论的范围扩大到正义和非正义。

 思考: 人们通常把伊壁鸠鲁主义与沉溺于奢侈和感官快乐联系起来,这一文献是否支持这种看法;这一文献如何反映了古典时代和希腊化时代的不同。

材料来源: From Epicurus: *The Extant Remains*, Trans. Cyril Bailey(1926), pp. 89 - 91,95 - 97,103, by permission of Oxford University Press.

因此，当我们坚持快乐是目的时，并不是如那些不知、不懂和不了解我们的人所认为的那样，指放荡的快乐以及纵欲的快感，而是指摆脱身体的痛苦和心灵的折磨。因为带来快乐生活的，并不是天天豪饮和狂欢、满足肉欲以及享受大鱼大肉和饕餮盛宴，而是冷静的推理、找出所有选择和放弃的动机，消除带来心灵极大不安的无关紧要的观念。

在所有这些之中，最初和最大的善是审慎。审慎甚至比哲学更宝贵，原因在于：因为从审慎中会产生所有其他美德，它教导我们，如果不审慎地、体面地和公正地生活，就不可能快乐（同样，如果不快乐，则不能审慎、体面和公正地生活）。因为美德天生就与快乐生活密不可分，而快乐生活也不能与它们分离。

2. 死亡对我们来说就是虚无：因为消解的东西没有感觉，而没有感觉的东西对我们来说就是虚无。

8. 快乐本身并不坏：但是获得快乐的方式带来的烦恼数倍于快乐本身。

9. 如果每种快乐都能够被加强，从而变得持久并影响我们整个机体或我们天性中最本质的部分，那么所有的快乐相互之间并无区别。

10. 如果某些东西能够带来放荡的快乐，又能够排除我们对天空现象、死亡以及随之而来的痛苦的恐惧，同时还能告诉我们渴望（和痛苦）的限度，我们就没有理由咒骂它们；因为它们能够从各种源头使自己充满快乐，永远没有身体或心灵的痛苦，而后者正是生活的罪恶。

12. 如果一个人不能了解宇宙的性质而只是怀疑某些神话故事的真实性，就不能摆脱对最重要问题的恐惧。因此没有自然科学就不能获得纯粹的快乐。

33. 正义本身从来不算什么，但是处理人与人之间的关系时，无论在什么时间什么地点，当它就是一个不施害和不被人伤害的契约。

34. 非正义本身并不是什么罪恶，而只有在认识到无法逃脱被派来惩罚此类行为的人，并心生恐惧时，才是罪恶。

图像材料

教育

反映希腊生活的图片材料不多，留存下来的大多数都是陶器。公元前5世纪早期的这一杯子（图3.1）上所描绘的，带有程式化的特点。其目的是描绘日常生活的一个侧面，即希腊男童的教育，欣赏者可以看出这一点。在左边，正在教一个男孩弹奏七弦琴；在右边，正在教一个男孩阅读。最右边的图画可能是一位奴隶身份的女伴，她在道德教育中充当防护者和助手。在杯子的另一面（无法看到），学生们正在学习另外的乐器和写作。由于没有正

图 3.1 公元前 5 世纪早期的杯子

式的学校,所以教育限于那些能够花钱聘请私人教师的人。

思考:杯子上所描绘的画面和伯里克利所描绘的希腊社会之间的联系。

女人区域

图 3.2 公元前 5 世纪的罐子

按照希腊社会的理想,妇女一生大部分都生活在家里。尽管大多数希腊妇女并没有富裕到不劳动就能生活的地步,但是精英阶层的妇女却接近这种理想。这只公元前5世纪的罐子是妇女用来在井里或公共水源取水用的(图3.2),上面的画面所描绘的活动,在一定程度上构成了这一理想。在这里,妇女们聚集在一起共同举行文化活动。中间,一位妇女正在大声朗读卷轴。在她前面站着另一名妇女,拿着一个卷轴箱。在两边,妇女们正在聆听她朗读。左上方芳香的长颈瓶强调了这一场景来自富裕妇女的区域。

思考:这一罐子描绘了希腊上层妇女的什么社会生活。

《垂死的尼奥柏》:古典的平衡

《垂死的尼奥柏》(公元前440年)是古典风格的代表作,混杂着现实主义和理想主义(图3.3)。其描绘的人体栩栩如生,似乎就在人们眼前。她嘴角流露着痛苦,眼睛似乎充满恐惧。然而很难说这是一个真实的个人。这一人体并非真实的妇女,而是一种理想——艺术家眼中完美的女性身体。这一形象符合更广义上的希腊有关人体的文化理想,即反映了个人表现和集体表达、个人和团体之间的平衡,而这是古典时代希腊的特点。这一主题对观看者而言也是一堂教育课,它表现的是,一位无辜的妇女因为母亲的过分骄傲而被诸神杀死。而且,古典的平衡占据主导地位,因为尽管有某种动作,但是并未过分戏剧化,没有冲击性。总体上它让读者观察、思考,同时享受。

图 3.3 垂死的尼奥柏

思考:《垂死的尼奥柏》如何与《安提戈涅》所描绘的情感和哲学冲突相联系。

市场老妪：希腊个人主义

《市场老妪》(公元前2世纪)是希腊化风格的代表作(图3.4)。作为古典时代特征的现实主义和理想主义的混杂不见了；相反，个人主义和情感主义得以强调。它表现了现实中的个人，几乎在每个细节，包括她的脸部轮廓和挎着的篮子，都与理想相去甚远。人们会关注老年的痛苦和此人的状态，因每天的劳动而过度疲劳，丝毫没有著名神话或英雄品质的痕迹。这座雕像反映了对个人的极大关注，对生活物质层面的聚焦，以及希腊划时代技巧的纯熟。

 思考：这一雕像和前面的雕像会使观看者诉诸什么样的感情、理想和经验。

图 3.4　市场老妪

地理和希腊的政治结构

地图3.5描绘了公元前5世纪雅典及其周围地区。同许多其他希腊城邦一样，雅典靠

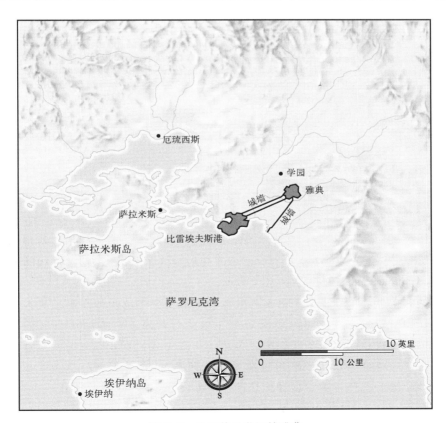

图 3.5　公元前5世纪的雅典

近海洋,坐落在群山环绕的可耕平原上。城市有城墙,周围环绕着容易防守的制高点(卫城)。雅典人延伸了城墙,保护比雷埃夫斯港口的入口。周围的山脉尽管阻隔了从陆路上与其他希腊城邦的沟通,但是却使希腊易于防守。雅典平原狭小且容易通向大海,这大大鼓励了海上贸易,尤其是获取雅典人自己不能种植的食物。大量的其他希腊城邦真正居住在岛上和港口城市,缺乏天然的地理屏障,容易遭受来自海上的攻击。雅典利用自己容易防守的位置和邻居的弱点,成为重要的海上力量。

思考:地理如何有助于解释城邦的某些方面,解释针对关于波斯的战争、雅典和斯巴达的战争以及菲利普和亚历山大入主希腊。

二手材料

萨拉B·博麦罗伊:女神、妓女、妻子和奴隶——雅典的妇女和劳动

希腊社会的传统形象建立在男人的想法和行为的基础上。在最近几十年,历史学家们聚焦于妇女在希腊社会中发挥的作用以及这些作用如何与男人不同。下面的选段选自萨拉B·博麦罗伊对希腊罗马妇女的著名研究,其中,他分析了古典时代妇女发挥的经济作用。这里她分析了城市生活对她们的影响。

思考:雅典妇女的地位与男子有何不同;城市化对妇女可能产生的影响;妇女所从事的工作种类及价值。

材料来源:From *Goddesses, Whores, Wives, and Slaves* by Sarah B. Pomeroy. Copyright 1975 by Sarah B. Pomeroy. Reprinted by permission of Schocken Books, Pantheon Books, a division of Random House, Inc.

到公元前5世纪后期,由于需要用城墙来保障安全,对于许多雅典人来说,城市生活取代了农业生活。因此,当人们把斯巴达比作雅典时,一定要记住前者所构成的不过是村落的聚居地,而雅典则是希腊最大的城市之一。城市化对妇女的影响,是让她们的活动转移到家里,使她们的劳动不被人所见,因此而无足轻重。

城市生活为上层和下层人以及男人和女人的活动划分了清晰的界限。男人可以自由从事政治、学问和军事训练、体育竞技以及符合贵族身份的事业。有些任务被认为是实用性的、降低身份的,更适合奴隶而不是公民。自然一些需要收入的男性公民也会被迫从事实用性的职业。上层阶级的妇女由于被排除在男性活动之外,负责监督——如果愿意——或从事适合奴隶做的那些工作。由于这种工作遭人鄙弃,所以从事这种劳动的人也被人看不起。妇女的工作是生产性的,但是由于她的工作与奴隶相同,所有在古典雅典的意识中,不会得到什么好的评价。在悲剧中对女英雄和女奴合唱队的议论很接近,而且在墓碑上对女主人

和奴隶的描绘,都说明了奴隶和自由人的联系,因为她们大部分时间在一起,而且她们的生活非常类似。

各阶层的妇女大都在室内或者在家附近劳动,以便可以照料家庭。她们主要的工作是照料年幼的孩子、看护生病的奴隶,加工衣物以及准备食物。准备日常食物被认为是女人的专利。

头顶大水罐取水是女性的工作。因为取水还夹杂着社会交往、泉水旁的闲谈以及可能的调情,女奴经常被派遣去干这一差事。

妇女不前往市场购买食物,甚至现在的希腊乡村也是如此。因为人们认为买卖或交换对妇女而言是过分复杂的钱财交易,而且人们不希望妇女被陌生人看到,同时防止妇女与店主密切交往,这些都使得市场活动被看作是男人的行当。

富裕妇女的不同之处在于她从事管理角色,而非对家务亲力亲为。

贫穷的妇女,甚至包括公民,都会出去工作,她们所从事的工作大都是家庭妇女劳动的延伸。妇女受雇做洗衣工、羊毛纺织工,并在其他制衣作坊里工作。她们也做小贩,出售食物或自己在家里编织的物品。有些妇女出售她们编织的花冠。妇女也经常被雇佣做孩子的保姆和产婆。

安托尼·安德鲁斯:希腊——奴隶制度

长期以来人们都知道,希腊同其他民族一样实行奴隶制度。但是由于人们仅仅关注希腊的光荣,结果忘记了当时奴隶制度存在的程度以及奴隶制度在支撑希腊生活方式方面所发挥的作用。对这一问题进行考察的历史学家是安托尼·安德鲁斯,他是牛津大学的教授,写了一部有关希腊人的重要著作。在下面的选段中他考察了希腊关于奴隶制度的设想以及希腊世界中奴隶和奴隶主的关系。

 思考:这样的分析如何损害了希腊是一个开放、民主和公正社会的印象;对不同时代和社会的奴隶制度可以做出怎样的区分——比如雅典的奴隶制度和18世纪美国的奴隶制度。

材料来源:Anthony Andrews, *The Greeks* (New York:Random House,1967), pp. 133,138-139, 142.

从广义上讲,奴隶制度是希腊文明的根本,如果取消奴隶制并代之以自由劳动,如果真的有人这样尝试了,就会使整个社会失去根基,雅典和斯巴达上层的闲暇就会失去。普通的雅典人有一种根深蒂固的感情,即让一个自由人为另一个作为自己主人的人直接工作,是不可能的事情。尽管自由人和奴隶一起从事了大多数形式的商业和手工业,但是把奴隶从这些任务中抽离出来,就一定会导致令人不安的劳动力和财产的重新分配和组建……

归纳希腊世界中奴隶和奴隶主的关系并不那么容易,因为奴隶有什么看法人们通常是不知道的。在希腊家庭生活的狭窄区域，人们与他们的仆人之间并不像英国中产阶级家庭同其仆人那样保持相当的距离——而且希腊人在任何场合都不可能不交谈。保姆和孩子、导师和学生之间更加紧密的联系，很容易演变为感情，我们没有必要怀疑忠诚的奴隶在战场上救了自己主人等类似的故事。但是即便如此，这种关系也注定有不愉快的成分，当奴隶受到惩罚时往往伴随着体罚，一位自由人有这样的权力泄愤……

与主人有良好关系的家庭奴隶有机会得到解放，"分开生活"和从事商业的奴隶希望挣足够的钱来赎身。虽然这种实践和手续在每个地方都差别很大，但是释放奴隶并非不普遍。主人有权让奴隶服役，但通常将这种权利限定于某个固定时期或者限于他活着的时期。一些"分开生活"的人明显富裕起来后，招致不满的寡头评论说，雅典大街上的奴隶穿得比自由人还好……

但是碰到坏主人的家庭奴隶境遇就比较悲惨，没有任何改善的希望。那些受雇于矿山和其他工作的人前景更加暗淡——而且我们连曲解地反映他们感情的材料都没有。但是，公元前413年当斯巴达人在雅典外面设立要塞时，修昔底德告诉我们，20 000多名奴隶投奔敌人，大部分人都是"手艺人"（这一词涵盖各种技术劳动力，不一定限于拉乌利昂的矿工，尽管许多逃跑者确实来自于此）。我们不知道入侵者给了他们什么承诺，我们更不知道他们后来的结局如何，但清楚的是，甚至有技能的奴隶也会因为不确定的前景而时刻准备逃跑……

在苏格拉底生活的时代，一切都受到质疑，奴隶制度也不例外。我们也听到一些孤立的声音说，所有人都是平等的，奴隶制度违反天性。亚里士多德辩护说，有些人天生就是奴隶，不具备完全的理性，需要主人的意志来完善他自己，这样的声音回荡在我们周围，完全排除了在战时"天生自由的"希腊人也许会受到奴役的可能性。但是在这个世界，无论形式如何，奴隶制度是普遍的，所有国家都不记得曾经不是这样的时代。人们没有吵闹着要解放，这一点也不奇怪。有人令人信服地论证说，希腊在满足生存之外没有什么富余，使少数人获得闲暇的剩余价值只能通过人为的廉价劳动力获得。如果这种说法是对的，希腊就别无选择。到6世纪初，希腊人面临着一个选择，是把公民降低为奴隶，还是从国外扩大奴隶的进口。只有像工业革命那样，技术获得大幅度提高后，才能有效地改变这种状况。

M·I·芬利：古代希腊——城邦的衰落

公元前4世纪是典型的衰落时期，至少对希腊城邦而言是如此。这一衰落及其原因长期令历史学家们着迷。有些人指出这归咎于伯罗奔尼撒战争后人们的理想幻灭，另有些人认为是由于希腊城邦没有能力控制内部的斗争以及面对马其顿的威胁不能结盟。在下面的选段中，剑桥大学著名古代史专家M·I·芬利用不同的观点探讨了这一问题：希腊城邦只能在不寻常的环境下繁荣，而且只能繁荣很短的时间。

思考： 可以解释城邦"衰落"的另外因素；什么政策或发展会延缓城邦的衰落；希腊文明的命运是否系于城邦的命运。

材料来源： From *The Ancient Greeks* by M. I. Finley. Copyright 1991 by Paul O'Higgens and Charles Richard Watten. Used by permission of Viking-Penguin, a division of Penguin Books USA, Inc.

所有这些变迁,同长期停滞一样,都标志着团体的衰落,从而也是城邦衰落的标志。城邦越是不得不雇佣更多的军队,它在经济上就越来越不能满足公民,尤其是土地,因此这些人不得不远赴他乡寻求生存。城邦越是不能在富人和穷人之间保持均衡,那些外来人口就越来越多地入住城市,这些人既有外部的自由移民,也有释奴(他们可以被比喻成内部的自由移民)——那么,一个团体越是没有意义,就越是不能名副其实。在这样的背景下所使用的"衰落"一词,具有欺骗性和危险性:它有不恰当的生物学色彩,它使人想起一个文明各个方面不断的下降趋势,这些显然是不真实的。然而下列证据是真实的:4世纪是希腊城邦衰落的时期,非常不稳定,有时会突然复苏或者出现努力拯救自己的英雄业绩,并在亚历山大之后变成了一个虚假的城邦。尽管保存了许多城邦外在的形式,但是希腊人今后的生活状态无法掩饰,用克里孟梭的话说,他们生活在"颓废的甜蜜和平中,接受了随之到来的各种奴役"……

甚至公元前4世纪的雅典,也有全面衰落的迹象。当时的政治家们自己指出了这样的事实:尽管在整个公元前5世纪,政治领导人同时是、或者被期望同时是军事领袖,因而在十位将军中经常能发现杰出的政治人物(他们之所以被选出是因为其政治的重要性而非其他)。但是在公元前4世纪,这两项公共活动,即国民的和军事的活动割裂开来。将军如今是职业士兵,大多数人远离政治或缺乏政治影响力,经常受外国军队雇佣担任雇佣军首领,同时也为自己的城邦服务。这种转变出于许多原因,其中国家财政的短缺是最主要的,但是不管如何解释,这种割裂对城邦来说不是好事情,这种成员对社会责任的分离,削弱了公众意识,也没能培养出明显更优秀的将才。在海军方面,这些事实呈现出不同的形式。沉重的费用仍然由1 200名最富裕的人承担,海军仍然运转良好,但是出现了更多逃避责任的现象,比以前更需要强迫捐献或用法律追查不履行责任的人。经常要征募船员,自愿应募已经不敷需要。毫无疑问,那主要是因为国库已经耗尽,无法定期支付长期的费用,其原因是分配负担的制度不令人满意,导致一些人不愿捐助被分配的费用,而并不是由于缺乏爱国心。不论这些责任落到哪里,结果都会进一步导致城邦的局部崩溃。

我们没有必要夸大说雅典几乎快要成功了,出现这样的结果是由于马其顿、至少是亚历山大太强大。但是马其顿早就存在,波斯、迦太基和后来的罗马也早就存在。城邦成长在这样一个世界,而不是存在于真空或幻境中,而且它出现在贫瘠的希腊土地上。它真的是可行的政治组织形式吗?它的衰落和消失是由于那些可以得到修正的因素,由于偶然事件——马其顿的力量——还是内在的结构性弱点呢?从公元前5世纪后期起这些问题就已经引起了哲学家和历史学家的注意(在人们还远未看到城邦真正需要寻求摆脱困境之途时就提出这样的问题,是非常引人注目的)。柏拉图希望通过把所有权力交到德行完美的哲学家手里来拯救它。其他人则谴责民众、误导民众的人以及政治煽动家的各种邪恶。还有一些人,尤其在过去的一个世纪里,则坚持认为联合在一个民族国家里是愚蠢的失败。尽管他们的观点各不相同,但是其解决办法有一点是共同的:他们都建议,用其他东西从根本上破坏或取代这个同时也是自治国家的团体。有人总结说,城邦是个响亮的概念,但是它很少要求整合物质财富和制度因素,因此它从未实现过;它只是在一个很短的时期内达到了类似的程度;它有过去,有转瞬即逝的现在,但没有未来。在那个转瞬即逝的时刻,它的成员们捕捉和记录了人类思想和精神所能达到的顶峰,这在历史上不是经常能做到的。

理查德·斯敦曼：亚历山大大帝

如果有人说伟大的人物能够改变历史的进程，那么亚历山大（公元前356—前323年）似乎具备这样的特点。在他短短的生涯中，他领导希腊人令人震惊地征服了波斯帝国。大多数历史学家都认为，公元前323年他的死亡是希腊古典时代和希腊化时代最合适的分界线。历史学家们像W·W·塔恩一样，通常会赞美亚历山大的伟大业绩和他的远大理想。但是以下面的选段为代表，大多数历史学家现在否定这些过去的观点。理查德·斯敦曼在此评价了亚历山大的个性、计划和成就。

 思考： 亚历山大的成就和目标之间的关系；经常被视为英雄的亚历山大应当受到怎样的批评；为什么亚历山大帝国未能维持长久。

材料来源： Richard Stoneman, *Alexander the Great* (New York: Routledge, 1997), pp. 92 – 94.

亚历山大的事业是希腊文化在西地中海和近东传播的推动力，而且他的成就为罗马帝国、基督教和西方文明的其他重要成分提供了扎根的土壤……[然而]这样的远大前景远远超出了亚历山大的想象，而且……他的目标和理想是完全不同的。把某些线索集合在一起，使这些目标和理想与他真正的遗产直面相对，现在正是时候了。

如果如今天的许多学者所假定的那样，亚历山大【"最后的计划"】……代表着亚历山大真正的计划，那么我们就能推导出亚历山大的自大狂症不断加重。在某种程度上，他逐渐相信了他自己的宣传，即把自己看成阿蒙神之子，而且具有神圣性。为这种极端的自信所支撑（他在生命的任何阶段都不缺乏自信），在达成自己的目标方面他越来越冷酷无情。不忠的人立即会受到惩罚，但是犯腐败和侵吞财产罪的人，只要忠诚方面不被怀疑，惩罚起来则睁一只眼闭一只眼。机会主义和灵活变通使亚历山大在印度征服的地盘很快得而复失，当它们不再威胁他目前的地位时他就放弃了它们。巴比伦和伊朗成了他帝国的核心，但是那会是怎样一种帝国呢？

管理从来不合他的胃口。奥古斯塔斯评论说，亚历山大几乎没做过什么来确立所获庞大帝国的秩序，这一评论很能说明问题。在最后的岁月里，这位国王的思想状态似乎很怪异，除了自大狂之外，他也许已经患上了导致死亡的疾病，而且患上了严重的"倦怠病"。他能想到的与他的自我形象相符的行动，只有进一步的征服行动。侵占阿拉伯半岛的准备早已经做好，相信他还有了征服西方——意大利和迦太基甚至更远的地方——的计划，也并不是没有道理，意大利人和迦太基人完全相信这一点。

事后看来，纯粹基于快速军事征服而建立的帝国无法凝为一体，这一点不可避免。亚历山大的乐趣在于让他的官吏忠于自己，他没有兴趣为自己的帝国确立一种政府类型，他也完全忘记了希腊本土。一旦他自己的人格魅力消失了，帝国的瓦解就不可避免。另外，他没有指定继承人，使得这种结果更加不可避免……

但是那是一个讲希腊语的世界。另外，所有后继的国王们都敬奉亚历山大为开山始祖。

3. 希腊古典和希腊化时代

所有的铸币上都有他的肖像……

如果我们从马其顿转向更广阔的世界就会发现，以利他主义或哲学的目的来混融文化绝非亚历山大的意图，但是他行动的结果却造成了文化的混融。在帝国的不同地区，这种混融的程度是有区别的。希腊由于有强大的文化传统，实质上并没有受到帝国的影响。在马其顿的领导之下，城邦国家仍然以自我的方式继续着，尽管他们必须习惯于尊重"皇室的朋友"。小亚细亚的希腊城市也是如此，他们在安提柯和后来利西麦克斯相对脆弱的统治下能够继续作为"独立城市"而存在。有些城市非常繁荣，尤其是帕加马，发展了堪与亚历山大里亚媲美的文学和艺术。当帕加马最后的阿塔里德国王屈服于罗马后，小亚细亚其他地区的命运也被决定了。

芬利·胡珀：希腊事实

大多数历史学家都强调希腊的思想和科学成就，尤其强调他们特别善于运用理性。近年来历史学家们指出了希腊缺乏理性和个人主义的方面。芬利·胡珀在下面的选段中列举了这种倾向，他集中探讨超自然和大多数希腊人适应典型日常生活的需求。

 思考：原始资料在多大程度上支持或反对胡珀的观点；参考安德鲁的观点来思考这一解释，把希腊视为民主社会是不是一种误解；胡珀做出价值判断所依据的前后背景。

材料来源：Reprinting form *Greek Realities* by Finley Hooper, by permission of the Wayne State University Press 1967, pp. 1-3.

在很大程度上，从早期时代至公元前4世纪的希腊历史，是关于少数人的历史，他们的才能为所有其他人所铭记。在某种程度上，任何民族的历史都是如此。在古代，关于普通人及其生活的资料是非常有限的，然而，希腊历史的事实之一是，那些具有创造力的少数人的观点是千差万别的，这些人在聚光灯下，吸引着牧羊人、养蜂人、种橄榄的人、渔民、预言家以及吹牛者，后面这些人同其他默默无闻的人一起构成了人口的大部分。

希腊传奇式的荣耀给人以这样的印象，即希腊人寻求理性的解决之道，并且是一个富有想象力和求知欲的民族。实际上，大多数希腊人并不献身于理性的冒险，而是寻求安全的迷信避难所和魔力的安慰。只有相对少数的思想家在不倦地追求真理过程中，提供了各种不可思议的观念。每种观念似乎都包含着某些真理，对这些观念进行研究，并不是任何人都应当冒的险，并且所有的古代希腊人一点也不愿冒这样的风险。然而，为了让整个民族与哲学的开端相联系，尤其是与科学调查的客观性相联系，人们还是做了大量考察。

属于具有独创性的少数人群体的希腊人，只不过是同历来如此的其他普通人一样……

他们是不安分的、饶舌的、爱批评的、有时也是无聊的。然而他们的生活和作品，无论好坏都揭示了希腊本来的样子。在荷马之后，抒情诗人从一地漫游到另一地，在流放中离开自己家乡的城市，在亚里士多德之前，苏格拉底已经被判处死刑。如果说希腊人发明了理智主义，那么他们也首先对它进行了压制。简而言之，他们作为一个民族，向其他人既展示了人们所努力的事情如何成功,也展示了如何失败。

如人们常说的,人类所知的第一个民主社会源于希腊。因为这种对人类自由的表达,希腊人获得了长久的声望。但同样正确的是,民主政府从来没有为大多数希腊城邦所接受,那些确立了民主制度的城邦,受到了来自内外的激烈争论。在民主具有最好机会的雅典,总是受到寡头组织阴谋的威胁,后者用各种可能的方法来推翻它。具有讽刺意味的是,雅典民主实际上是因为那些从中获益最多的人,而不是那些张开翅膀等待夺取的人而失败的。那时和现在一样,在这些事件表面的背后,在通过国家干预而获得的物质利益和在个人更自由地进行服务和相互剥削的地方所涌动的巨大活力之间,始终存在着紧张关系。

在进行类比的时候,历史学家们一定要小心。在希腊民主政体中,自由处于危境的个人数量远比现在要少。古代希腊的历史出现在所有人都变得平等之前。甚至聪明的亚里士多德也在表面上接受这样的论据,即某些人被赋予了优越性。他认为没有理由让所有人在法律面前都平等。事实上,他承认某些非凡的人应该在法律之上。有些人生来就该统治,有些人生来就该服务。他们之间没有共通性。

每个人都被造物主赋予了不可剥夺的权利,这样的平等概念并非希腊民主传统的一部分。雅典伟大的政治家伯利克里说,雅典认为争论是明智行动必需的序曲。同时,至于谁应当参与争论,他有着非常褊狭的观点。在雅典,妇女、外邦人和奴隶都被排除在政治生活之外。真正的公民因此是生活在城市中的明显少数人。

在其他雅典城邦,政治权力仍然授予一个小圈子(寡头)或掌握在一个人手里,而且经常得到有益的结果。针对同样的政治和社会问题,人们给出各种不同的解决方法,而且,只要有不同就会有冲突。那些极力想减少冲突的人也极力压制不同,这同样给了希腊社会以令人激动的活力。在激烈的甚至经常是傲慢的争吵中,希腊人创造了一个令人艳美的文明。然而,人们大大忽略了它的代价。人们并不愿做困难的选择。希腊人提供了一个令人痛苦的教训,即人和人确实处于冲突之中,而处于冲突中确实要比他们集体服从某一种观念要好。这是人类历史的一大讽刺。

 **本章问题**

1. 评价民主在雅典从兴起到兴盛以及古典时代雅典社会性质方面所起的作用。

2. 许多文献都探讨城市国家的性质,强调希腊所经历的紧张关系和变化。根据你对这些素材中所提供信息和论点的回答,你认为希腊人组成这样相对小而独立的单位具有何种优势和劣势?

3. 一方面,这些素材着重探讨希腊文明各种令人艳美的特征,例如艺术、戏剧、民主、政治思想、科学和哲学。另一方面,这些文献也揭示了希腊文明某些值得批评的特性,如城邦的不稳定、相对容易发生战争,希腊人不平等的态度、对妇女的否定态度以及维持奴隶制度。鉴于此,你认为希腊是被过分浪漫化了还是得到了恰当的夸赞?为什么?

4. 罗马的兴起

　　罗马文明在公元前1000年左右兴起。公元前509年,罗马摆脱伊达鲁里亚的统治取得独立之后,逐渐确立了对意大利半岛、西地中海、整个地中海盆地和欧洲大部的控制。尽管直到公元前1世纪罗马仍然维持着共和国的形式,但出现了大量的政治动荡和斗争,通常反映了中低阶层和统治精英阶层的紧张关系。最后,共和国无法支撑这样和那样的紧张关系。经历了一个世纪左右的"渐进革命",奥古斯都于公元前27年掌控了罗马,使罗马成了有实无名的帝国。当共和国转变成帝国的时候,罗马政治支配和希腊文化的结合,使得地中海盆地在很大程度上成为一体。随着奥古斯都的胜利,希腊罗马文化达到了成熟。

　　共和国令人赞叹的成就是军事、政治和行政。罗马持久地获得战争的胜利,每一次胜利都扩大了它的统治。它获得成功的原因之一,是它具有发展政治、行政和法律政策来统治新征服地区的能力——在这方面希腊就相形见绌。在共和国后期,尤其是在帝国时期,这些成就为伟大的建筑成就所促进和体现——道路、引水渠、公共设施和纪念碑,这些东西都有助于将罗马各地结合在一起。从文化上,罗马自由地借鉴希腊文化,承认希腊的优势,但也把自己的风格加入其中。

　　本章主要考察两个主题。首先,罗马国家的结构是怎样的?这其中包括考察罗马的政体。其次,共和国时期罗马社会的性质是什么?为了解这一问题,大量的文献集中于探讨贵族的教育、罗马宗教仪式的重要性、妇女的地位、奴隶的使用以及希腊文化在罗马生活中的地位。本章中的素材主要反映帝国发展的背景,而关于它的发展,将在下一章进行阐述。

原始材料

波利比乌斯:《通史》——罗马政体

　　罗马最伟大的成就之一是政治体制的发展,尽管存在着一些问题,但它适应了罗马的需要。波利比乌斯(公元前205—前123年)对共和国时期的这些体制做了最为全面的描绘,他是希腊的政治家和古代世界最伟大的历史学家之一。他曾在罗马待过16年,在那里观察了罗马的运作并考察了相关的文献。他声明,考察罗马政体的部分目的是想解释与希腊世界相比,为什么罗马如此成功?在下面的片段中,他描述了罗马政体的平衡性,并得出了某些结论。

思考:执政官、元老和民众各自的权利;在波利比乌斯看来罗马政府最重要的功能是什么;这样的政体中潜在的危险或不稳定的根源。

资料来源:Polybius, *Histories*, vol. 1, Evelyn S. Shuckburgh (New York: Macmilian and Co., 1889), pp. 468–471.

就罗马政体而言,它有三种成分,每种成分都拥有独立自主的权力:它们在同一国家各自分享的权力,特别以平等为考量进行规定,因此任何人,哪怕是当地人也无法明确说出这一政体整体上是贵族政体、民主政体还是专制政体。这一点也并不令人奇怪:因为如果我们的观察局限于执政官,我们倾向于将其视为专制政体;如果局限于元老院,则会将其视为贵族政体;最后,如果人们看到民众握有的权力,那么它就显然是民主政体。现在我要说明,这些不同部分原有的权力是什么?以及微调后它们的权力是什么?

执政官在带领军团外出之前待在罗马,是最高的行政首脑。除了保民官外,所有行政官员都在他们之下并听从他们指挥。他们向元老院引见外国使节,向使节提出需要商议的内容,而且负责政令的执行。同样,如果有些国家事务需要民众的授权,也由他们负责召集民众大会,向他们提出建议,并执行多数人的政令。同样在战争准备中,在一场战役的全面指挥中,他们都拥有绝对的权力。他们有资格向同盟征收认为有必要的各种税收,任命军事保民官,补充士兵并选择合适的人。此外,他们有绝对的权力惩罚那些在他们的指挥之下不积极履职的人;他们有权力随心所欲地花费公共财产,由完全在他们指挥之下的财务官①补充其花费。对这些权力的考察,事实上可以证明我们所描绘的这一政体的专制性——这是清清楚楚的皇家政府。如果我所描绘的这些政体在我们的时代或后代发生了变化,并不能影响我所描绘的真理;同样的评论也适用于以后。

元老院首先控制国库,调节收入和支出。因为除了为执政官服务外,财务官没有元老院的命令,不能向国家的任何部门拨发公共财产。元老院也控制迄今为止最大最重要的支出,也就是监察官(Censor)②每5年(*Lustrum*)③所做出的修补和建造公共建筑的预算,除了得到元老院的同意外,监察官得不到这些钱。同样,意大利发生的所有需要公共调查的犯罪,如叛国罪、阴谋罪、投毒罪和故意谋杀罪,都由元老院审理。此外,如果任何个人或罗马同盟中的某个国家要求平息争端、评估罚款、提供帮助或保护——所有这些都是元老院的职责领域。另外,在意大利之外,如果有必要派出使节,就交战的团体进行调解,提醒他们自己的职责或有时强加给他们某些命令或接受他们的屈服或最后向他们宣战——所有这些也是元老院的职责。同样如何在罗马接纳外国使节,以及给予他们什么答复,也是由元老院决定的。

---

① 负责财政和行政的官员。
② 负责监督人口普查和公众行为和道德的官员。
③ 指每5年人口普查后罗马民众的洁身礼。

民众与这些事务毫无关系。因此,如果一个人待在罗马,而执政官不在城里,人们会想象它的政体是彻头彻尾的贵族政体。许多希腊人,包括许多国王都有这样的看法,他们基于的事实是,他们与罗马的事务几乎都是由元老院决定的。

当元老院拥有诸多功能,尤其是控制国库的收入和支出,而执政官对军事准备的细节拥有绝对权力,并在战场上拥有绝对权威时,人们此后自然会问,在这样的政体中还有什么权力留给了民众呢?然而,确实有些东西留给了民众,而且是最重要的东西。因为民众是荣誉和惩罚的唯一源泉,而且正是靠这两种东西,王朝、政体或者说人类社会才联结在一起:因为在理论和实践上没有明确区分两者的地方,不可能进行恰当的管理,——当好坏受到同样的尊敬时,我们就能看到这一点。因此,民众是决定生死事务的唯一法庭,甚至在用罚款进行处罚的场合,如果所评估的数额极其巨大,尤其当被告曾担任高级长官时,更是如此。关于这种安排,有一点特别值得赞扬和记录。一个人在罗马接受审判,哪怕对他的判决正在投票进程中——只要用来认可这项判决的某个部落的投票还没有投出——他有权公开地离开罗马,并自我判处自愿流放。这些人在那不勒斯、普里尼斯特和泰布尔以及其他城镇是安全的,通过誓言,这些城镇已经适时地认可了这种安排。

另外,给予官员们奖赏的正是民众,这是对美德的最高奖赏。民众也有通过或废止法律的最高权力,最重要的是,正是民众来考虑和商议和平还是战争的问题。当联盟的临时条款达成中止敌对或签订条约时,是由民众批准或者否决的。

这些考虑同样会使人们认同国王的主要权力在于民众,该政体是民主政体。

该国在不同的成分之间所进行的权力分配就是如此。

西塞罗:罗马贵族的教育

共和国末期的罗马社会动荡不安。在这样的社会中发迹的一个途径是通过教育和天分。西塞罗(公元前106—前43年)就是这样崛起的。他出生在一个比较富裕但并非贵族的家庭,他在法庭上是一名特别成功的演说家,在公元前63年升到执政官的位置,并成为罗马时代最多产、最有影响和最受尊敬的作者之一。西塞罗把他的成功部分归功于他所接受的优良教育。从他大量的书信中选出的片段对此进行了描绘。

 思考:这种教育过程的性质;希腊文化对西塞罗教育的重要性;西塞罗所处的社会和政治环境。

材料来源:J. S. Watson, trans., *Cicero on Oratory and Orators* (London: Henry G. Bohn, 1855), pp. 495 - 499.

我每天在余下的时间里阅读、写作并进行私人演说,不能说我非常喜欢局限于这种初步的练习。第二年克温图斯·瓦利乌斯被判刑,被他自己的法律所流放,而我获得了有关法学原理的丰富知识后,便依附于克温图斯·司凯沃拉,即帕伯里乌斯之子,虽然他没有选择负责一名学生的职责,然而谁请教他,他就慷慨给予建议,给请教他的人以各种教诲。在接下来的一年,也就是在苏拉和庞培当执政官的时候,被选为保民官的苏尔皮西乌斯几乎每天都有机会公开演讲,这让我有机会完全了解他讲话的方式。此时,由于密特里达提的残暴,学院中的头等哲学家斐洛同许多雅典名人已经放弃了他们的家乡,逃到罗马,我立刻成为斐洛的学生,并为他的哲学所深深感染。除了因他哲学的博大和庄严而获得快乐外,我更倾向于集中精力进行研究,因为我担心由于内乱不止,我们的法律和司法程序会被彻底推翻。同年,苏尔皮西乌斯丢了性命,而克温图斯·卡图鲁斯、马库斯·安东尼和盖尤斯·尤里乌斯,这三位差不多同时代的演说家都被残忍地杀害。然后我加入了罗德岛人莫罗的讲习班,他是新近才来罗马的,不但是一位优秀的辩论家,也是一位很有能力的艺术导师……

接下来的3年该城免受刀兵之苦……我日夜从事各种研究,毫不懈怠。我让斯多噶派的狄奥多托斯在我自己的房子里食宿(他后来死在这里);我雇佣他当我的指导老师,尤其是逻辑学。逻辑学被认为是精确和狭义的雄辩术,缺少了逻辑,你自己也会认为无法获得全面完美的雄辩术,后者被认为是开放和扩大的逻辑学。然而,尽管我把所有的精力都集中于狄奥多托斯和他擅长的各种艺术,但是如果不进行演说的练习,我一天都不能忍受。我经常私下里与马库斯·皮索、克温图斯·庞培或其他相识进行辩论。通常是用拉丁语辩论,但也经常用希腊语,因为希腊语中有大量的装饰音,同时这也是进行模仿和把它们引入拉丁语的机会;而且如果我们不用那种语言进行辩论,优秀的希腊导师就不能纠正并使我们改进了。这一时期突出的特征是发生了恢复共和国自由的激烈斗争;野蛮地屠杀了三位演说家司凯沃拉、卡尔波和安提斯提乌斯;科塔、库里奥、克拉苏、庞培和郎图鲁斯的归来;法律和法庭的重建以及共和国的全面恢复;但是我们的演说家名单中失去了庞培、肯索里努斯和穆列纳;现在我第一次开始从事诉讼事务,既有私人诉讼也有公共诉讼,我的出发点并不像大多数人那样是学会一门职业,而是检验我花那么多痛苦所得到的能力。那时我有第二次机会聆听莫罗的教诲,他在苏拉当独裁者的时候来到罗马,恳求支付他的家乡人因为在密特里达提战争中服役而赢得的报酬。我第一次参与的诉讼是为塞克图斯·罗希乌斯辩护,这场辩护为人们所广泛接受,从那一刻起,我被视为一流的律师,而且堪当最大最重要的诉讼。此后我辩护了许多其他案件,对此我都预做了我所能掌握的细致和精确的准备工作……

在律师业工作了两年,并在法庭小有名气后,我离开了罗马。到达雅典后,我与安提奥克一起待了6个月,他是旧学园最明智的哲学家。在这位才能出众的大师的指导下,我重新开始了从青年时代早期就辛勤耕耘并逐步提高的哲学研究。然而,与此同时,我在叙利亚人德米特流斯的指导下继续进行修辞学训练,他是一位很有经验和名声的演讲艺术大师。离开雅典后,我横穿了亚洲各地,途中希腊的一些著名演说家自愿陪伴我,同他们一起,我恢复了修辞学练习。他们中最主要的人是斯特拉托尼卡的曼尼普斯,他是所有亚洲人中最雄辩的人,如果说既不乏味也不鲁莽是阿提卡演说家的特点,他完全可以位列其中。此外还有马格内西亚的狄奥尼修斯、克尼多斯的爱斯奇里斯以及阿德拉米蒂的谢诺克里斯,后者被誉为亚洲一流的修辞学家,他们继续跟着我旅行。我并不满足于此,又去了罗德岛,再一次亲自向莫罗求教,在罗马我曾经聆听过他的教诲。他既是一位很有经验的辩护家又是一位优秀的作家,而且能特别明智地评论学生的错误,并用自己的方法教导并提高他们。在我身上,他的主要麻烦是要把我随时准备溢出脑海堤岸的丰富却不成熟的想象力,抑制在固有的渠道里。就这样经过两年的漫游,我回到了意大利,水平得到了很大的提高,而且简直就像换了一个人。我的声音和动作的热烈程度大大减退,语言的过分热情得到纠正,肺活量得到加强,体格更加稳定。

昆塔斯·卢克莱提乌斯·维斯皮罗:一个罗马人献给妻子的赞词

上层的罗马人通常缔结政治和经济婚姻,但这样的结合并非意味着没有感情和爱。下面的选段选自公元前8年所作的葬礼赞颂文,是前执政官维斯皮罗写给他的妻子图里亚的。其中他讨论了他们共同的生活,以及使图里亚成为贤妻的品德。

 思考:这段材料所揭示的罗马妻子的合适角色是什么;什么品质使图里亚成为令人赞美和有影响力的人物。

材料来源:Dana C. Munro, ed., *A Source Book of Roman History*(Boston:D. C. Heath, 1904),pp. 201-204.

在我们确定婚姻关系的那天前,你的父母在乡村的荒野被人谋杀,你瞬间成了孤儿……主要是通过你的努力使他们的死亡得以复仇。

在我们的时代,婚姻维持得如此长久,不因离婚而解散,只缘死亡而终止,确实非常罕见。因为我们的结合在甜蜜中度过了41年。但愿是我终止了我们这一美好的命运,但愿是我这个老人——这更加公正——屈从了命运。

为什么要回忆起你难以估量的品德呢?你谦逊、顺从、和蔼、性情温和、忠实地照料家务、你信仰开明、雅致而毫不招摇,你的举止文雅、简朴、得当。除此之外你忠诚于家族、热爱家庭——你尊敬我的母亲如同你的父母,你照料她的坟墓如同你亲生父母——你还具备名声令人艳羡的罗马夫人的无数其他美德吗?我所说的这些品德是你独有的,无人能超越你或者与你并驾齐驱,男人的经验告诉我,这样的人是多么少。

基于普遍的谨慎,我们保存了你从父母那里接受的所有遗产。你把所有财产都委托给我,不烦心于让它增值。因此,我们共同负担了管理这份财产的任务,我负责保护你的财产,而你负责保护我的财产……

证明你慷慨大方的,不仅是你对某些亲属的慷慨,还尤其是你对子女后代的热爱……你乐于互利互惠,在你自己的家里,你养育了一些亲属年幼的女儿。这些人一生中会达到配得上我们家庭的地位,你为她们提供了嫁妆。

我对你欠的债不亚于对恺撒·奥古斯都(公元前27—公元14年担任罗马皇帝)本人所欠的情,因此我从流放地回到了我的家乡。因为除非你为我准备了安全之途,即使是恺撒帮助我的承诺也无济于事。所以我对你的忠诚奉献所欠的债,不亚于对恺撒的仁慈。

当世界各地重归和平、共和国重新确立,和平和幸福的生活随后到来。我们渴望孩子,但嫉妒的命运拒绝了我们。如果在这方面命运向我们微笑,我们美满的幸福还会缺少什么呢?但是命运的不幸让我们的希望破灭……看到我没有孩子而闷闷不乐……你建议我们离婚来让我摆脱苦恼,让出位子给另外能生育的配偶,你只想到为我物色和提供配得上我们挚爱的配偶,你向我保证将像对待自己的孩子般对待她的孩子……

我承认,我听到这个建议非常愤怒,深受打击,我强压怒火控制住自己。在命运的判决(死亡)到来之前你讲到离婚,迫使我们分开,我无法理解,在我流放期间,始终保持信任和忠诚……你有什么理由生前不做我的妻子呢。

普劳图斯:《麦纳克米》——罗马奴隶制度

不能忽略的是,同古代世界的其他民族一样,罗马社会也是靠奴隶支撑起来的。确实,在共和国时期,奴隶是罗马人日常生活中熟悉的组成部分。从下面普劳图斯(公元前254—前184年)所创作的《麦纳克米》选段中,可以了解罗马人如何对待奴隶和对奴隶如何认识。普劳图斯是罗马人,创作了大量喜剧,这些喜剧通常改编自希腊原著。这里是一位奴隶麦塞尼奥的独白。

 思考: 如何区分"好"奴隶和"坏"奴隶;对待仆人的"正确"方法;奴隶制度中存在还是缺乏犯罪或不公正的意识。

材料来源: H. T. Riley, *The Comedies of Plautus*, vol. 1 (London: G. Bell and Sons, Ltd., 1852), pp. 364 - 365.

麦塞尼奥(对自己说)这是好奴隶的证据,他关心主人的事务,照料它、安排它、思考它。主人不在时,要勤勉地照应主人的事务,就如同主人在场一样,甚至比他在场时还要做得好。适当的是,他的背①和腿比胃口重要,他的心要正确摆放。让他用心记住,那些一无是处的人——懒惰、无价值的人,主人会给他们什么样的报应。皮鞭、镣铐、老拳、疲劳、刺骨寒冷,这些就是懒惰的报应。这些罪恶是我特别害怕的。因此行善比作恶要好,这是千真万确的。我更愿意听话,而痛恨鞭打;我非常乐意吃磨碎的东西,而不愿意自己去磨碎它②。因此,我老老实实听主人的命令,谨慎、勤勉地遵守命令;我如此顺从是为了我的背,这确实对我有利。如果其他人为了自己的利益而采取这样的方针,让他们得到公正,我将依然得到公正。如果我牢牢坚持那一方针,就会避免错误,我在任何场合都为主人准备停当,就不会担惊受怕。因为我的良好行为,主人要给我奖赏,这为期不远了。

萨卢斯特:喀提林阴谋——共和国的衰落

经过长期的冲突和内战,在公元前1世纪下半叶,罗马共和国结束了。许多人都把这个时期看作共和国从光荣和道德的时代走向了道德、社会和政治的衰落。萨卢斯特(公元前86—前36年)既是这个时期的参与者,也是这个时代的观察者。他在公元前52年成为保民官,在接下来的时间里是尤里乌斯·恺撒亲近的支持者。他晚年的主要精力用于历史写作。

---

① That his back —ver. 970. 目的是让自己的背免受皮鞭之苦,脚免受镣铐之累。
② Ground by myself — ver. 979. 他暗指惯上把难约束的奴隶送到"磨房",那里要用手工来磨谷物。碾磨谷物需要花大量的气力。他说他宁愿让别人为自己碾磨谷物,而不愿为他人碾磨。

在下面的片段,他描绘了随着最近事件的进展自己厌恶和幻灭的情绪。

 思考:哪些主要的变化困扰着萨卢斯特;萨卢斯特如何比较自己所处时代与共和国早期的特点;这一叙述的可靠性。

材料来源:Sallust,*The Conspiracy of Catilline*,trans. S. A. Hanford(London:Penguin Books Ltd;,1963),pp. 174 – 178. Copyright 1963. Reprinted by Permission of Penguin Books Ltd.

同其他许多年轻人一样,早期的爱好引导我全身心投入政治。但在那里我发现了许多令我厌恶的东西。没有人顾及自我克制、正直和美德;厚颜无耻的行为、贪污受贿和惟利是图比比皆是。尽管我不知别人所犯的罪恶为何物,并对它们深恶痛绝,但是我还是被野心引入歧途,由于年轻人的弱点,我无法洁身自好。尽管我努力挣扎着远离普遍的腐败,但是渴望升迁还是将我置于与对手同样的谴责和诽谤之中。

经历了许多困难和危险之后,我的心灵重归平静,我决心告别政治。但是我丝毫无意于在急惰和闲散中打发宝贵的闲暇,也不想在农业或狩猎上浪费时间——那只是奴隶的工作;我过去曾经对历史感兴趣,开始着手的某些历史著作也因误入歧途的政治野心而中断。因此我重操旧业,决心叙述罗马历史的某些片段,尤其是那些值得记录的事件——我觉得我更适合这一工作,因为我已经没有了党派的渴望和偏见带来的恐惧……

就这样,通过辛劳和主持公道,罗马的力量强大起来。许多强大的国王被推翻,蛮族部落和强大的民族被制服,而且当罗马建立帝国的对手迦太基被歼灭时①,罗马人在所有陆地和海洋都畅通无阻。正是从那时起,命运开始变得无情,把罗马的一切都混淆颠倒了。对那些轻松忍受辛劳和危险、焦虑和灾难的人们来说,那些人们普遍认为值得渴望的闲暇和富裕,变成了一种负担和诅咒。首先是对金钱的不断贪婪,接着是对权力的欲望,引发了各种罪恶。贪欲破坏了荣誉、正直和各种美德,反过来要人们傲慢和冷酷,忽视信仰,使任何神圣的东西都能用金钱买到。野心诱使许多人变得虚伪,让人们口是心非,与人为友为敌不是根据他们杰出与否,而是想自己是否能得回报,而且让无德之人装得有德。最初这些罪恶蔓延得很慢,有时还会遭到惩罚,后来当这些疾病像瘟疫般传播开来,罗马就变了:她的政府过去如此公正和优秀,现在变得残暴而无法忍受……

一旦财富成为显赫的标志,并成为通向出名、军事指挥权和政治权力的捷径时,美德就开始衰落。现在贫穷被视为耻辱,清白的生活被看做心地不良的标志。财富使年青一代成为奢侈、贪婪和傲慢的牺牲品。他们一只手浪费挥霍,另一只手掠夺,他们不珍视自己的财产,却觊觎别人的财产。在胆大妄为和放纵不羁的氛围下,荣誉与谦逊,所有人世和神界的法律都遭到蔑视。

对那些熟悉建造的规模形同城镇高高矗立的大厦和别墅的人而言,去参观一下我们敬神的祖先所建造的神殿,是非常有教益的。在当时的年代,虔诚是圣殿的装饰,荣誉是人们的

---

① 公元前 146 年。

住所。当他们征服一个敌人后,除了解除他害人的力量外,不从他那里夺取任何东西。但是他们卑劣的后人却毫不顾忌地犯罪,把那些勇敢的征服者留给那些臣属民族的东西掠夺殆尽,似乎统治帝国唯一可能的方式就是压迫。我没必要向你提起只有亲眼见到才会相信的事情——一些公民如何经常为了修建活动削平山峦、填平海洋。在我看来,这些人对待他们的财富如同玩物:他们不是体面地使用它,而是可耻地挥霍在他们面前最浪费的项目上。同样严重的是,他们醉心于轮奸、暴食和形形色色的肉欲。男人像女人那样出卖自己,妇女向每一个路过的人出卖贞洁。为了满足自己的口腹之欲,他们搜遍了大地和海洋。他们在不该睡觉的时候就睡下了,他们并不等待出现饥饿、寒冷和劳累的感觉,而是通过自我放纵事先满足了身体的需要。这些活动诱使年轻人在挥霍完自己的财产后便诉诸犯罪。罪恶的本性使他们难于放弃肉欲的快乐,更加肆无忌惮地用尽一切手段攫取和浪费。

图像材料

铸币的证据

历史学一般会用铸币来推算和决定王朝和政体的变更。在古代,钱币的储存往往是一个民族出现在某个地区的最好证据。它们可以指明贸易联系的地理区域和数量。通过分析铸币储存变动的模式,可以发现不断增长的贸易竞争以及商业、政治和军事统治权的变化。

图4.1 公元前137年的罗马铸币

铸币的设计和图案通常可以充分揭示一个社会。在这枚约公元前137年的罗马铸币上(图4.1),一位市民正在把选票投到选票罐中。这表现了当时罗马的某种政治体制,而且表明罗马人自豪于那种体制。事实上,罗马的公民权和投票权得到高度尊重,正是这种权利部分加速了罗马的扩展。但是人们也不能过分演绎:这一场景也可能揭示了一种有限寡头制度以及一种民主制度或者是介乎两者之间的制度。铸币上的文字也证明了某种程度的文化水平。

 思考:美国当今的铸币如何向未来历史学家揭示了美国社会的特点。

地理和文化环境

地图4.2表示了公元前5世纪占领意大利的某些民族和文明,以及其紧邻的周围地域。在罗马形成和扩张的过程中,罗马人与这些民族有了直接的和延伸的联系。在罗马雄霸一方之前,伊达鲁里亚人、迦太基人(腓尼基人的后裔)和希腊人已经建立了强大、文化发达和

复杂的文明。可以理解的是,罗马随着扩张,从这些文明,尤其是临近的伊达鲁里亚和希腊文明中吸收甚至复制了许多制度和习惯。萨莫奈人等其他民族构成了罗马扩张的障碍,罗马人在公元前5、前4、前3世纪相继用武力征服了他们。因此,罗马的地理和文化环境在罗马共和国的发展中发挥了重要作用。

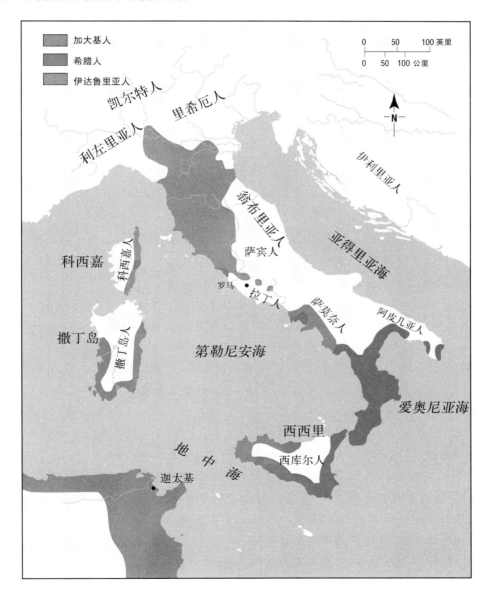

图 4.2 公元前 5 世纪的意大利

 思考:罗马共和国在早期获得的经验如何奠定了后来罗马帝国的基础。

二手材料

弗斯特尔·德·古朗士：古代城市的宗教仪式

人们通常用政治、经济和文化的词汇来描绘古代罗马。而罗马人也被典型地描绘为实用、理性、守纪律和世俗的人。然而同希腊人一样，他们也是很虔诚的。下面选自《古代城市》中的片段强调了这一点，这部著作已经成为经典之作。这位19世纪的法国历史学家，在这里表明主要的宗教信仰如何成为罗马的日常生活。

思考： 罗马人如何与诸神相连；当作者说罗马贵族是祭司时，他指的是什么。

材料来源： Numa Denis Fustel de Coulanges, *The Ancient City*, trans. Williard Small (Boston: Lee and Shepard, Publishers, 1874), pp. 281–283.

我们必须要问宗教在一个罗马人的生活中占据什么位置。对他而言，家就像我们眼里的神殿。他在那里找到了他的崇拜和诸神。他的火是神，围墙、房门、门槛都是神，环绕他土地的界标也是神。坟墓是祭坛，他的祖先都是神。

他日常生活的所有活动都是仪式，一整天都属于宗教。早晚他向火、他的家神①和祖先祈求，在离开和进入房子时，向他们祈祷。每餐饭都是一项宗教活动，他与家神一起享用。出生、入会、穿长袍、婚礼和所有这些事件的纪念日，都是严肃的祭拜活动。

他离开自己的房屋，每走一步都会遇到某些圣物——小礼拜堂、某个被闪电击中的地方、一座坟墓；他有时必须倒转脚步并进行祈祷，有时要把眼睛移向别处并蒙住自己的脸，以免看到某些不吉利的东西。

他每天都在家中献祭，每月则在乡间别墅、每年有几个月与他的氏族或部落一起献祭。除了所有这些神祇外，他还必须祭拜那些城市的神。在罗马，神比市民多。

他敬献牺牲感谢诸神，他要向越来越多的神祇献祭来平复他们的愤怒。某一天他出现在游行队伍中，伴随着神圣的长笛，和着某种古老的节奏跳舞。另一天他驾驶着马车，上面有神的雕像。有时候会有安天会（*lectisternium*）：在大街上放一只桌子，上面放着供品；床上则放着诸神的雕像，每个罗马人都路过鞠躬，头上戴着花冠或手里拿一枝桂枝。

在种子的时节也有节日，一次是在收获季节，一次是在修剪葡萄藤的时节。在谷物抽穗之前，罗马人要奉献十多头牺牲，向十位以上的神祇祈求获得丰收。另外，他还要参加大量纪念死者的节日，因为他畏惧他们。

如果不看主凶的鸟是否出现，他就不会走出家门。一生中有不敢说出的词，如果他有某些渴望，就把希望刻写在神像底部的石板上。

---

① Penates，这里指家神。

出门时总是先迈出右脚,只有在圆月的时候才剃头,身上携带着护身符。他在墙上刻画有魔力的文字来防火。他了解避免生病的咒语,也了解其他治愈疾病的咒语;他必须重复这些咒语27次,每次重复时都要以某种方式吐唾沫。

如果牺牲没有给出吉兆,他就不会在元老院里进行商议。如果听到老鼠叫,他就会离开民众大会。如果觉察到某种凶兆或者听到不祥的话,他就会放弃最精心设计的计划。他在战场上非常勇敢,但前提是预兆要保证他成功。

我们这里所说的这位罗马人不是普通民众,也不是因为悲惨和无知而变得迷信的心力交瘁的人。我们讲的是贵族、有权力的人和富人。这种贵族依次是武士、行政官、执政官、农场主、商人,但是他随时随地都是一名祭司,而且他的思想专注于神。爱国主义、热爱荣誉和喜爱金钱不管在他的心里分量有多重,对神的畏惧仍然支配一切。

J·P·V·D· 鲍斯东:生活与闲暇——罗马贵族

尽管人们把目光集中在罗马人的重大事件和重要成就上并没有错,但是有时这会引导人们忘记罗马人是过着日常生活的活生生的人。古朗士著作的片段已经说明了罗马的宗教性。下面引自牛津 J·P·V·D·鲍斯东著作的片段,则聚焦于典型的罗马贵族的职业、选择和生活方式。

  思考: 最适合罗马贵族的职业以及他必须面对的限制;这一描绘和西塞罗在文献中所揭示的自己的生活和教育之间有何联系;这一罗马生活的画面与古朗士所表现的形象之间有何关系。

材料来源: From "Life and Leisure," by J. P. V. D balsdon in *the Romans*, ed. By J. P. V. D. Balsdon, pp. 270 - 272.   1965 by Basic Books, Inc., Publisher, New York. Reprinted by permission.

依据上层社会的标准,公共服务是男人最高贵的活动——大律师、战士、行政官和政治家的生活,通常元老的生活包含所有这四种活动。修辞学是他教育的主要内容,而且早年要通过在法院进行辩护将所学用于实践。要爬到元老的位置,有时会离开罗马相当的时间,充任军事长官或者治理一个省。如果他没有言行失检,就会成为终身元老院成员——如果他成为执政官,就从此成为重要的元老政治家。在帝国时代他可能成为皇帝智囊团的成员。

除了共和国末期,这个职业并不能带来多少财产。因此元老院成员需要是一名富人,尤其需要拥有大量的土地财产。如果可能,尤其是如果他出身显赫家族,他就会避居这里,因为罗马贵族从内心是乡下人,对精心耕作感兴趣、喜爱骑马狩猎。听到暴发户萨卢斯特说耕作和狩猎是"奴隶的职业",他一定会感到震惊,其他罗马人也会震惊,因为就农民来说(也许仅就农民而言),工作的念头具有浪漫的魅力。每个人都同样会想起公元前5世纪的辛辛那图斯,当召唤他做独裁官的时候,人们如何发现他正在犁田;当作为独裁官完成了拯救罗马的任务后,他如何愉快地返回到自己的田庄。当西庇阿·阿非利加努斯发现自己被排斥出公共生活后,便使用自己的双手在田间劳动。

如果一位贵族的财产无法支撑他的公共服务生活,他便转向商业、钱币业、贸易并当起了包税商,这些是"骑士阶层"的活动。为此,有时一个显赫家族会从政坛消失达一代人之久,甚至更长,等到他们的财产恢复了便重返政坛。只要你变得富裕和足够成功,做一名商人没有什么丢脸的,在经营商业过程中,你同样可以大量投资土地而变成一名土地贵族。骑士,无论是商人还是富裕乡村居民,通常是元老院成员的父亲,有时是他们的儿子,或者经常是他们亲密的私人朋友,阿提库斯和西塞罗就是一例。

逃避或舍弃公共职业的"汗水和辛劳"而赞成退隐劳作——"一种阴凉的生活"(*vita umbratilis*)——的人,会为自己辩解,而且确实(如西塞罗和萨卢斯特,在被排挤出重要的公共职位而成为作家后)发现值得为自己辩解。如果成为作家,要说清楚的是,他作为教育家而写作,利用自己的退隐向读者,尤其是年轻的读者教授有价值的课程,这样的目的谁都不能批评。但是如果他的退隐是一种自我放纵(*desidia*),如同L·卢库鲁斯晚年的生活那样,沉迷于虚幻奢侈的风景园和铺张的鱼塘,他就背叛了严肃和负责任的生活标准(*gravitas*),将会遭到除他同类的朋友外所有人的蔑视——尽管其中有嫉妒的成分。就卢克莱修、贺拉斯和塞内加等严肃的人所知,这样的生活没有可靠的幸福。

基利安·克拉克:罗马妇女

直到最近,历史学家们在勾勒罗马生活场景时也只是顺带提到妇女。有关罗马妇女经历的这一空白将为新的学术成就所填补,其作者大都是女性历史学家。在下面的片段中,克拉克分析了共和国后期和奥古斯都时期妇女的地位和经历,强调了政治、法律和社会方面对妇女的约束。

思考: 妇女尽管受到约束,但仍然对公共生活产生着影响,其方式是什么;好女人的特点是什么;如何评估罗马妇女是否幸福;如何比较这一对罗马妇女的描绘和鲍斯东对罗马贵族男人的描绘。

材料来源: Gillian Clark, "Roman Woman", *Greece and Rome*, 28(1981), 206-207, 209-210.

妇女不投票,不担任法官①,不是元老院成员、行政官或重要祭祀的主持人。按照规则,她不在法庭讲话……按照规则,妇女不参与任何公共生活,只有在极少数的场合,在忍无可忍时会进行示威,而这是令人吃惊、骇人听闻的……

虽然那时妇女在家庭之外会有很大的影响和利益,但她们是从家庭内部进行活动,来影响男人管理的社会制度:她们的影响并不为公众承认。妇女为什么被排除在公共生活之外呢?扛枪之人和生孩子之人的区分毫无疑问是一种历史的原因,但是公开给出的理由却大不相同。人们认为妇女脆弱多变,因此需被人保护,如果她们不被约束在适当的地方(尽管脆弱多变)就会接管权力。正如老加图所说……

---

① *iudices* 意思是法官。

4. 罗马的兴起

"我们的先祖决定,如果没有监护人的建议,妇女不能决定任何事情,哪怕是私事,她们将永远处在父亲、弟兄和丈夫的权威之下……请注意祖先们约束她们放纵以及让她们从属于男人的法律:只有运用全部的法律才能让她们屈从。如果任凭她们找这条或那条法律的麻烦,以致摆脱了你的控制,最后让她们与男人平等,你认为你能忍受她们吗?一旦她们获得平等,就会爬到你的头上去。"……

把妇女限制在家庭生活的社会制度以及当时流行的视妇女为低劣人物的态度,在我们看来一定是残酷的。这样的制度和态度在如今已经踪迹全无。上述对妇女的法律和社会约束,压制了许多妇女的能力,并导致了最为普遍的人类不幸。但是也明显存在着许多幸福的家庭,现实妇女的经验压倒了这些理论,而且妇女本身也喜爱家庭、孩子和朋友。有一些妇女喜爱政治游戏,她们在必要的婚姻之外找到了情感归属。当然也有一些妇女,满足于遵守当时的规范。她们始终贞洁、恭敬、顺从和善理家务,她们为从中出生和长大的家庭而感到自豪。也许是她们维持这些标准的坚定,给了她们某种支撑,这种支撑是妇女在每个年龄段从宗教信仰中找到的。但是罗马妇女的宗教感情,同她们所参与的宗教祭拜活动不同,是我们所知甚少的东西……

在奥古斯都时代,莫迪亚的儿子为她作了一篇公开的赞词……为这位未曾撰写史书的妇女作了最好的墓志铭。

"赞美善良妇女的话是一样的,而且通俗易懂。没有必要用复杂的词汇来讲述善良的本性和所维护的信任。可以说,所有类似的人都获得了同样的报偿:好名声。在一位妇女身上难以找到新的可赞美的事情,因为她们的生活没有插曲。我们必须寻找她们共同拥有的东西,以免有些事情留下来糟蹋她们为我们树立的榜样。我亲爱的母亲值得所有这些赞美,因为在谦逊、诚实、贞洁、顺从、刺绣、手工和可靠方面,她同其他妇女别无二致。"

 **本章问题**

1. 根据本章文献所揭示的,描述公元前1世纪期间罗马贵族妇女的环境、选择和日常生活。
2. 希腊、希腊文化和希腊历史以何种方式影响了罗马文明?
3. 描绘希腊和罗马文明的相似性和区别。它们各自具有何种优缺点?

5. 罗马帝国和基督教的兴起

随着奥古斯都于公元前 27 年掌握了大权,奥古斯时代开始了。一系列的改革使共和国转变为帝国。罗马进入了一个发展、繁荣、文化活跃和相对政治稳定的时期,这种稳定一直持续到 2 世纪末。尤其是在奥古斯都长期统治(公元前 27—公元 14 年)和五个"好皇帝"(公元 96—180 年)期间最为典型。

同一时期,基督教兴起了。最初它似乎仅仅是诸多宗教派别之一,而且被视为犹太教的分支。但是通过保罗的传教和教会的内部组织,基督教传播开来并开始制度化。4 世纪期间,基督教被承认为罗马帝国的国教。

那时,帝国困难重重。3 世纪时,无论在经济、政治还是军事上都面临严重的问题,帝国变小了而且几近崩溃。3 世纪末和 4 世纪初,在戴克里先和君士坦丁强有力的领导下帝国得以复兴,但这一复兴转瞬即逝。到 4 世纪末,帝国分裂为东、西两部分。西部越来越乡村化,屈服于外部入侵,总体上衰落了,东部则演化为持久的拜占庭帝国。到 5 世纪末,统一有效的西部帝国成了回忆。

本章的选段关注三个主题。第一个主题关注帝国盛期的总体性质。在这一时期,操纵大权的是政治上活跃的"贵族"。他们的生活方式是怎样的?他们的兴趣是什么?他们如何与古典文化相联系等?同样的问题也适用于某些罗马皇帝,如斯多噶派哲学家马库斯·奥列留。这些文献也关注更宽广的问题。从共和国向帝国是如何过渡的以及奥古斯都在过渡中扮演了什么角色?罗马社会、文化和宗教之间具有何种联系?

第二个主题是基督教。基督教为何如此具有吸引力,尤其对罗马妇女具有吸引力?如何解释这一宗教运动的成功?基督教是如何与罗马文明相联系的?基督教神学如何与古典哲学相关?

第三个主题是罗马的衰落和灭亡,这是历史学家一直感兴趣的问题。某些原始材料揭示了对罗马衰落的反应。二手材料则对罗马的衰亡进行了解释。在强调帝国的衰落和灭亡时,有必要区分罗马帝国的东、西部。该主题将把我们引导到新文明在罗马所控制地盘上的兴起,而该内容将在下一章进行探讨。

原始材料

小普林尼：通信集——罗马总督的日常生活

在公元96—180年间罗马帝国的盛期，有教养和富裕的罗马贵族生活安逸。这反映在小普林尼（公元62—113年）的通信集里。他是一位律师，后来升到小亚细亚卑斯尼亚总督的位置。在下面的信件中，他描绘了自己在意大利某个别墅度假时一天的生活。

 思考：至少在别墅度假期间，对普林尼来说最重要的活动是什么；普林尼对他的生活和周围的人持什么看法。

材料来源：Pliny, *Letters*, trans. By William Melmoth, rev. by W. M. L. Hutchinson, in vol. II of the Loeb Classical Library (Cambridge, MA: Harvard University Press, 1924), pp. 259 – 263.

致福斯库斯：

你渴望知道我夏天在托斯卡纳的别墅里怎样打发日子。

我何时起床要根据心情，一般是随太阳升起而起，通常会早一点，一般不会晚。我起床后，仍然把卧室窗户的百叶窗关着。因为在黑暗和寂静的笼罩下，我感到无比自由，而且外面的东西不会分散我的注意力，从而让我能集中于自己的思想。我不让思想随眼睛而飘忽，而是让眼睛服从我的思想。当外部的东西不存在时，我就会看到出现在我内心影像中的东西。如果我手头有著作，那就是我选择来思考它的时间，不仅要思考总体布局，而且要考虑风格和表现，我安排和修改它们，就像在实际写作。编写得多还是少，取决于主题的难易，而且我要觉得自己能够胜任。然后我把秘书叫进来，打开百叶窗，把我编写的东西口述给他听，然后我让他离开一会儿，再把他叫进来，然后又打发走。

大约在10或11点（我并不遵守固定的时间），视天气好坏，我会前往平台或者有顶的柱廊，思考和口述我所关注的那一题目剩下的内容。此后我进入马车，在马车上我一如既往地忙碌着，就像我在散步和学习时那样，我发现地点的变化保持并加强了我的注意力。回到家后我休息一会儿，然后开始散步；散步后，我重点大声朗读希腊或拉丁的演说，与其说是为了加强我的论辩术还不如说是为了能够理解它们，尽管这样的实践确实有益于我的声音。然后再进行散步，涂好油后进行锻炼，然后洗澡。晚餐时，如果我仅是和妻子或少数朋友在一起，我就让人给我们读某个作家的作品；晚餐后我们进行音乐娱乐，或者中间休息。这一切都完成后，我与家人一起散步，这一群人中一定有一些懂文学的人。就这样我们在各种谈话中度过夜晚，无论一天多长，也都很快就过去了。

有些时候，我会调整上面提到的项目次序。例如，如果我躺的时间长了或者散步比平时久，在第二次睡眠和大声阅读之后，我就不再用马车而是骑马，这样我能得到更多锻炼，也能节省时间。朋友从附近的城镇前来拜访会占用一些时间,有时拜访也会适当地中断,在我筋疲力尽的时候他们会消除我的疲劳。我时不时地以体育自娱,我总是把写字板带到体育场地,尽管捕捉不到什么,但至少可以带回点什么。我会把部分时间给佃农(尽管不如他们希望得那样多);我发现他们粗俗的抱怨可以为我文雅的研究和获得增加兴趣。再见。

马库斯·奥列留:《沉思录》——皇帝兼斯多噶哲学家的理想

皇帝马库斯·奥列留(161—180年)就他所作和所代表的东西而言,最有意义的在于他是"五个好皇帝"的最后一个,这些皇帝统治的时期,是从1世纪末和几乎整个2世纪期间相对稳定和繁荣的时期。他也是一位重要的斯多噶派哲学家,他的《沉思录》抓住了流行的希腊哲学的基本要义。马库斯·奥列留接近柏拉图哲学家国王的理想,而且代表了罗马文明中最好的一面。下面的段落选自他的《沉思录》,是晚年用日记的形式写成的。

 思考: 奥列留的行为标准;他对死亡的态度;他怎样比较自己和大部分周围的人;马库斯·奥列留和小普林尼的相似之处。

材料来源: Marcus Aurelius, "Meditations," trans. G. Long in Whitney J. Oates, ed., *The Stoic and Epicurean Philosophers* (New York: Random House, 1940) pp.554, 584-585. Copyright 1940. Reprinted by permission.

不要鄙视死亡,而要对此安心,因为这也是自然所欲之事。这就如同年轻和变老,如同生长达到成熟,长牙齿、胡须和白发,怀孕、生子和抚养,如同你生命周期带来的其他自然运动,分解消亡亦然。这与一个沉思之人的特征一致,对死亡既不轻率、不急躁也不轻蔑,只是把它当作一种自然运动,静等它的到来。就如同等待孩子从妻子子宫内生出,你要准备你的灵魂从这副皮囊中脱出。如果你同样需要能达到你内心的那种通俗的安慰,那么观察你要离开的那些对象以及你的灵魂再也不会与之混在一起的那些人的道德,你就会心甘情愿地顺从死亡。因为因人的过错而发怒总是不对的,而关心他们和友善地宽容他们是你的职责;而且要记住,你要离开的那些人并非拥有与你同样的原则。与那些拥有和我们同样原则的人生活在一起,是唯一能让我们回心转意而依恋生活的事情。但是现在你看,生活在一起的人们因为不和引起了多大的麻烦,因此你会说,死亡,快些来吧,免得我也会迷失自己。

犯罪之人是对自己犯罪,行事不端之人是对自己不端,因为他使自己变坏。不仅做了某件事的人行为不端,就是没做什么事的人也经常行为不端。

你提出基于自己理解的意见,你做出有利社会的事情,你的性情对发生的任何事情都感到满意——这就足够了。

清除想象、克制欲望、消灭嗜好、把支配能力限于它自己的权限之内……

支配的能力如何运用本身呢?因为一切都基于此。而其他东西,不管是否在你愿意与否的界限之内,都只是无生命的尘烟……

人啊,你曾经是这个伟大国家(世界)的一名市民,5年还是(3年)对你有什么区别呢?因为与法相合的事情对一切都是公正的。如果不是暴君和不公正的法官把你从这个国家打发走,而只是把你带进来的自然,那有什么困苦可言呢?这就如同一位执政官雇佣了一位演员又把他从舞台上打发走一样。——"但是我还没有演完五幕剧,而只演了三幕。"——你说的对,但是在人生中三幕就是全剧;因为决定什么是全剧的人,是那位由他合成这出戏剧,而现在由他解散这出戏剧的人;但是两方面都由不得你。那么满意地离开吧,因为让你离开的人也同样满意。

小普林尼和图拉真:罗马和早期基督教

基督升天后,基督教开始传播。它成为罗马世界主要宗教之前要经过数个世纪,但是到了2世纪初,它已经成了要对付的广泛认可的宗教派别,尤其是在东方省份。基督教传播越广,政府官员就越面临着如何对付它的问题。一般而言,各种宗教派别和信仰,只要其追随者愿意参加官方异教仪式,都会得到宽容,这种仪式具有宗教和政治的双重意义。但是基督教信仰要求排他性,因此拒绝接受官方仪式。对许多人而言,这构成了宗教和政治上的颠覆活动。下面的这封112年的通信,揭示了这样的问题和官员普遍的反应,通信的双方是卑斯尼亚的总督小普林尼和开明的皇帝图拉真。

 思考:普林尼卷入基督徒迫害的环境;有关罗马对基督徒的普遍政策,这份文献提供了什么证据;这份文献反映的罗马法律习惯和制度;基督徒如何可以免除起诉和迫害。

材料来源:From Dana Munro and Edith Bramhall, eds., "The Early Christian Persecutions," in Department of History of the University of Pennsylvania, ed., *Translation and Reprints from the Original Sources of European History*, vol. IV, no. 1 (Philadelphia: University of Pennsylvania Press, 1898), pp. 8 - 10.

陛下,我的习惯是,任何事有所疑虑都会向你提出。因为还有谁能更好地指导我的优柔寡断或开导我的无知呢?

我以前从没有参加审判基督徒的活动:因此我不知道因何种罪行,也不知道在何种程度上进行惩罚或调查符合惯例。至于是否因年龄不同而有所区别,是否处理弱者和强者不加区别,是否根据悔罪情况而进行宽恕,或是否曾为基督徒而后放弃的人不受惩罚,或是否没有犯罪证据而仅仅以那一名称,或者与那一名称密不可分的罪行而进行惩罚,对此我充满疑虑。同时,对那些作为基督徒而带到我面前的人进行审判,我遵循这一程序。我问两到三遍他们是否是基督徒,并威胁要惩罚他们。我审问那些承认的人,我命令处死那些顽固之人。因为我毫不怀疑,无论他们坦白什么,他们的固执和顽固必须受到惩罚。还有其他同样愚蠢之人,因为他们是罗马公民,我签署命令将他们遣送到罗马。不久,这种罪行传播开来,像往常一样,当我们把注意力转向它时,案件与日俱增,出现了涉及许多人的匿名控告。那些否认自己是或曾经是基督徒的人,我认为应该让他们离开,因为他们在我面前不断重复向诸神祈祷,而且焚香敬酒向你的形象祈求,你的形象是我命令为此目的而拿来与诸神雕像放在一起的,而且他们除了诅咒基督外,还说其中任何一件事都无法强迫真正的基督徒去做。被密告的其他人说自己是基督徒,而后又加以否认;事实上他们曾经是基督徒,但现在不是了,他们许多年以前,甚至二十年以前是基督徒。这两种人都敬拜你的形象和诸神的雕像,而且诅咒基督。他们还继续宣称,他们的全部过错在于,在固定的日子里习惯于在日出之前聚会,并轮流向视若神明的基督唱赞美诗。他们发誓相约,不是为了犯罪,而是说不要抢劫、偷盗或通奸,不辜负信赖或拒不归还抵押之物。此后他们习惯于解散,而后又聚在一起分享食物,食物很普通也无害,就在我根据你的命令发布文告不准集会后,他们连这些事情都不做了。因此,为了发现真相,我相信很有必要考察两位被称为女执事的女奴,我对她们动了刑。除了堕落放纵的迷信之外,我没有什么发现。结果我推迟了审查并尽快向你请示。在我看来,这个问题需要磋商,尤其是许多人处于危险之中。因为不分年龄、等级和性别,许多人都处于危险之中。这种迷信,不仅传染到城市,甚至传染到乡村地区。对它进行抑制并进行改革似乎是可能的。非常明显的是,原来几乎被抛弃的庙宇,现在人们又开始经常光顾;被人们长久忽视的神圣仪式已经开始恢复;喂养牺牲品的草料,在这之前几乎没有人购买,现在又开始出售了。由此人们可以乐观地断定,一旦允许人们忏悔,有多少人可以悔改。

图拉真的回复

我的爱卿,你审判被控为基督徒的案件,遵循了正确的程序,因为并没有制定总体的规则作为固定的形式。他们不应受到搜捕,如果他们被带到你面前且证明有罪应当受到惩罚,倘若他否认自己是基督徒,并通过向我们的神祈求来证明,不管他们过去受到多大的怀疑,均应因忏悔而被宽恕。在没有犯罪的场合,应该留意匿名指控,因为它们开了恶劣的先例,而且不符合我们时代的精神。

《马太福音》

在 1 世纪和 2 世纪,基督教是罗马帝国内部诸多相互竞争的教派之一。但是到 4 世纪它成为最有影响的教派并最终被罗马帝国接纳为国教。从历史的角度来看,有一个关键的问题可以解释基督教的成功。部分解释出自对基督教基本教义的分析。其中最有价值的文献是马太福音,它编撰于 1 世纪,也就是公元 60 年后。在下面耶稣的宣教中可以看出基督教的行为准则和普遍的伦理思想。

 思考:这些信息是讲给谁听;对那时的人来讲这一信息有何吸引力;这些选段和《旧约》第一章的选段在语气和内容上有什么区别。

材料来源: The Holy Bible, New International Version (Colorado: International Bible Society, 1983), pp. 886 - 889 as Excerpted.

5:耶稣看见这许多的人,就上了山,既已坐下,门徒到他跟前来。他就开口教训他们说:

虚心的人有福了,因为天国是他们的。

5. 罗马帝国和基督教的兴起

哀恸的人有福了,因为他们必得安慰。

温柔的人有福了,因为他们必承受地土。

饥渴慕义的人有福了,因为他们必得饱足。

怜恤的人有福了,因为他们必蒙怜恤。

清心的人有福了,因为他们必得见神。

使人和睦的人有福了,因为他们必称为神的儿子。

为义受逼迫的人有福了,因为天国是他们的。

人若因我辱骂你们,逼迫你们,捏造各样坏话毁谤你们,你们就有福了。应当欢喜快乐,因为你们在天上的赏赐是大的,在你们以前的先知,人也是这样逼迫他们。

"你们听见有话说,'不可奸淫'。只是我告诉你们,凡是看见妇女就动淫念的,这人心里已经与她犯奸淫了。若是你的右眼叫你跌倒,就剜出来丢掉。宁可失去百体中的一体,不叫全身丢在地狱里。若是右手叫你跌倒,就砍下来丢掉。宁可失去百体中的一体,不叫全身下入地狱。

"又有话说,'人若休妻就当给她休书'。只是我告诉你们,凡休妻的,若不为淫乱的缘故,就是叫她作淫妇了。人若娶这被休的妇人,也是犯奸淫了……

"你们听见有话说,'以眼还眼、以牙还牙'。只是我告诉你们,不要与恶人作对。有人打你的右脸,连左脸也转过来由他打。有人想要告你,要拿你的里衣,连外衣也由他拿去。有人强逼你走一里路,你就同他走二里路。有人求你的,就给他。有人向你借贷的,不可推辞。

"你们听见有话说,'当爱你的邻居,恨你的仇敌'。只是我告诉你们,要爱你们的仇敌。为那逼迫你们的祷告。这样就可以作你们天父的儿子。因为他叫日头照好人也照歹人,降雨给义人,也给不义的人。如果你们单爱那爱你们的人,有什么赏赐呢?就是税吏不也是这样行么?你们若单请你兄弟的安,比人有什么长处呢?就是外邦人不也是这样行么?所以你们要完全,像你们的天父完全一样。

"你们要防备假先知。他们到你们这里来,外面披着羊皮,里面却是残暴的狼。凭着他们的果子,就可以认出他们来。荆棘上岂能摘到葡萄呢,蒺藜里岂能摘无花果呢?这样,凡好树都结好果子,唯独坏树结坏果子。好树不能结坏果子,坏树不能结好果子。凡不能结好果子的,就砍下来,丢在火里。所以凭着他们的果子,就可以认出他们来。

"凡称呼我主啊主啊的人,不能都进天国。唯独遵行我天父旨意的人,才能进去。当那日必有许多人对我说,'主啊、主啊,我们不是奉你的名传道,奉你的名赶鬼,奉你的名行许多异能么?'我明明地告诉他们说,'我从来不认识你们,你们这些作恶的人,离开我去吧。'

"所以凡听见我这话就去行的,好比一个聪明的人,把房子盖在磐石上。雨淋、水冲、风吹,撞着那房子,房子总不倒塌。因为根基立在磐石上。凡听见我这话不去行的,好比一个无知的人,把房子盖在沙土上。雨淋、水冲、风吹,撞着那房子,房子就倒塌了,并且倒塌得很大。"

耶稣讲完了这些话,众人都惊奇他的训导。因为他像有权柄的人一样训导他们,而不是他们的文士。

圣保罗:《罗马人书》

基督教的成功不仅在于其所传达信息的内容,还在于早期传教的组织活动。圣保罗是最重要的传教士,在耶稣死后的几十年间,他带着他的信息和有组织的基督教团体,从近东一直走到希腊和罗马。保罗的《罗马人书》写于1世纪中期。它对基督教神学的影响极大。下面的选段关注基督教与法律和权威的关系。

思考: 保罗根据罗马人的需要而表现基督教的方式;如何看待基督教可以与罗马统治并存;这一信息和《马太福音》的信息之间有什么联系。

材料来源: The Epistle of Paul to the Romans (III: 21 – 31; XII: 6 – 8; XIII: 1 – 14), *The New English Bible*. Copyright, The Delegates of the Oxford University Press and the Syndics of the Cambridge University Press, 1961, 1970, pp. 194, 204 – 205. Reprinted by permission.

(21)但如今,神的义在律法以外已经显明出来。(22)有律法和先知为证。就是神的义,因信耶稣基督,加给一切相信的人,并没有分别。(23)因为世人都犯了罪,亏缺了神的荣耀。(24)如今却蒙神恩典,因基督耶稣的救赎,就白白地称义。(25)神设立耶稣作挽回祭,是凭着耶稣的血,借着人的信,要显明神的义。因为他用忍耐的心,宽容人先时所犯的罪。(26)好在今时显明他的义,使人知道他自己为义,也称信耶稣的人为义。

(27)即是这样,哪里能夸口呢?没有可夸的了。用何法没有的呢?是用立功之法么?不是,乃是信主之法。(28)所以我们看定了,人称义是因着信,不在乎遵行律法。

(29)难道神只作犹太人的神么?不也是作外邦人的神么?是的,也作外邦人的神。(30)神既是一位,他就要因信称那受割礼的为义,也要因信称那未受割礼的为义。(31)这样,我们因信废了律法么?断乎不是,更是坚固律法。

(6)按我们所得的恩赐,各有不同。或说预言,就当照着信心的程度说预言。(7)或作执事,就当专一执事。或作教导的,就当专一教导。(8)或作劝化的,就当专一劝化。施舍的,就当诚实。治理的,就当殷勤。怜悯人的,就当甘心。

(1)在上有权柄的,人人当顺服他。因为没有权柄不是出于神的。凡掌权的都是神所命的。(2)所以抗拒掌权的,就是抗拒神的命。抗拒的必自取刑罚。(3)做官的,原不是叫行善的惧怕,乃是叫作恶的惧怕。你愿意不惧怕掌权的么?你只要行善,就可得他的称赞。(4)因为他是神的佣人,是与你有益的。你若作恶,却当惧怕。因为他不是空空的佩剑。他是神的佣人,是申冤的,刑罚那作恶的。(5)所以你们必须顺服,不但是因为刑罚,也是因为良心。(6)你们纳粮,也为这个缘故。因为他们是神的差役,常常特管这事。

(7)凡人所当得的,就给他。当得粮的,给他纳粮。当得税的,给他上税。当惧怕的,惧怕他。当恭敬的,恭敬他。(8)凡事都不可亏欠,惟有彼此相爱,要常以为亏欠。因为爱人的就完全了法律。(9)像那不可奸淫、不可杀人、不可偷盗、不可贪婪,或有别的诫命,都包在爱人如己这一句话之内了。(10)爱是不加害与人的,所以爱就完全了律法。

(11)再者,你们晓得现今就是该趁早睡醒的时候,因为我们得救,现今比初信的时候更近了。(12)黑夜已深,白昼将近,我们就当脱去暗昧的行为,带上光明的兵器。(13)行事为人要端正,好像行在白昼。不可荒宴醉酒、不可好色邪荡、不可争竞嫉妒。(14)总要披戴主耶稣基督,不要为肉体安排,去放纵私欲。

圣奥古斯丁:《上帝之城》

基督教生长于异教的希腊罗马世界而兴盛于继后的中世纪。基督教在异教中存活和生长的能力反映在《上帝之城》中。这部著作是圣奥古斯丁(354—430年)为了回应人们对基督教的谴责而作,当时人们说,西哥特人洗劫罗马是因为异教神对占优势的基督教取代它感到愤怒,这部著作是基督教哲学的重要著作之一。通过学习古典文学,圣奥古斯丁成为修辞学教授,在醉心于各种哲学和宗教派别后,他于387年受洗,并很快升为其非洲家乡希波的主教。他因其著作而声名鹊起并成为基督教会非常有影响的教父。奥古斯丁指出有两座城市,一座是等待信仰者的上帝永恒之城,一座是人类世俗的罪恶之城。基督教会更紧密地体现着上帝之城,而且注定要取代罗马。罗马的劫掠是上帝预定计划的一部分,丝毫未玷污永恒之城的承诺。

 思考:"天上"和"地下"之城的区别;两个城市之间"恰当的"关系;这一哲学在哪些方面有利于基督教在一个秩序井然的帝国内进行传播,而且这一哲学能够使基督教在罗马帝国衰落时达到繁荣。

资料来源: Marcus Dods, ed., *The Works of Aurelius Augustine, Bishop of Hippo*, vol. II (Edinburgh, Scotland: T. and T. Clark, 1881), pp.326 - 328.

但是,不依靠信仰而活的家庭在此世的世俗利益中寻求和平,而依靠信仰而活的家庭则寻求所承诺的永恒祝福。把时间和土地的有利条件用作朝圣,这些东西不会使他们着迷和背离上帝,而是帮助他们沉静地忍耐,并减轻腐败的身体压在灵魂上的负担。因此世俗生命所必需的东西两种人都会使用,但是在使用时各自有特定的和差异甚大的目标。世俗之城并不靠信仰而活,它寻求世俗的和平,其设计的目的是市民顺从和统治之间的完美和谐,它整合了人们的意愿,获得有益于此世的东西。天上之城,或者是寄寓于地上靠信仰而活的那一部分,仅仅因为必须而利用这样的和平,直到使其成为必须的世俗条件中止。因此,只要像俘虏和陌生人一样生活在世俗之城,尽管已经获得了救赎的承诺,接受了圣灵最热切的礼物,也会毫无顾虑地遵守世俗之城的法律,正是凭借这种法律,维持世俗生活所必需的事物得以管理。因此,由于此世的生活对两个城市来说是共有的,属于此世生活的东西在两个城市之间是和谐的。但是,由于在世俗之城中有一些哲学家,他们的原则遭到神圣教义的谴责,而且被自己的推测或者魔鬼所欺骗,认定必须邀请诸多的神来涉足人类事物,而且给每个神分派了不同的功能并分属不同的部门,——一个神管身体,一个神管灵魂;在身体方面,一个神管头,一个管脖子,其他每个部位都有一个神;同样,在灵魂方面,自然能力派给了一个神,一个管教育,一个管愤怒,一个管欲望;生活中的各种事物都进行了分派——牛属于一个神,谷物属于一个神,酒属于一个神,油属于一个神,树林属于一个神,钱财属于一个神,航海属于一个神,战争和胜利属于一个神,婚姻属于一个神,出生和生育属于一个神,其他事物则属于其他诸神;相反,天上之城知道只有一个上帝得到崇拜,只有他配得上希腊人称作 λατρεια 的侍奉,这种侍奉只能给予一个神,于是出现这两座城市不可能有共同的宗教律法,天上之城被迫在这样的事物中摆脱出来,从而被那些思想不同的人所憎恨,并忍受他们愤怒、仇恨和迫害的怒火,除非他们的敌人因基督徒的数量而内心惊慌,或者受到与他们一致的上帝明显的保护所压制。因此,上帝之城寄寓于地上时,会召唤所有国家的市民,聚合成一个讲各种语言的朝圣团体,不考虑他们在习惯、法律和制度方面的不同,而世俗和平正是靠这种东西保证和维持的,而只是承认,尽管他们各不相同,但都是趋向于同一的世俗和平的目的。因此它远非要消除和取消这些差异,甚至还要保留和接纳它们,只要它们不妨碍引入至高真神的崇拜。因此,天上之城甚至在朝圣状态时,也有益于地上的和平,并在不伤害信仰和虔诚的情况下尽其所能,希望并维护人们为获得生活所必需的东西而共同达成的协议,并使这种世俗的和平朝向天上的和平;因为只有这样的和平才能真正被称为或被尊为理性之人的和平,存在于上帝秩序完美与和谐享受中,也存在于人们在上帝中相互和谐与快乐中。当我们获得那种和平,世俗的生活将让位于永恒的生活,我们的身体不再是因腐败而压制灵魂的动物性身体,而是精神的身体,没有任何需要,它的所有部位都属于意志。在其朝圣的阶段,天上之城通过信仰获得这种和平,而且当它把对上帝和人的每种善功都指向获得那种和平时,就会凭借这种信仰而正义地生活,因为这种城市的生活是一种社会生活。

阿米阿努斯·马尔切利努斯:日耳曼部落

在罗马历史的大部分进程中,"蛮族人"——多数是来自北部和东部的部落——都威胁着罗马的边境。3世纪和4世纪随着罗马的孱弱,这种压力与日俱增,在武士国王的带领下,各种部落都压迫着罗马的边界。在下面的选段中,罗马的战士兼历史学家阿米阿努斯·马尔切利努斯(330—395年)描绘了其中的一支部落阿兰人。

 思考:阿兰人游牧生活的特点;在马尔切利乌斯看来,阿兰人为什么是如此凶猛的战士;阿兰人的日常生活和文化如何区别于罗马人。

材料来源:Ammianus Marcellinus, *The Later Roman Empire*, ed. and trans. by Walter Hamilton (New York: Penguin Books, 1986), pp. 412-414.

列举阿兰人的各种部落毫无意义,他们扩展到地球(欧洲和亚洲)的各个地方。尽管他们以游牧的方式分散和漫游在广大的地域,但是在历史进程中逐渐因同一名称而为人所知,他们都被简称为阿兰人,因为他们的性格、野性的生活方式和武器在各个地方都是一样的。他们没有房屋,也不用耕犁,而是吃肉和奶。他们使用上面有树皮棚盖的马车,荡在无尽的沙漠中。来到一片草地时,就把马车围成一个圆圈,让马像野生动物那样寻找食物;当所有能找到的饲料都吃完后,他们继续把所谓的移动城市置于马车上前行。在这样的马车上,男女结成情侣,生养孩子。事实上,这些马车是他们永久的住所,无论走到哪里,他们都把马车看成祖先的家园。

他们驱赶着前面的牛群,并与羊群一起放牧,并特别注重马的繁殖。草原到处是绿草,偶尔也有几块果树林,因此他们无论走到哪里,都不缺食物和草料。因为土壤比较湿润而且河流纵横。那些因年龄或性别不适合打仗的人,便待在马车旁边,干一些轻松的活,但是年轻人从孩童时代就习惯于骑马,认为步行有失尊严,并以各种方式接受训练成为一流的武士。难怪同为斯基台人的波斯人也都是非常专业的战士。

几乎所有阿兰人都高大俊美,头发金黄、目光明亮锐利。他们运用武器灵活敏捷,在任何方面都可与匈奴人匹敌,但是在习惯和生活方式方面,没有后者野蛮。他们骑马和狩猎的远征使他们远达亚述海和克里米亚,也达到亚美尼亚和米底。同平静和平的民族享受闲适的乐趣一样,他们在危险的战斗中获得快感。他们认为在战争中牺牲生命是至高的福分,那些寿终天年的人被人辱骂为堕落的懦夫。他们最值得夸耀的是将人杀死,不管这个人是谁,他们最想得到的奖品是用被斩首敌人身上剥下的皮制成的马饰。

他们中间没有神庙或圣殿,有的只不过是茅草屋,但是他们野蛮的习俗是把一把光秃秃的剑插在地上,将其尊为战神,也就是他们所达到所有区域的主神。他们有预测未来的奇妙方法。他们收集柳条嫩枝,在规定的时间把它们挑选出来,说一些有魔力的表白的话,这样就能清晰地知道将来是什么。他们生来自由,不知奴隶为何物。直到近日,他们选择在长期征战中证明自己有价值的人为首领。现在我必须转向我还未完成的主题。

圣哲罗姆:罗马的陷落

罗马的陷落尽管经历了很长的一段时间,但依然是一次沉重的打击。甚至那些不在罗马实力范围内的人,也把罗马被入侵和瓦解视为一场灾难。圣哲罗姆(340—420年)基本上就生活在罗马衰落的时期,他的信件中就有这样的反映。圣哲罗姆的生活带有禁欲色彩,是教会著名的博士,一生大部分时间在耶路撒冷度过,因把圣经翻译成拉丁文而著名。

思考: 哲罗姆因何为所发生的事情感到如此震惊;在这些信件中有何证据说明基督教和罗马帝国互不相容;为避免被入侵者所毁灭,明显采用了那些方法。

材料来源: From James Harvey Robinson, ed., *Readings in European History*, vol. 1(New York: Ginn and Co., 1904), pp. 44 - 45.

无数最野蛮的民族侵入了整个高卢。阿尔卑斯和比利牛斯之间、大洋和莱茵河之间,已被夸迪人、汪达尔人、萨马提人、阿兰人、格庇德人、敌对的赫路里人、撒克逊人、勃艮第人、阿勒曼尼人和潘诺尼亚人所践踏。多么不幸的罗马!美因兹,过去是那么雄伟的城市,现已被占领和蹂躏,成千上万的人在教堂里被屠杀,沃姆斯在长期围攻下被破坏了。强大的城市兰斯、亚眠、阿拉斯、施派尔、斯特拉斯堡——人们见到这些城市的居民都被当作俘虏带到日耳曼地区。阿奎丹、里昂和那波尼省份,除了少数城市,都已空无一人,这些城市都是外部面对刀剑威胁,内部则面临饥馑。讲到图卢兹我泪流满面,到目前为止圣主教爱素波的善功如此成功使它免于毁坏。甚至西班牙也整天提心吊胆生怕它会灭亡,铭记辛布里人的入侵,其他省份无论曾经遭受了怎样的苦难,它们仍然生活在恐惧之中。

其他的我就不说了,以免我对上帝的慈悲感到绝望。从黑海到阿尔卑斯朱利安山脉,长期属于我们的东西已经失去。由于多瑙河的边界已被攻破,罗马帝国的中心区进行了30年战争。因为年老,我们的眼泪已流干。除了少数老人,所有人都出生于囚禁和围攻之中,并不渴望他们一无所知的自由。谁相信这一点?人们如何正当地讲述这整个故事?罗马人如何在自己的心脏地带不为光荣而为生存进行战斗——不,他如何甚至没有战斗,而只是用黄金和她所有的珍宝赎取性命……

谁能相信(哲罗姆在另外一段惊呼)征服全世界而建立的罗马,会轰然倒地?祖国本身会成为她子民的坟墓?曾被这座王后般的城市所统治的东方、非洲和埃及等所有地区,会充满奴隶和侍女?今日神圣的伯利恒会庇护那些出身高贵的人,他们曾经财富充盈,现在成了乞丐?

图像材料

宝石雕刻:奥古斯都和帝国转变

这一刻着浮雕的玛瑙宝石,被称为"奥古斯都宝石"(Gemma Augustrea,图5.1),它既描绘了一个特定的事件,也反映了罗马帝国早期的一系列总体观念。它制作于公元10—20年,似乎是用来纪念罗马人在公元12年对潘诺尼亚人和日耳曼人所取得的胜利。在图形的下半部分,从右向左,一个男人和女人正被士兵(可能是罗马人的马其顿盟军)拖着。左边,四个罗马士兵正竖起一座纪念碑,另外一对蛮族夫妇被系在上面。在上半部分,从左向右,提比略率领着获胜的罗马军队,从胜利女神驾驶的马车上下来。穿着盔甲的年轻人可能是他的侄子日耳曼尼库斯。中间坐着罗马女神和奥古斯都。在他们中间是摩羯座(他成为胎儿的月份)的标志,下面是一只鹰(朱庇特神的鸟)和战败者的盔甲。奥古斯都正被"世界"(Oikoumene)带上王冠,成为整个世界闻名的统治者,在最右边,长胡须的

图5.1 奥古斯都宝石

海洋以及大地和她的一个孩子正在观看。

这一场景特别揭示了政治和宗教的信息。它表明在一个正被神化的皇帝统治下，共和国转变为帝国，因为奥古斯都正转变成和朱庇特并驾齐驱的人物，而且被其他神祇所接受。而且，他的继承人提比略有可能获得同样的命运。它也指出罗马帝国的不断扩大以及罗马利用臣属同盟——马其顿人——进行统治。宗教人物和象征物尽管是罗马的，但也反映出与希腊宗教人物和象征物的相似性。从艺术上来看，这一景象具有希腊的风格。这证明了罗马和希腊文化的融合，它也注意理想形式和现实表现之间的平衡。人的身体具有格式化的味道，尤其是奥古斯都英雄式的身体，但是同时每个人的形象还是清晰可辨的，这些个人原本就是要观看的人认出来。

 思考：第 4 章展示的 150 年前的铸币和这一景象的政治含义；当代人如何理解这一景象的信息。

墓葬装饰：死亡和罗马文化

图 5.2 的墓葬装饰被称为阿西利亚的石棺，制作于 3 世纪中期。这里，一个男孩，也许是年轻的皇帝戈尔迪安三世，正站在一群其他人旁边。右边也许是他的父母，他的左边从衣服来判断是主要的朝臣（也许是元老）。这位男孩脚下的褶皱以及这些人物的站姿都表明他们对古典哲学和学问情有独钟。确实，在这一时期，许多坟墓中的场景都表现出对异教文化的献身和为异教文化增光——个人希望作为哲学或文学的崇拜者而被人记忆。

对异教文化献身，既在该墓葬装饰所表现的内容中体现出来，也在没有表现的内容中体现出来。它表现的不是神话场景、异教神或基督教信仰，而是为文学和哲学增光的世俗人物。因此，他证明了古典异教文化仍然具有强大的力量，尤其是在精英阶层，甚至在罗马衰落时期也是如此。这种风格也表现出仍然存在着理想形式和现实表现之间的古典式平衡。尽管长袍、举止和形象都是格式化的，但是个人之间也有明显的不同，尤其是男孩的头和左边那位秃头人物。

图 5.2　阿西利亚的石棺

 思考：如何比较这一坟墓和门那坟墓的装饰（第 1 章），以及马库斯·奥列留的思想和基督教信仰。

二手材料

切斯特·G·斯塔尔：罗马帝国时代奥古斯都的地位

随着奥古斯都势力的兴起，共和国结束了而帝国开始了。在奥古斯都漫长的统治下，各种模式都确立起来，并一直持续到公元14年他去世后。在他所处的时代，奥古斯都是个有争议的人物，从那时起学者们就努力评价他和他的统治。切斯特·斯塔尔是密歇根大学的历史学家，在下面的选段中，他就人们对奥古斯都在罗马历史中的地位这一问题的争论进行了分析，这里强调了他在政治和军事领域的成功。

 思考：在哪些方面，奥古斯可被视为成功者；其他作者和学者如何不同意这一评价。

材料来源：Excerpted from *The Roman Empire*, 27 B.C.E., – C.E. 476: *A Study in Survival* by Chester G. Starr. Copyright 1982 by Oxford University Press, Inc. Reprinted by permission.

奥古斯都在社会改革方面的失败更映衬出他在政治和军事领域的非凡成功。奥古斯都经过年复一年的耐心努力，使罗马世界意识到内部的安全，这一安全基于刻意详细制定的统治方式，它体现着两个原则。首先是他的绝对地位，我们在铸币和建筑中可以看出，他大言不惭地强调自己的美德和成就，这第一位皇帝的150尊塑像和半身像如今依然存在。其次是他强调与贵族表面的合作，并披着传统的宪政形式。人们也许会进一步说，奥古斯都在地方层面为了保证城市安全，支持富人进行统治而反对民主。一句话，奥古斯都的改革实质上具有保守特征……

现代历史学家以各种不同的方式来评价奥古斯都，但是最近人们倾向于对他充满敬意，部分原因是在"奥古斯都时代"文学取得巨大成功。但是此后学者们为当代某些国家政府明显具有专制特征所影响，把奥古斯都作为隐蔽专制制度的创立者进行探讨，毫无尊敬之情……

当然，同时代罗马和希腊人都怀着真正巨大的热情敬畏他。作为唯一独特的人物，在上升到显著位置后，他专注于人们所渴望的秩序。对这位作为象征而非凡人的领袖而言，考虑的问题转向了在物质世界保证繁荣，而在精神层面则有安全感和目的性。

总体而言，奥古斯都操控国家的路线将为继后的几个世纪所效仿，无论帝国处于强势还是弱势，弱势情况的出现通常是与过去共和势力妥协的结果。当后人们回溯奥古斯都时，往往有复杂的感情。他在普通百姓的记忆里声望极高，他当政时代的丰功伟业为铸币、日历、公共和宫廷仪式及节日所长久铭记。从大塞内加开始以来的贵族作家们，都接受他为阻止罗马革命不可或缺的人物，但是几乎异口同声地否定他所谓恢复共和国的说法。在他们看来,帝国是一种独裁制度,而奥古斯都就是第一位独裁者。如果奥古斯都在他的灵床上听到后代的这些声音,并乞求旁观者进行赞赏,他的自鸣得意就会大打折扣。

E·R·道兹:异教和基督教——基督教的魅力

基督教的出现,恰逢奥古斯都及后继早期皇帝统治下帝国的确立。人们付出多重努力来分析耶稣和基督教的兴起。在下面的选段中,道兹从历史的角度来观察早期基督教。他着重分析基督教的魅力以及何以与当时其他宗教匹敌。

 思考: 神秘宗教的典型特征以及基督教何以区别于其他神秘宗教;有助于解释早期基督教兴起的其他因素。

材料来源: From E. R. Dodds, *Pagan and Christian in An Age of Anxiety*, pp. 133 - 134,136 - 138,Copyright 1965. Reprinted with the permission of Cambridge University Press.

首先,它的排他性,拒绝认可其他祭拜形式的所有价值,这在今天通常被视为弱点的东西,在当时的环境下却是力量的源泉。宗教宽容是希腊和罗马的惯例,其结果是积累了令人眼花缭乱的可供选择的对象。有那么多的祭拜、那么多的秘仪、那么多的生活哲学可供选择:你可以获得多重的宗教保障,但是并不感到安全。基督教进行了大清扫,它从个人肩上卸去了自由的负担:一种选择、一种不可改变的选择,而且通向救赎的道路非常清晰……

其次,基督教对所有人开放。在原则上,它没有社会等级区别,他接受手工工人、奴隶、被驱逐者、犯过罪的人。尽管在我们的时代,它发展出严格的等级架构,但它的等级向所有有才能的人开放职位。尤其是,它并不像新柏拉图主义那样需要教育……

第三,在一个世俗生活越来越失去价值而且犯罪感越来越普遍的时候,基督教向那些被剥夺者提出有条件的承诺,保证他们在另一个世界获得更好的遗产。某些其他的异教对手也这样承诺,但是基督教结合了更大的大棒和更多汁的萝卜。它被谴责为恐怖的宗教,而且它毫无疑问操纵在严厉者的手里,但是它也是充满活力和希望的宗教……

最后,成为基督徒的好处并不仅仅限于来世。基督徒会众从一开始就是完全意义上的团体,远甚于伊西斯和米特拉教的崇拜者。它的成员不仅通过共同的仪式结合在一起,而且如杰尔苏敏锐觉察到的,通过共同的危险结合在一起。他们迅速给被囚禁或陷于其他灾难中的弟兄提供物质帮助,这一点不仅为基督教作家,而且被并不同情的目击者琉善所证实。爱邻人并非基督教独有的美德,但是在我们的时代,基督徒比其他组织更有效地实行了这一美德。教会提供了社会安全所必需的东西:它照顾寡妇、孤儿、老人、失业者和残疾人,它为穷人提供埋葬费用并在瘟疫中实行看护服务。我觉得,比这些物质好处更重要的,是基督教团体所提供的归属感。现代社会研究使我们相信"需要归属"的普遍性以及它影响人类行为,尤其是大城市无根居民行为的出人意料的方式。我认为没有理由说古代与此相反:爱比克泰德向我们描绘说,可怕的孤独会使一个人在同伴中感到困扰。这样的孤独一定被无数的人感觉到——城市化的部落民、进城寻找工作的农民、被遣散的士兵、因通胀而破产的食利者、被解放的奴隶。对处于那种境地的人而言,成为基督教团体的成员是唯一保持尊严和使自己的生活表面上有意义的途径。在团体内部存在着人间温情,有些人对无论此时还是以后的他们都感兴趣。因此,基督教在大城市——安条克、罗马和亚历山大里亚——最早取得显著的发展一点也不奇怪。基督教徒并不是在形式上"成为一体":我认为这是基督教传播最主要的原因,也许是唯一重要的原因。

约·安·麦克纳马拉:罗马帝国的妇女

罗马妇女同希腊妇女一样,通常处于屈从男人的地位。罗马过去是也将继续维持男性家长制。然而,在罗马帝国时期,尤其是基督教日渐重要时,妇女的角色发生了变化。在下面的选段中,麦克纳马拉强调了妇女如何能够用她们家庭中的角色和宗教来获得新的权力,做出新的选择。

思考:为什么基督教对妇女有那么大的吸引力;在提高妇女力量和地位方面基督教起了什么作用。

材料来源:Jo Ann McNamara,"Matres Patriae/Matres Ecclesiae:Women of the Roman Empire," in Renate Bridenthal, Claudia Koonz, and Susan Stuard, eds., *Becoming Visible: Women in European History*, 2d ed. (Boston:Houghton Mifflin, 1987), p.108.

罗马共和国是最严格意义上的男性家长制。私人生活基于父权(*Patria Potesta*),父亲的权力置于构成罗马家庭的从属妇女、奴隶和食客之上。罗马老妇受到很高的尊重,但要在严格的性别制度所规定的限度内,也就是将她界定为男性家长权力的支持者。公共生活以元老院和罗马公民大会的名义进行,根据制度它仅限于男性。在共和国的末期,内战使这些制度失去了力量,同时军队在皇帝(最初仅是军事头衔)领导下,曾举着罗马的旗帜征服地中海世界的许多文明,最终获得了对罗马本身的控制权。

在帝国时期,公共生活和私人生活之间的界限相互渗透,妇女开始利用她们的家庭角色作为公共权力的工具。尤其是宗教给妇女提供了跨越等级和性别差异,从私人生活走向公共生活的桥梁。罗马妇女广泛尝试了各种异教崇拜,但基督教团体的景象越来越吸引妇女们,那里在基督中"并不分犹太人、希利尼人……自主的、为奴的……或男或女"(《加拉太书》3:28)。

基督教大约与罗马帝国同时创建,在接下来的3个世纪,帝国政府和基督教沿着分立但趋同的轨道发展。作为一个非法教派,该新宗教尤其易受出身贵族家庭富裕的妇女影响。她们的参与如此明显和突出,以至于批评者经常称基督教为妇女和奴隶的宗教。在4和5世纪,当帝国已经基督教化后,它巩固了政治和宗教的等级制度,这可以使双方互相加强。这种综合基本上是重建的男性家长制,男性基督徒牢牢地控制了政府和教会。但是在婚姻和财产方面罗马法和罗马基督教为妇女提供了广泛的选择,这些财产后来落入了罗马在欧洲的继承者们之手。

A·H·M·琼斯：后期罗马帝国

大多数历史学家解释罗马帝国的衰亡都聚焦于帝国的西半部分。事实上，东半部分实际上并没有衰亡，尽管起伏不定，但保持了千年不倒。A·H·M·琼斯是英国希腊和罗马方面的杰出学者，他强调了东部帝国的不同命运在分析西部帝国衰亡方面的意义。在下面的选段中，琼斯比较了帝国两半部分的不同环境，对学者认为西部衰亡源自长期内部虚弱的理论进行了批评。

思考：在琼斯看来，西部衰亡的主要原因是什么；西部衰亡可能还有什么原因。

材料来源：A. H. M. Jones, *The Later Roman Empire*, vol. II (Oxford, England: Basil Blackwell, 1964), pp. 1026 – 1027, 1062 – 1064, 1066 – 1067. By permission of Basil Blackwell, Oxford.

所有探讨罗马帝国衰亡的历史学家都是西方人。他们的眼睛只是盯着罗马西部权威的衰亡以及中世纪西欧世界的演进。他们往往忘记或者无视一个很重要的事实，即罗马帝国尽管衰落了，但在5世纪或在另外一千年里并没有灭亡。在5世纪，尽管西部被一些蛮族王国所肢解，东部帝国仍然屹立着。在6世纪后者进行反击，从汪达尔人手里重新占领了非洲，从东哥特那里重新占领了意大利。确实，6世纪末，意大利大部分和西班牙因蛮族的重新进攻而屈服，而且7世纪阿拉伯人的进攻从帝国手里夺去了叙利亚、埃及和非洲，斯拉夫人占领了巴尔干。但是帝国在小亚细亚继续存在，而且当恢复元气后，重新占领了在7世纪黑暗时代失去的大部分土地。

这些事实非常重要，因为它们证明了并非如一些现代历史学家所言，帝国由于年老体衰，被蛮族人轻轻一推便蹒跚着走进坟墓。大多数历史学家们强调的内部虚弱，在帝国的两部分都存在。东方甚至比西方更加基督教化，其神学争端更令人苦不堪言。东方同西方一样，也都是为腐败和敲诈的官僚机构所管理。东方政府也同样努力加强严格的等级制度，把城市议员固定在城市中，而隶农固定在土地上。土地放弃了耕种，在西部和东部都同时被抛荒。似乎人们强调西部的这些弱点甚于东部，但这是一个需要调查的问题。同时人们似乎也认为东部帝国最初人口和财富的力量要强大，它能够经得起更多的消耗，但这也是一个必须证明的问题……

那时东部可能占有更多的经济资源，因此能够不怎么费力地供养那么多闲散人口。似乎只有一小部分资源用来维持官僚机构，因此有许多可用的资源来维持军队和其他必要的服务。它也可能人口众多，由于对农民的经济压力并不是很严重，所以并没有造成严重的人口下降。如果这样的论点有些符合事实，那么东部政府应该能够大量增加财政而不会使资源紧张，能够招募更多的军队而不减少劳动力……

西部帝国更加贫困，人口更少，而且它的社会和经济结构更不健康。因此没有能力承受因防卫而造成的巨大压力，而出现的内部虚弱毫无疑问造成了5世纪的灭亡。但是衰亡的主要原因是，它更加暴露在蛮族的进攻之下，蛮族进攻的持续性以及单纯进攻人数的众多，是帝国前所未遇的。东部帝国以其更加巨大的财富、人口和良好的经济,能够更好地肩负起防卫的负担,但是它的资源也耗尽了,也同西方一样出现了同样的虚弱,只是可能并不剧烈而已。尽管存在着这些虚弱之处,它在6世纪独自在东部对抗波斯并重新征服了帝国西部。甚至在那时,也就是7世纪,在被波斯、阿拉伯和斯拉夫的进攻所蹂躏时,尽管丧失了很多土地,它还是成功地恢复起来,并没有失败。帝国内部的虚弱不可能是它衰落的主要因素。

本章问题

1. 罗马和基督教在行为和道德准则方面的异同。
2. 你最赞赏古典文化和文明的哪些特征?这些也是基督教的特征吗?
3. 罗马文明的环境在哪些方面导致了基督教的产生?而基督教在哪些方面与罗马文明相矛盾?
4. 罗马的成功之处如何成为它的衰落之因?

第二部分
DI ER BU FEN

中世纪

6. 中世纪早期

5世纪末,罗马帝国在西部解体。经过一系列入侵,各种"野蛮"民族(主要是日耳曼民族)横扫西欧。确立的生活方式瓦解了,沟通的道路中断了。随着入侵者定居下来并反过来遭到新入侵者的威胁,出现了人口的大移动。6至7世纪之间形成的中世纪早期文明反映了5至6世纪的三重遗产:日耳曼的习俗和制度,罗马的文化和制度以及基督教的信仰和制度。

中世纪早期的制度是在吸收这一遗产的基础上缓慢形成的。在不断发展的官僚机构、无数修道院和大量土地占有的支撑下,基督教会越来越强大。这一时期中世纪的君主制形成了但又总体衰落了。地方官员通常比君主能更加有效地行使权力。基于个人承担军事服务或土地交换的契约义务,欧洲人相互之间确立了封建关系。几乎自给自足的庄园经济和社会制度传播到许多地区。同以前的时代相比,文化大幅衰落。

8至9世纪,尤其是在加洛林国王查理曼统治下,出现了短暂的复兴,查理曼征服了广大的地域,集中了自己的权威,并鼓励文化活动。但是就在他去世不久,分裂开始了,而且西欧又遭到入侵的困扰。

本章的材料集中于五个广义的主题。第一是从古典向中世纪时代的过渡:该过渡发生于何时?过渡的性质是什么?是否可以说,这一过渡是随着5世纪后期罗马衰落和两个世纪后伊斯兰兴起而出现的?在当时的目击者看来,这一过渡是如何进行的?第二个主题是封建主义:应该如何精确界定封建主义?人和人之间的什么关系成为封建主义的特征?封建主义服务于什么目的?应该如何评价封建主义?第三个主题是查理曼的统治。有什么证据证明中央权力和文化的复兴?这一时期教会和国家的关系如何?第四个主题是关于中世纪早期的性别特征问题:这一时期妇女的地位在哪些方面发生了变化?第五个主题是从地理的角度来审视早期中世:9至10世纪的不稳定如何与西欧易受外部力量的攻击有关?提出这些主题的目的是表现这一时期所发展文明的性质。5至11世纪尽管出现了分裂、明显的衰落和生活相对的混乱,但是持久的独特的欧洲制度逐步形成了。

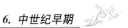

原始材料

都尔的格里高利:《法兰克人史》

中世纪早期,罗马文化和入侵的日耳曼民族融合在一起。这种融合发生的途径之一是通过基督教,其中最关键的是克洛维(466—511年),也就是法兰克国王的皈依。在克洛维的领导下,法兰克在高卢成为一个强大的王国,而克洛维皈依基督教使他更能为罗马人所接受。下面的选段来自高卢主教都尔的格里高利(538—594年)的《法兰克人史》,他描绘了克洛维的皈依以及他军队的受洗。

 思考: 克洛希尔德王后的作用;是什么说服了克洛维皈依;为什么他那么多追随者突然皈依了基督教。

材料来源: Gregory, Bishop of Tours, *History of the Franks*, trans. Ernest Brehaut (New York: Columbia University Press, 1916), pp. 39–41.

王后不停地劝说他(克洛维)承认真正的上帝并停止崇拜偶像。但是他对这种信仰置若罔闻,直到最后出现了与阿拉曼尼的战争,其间他为情势所迫承认了他以前随意否认的东西。当时的情况是,两军交战正酣,双方血流成河,克洛维的军队眼看就要全军覆没。他见状便抬头望向天空,心中充满悔恨,眼含泪水地喊道:"耶稣基督,克洛希尔德称你是永生上帝之子,说你会给危难的人以帮助,会给期待你的人带来胜利,我恳求你救助的荣耀,我发誓,如果你允我打败敌人,我就会了解她所说的以你之名奉献的人从你那里获得的力量,我会信奉你并以你的名义受洗。因为我曾召唤自己的神,但我发现他们拒绝帮助我,因此我相信他们并不拥有力量,因为他们并不帮助尊崇他们的人。现在我召唤你,我渴望信奉你,只要你把我从敌人手里解救出来。"他刚说完,阿拉曼尼人便转过身去,开始四散而逃。当他们看到自己的国王被杀后,便归顺了克洛维,说:"我们恳求不要让人民再受苦,我们现在是你的人了。"他停止了战斗,在鼓励了属下之后,和平地班师回朝,并告诉王后他如何通过召唤基督之名而幸运地获得胜利。这件事发生在他统治的第15年。

然后王后请求兰斯的主教圣雷米秘密召见克洛维,请他引导国王进入救世的道。于是主教秘密派人去召唤他,并开始敦促他相信真正的上帝、天和地的创造者,停止崇拜偶像,偶像崇拜既无助于自己也无助于他人。但是国王说:"我很高兴听你的话,最神圣的父,但是还剩下一件事情:追随我的人不能忍受背弃他们的神;但是我会前去按照你的话对他们讲。"他见到自己的追随者,刚要开口,神的力量已经先他而行,所有的人都异口同声地喊道:"仁慈的国王啊!我们摒弃我们必死的神,我们可以追随雷米所传布的永恒的上帝。"有人把这报告给主教,主教非常高兴,命令他们准备好洗礼盆……于是国王承认了三位一体的全能的上帝,并以圣父、圣子、圣灵的名义接受了洗礼,并以基督十字架的标志用圣膏涂了油。他

3 000多人的军队也接受了洗礼。

封建主义的起源

中世纪出现了封建主义制度,部分是填补罗马权威崩溃和集权君主虚弱留下的真空,部分是各种罗马制度和日耳曼个人服务和忠诚概念自然发展的结果。封建主义实质上是个人之间的一系列契约关系,背后是各种道德和法律原则。下面从7世纪到8世纪的系列文献对此进行了说明。

思考: 签约的每一方指望从契约中获得什么利益;封建关系背后的理想;中止契约或关系的条件;这些文献所解释的这些世纪的社会和政治环境;在这一制度中个人试图保证或提高自己社会地位的方式。

材料来源: Edward P. Cheyney, ed., "Documents illustrative of Feudalism." In *Translations and Reprints from the Original Sources of European History*, vol. IV, no. 3, ed. Department of History of the University of Pennsylvania (Philadelphia: University of Pennsylvania Press, 1898). pp. 3, 5, 23-24.

法兰克的委身原则,7世纪

我,某某,委身于尊贵的领主某某。众所周知我没有什么供自己吃穿,所以我请求你的怜悯,你的好意已经传达给我,我要把自己交给或委身于你进行保护,我马上这样做了,也就是说以这种方式,你应该用食物和衣物帮助或救助我,相应地,我服侍你并当之无愧地获得你的帮助。

只要我还活着就必须服侍你并尊重你,并与我的自由地位相称,在有生之年我不应摆脱你的权力或保护,而应该在有生之年一直处于你的权利和保护之下。因此,如果我们双方有一方希望摆脱这些契约,他应当向对方支付大笔的先令,而且这种约定应当一直不被打破……

关于自由人和附庸的法令,816年

如何任何人想要离开他的主人(seniorem),并能证明他犯了如下罪行之一,一是主人不公正地将其降为奴仆;二是他接受建议谋害他的性命;三是主人与附庸的妻子通奸;四是他拔出剑故意攻击他;五是附庸把手交给主人后主人有能力保护附庸,但并没有这样做;那么就允许附庸离开他。如果主人犯了这五项罪名的任何一项,就允许附庸离开他……

夏特尔的富尔伯特主教的信,1020年

你曾请我就效忠(fealty)①的形式写点什么,我引经据典简要向你指出了下面几点。向

---

① 附庸对自己封建领主的忠诚义务。

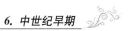

主人发誓效忠的人必须时刻牢记这六项事物：即无害、安全、尊敬、有用、容易、可行。所谓无害就是说他不该伤害主人的身体；所谓安全也就是他不能在私下里或保证他安全的防卫中伤害他；所谓尊敬就是说他不能在法庭或有关他名誉的其他事物中伤害他；所谓安心或可行就是说主人容易做的事情，他不能设置障碍，他不能使可行之事变得不可能。

然而，忠诚的附庸避免这些伤害是正确的，但并不足以使他因此而获得土地。仅仅弃绝罪恶是不够的，除非同时还要行善。如果他希望让人觉得自己的采邑受之无愧，而且他发誓的效忠没有威胁，在上述六项事物中他还要忠实地建议和帮助他的领主。

领主对他忠诚的附庸也要反过来做同样的事情。如果他不这样做，就应该被视为犯了无信的罪，如果他被察觉不为他们做事或拒绝他们，就是背信弃义和犯了伪誓罪。

查理曼：查理曼帝国对臣民的命令

中世纪重建中央权威和复兴文化的努力出现在查理曼(758—814年)统治时期，他能在广大的区域行使权力，包括西欧和中欧的大部分地区。查理曼颁布政策鼓励人们识字，提升宗教机构的质量。然而他的努力最终只是取得了部分成功，他死后不久帝国就四分五裂，权力下降到地方层面。下面的这两份文献是由皇家使节携带到查理曼全境的政令。这些文献描绘了他通过调动军事力量和通过教育提高文化和宗教而努力掌握权力。

 思考： 这些文献如何揭示了集权君主制的优势和弱点；查理曼要求改善教育的理由；这些文献如何表明了宗教和世俗事物之间未作区分。

材料来源： Dana Munro, ed., "Laws of Charles the Great," in *Translations and Reprints from the Original Sources of European History*, vol. VI, no. 5, ed. Department of History of the University of Pennsylvania (Philadelphia University of Pennsylvania Press, 1898), p. 11.

关于参加军队：郡县的伯爵和每个人都要参加军队，否则伯爵就要面临去职、个人将要面临罚款60个索的处罚，以此使他们到指定的地点集合，伯爵要看如何装备他们，也就是说每个人都要有长矛、盾牌、双弦弓、12支箭，而且主教、伯爵和修道院长都要监督他们自己的人，并在指定集合的日子前来看他们装备如何。让他们装备有胸甲或头盔，在夏天前往军队。

我告诉你们，为了让你们的忠诚愉悦上帝，我们与我们忠实的信徒认为下列事情是有益的：应基督惠允交由我们管理的主教区和修道院，除了修道生活的秩序以及神圣宗教的交流之外，在文字文化方面，也应当根据每个人的能力，热心教授那些上帝赐福有能力学习的人，正如遵守规则给道德诚实带来了秩序和恩典，同样热心于教授和学习也能给文句带来同样的东西，从而那些希望通过正确生活取悦上帝的人，也不要忽略通过得当的话语来取悦上帝。有道是："通过语言你们可以辩护，也可以被人谴责。"因为虽然行动优于知识，但是知识先于行为。因此，每个人都必须研究他希望成就的东西，人们头脑中对自己要做的事情了解得越充分，那么用语言来赞美全能的上帝就越灵活而没有错误的障碍。既然所有人都要避免错误,那么为此目的而选出的人更应该尽可能地避免错误,他们应该是真理特殊的仆人。在过去的几年里,经常收到来自几个修道院的信件,信中说那里的修道僧们为了我们而向上帝进行神圣和虔诚的祈祷,在大多数信件中,我们既看到了正确的思想,也看到了笨拙的表达,因为虔诚的奉献忠诚地支配着心灵,然而由于未受教育和忽视学习,在信件里用语言表达无法没有错误。由此我们开始担心,同缺乏写作技巧一样,由于我们理解圣经的智力欠缺,无法理解它本来正确的含义。而且我们所有人都知道,虽然讲话出错是危险的,更危险的是理解错误。因此,我们劝告你们不仅不要忽略文字的学习,而且要用最谦卑的取悦上帝的心热心研究,以使你们能够更加容易和正确地参透圣经的秘密。

艾因哈德:查理曼治下的战争和皈依

中世纪早期基督教的传播有时伴随着战争和强迫皈依。查理曼卷入了与萨克森人旷日持久的战争,后者是法兰克王国边境地区的日耳曼异教部落。他努力使他们永久屈服,将他们置于自己的权威之下,包括强迫他们皈依基督教并分散到法兰克境内。艾因哈德(770—840年)描绘了这些事件,他是一位学者和查理曼宫廷的成员,撰写了具有同情色彩的查理曼(查理大帝)的传记。

 思考:查理曼强迫萨克森人皈依的可能原因;强迫皈依的结果是否不同于自愿皈依。

材料来源:Oliver J. Thatcher and Edgar H. Mcneal, eds., *A Source Book for Medieval History* (New York: Charles Scribner's Sons, 1905), pp. 39-40.

查理重新投入因伦巴第入侵而中断的对萨克森的战争。这是历次战争中最旷日持久也是最残酷的战争。因为萨克森人同日耳曼的大多数部落一样,既不为人道的法律所约束,也不为宗教律法所制约。长期以来,他们时常在边境地区侵扰,因为在这两个种族之间,没有标志边界的自然屏障,只有在少数地区有茂密的森林或山脉。因此法兰克人和萨克森人习惯于每天相互攻击对方的领土,放火、破坏和杀戮。最后,法兰克人决定征服萨克森,结束这种状况。战争就这样开始了,并一直持续了30年。战争的特点是双方都相互充满仇恨,但是萨克森人的损失更为严重。如果不是萨克森人背信弃义,对萨克森的最后征服还要早一些。难以说清楚他们多么反复无常地违背誓言;他们向国王投降,接受了他的条款,交出了人质并答应接受基督教信仰而抛弃他们的偶像,但很快就开始反抗。战争的每一年都几乎如此,但是国王的决心不会因为任务艰巨或萨克森人的背信弃义而动摇。他决不允许反抗不受惩罚,他会立刻率领或派遣一支军队前往该地区进行复仇。最后当所有的武士都被制服或向国王投降后,他把大约一万居民,连同他们的妻子和儿女,从易北河畔的家乡移殖到高卢和日耳曼,把他们分散在这些省份里。就这样他们接受了国王的条款,同意放弃异教信仰并接受基督教,而且与法兰克融为一体,延续多年的战争宣告结束。

《桑腾编年史》：混乱与毁灭

查理曼给欧洲的大部分地区带来了秩序,但是那种秩序只是相对和暂时的。他于814年死后,出现了政治分裂、内部的暴乱以及维京人(北方人)和撒拉逊人(摩尔人)等外部力量的攻击。这种混乱和毁灭反映在如下《桑腾编年史》的选段中,这部编年史由9世纪的僧侣们编写。这些选段反映了846—852年的历史。

 思考: 北方人和撒拉逊人对基督教欧洲生活的影响;为什么西欧在这一时期防卫自己抵御外部力量如此困难。

材料来源: James Harvey Robison, *Readings in European History*, vol. 1 (Boston: Ginn and Co., 1904) pp. 159-161.

(846年)根据他们的习惯,北方人劫掠了东部和西部弗里斯亚,并放火烧毁了多德雷赫特城镇以及其他两个村庄,这些都是在洛塔尔眼皮底下干的,他当时就在尼姆维根的城堡里,但是无力惩罚这种罪恶。北方人用船满载战利品,包括人和商品,返回到他们自己的国家……

与此同时,所有教堂之母使徒彼得的教堂被摩尔人或撒拉逊人所攻占和劫掠,他们已经占领了本内文图姆地区,所有人提起或听到这件事无不痛心万分。而且,撒拉逊人把在罗马城墙外所发现的基督徒,不管在教堂内还是教堂外都统统屠杀了。他们拆毁了许多祭坛,包括受祝福的彼得的祭坛,他们的罪行每天都给基督徒带来悲伤。教皇塞尔吉乌斯这一年去世。

(847年)在塞尔吉乌斯死后,我们没有听到任何关于教皇的消息。富尔达修道院的院长拉班努斯(毛鲁斯)被庄重地选为大主教,成为已去世的主教奥特格的继承人。北方人仍然到处劫掠基督徒并与西格尔和留策尔伯爵进行战争。他们继续沿莱茵河而上,远达多德雷赫特,并到了梅金哈尔德以外9英里的地方,他们返回时,带走了战利品……

(849年)当时路易国王生了病,他巴伐利亚的军队正在对抗波西米亚人。这些人中许多被杀了,剩下的人耻辱地退回到自己的国家。北部的异教徒同往常一样在基督教世界大肆破坏,而且力量越来越强,但是这样的事情说得太多令人厌恶。

(850年)那一季节的1月1日,在我主节日的第八天傍晚,听到雷声大作、巨大的闪电划过长空,这年冬天,水患折磨着人类。第二年夏天,炽热的太阳炙烤着大地。非凡的教皇利奥围绕使徒圣彼得的教堂建造了堡垒。然而,摩尔人在意大利的沿海城镇到处破坏……北方人则在弗里斯亚和莱茵河周围造成巨大伤害。他们在易北河畔纠集了大量的军队对抗萨克森人,一些萨克森的城市遭到围攻,一些城市被火烧毁,基督徒遭到了最残酷的压迫。我们的国王在马斯河畔召集会议……

(852年)异教徒的钢刀闪亮,酷暑,接着是饥馑。动物们缺乏饲料,猪的牧草也极度缺乏。

漫游者:一位中世纪武士的生涯

中世纪早期,尤其是9世纪和10世纪,到处是战争和混乱。在这样的社会中,地方贵族和他们的武士随从往往相互依赖结成同伴,并在军事和经济上相互支撑。机会和义务使他们经常远离家乡,而且死亡总是伴随着他们。这一生的价值、快乐和困难反映在节选自《漫游者》的片段中,这部史诗可能创作于9世纪或10世纪。其中讲述者是一位因失去了主人和同伴而漂泊的武士,他回顾了自己的一生。

思考:讲述者所生活的社会的价值观;主人和武士随从之间的理想关系;武士生活的优缺点。

材料来源: Anonymous, "The Wanderer," trans. E. Talbot Donaldson, *in the Norton Anthology of English Literature*, 4th ed., by M. H. Abrams et al. (New York: W. W. Norton and Co., 1979), pp. 84 – 85.

"经常在黎明前我独自一人倾诉忧虑:在活着的人中,我对谁也不敢透露心底的想法。我深深知道,不管有什么想法,一个男人紧锁心扉、封闭思想是很好的习惯。萎靡之心的话语无法对抗命运,愤怒灵魂的话语亦无益处。因此,渴望名声的人将悲伤的心情紧锁在心底。

"就这样,我这个谨小慎微的可怜人,离开了家乡,远离了亲属,不得不紧锁心底的想法——从那时起,许多年前,我把我高贵的朋友掩于黑暗的地下;从那里我跨越了迂回的海浪、忧愁的冬天、缺乏宅邸的沮丧,去找赐予宝藏的人——一个或远或近的地方,在那里我也许会在草厅里找到一个人,他了解我的情况,或者会安慰没有朋友的我,愉快地接纳我。经历过的人,都会知道一个没有敬爱的保护者的人伴随着多大的痛苦。流亡的路等着他,没有扭曲的心底凝结着高贵的思想,没有世俗的欢乐。他回忆厅堂的勇士以及宝藏的获取,年轻时他高贵的朋友如何让他习惯于宴饮。所有的快乐已经随风而去。

"渴望与敬爱的主人事先商量的人深深知道,当悲伤和睡眠一起袭向这位可怜的孤独居住者时,他心里似乎正在拥抱和亲吻他的君王,并把手和头靠在他的膝盖上,就像过去加入那位赐予礼物之人时发生的那样。然后他又醒过来,这位没有主人的人,看见面前黄色的海浪、海鸟沐浴着,伸展开自己的翅膀,霜雪夹杂着冰雹纷纷落下。

"接着他心里的伤痕更深了,他痛在没有亲爱的人。当在记忆中想起亲属时,他又重新感到悲伤:他用快乐的话问候他们,热切地看着他这一队武士。他们也消失了,在水面之上飘然而去,这些船队中的人们没有给他带来熟悉的声音。对他这位必须一次次在迂回的海浪上袒露出萎靡之心的人,忧虑会重新出现。

"因此,考虑到这个世界所有人的生命时,我无法想象为什么心底的思想不会越来越黑暗——勇敢的年轻侍从们多么快地离开了厅堂的地板。所以中土世界每天都在失败和衰退……

"因此,这位心底聪明的人谨慎地思考着城池和他黑暗的生活。记起很久以前大量殊死的战斗,并说出这样的话:'马匹到哪里去了'年轻的武士在哪里;宝藏的赐予者在哪里?宴饮的座位怎么样了?厅堂的快乐在哪里?哎呀,锃亮的杯子!哎呀,穿盔甲的武士!哎呀,君主的光荣!那个时代如何消失了,在漆黑的夜幕下不复存在,就像它从未发生过!"

图像材料

一本福音书中的插图：基督徒和早期中世纪文化

在中世纪早期，艺术变得颇具宗教性。确实，那个时期留存下来的许多绘画都是宗教手稿中的小型画，一部9世纪早期加洛林福音书中的四福音书作者就是一例。人们看到，每位福音书作者都在撰写福音，每个人旁边都伴有自己的象征物：马太旁边是人，约翰的旁边是鹰，路加的旁边是公牛，马可的旁边是狮子。这幅画（图6.1）传达了中世纪早期的许多信息。首先，它在一定程度上表明了基督教的地位。对这一最近刚刚基督教化的文明而言，这一场景能够构成从视觉上对圣经真理的肯定，画面表现四位福音书作者正独立写作类似的内容，证明了新约的绝对真理。其次，它也代表了宗教意识浓厚但文化相对落后的文明对艺术的运用：该画面在这里讲述了一则故事以及与辨识身份的象征物相关的重要个人。第三，该作品的风格和构图表明这位艺术家是拜占庭人或深受拜占庭艺术的影响。查理曼发起的加洛林复兴中的许多类似作品都明显受到拜占庭的影响。这也表明人们认可古典和拜占庭文化产品的优越，并认识到西欧处于文化劣势。

图6.1 福音书插图

思考：这幅作品就这一时期艺术的目的揭示了什么，大众宗教的性质是什么。

插图本圣经中的绘画：世俗和宗教权威

这幅绘画（图6.2）描绘维维安伯爵和制作插图本圣经的僧侣们在图尔的圣马丁修道院向秃头查理（823—877年）呈现这本圣经。该圣经大致创作于846年左右，在851年正式呈现给查理。这幅作品位于所呈现圣经的最后一页。在中上部是秃头查理，查理曼的孙子，他端坐在宝座之上，权贵们分列两旁。他处于中心的位置，王冠、宝座、长袍（这与过去罗马的权力相联系）以及上面的上帝之手表明了他的权力。在查理下面站立着维维安伯爵，右边环绕着宫廷教士，左边则环绕着图尔的圣马丁的僧侣们，其中三个人手捧着要呈现的圣经。

这一场景试图表现这一时期变动不定的实际世俗权威、遥远时代的罗马权威和仍然模

图 6.2 插图本圣经

糊不清的精神权威之间的关系。

 思考：这幅画中运用这种比例或者说缺乏比例的原因；这幅图画和前一图画之间的异同点；这一场景与奥古斯都宝石（第5章）有怎样的不同，这种不同如何与罗马和中世纪文明的不同相关联。

中世纪早期的收缩

第一幅地图 6.3 证实了中世纪早期整个欧洲出现的城市衰落。他表现的是罗马人所建立的日耳曼的特里尔城在中世纪早期的样子。它变小了，而且罗马时期井然有序的街道规划也被放弃。一些罗马建筑保留了下来，在城内城外修建了一些新教堂。

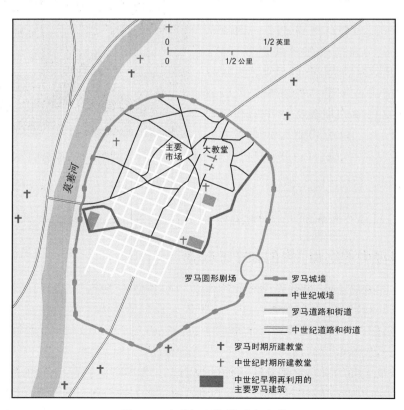

图 6.3 中世纪早期的城市衰落

地图 6.4 则从更广的范围反映了欧洲的相对虚弱和收缩。在 9 世纪和 10 世纪,三个非基督教团体对欧洲施加了压力:南部是撒拉逊(穆斯林),东部是马扎尔人,北部是维京人(以各种不同名称命名的斯堪的纳维亚人团体的总称)。撒拉逊人除了已经占领的西班牙土地外,还从基督徒手里夺取了对西部地中海的控制权,并通过对南部欧洲,尤其是法国和意大利广大地域的不断攻击而扰乱人们的生活。马扎尔人则从他们的家乡出发,对中、西和南欧进行数次破坏性的攻击。维京人最具流动性,他们向东游动到斯拉夫地区,向西游动到英格兰,到达了北欧和西欧的沿海地区,并在地中海地区和撒拉逊人进行争夺。

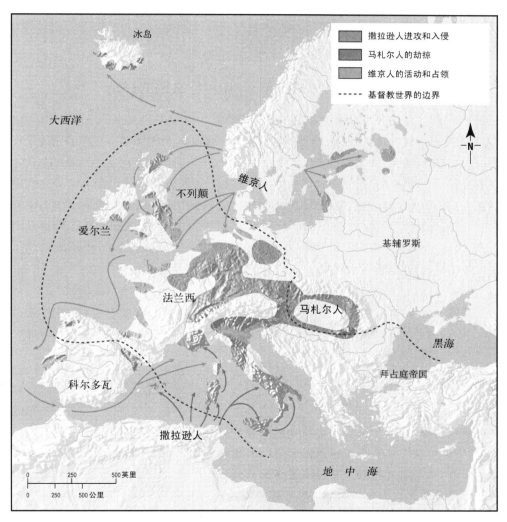

图 6.4　9 至 10 世纪非基督徒的逼迫

这两幅地图表明某些地理政治问题影响着中世纪早期的西方基督教世界。基督教君主在抵御这些侵略方面的困难,导致了政治的分裂和这一时期相应的封建化。由于这些入侵者并没有基督教化,因此并不尊重基督教的圣地和官员,这进一步扰乱了有组织的生活。同样,商业也深受其害,因为安全地经营商业已经不再可能。所有这些都使欧洲越来越转向内部,进一步收缩,无论从地方还是国际的范围来看,这的的确确是当时的地理和政治现实。最后,随着许多入侵者,尤其是维京人的到来,出现了文化的融合和新的力量的涌入,因为他们最终都基督教化并适应了新的环境。

思考: 欧洲中世纪早期的地理政治现实在哪些方面有助于封建主义的产生;这些地图在哪些方面支持这样的观点,即中世纪早期是西方衰落的时期。

二手材料

亨利·皮雷纳:穆罕默德和查理曼——中世纪文明的开始

传统上把罗马文明和西方中世纪的决裂,追溯到5世纪的日耳曼人入侵。根据这种观点,6世纪的西方已经在政治制度、商业、社会生活和城市方面经历了变化和衰落,罗马早已成为遥远的记忆,中世纪早期已经开始。20世纪20和30年代这样的论点遇到比利时历史学家亨利·皮雷纳的挑战(1862—1935年)。他认为在5、6世纪和7世纪上半叶之间有相对的关联性。向中世纪的过渡发生在650—750年之间,是伊斯兰兴起的结果。皮雷纳的论文在很长时间里为人们广泛接受。虽然从那时起历史学家们对他论文的核心部分提出了质疑,但是所有中世纪研究者们都仍然要关注这一解释。在下面的节选中,皮雷纳总结了他的观点。

思考: 皮雷纳解释为什么日耳曼入侵并没有造成与古代的中断;皮雷纳说过渡完成于800年,理由何在;对中世纪文明与5、6世纪文明相区别的最重要的方面,皮雷纳是如何看待的。

材料来源: Henri Pirenne, *Mohammed and Charlemagne*, trans. Bernard Miall (London: George Allen & Unwin Ltd., 1958), pp. 284 – 285.

根据前面的资料,我们似乎可以得出两个重要的结论:

1. 日耳曼人入侵既没有破坏古代世界地中海的一体性,也没有毁灭被视为罗马文化核心特征的东西,这些文化在西方不再有皇帝的5世纪仍然存在。

尽管结果带来了混乱和破坏,但是并没有出现什么新的原则,无论在经济和社会秩序、语言状况还是现存制度方面都是如此。所存活下来的文明是地中海文明。正是在沿海的这些地区那一文化得以保存,而且从这些地区继续着时代的创新:修道制度、盎格鲁·撒克逊的皈依和蛮族艺术等等。

东方是促进繁荣的因素:君士坦丁堡,世界的中心。在公元600年,世界的外观与公元400年时没有什么不同。

2. 与古代传统断裂的原因是伊斯兰出人意料的快速拓展。其拓展的结果是东西方彻

底分离以及地中海一体性的结束。非洲和西班牙的国家过去一直是西方社会的一部分,此后为巴格达的轨道吸引。在这些国家中出现了另外的宗教和完全不同的文化。西部地中海已经成了穆斯林的湖泊,不再是其原有商业和思想的通道。

西方被封锁并被迫依靠自己的资源为生。生活的轴心历史上第一次从地中海向北移动。因这种变化墨洛温君主陷入衰落,催生了新的王朝加洛林王朝,后者最初的家乡在日耳曼北部地区。

教皇本身与这一新的王朝结合,中断了与皇帝的联系,后者忙于与穆斯林战斗,无法再保护他们。因此教会使自己与新的社会秩序相结合。在罗马以及他所建立的帝国,他没有任何对手。由于国家无法维持管理,使自己为因经济衰退而必然出现的封建制度所吞没,所以教会的权力更加强大。这些变化所引起的后果在查理曼死后更加明显。欧洲为教会和封建制度所控制,呈现出新的面貌,在各个地区有细微的差别。中世纪——保留传统的名词——开始了。过渡阶段延长了。人们可以说它持续了整整一个世纪(从 650—675 年开始)。正是在这一政治混乱时期古代的传统消失了,同时新的成分浮出水面。

这一进程由于新帝国的建立而在 800 年结束,由于它赋予西方一个新的罗马帝国,因而神圣化了东西方的断裂——这是与旧帝国决裂的明证,后者则在君士坦丁堡继续存在。

大卫·尼可拉斯:加洛林西方——封建关系的起源

关于封建制度的精确含义,学者们长期以来莫衷一是。在下面的选段中,大卫·尼可拉斯考察了学者们的争论,指出不同观点所存在的某些问题。他然后主张"封建关系"一词强调附庸和采邑为封建纽带的主要成分,比"封建制度"更加有用。

思考:学者们在哪些方面对封建制度产生分歧;封建关系一词为什么更好;本章的原始材料在哪些方面支持这一解释。

材料来源:Davis Nicholas, The Evolution of the Medieval World, 312 - 1500. Reprinted by permission of Longman Group UK.

法兰克时代见证了封建关系的出现,它所出现的舞台是美国中世纪史家约瑟夫·斯特拉耶所称的武士扈从的封建制度,而非后来出现的伯爵和其他大贵族的封建制度。"封建制度"一词在学者们中间引起了无数的争论。马克思主义者和某些资本主义政治家将其用于任何贵族和压迫性的经济和政治政体。其他人则将其等同于政府功能的分散,但是这种观点忽略了这样的事实,封建纽带发展最充分的地区,如法国和英国都变成了中央集权的国家,而没有封建制的德国和意大利则分裂成无数的公国。卷入这些事情中的是力量而不是封建化的范围,但是封建附庸的主人对他们的采邑有一定程度的控制,而君主们对完全所有权的土地(公共地、非封建土地)却没有这样的控制。

有些人在广义上界定封建主义,包括将不太名誉的农奴来缚于地主称为经济封建主义。其他人则宁愿彻底回避这个词汇,因为"封建主义"是现代的而非中世纪的词汇。这种混乱绝大部分源自某些历史学家"非此即彼"的观点。尽管某些领主汇编了其采邑拥有者的名单,但是从来没有封建"制度。""封建关系"一词似乎更加可取,因为甚至封建"主义"也表现得比以前更加刻板。封建关系是逐步发展的。我们在墨洛温后期和加洛林时代了解了很多这方面的内容,但是在11世纪尤其是12世纪前,没有什么材料对此进行反映。当记录重新开始时,它们反映出在这段时期,封建纽带在欧洲许多地区得到了发展,但并不是在欧洲所有地区。

尽管"封建主义"一词并不存在,但是在拉丁语和俗语中都有指称封建纽带的必要成分——附庸和采邑的词汇。附庸制度是个人与领主结合,它发展出的特点使它与其他类似的纽带区分开来。附庸,也就是从属的一方,拥有光荣的义务,主要是军事义务,这并不会危害他的社会等级。在当时文献的语言中,他"在依赖关系中是一个自由人。"并不是所有附庸都拥有采邑。在整个中世纪。君主仍然在王室里供养武士。我们说这些人与他们的主人处于封建纽带中是不确切的,因为他们靠近领主而生活,并不领有采邑。采邑是领主和附庸的所有权关系,是以土地占有和使用为条件而占有的,而土地占有和使用的情况与非封建的所有权完全不同。拥有采邑的附庸指望利用这些财产的收入支付履行附庸义务的费用。他们并不是由领主的财产直接供养。教皇格里高利七世(1073—1085年)的附庸包括统治意大利南部大部分地区的罗伯特·吉斯卡,而且他要求把匈牙利和英格兰作为采邑给他们的国王们,如果他听到学者们说他正在为臆想之事而战,一定会感到吃惊。尽管没有封建制度,但是否定附庸和采邑占有就是否认事实。

丹尼尔 D·麦克加里:封建主义评价

中世纪早期逐步发展的封建主义,在9至13世纪间成为许多地区主要的制度。到中世纪后期,封建主义衰落了,但其成分一直延续到近代社会早期。从文艺复兴开始,学者们通常从否定的角度来评价中世纪封建主义,强调它的虚弱和地方性。在最近几十年,学者们更加积极地看待封建主义,强调它与某种社会环境的适应性。在下面的选段中麦克加里评价了封建主义特征的缺点和积极因素。

 思考:麦克加里所评价的封建主义的"缺点"和"积极"因素,你是否同意。封建主义的力量是否大于它的虚弱。

材料来源:Reprinted with permission of Macmillan Publishing Company from *Medieval History and Civilization* by Daniel D. McGarry. Copyright 1976 by Macmillan Publishing Company,Inc.

尽管封建主义有严重的缺点,但也有其价值。从消极的角度而言,它造成了无数小的半独立的地方政府,无法提供许多必须的公共服务。通常,道路和桥梁无法适当地维护,反而征收大量的通行费和税收,盗匪横行。对个人关系过分强调,而忽略团体和公共福利概念。政治体的成分之间靠誓言和习惯而非常松散地结合在一起,没有什么稳定的强制性义务。中央政府太指望自愿合作和道德责任。职责太不明确,以至可以轻易推诿逃避。混乱四起,私战司空见惯,商业遭受严重阻碍。

6. 中世纪早期

从积极的角度而言,封建主义现实性地适应了现存环境:日耳曼和罗马因素之间灵活可行的妥协。在极度不安全的时代,它提供了地方保护和地方政府,并没有完全牺牲统一性。它一方面足够灵活,一方面又足够保守,克服当下的挑战同时又留下再统一的空间。法国和英国等国家在中世纪早期封建主义非常流行,而在中世纪末则变得强大而统一。而在维持着混合政治模式的德国和意大利,反而变得虚弱和分裂。封建主义有助于西欧精通军事,这最终使它有能力向世界拓展殖民地和文明。这就鼓励了政府的契约理论,根据这种理论,政府是被统治者自由协议的结果,而且它包含着这样的原则,即所有的政府都有限度。封建主义的许多有利特征,首先仅仅适用于上层阶级,逐渐向下扩展惠及所有民众。封建的大会议最后演化为全体代表会议,被称为议会(Parliament, Cortes, Estates, Diets 等)。"没有代表就没有税收"或"没有普遍同意就没有新税收"这样的原则可以追溯到封建制强制要求贵族提供特殊帮助。现代的"绅士规则"、许多的礼貌范式、良好举止以及公平竞争等都来自封建主义。

约·安·麦克纳马拉和苏珊娜 F·维姆普勒:圣所和权力——中世纪妇女的双重追求

人们通常认为在整个中世纪早期妇女的地位没有什么变化。在下面的选段中,两位中世纪历史学家亨特学院的约·安·麦克纳马拉和伯纳德学院的苏珊娜·维姆普勒认为,到9世纪许多妇女的状况都大大改善了。

思考:婚姻习俗如何改变得有利于妇女;妇女继承权变化的社会效果。

材料来源:"Sanctity and Power: The Dual Pursuit of Medieval Women," by Jo Ann McNamara and Suzanne F. Wemple, in *Becoming Visible: Women in European History* (eds. Reante Bridenthal and Claudia Koonz), pp. 103 – 104. Copyright 1977 by Houghton Mifflin Company. Reprinted by permission.

到9世纪,一系列复杂的社会进步,大大改善了个体妇女的环境,而不是提高了她以前所从属的家庭利益。通过控制某些自己的财产,妇女们在所存在领域的界限内能够保证自己的独立。购买新娘的日耳曼习俗实际上已经消失。新郎不再把购买新娘的钱给新娘家庭,而是直接把新娘礼物给她本人,礼物通常是一块土地财产,新娘对此有完全的权利。此外,成婚后他通常还会给予晨礼。除了通过婚姻而获得经济独立外,9世纪的妇女分享财产继承的可能性也大大增加。妇女过去一直有资格从自己的亲戚或丈夫那里接受某些动产,但现在法律和实践也允许妇女继承不动产。出现这种趋向的原因可以通过8世纪的一个事件来考察,其中一位溺爱孩子的父亲在儿子和女儿之间平分了自己的财产。他这样来解释自己行为的正当性:对性别进行歧视是"不虔诚的习俗",违背上帝的律法,也违背了自己对所有孩子的爱。

妇女能够继承财产具有深远的社会影响,这一点现代人口统计学家仍然在调查。尽管一位年轻女子仍然不能违背家庭的意愿而结婚,但是如果她拥有自己的财产,婚后的独立性就大大提高了。查理曼死后,他的女儿们能够离开弟兄的宫廷过着独立的生活,是因为查理曼给了她们可观的财产。寡妇也是如此,如果允许她们控制儿子和死去丈夫的财产,地位就能提高。这方面最引人注目的例子长久影响了英国未来的政治。阿尔弗雷德大帝的女儿伊萨弗雷达是默西亚国王的寡妻,在实现父亲抑制北欧入侵者的政策中,与弟弟进行了长期合作共同统治。他们共同建立了以埃塞克斯为中心的强大集权的王国。在经历了对抗丹麦、爱尔兰和挪威敌人的战争生涯后,成功地让王国摆脱了合法继承人——她自己的女儿,而留给了她的弟弟。由于这一行为敌对地主张盎格鲁·撒克逊的无上权威而且确保英国王国为埃塞克斯和阿尔弗雷德家族所统治,因而破坏了默西亚的独立。具讽刺意味的是,伊萨弗雷达对英国未来不容置疑的贡献是剥夺了另一位妇女的统治权。

本章问题

1. 在中世纪早期,封建主义在哪些方面有效地解决了欧洲人所面临的问题?封建主义在哪些方面产生了新的问题?你是否认为封建主义的长处要多于它的短处?

2. 称这个时代为衰落的时期,你如何对此进行辩护?这样解释中世纪早期会遇到哪些问题?如果不称衰落,你如何对此进行描绘?

3. 中世纪早期,在政治、军事和文化上西部在哪些方面不同于以前的罗马帝国?

7. 中世纪东方

随着欧洲进入中世纪早期,西方的其他地区走上了不同的历史进程。东罗马帝国保持了相对的稳定。该帝国以君士坦丁堡为中心,演变成拜占庭帝国而且到15世纪一直存在。地中海世界东部和南部的远端于7、8世纪在快速拓展的阿拉伯帝国统治下联合在一起。阿拉伯帝国最终控制了大部分地中海区域,并扩展到西班牙和南部法国。最后在拜占庭北部和东部,东斯拉夫人以基辅公国为中心建立了文明。

在中世纪早期的大部分时间里,与西欧相比,拜占庭和伊斯兰文明非常先进、组织良好且强大。伊斯兰文明最大、最具活力,对西欧的威胁也最大。

本章主要集中探讨伊斯兰。人们往往从它如何影响欧洲这样狭窄的西方观点来考察伊斯兰。人们强调它是古典文明的保存者和传播者,是一个创造了某些发明、技术以及对欧洲看来非常实用的产品的文明,而且把它视为对西方基督教世界的外部威胁。尽管一些文献说明了这一观点有关的问题,但大部分文献集中于伊斯兰文明本身。第一系列的问题与伊斯兰世界的宗教有关。伊斯兰信仰的性质是什么?它如何反映在《古兰经》中?伊斯兰信仰和基督教有什么关联?两者之间有什么异同点?第二个系列的问题有关伊斯兰的文化。伊斯兰世界尊重什么思想传统?在这个世界学者们能够得到什么机会?如何获得教育?伊斯兰信仰和绘画艺术之间有什么关联?第三系列的问题是考察伊斯兰的社会。阿拉伯的背景对伊斯兰的产生有什么意义?在哪些方面伊斯兰社会可以从外表上识别出来?伊斯兰的习俗如何与其他社会的习俗相区别?

某些文献反映的是伊斯兰所接触的文明以及伊斯兰本身。伊斯兰最初是面向东方还是面向西方?在拜占庭,中央政府和皇帝起了什么作用?在拜占庭帝国法律起了什么作用,而且这一作用如何反映了拜占庭文明和罗马文明的联系?最后,在当时伊斯兰的观察家眼里罗斯(来自基辅公国)是如何出现的?

所有这些文献能够提供一副有关伊斯兰的和谐画面,并对中世纪早期的拜占庭和基辅进行了介绍。在这一时期结束时,欧洲开始恢复并获得了新的活力,关于这一主题我们将在下一章进行介绍。

原始材料

古兰经

古兰经对伊斯兰信仰就如同圣经对基督教一样。对信徒而言它包含着安拉的话语。上帝把自己的话语启示给他的先知穆罕默德,在穆罕默德632年死后的20年里他的追随者们进行了记录。在接下来的一百年里,阿拉伯穆斯林从阿拉伯半岛向北向东穿越整个波斯帝国和小亚细亚的一部分,向西穿越北非远达西班牙,传播伊斯兰教并扩大自己的统治。伊斯兰并没有全面否定基督教和犹太教。根据信仰,穆罕默德是最后也是最重要的先知,其他先知还包括摩西和耶稣。下面的《古兰经》片段揭示了伊斯兰的主要信仰和态度。

思考:对斗争和分歧的态度;如何将这些片段与第1章和第5章新旧约的片段进行比较;伊斯兰教对妇女的看法。

材料来源:Stanley Lane-Poole, *The Speech and Table-Talk of the Prophet Mohammed* (London: Macmillan, 1882), pp. 15, 32, 83, 133 – 137. J. M. Rodwell, trans., *The Qur'an* (London: J. M. Dent, 1871), pp. 411, 415.

你说:他是真主,是独一的主;
真主是万物所仰赖的。
他没有生产,也没有被生产;
没有任何物可以做他的匹敌。

你当赞颂你至尊主的大名超绝万物,
他创造万物,并使各物匀称。
他预定万物,而加以引导。
他生出牧草,
然后使它变成黑色的枯草。

你们把自己的脸转向东方和西方,都不是正义。正义是信真主,信末日,信天神,信天经,信先知。并将所爱的财产施舍救济亲戚、孤儿、贫民、旅客、乞丐和赎取奴隶,并谨守拜功,完纳天课,履行约言,忍受穷困、患难和战争。这等人,确是忠贞的;这等人,确是敬畏的。

你说:"我们确信真主,确信我们所受的启示,与易卜拉欣、易司马仪、易司哈格、叶尔孤白和各支派所受的启示,与穆萨、尔萨和众先知所受赐予他们的主的经典,我们对于他们中的任何一人,都不加以歧视,我们只归顺他":舍伊斯兰教寻求别的宗教的人,他所寻求的宗

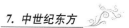

教绝不被接受,他在后世是亏折的。

你们当为主道而抵抗进攻你们的人,你们不要过分,因为真主必定不喜爱过分的人。你们在哪里发现他们,就在哪里杀戮他们,并将他们逐出境外,犹如他们从前驱逐你们一样,迫害是比杀戮更残酷的。你们不要在禁寺附近和他们战斗,除非他们在那里进攻你们;如果他们进攻,你们就应当杀戮他们。不信道者的报酬是这样的。如果他们停战,那么,真主确是至赦的,确是至慈的。你们当反抗他们,直到迫害消除,而宗教专为真主;如果他们停战,那么,除不义者外,你们绝不要侵犯任何人。

男人是维护妇女的,因为真主使他们比她们更优越,又因为他们所费的财产。贤淑的女子是服从的,是借真主的保佑而保守隐微的。……你们可以择你们爱悦的女人,各娶两妻、三妻、四妻;如果你们恐怕不能公平地待遇她们,那么,你们只可以各娶一妻,或以你们的女奴为满足。这是更近于公平的。

哈桑·巴士里:给欧麦尔二世的信:伊斯兰禁欲主义

同其他宗教一样,伊斯兰教中有许多追随者认为,他们的信仰需要摆脱世俗事物,实行严苛的自我约束,并逐字逐句地坚持先知的话语。这反映在下面哈桑·巴士里写给哈里发欧麦尔二世(717—720年)的信件中。

 思考:伊斯兰信徒如何看待适当的行为和忧虑;与犹太教和基督教形成了怎样的关系而且这种关系揭示了伊斯兰教的什么性质和魅力。

材料来源:Arthur J. Arberry, *Sufism* (London: George Allen & Unwin Ltd., 1950), pp. 33 – 35.

谨防此世,因为它如蛇一般,摸起来光滑,但毒液致命。无论什么让你感到快乐,你要转身走开,因为与它短暂相伴快乐就随之而来;摆脱它对你的关心,这样你看到它意想不到的机会,就会明确知道要与它分开;坚定地忍受它的苦难,因为安逸不久就会属于你。它越是让你快乐,就越是要提防它;因为此世的人,只要在它的快乐中感到安全,这个世界就会将他驱入不幸,只要他在此世有所得并蹲坐其上,这个世界就会突然将他掀翻在地。同样要谨防此世,因为它的希望就是谎言,它的期望就是虚伪;它的安适就是困苦,让清澈变得污浊。在其中你会处于危险之中:或是幸福短暂易逝,或是灾难突然降临,或是痛苦万分,或是厄运已定。一个人如果谨慎,生活就会艰难,一个人如果舒适,生活就会危险,总是提防灾难,就会确定最终的命运。甚至全能的主也未对此世说些什么,也未为它创造相似的东西,也没有命令人们弃绝它,然而此世本身惊醒了沉睡者,唤醒了心不在焉的人。既然上帝已经亲自针对它向我们发出了警告,对此还需要什么更多的劝诫呢!因为此世对上帝而言既没有价值也没有分量,它太无足轻重了,对上帝来说它至多不过是一个鹅卵石或一小块土。我听说,上帝没有创造任何比此世更可恨的东西,从他创造此世那一天起,就没有看过他,他就这样痛恨它……

就穆罕默德而言,当他饥饿的时候就在胃上绑一块石头,而摩西则因为它,肚子上的皮肤像草一样绿;在隐蔽处避难的时候,他没有请求上帝,饿的时候就节省食物,据说在关于他的故事中上帝向他启示:"摩西,当你看见贫穷接近时,就说,欢迎正义的标志到来!当你看见财富接近的时候,就说,这是以前已经注定惩罚的罪恶。"如果你希望,你可以第三个提到作为灵和道的主(耶稣),因为他的生活中充满奇迹。他经常说:"我每天的面包就是饥饿,我的标志是恐惧,我的衣服是羊毛,我的坐骑是双脚,我夜晚的灯笼是月亮,我白天的火是太阳,我的果实和芳香的药草,是大地为野兽和牲口生长的东西。整个夜晚我一无所有,然而没有人比我更富有!"如果你希望,你可以第四个提到大卫,他的奇妙不亚于此:他在房间里吃大麦面包,把麸糠食物给家人吃,但是他的子民则吃上等谷物;夜晚到来时,他穿上麻袋布,把双手锁在脖子上,一直睡到天亮;吃粗糙的食物,穿毛布长袍。所有这些人都恨上帝所恨,鄙视上帝所鄙视;那么正义就紧跟他们的道路,靠近他们的足迹。

阿维森纳:穆斯林学者的自传

阿维森纳(980—1037年)是穆斯林众人中的佼佼者,他无论在思想还是发明方面都取得了巨大成就。阿维森纳主要以哲学家而著名,但也是数学家、物理学家、神学家、天文学家和语言学家。他著述广泛,某些著作后来被翻译并在欧洲流传。下面的选断选自他的自传,其中反映了他学识的渊博以及伊斯兰世界社会文化的方方面面。

 思考: 阿维森纳的家庭对待学问和知识的态度;最受尊重的学问类型和思想权威;一位思想家在伊斯兰世界生存和得到提升的方式。

材料来源: A. J. Arberry, *Aspects of Islamic Civilization* (London: George Allen and Unwin Ltd., 1967), pp. 136 – 139. Reprinted by permission of George Allen & Unwin Ltd. And the University of Michigan Press.

我的父亲是大夏人,他在曼苏尔(Nuh ibn Mansūr)时代从那里迁徙到布哈拉,在曼苏尔统治时期他被政府雇佣,担任布哈拉偏远郊区一个叫克哈麦坦村落中心的官员。附近是一个名叫阿弗沙纳的村庄,在那里我父亲娶了我母亲并安家于此,我也是出生在那里,此后我弟弟降生了。后来我们移居到布哈拉,在那里我被交给了《古兰经》和文学方面的老师。10岁的时候我已经掌握了《古兰经》和大量文学作品,因此人们都惊讶于我的才能。

现在我父亲是响应埃及宣传家(他是伊斯玛仪派)的人之一,他和我弟弟聆听了他们关于精神和理智必须要说的话,追随他们祈祷和理解事物的方式。他们因此会一起讨论这些事情,而我听了以后完全理解他们所说的一切,但从内心里并不同意他们的观点。不久他们便开始邀请我加入这场运动,鼓动他们的唇舌讨论哲学、几何学、印度数学,而且父亲把我送到一个使用印度数学的卖蔬菜的人那里,让我向他学习。此后一个名叫阿巴·阿拉·那提利的人来到布哈拉,他称自己是一位哲学家,我父亲邀请他住在我们家,希望我能向他学习。在他到来之前我已经着迷于穆斯林法学,聆听禁欲主义者伊斯玛伊的课程,因此我是一个优秀的调查者,已经熟悉了根据正典法学家的惯例进行假设的方法和进行反驳的技巧。我现

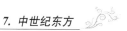

在开始与那提利一起阅读《导论》(Isagoge)。当他向我提到"属"(Genus)的定义作为一个术语,应用到大量不同种类的事物,从而回答"它是什么?"这样的问题时,我开始用他从没有听到的方法来证明这一定义。他对我感到非常惊奇,并告诫我父亲说,除了学问之外,我不应从事任何其他职业。无论他向我陈述什么问题,我都能比他提出更好的思想概念。我就这样继续着,直到与他一起读完了所有简单的逻辑学内容,至于更加微妙细致的内容,他并不了解。

从那时起,我开始独自阅读文献,我研究了各种评注,最后完全掌握了逻辑科学。同样关于欧几里得,我只是与他一起阅读了最初的五、六个计算,此后就依靠自己解决书中剩下的问题。接下来我们转向阅读《天文学大成》(Almagest),当我完成了绪论到了几何计算时,那提利告诉我由我自己继续阅读并解决问题,我只是与他一起复习读过的东西,以便他能给我指出什么是对的什么是错的。实际情况是他无法教授这本书,我开始解决这一著作,里面有许多复杂的计算,在我向他介绍并让他明白之前,他对此一窍不通。此后那提利离开了我,出发前往古尔甘伊。

现在我集中精力掌握各种有关自然科学和形而上学的文献和评注,最后所有知识的大门都向我敞开。接下来我希望研究医学,并开始阅读有关这一主题的所有著作。医学并不是很困难的科学,我自然在很短的时间内就在这方面出类拔萃,以至于那些资格很深的医生都开始与我一起阅读医学。我也开始治疗病人,源自行医经验的治疗方法本身就向我揭示了那些莫名其妙描绘的东西。与此同时,我利用一些间隙研究和讨论法律,当时我16岁。

接下来的18个月我继续全身心地阅读,我重新研究逻辑,并研究哲学的各个方面。这一期间我晚上没有睡过一个囫囵觉,白天也没有因为其他事情分心。我准备了一套文件夹,随同考察的证据一起,我记下演绎的前提,并把它们按照次序放在文件夹里,然后我考察从中会得出什么推论。我系统地观察前提条件,一直持续到肯定每个特定问题的真相。每当我发现自己为某个问题所困扰,或者在三段论中无法找到中项,我常会去清真寺祈祷,敬拜万物的创造者,一直到疑团解开,困难消除。晚上我回到家里,在灯光下阅读和写作,每当睡意袭来或感到困乏时,我就到旁边喝一杯酒,重新恢复元气,然后又返回去阅读。如果睡眠不足将我袭倒,我睡着的时候会梦到正在思考的精确问题,就这样在睡着的时候我对许多问题豁然开朗。我就这样继续着,最后掌握了所有科学,我现在在人的能力所及的范围内都理解了它们。我那时所学的东西就是我现在所知道的,直到今天我也没有再增加什么新知识。

我现在掌握了逻辑、自然科学和数学。所以我回到了形而上学,我阅读亚里士多德的《形而上学》(Metaphysica),但是无法理解这本著作的内容,而且对作者的意图感到困惑,我把这部著作阅读了40遍,直到将它的文本烂熟于心。即使那样我还是不理解它,也不了解作者的意思是什么,我内心感到绝望地说:"这是一本无法理解的著作。"但是一天中午我恰巧在书商的房间里,一位代理商在那里,手里拿着一册书要出售。他主动提供给我,但我不耐烦地还给了他,我相信它对专门的科学毫无用处。然而他对我说:"从我这里买走这本书吧,价钱很便宜,我卖给你四个迪拉姆,书的主人正缺钱。"于是我买了那本书,发现那是法拉比(Abū Nasr alFārābī)写的《形而上学的对象》。我回到家里马上开始阅读,那本书里面的对象马上在我面前清晰起来,因为我已经把它牢记在心,对此我非常高兴。第二天为了感谢全能的上帝我向穷人做了大量施舍。

当时布哈拉地方的苏丹是曼苏尔,他恰好当时生了病,此病难倒了所有的医生。由于我阅读广泛在他们中间颇有名气,他们因此当着苏丹的面提到了我,并恳求他召见我。我进入了病房,同他们合作治疗这位皇室病人。我因此被招募为他服务。一天我请假进入他们的图书馆,去核查内容和阅读医学方面的书籍,他答应了我的请求。我进入了一个有许多房间的大房子,每个房间都有一个摞一个的书箱。在一个单元里放着语言和诗歌方面的书籍,另一个单元则是法律,以此类推,每个单元都留出来专门放某一门科学方面的书籍。我浏览了古希腊著作方面的目录,并寻求我所需要的著作,我看到了许多至今许多人连名字都不知道的书籍——这些著作我以前未看到过,以后也不会看到。我阅读了这些书籍,记录下了其中的内容,我逐渐认识到每个人在特定科学领域所占有的地位。

因此到 18 岁时,我已经穷尽了所有这些科学。在我的记忆中,那一时期的学生生活要比现在好,但是今天我更加成熟了,除了这些我的知识没有什么变化,从那时起我的知识宝库里没有再增添什么了。

查士丁尼法典:拜占庭和罗马法的遗产

拜占庭帝国和它的前辈罗马帝国构成连续性的主要方式是通过使用《查士丁尼法典》,该法典于 528 年查士丁尼皇帝(527—565 年)统治时期开始着手编纂,包括罗马法的汇编、新律的不断收集以及学生使用的指南(《法理概要》)。下面的选段来自《法理概要》的绪论和第一卷。

 思考:拜占庭在 5 至 6 世纪如何遇到日耳曼的入侵;《法理概要》的目的;拜占庭帝国法律的作用。

材料来源: *The Institutes of Justinian*, trans. Thomas C. Sandars (London: Longmans, Green, 1874), pp. 1 – 7.

绪论
以我主耶稣基督的名义

恺撒·弗拉维·查士丁尼皇帝,征服阿拉曼尼、哥特人、法兰克人、日耳曼人、安特人、阿兰人、汪达尔人、阿非利加人的虔敬的、幸运的、光荣的、胜利的征服者和永远威严的人,向渴望学习法律的青年们致意。

皇帝的威严光荣不但依靠兵器,而且需用法律来巩固,这样,无论在战时或平时,总是可以将国家治理得很好;皇帝不但能在战场上取得胜利,而且能采取法律手段排除违法分子的非法行径,既可以虔诚地维护正义,同时又可以制服所征服的敌人。

1. 朕以不懈的努力,极度审慎的态度,并得到上帝的保佑,达到了上述双重目的。朕所统治下的各野蛮民族都能认识到本皇帝的武功,阿非利加和许多其他行省的情况也都证实了这一点,经过了一个很长的时期,并由于上苍保佑,我们终于获得了胜利,把它们重新置于罗马统治之下,归入我们帝国的版图。此外,各族人民现在都受治于我们已经颁行的或编纂的法律了。

2. 朕将已往杂乱的大量皇帝宪令加以整理使之协调一致以后,就将注意力转向卷帙浩繁的古代法律;我们好像横渡大海一样,由于上苍保佑,终于完成了一件曾经认为是无望的工作。

3. 得到上帝保佑而完成了这件工作之后,朕召见了最杰出的人物、法官、前宫廷财务大臣特里波尼安以及两位卓越人士,即法学教授亚奥斐里斯和多罗西斯,他们三人在许多场合都向我们证明了他们的才能、法律知识和对我们命令的忠诚。朕特别委任他们,在本皇帝的权威和指导下,编写《法理概要》。这样,你们便可以不再从古老和错误百出的资料中学习初步法律知识,而可以在皇帝智慧的光辉指引下学习;同时,你们的心灵和耳朵,除了汲取在实践中得到的东西之外,不致接受任何无益的和不正确的东西。因此,从前学习三年,你们当中的佼佼者也无法阅读皇帝宪令,现在你们一开始就将阅读这些宪令。你们是这样的光荣,这样的幸运,你们所学到的法律知识,从头至尾,都是你们皇帝亲口传授的。

4. 因此,在同样杰出的人特里波尼安和其他卓越而又有学识的人的协助下,完成了50卷《法学汇纂》后,朕又命令把这部《法理概要》分为四卷,其中包括全部法学的基本原理。

5. 在这四卷里,简要阐述一些古代法律,以及那些历久不用而湮没,经由皇帝权力而重见天日的内容。

6. 这四卷乃是根据古代留给我们的各卷《法理概要》,尤其根据我们盖尤斯所著的几部释义——《法学阶梯》和《日常事件法律实践》等——以及许多其他释义编成,由上述三位学者向朕提出。朕详加阅读审核之后,赋予这部著作本皇帝宪令所具有的全部效力。

7. 因此,应该热心接受和不懈努力学习我们这些法律。你们要表明自己学得很精通,因此可以怀有美好的希望,在完成全部学业之后,能够在可能委托给你们的不同地区内,治理我们的帝国。

制定于君士坦丁堡,533年12月11日,永远威严的查士丁尼皇帝第三任执政官期间。

第一卷
正义是恒久地希望给每个人提供应得之物

1. 法学是关于神和人的事物的知识,是有关正义和非正义的科学。

2. 在解释了这些一般概念之后,朕认为如果首先行走在平坦舒适的道路上,然后极度审慎地和精确地深入细节,那么,就会顺利地阐释罗马人民的法律。因为如果一开始就用各种各样的繁复题材来加重学生思想的负担,这时候学生对这些还很陌生而不胜负担,那么就会发生下列两种情况之一:或者我们将使他们完全放弃学习,或者将使他们花费很大工夫,有时还会使他们对自己丧失信心(青年们多半就因而被难倒),最后才把他们带到目的地,而如果通过更平坦的道路,他们本可既不用费劲,也不会丧失自信,很快地被带到那里。

3. 法律的基本原则是:为人诚实,不损害别人,给予每个人应得的部分。

4. 法律学习分为两部分,即公法与私法。公法涉及罗马帝国的政体,私法则涉及个人利益。这里所谈的是私法,包括三部分,由自然法、万民法和市民法的基本原则所构成。

伊本·法德兰:罗斯——跨文化的接触

在整个中世纪早期,继罗马之后的各个文明通过征服、商业、外交和迁移而逐渐相互接触。这些接触在边境地区尤其普遍,那里不同文化之间相互同化。下面由伊本·法德兰撰写的文献对此进行了描绘,他是一名 921 年由巴格达派遣到现俄罗斯伏尔加河畔某一城镇的外交官。他评论了伏尔加的瑞典罗斯,当时罗斯开始与靠近基辅公国的斯拉夫人融合。

 思考:罗斯人之间如何表现出社会和经济的不同;本文献揭示了伊本·法德兰的什么习俗;使来自不同文化的代表相遇的目的和手段。

材料来源:Johannes Brøndsted, *The Vikings*, trans. Kalle Skov (Baltimore, MD: Penguin Books, 1965), pp. 264 - 266. Copyright 1965. Reprinted by permission of Penguin Books Ltd.

当罗斯人带着商业使命到来并停靠在阿图尔河(伏尔加河)时,我看到了他们。我以前从来未见过身材这么完美的人,他们如枣椰树那么高,肤色红润。他们既不穿外套也不披斗篷,而是穿一件披肩盖住半个身体,留下一只手活动。他们的剑是法兰克式的,宽、平且有凹槽。每个男人身上(身体上有文身)从指甲到脖子都有树、人等图案。每个女人都挂着一个铁、银、铜或金制的容器——容器的大小和里面的东西取决于她男人的财富。她的脖子上带着银质项圈,当一个男人积攒了 10 000 迪拉姆时就给他妻子戴一个项圈;当他积攒了 20 000时就给她戴两个,因此她丈夫每获得 10 000 迪拉姆,这位妇女就获得一个新项圈。他们最好的装饰是用黏土制作的绿色珠子。无论走多远他们都会去得到这些东西,一迪拉姆可以获得一枚这样的珠子,他们把这些珠子串起来为他们的女人制成项链。他们是上帝创造物中最肮脏的。大小便后从不清洗,饭后也不洗手。他们就像迷途的猴子。他们从很远的地方而来,把船停靠在阿图尔河岸,这条河很大,他们在河岸边建造了木头房子。二三十个人居住在一间房子里,每个人有一个长榻,他们坐在那里,拿那些带来出售的漂亮女奴消遣。他会当着其他同伴的面与某个女奴做爱,有时会发展成集体狂欢,如果有客人出现购买女奴,罗斯人要同她干完事后才让她离开。

他们每天洗脸洗头,所有的人都用同一盆水,其肮脏程度可想而知。他们就是这样。每天早上一位女子为主人带来一大碗水,他在里面洗脸、洗手和洗头发,在碗上面梳头发,然后擤鼻子,向水里吐唾沫。所有的污垢都会进入水里。接着,那位女子就把同样这碗水端给旁边的人——他重复这套表演——直到这碗水在整个房间里轮一遍。所有人都擤鼻子、吐唾沫,在水里洗脸洗头发。船只靠岸后,每个人都上岸去运面包、肉、洋葱和纳比德(nabid,啤酒?),他们把这些东西搬到一个大木桩附近,这个大木桩有人的脸形,周围环绕着小人,在它们后面是插在地面上的高高的杆子。每个人都拜倒在这根大杆子下并诵读道:"主啊,我远道而来,带来了许多女孩、许多貂皮(和携带来的其他商品)。我现在向你奉献。"然后他呈上礼物并继续说:"请送给我一位拥有许多第纳尔和迪拉姆的商人,他在交易中不过多讨价还价,对我们有利。"然后他走了,在这之后如果交易不能很快好转、进展顺利,他就回到该雕像前进一步奉献礼物。如果结果还是进展缓慢,他就会把礼物呈献给那些小人并恳求他们说情,说:"这些是我们主的妻子和儿女。"然后他依次求告每一个小人,恳求他为自己调停并在他们面前表现得很谦恭。通常贸易顺利,他就会说:"我的主答应了我要求,现在我要向他回报。"因此他奉献牺牲羊或牛,把其中一些当作救济分发。他把其余的放在大大小小的雕像前,而把牺牲的头安插在杆子上。天黑了以后,狗当然会来吃掉这些东西——成功的商人说:"我的主对我很满意,吃掉了我奉献的东西。"如果一位罗斯人生病了,他们会把他单独放在帐篷里,给他留一些面包和水。他们不会去探望他或跟他讲话,如果他是一位农奴尤其如此。如果他康复了他就会重新加入其他人,如果死了就把他烧掉。然而如果他恰好是一位农奴,他们就把它丢给狗和秃鹫吃掉。如果他们抓住了一位抢劫犯,就把他吊在树上,直到被风雨打成碎片。

图像材料

手稿图片:穆罕默德生活的场面

这三幅手稿图片描绘了穆罕默德生活的场面。在第一幅图片(图7.1)中,还是孩子的穆罕默德被基督教的僧侣巴希拉认可为先知,在右边有两位陪同的圣人。穆罕默德已经得到左边追随者的认可而且显然也为右边低头鞠躬的骆驼认可。这种认可为上面的涂油天使加百列所确认。在第二幅图片(7.2)中,穆罕默德骑马进入一座城市,由武装的追随者保护,显然得到了城市居民的接纳。另外,天使加百列出现为他涂油,表现了穆罕默德的权威。在第三幅图片(图7.3)中,穆罕默德在最后一次拜访麦加时面向他的门徒们祈祷。无论穆罕默德还是门徒头上都有光环。这些图片揭示了伊斯兰和基督教之间的异同。这些图片并不是出自插图版《古兰经》,而是出自14世纪早期的伊斯兰史书,这样的史书非常罕见,因为伊斯兰神学不允许雕塑或图画艺术,因此它没有发展出与基督教会宗教艺术相对应的宗教绘画传

图7.1 穆罕默德的生活场景

图 7.2 穆罕默德的生活场景

图 7.3 穆罕默德的生活场景

统。这些图片的内容揭示了与基督教的关联:基督教僧侣认可穆罕默德的权威,圣经中天使加百列的重要性,甚至用光环来识别穆罕默德和他的门徒。第二幅图片揭示出由于合法使用武力伊斯兰教迅速传播。这些图片的风格说明 14 世纪伊斯兰教地理范围的广大,因为它受到远东,甚至蒙古的影响。

思考:这些场景所揭示的伊斯兰的特征。

皇后狄奥多拉和她的随员

这幅 6 世纪的镶嵌画(图 7.4)表现了皇后狄奥多拉和她的随从。狄奥多拉站立着,面对类似描绘她丈夫拜占庭皇帝查士丁尼的画面。她的珠宝、皇家紫色的披风以及作为队列的核心,都表明了她的地位和权力。这幅镶嵌画位于意大利拉文那的某教堂内,她手里端着圣餐杯,头后面的金色光轮表明她和查士丁尼用宗教权威进行统治。在他的右面站着两个人,穿的长袍表明他们是拜占庭高级政府官员。事实上,来自底层并在查士丁尼当上皇帝之前嫁给他的狄奥多拉,在帝国的行政管理事务中起了罕见的积极作用。在她左边的两个女人可能是帮助狄奥多拉和查士丁尼压制潜在竞争对手维持统治的有影响的人物。奢华、耀眼的镶嵌画炫耀着帝国试图重新控制意大利和西地中海时期拜占庭的富裕和成熟。

思考: 这一形象给观看者传递了有关帝国权威的什么信息。

图 7.4 公元六世纪的镶嵌画

拜占庭帝国和伊斯兰的扩张

第一幅地图 7.5 说明的是 7 世纪初的拜占庭帝国。它表明,尽管罗马帝国在西方衰落了,但地中海的大部分仍然掌握在拜占庭手里。而且,随着罗马的继承者在西方成为基督徒,几乎整个地中海盆地仍然掌握在基督徒手里。地图 7.6 说明的是 750 年的同一区域。它不但表现了伊斯兰的快速上升,而且也表现了拜占庭帝国所控制地区的急剧衰落。现在地中海盆地在基督徒和穆斯林之间平分了。第三幅地图 7.7 说明的是 750—1500 年间的同一区域,尽管伊斯兰在伊比利亚半岛曾一度控制的地区都失去了,但在很多地区,伊斯兰继

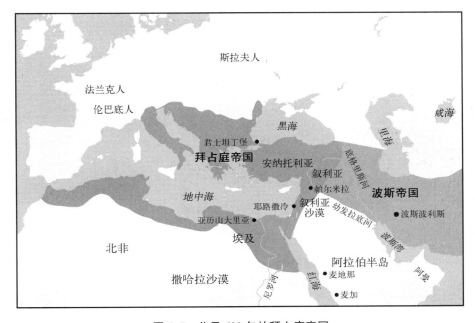

图 7.5 公元 600 年的拜占庭帝国

图 7.6 拜占庭帝国和西部的伊斯兰，750 年

图 7.7 西部的伊斯兰，750—1500 年

续扩张。到1500年,拜占庭落入伊斯兰势力手中。地中海盆地继续在基督徒和穆斯林之间平分。这些地图共同揭示了500—1500年间罗马继承者的命运变迁。

 思考：关于曾一度统一的地中海盆地的分化情况,这些地图说明了什么;这些分化会如何影响欧洲人之间的关系以及南部和东部的文化。

二手材料

西里尔·明戈：拜占庭——新罗马帝国

拜占庭帝国一个突出的特征是皇帝为首的中央政府的权威。确实,历史学家往往把拜占庭帝国存在如此长久的原因部分归于拜占庭帝国的能力。在下面的选段中,拜占庭研究领域公认的权威牛津和哈佛的西里尔·明戈,分析了拜占庭帝国皇帝和中央政府的地位。

 思考：皇帝权威的来源;对皇帝权力可能的限制;皇帝的政府和帝国宫廷的政府之间的区别。

材料来源：Cyril Mango, *Byzantium: The Empire of New Rome*, pp. 32 - 33, Copyright 1980 Weidenfeld and Nicholson. Reprinted by permission of the publisher.

6世纪的一位修道院长对见习修道士说了这些话：

如果一位世俗皇帝打算任命你为贵族或内臣,在他的宫廷里（这样的宫廷会像影子或梦一样消散）给你尊贵,难道你不会鄙视你的所有而迅速地奔向他吗?难道你不愿意经受各种艰难痛苦甚至经受死亡来见证那一天吗?届时,皇帝在元老们的见证下,接受你而且让你为他服务?

我们可以想象,拜占庭人中几乎没人会做出不同的举动,因为拜占庭政体最明显的特点是中央政府至高无上的权力。由于缺乏反抗,除了拖沓、无效率、腐败或者冷漠外,对这种权力几乎没有什么制衡。直到大约11世纪中央政府逐渐解体之前情况一直如此。

在理论上,除了神圣法律的强制规定外,皇帝的权力没有任何限制……实际上皇帝居住在君士坦丁堡的帝国宫廷,远离公众的目光,为宫廷所包围。他多半把自己的地位归于没有明确阐述但普遍为人尊重的继承原则,或者他为前辈所指派,为有影响的团体所推举或因为成功的叛乱而获得王位。奇怪的是拜占庭国家从来没有发展出一种帝国继承理论。一个人靠上帝的意志而成为皇帝,他的当选是以军队和元老院的赞同为标志,而且从5世纪起要通过君士坦丁牧首实行的宗教加冕礼来确认。在外部的观察家眼里,这种制度看起来特别不稳定而且不确定：一些阿拉伯作家相信罗马皇帝把自己的地位归于胜利,如果他不成功便会下台。但是,无论皇帝在什么情况下上台,都不能独自进行统治。他依据自己的喜好选择主要大臣,而且大臣所运用的有效的权力并不是通过他们的头衔体现的。有些皇帝——最强有力的皇帝——在事物处理方面具有压倒性的权力,但其他皇帝则乐得把权力给某位亲戚或一位或多位官员。尽管人们普遍相信皇帝有在战场上统领军队的职责,但许多皇帝并不这样做,或者是由于无能,或者是由于害怕自己不在首都时会出现叛乱。由于实践中有这么多的变数,因此说统治政府的是帝国宫廷而不是皇帝更加确切。

伯纳德·路易斯:历史上的阿拉伯

伊斯兰教最初是阿拉伯人的宗教,而且其早期的征服活动是由阿拉伯人进行的。历史学家所关心的一个问题是,在解释7—8世纪伊斯兰教的征服和扩张时,作为宗教的伊斯兰教和作为一个民族的阿拉伯人哪一个更重要。在下面的选段中,研究中东的历史学家伯纳德·路易斯探讨了这一问题,主要关注作为早期征服主要遗产的阿拉伯语言。

思考:路易斯的观点认为不是伊斯兰教扩张,而是阿拉伯民族扩张;根据路易斯的观点,在征服中宗教有什么作用;伊斯兰(或阿拉伯)帝国内部阿拉伯语的重要性。

材料来源:Bernard Lewis, *The Arabs in History*, 3d ed. (London: Hutchinson University Library, 1964), pp. 55-56, 132.

最初,大征服并不是伊斯兰教扩张而是阿拉伯民族扩张,半岛本土人口过剩的压力驱使他们在临近国家寻找出路。这是闪米特人不时进入肥沃的新月形地带和其他地区的众多迁徙之一。阿拉伯的扩张最初表现得并不那样突然。当把阿拉伯人被坚固的大坝阻挡在半岛外而无法直接突破时,人口过多的压力通过阿拉伯人稳定渗透进边境地区而得到部分缓解。有许多证据表明在6—7世纪阿拉伯人进行了有力渗透,尤其是渗透到幼发拉底河盆地、巴勒斯坦和叙利亚南部和东部。在拜占庭城镇波士拉和加沙(我们仅提两个城镇),甚至在征服前就有大量的阿拉伯人口,毫无疑问征服者们发现许多同胞已经居住在他们所征服的最近的国家。

早期的作家们过高估计了宗教在征服中的作用,或许也被现代某些学者过分低估了。它的重要性基于它作用于某个民族的心理变化,这个民族自然容易激动、性情不稳定,不习惯于任何纪律,愿意被说服,但从不愿意被命令。它使他们在一段时间里非常自信而且愿意被控制。在征服战争中,它是阿拉伯统一和胜利的象征。征服的驱动力是世俗性的而非宗教性的,这表现在他们杰出的人物身上——哈立德和阿穆尔这种类型的人,他们的宗教兴趣是敷衍的和实用主义的。真正皈依和最虔诚的人在阿拉伯帝国创建过程中作用甚微,这方面鲜有例外。

征服使阿拉伯语成为帝国的语言,很快也成为庞大的多样文化的语言。阿拉伯语不断发展来满足这两种需要,部分通过借用新的词汇和表达方式,但主要是通过内部发展,从古老的词根中构成新词,给旧词赋予新的含义。我们将选择阿拉伯语表示"绝对"的词举例说明这一进程,这个概念在前伊斯兰时代的阿拉伯根本不需要。这个词在阿拉伯语中是 *mujurrad*,是 *jarrada* 的过去分词,去掉其引申含义,这个词通常用于蝗虫并与 jarada(蝗

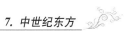

虫)和叶子(jarida)这样的词有关系。以这种方式产生的语言拥有鲜活的、具体的和图画式的词汇,每个词都深深扎根于纯粹阿拉伯的过去和传统中。它容许某些观念通过具体和熟悉的词汇对头脑产生直接的影响,同时容许不加限制地穿透或调动深层的意识。

阿拉伯语言就这样丰富起来,并在纯粹的阿拉伯王国衰落后很长时间一直是唯一的文化工具。随阿拉伯语言出现了作为古典范式的诗歌和植入其中的观念世界——尽管它微妙且有隐喻暗指,但具体而不抽象;它具有修辞性和论辩性,但无私密性和个人性;它易于背诵且具有短暂性,但并不宏大和恒久;在这种文学中,词语和形式的重要性要大于观念的传播。

阿拉伯扩张的真正奇迹是所征服省份的阿拉伯化而非军事征服。到11世纪,阿拉伯语不但成为从波斯到比利牛斯山脉人们日常应用的主要语言,而且成为主要的文化工具,超越了科普特语、亚拉姆语、希腊语和拉丁语等古老的文化语言。随着阿拉伯语言的传播,阿拉伯征服者和阿拉伯化的被征服者之间的区别越来越不重要,同时所有讲阿拉伯语和信奉伊斯兰教的人都感觉到属于同一个团体,阿拉伯一词再一次限定于原本的游牧民或用作贵族血统的称号,没有什么大的经济和社会意义。

伊拉·拉皮杜斯:伊斯兰的扩张

7至13世纪期间,伊斯兰教从其起源地阿拉伯半岛开始四处传播——向西传播到北非大部和西班牙南部,向东传播到亚洲大部分地区。历史学家们经常会就伊斯兰教大规模扩张的原因进行争论。在下面的选段中伊拉·拉皮杜斯分析了导致伊斯兰在整个中东地区传播的各种力量的平衡,并揭示了为什么这么多人皈依伊斯兰教的原因。

 思考:拉皮杜斯的分析如何与欧洲前代的学者们不同;为什么阿拉伯人的皈依不同于其他中东民族的皈依。

材料来源:Ira Lapidus, *Islamic Societies*, 2nd ed. (Cambridge, U. K.:Cambridge University Press, 2002), pp. 198 - 200.

伊斯兰的扩张牵涉到许多力量。在北非、安纳托利亚、巴尔干和印度,是由游牧的阿拉伯或突厥征服者携带而去的。在印度洋和西非它是通过商人的和平接触或修道士的传教而传播的。在某些情况下,伊斯兰教的传播仰仗当地统治家族的接纳,在其他场合,它对城市居民阶层或部落团体有吸引力。它的吸引力表现为相互缠绕的政治和经济利益关系以及复杂的文化和宗教关系。

关于为什么皈依伊斯兰教的问题,总是让人们情绪激昂。早期的欧洲学者相信伊斯兰教的皈依是通过刀剑实现的,被征服的民族要么选择皈依要么选择死亡。现在明显的是,尽管武力皈依在穆斯林国家不是没有,但实际上是很少的。穆斯林征服者通常所希望的是统治而不是皈依,大多数人都是自愿皈依伊斯兰教的。

甚至自愿皈依也为欧洲的观察者们所怀疑。他们的皈依是出于真正的信仰?还是出于某种机会主义的政治或社会原因?确实许多对伊斯兰教的皈依都是出于信仰的启示或者穆斯林学者和圣人表现出的圣洁,以及政治和经济得失的算计。在多数情况下,皈依本身混杂着世俗和精神的目的。而且,皈依伊斯兰教并不必由过去的生活转向全新的生活。尽管它需要接受新的宗教信仰和新宗教团体的成员,但多数皈依者仍然深深依附于自己原本的文化和团体……

最初皈依伊斯兰教出现在 7 至 13 世纪的中东。共经历了两个阶段,第一个阶段是信奉泛灵论和多神教的阿拉伯半岛沙漠和肥沃的新月形地带外围的人皈依伊斯兰教,第二个阶段是中东地区农业、城市和帝国社会中信奉一神教的人们的皈依。

阿拉伯半岛人口的皈依,是定居的帝国社会文明向外围游牧地区传播过程的一部分。阿拉伯半岛的人位于中东农业区和商业区的边缘地带,深受中东商业和宗教思想的影响,他们在穆罕默德的教义中,发现了确切阐述中东一神教的途径,这种宗教既可以与已经确立的基督教和琐罗亚斯德教媲美,同时又与它们不同。这些信奉异教的阿拉伯半岛民众皈依伊斯兰教,适应了游牧部落的人们在更大的框架内进行政治和经济整合、建立更稳定的国家、确立更富想象力和更全面的道德观来应对动荡社会所面临的问题的需要。接下来,皈依就是把阿拉伯半岛的人们整合进一神教教义所规定的新的文化和政治秩序的进程。

定居的中东民族皈依伊斯兰教完全是另外一种进程。在这种情况下,伊斯兰教是用来取代拜占庭或萨珊的政治认同,或者取代犹太教、基督教或琐罗亚斯德教的宗教联系。中东民族认同的转变经历了两个阶段。在伊斯兰获得绝对统治权的最初一个世纪,阿拉伯征服者试图保持自己为排他性的穆斯林精英。他们并不要求那么多的非穆斯林的民族像屈服那样进行皈依。开始的时候,他们对皈依充满敌意,因为新的穆斯林冲淡了阿拉伯人的经济和地位优势。然而,穆斯林的统治给人们皈依提供了实质性的刺激。它构成了穆斯林团体的保护伞,而且给穆斯林宗教生活赋予了国家威信。政治庇护则使清真寺得以建立、朝圣得以组织、穆斯林法律机构得以建立。阿拉伯帝国的建立,使伊斯兰教吸引了以前拜占庭和萨珊的贵族阶层,其中包括士兵、官员、地主和其他人。阿拉伯的驻防城市吸引了非阿拉伯的移民,他们在向皈依者开放的军队和行政领域找到自己的职业。寻求新的精英阶层庇护的商人、手艺人、工人和逃亡农民,也被诱惑加入伊斯兰教。

尽管有这些诱惑,但是中东地区的大量民族并不是很快或很容易就皈依伊斯兰教的。只是随着非穆斯林团体在 10 至 12 世纪社会和宗教结构的崩溃,才造成教会的衰落、穆斯林对非穆斯林敌意的复苏、零星的和地方性的迫害,同时,伊拉克和伊朗土地贵族的毁灭,破坏了非穆斯林民族的公社组织。此后,穆斯林的教长们才能够在以伊斯兰信仰和认同的基础上重建地方团体方面占据先机。

阿尔伯特·霍拉尼:伊斯兰世界

7 至 8 世纪期间伊斯兰教迅速扩展。伊斯兰的民众所到之处都带去了他们的习俗和制度,历经时日而创建了被人认可的伊斯兰世界。在下面的选段中,著名历史学家阿尔伯特·霍拉尼分析了伊斯兰世界确立认同意识的方式,尤其聚焦于建筑和一些物体,这些东西能够让人们看见或感觉到他们处于伊斯兰的土地中。

 思考:建筑、工艺品和艺术如何有助于构建伊斯兰认同的意识;在伊斯兰教内部构

7. 中世纪东方

　　建统一的意识还有什么方式。

材料来源： Reprinted by permission of the publishers form *A History of the Arab People* by Albert Hournai, Cambridge, MA: The Belknap Press of Harvard University Press. Copyright 1991 by Albert Hournai.

　　在伊斯兰教纪元3至4世纪（公元9至10世纪），形成了公认的"伊斯兰世界"。一个游历世界的人会通过所见所闻，告诉你一个地方是否由穆斯林统治或者由穆斯林居住。承载这些外在形式的是人口的移动：王朝和它们的军队、穿过印度洋和地中海而移动的商人以及因统治者或富人的庇护而被吸引从一个城市前往其他城市的手艺人。承载它们的还有体现某种风格的进出口物品：书籍、金属制品、瓷器，特别是纺织品这种长距离贸易的商品。

　　大型建筑尤其是这一"伊斯兰世界"的外在象征。在后期会出现地域性的清真寺，但在早期，无论从科尔多瓦到伊拉克还是之外的地区，都能发现一些共同的特征。除了这些大型清真寺外，还有用于市场、社区或乡村的小清真寺，祈祷者们可以使用这些地方，但是不能用于星期五的布道，这些小清真寺可能是用当地的材料建造的，反映了地方的风味和传统……

　　第二种类型的建筑，体现着统治者的权力。这些建筑包括用于公共事业的大型工程、商路上的商队旅馆驿站、引水渠或其他水利工程。在中东和马格里布等干燥的地区，将水引入到城市居民中是明智的政策行为，而灌溉土地是随着阿拉伯在地中海的扩张而传播的实践活动。然而最能体现帝国之伟大的是宫殿：花园和流水中的娱乐亭、与世隔绝的天堂的象征物、行政宫廷以及行政、法律和君主生活的中心……

　　这一时期穆斯林城镇居民所建造的房屋已经消失，但是用于这些建筑的手工制品仍大量留存，显示某些建筑中有与宫廷类似的艺术品。人们为商人和学者抄写书籍并为书籍做插图；也为他们制作了玻璃、金属制品和陶器；纺织品尤其重要——地板上铺着地毯，长沙发上都绷着纺织品，墙上则挂着壁毯和装饰的布。从总体上看，所有这些都与宗教建筑上的装饰品别无二致，都是程式化的花草、几何图样和阿拉伯文字……

　　到10世纪，近东和马格里布的男女们已经生活在一个通过伊斯兰教来界定的世界之中。这个世界被分成了伊斯兰教的处所和战争的处所，由于伊斯兰教的处所对穆斯林而言具有神圣性，同时与早期的历史有联系，因而它具有独特的意义。用来标识时间的是每天五次祈祷，清真寺的周末布道，赖买丹月的年度斋戒，到麦加的朝圣以及穆斯林的历法。

　　伊斯兰教也给人们一种身份，由此与其他人相区别。同所有人一样，穆斯林也分成不同阶层。他们并不总是想着末日审判和天堂。除了个体存在以外，他们也依据家庭或更大的亲属团体、放牧单位或部落、村庄或乡村地区以及城区或城市来确定自己每日的目标。然而，除此之外，他们也意识到自己属于某种更大的团体：信徒的团体（乌玛）。他们共同举行的仪式行为、人人共有的有关此世和来世之命运的观念，把他们联系在一起，并把他们与其他信仰者区分开来，不管他们居住在伊斯兰的处所之内还是边界之外。

　　在"伊斯兰世界"之内，在它和具有凝聚力的日常生活小单位之间，有许多身份，这种身份从总体上并没有生出强烈和持久的忠诚。而长久服务于或者服从某个王朝，就会产生这样的忠诚。共同使用一种语言一定会产生一种容易交往的意识,同时也会产生某种自豪感。

彼得·布朗:伊斯兰教的东方趋向

西方人经常设想伊斯兰文明以地中海为中心,而且如果没有欧洲人和拜占庭人进行抵抗,伊斯兰会将其统治扩展到地中海北部的地区。在下面的选段中,牛津和加利福尼亚大学的彼得·布朗对这一观点提出异议,认为随着地中海城市的衰落,波斯在经济上的重要性大大提高,伊斯兰帝国逐渐以波斯为中心,面向东方而不是西方。

思考:波斯如何将伊斯兰帝国引向了东方;根据布朗的观点,为什么巴格达的建立远比阻遏阿拉伯人进入欧洲过程中遭遇军事失败更加重要。

材料来源:Peter Brown,*The World of Late Antiquity*,pp. 202 - 203,Copyright 1971 Thames and Hudson,Ltd.

美索不达米亚从亚历山大时代失去的中心地位失而复得。圆形城墙环绕的巴格达一点都不亚于罗马帝国的大城市:它是亚述和中亚圆形城市的化身。随着商队绕过它们,使用骆驼沿着从撒哈拉到戈壁滩的沙海进行贸易,地中海的城市衰落了。在北非和叙利亚,那些跨越海洋将油和谷物运往罗马和君士坦丁堡的村落消失了,变成了沙漠。地中海沿岸从文明世界的心脏逐渐失去其重要性,成为庞大的欧亚帝国缺少知觉的末梢。

新的商业机会掌握在波斯人手里。而且在波斯人手里,如同在早期萨珊王朝时期一样,亚洲远端重新显现出自己永恒的诱惑。在洛杭(Lohang 音译)和广东的市场旁边可以看到清真寺和火神庙。来自中亚的中国战俘在751年将造纸术传到巴格达,水手辛巴德不会认为地中海值得他们劳神:因为阿拔斯帝国的财富和利益涌向东方,顺底格里斯河和幼发拉底河而下,通向直接联结巴士拉和广东的海路。

伊斯兰帝国大量的波斯人被拉向东方,是欧洲的幸运。阻止阿拉伯战争机器的,不是717年君士坦丁堡外拜占庭军队的希腊火,也不是732年图尔的查理·马特的骑士,而是巴格达的建立。随着阿拔斯哈里发的确立,有组织的、花费巨大的、缓慢运行的管理模式,取代了贝督因军队可怕的移动。在新的平民世界,士兵就如同14世纪西方的贵族那样不合时宜。早期阿拉伯人最初靠圣战强行与外部世界建立的血淋淋的关系,现在让位于以波斯古代帝国外交礼仪为样板的谨慎细致的外交关系。在哈里发的宫廷,如同在万王之王梦幻般的仪式中一样,世界就如同时钟一样围绕巴格达运转。就在查理曼于800年被加冕为西部罗马皇帝之前,他接受了哈伦·拉希德赠送的披风和叫阿布·阿巴兹的宠物象。法兰克君主对此一无所知。但是哈里发只是重复库斯罗一世阿诺斯万历史悠久的姿态,在盛大的春天节日里,这位万王之王会慷慨给予动物礼物并解开衣服穿在下等的仆人身上。

在西方的想象中,伊斯兰帝国是东方强国的典范。伊斯兰并不把这种至关重要的东方化归因于穆罕默德,也不归因于7世纪适应性强的征服者,而是归因于8世纪和9世纪东方波斯传统的大量复活。

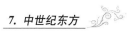

 **本章问题**

1. 在哪些方面伊斯兰文明反映了与中世纪欧洲和拜占庭具有相同的希腊罗马背景但却构建了与两者截然不同的文明?

2. 本章的材料如何能被用来支持这样的论点?即7至8世纪间,"文明的中心"处于非欧洲民族中间。

3. 拜占庭的什么特征有助于解释它的力量和长久生命力?

8. 中世纪盛期：11至12世纪

在11至12世纪，西欧重新充满活力。人口开始增长并一直延续到13世纪。随之而来的是内部的开拓，包括不断清理和耕种土地，也出现了外部开拓，欧洲人定居在东方的新土地上，而且冒险发动十字军前往圣地。商业复活了，包括因重新夺回以前被伊斯兰和拜占庭统治的部分地中海地区而促进的长距离贸易。城镇开始成长，随着城镇团体获得权力和声望，相应开始了社会和政治变革。在天主教会内部，开始着手进行改革，包括克吕尼修道院发动的改革。教皇越来越自信，宣称自己拥有更大的权力，并挑战君主的权威。通过各种方式，出现了广泛的文化复兴，也许最明显的例子是新教育机构的建立，这些机构后来在13世纪早期发展成了大学。通过这样或那样的发展，一个更加稳定的文明形成了，我们可以将其视为欧洲文明。

本章的材料主要集中于12至13世纪的三个方面。第一个方面为许多历史学家视为当时最中心的问题：教会和国家的关系如何？这一问题明显表现为主教叙任权之争，尤其是教皇格里高利七世和亨利四世皇帝的斗争，但是这一冲突更加广泛，总体上成为中世纪盛期的标志。第二个方面是更广泛、意义更加深远的发展，即商业和工业的发展。这些文献说明了城市复兴、欧洲贸易的增长以及新的远距离贸易。这些文献也阐明了深深卷入其中的个人类型——商人阶层的成长。第三个方面是这一时期生活的社会和心理特征，历史学家们最近对这一课题特别感兴趣。农奴制经历了什么？如何看待它？不同的社会阶层如何相互联系？如何看待妇女？个人的心理生活在哪些方面与中世纪的物质和社会环境相关？

从这些材料中人们可以感受到中世纪盛期这两个世纪的活力。在下一章我们将考察十字军，它同样反映了拓展的活力。

原始材料

教皇格里高利七世：通信集——世俗和宗教权威

在整个中世纪，世俗和宗教权威的界限通常是模糊不清的。在11世纪，尤其是在格里高利七世任职期间(1073—1085年),教皇的地位和权力都在增长。格里高利七世在他的任职中引入了改革精神,很快就与神圣罗马帝国皇帝亨利四世发生了冲突,冲突的焦点是后者有权任命教会的高级职位,并可以控制与教会机构有关的财产和收入。这场冲突直到12世纪才得到解决,在继后的世纪里教会和国家之间继续着类似的冲突。下面一系列的教皇主张出自格里高利七世的信件(1075年),其中指出了这一时期教皇自身所主张的权力。

思考:教皇在哪些事情上主张自己的权力,而且针对的是谁;这些权力在哪些方面已经威胁到世俗君主的权力。

材料来源:James Harvey Robison, ed., *Readings in European History*, vol. 1 (Boston: Ginn, 1904), p. 274.

罗马教会是由上帝一人所建。

只有罗马教皇才能被称为普世主教。

唯有教皇才能任免主教。

在宗教会议上他的使节无论级别高低均高于所有主教,并能够对反对他们的人实行判决。

只有他可以使用帝国的纹章。

所有的君主都应当亲吻教皇的脚。

他的称号是世界上唯一的。

他可以废黜皇帝。

没有他的同意任何宗教会议都不能被称为全体会议。

没有他的授权任何宪章和书籍都不能被称为圣典。

任何人都不能撤销他做出的判决;只有他自己可以撤销。

没有人可以审判教皇。

谁也不能谴责向教皇申诉的人。

圣经可以见证,罗马教皇没有犯过错误,而且永远不会犯错误。

与罗马教会不和的人不能被视为天主教徒。

教皇有权结束臣民对罪恶统治者的效忠宣誓。

达拉谟的雷吉纳德:圣戈德里克传——商人冒险家

11至12世纪贸易和卷入商业的人口数量开始增加,这不但发生在地中海地区,而且同样发生在北欧。在某些情况下,有些人能够白手起家,经过几年而积攒起大量财富。下面选自《圣戈德里克传》的片段对此进行了描绘。戈德里克生活在12世纪,他通过前往耶路撒冷朝圣并将财富捐献给教会而结束了自己的商人生涯。撰写他的传记的是他的朋友和门徒达拉谟的雷吉纳德僧侣。

思考:如何用该文献来说明资本主义要素的出现要追溯到12世纪;关于中世纪时期潜在的社会流动,该文献说明了什么。

他选择不追随农夫的生活,而要研究、学习和锻炼有更敏锐见解的基础知识。因此,由于一心渴望商人的贸易,他开始追随行商的生活,首先学习如何讨价还价和获得低廉的物品;此后,尽管还很年轻,他在买卖方面大有长进,开始从贵重物品中赚钱。开始的时候,他习惯于带着很少的商品在邻近的村落和农庄叫卖,但是随着时间流逝,他逐渐通过签约使自己与城市商人联系在一起。因此,这位曾经走街串巷、艰难跋涉的年轻人,用了不长的时间,便开始随年龄和智慧的增长而赚取利润,与自己同龄的同伴一起旅行到城镇和自治市、城寨和城市、市集和市场的各种摊位,公开讨价还价……。起初,他在林肯郡作为行商生活了4年,携带着最少量的商品徒步叫卖,然后他旅行到国外,首先到了苏格兰的圣安德鲁,接着首次到了罗马。在返回的时候,与一些热心于买卖的年轻人成为熟悉的朋友,他开始进行更大胆的行程,经常通过海路前往周围国家。他经常来来往往于苏格兰和不列颠,交易各种不同的商品,在这些活动中他学到了很多世俗的智慧……因为他不仅是一位商人而且是一位船员……前往丹麦、法兰德斯和苏格兰,在这些土地上他发现某些稀有也更贵重的商品,他把这些商品运到那些对此根本不了解,而居民会不惜代价渴望得到的地方。因此他用这些物品交换那些其他地方的人渴望得到的商品,这样他可以随意地、专心地讨价还价。在所有这些交易中他获得了巨大的利润。通过汗水积攒了大量财富,因为他用低廉的价钱从一个地方获得商品而在另一个地方以高价卖出。

此后他与某些贸易伙伴一起购买了一艘商船的一半,又谨慎购买了另一艘船的四分之一。最后,依靠他超越所有同伴的航海技巧而升为舵手……现在他已经当了16年商人,为了表示对上帝的尊崇和敬意,开始考虑把自己辛苦获得的商品用在慈善上。因此他接受了十字架而成为朝圣耶路撒冷的香客。在拜访了圣墓以后,便借道(康布斯提拉的)圣詹姆斯而返回英格兰。

安德鲁·卡佩拉努斯:典雅爱情的艺术

在撰写中世纪盛期社会生活的著作时,历史学家们总是遇到一个严重的问题,因为读书识字并不普及而且没有留下什么关于社会生活的文献。关于两性活动以及社会精英对待农民的态度就是这样。历史学家被迫利用并非直接与题目相关的文献,下面选自安德鲁·卡佩拉努斯《典雅爱情的艺术》(1185年)中的片段就是一例。如果知道作者是特鲁瓦的法国玛丽宫廷的一位牧师,人们也许会大吃一惊。他以贵族的观点并迎合这种观点而作。在这一片段中安德鲁·卡佩拉努斯评论了农民的爱。

 思考:这份文献中有关贵族对农民态度的证据;关于中世纪的两性态度和活动,这份文献提供了什么信息;关于中世纪牧师的功能,这份文献指出了什么。

材料来源:Andreas Capellanus, *The Art of Courtly Love*, trans. John Jay Parry (New York: Columbia University Press, 1941), pp. 149 – 150.

第11章 农民的爱

我们已经讲述了关于中产阶级的爱,但是唯恐你们认为这种爱也适用于农夫,我还要对后者的爱说几句。我们确实发现农夫也在爱的宫廷里服务,但是他们自然像骡马一样,顺从维纳斯的工作,本能驱使着他们去做事。对一个农夫来说,艰苦的劳作以及耕犁和锄头的安慰已经足够了。即使有时违背他们的天性,罕见地因丘比特之箭而激动,那么让他们接受爱的理论的教育也是不得当的,免得他们投身于违背他们天性的行为,而通常靠他们的耕种才能结出果实的亲爱的农场反而因缺乏耕作而变得对我们没用。如果你碰巧爱上了某些农妇,当心不要因为过分赞美而使她们膨胀,如果你找到方便的地点,就不要犹豫,拿走你要的东西,强行拥抱她们。因为你几乎不可能让她们外表的呆板变得柔软,从而让你得到她们轻轻的拥抱,或者允许你得到你所渴望的安慰,除非你最初用点强力,适当地治愈她们的羞怯。然而,我们说这些事情并不是想劝你爱上这些女人,目的仅仅是,如果你不小心受驱使爱上了她们,通过这个简短的指南你会知道怎样做。

格拉蒂安:教令集:中世纪妇女——并非以上帝的形象

在中世纪教会的眼里,妇女的地位是一个问题。一方面,妇女在理论上与男子在精神上平等:她们的灵魂与男子具有同等价值。另一方面,认为女子在各个方面都劣于男子。无论在态度还是实践中,认为女人从属于男人的后一种观点都占据统治地位。下面选自教令集的片段强调了这种观点,该教令集是教会法令系统化的产物,是由意大利北部的法学家格拉蒂安于1140年编纂的。

思考:这一文献所揭示的女性形象;格拉蒂安如何为这一关于妇女地位的观点辩护;这种态度可能的结果。

材料来源:Excerpts form *Not in God's Image* by Julia O'Faolain and Lauro Martines. Copyright 1973 by Julia O'Faolain and Lauro Martines. Reprinted by permission of Harper & Row, Publishers, Inc.

妇女应当从属于男人。人类的自然秩序是妇女应当服侍男人、孩子和她们的父母,因为小的应该服侍大的。

上帝是男人的形象,而且是唯一的。妇女来自男人,男人拥有上帝的管辖权,就如同他是上帝的代理人,因为他拥有上帝唯一的形象。所以妇女并不是按照上帝的形象创造的。

女性的权威为零,让她在所有事情上都服从男人的统治……她不能教导,不能作证,不能做出保证,不能坐下来进行审判。

是夏娃欺骗了亚当,而不是亚当欺骗了夏娃。妇女引导他误入歧途,他应当将她置于自己的指导之下,从而使他不致因女性的轻率而再次犯错。(《教会法大全》)

图像材料

奥托三世的福音书:教会和国家

图8.1是奥托三世福音书(1000年)插图手稿的一页,纪念神圣罗马帝国皇帝奥托三世

图8.1 奥托三世福音书插图手稿

接受帝国如下四个地区的效忠：斯卡拉维尼亚、日耳曼尼亚、高卢和罗马。在奥托的左右是两位贵族，在右边是两位牧师成员。头戴王冠、端坐在华盖下宝座上的奥托，左手拿着雕刻着十字架的圆形物体，右手拿着权杖，两者都象征他的绝对权威。他穿着宽松长袍，这可以追溯到罗马帝国的服饰。在风格和仪式安排上，这幅画类似拜占庭的样式。

这幅图片举例说明了神圣罗马皇帝们努力将教会和国家的权威统一在自身和职位中。奥托被描绘得高于帝国的各个部分，高于封建贵族和教会权威，他自己是罗马权威和神授国王的合法继承人。奥里亚克的博伯特的信件支持了这一点："罗马帝国是我们的，我们的，意大利富产水果，洛林和德国人口众多，它们都提供资源，甚至斯拉夫人的强大王国也不缺少我们。我们罗马的奥古斯都皇帝是你，恺撒，你有最尊贵的希腊血统（奥托的母亲是拜占庭公主），你的帝国超越希腊，你用世袭的权力统治罗马人，无论在才能还是口才方面你都卓越超群。"

 思考：这幅插图手稿在哪些方面暗示了世俗统治者与教会争夺权力。

贝叶挂毯

这幅挂毯（图8.2）于1077年悬挂在法国北部贝叶的教堂里，设计这幅挂毯是用来说明诺曼公爵征服者威廉入侵英国的合法性，并庆祝他在1066年的哈斯丁战役中打败哈罗德国王率领的英国军队。

上面的那一面是从威廉的角度表现入侵的原因。左边坐着威廉，他肩上的宝剑象征他作为诺曼底公爵的权力。另一个人是哈罗德，显然是英国王位的继承人，在1063年被俘获后，发誓效忠威廉作为赎金获释的一部分。为保证那一誓言，挂毯表现哈罗德把手放在装有圣物的圣坛上。哈罗德破坏誓言于1066年登上英国王位后，威廉"正义地"入侵英国得到了教皇的赞同。在右边，诺曼人乘船越过海峡。

图8.2 贝叶挂毯

下面的那一面,左边数第三个在盾牌后面的人是哈罗德,他受了伤,一支箭射进他的眼睛里。一位骑马的诺曼骑兵用剑结果了毫无抵抗力的哈罗德。挂毯上的题词宣告:"哈罗德国王被杀身亡。"在挂毯的下部边缘躺着一些在长达一天的战斗中死去的人。两个月以后,威廉登基成为新国王。

思考:这些图画如何向观看的人证明威廉获得英国王位的合法性。

中世纪的拓展

第一幅地图 8.3 描绘的是法国东北部的一个地方区域。它表现的是 12 世纪及以后未经规划的移居地的发展。总体而言,12 世纪以前的移居地沿着旧的罗马道路和水道,比较新的移居地则往往在不怎么称心如意的地方,需要花大力气清理和开垦。地图 8.4 表现 9 至 12 世纪德国黑森林移居地的发展,事实上,大多数移居地都是在 11 至 12 世纪发展的。然而在这个例子中,移居地大都是有由扎林根伯爵们和他们控制的修道院,尤其是圣彼得和圣乔治修道院规划和实施的。到 12 世纪上半叶末,扎林根人已经建立了具有战略地位的弗莱堡、菲林根和奥芬堡城镇,这些城市使他们可以控制整个地区。第三幅地图 8.5 与上图类似,这里描绘的是法国国王们在 12 世纪沿着巴黎和奥尔良之间的道路而建立的一系

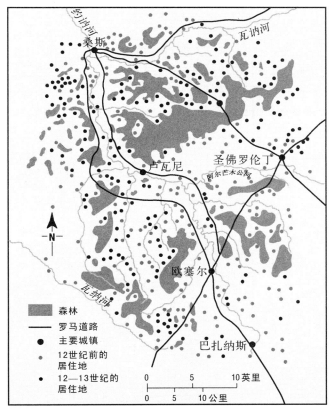

图 8.3 未规划的居住地(法国)

列城镇,国王们渴望实现对该地区的控制。地图 8.6 把前三幅地图提供的信息放到 12 世纪欧洲的背景中。所有这四幅地图共同说明了欧洲在 11 至 12 世纪的内部拓展,这种拓

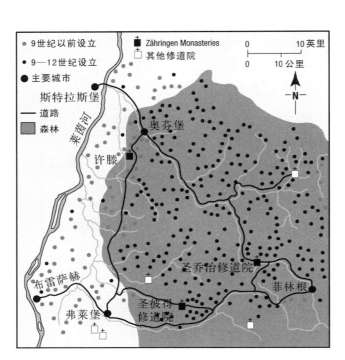

图 8.4　规划的居住地(德国)　　　　　图 8.5　战略性居住地

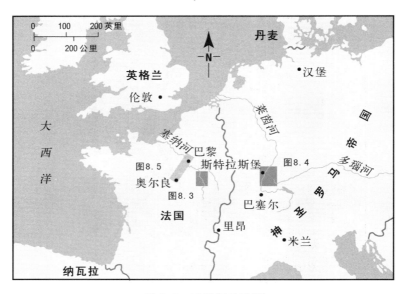

图 8.6　12 世纪的欧洲

展如何与地理和商业因素相关联,以及政治动机如何影响了拓展的方式。最后一幅地图(地图 8.7)表现的是同一时期欧洲和基督教的外部拓展。进行拓展的是新发展的拜占庭帝国、现已基督教化的维京人(诺曼人)、带有宗教氛围的国内(重新征服西班牙)和国际(前往圣地的十字军)军事努力以及意大利和北德城市和国家政治和商业的联合扩张。

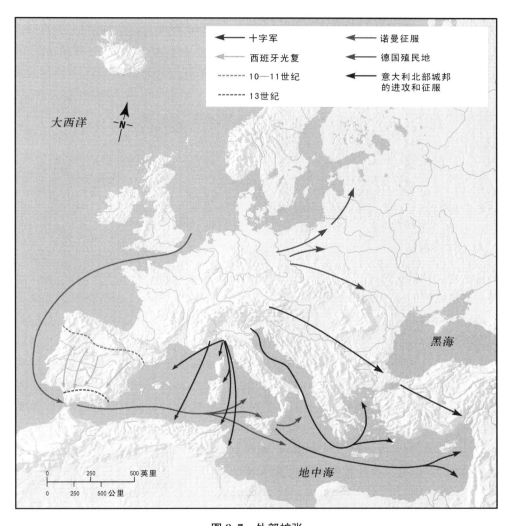

图 8.7 外部扩张

外部和内部的拓展相互补充,证明了中世纪盛期全面的活力,以及人口增长、商业活动、政治稳定和军事自信之间的关联。

思考: 地图在哪些方面揭示了文明的拓展以及拓展如何发生的;当把这些地图与第 6 章的地图进行比较,能看出早期中世纪和中世纪盛期有怎样的不同。

二手材料

雅克·勒·高夫：中世纪的价值观

中世纪世界弥漫着某些价值观，它们影响着人们如何去思考这个世界以及如何在社会中行事。在此进行总结是非常困难的，而且在分析价值观时学者们经常难以将自己的价值观放在一边。在下面的选段中，法国著名的中世纪史家雅克·勒·高夫分析了中世纪人思考、行动和生活所依据的基本价值观。在此他重点关注他们的社会和政治考虑，尤其是等级、权威、反抗和自由。

思考：确切地说，中世纪的价值观是什么，它们如何共同适应；对中世纪人而言，"正义"意味着什么；一个人的社会地位如何与这些价值观相关联。

材料来源：Le Goff & Cochrane, *Medieval Callings*, pp. 33 – 35, ed. by Jaques Le Goff, trans. by Lydia Cochrane. 1990 University of Chicago Press. Reprinted by permission of the publisher.

……中世纪的人依据某些基本的价值观而思考、行动和生活……

等级制度：中世纪人的职责是永远待在上帝把他安置的地方。在社会中上升是自豪的标志，下降则是羞耻的罪恶。上帝规定的社会组织要得到尊重，而它基于等级制度的原则。世俗社会以天上的社会为样板，要再现天使和大天使的等级……

权威和多种权威：在社会和政治层面上，中世纪的人必须服从他的上级，如果他是教士就要服从高级教士，如果他是个俗人就要服从国王、领主、城市长老和团体的领导。在思想和心理层面，他要对各种权威表示忠诚，其中首要的是圣经，要通过历史上的基督教所强加的权威来遵守：古代后期的教父、13世纪及以后大学时代的大学教师（magistir）。从古典时代承继而来的抽象和至高的价值强加于他，体现在大量不同的"权威"中。无论在思想上还是社会上，要求中世纪人的最大美德就是服从，这得到宗教的维护。

反抗：然而，大量（公元1000年后以及13世纪后越来越多）的中世纪人拒绝承认上层等级和权威的不可挑战。在很长时间里，斗争和反抗的主要形式都是宗教性的，即异端。在封建社会的框架内，当领主滥用权力或忽略自己的职责时，斗争采取了附庸反抗领主的方式。在大学的环境下斗争是思想性的。社会反抗最后遍及城市和乡村，采取了罢工、骚乱和工人农民造反的方式。反抗最典型的时期是14世纪，从英格兰和法兰德斯到托斯卡纳和罗马，都有反抗。如果有必要，中世纪人已经知道如何成为一名反抗者。

自由和多种自由：自由是中世纪人历史悠久的价值观之一。主要的反抗都是它激发的。自相矛盾的是，是教会发出了自由的信号，因为在教会自由（Libertas Ecclesiae）的旗帜下，以教皇为首的教会要求从因封建化而压制它独立的世俗界中摆脱出来。从11世纪中期起,自由成为自格里高利一世开始的大改革运动的密码。

后来,意识到自己的力量而且渴望扫清自1000年开始达到极致的各种障碍,农民和新的城市居民要求并获得了自由,或者说在更多情况下获得了多种自由。农奴的解放对应着给城镇居民发放特许状或者给他们自由。这些是超越一切的自由(复数)——是真正特许的自由。

玛格丽特·韦德·拉巴吉:中世纪妇女的模式——社会地位

性别本身大大影响了中世纪妇女的生活,但是也有与性别相互作用的某些其他因素影响着中世纪妇女所过的生活。下面的片段选自《轻轻的喇叭声:中世纪生活中的妇女》,其中玛格丽特·韦德·拉巴吉分析了社会地位对中世纪妇女的重要性。

思考:上层和下层妇女之间的区别;社会地位如何与性别差别相互作用;本章的一手材料如何支持拉巴吉的分析。

材料来源:*A Small Sound of the Trumpet* by Margaret Wade Labarge. Copyright 1986 by Margaret wade Labarge. Reprinted by Permission of Beacon Press.

对中世纪妇女而言,社会地位甚至比身体遗传更加重要,因为它规定了她如何被人看待、她嫁给何人或者她要过怎样的宗教生活。地位由出身所决定,因为中世纪思想家确信皇家和贵族的血液确实不同于跳动在中产阶级和农民血管里的东西,而且它不应当与底层人的血液相混合。对此的深信不疑可以解释寡妇和受监护人为什么当领主把她们的婚姻和采邑出售给低于自己的人时会暴怒,而且也可以解释她们为什么愿意付出大笔费用来避免这样的侮辱。但是妇女享有家庭和丈夫的地位,不管后者的社会地位是高是低,只是妇女要比她的丈夫地位略低,因为丈夫是他的主人。然而,这种地位底下仅仅限于对她的丈夫,其他地位低下的人必须对她的高等地位表示尊敬,因为实际的行为主要基于等级所严格要求的顺从。

特权地位的意识保护了上层的妇女,但也加强了那些底层人的劣势。礼貌是贵族的美德,人们认为没有必要对穷城市妇女如此,更明显的是,没有必要对农村妇女如此,因为低下的等级使她们不在考虑之列。大多数男人认为对这些下贱的人实施暴力甚至强奸确实不应该多加考虑,而应该忽略。下列事实又进一步鼓励了这种态度,即在男女两性中,脾气暴躁和暴力都是司空见惯的。另外,法律认可所有阶层的男人都有权殴打自己的妻子,只要他们不杀害或严重伤害她们。这似乎是男人经常行使的权利,因为许多告诫性的故事警告妇女学乖一点,低声下气,不要惹丈夫发火,免得挨打、被永久毁容或出现更糟糕的事情。女人似乎会因言语而变聪明,有时则因挨打而变聪明。

阿伦·加·古列维奇:商人

11至12世纪城镇开始兴起,这标志着西方文明中的新动力。城镇兴起的原因之一是商业的复兴。其中中世纪商人发挥了核心作用,但是商人在诸多方面都对中世纪社会至关重要。在下面的选段中古列维奇分析了中世纪商人发挥的作用以及大商人的类型。

思考:商人支撑中世纪社会的方式;商人和其他人在社会和心理方面的区别;有关圣戈德里克的文献是否支持这一解释。

材料来源: Aron Ja. Gurevich, "The Merchant," in *Medieval Callings*, pp. 281 – 282, ed. by Jaques le Goff, trans. by Lydia Cochrane. 1990 University of Chicago Press. Reprinted by permission of the publisher.

在中世纪社会商人的地位是非常矛盾的。通过借钱给贵族和君主(他们的破产或拒绝归还往往造成大银行的倒闭)、通过获得土地财产、与骑士家庭缔结姻缘以及通过追求贵族的封号和顶饰,商人贵族深深扎根于封建社会之中,以至成为后者不可或缺的基础成分。手工业、商业、城市和财政都成为充分发展的封建社会的有机部分。然而同时,钱币正侵蚀着贵族支配地位——土地和战争——的基础,造成工匠和农民的贫穷,因为商人经营的大买卖雇佣了工资劳动者。当中世纪后期钱币成为强有力的社会力量时,大规模的国际商业和获利精神,推动商人成为新的经济和社会秩序——资本主义——的先驱。

尽管大商人付出所有努力使自己"扎根于"封建社会结构中并使自己适应它,但无论在心理还是社会上都是与封建贵族完全不同的类型。他是一名利润的骑士,不是在战场上拿生命冒险,而是在自己的办公室或商店里、在商人的船上或在自己的银行里。他主张用仔细计算和因果式的思考来对抗贵族好战的美德和易冲动的情感,他用理性来对抗非理性。在商人的背景下,一种新的宗教情感详细表现在一种大杂烩中,一方面是信仰上帝和恐惧来世谴责,另一方面则是商人对有望免于谴责和得到补偿的"善功"的看法,他们把"善功"表述为物质繁荣。

R·W·骚泽恩:中世纪的形成——农奴制度

在大多数人看来,农奴制度是中世纪最重要的生活条件。有时观察者会将中世纪和农民的乡村生活浪漫化。但是在下面的片段中,牛津大学的骚泽恩、备受赞扬的《中世纪的形成》的作者对大多数历史学家的观点进行了反省,认为农奴制度是以奴役为特征的环境,当时的人承认,农奴缺乏自由是有害的和可耻的。这个片段反映了从内部来看待中世纪,也就是以当时人的观点看待中世纪的好处。

思考:骚泽恩提出的支持他观点的证据;这一解释如何与选自《典雅爱情的艺术》中讨论爱情和农民的片段相吻合;缓解农奴制度消极面的条件。

材料来源: Southern, *The Making of the Middle Ages* (New Haven, CT: Yale University Press, 1953), pp. 106 – 107.

在差不多所有人看来,农奴制度绝对是个可耻的东西,而且人们可以找到清晰的词汇来描述那一状况的屈辱。律师们经常指称农奴的家庭为一窝,而诗人们喜欢通过描述典型农奴的身体残疾来演示自己的聪明。尽管恶语不能伤人筋骨,但是他们无法忍受这些,而且随着时间流逝越来越困难。不管神学家们如何把普遍的看法翻过来,人们都知道奴役的束缚不同于自由的光荣——或者换个吉拉尔德斯·坎布伦西斯更具表现力的词汇:"自由的欢悦"(hilaritas libertais);他写道:"没有什么比自由轻松更能激动人的心灵和刺激人们高尚的行为,没有什么比奴役的压迫更能遏制和约束他们。"如果我们仅仅考察农奴制度的实际效果,注意到财富多寡的界限和人身地位的界限多么不匹配,如果我们反思自由行动有许多障碍,就连最强大的人在诸如婚姻和财产遗赠等细致问题上都要受它们的支配,那么,人们对自由有如此强烈的自豪感,对农奴制度有如此普遍的蔑视,是非常令人惊讶的事情,然而事实就是如此。无论社会的等级原则如何迫使人们进入社会各个阶层的关系之中,其中权利和约束复杂地混合在一起,但人们从没有忘记区分自由和奴役的古老的界限。

马克·布洛赫:封建社会——中世纪人的心理世界

全面描绘中世纪要求具体地感受当时的人如何经历每天的生活。但是对历史学家来说,最困难的任务也许是理解和传达遥远的过去之人的情感和态度。尽管最近历史学家们对这方面的学术研究越来越感兴趣,但几乎没人尝试以"科学"和严格的方式从事这项工作。在这个方面做出开拓性努力的是法国中世纪史学家马克·布洛赫。在下面的选段中,布洛赫把中世纪的物质和社会环境与当时居民的心理世界联系起来。

 思考:布洛赫认为封建时代的特征是情感不稳定,有什么证据支持这一观点;如何比较他的分析与骚泽恩和皮雷纳的分析。

材料来源:Reprinted from *Feudal Society* by Marc Bloch, trans. L. A. Manyon, University of Chicago Press, 1961, pp. 72 – 73. Reprinted by permission of the University of Chicago Press. Copyright 1961.

封建时代这两个阶段的人们是很贴近自然的——远比我们要贴近,与今天相比,他们所了解的自然界并不那么温顺和柔和。在当时的乡村景象中,荒地占其中的大部分,难觅人类活动的踪迹。今天仅仅出没在我们童话故事中的野兽——熊、尤其是狼——潜行于四处的荒野,甚至出现在耕地里。这种情况很严重,所以为了日常安全狩猎活动不可或缺,而狩猎同样也是补充食物供应的手段。人们仍然像人类最初的阶段一样采取野果、收集蜂蜜。在制造工具和器械方面,仍然以木头为主。由于照明条件恶劣,晚上比较黑暗,甚至在城堡的生活区内也是异常寒冷。简而言之,整个社会生活背后的环境是原始状态,对各种无法控制的力量的屈从以及反衬出的无变化的自然。我们无法衡量这样的环境能够对人们的思想产生怎样的影响,但它肯定能使人变得粗野⋯⋯

在封建时代的欧洲,婴儿的死亡率无疑是非常高的,这使人们对司空见惯的丧亲之痛麻木不仁。至于成年人的寿命,即使排除了战争的危害也通常是很短的⋯⋯

在众多的天亡者中,大批人死于大型流行病,流行病经常袭击无力抵抗它们的人类,导致穷人死亡的另一原因是饥荒。这些灾难除了增加不断发生的暴力行为外,还使生活永远处于不安全之中。这也许是封建时代人们情感极其不稳定的主要原因。卫生水平低下无疑也促使了这种神经敏感症……

最后，人们对据信是超自然的现象异常敏感，我们千万不要忽视这方面的影响。它使人们经常近乎病态地关注各种征兆、梦境或幻觉。这一特点在修道团体中尤其明显，在他们那里，肉体禁欲和自然本能压抑所产生的影响，与职业上关注不可见世界各种问题的心态所产生的影响合流到一起。任何心理分析学家都没有10至11世纪的僧侣们更热心地考察梦境。但是俗人也分享一种文明的情感状态，在这种文明中，道德和社会传统并未要求有教养的人压抑自己的泪水和欢乐。绝望、暴怒、冲动行为和情感突变给历史学家带来了极大的困难，而历史学家们本能地倾向于根据理性来重塑过去。但是在所有历史中非理性都是一个重要的因素，只有虚假的羞耻心才让人们默然忽视他对封建时代欧洲政治事件进程的影响。

本章问题

1. 人们长期认为，500年到1500年的中世纪构成了一个毫无变化的时代，与前面的希腊罗马文明以及继后的文艺复兴相比，没有什么贡献。本章提供的材料在哪些方面不支持这种解释？

2. 11至12世纪的发展在哪些方面给教会带来了问题或带来了好处？对君主呢？

3. 有什么可供不同阶层或生活状态的人们——农民、商人、教会官员和国王——选择来改变自己的生活？

9. 中世纪盛期：十字军和东方

中世纪盛期的部分活力表现在十字军中。这些十字军由教会发动，目的是阻止土耳其人向拜占庭帝国推进，并发动针对伊斯兰的圣战，恢复基督教对以前基督徒土地的控制。最早的十字军东征也是最成功的，使基督教军队长期重新征服了西班牙，而且确立了基督徒在12世纪大部分时间里对圣地的控制。十字军东征加强了与罗马世界的其他两个继承者伊斯兰和拜占庭的联系。此时拜占庭开始了长期的衰落，一直到1453年君士坦丁堡陷落，衰落达到顶点。伊斯兰已经并非往昔统一的力量，但是它仍然是拥有大量资源的可怕的对手。

本章的材料强调三个主题：十字军、以十字军东征为契机这三个文明之间的互动以及拜占庭的重要性。首先，教皇如何为十字军辩护？如何把这种辩护与促使欧洲加入这些十字军的其他因素进行比较？关于这一时期中世纪的社会和制度，十字军揭示出什么？其次，拜占庭人对十字军和欧洲人有什么反应？穆斯林如何看待西欧人和他们的习俗？欧洲人与拜占庭人和穆斯林如何联系？十字军对这三种文明保持势力平衡具有什么意义？最后，拜占庭某些最重要的成就是什么？君士坦丁堡的最后陷落有什么影响？

对这些材料进行考察可以丰富我们对中世纪盛期的认识。我们在这里和前一章所强调的某些发展，将在13世纪结出硕果，这一点我们会在下一章看到。

原始材料

教皇乌尔班二世：十字军的开始

11世纪发动的一系列十字军东征使西方与拜占庭和伊斯兰有了更加密切的联系。这些十字军表现了中世纪盛期西方的扩张性以及教皇力量的增长和激进主义。第一次十字军东征是1095年由教皇乌尔班二世发动的，以回应拜占庭皇帝亚力克修斯·康尼努斯的求援。在克莱芒宗教会议上，乌尔班发出了如下的呼吁，僧侣罗伯特进行了记录。

思考：乌尔班如何为自己号召十字军进行辩护；乌尔班希望从这次十字军东征中获得什么；他向谁发出了这一呼吁。

材料来源：From James Harvey Robinson, ed., *Readings in European History*, vol. 1 (Boston: Ginn, 1904), pp. 314－317.

"从耶路撒冷地区和君士坦丁堡城传来痛苦的消息,而且这样的消息不绝于耳。消息说,一个来自波斯王国遭谴的民族,一个完全疏远上帝的民族,'其心地恶毒、精神上并不笃信上帝的一代'野蛮地入侵了基督徒的土地,到处劫掠和放火,使这些地区空无一人。他们把一部分俘虏带到自己的国家,把另一部分残忍折磨后杀掉。他们破坏了上帝的殿堂,或者改造它们举行自己的宗教仪式。他们用自己的不洁玷污了祭坛后将它们破坏……他们肢解了希腊人的王国,掠夺的领土范围之大,两个月都走不到头。"

"在所有国家中,上帝在武力、勇气、身体活力和力量方面尤其赋予你们无上的光荣,让那些抵抗你们的人低下头颅,因此,向这些罪行复仇和收复失地的任务如果不是压在你们头上,那会压在谁的头上呢?让你们先祖的事迹——查理曼国王和他的儿子路易以及其他君主的光荣和伟大,鼓励和刺激你们的心灵去成就勇敢的大业吧,他们摧毁了土耳其的王国,让神圣的教会控制了原属异教徒的土地。尤其让现在被肮脏的国家所占领的我主和救世主的圣墓,让现在被侮辱和被污秽所污染的圣地来激发你们吧。噢!最勇敢的战士、战无不胜的祖先的后代,不要堕落,唤回你们祖先的勇敢。

"但是如果你们因孩子、父母和妻子的爱而被羁绊,就请记住主在福音书里说的话:'爱父母过于爱我的,不配做我的门徒。''凡为我的名撇下房屋,或是弟兄姐妹、父亲、母亲、儿女、天地的,必得百倍补偿和永生。'不要让你的财产留住你,不要挂念你的家庭事物。因为你所居住的土地,四周皆被大海封锁,被高山包围,过于狭窄不能养活大量的人口。它在财产上并不富裕,而且食物也不能养活耕种者。这就造成你们相互谋杀和吞噬、发动战争,许多人在内部争斗中受难。

"因此让仇恨远离你们,停止争吵,让战争平息,让所有不和和争论都沉寂下来。走上通向圣墓之路,从罪恶民族手里夺取土地,把它归于你的名下。那块土地如圣经所言'流着奶和蜜',是上帝赐给以色列的子孙们掌管的。耶路撒冷是世界的中心,这块地方比任何地方都富裕多产,如同另一个快乐的天堂。这里因为人类救世主的到来而出名,因他的逗留而美丽,因他的受难而神圣,因他的死亡而获得救赎,因他的埋葬而获得光荣。

"然而,坐落在世界中心的这座皇家之城,现在被基督的敌人占领,而且被那些不知上帝的人用来进行异教崇拜。因此,她请求、渴望获得解放,不停地恳求你们向她伸出援手。她尤其寻求你们的帮助,因为我们已经说过,上帝已经赋予你们超过所有国家的光荣武功。因此,为了免除你们的罪恶,保证在天国里获得不朽光荣的报偿,赶紧踏上行程吧。"

奥拉赫的艾克哈德：十字军的动机

不同的材料证明了参加十字军的人群有各种不同的动机。下面是奥拉赫的艾克哈德的叙述,他是第一次十字军时代的人,也是德国著名的历史学家。

 思考:如何将这段叙述与乌尔班二世的叙述进行比较;这段叙述如何加强了第一次十字军的意义。

材料来源:James Harvey Robison, ed., *Readings in European History*, vol. 1 (Boston:Ginn, 1904), p. 318.

西法兰克人很容易被迫离开他们的土地,因为在这些年里,内战、饥荒和疾病可怕地光顾法国……在其他国家,普通百姓以及那些上层的人说,除了使徒的召唤外,他们也在某些场合为预言家召唤前往应许之地,这些人或是出现在他们中间,或是通过天上的征兆和启示。其他人坦言,他们是因为某些不幸而被诱使押上自己。大部分人出发时都带着妻子、孩子并满载着全部家当。

教皇尤金三世:十字军的诱惑

在继后的十字军中,教皇使用各种办法诱惑人们参加。下面的文献表明了教皇尤金三世在1146年许诺给十字军的好处。这样的好处也由其他教皇授予了其他十字军。

 思考:尤金预想中有效的诱惑;12世纪教皇拥有权威的证据。

材料来源:James Harvey Robison, ed., *Readings in European History*, vol. 1 (Boston:Ginn, 1904), pp. 337 - 338.

而且,以慈父般的关心为你们的安全和教会需要着想的我们,根据上帝授予我们的权威,承诺给予那些出于奉献之心决心开始并成就这一神圣和必要之大业的人以我们的前辈乌尔班教皇所给予的完全赦罪。我们也命令,他们的妻子、孩子和财产都将在神圣教会、我们、大主教、主教和上帝教会其他高级教士的保护之下。而且,我们根据使徒的权威命令,今后不能就他们在带上十字架时和平拥有的任何财产提出诉讼,直到他们归来或者确认他们死亡时为止。

带着纯洁之心踏上这一神圣征程的人,如果欠债则不用支付利息。如果他们或者代表他们的人为誓言或诺言所约束而支付利息,我们以使徒的权威解除他们的誓言。如果他们向亲戚或者向领取采邑的领主寻求帮助,而后者不能或不愿拿出钱财,我们允许他们向教堂、教会或其他基督徒自由抵押他们的土地和其他财产,而他们的主人得不到任何补偿。

遵循前辈的先例,根据上帝授予我们的万能上帝和使徒之首圣彼得的权威,我们答应赦免罪恶,以使那些虔诚地踏上并完成这一神圣征程的人,或亡于中途的人完全赦免他们以谦卑和悔悟之心承认的所有罪恶,并从给每人应得之物的上帝那里获得永恒生命的奖赏。

安娜·康尼努斯公主:亚力克修斯传——拜占庭人看待十字军

亚力克修斯一世康尼努斯是1081年至1118年拜占庭的皇帝,当他1095年向教皇乌尔班二世求教时,本指望得到一小队雇佣军。相反,他面对的是大规模的十字军部队,而且许多人并不是真正的士兵。他对十字军到来的反应反映出拜占庭人和欧洲人之间某些不信任和敌对性。下面的选段是安娜·康尼努斯的叙述,她是亚力克修斯的女儿和《亚力克修斯传》的作者,写于这些事件发生的50年后。

思考: 十字军认为自己是响应亚力克修斯求救的呼吁,为什么后者害怕十字军的到来呢;在拜占庭人眼里十字军的动机是什么。

材料来源: Anna Comnena, *The Alexiad of the Princess Anna Comnena*, trans. Elizabeth A. S. Dawes (London: Kegan Paul, Trench, Trubner, 1928), p. 248. Reprinted by Permission of Routledge & Kegan Paul Ltd.

就在他要进行短暂休息之前,听到报告说无数法兰克人的军队来到了。现在他害怕他们来到,因为他了解他们不可遏制的攻击的习惯,不稳定、好流动的特点以及法兰克人一直保留的天生的和随之而来的一些特点,他也了解他们一直爱慕钱财,他们也会因为任何突然出现的原因而轻易放弃休战。因为他总是听到人们这样说他们,并发现所说的都是实情。然而,他没有丧失勇气,而是在各方面做好准备,如果时机来临,他要准备战斗。确实,他们的实际情况比谣传的还要糟糕。因为整个西方以及居住在亚得里亚海远端到赫拉克勒斯之柱(今直布罗陀海峡一带)的所有蛮族部落都已整体迁徙,通过中间的欧洲向亚洲进发,并且在这次行程中带着全家老小。这次骚动的原因大致是这样的:有一个法兰克人名叫彼得,绰号库库彼得(Cucupeter,意为蒙头斗篷彼得)曾前往圣墓去朝圣,在正蹂躏亚洲的土耳其人和撒拉逊人手里遭受了很多痛苦,他历经艰难回到自己的国家。但是他对没有达到自己的目标非常生气,便想再一次踏上行程。然而,他意识到不能再一次只身一人前往圣墓,以免坏事降临到自己头上,所以他制订了一个狡猾的计划。这个计划是在所有拉丁国家里鼓吹"上帝的声音命令我向法国的所有伯爵宣布,他们应当离开自己的家园去礼拜圣墓。并用自己的手和脑全身心地努力把耶路撒冷从夏甲的后代手里解救出来。"他真的成功了。在用这样半神圣的命令激发了所有人的灵魂后,他设法一个个集合来自四面八方的法兰克人,他们都带着武器、马匹和其他战争用具。他们都那么狂热和急迫,以至每条大路上都挤满了人。随同这些法兰克士兵的是大量未带武器的人,他们像星星和沙粒那样多,肩上扛着棕榈叶和十字架。妇女和孩子们也离开祖国。看到他们就如同看到许多河流从四面八方奔流而来。他们正随同所有的军队穿过达西亚向我们而来。

这样的男男女女的骚动在人们的记忆中从来没有发生过,驱使头脑简单之人的,仅仅是真正渴望礼拜圣墓或者拜访圣地,但是如波赫蒙德之流头脑精明的人则有其他秘密的原因,也就是,希望在旅途中能通过各种手段获得金钱,并认为这是理所当然的。

欧萨马·伊布·马齐达:回忆录——欧洲人和穆斯林的互动

欧洲人和穆斯林之间有大量的互动,尤其是在圣地,欧洲人在那里暂时建立了封建

9. 中世纪盛期：十字军和东方

王国。这样的互动给我们提供了有关两个民族特性的有益的见解，下面选自一位叙利亚人于 11 世纪撰写的回忆录的片段就表明了这一点。他在这里评论了法兰克人的特征。

思考： 这份文献所揭示的穆斯林的习惯和价值观念；如何把这一对欧洲人的看法与亚力克修斯一世的看法进行比较；这位观察家认为在哪些方面穆斯林优越于法兰克人。

材料来源： Philip K. Hitti, ed. and trans., *An Arab-Syrian Gentleman and Warrior in the Period of the Crusades: Memoirs of Usāmah Ibn-Munqidh* (*Kitāb al-I'Tibār*) (New York: Columbia University Press, 1929), pp. 161, 164. Copyright 1977 by Philip K. Hitti.

他们缺乏见识。——造物主、一切创造者的工作是神秘的！当一个人要叙述法兰克人的事情时禁不住要赞美安拉（他是高贵的！）并圣化他，因为他看见他们就像动物一般，除了勇气和好斗外，没有其他美德；就像动物只有力气和负重的长处。下面我就举几个例子，说明他们的所作所为以及稀奇古怪的心理。

在国王富尔克，也就是富尔克的儿子的军队中，有一个受尊敬的法兰克骑士，他刚刚从自己的家乡来，为的是进行朝圣，然后返回家乡。他和我友谊深厚，与我保持长久的交往，并开始称呼我"我的兄弟"。维系我们的是互相友善和友好。当他决定通过海路返回家乡时，对我说：

我的兄弟，我要离开回到我的国家，我想要你让我带着你的儿子（我的儿子当时 14 岁，当时与我在一起）回到我们的国家，他在那里可以看到骑士，并学到智慧和骑士精神。当他返回时，就会像一个聪明人。

我听到的话从未在一个有见识的人的嘴里说出来过，因为就算是我的儿子做了俘虏，做俘虏要遭受的不幸也要好于被带到法兰克人的土地上。然而，我对那人说：

从心里说，这正合我意。但是有一件事让我无法这样做，他的祖母，也就是我的母亲非常喜欢他，这一次，她听到我发誓定会把他还给她后，才肯让他跟我出来。

于是他问道："你母亲还活着？"我回答说："是的。"他说："那么，不能不听她的话。"

另一个人想给一位穆斯林看还是个孩子的上帝——当木阴阿丁（al-amīr Mu'īn-al-dīn,）（愿安拉给他灵魂以仁慈！）在岩顶寺时，我看到一个法兰克人来到他身旁对他说："你想看还是个孩子的上帝吗？"木阴阿丁说，"想。"这位法兰克人走到我们前边，最后给我们看了一幅图画，上面是玛丽亚抱着还是婴儿的基督（愿和平赐予他！）。然后他说，"这就是还是孩子的上帝。"但是安拉远比异教徒所说的要高贵。

法兰克人在性的问题上缺乏妒忌——法兰克人全无热情和嫉妒心。一个人正与他的妻子一起散步。他遇到另外一个男人，后者抓起他妻子的手走到旁边与她交谈，而她的丈夫在一边站着等妻子结束谈话。如果在他看来妻子逗留时间过长，他就会走开，把她丢下来与交谈者单独在一起。

图像材料

冲突与文化交流

图 9.1　游戏规则手稿插图

十字军只是伊斯兰和西方基督教世界接触的一种类型。在欧洲的某些地区,如伊比利亚半岛和西西里,在大型十字军进攻近东之前、期间和之后的时期,有日常层面的大量互动。这种互动表现在 13 世纪后半叶卡斯提的阿尔芳索国王编纂的游戏规则手稿插图(图 9.1)中。它左边一名基督徒正与右边的一名穆斯林下象棋。这幅图画暗示了伊斯兰和西方基督教世界两个方面的接触——一方面是军事冲突,因为围棋是一种战争游戏,而这里的两名对手是穆斯林和基督徒;另一方面是和平接触,因为如同阿拉伯数字、希腊哲学家的著作和农业技术一样,游戏也传播到西方。

思考: 和平文化互动可能发生的方式;伊斯兰和西方基督教世界文化互动的其他证据。

二手材料

克里斯托弗·台尔曼:十字军东征的含义

十字军并非只是一种类型。人们出于各种原因"接受十字架"。许多人从没有战斗过或者开始过漫长的朝圣之路。正如克里斯托弗·台尔曼在下面的选段中所指出的,十字军实际上也不是一个一致的宗教团体。这里台尔曼评价了成为十字军战士或成为十字军一部分的各种含义。

思考: 一个人怎样成为十字军战士;教皇如何将"圣战"和"朝圣"结合在一起为十字军进行辩护;参加十字军的实际情况与十字军战士和十字军的"经典模式"有哪些方面不同。

材料来源: Christopher Tyerman, *England and the Crusades*, 1095 – 1588 (Chicago, The University of Chicago Press, 1988), pp. 2 – 3.

一位十字军战士,或者是佩戴着十字架的人是这样一些人,他们得到地区主教或者其他权威教士的赞同,发誓在圣地或其他地方与教会的敌人战斗。在公众认可和自己的誓言保证的情况下,个人要举行接受十字架的礼拜仪式。作为严肃约束自己的标志,十字军战士要在衣服上佩戴布十字架,通常是缝在肩膀上。一旦接受了十字架,十字军战士就如同朝圣者一样,不受各种世俗义务的约束,享受完全赦免所承认罪恶的精神权利。发展到12世纪,这最后形成了粗线条的标准仪式。实际情况通常是不清楚的。并非所有十字军战士都参加战斗,12世纪某些人甚至未曾承诺更不用说打算这样做,许多人或是因为突发事件或者是通过筹划,根本就没有踏上过行程。在被参加者和当代人认定是十字军的战斗中,尽管参加战斗的人大都是十字军战士,但实际上并非每个人都是。因此根据个人的动机、目标和行为,十字军呈现出不同的画面。

同样,作为宗教机构,十字军实际上也从不是单一的和铁板一块的。它是一种特定形式的战斗,根据情况由教皇证明其合法性或者个人意识到它的神圣性,而且最初由教皇乌尔班二世于1095年将它与到耶路撒冷朝圣联系起来。因此它是一种宗教修行。十字军有双重渊源,一是好战的世俗心态和早期中世纪武士贵族越来越虔诚,另一个是10至11世纪教会改革运动中出现的修道激进主义。正是教皇把圣战(如果以纯洁的心灵状态去从事,在上帝眼里是值得赞美的)和朝圣(专门设计的赎罪行为,使朝圣者被免去罪的惩罚,有更好的机会获得永恒生命)结合在一起,也是教皇后来最广泛和最独创性地使用了这一概念。然而,个人理解和官方控制之间的紧张关系从没有得到解决。在各种不同的宗教和世俗推动力以及无法调和的虔诚和社会名声的压力维持下,十字军机构通过13世纪教皇的政策和法律以及教会法学家的法典而提供了某些法律意义上的凝聚力。公共或官方的十字军遵循古典的战争模式,由明确的教皇法令所授权、由教皇的代理人员所招募、并按照教皇的规则而进行,与此并行存在未曾中断的是个人十字军,是由朝圣者个人或者团体所进行的旅程,他们佩戴十字架但不属于总体直接征召入伍的范围。

托马斯 F·麦登:十字军的意义

历史学家们就十字军的重要性长时期达不成共识,有些人特别强调第一次十字军的重要性,而其他人则从总体上低估十字军的重要性。在下面的选段中,托马斯 F·麦登对这一争论进行了评价,并集中探讨十字军的两个中心目标——征服耶路撒冷和保卫基督教东方——以确定它们在何种程度上取得了成功。

 思考: 为什么麦登总结说十字军获得了成功;有些人会怎样就麦登的结论进行争论。

材料来源: Thomas F. Madden, *A Concise History of the Crusades* (Lanham, MD: Rowman & Littlefield Pubs, 1999), pp. 213 – 215.

现代人很容易唾弃十字军在道德上邪恶、玩世不恭地犯罪、或者如伦茨曼所总结的,"不过是上帝名义下漫长的不宽容行为"。然而这样的评价告诉我们更多的是观察者而非所观察对象。它们基于独特的现代(因此也是西方的)价值观。如果以我们的角度,我们会急于谴责中世纪十字军,但是要注意他也会同样急于谴责我们。我们为了政治和社会意识形态而无限地发动更具毁灭性的战争,在他看来,这是可悲地浪费人的生命。在中世纪和现代这两个社会中,人们为了他们珍视的东西而战。这是人类本性的真实,不会发生多大的变化。今天人们普遍给十字军贴上失败的标签,甚至在追求最初目标方面也是如此。通常说耶路撒冷被征服了,但是十字军王国是短命的。仅仅在表面上看似乎如此,但事实并非如此。耶路撒冷掌握在十字军手里达88年之久,而且该王国在巴勒斯坦持续了192年。无论如何衡量人类的机构,这都是很长的时间。今天许多国家的历史更加短暂。十字军国家的建立并不是瞬间即逝的表演,而是在中东创建新的实体——它在差不多两个世纪里都是非常关键的。

十字军的其他目标是保卫基督教东方,许多人认为他们在这方面最戏剧性地失败了。十字军在相互理解方面贡献不多确是实情。1204年十字军攻击君士坦丁堡在天主教西方和东正教东方之间关上了铁门。这一事件所激起的仇恨如此强烈,甚至当拜占庭面临国家毁灭时,他们宁愿被土耳其征服也不愿与罗马教皇联合……

毫无疑问,十字军延缓了伊斯兰的扩张,至于延缓的程度则另当别论。十字军的国家在近东存在将近两个世纪当然动摇了穆斯林的力量并阻碍它结合成一个统一的伊斯兰国家。甚至失败或没有实现目标的十字军东征,也迫使穆斯林国家转移用于征服的资源来自卫,至少十字军给西欧某些喘息的时间。15和16世纪欧洲在许多时刻勉强避开了土耳其人的入侵,从这方面来判断,欧洲需要那些时间。

罗伯特·布朗宁:拜占庭帝国——失败、衰落和复兴

1453年君士坦丁堡陷落,给历史学家一个方便的日期来标示长久延续的拜占庭帝国的结束。然而到那一日期时,拜占庭帝国只不过是三个世纪前那个帝国的影子而已。在下面的选段中,罗伯特·布朗宁认为我们必须追溯到1024年解释拜占庭为什么会衰落。他继续分析那一时期之后拜占庭长期艰苦孱弱的存在总体上对西方世界的重要性。

 思考:为什么1204年拉丁人的入侵如此重要;为什么拜占庭帝国的长期存在对西方世界如此重要。

材料来源:Robert Browning, *The Byzantine Empire*, Rev. ed., pp. 255, 291. Washington D. C.: The Catholic University of America Press, 1992. Reprinted by permission.

如果有人问历史学家,为什么拜占庭帝国在经历了一千多年的活跃之后那么不光彩地衰落了,他一定会回答说原因不止一个。许多因素都在其中发挥作用,从航海船只的改进到中亚的气候变化,从土地所有主越来越独立到为了增加货币供应而货币贬值。如果说有致命的一击,那么那一击是在1204年,那时帝国的范围仍然从亚得里亚海延伸到叙利亚门户,而不是1453年,那时君士坦丁堡落入了庞大帝国,就像过于成熟的果子从树上掉下来。正是拉丁入侵造成的权力真空使巴尔干东正教的斯拉夫国家开创了自己的道路,摆脱了拜占庭势力范围,最

后使他们一个个落入了奥斯曼征服者手中。敌对和阴谋取代了牢固和传统的政治领导权,后者能够使拥有大量人力和大体共同文化的巴尔干世界组织有效的抵抗……

1204年十字军占领君士坦丁堡以及在拜占庭帝国废墟上拉丁统治的建立,使得拜占庭艺术、文学和思想繁荣的那些制度遭到破坏。提供庇护的皇帝和宫廷不复存在。教会仍然存在着,但是其财富大都掌握在西方手里,它的统治集团分散并贫穷化了。然而,许多修道院仍然提供进行艺术创作和抄写手稿的环境,但规模已经大大缩小了。有教养的大都市环境是12世纪诸多文学和艺术创作的原因和目的,但此时已经不复存在。许多成员作为流亡者逃到这个或那个还未被拉丁控制的地区,或者彻底退隐……

在教会和国家的官僚机构里,没有什么职位留给那些接受古典文学教育的人。帝国的工厂总体上崩溃了,它们的丝绸纺织、镶嵌细工师、金匠和其他手艺人都化为乌有,无法把持续几个世纪的技术传给下一代。

幸运的是,直到西方世界足够成熟并想要向他们学习时为止,拜占庭社会和文化一直存在。他们学习的不是死的原则或艺术肖像,而是一个社会活着的和不断发展的社会传统,或者承载着巨大的文化遗产,并没有因此而负担过重或因它而瘫痪。

 **本章问题**

1. 在欧洲内部或欧洲和竞争的文明之间,世俗和宗教权威为争取权力而进行斗争,在这些斗争中十字军发挥了怎样的作用?

2. 下列12世纪的人物会如何认识十字军东征:教皇、法兰克贵族、穆斯林学者和拜占庭君主?

3. 人们在哪些方面会认为十字军具有重要历史意义?

10. 中世纪盛期：13世纪

　　13世纪是中世纪盛期的顶点，在这个时期，前两个世纪已经出现的充满活力的趋势已经结出硕果。在教会内部，新的革新团体如方济各会和多明我会建立了，而教皇更加前所未有地主张权力。由于这些主张，教皇仍然同在某些地区尤其是英国和法国获得地位和权力的君主发生冲突。商业继续茁壮成长，但是此时商人、手工业者甚至城市已经组织了自己的机构，如行会和同盟，反映了它们不断增长的权力和持久性。中世纪文化在这个世纪达到了繁荣。某些在12世纪时就开始建造的宏大的哥特式教堂，在欧洲到处耸立。大学发展了，成为重要的学问中心以及成长中国家和教会官僚机构成员招募人员的场地。中世纪的经院哲学在思想上支配了这一时期，并在托马斯·阿奎那的著作中得到完美表述。

　　本章考察了13世纪宗教、政治、社会和文化趋向之间的某些联系。某些材料着重探讨教会、国家和社会理论上和实践上的关系。教皇如何为自己主张世俗权利进行辩解？教会如何回应不断成长的城市提出的挑战？教会如何控制自己的教士？后者在传统社会与所有阶层都有怎样的具体联系？随着古典法律和思想体系不断增大以及对其重新尊重，教会受到了怎样的影响？

　　这些材料也使君主、贵族和城镇——三个世俗权力的竞争者——的关系清晰起来。在欧洲不同地区中央权力的力量是如何变化的？君主、贵族和城镇如何为了权力和权威而相互竞争？在腓特烈二世治理下的神圣罗马帝国，君主、贵族和城镇之间的平衡是如何转移的？在有关同盟和行会等各种城市机构的材料中，我们可以看到刚刚获得权力的城市如何面对商业发展和城市成长？

　　最后，这些材料说明了反映在该时期文化和社会中的这些关系。构成社会正义的是什么？城市区域有什么犯罪和暴力的问题？在绘画艺术中如何反映了贵族的地位？如何重新尊重与中世纪宪政制度有关的古典法律？基督教思想家如何讲述古典异端思想和13世纪环境下的中世纪基督教原则？

　　这些材料描绘出一个繁荣文明的画面——达到顶峰的中世纪欧洲。在下个世纪欧洲进入了一个分裂和转型的时代——中世纪后期，对此我们将在下一章进行考察。

原始材料

教皇英诺森三世：教皇宣称至高无上

在主教叙任权论争中如此明显的政教冲突,到12世纪开始减弱但并未消失。教皇仍然宣称自己拥有巨大的权力,并试图固定某些主张。教皇权力的顶峰时期是英诺森三世任职期间(1198—1216年)。英诺森教皇相继与帝国、英国、法国和其他国家的统治者就政治和宗教问题发生了冲突。在下面的文告中,英诺森三世提出一种理论,适当划分教权和王权的权限。

思考：英诺森三世如何为教权的至高无上进行辩护；国王会如何回应这一主张。

材料来源：Brian Tierney, *The Crisis of Church and State*, 1050 - 1300 (Englewood Cliff, NA：Prentice-Hall Inc., 1964), p. 132. Copyright 1964. Reprinted by permission.

正如宇宙的创造者将两道亮光置于苍穹,较大的亮光负责白天,较小的负责黑夜。普世教会的苍穹也是如此,它被人们称为天,上帝给予它两大尊严,较大的负责人的灵魂,恰如负责白昼,较小的负责身体,恰如负责黑夜。这两大尊严是教权和王权。正如月亮从太阳获得光芒,因此在数量和质量、地位和力量上要低于后者,因此王权也是从教权那里获取其尊严的光芒。

鲁昂大主教尤德斯：教堂记录——教士管理

中世纪教堂大都由主教管理,比较尽责的人会定期巡视教区的教士和自己区域教堂的建造。下面的片段选自鲁昂大主教尤德斯的记录,他从1242年至1267年间担任此职。根据他长篇的记录来判断,他认真履行职责,并小心翼翼地力图改进教士的业务。

思考：困扰尤德斯的问题；尤德斯认为什么是教士合适的行为。

10月24日。我们巡视了卡昂的圣艾蒂安修道院,那里有63名僧侣。除了三人外其余都是教士。在其中一个小修道院有猎兔狗,我们禁止待在那里的僧侣们狩猎。有些僧侣不是每个月都忏悔,我们命令他们进行改正。根据惯例,除了为死者举行的弥撒外,在所有弥撒中,向参加典礼的人履行教士职务的人都要接受圣餐,但是这项仪式由于忽略而被逐渐放弃了,我们责成修道院长和小隐修院院长让所有人都遵守这一惯例。修道院维持得很糟糕,我们命令他们进行改正。旅行在外的僧侣不遵守斋戒规则,我们命令他们改正。在一些小修道院,他们并不遵守斋戒规则而肆意吃肉,我们命令他们改正。他们欠债1 500镑,但和别人欠他们的钱差不多一样,他们有4 000镑的收入。所付巡视费总额为：7镑10先令10

便士。

6月30日。我们巡视了查斯的密乌兰教区。我们发现古阿迪曼彻的教士尽管在停职中仍然有时举行弥撒,而且他养了一个小妾,他穿着短披风骑在马上,跑出了很远的距离。又,库塞尔的教士既不把住处收拾干净也没有穿睡袍的习惯。又,艾胡维尔的教士只是偶尔才穿睡袍。又,瓦尔蒙杜瓦的教士出卖圣职,他因有钱而出名,他好争吵而且嗜酒成性。又,沃克斯的教士是一位商人,他从过去到现在一直拥有一个葡萄园,那是因借款给一位浪荡公子而获得的保证金,他从不认真念定时祈祷文,有时径直从床上前去做弥撒。又,查斯的教士与一位寡妇有不名誉之事,他频繁地跑来跑去……又,朗格斯的教士与教区居民欧也尼有染,并与她生了孩子,他向我们保证如果以后再有这些不体面之事,他就会辞去教会职务。

7月3日。我们巡视了肖蒙的圣母小修道院。只有2名僧侣在那里,实际上应该有3名。他们并不根据格里高利教皇的条例每个月进行忏悔。他们没有院规的抄本,也没有条例的抄本。他们不召开例行会议,也不接受小罚。他们并不遵守斋戒规则,他们在不该吃肉的时候吃肉。尽管我们以前曾经警告过他们,他们还是使用羽床。这一次,当着他们圣戈迈尔院长的面,命令他们严格改正这些缺点。他们有100镑的收入,他们欠债约30镑。

阿西西的圣弗朗西斯:圣弗朗西斯的院规

在中世纪盛期有周期性的基督教改革运动。13世纪最著名的运动是由方济各会发动的,他们是聚集在阿西西的弗朗西斯(1181—1226年)周围的一群虔诚的俗人。弗朗西斯出生在一个商人家庭,而且开始时从事世俗职业,在经历了重大的情感转变后,他放弃了世俗的财产而追求禁欲、传道和贫穷的生活。他和他的追随者并没有退隐过修道院的生活,而是到处旅行,尤其活跃在城市地区。到了1223年,当下面版本的弗朗西斯院规被接受后,教皇正式承认方济各会是正统的修道派别。

 思考:这样的派别取得如此成功的原因;这样的派别会为社会和教会履行什么职能;如何将前面的文献所描绘的行为记录与圣弗朗西斯院规所设定的标准进行比较。

材料来源: Oliver J. Thatcher and Edgar H. McNeal, eds. And trans., *A source book for Medieval History* (New York: Scribner's, 1905), pp. 499-507.

这是小兄弟会的规则和生活,即通过服从、贫穷和贞洁的生活尊奉我主耶稣基督的神圣福音。弗朗西斯修士承诺顺从和尊敬教皇洪诺留、依照教规遴选出他的继承人以及罗马教会。其他修士则必须服从弗朗西斯修士和他的继承人……

我以主耶稣基督的名义劝告、警告和劝诫我的兄弟们,当他们外出进入俗世时,不要争吵、争论,也不要评价他人。他们应当友善、和睦、仁慈、温和、谦卑、言语正直,任何人都不例外。若非明显迫不得已或身体虚弱,他们不应骑马。如果进入一座房子要说:"愿这座房子安宁。"根据神圣的福音,什么食物放在面前就要吃什么。

我严格禁止所有的兄弟们接受钱财,不管是亲自接受还是通过他人。然而,如病人需要以及为其他弟兄蔽体,教长和院长可以视情况所需,根据地区、季节和所居住地区大致的寒冷程度通过教友提供钱财。但是,如上所述,他们不能接受钱财。

上帝赋予其劳动能力的那些教友要忠实地一心一意地劳动,那么作为灵魂之敌人的懒惰就会被赶走,不会压制祷告的灵魂,忠实于劳动,所有尘世的事物都会成为从属性的东西。作为劳动的报酬,他们可以为自己和教友获得必需的东西,但不能接受钱财。他们要谦卑地接受人们给他的东西,这对上帝的仆人和实践最神圣贫穷的人是合适的。

弟兄们不能拥有属于自己的东西,不能拥有房屋、土地和任何东西,而是要像朝圣者和此世的局外人,在贫穷和谦卑中侍奉上帝,让他们自信地去乞求施舍。不要让他们为此感到羞耻,因为上帝为了此世的我们而使自己成为穷人。这是最高的贫穷,它使你,我最亲爱的弟兄,成为天国的后嗣和君王,它用善使你贫穷,用美德使你提升……

我严格禁止所有的弟兄与女性有任何关系或与她们交谈,那会引起猜疑。让他们不要进入修女院,除非得到教皇的特别许可。让他们不要有男女密友,以免因此在弟兄们中间或弟兄们周围出现丑闻。

圣托马斯·阿奎那:《神学大全》

到13世纪,欧洲重新获得了古典时代的大量思想和文化遗产,尤其是亚里士多德的思想。这给教会提出了一个问题,因为人们不清楚这些异教观念和类似亚里士多德的希腊理性是否与中世纪期间发展的基督教宇宙观相矛盾。包括大阿尔伯特(1193—1280年)、圣托马斯·阿奎那(1225—1274年)、圣波纳文图拉(1221—1274年)和邓斯·司各脱(1265—1308年)在内的13世纪一系列学者的主要任务,就是要使这些异教思想与基于信仰的教会正统思想协调一致。为此,这些经院学者倾向于成为百科全书派,几乎探讨了中世纪人关心的所有问题。其中最具百科全书特色、最重要的人物是阿奎那,他是意大利多明我会僧侣,曾在巴黎大学和其他地方担任教职。在下面选自其《神学大全》的片段中,阿奎那宣讲了上帝存在能否证明的问题。

 思考:这里所使用的推理;阿奎那演讲所针对的听众。

材料来源: St. Thomas Aquinas, *The Summa Theologica of St. Thomas Aquinas*, part1, XXI – XXVI, 2nd rev. ed., trans. Fathers of the English Dominican Province (New York: Benziger Brothers, 1920), pp. 24 – 27.

帝的存在可以用五种方法证明。

第一种也是最明显的方法来自运动的论据。我们意识中明确和明显的是世界上某些东西在运动。任何东西在运动都是由另一个在推动,因为除非有朝某处运动的潜能,任何东西都不能运动,而一样东西所以移动是因为处于运动中。运动无非是某样东西从潜在到实在的衰变。但是除了因为某种处于实在状态的东西,任何东西都不能从潜在向实在衰变。因此某种实在是热的东西,比如火,使木头这种潜在热的东西变成实在的热,并因此移动和改变了它。同样的东西在同一方面同时既是实在又是潜在是不可能的,而只能是在不同的方面。因为实在是热的东西不可能同时是潜在的热，但它同时是潜在的冷。所以一样东西在同一方面和同一方式上不可能同时是移动者也是被移动者，也就是说它不能自我移动。所以任何运动的东西一定是为另一个东西所推动。如果推动他物的东西自身也要被推动，那么这也必须被另一个东西所推动，这样又被另一个所推动。但是这不能无限延续，因为那样就没有了第一个推动者，结果就没有了其他推动者，鉴于后来的移动者仅仅由于被第一推动者所推动而移动，正如拐杖只能为手推动而移动。所以有必要推到第一推动力，它不被其他所推动，每个人都知道这就是上帝。

第二种方法来自动因的性质。在感觉世界我们发现有一种动因的秩序。人们知道没有一种情况（事实上也不可能）会从中发现某物是其本身的动因，因为这样它就先于自己本身，那是不可能的。在动因方面也不可能无限延续，因为所有的动因都按顺序排列，第一个是中间原因的原因，而中间原因是最后原因的原因，不管中间的原因是数个还是只有一个。抽掉原因也就抽掉了结果。因此如果在动因中没有第一原因，也就没有最后的原因和中间的原因。但是如果在动因方面可以无限延续，那么就没有第一动因，也没有最后动因和任何中间动因，所有这些都是不合实际的。因此有必要承认第一动因，每个人都称它为上帝。

第三种方法来自可能性和必然性，以及这样的延续。我们在自然界发现某些事物可能存在可能不存在，因为人们发现他们产生、腐败，最后可能存在可能不存在。但是这些东西不可能总是存在，因为那些可能不存在的东西有时不存在了。所以，如果各种东西都可能不存在，那么某一刻也许没有东西存在。如果这是真的，那么甚至现在就会没有东西存在，因为那些不存在的东西仅仅因为某些已经存在的东西而开始存在。所以，如果某一刻没有东西存在，那么就不可能有某种东西开始存在，而且甚至现在就会没有东西存在——这是很荒谬的。因此所有东西并非仅仅是可能的，一定存在着某种东西，它的存在是必然的。但是每种必然的东西或有被其他东西引起的必然性，或者没有。但是就像我们论述动因时说的那样，在那些因其他事物而具有必然性的必然事物中，也不能无限延续，所以我们只能假定某种东西的存在本身就有其必然性，而不是从他物那里接受，只是导致其他东西的必然性。人人都讲这就是上帝。

第四种方法来自在事物中发现的层次。在存在物中有某些或少的善、真、高贵等。但是"多"和"少"所断言的是不同的东西，所根据的是他们类似最大事物的不同方面，正如人们说某物比较热，是因为它非常像最热的东西。因此有某物是最真、最好、最尊贵的，结果会有最绝对的存在，因为如《形而上学》第二章所写的，在真理上最大的也是最大的存在。在某属中最大的东西，是那一属中所有物的原因，如火是最大的热，是所有热的东西的原因。因此一定有某种东西，对所有存在物而言，是它们存在、善和所有其他完善的原因，这被称作上帝。

第五种方法是世界的统治方式。我们看到缺乏智慧的事物，如自然身体都为了某种目的而行动，而且为了获得最好的很显然它们的行动总是或几乎总是如此。因此很明显，他们达到目标不是偶然的，而是经过设计的。除非得到某种被赋予知识和智慧的存在指引，任何没有智力的东西都不能向目标运动，恰如箭是被射箭者射向靶心。因此存在着某个有智慧的存在，通过它所有的自然物都指向了它们的目的，我们称这一存在为上帝。

腓特烈二世：政治权威——皇帝、诸侯和城镇

13世纪，与王权竞争争取权力的并不仅仅是教皇。在他们的王国内，国王面对着相对强大和独立的诸侯和城市。神圣罗马帝国统治德国地区尤其如此。腓特烈二世统治时期（1212—1250年）发生了变化，大大改变了这种平衡，以有利于独立的诸侯。腓特烈是一位很有活力的皇帝，他专注于获得对意大利地区的控制。为了使自己能够在那里集中精力，腓特烈在1231年授予其德国诸侯如下的特权。

思考：这一授权在哪些方面加强了诸侯反对皇帝的地位；这一授权如何加强了诸侯反对独立城镇的地位；可能用来加强王权的方法。

材料来源：Oliver J. Thatcher and Edgar H. McNeal, eds. And trans., *A Source book for Medieval History* (New York: Scribners, 1905), pp. 238-240.

1. 我们或任何其他人都不得在损害诸侯的情况下创建新城堡或城市。
2. 不允许新市场妨碍前述诸侯的利益。
3. 不能强迫任何人在不情愿的情况下进入市场。
4. 除了自愿不能强迫旅行者离开旧的道路。
5. 我们在城市禁区的范围内不能行使司法权。
6. 根据当地的习俗，每位诸侯对自己拥有或从他那里领有采邑的郡和分区都和平地拥有自由和权威，并行使司法权。
7. 伯爵要从诸侯或拥有土地作为采邑的人那里获取职位。
8. 没有领主的同意分区法庭不能改换地点。
9. 任何贵族都不应服从分区法庭。
10. 被称为Phalburgii（即处于城市之外但在城市内拥有政治权利的人或团体）的人应从城市中驱逐出去。
11. 自由农民以前答应付给（皇帝）的酒、钱币、谷物和其他租税因此而赦免，此后不再征收。
12. 不允许诸侯、贵族、牧师和教会的农奴进入我们的城市。
13. 为我们的城市所占领的领主、贵族、牧师和教会的土地和采邑应当恢复，此后不能再被占领。
14. 在从我们手里领作采邑的土地之内，我们或其他人不能破坏诸侯提供安全通行权的权力。
15. 我们的法官不能强迫城市的居民归还移入城市前从他人那里获得的任何财产。
16. 臭名昭著的、被判刑的和被放逐的人不许进入我们的城市，如果进入城市则要被驱逐出去。
17. 我们不允许在诸侯的土地上铸造任何钱币，那对他的货币制度是有害的。
18. 我们城市的司法权不能延伸到他们的地域，除非我们在这一地区拥有特殊司法权。

19. 在我们的城市,原告要在被告的法庭提起诉讼。
20. 从领主那里领作采邑的土地或财产,没有领主的同意不能进行抵押。
21. 任何人不得被迫帮助城市设防,除非他在法律上必须提供这种服务。
22. 在城市外拥有土地的我们的城市居民,要向领主或国家支付定期费用和服劳役,但不能让他们负担不公正的勒索。
23. 如果农奴、属于国家的自由民或任何领主的附庸要居住在我们城市之内,那么我们的官员不能阻止他们前往领主那里。

汉撒同盟法令

不断增长的贸易以及依赖贸易的城市相应的发展,带来了共同的问题和利益,促使某些城市签订合作协议或组成同盟。这种合作主要发生在商业地区,那里中央王权相对虚弱,如北部意大利形成了伦巴第同盟,北部德国则在 13 世纪建立了汉撒同盟。在 14 世纪和 15 世纪汉撒同盟的主导地位进一步上升。下面是汉撒同盟于 1260 年和 1264 年颁布的法令。

 思考:同盟成员主要关注他们认为能够合作的领域;他们认为谁对城市独立的威胁最大。

材料来源:Oliver J. Thatcher and Edgar H. McNeal, eds. And trans., *A Source Book for Medieval History* (New York: Scribner's, 1905), pp. 611 – 612.

我们希望通知你采取行动支持受吕贝克法律管辖的所有商人。

(1)每个城市应该尽最大的努力清除海盗,以使商人可以通过海路自由经商。(2)任何人因犯罪而被一个城市驱逐都不得为另一个城市接纳。(3)如果一位市民为(海盗、强盗或劫匪)所抓,不应花钱赎取,而应把他的佩剑带和刀送给他(作为对抓获者的威胁)。(4)任何赎取他的商人将在所有受吕贝克法律管辖的城市失去财产。(5)任何人因抢劫或偷盗而被一个城市驱逐,将被所有城市驱逐。(6)如果一位领主围攻一座城市,任何人不得以任何方式帮助他而损害被围攻的城市,除非围攻的人是他的领主。(7)如果国家内发生战争,任何城市都不得因此而伤害来自其他城市市民的人身和商品,而应保护他们。(8)任何人娶一个城市的女子为妻,但来自另外城市的另一位妇女前来证明他为自己合法的丈夫,那么他要被砍头。(9)如果一位市民把自己的女儿或侄女嫁给一个(来自其他城市的)人,而另一位男人前来说她是自己合法的妻子,但又不能证明,他就要被斩首。

该法令有效期一年,此后各城市应该用信件相互告知做出了什么决定。

南安普敦商人行会条例

中世纪商人应对商业和手工业在城市区域发展的方法之一,就是建立行会。尽管行会的具体起源仍不清楚——它们最初可能仅仅是兄弟会宗教组织——但到 13 世纪和 14 世纪大部分城市都建立了行会。他们逐渐发展成独立的组织,垄断了商业并在城市社会中发挥

10. 中世纪盛期：13世纪

了重要作用。下面所选的条例片段，可以追溯到13世纪英国南安普敦的商业行会。

 思考：这一行会试图控制商业和手工业的方法；行会为它的成员提供什么服务；行会的原则和实践如何与下面的观点一致，即资本主义在中世纪时代广泛存在；该行会和汉撒同盟关注点的异同。

材料来源：Edward P. Cheyney, ed., "English Towns and Gilds," in *Translations and Reprints form the Original Sources of European History*, vol. II, no. 1, ed. Department of the University of Pennsylvania (Philadelphia: University of Pennsylvania Press, 1898), pp. 12–15.

7. 如果一位行会会员去世，城中所有行会会员皆要参加死者的仪式，行会会员要抬着死者的尸体运往墓地。根据誓言，任何人不这样做要付款2便士，将之散给穷人。在死者病室的人，死者躺在房间的那天晚上必须找一个人守护他的尸体。只要死者的仪式持续，也就说在守夜和弥撒期间，一定要点燃行会的四只蜡烛，每只要重2磅左右，直到尸体被埋葬为止，而且这四只蜡烛要一直由行会的干事负责保管。

9. 如果一位行会会员去世，其长子或第二继承人可以取代父亲的席位，或者其叔叔的席位——如果他的父亲不是行会会员，而且叔叔没有其他继承人。他不必为此席位付任何费用……

11. 如果行会会员和平时期在英国被囚禁，那么行会头人要和干事、一个管理员共同前往，由行会出钱，使该被囚禁之会员获得释放。

12. 如果某行会会员拳击另一会员，如果证据确凿，他将失去行会会员资格，需花10先令赎回该资格，并要像新会员那样发行会之誓言。如果某行会会员用棍棒或刀或任何其他武器攻击另一会员，都将失去会员资格和特许权，而且将被视为陌路人，直到他顺从行会当家人并对所伤之人做出赔偿为止，且向行会交付罚款20先令，不得豁免。

15. 如果某会员辱骂和诽谤另一会员，行会头人接到申诉，并证明无误，他要向行会交付罚款2先令，如不能支付则失去会员资格。

19. 在南安普敦城中，一个人若非商人行会会员或拥有特许权，不得在同一城内买进某种商品再卖出。

20. 若非行会会员，任何人不得购买蜂蜜、腌制鲱鱼、各类油、磨石、生皮或各类生毛皮；若非市场或市集日，不得拥有酒窖，不得零售布匹；若非行会会员，谷仓储谷不得超过5夸托用来零售，任何人违反并确证无疑，将没收所有归于国王。

22. 任何会员陷入贫困且无以为生，不能工作或供养自己，行会开会时他可从行会得到1马克以缓解窘况……

23. 有某种商品运往该城，只要商人行会会员在场并希望讨价还价购买该商品，任何个人或外来人均不得在会员面前还价购买。如果有人违反并确证无疑，则没收所购买商品归于国王。

24. 属商人行会的任何会员，如果能令卖主满意并为自己购买的部分担保，均可与另一行会会员或任何前来出售地点并要求购买部分商品的人分有所有商品。若非行会会员，未经会员同意不得或强行与会员分有商品。

巴塞罗缪·安吉立科：女仆

多数妇女既不富裕地位也不高,她们也几乎没有选择的自由。许多人被迫成为仆人,充当女仆。下面的选段选自13世纪英国方济各会士巴塞罗缪·安吉立科编辑的作品集,其中描绘了她们所面对的生活。

思考：女仆面对什么样的限制；有什么样的惩罚将强加在她们身上；她的地位在哪些方面与男仆不同。

材料来源：Excerpts from *Not in God's Image* by Julia O'Faolain and Lauro Martines. Copyright 17973 by Julia O'Faolain and Lauro Martines. Reprinted by permission of Harper & Row, Publishers, Inc.

女仆是家庭男主人或女主人雇佣的仆人,干最累最脏的活。她吃粗糙食物、穿破衣烂衫,干奴隶般的活。如果她本身是农奴,则不能选择所嫁之人,无论谁娶了她都会陷入奴隶状态,主人可以像动物般卖掉她。女仆经常挨打、受虐待、受折磨,鲜有机会让自己大笑开心……拉班努斯这样描绘女仆的特点：如果不受压制她们会反抗男女主人并摆脱控制……农奴之类的人只是由于恐惧才安守其位。

图像材料

中世纪生活

尽管在中世纪盛期和后期发生了很大变化,但生活的很多基本面仍然一如从前。图10.1是珀尔·德·兰伯格所作的中世纪后期的插图,选自每日祈祷书《最美时祷书》(Très Riches Heures du Duc de Berry),其中描绘了典型的10月的一天。在刚刚犁耕过的一小块土地上,一位农民正在播种。在他的正后方,一个弓箭手模样的稻草人守护着另一块田地。背景是流淌着的塞纳河。一些贵族在卢浮宫城墙下的堤岸上,这座宫殿是法王在巴黎的一座哥特式城堡。主要依赖农业、四季的重要性、社会等级的界限分明以及象征勇敢和地位的日益高大的城堡,仍然是中世纪生活的典型特征。

图10.1 《最美时祷书》插图

思考：这位艺术家所描绘的农民生活的特征；一位贵族观赏这幅插图会做出何种反应。

世俗化和中世纪骑士

这幅图画选自一本 1300 年稍后创作的书籍（图 10.2），描绘的是两位骑士在比武大会上格斗。骑士因服装而与众不同。左边的骑士失败倒地，头盔被刺穿，获胜者只是长矛折断，同时贵妇们显然赞赏地观看这一场景。

当骑士的传统功能过时后这种露天表演不断发展。中世纪早期，骑士是马匹和盔甲的拥有者，在骑兵中服役并秉持某些骑士价值观。根据 12 世纪的材料，骑士要"保护教会、攻击变节者、尊重教士、为穷人抵御不公、在自己的家乡维护和平、为弟兄流血，如果需要则献出自己的生命"。到 13 世纪和 14 世纪，新的军事战术削弱了骑士的重要性，集中的王权削弱了他们的独立性，而且广泛的富裕使得中产阶级也能购买骑士身份。然而，这幅图画表明骑士精神仍然存在，甚至有助于明白界定男性刚毅和女性温柔。

图 10.2

该书《马内斯手稿》本身反映了 11 世纪社会的日益世俗化。它收集了许多用俗语而非拉丁语写作的关于骑士精神和爱情的民间诗歌。

思考：该插图所传达的男性气质和女性气质的形象；这些形象和中世纪价值观的联系；这些形象和中世纪骑士的现实有何区别。

二手材料

莫里斯·肯：中世纪传说中的歹徒——社会等级和不公正

今日看来，中世纪的社会制度似乎是不公正的，对穷人尤其如此，他们遭受的痛苦最多。但是将现代标准用于以前的时代一定要当心。在下面的选段中，牛津的莫里斯·肯认为，穷人并未对社会制度和支持这种等级结构的法律持批评的观点；相反，批评主要指向社会制度内部的腐败。在他的解释中，开创性地使用了中世纪民谣和传说中的证据。

思考：使中世纪人认为社会制度公正的共同观念或理想；在中世纪人的思想中什么行为会使人有不公正的感觉。

材料来源：Maurice Keen, *The Outlaws of Medieval Legend* (London: Routledge and Kegan Paul, 1961), pp. 154-155. Reprinted by permission.

中世纪非常尊重等级制度，并不对所要效忠的头衔提出质疑。他们反过来质疑有辱高贵头脑而享受贵族地位特权的那些人的权利。他们并不对不公正的社会制度感到愤慨，而是对不公正的社会上层感到愤怒。歌谣作者接受了当时社会的态度并反映在他们的诗歌中。

这可以解释为什么歌谣并没有说对穷人的经济剥削，也没有说将农奴束缚在土地上并依古老习俗让农奴为他耕种土地的庄园主的专制。从所了解的中世纪乡村社会制度中，我们期望发现领导穷人的罗宾，把农奴从束缚中解放出来，庇护逃亡的维林，并惩罚领地的管家们，因为管家们的行为完完全全与法官一样苛刻和不公正。但是中世纪并不像我们这样，根据一个阶层对另一个阶层的剥削来看待社会不公正，他们赞美等级制度是不同阶层的人为了共同的福利而合作。他们认可社会中的三个不同等级：骑士和贵族，其职责是用武力保卫基督教世界，教士负责基督教世界的精神幸福，他的职责是祈祷，而普通人的职责是耕种土地。每个等级都有责任毫无抱怨地履行适当的义务，而且尤其是前两个等级，不要滥用职责赋予他们的特权。农民由于被安排"辛苦和耕作"，所以没有理由抱怨。正如一位传教士有趣地指出的那样，他们的职业基于"grobbynge about the erthe, as erynge and dungynge and sowynge and harwying" and "this schuld be do justile and for a good ende, withoute feyntise or falshede or gruechynge of hire esaat."但是那些不履行职责并滥用自己地位的人就没有权利在这一制度中，也没有权利获得团体的利益。著名的多明我会僧侣布伦亚德说，"他们不与农夫一起耕地……不与骑士一起作战，不与教士一起祈祷和唱圣歌"，这些人"要随他们所属修道团体的院长而去，也就是随魔鬼而去，那里没有秩序只有永恒的恐怖。"

法律的目标最终是支持社会正义，而对中世纪而言，社会正义意味着社会等级制度。属于高等级的人获得财富本来是用来支撑其适当等级的，如果他们滥用这些财富来腐蚀法律并滥用它来为自己谋利，就会出现麻烦。他们最终的罪恶是使用他们本来合法的财富购买非自己应得之物。因此，那些震惊于无法容忍的不公正而攻击现存社会制度的人，不是批评几乎不言自明的经济压迫，而是罪人的腐败，罪人的贪婪破坏了他们视为理想制度的社会和谐。这些人所采用的方法是贿买法律，利用自己的地位操纵法律的应用。正是因为这一原因，以捍卫穷人的英雄为主角的歹徒歌谣，对中世纪农民在精神上的各种惨状不置一词，所关注的或至少主要关注的是与腐败的法律代表作无休止的斗争。当时的人认为，侵蚀社会肌体的疾病是高等级之人的个人腐败，而这种疾病是他们的等级制度不可避免的衍生物，只是他们看不到。这就是为什么歹徒歌谣的宗旨是反对那些掌握法律的人的压迫，并不反对那些拥有土地的人的剥削。

雅克·罗西奥德：城市的生活——暴力和恐怖

11世纪后城市的发展造成了现在所认为的典型的城市问题。其中一个问题是如何保持和平。西欧的城市通常是暴力和恐怖的场所。历史学家们研究社会生活的部分倾向是越来越注重对中世纪城市犯罪和暴力的研究。在下面的选段中，雅克·罗西奥德分析了西欧城市中的暴力行为，强调城市的暴力如何造成了焦虑。

 思考：从事暴力行为的人主要是谁；对城市暴力有什么可能的解释；这种暴力会有什么后果。

材料来源：From Jacques Rossiaud, "The City-Dweller and Life in Cities and Towns," in *Medieval Callings*, pp. 152-154. ed. By Jacques Le Goff, trans. By Lydia Cochrane. 1990 University of Chicago Press. Reprinted by permission of the Publisher.

西欧城市的历史自始至终闪动着暴力、恐怖和革命的画面，在这样的画面中，家庭荣誉、市政会议的参与以及工作环境均岌岌可危。这样的冲突是"权贵"和"平民"集团互相对抗。在意大利对抗的是宗族所操纵的政治党派，而在法兰德斯的大城市里则转向了不时穿插有屠杀、放逐和破坏的真正阶级斗争。在1250年至1330年间，这样的冲突非常普遍，结果是过去的富裕地区处处受挫，而寡头集团不断扩大。14世纪后期第二波动荡的浪潮袭击了城市世界，这波浪潮更具清晰的社会特征（佛罗伦萨和锡耶纳的梳毛工人起义、巴黎的铅锤党起义等等）。低等级的失败并没有终结社会紧张关系，而是转变成偶尔出现的短暂的恐怖，这种恐怖到处发生，但通常表现为频繁的但和缓的"原子式的"冲突，从证明材料看很难和普通犯罪区分开来。晚上向主人窗户里扔石头、债权人残酷无情、二个敌对工人团体的争吵，很容易被法官判定为普通犯罪。

换句话说，许多城市居民即使生活在长期困难的紧张时期，摆脱了起义和镇压的恐怖，但是所有人都不得不每天面对暴力的氛围。罗列各种各样的例子似乎是不必要的：在佛罗伦萨、威尼斯、巴黎、里尔、第戎、阿维农、图尔或弗瓦，司法档案中所显示的是一系列触目惊心的冷血仇杀，个人或团体之间的激烈搏斗用刀子或裹有铁头的棍棒解决，强奸，通常是轮奸，在可怜女孩的生活中是司空见惯的，她们晚上被殴打并被人从房间里拖走。

从事这些暴力行为的，大多数是由年轻人或成年人，通常社会条件一般，但是人们无法把他们与遵纪守法的市民区分开来……

酒——醉酒常常是借口——不能解释一切，不顾市政法令人人携带武器也无法对此进行解释。因为榜样往往在上面，甚至在14世纪初期的兰斯，法官无法阻止宗派用武力手段解决他们的纷争。然而，市民的暴力（行刑、折磨、迫使罪犯游街，而人群嘲笑和攻击他）提供了一种景观，家庭的道德法典允许殴打。而且司法并不会激发人们的信心，它更令人害怕而不是令人赞赏，而且司法没有效率且花费巨大。当一个人被人嘲笑时，他转向直接复仇。他这样做是为了维护自己的荣誉；正是以荣誉的名义年轻人惩罚女孩，在他们眼里，这些女孩超越了规定的界限。同暴力一样,荣誉也是城市社会广泛传播的价值观:上层市民被称为"尊敬的"。没有荣誉就没有名声,没有权威就没有荣誉。富人的财富和朋友支撑了他的荣誉;没有财富的劳动阶层视名誉为必要的资本……

暴力促使了焦虑。尽管有时知名人士对此进行谴责,但是他们并没有真正想办法根除它(无论在威尼斯还是第戎),对下等人而言,这种恐怖加剧了其他困扰——在总体的漠不关心中会被遗弃,就同"贫穷女士"(Dame Poverty)一样,尚·德·墨恩描绘她被装在一只旧口袋里,"有点与其他人相互隔离……蜷缩下来、弯腰弓背,像一只可怜的狗。"悲哀、羞耻、没人疼爱。

乔治·杜比:独处

无论在城市还是乡村,中世纪盛期的人们差不多每天都与其他人在一起。我们今天认为是私密性的东西,在中世纪社会则不以为然。不仅生活空间是公共的,而且人们希望成群结伙地工作、游戏和旅行。在下面选自《私生活史》的片段中,乔治·杜比描绘了这一喧闹的、公共的社会以及人们寻求独处所遇到的困难。

 思考:在各种职业和活动中人们如何成群结队;杜比如何分析私人空间;渴望独处的个人会遇到什么问题。

材料来源:George Duby,"Solitude:Eleventh to Thirteen Century," in *A History of Private Life*, vol. III, Philippe Aries and Georges Duby, eds. Cambridge, MA:Belknap Press of Harvard University Press,1987,pp. 509-510.

人们摩肩接踵地拥挤着,杂乱无章地生活在一起,有时生活在一群乌合之众中间。在封建社会的居住区,也许除了死亡的时刻外,并无个人独处的空间。当人们离开家庭的围墙到外面冒险时,他们也结伙而行。没有一次旅行少于两人,如果碰巧他们之间没有关系,就通过结拜仪式相互约束,在整个旅程中间组成人为家庭。当时,年轻的贵族男性到7岁时,便被认为是男人了,他们要离开女人堆开始冒险生涯。然而无论从何种意义上来说,他们的生活还是始终被包围着——不管他们致力于侍奉上帝、被送去向一位教师学习,还是与其他年轻人一起模仿一位首领的一言一行。这位首领是他们的新父亲,自从离开家的那一刻起,他们就要追随他,用武力或言辞捍卫他的权力,或者在他的森林里狩猎。他们的学徒期结束后,新骑士要集体接受武器,一群乌合之众组成了一个家庭(通常领主的儿子和附庸的儿子们一起被授予骑士称号)。从那一刻起,年轻的骑士们总是在一起,荣辱与共,相互担保或相互出面做人质。作为一个集体,他们在仆人以及经常在教士的陪同下,从一场比武赶到下一场比武,从一个宫廷到另一个宫廷,从一场冲突到下一场冲突,通过展示旗帜或叫喊相同的战斗口号来表达忠诚。这些年轻同伴的忠诚,用不可缺少的家庭亲密的斗篷将首领包裹起来,这是一个巡回游动的家庭。

因此,在封建社会,私人空间被分割开来,组成了两个独特的区域:一个区域是固定的、围圈起来的,隶属于家庭;另一个区域是移动的,自由穿越公共空间,但体现着同样的等级并因相同的控制而结合在一起。在这种移动的单位中,和平和秩序是通过一个权威人物来维持的,他的使命是组织抵抗公共权威的侵入,为此目的,一道看不见的墙竖立起来隔开外面的世界,这道墙和环绕家庭的围墙同样坚固。这个权威包围并约束这个家庭的个人,让他们服从共同的纪律。如果私密生活意味着秘密,那么这个秘密是由家庭的所有成员共同分享的,因而比较脆弱,容易受到侵犯。如果私密生活意味着独立,那么它独立于集体的生活,在11世纪和12世纪集体的私密性确实存在。但是我们在集体私密中可以看到个体私密的蛛丝马迹吗?

封建社会具有如此颗粒状的结构,由如此紧密的凝块组成,任何人如果试图离开如此紧密的、无处不在的宴饮交际而独处,构建自己私密的围墙,耕种自己的花园,就会立刻成为怀疑或者羡慕的对象,要么被视为叛逆者要么被视为英雄,在两种情况下都被视为"异己"——"私密"的对立面。选择分离的人,即使他的意图不是故意犯罪也会不可避免地这样做,因为他的孤立使他更容易遭到敌人的攻击。不着魔发疯的人不会冒这样的风险,人们普遍相信独自一人漫游是精神病的症候。无人陪伴而在大路上行走的男女被认为是自己送上门来的肥肉,把他们身上的东西夺走是合理的。不管他们怎样说,把他们重新送回到某个团体,用武力强迫他们回到清晰界定组织良好的世界无论如何都是一件善功,处于这样的世界是上帝的旨意,这个世界有许多私密性的围墙和围墙之间的公共空间组成,人们只有以队列的形式才能在这些公共空间穿行。

戴维·赫尔利:生态环境和人口变化

历史学家大都认为,中世纪的拓展在1300年至1350年间结束,而且期间发生的变化标志着接下来是收缩、瓦解和衰落的世纪。传统上人们从政治、军事和宗教方面来分析这些变化。在下面的选段中,哈佛的戴维·赫尔利集中探讨这一变化的经济方面,尤其是经济局限阻碍了中世纪在13世纪之后的继续拓展。

 思考:到13世纪时阻碍经济扩张的障碍是什么;这些经济变化所产生的社会和政治后果;能够解释中世纪拓展结束的其他因素。

材料来源:David Herlihy, "Ecological Conditions and Demographic Change," in *One Thousand Years: Western Europe in the Middle Ages*, ed. Richard L. DeMolen(Boston: Houghton Mifflin, 1974), p. 32.

然而,中世纪的拓展从未完成真正的"突破",从未达到今天经济学家所说的"起飞"阶段,也就说具备了继续发展的内在能力。到1300年左右,某些障碍开始阻碍经济扩张。一是技术相对停滞。尽管重要的技术发现引入了中世纪,但是1300年农民耕种土地一如几个世纪前的先辈。然而,仅仅技术停滞似乎不会那么严重限制发展。非常矛盾的是,13世纪后期的许多农民并没有按照所了解所获得的最好方法耕种土地。他们主要的障碍不是缺乏知识而是缺乏资金,因为最好的方法基于更有效地使用牛来提供劳动力和肥料。根据我们的判断,13世纪许多小农没钱购买牛,不得不用自己无助的、效率低下的劳动来耕作自己的小块土地。

第二个限制发展的,是没有发展维持适当投资水平的机构和价值标准,在农业方面尤其如此。尽管城市得到了发展,但是欧洲的大部分土地控制在军事和教士贵族手中,他们不可能将从租税中获得的收益进行再投资。大地主更喜欢把租金花费在引人注目但没任何收益的消费上,如庄园建筑、城堡、教堂、战争、维持奢华的生活方式等。他们也喜欢从城镇借贷钱财进行这种非生产型的支出。

第三个限制因素似乎是资源越来越短缺,尤其是上好的土地。由于上好的土地已经被耕种,不断增长的人口不得不越来越依赖比较贫瘠、处于边缘的土地,要想得到比较好的回报,必须付出更多的努力和更多的资金。由于欧洲的经济受累于容易得到的资源越来越饱和,无论技术还是资金都不能提高所占有土地的回报。在今天许多历史学家看来,这种资源利用的饱和不仅结束了中世纪中期的经济发展而且使14世纪陷入了更深刻的人口和经济危机。

 **本章问题**

1. 有些历史学家描绘在13世纪中世纪文明获得了显著的平衡。这一时期在哪些方面如此平衡?

2. 13世纪的主要特点在哪些方面是11和12世纪已明显之趋势的进一步发展?在13世纪出现了哪些新的发展?

3. 本章提供了哪些证据说明权力斗争在这一时期仍然持续?

11. 中世纪后期

14世纪和15世纪上半叶是衰退、分裂和瓦解的时期。通常指"中世纪后期"的这一时期，往往被描绘为"中世纪的衰败"和"中世纪的衰落"等，这一时期的某些变化很能说明这个特点。从人口方面讲，到13世纪末中世纪盛期的人口增长已经结束。接下来的一个世纪人口大幅度减少，其主要原因是歉收、疾病和战争。从地理上来讲，欧洲的扩张暂时告一段落。从宗教方面讲，教会面临一系列问题：教皇经历了与欧洲强大君主们的一系列斗争，异端运动不断传播，在大分裂时期教会本身也分裂了，在教会会议至上运动中教皇遇到高级教士叛逆的威胁。从经济上来讲，报酬和价格剧烈变化，劳动力和商品的可利用量也变化剧烈，这破坏了各种社会团体间的联系。从政治上，无休止的冲突导致出现了异常激烈的战争时期，其中最严重的是英法之间的百年战争。

为了说明中世纪后期破坏性的变化，本章所选的材料集中于两个特定的主题：教会所面临的问题以及13世纪中期的瘟疫。威胁教皇权威的教会会议至上运动的性质是什么？教会如何为异端所威胁？它如何对付异端？瘟疫的社会和心理后果？瘟疫如何与欧洲人的宗教观相关联？各种机构对瘟疫的后果如何反应？

尽管本章视中世纪后期为分裂和衰落的时期，但它也是一个连续的时期。中世纪文明的许多方面一直延续了数个世纪，只是缓慢地发生变化。为了表明这一时代的连续和衰落的特征，要对中世纪后期的社会性质和这一时期的心理特征进行分析。该社会是如何组织的？这一社会典型的成分类似什么？对妇女和婚姻持什么态度？死亡观念如何反映了心理倾向？发生了什么起义和反抗？

总而言之，这些材料所描绘的画面与我们心中关于中世纪盛期的形象反差极大。中世纪后期的衰落千真万确，但尽管如此，同一时期也是意大利社会和文化伟大复兴的时期，这将是下一章所探讨的内容。

原始材料

攻击教皇：教会会议至上运动

1378年到1417年间基督教会处于分裂状态，对抗的教皇同时进行统治，每个教皇都主张自己的权威。为了努力结束这种分裂状态，在比萨(1409年)和康斯坦茨(1414—1417年)召开了教会宗教会议。这些会议成为不断发展的教会会议至上运动的高潮——试图将最高权威置于教会大公会议之首，从而削弱教皇的权力。比萨会议由于设立了第三个教皇而使形势更加糟糕，但是康斯坦茨会议由于选出了一个教皇马丁五世而结束了分裂，在继后的数十年里，马丁五世和他的继承者都否定了教会会议至上运动。然而，教会会议至上运动代表了教会内部最强烈的意见倾向，并揭示了教会所面对问题的严重性。下面两份文献是该运动盛期在康斯坦茨会议期间通过的两份法规。

思考：《神圣法规》的目的；为什么该会议认为也有必要通过《定期召开宗教大会法规》；这次会议如何为自身的权威辩护。

材料来源：James Harvey Robison, ed., "The Pre-Reformation Period," in *Translations and Reprints from the Original Sources of European History*, vol. III, no. 6, ed. Department of History of the University of Pennsylvania (Philadelphia: University of Pennsylvania Press, 1988), pp. 30-31.

神圣法规

以神圣不可分割的三位一体，以圣父、圣子、圣灵的名义。阿门。

神圣的康斯坦茨宗教会议，以根除目前的分裂以及促成教会从首领到成员的团结和改革为目标组成全体会议，以圣灵的名义合法召开，赞美全能的上帝，为使这次会议能顺利、安全、有效和自由地促成上帝教会的团结和改革，兹决定、颁布、命令、宣布如下：——

会议首先宣布，该会议以圣灵的名义合法召集，组成全体会议并代表争斗中的天主教会，拥有直接来自基督的权力，任何人，无论来自哪个国家、处于什么地位，哪怕是尊贵的教皇本人，只要会议之事项有利于信仰并能治愈分裂之顽疾，只要有利于上帝教会从首领到成员的全面改革，均需遵守。

会议进一步宣布，任何人，不论什么背景、地位或等级，即使是教皇本人，如果顽固拒绝遵守大会已经颁布的训令、法令、命令或指令，或者将来合法召集的以上述目标为宗旨或与该宗旨相关的神圣会议或其他全体会议的命令，除非放弃自己的行为，否则就要遭受适当的赎罪惩罚并受到适当惩戒，如果必要将诉诸其他法律手段。

定期召开全体会议法令

定期召开全体会议是耕种主的田地、清除荆、棘、蓟,也就是清除异端、错误和分裂、带来大丰收的特殊手段。忽视会议的召集,就会培育和发展所有这些罪恶,回想过去并看看目前的状况就会一清二楚。因此,通过永久的法令,我们同意、颁布、确立和命令全体会议应该以下列方式召集,以使下次会议在本次会议结束的第五年末继续进行。下次会议要在那次会议结束后第七年末进行,此后会议要每十年举行一次,在进行中的会议结束前一个月,由教皇应邀指派会议地点,并得到会议的同意和认可,如果教皇不在场,则由会议本身指派开会地点。这样,会议以连续的方式要么一直开会,要么在明确的时间终止。

伯纳德·居伊:宗教裁判官手稿

一直困扰教会的异端,到14世纪已经成为严重的问题,教会不得不求助于宗教裁判所等正式机构来对付它。最著名、持续时间也最长的异端运动是南部法国和北部意大利的华尔多派。最初他们是追求虔诚生活和宗教信仰的彼得·华尔多的追随者。华尔多派正式遭到谴责是在13世纪,到14世纪他们仍然存在并遭到迫害。下面的选段选自《宗教裁判官手稿》,编纂者伯纳德·居伊是一位多明我会僧侣和主教,在1307年至1324年间成为狂热的宗教裁判官。

思考:在居伊看来尔多派的主要罪行是什么;这些罪行所引起的威胁有何性质;异端和教会会议至上运动所引起威胁有何异同。

材料来源:Benard Gui, Manual of the Inquisitor, in *Introduction to Contemporary Civilization in the West*, vol. 1, 3d ed., ed. Contemporary Civilization Staff of Columbia College, Columbia University (New York: Columbia University Press, 1960), pp. 198-202, 204. Reprinted by permission.

华尔多派过去和现在的主要异端是蔑视教会权威。他们因此被教会革除并被交付给撒旦,陷入了无数的错误之中,而且把早期异端分子的错误融入自己的虚构之中。

这些迷失的信徒和该派遭谴的头领们认为并到处宣称,他们绝不属于教皇或罗马主教,也不属于罗马教会的其他高级教士,而且认为高级教士不公正不恰当地迫害和谴责他们。他们宣称罗马主教和其他高级教士不能把他们革除教会,尽管罗马教会谴责他们为异端,但是当教会命令和呼吁该教派的信徒和头领放弃或弃绝这一教派时,他们不应该服从……

而且,除了有关斋戒、节日规定和教父法令等方面规定之外,该派别不再接受教规的权威,或至高无上的教皇的敕令或条例。他们偏离了正途,不承认任何权威,而是咒骂、拒绝和谴责他们。

而且,该派的信徒甚至在忏悔礼和钥匙的威力方面犯了更加恶毒的错误。他们宣称他们从上帝而不是别人那里——这是他们的原则和教义——接受了聆听愿意忏悔之人忏悔,并给予他们赦免或规定其赎罪的权力,就如同使徒从基督那里获得这种权力。尽管他们并没有被罗马教会的主教任命为教士或牧师,尽管他们仅仅是俗人,但是也聆听人们的忏悔,并赦免他们或规定他们赎罪。他们从不主张从罗马教会那里获得这种权力,相反他们否定罗马教会。事实上,他们既非从上帝那里亦非从上帝的教会那里获得这种权力,因为他们已经被教会赶出了庙堂,在教会之外既没有真的赎罪也没有救赎。

而且,这个派别继续嘲笑教会的高级教士确立和授予的赎罪券,说他们毫无用处。

而且,在圣餐礼方面他们也陷入错误之中。他们秘密而非公开地宣称,在祭坛的圣餐礼中,当行使圣餐礼的教士是罪人时面包和酒不会变成基督的肉体和血,而他们所指的罪人是不属于他们教派的人。相反他们宣称,任何正直的人,甚至是一位俗人,哪怕没有从天主教主教那里接受教士任命,只要属于他们的派别,都可以行圣礼使之变成基督的肉和血。他们相信妇女若符合条件也同样能行圣礼。因此他们认为任何圣人都是教士。

约翰·弗罗莎特爵士:1381年起义

中世纪后期特别明显的是有几次下层的起义。其中最重要的一次是英国农民和手工业者1381年的起义。这次起义由约翰·鲍尔、瓦特·泰勒和杰克·斯特劳领导,在起义军遭到镇压以及其首领被斩首之前给贵族阶层造成很大威胁。约翰·弗罗莎特(1333—1400年)撰写的下列选段对这些起义进行了描绘,他是英法百年战争时期的法国编年史家。

 思考:约翰·鲍尔呼吁穷人的方式;起义者如何获得力量;穷人的不满;起义如何会在英国和其他地方传播。

材料来源:Sir John Froissart, *Chronicles of England, France, Spain*, vol. 1, Trans. Thomas Johnnes (New York: The Colonial Press, 1904), pp. 211-215.

正当这些会议取得进展之时,在英格兰底层民众中发生了大骚乱,那个国家差一点因此而毁掉。为了让这次灾难性的叛乱警示世人,我将根据当时所了解的信息讲述所有发生的事情。贵族比普通人有很多的特权,这在英国和其他一些国家都是惯例。也就是说,低等级的受法律约束耕种贵族的土地、收获他们的谷物、把谷物运往贵族家中的谷仓,打谷和扬谷,他们也受约束收割干草并运回家中。高级教士和贵族都强制下等人从事这些劳役:在肯特、埃塞克斯、苏塞克斯和贝德福德,这些劳役比王国其他地方更加沉重。在此地区有意犯罪的人抱怨说,世界之初并没有奴隶,没有人应该遭受这样的待遇,除非他像撒旦反对上帝那样背叛自己的主人;但是他们并没有这样做,因为他们既不是天使也不是精灵,而是和贵族一样是根据同样的形象而形成的人,而后者把他们像野兽一样对待。他们对此不能继续忍受,他们决定获得自由,而且如果他们付出劳动或者干了活,应该得到报酬。肯特的乡村有一位疯狂的教士名叫约翰·鲍尔,曾因为其荒谬的传道而三度被坎特伯雷大主教关进监狱,在刺激这些反抗的念头上他作用甚大。弥撒后的星期天,人们走出教堂后,鲍尔通常会在市场上召集自己周围的人群并向他们传道。在这样的场合他会说,"除非一切都共有,没有附庸和领主,领主也不再像我们这样还有主人,否则英国的事情不会变好。他们对待我们多么差!他们为了什么这样奴役我们?我们难道不都是来自同样的父母亚当和夏娃吗?他们能指出什么或者给出什么理由来说明他们比我们更应该做主人？他们穿着天鹅绒和华美的布料，装饰着貂皮和其他毛皮，而我们被迫穿破衣烂衫。他们有酒、香料和上好的面包，而我们只有裸麦和麦秆的垃圾，而且我们喝的一定是清水。他们有漂亮的别墅和庄园，而我们必须冒着风雨在地里干活，正是靠我们的劳动他们才能维持自己的奢华。我们被称作奴隶，如果我们没有履行劳役就要挨打，没有这样一位君主，我们可以向他抱怨或者他愿意聆听我们。让我们到国王那里去劝劝他，他很年轻，从他那里我们也许可以得到有利的回答，如果得不到我们必须自己想办法来改善条件。"

就这样约翰·鲍尔在弥撒后的每个星期天都对着村民进行长篇演讲。大主教闻讯将其逮捕，囚禁了2个或3个月作为惩罚，但是他一走出监狱马上就重归旧途。在伦敦城的许多人都忌妒富人和贵族，听了约翰·鲍尔的宣讲后就在他们中间说，国家统治糟糕，贵族占有了所有的金银。因此，这些罪恶的伦敦市民开始结党，并举起反叛的旗帜，他们也邀请临近郡县与他们志同道合的人前来伦敦，告诉他们城门会为他们和同他们想法类似的普通人敞开，而且他们会给国王施以重压，今后英格兰不会再有奴隶。

通过这样的方式，肯特、埃塞克斯、苏塞克斯、贝德福德和临近郡县共6 000多人，在瓦特·泰勒、杰克·斯特劳和约翰·鲍尔的领导下进入伦敦……在坎特伯雷，叛军进入了圣托马斯教堂，进行了大肆破坏，他们也劫掠了大主教的宅邸，一边掠走各种不同的物品一边说："英国的大臣们已经腻烦了这些便宜的家具，他现在必须向我们说明他们的收入，说明自从国王登基以来他征了多少税。"此后他们劫掠了圣文森特修道院，然后离开坎特伯雷，前往罗彻斯特。他们经过哪里，就从邻近村子里招募人员，像风暴一样席卷而过，破坏沿途律师、国王代理人和大主教的房屋。在罗彻斯特，他们像在坎特伯雷一样受欢迎，因为所有人都急于加入他们……

在英国的其他乡村，叛乱者的情形也是如此。而且一些大贵族和骑士，如曼利爵士、斯蒂芬·哈尔斯爵士和托马斯·考斯顿也被迫与他们一道行进。现在看看事情的结果多么幸运，因为如果这些恶棍的意图成功，英国的所有贵族都将毁灭，仿效这样的成功，其他国家的人也会反抗，以根特和法兰德斯的人为榜样，后者当时发动了真正针对君主的叛乱。确实，同年巴黎人也以类似的方式开始行动，大约20 000多人都佩有铅棍，发动了叛乱。

乔瓦尼·薄伽丘：《十日谈》——佛罗伦萨的瘟疫

在14世纪中叶，一场严重的瘟疫席卷欧洲，在某些城市，半数人口死亡，而且对那些活下来的人也影响深远。其中的幸存者之一是乔瓦尼·薄伽丘（1313—1375年），他是意大利文艺复兴时期著名的人文主义者。他广为人知的作品是《十日谈》，写于瘟疫袭击佛罗伦萨的1348—1353年之间。薄伽丘在著作的开头描绘了这场瘟疫，下面是其中的节选。

思考：人们对瘟疫如何反应；人们对瘟疫的原因和如何传播一般如何理解。

材料来源：Giovanni Boccaccio, *The Decameron*, *in Stories of Boccaccio*, trans. john Payne (London: Bibliophilist Library, 1903), pp. 1-6.

在我主降生后1348年,在佛罗伦萨这座意大利最美丽的城市发生了一场可怕的瘟疫,这场瘟疫不知是由于天体的影响,还是上帝降灾公正地惩罚我们的罪恶,反正几年前在黎凡特爆发了,然后从一个地方传到另一个地方,到处造成的破坏令人难以置信,现在则传到西方了。尽管人们采用了所知和能预见的各种方法,包括清理城市的污秽,赶走可疑之人,印刷出版物教育人们如何保持健康;尽管人们成群结队或者单独向上帝低声下气地一再恳求,但是在这一年的春天,瘟疫还是以令人悲伤和惊奇的方式出现了。这里的瘟疫与东方所见的不同,那里的人只要鼻孔流血就是死亡的预兆。而在这里,患者的腹股沟或腋下会出现几个瘤,有的大如苹果,有的则如鸡蛋般大小。此后在患者身体的多数地方会出现紫斑,有时斑点大但数量少,有时则斑点小而数量多——这两种情况都预示着死亡。无论是医学知识还是药物的效力都无法治愈这种疾病,也许是因为这种疾病本身就是不可救药的,也许是因为医生无法找到真正的病因,因而也就无法提出正确的治愈方法(把江湖医生和冒牌的女性计算在内,当时医生的数量是很大的);不管原因是什么,很少有人能摆脱死亡。在这些症状出现后的第三天,几乎所有的人都死了,只是有些人稍早有些人稍晚,没有任何发烧和相关的症状。这种瘟疫更致命的地方在于,通过病人接触健康的人,它每天都在传播,就像干柴遇到了烈火。不但与病人谈话和接近病人会造成传染,就是接触他们的衣服或他们触摸过的任何东西都会传染上疾病……

这些和其他类似的事实,在活着的人之间引起了种种恐惧,人们采取了各种对策,但所有都导致了同样冷酷无情的结果,也就是说,人们都避开病人,避开所有靠近病人的东西,指望这样就可以保住自己的命。一些人认为最好过有节制的生活,凡事避免过度,他们结成伴,使自己与外部完全隔绝;他们适度地吃最好的食物,喝最好的美酒,对外面的事情不闻不问,免得自己心神不宁。有些人则认为更好的预防方法是无拘无束地生活,对自己想满足的感情和口腹之欲绝不压抑,不停地从一个酒馆逛到另一个酒馆,喝酒狂欢,甚至闯到人家的私宅里(这些宅邸通常是被主人遗弃的,因而成为每个人的公产),尽管他们这样放荡不羁,但是竭力避免接触被瘟疫感染的人。当时这样一场浩劫如此广泛,无论世俗法律还是神圣规则都没人顾及了。因为执行这些法律的人要么死了、病了,要么就是没有人来帮他们,因此每个人都随心所欲。第三种人折衷了前两者的做法:既不像前一种人使自己遵守节食的原则,也避免后者的放纵;他们吃喝适可而止,他们四处走动,但要拿着香木和花束在鼻子底下闻,认为这样最能保持头脑清醒;因为在他们看来空气里到处都充满了死尸的恶臭,这种恶臭有些来自瘟疫本身,有些则是药物在尸体里发酵。有些人恐怕更不人道,他们想要更安全地远离危险,便判断治愈瘟疫的唯一方法是避开它;因此大量的男男女女有了这样的念头,而且只关心自己,扔下了城市、自己的家庭、亲戚和财产,逃到乡村去,好像上帝的怒火只是落到城墙之内的人头上,或者说很多人必须待在一个地方就注定要死亡。

尽管他们的观点各不相同,但是并非所有人都死了,也不是所有人都逃过了这场浩劫;而那些持这样或那样观点的人,也没人关心地病倒了;那些首先做出榜样抛弃别人的人,现在没人同情的情况下凋零了。我暂且不表市民和亲戚相互间表现出的漠不关心,他们竟然会恐惧到哥哥舍弃弟弟,妻子离开丈夫,更不寻常的是父母抛弃自己的孩子。因此许多人病倒后没人帮助,只有极少的朋友出于慈悲前来,或者某些仆人贪婪钱财服侍病人;即使这些

人也很难得且要价很高,而且他们也并不懂得看护,只是患者要什么他们拿什么,此外就是眼看着病人什么时候死掉,这种对钱财的渴望往往使他们因此而送命……

我不再细谈我们的种种惨状,我要说临近乡村的遭遇也好不了多少。我们周围不同的市镇自不必说,那里的情形和城市里一模一样,只是规模较小,你会看到那些可怜不幸的农民和他们的家庭,没有医生帮助,也没有仆人伺候,在路上、田里和自己的家中奄奄待毙,像牛而不是像人那样死去。结果他们像城市人那样肆意挥霍,对什么都不顾及,好像每天都是自己的末日,他们不动脑筋想着如何改善生活,光想着如何用有的东西来满足当前。牛、驴、绵羊、山羊、猪和对人类非常忠诚的狗,都被从它们的圈栏里赶出来,任凭它们在田里和长着的谷物里乱跑。没有人关心收割谷物,有许多次,牲口们白天在田里吃饱后,晚上像有理性似的会自动回来。

如果我回到城里,除了上天的残酷,也许还有人的残酷外,我还能说些什么呢?从3月到7月,根据权威计算,仅在佛罗伦萨城就死了10万人,而在灾难之前,人们没有想到城里能够容纳这么多人。华贵的宅邸、宏伟的宫殿那时都人去楼空!许多家庭都无一人幸存!留下了那么多的财富和家业,没有人来继承!那么多风华正茂的男女,早晨就连盖仑、希波克拉底和伊斯克拉庇斯都不否认他们身体结实,与他们的生前好友共进早餐,但到晚上就与死去的朋友在另一个世界吃晚饭了。

国王爱德华三世:劳工条例

1347年至1350年袭击佛罗伦萨的黑死病来到英国,造成严重的人口损失和劳动力的直接短缺。在这种情况下,幸存的劳动者可以要求更高的劳动报酬,事实也确实如此。这伤害了上层的商业贵族和土地主,他们转而向政府求助。作为回应之一,爱德华三世颁布了《劳工条例》(1351年),主旨是反对价格和劳动报酬的变化。下面是该条例的选段。

 思考: 瘟疫在英国造成的经济和社会后果;国王对这种经济问题的反应;评估适当劳动报酬所使用的标准。

材料来源: Edward P. Cheyney, ed., "England in the Time of Wycliffe," in *Translations and Reprints from the Original Sources of European History*, vol. II, no. 5, ed. Department of History of the University of Pennsylvania (Philadelphia: University of Pennsylvania Press, 1898), pp. 3 – 4.

国王致肯特郡长,问候:由于大量的人,尤其是劳动者和奴仆最近死于瘟疫,许多人看到主人急需人员而奴仆极度缺乏,便不想服务,除非能获得额外的劳动报酬,还有一些人宁愿闲散地乞讨,也不愿靠劳动糊口。考虑到今后因缺乏农夫和这些劳动力而会出现的严重麻烦,通过与帮助我们的高级教士、贵族和有识之士讨论和协商,并经过他们一致同意,我们颁布法令如下:

我不列颠王国的所有男女,不管地位如何,自由人还是农奴,身体健康,年龄在60岁之下,未经营商业、未从事手工业、无赖以生存的工作、无自己的土地而使自己忙于耕作,未为其他人服役;如果他被要求做合适的工作,考虑到他的地位,他必须根据要求服役;而且仅能获得我们英国统治第 20 年或随后 5 到 6 年的普通年份所被雇佣地方按惯例支付的报酬、衣物或薪水等。

如果任何收割者、割草人或其他劳动者或奴仆,不管处于什么地位,一直在为某个人服役,如何没有任何合适的理由或获得允许,在约定期限未满之前离开所从事的劳役,则将有牢狱之灾;任何人不得擅自接纳或收留受此惩罚之人为自己服役。

而且,任何人不得支付或承诺支付高于前述惯常支付的报酬、衣物、薪水等。

杰弗里·乔叟:《坎特伯雷故事集》

刻画中世纪后期代表性人物的最好文学作品之一是乔叟的《坎特伯雷故事集》。该著作于 14 世纪最后 25 年由这位英国诗人、战士、政治家和外交家所作,它收集了由许多想象力丰富的英国朝圣者所讲述的故事。在这里所选取的前言中,乔叟描述了一成不变且具有讽刺意味的人物形象,他们在已经走向衰落的中世纪颇具代表性。

 思考:根据这一文献这些人在中世纪社会应该扮演的各种角色;这些关于中世纪的材料在何种程度上既精确又有所歪曲。

材料来源:Geoffrey Chaucer, *The Canterbury Tales*, trans. David Wright (New York: Random House, 1964), pp. 3-8, 11-12. Copyright 1964 by David Wright, Reprinted by permission of Literistic, Ltd.

"骑士"是非常著名的人。从他生涯的一开始就热爱骑士精神、忠诚、光荣行为、慷慨和良好教养。他在为国王服役中作战勇敢。此外,无论在异教还是基督教土地上,他都比任何人旅行得远。无论他走到哪里,都因勇敢而受人尊重……

他总是非常成功,尽管杰出但很谨慎,他的举止如女性般谦逊。在整个一生中,对任何人讲话都从不失礼。他是真正完美尊贵的骑士。但是,讲到他的装备,他拥有良马,但穿着并不华丽。他穿一件厚棉布的束腰外衣,盔甲外套锈迹斑斑,因为他刚从旅行中归来,现在正前去朝圣表示感谢……

也有一位"修女",是一位小修道院院长,她笑起来自然而又安静;……在餐桌上她处处表现自己的良好教养:她从不让面包屑从嘴里掉出来,也不过深地蘸调料以免把手指弄污;当她把食物递到唇边时,小心翼翼地不让一滴溅到自己的胸脯上。礼节是她所热衷的。她喝水的时候小心地擦拭自己的上唇,以免人们在她喝过水的杯子上发现油脂斑点;吃东西的时候她优雅地取自己的食物。她确实最快乐、最友好、最使人感到舒服。她不辞辛苦地模仿宫廷举止,并培育高贵行为,以使人们认为她是值得尊敬之人。讲到她的情感,她如此心地温柔和富于同情心,每当看到老鼠被机关捉住,尤其是老鼠流血或死掉后,她就泪流满面……

同她在一起的有另一个修女,即她的牧师,还有三个教士。

有一位特别英俊的"僧侣",他是所在修道院的领地管家,爱好打猎;他是一位很有男子气的人,很适合担任修道院长。他马厩里养了许多良马,当他骑马外出时,人们会听到他马缰绳上的铃铛在风中叮当作响,就如同他当头的那座小型修道院礼拜堂的钟声一般清脆。由于圣莫拉和圣本尼迪克的院规已经过时而且有点严格,这位僧侣忽略那些旧条例而遵循最新的习惯。他对下列说法毫不在乎:猎人不能成为圣人,僧侣不注意院规——意思是说僧侣跑出修道院——无异于鱼儿离开了水。在他看来,这些说法一文不值,而我告诉他他的见解是对的。为什么他应该在修道院里永远盯着书看而累坏脑子呢?为什么他要用手劳动,按照圣奥古斯丁的命令而辛苦劳作呢?所侍奉的世界是怎样的呢?让圣奥古斯丁本人保留自己的辛苦劳动吧!这位僧侣的全部乐趣在于骑马和猎兔(对此他好不吝啬),因此,他仍然是一位努力的骑手,而且使自己的灰狗如鸟一般快……

接下来有一位留着八字胡的商人,他骑在高头大马上,穿着五颜六色的衣服,靴子用整齐漂亮的扣子扣紧,头上戴着法兰德斯的海狸帽。他浮夸地给出自己的意见,而且不停地谈论自己财富的增加。在他看来,应该不惜一切代价把从哈维奇到荷兰之间公海上的海盗肃清。他是钱币兑换的高手。这位可敬的市民绞尽脑汁算计如何获得最大好处,以高贵的方式从事钱币借贷和其他金融交易,从不考虑自己会欠债。他真的是一位最可敬的人,但说实话我记不起他的名字了……

同我们在一起的有一位很虔诚的人,他是贫穷的"教区牧师",但充满神圣的念头和行为。他也是一位有学识的人,是一位学者,他真诚地宣讲基督的福音,而且诚恳地教导教区居民。他和蔼、勤劳、在逆境中有耐心——他经常被付诸考验——很不情愿地把未交十一税的人革除教籍。说实话他宁愿把富人献给他的东西或者自己口袋的东西散给教区的穷人,因为他尽量以最简单的东西生活。尽管他的教区很大,但是房子很少而且相隔很远,无论风雨雷电还是疾病不幸都不能阻止他手持棍棒步行去探访最远的教民,不管他们是在高山还是低地。他为教民树立了高贵的榜样:他先身体力行,然后再传道……他从不讲究礼仪和人们的服从,他的良心也不是过分小心和徒有其表的。他教导基督的福音和十二福音书,但是他自己首先遵循它。

巴黎丈夫:教育如何做一位好妻子

中世纪晚期关于妇女的材料并不丰富,直到最近历史学家们才全力去搜集它们。人们相对熟知的《巴黎丈夫》是个例外。这部作品采用的是一位巴黎商人给妻子通信的形式,这是一本匿名商人眼里富裕家庭妻子之职责的经典指南。在下面选自这本 14 世纪晚期著作的片段中,作者介绍和概括了他要讨论的内容。

 思考:根据这份文献,当时妇女的地位和角色;在这位作者看来婚姻的目的是什么。

材料来源:Eileen Power, trans., *The Goodman of Paris* (London: Routledge & Kegan Paul, 1928), pp. 43 – 46. Reprinted by permission.

第一部分

三部分中的第一部分是有必要获得上帝的爱和灵魂的救赎,也有必要获得你丈夫的爱并给你世俗婚姻应有的安宁。由于这两件事情,即灵魂救赎和你丈夫的安慰是最必要的两件事,所以把他们放在最前面。第一部分包含九个条目。

第一条讲你醒来和起床后要敬奉和感谢我们的救世主和圣母,并讲述服饰如何得体。

第二条讲述合适的同伴、去教堂、选择你的位置、聪明的行为以及望弥撒和忏悔。

第三条讲你应该爱上帝和圣母,一直侍奉他们并使自己处于他们的眷顾中。

第四条讲你应该保持节制和贞洁,以苏珊娜、卢克利希亚和其他人为榜样。

第五条讲你应该像莎拉、丽贝卡和雷切尔那样爱你的丈夫(无论是我还是他人)。

第六条讲你应该以格里塞尔达、以丈夫溺水而不营救的那位妇女、以响应"命令"等的圣母、以路西法、以死火山堆、以图尔尼的贝利、以僧侣和管家、以安德莱赛尔女士、以肖蒙和罗马妇女为榜样,保持谦卑和顺从。

第七条讲你应当关心他的身体。

第八条讲你应该以培皮鲁斯、以那位下了八只蛋的妇女、以威尼斯妇女、以从(坎派斯托罗)的圣詹姆斯归来的那位妇女,以及以这位提倡者为榜样,对他的秘密缄口不言。

第九条也是最后一条是,如果你丈夫正尝试做蠢事,你必须聪明和谦卑地让他从中摆脱,就像对待麦丽布斯和让娜·拉·昆廷那样。

第二部分

第二部分有必要增加家庭钱财、获得朋友并储蓄财产,救助自己对抗将来的厄运,它包括六个条目。

第一条是你要勤奋和坚持不懈地照顾家庭并重视工作,并尽力从中发现乐趣,我在这方面也是如此,这样我们就能到达所讲的城堡。

第二条是你至少在照顾和栽种花园方面开心并有点技巧,在合适的季节嫁接并让玫瑰在冬天能够生长。

第三条是你了解如何选择仆人、看门人、雇工或雇佣强壮之人从事每时每刻都要做的重活或者类似的劳力等。也要了解如何选择裁缝、鞋匠、面包师和糕饼师等。尤其是如何安排仆人和家仆劳动,筛选和播种谷物、洗衣服并将其晾干,了解如何命令你手下的人考虑羊和马匹,以及如何保持和改良美酒。

第四条是你作为至高无上的家庭女主人,了解如何安排晚餐、午餐、餐具和菜品,与屠夫和家禽贩子打交道时要聪明,并具备香料方面的知识。

第五条是你要知道如何安排、规定、设计和制作各种浓汤、酱汁和所有其他肉类,以及为病人吃的这些食物。

第三部分

第三部分讲述运动和娱乐,它们能使你脸上开心,并给你某些与同伴的谈资,它包括三个条目。

第一条是与娱乐问题有关的所有内容,要用掷筛子和象棋中的车和王以未曾有过的方式说明和回答这些问题。

第二条是了解如何喂养和放飞猎鹰。

第三条讲述关于计算和数字等其他方面的谜,那很难找到并猜出。

图像材料

围攻教会

在 15 世纪的一幅手稿插图(图 11.1)中,描绘了教会所面临的某些问题以及教会意识到自己受到恶灵的围攻。在中间,站着保护教会的教皇。教会被描绘为直插云霄的中世纪城堡,在教皇上面的教会里有协助保护教会的教会官员。在前景的攻击者是异端分子,他们被表现为失明者,代表他们没有能力看到真理。在侧翼围攻的是妇女们,他们代表着主要的罪恶。

图 11.1 15 世纪的一幅手稿插图

思考:教会所面临的问题以及依据插图有何合适的解决方法;这幅插图同反映教会会议至上运动和异端的材料之间有何关联;这幅插图如何反映了对妇女的态度。

图 11.2 《死亡的胜利》雕版图

死亡的胜利

由于战争、饥荒、尤其是瘟疫袭击 15 世纪的欧洲,死亡成为艺术的普遍主题。最为典型的是,瘟疫被视为上帝对人类犯罪的惩罚,只有教会才能在瘟疫方面有所作为。然而宗教和所有其他措施在死亡面前似乎都无能为力。这反映在以死亡为主题的大量图画中。这幅名为《死亡的胜利》(图11.2)的雕版图选自彼特拉克的《凯旋》(*Trionfi*),是由一位威尼斯艺术家在 1470—1480 年间创作的。其中国王、教士和普通人都无助地倒在死亡的马车下,死者的灵魂要么被左上方的天使带走,要么被右上方的魔鬼带走。

思考:这些流行的场景中所反映的对死亡的态度;这些场景所反映的态度,在哪些方面与薄伽丘所解释的相似。

食物和犯罪

图 11.3 另外指出了影响 14 世纪欧洲的各种崩溃迹象。这里所比较的是 1300—1350 年间英国诺福克小麦价格的涨跌和犯罪数量的多寡。揭示了食物供应的波动情况,以及小麦价格和犯罪数量之间清晰的联系。

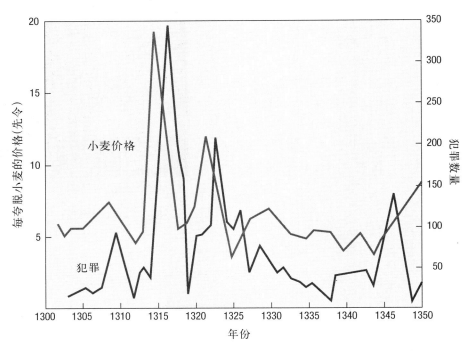

图 11.3　14 世纪英国诺福克的犯罪数量和小麦价格

 思考：这一图表的信息如何与社会、政治、甚至宗教的动荡相关。

中世纪后期的动荡

这幅地图 11.4 使人们对 14 世纪欧洲的社会和宗教动荡有了某些地理范围上的概念。英国受到城市和乡村起义以及宗教异端的多重影响。它们的地理位置表明起义和异端已经连在一起。这幅地图没有表现出的东西可以加进骚乱和动荡的画面：无数的政治和军事骚乱、大分裂时期(1378—1417 年)的宗教分裂、瘟疫的传播和前三个世纪所建立的殖民地的消失。

 思考：地图所能揭示的政治骚乱、宗教分裂、瘟疫和人口损失之间的联系。

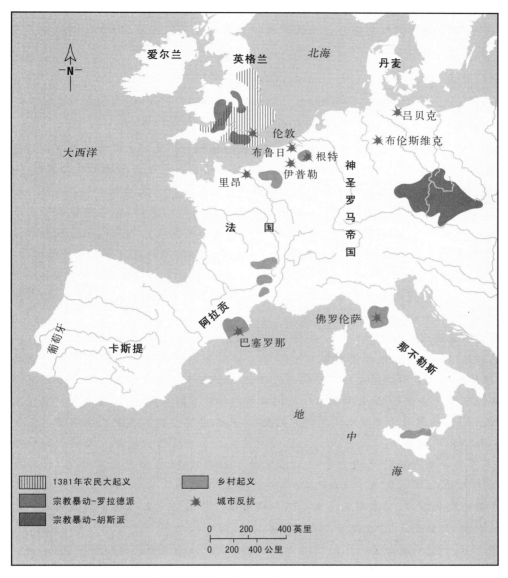

图 11.4　14 世纪欧洲的政治和宗教骚乱

二手材料

弗朗西斯·奥克莱：中世纪后期的危机

历史学家们大都认为,在 14 至 15 世纪间,中世纪文明遭受了危机。人们不太清楚的是那一危机的性质及其原因。在下面的选段中,弗朗西斯·奥克莱聚焦于教会内部的问题、战争和经济困难,将其视为中世纪后期危机的核心。

思考：是否可以将教会内部的问题视为总危机的原因或征兆；战争和经济萧条的社会后果。

材料来源：Reprinted with the permission of Charles Scribner's sons, an imprint of Macmillan Publishing Company, from *The Medieval Experinece* by Francis Oakley. Copyright 1974 Francis Oakley.

从14世纪早期开始，教会生活中最长久存在的特征之一是国王或诸侯再次控制地区教会所造成的紧张关系。无论是否以狡猾的方式，反正格里高利改革派的工作都遭到了破坏，统治者们越来越主张对自己国家范围内的所有团体和机构——包括教士和教会——都拥有至高无上的司法权。到15世纪早期，特别是英国和法国的国王们，非常擅长调动国家反教皇的感情，目的是给教皇施加压力，使他让步，允许他们更多地分享向国家的教会征收的税收，以及分享属于教会的俸禄和职位。阿维农教皇和分裂时期的教皇鉴于必须面对的困难，毫无选择，只能屈服于这种外交勒索，即使这样做会使教会发生分裂导致革命，最终会让他们的继承者成为只是理论上的最高权威，实际的权力事实上转到了国王、诸侯，以及威尼斯这样的城市国家统治者手中……

历史学家通常选择将教会的这一转变以及教皇财富的衰减，看作中世纪文明之魂发生深刻危机的前兆。我们很容易理解历史学家为什么会这样认为。1296年法英之间战争的爆发，很快就导致了与博尼法斯八世的武力对抗，标志着相对和平时代的结束和欧洲两个大国之间长期斗争的开始，尽管期间有一些间歇性的休战和和平时期，但是战争一直拖延到了15世纪。当它结束时给法国造成了严重的灾难，而且在那个国家再度引发了贵族的长期争斗和私人武装的敌对，这本来是无法无天的封建制度早期阶段的特征。与英国的战争结束后，约克家族和兰开斯特家族为争夺王位发动了王朝战争，在历史上被称为"红白玫瑰战争"，在这期间，英国也出现了所谓的"变态封建主义"。客气一点讲，14至15世纪标志着英国和法国的发展停滞，不客气地讲则是绝对的后退。它们当然都证明了公共秩序的崩溃和暴力的增加，其程度是13世纪后期难以想象到的。

随着10世纪积聚力量、11至12世纪加速、13世纪达到顶峰的经济繁荣在14世纪早期结束，自然而然引发了多重的苦难，这也肯定加重了因入侵和内战而引起的社会混乱。甚至在黑死病（1348—1350年）到来之前，人口已经停滞增长，严重而广泛的饥荒已经重新出现，欧洲经济已经下滑，出现了财政危机和衰退，这将延续到15世纪后半叶，甚至在某些地区延续到16世纪。

米拉德·梅斯：黑死病——经济社会的视角

历史学家们认为，黑死病和14世纪中期的其他变化一起促成经济和社会方面的重大变化，这成为14世纪后期的特征。具体而言，历史学家们指出工资不断上涨、由于瘟疫造成人口下降直接促成社会流动机会增加。在下面的选段中，米拉德·梅斯通过考察瘟疫对佛罗伦萨和锡耶纳的影响对此进行了解释。

11. 中世纪后期

 思考：黑死病在北部意大利的经济和社会后果；黑死病后哪些团体获益最多，为什么；薄伽丘的叙述在哪些方面支撑了这一解释。

材料来源：From Meiss, Millard, *Painting in Florence and Sienna After the Black Death*, pp. 67 – 69. Copyright 1978 by Princeton University Press. Reprinted by permission of Princeton University Press.

紧跟着黑死病出现，我们听说食物和商品无比丰富，也听说人们过着狂热的不负责任的生活。阿戈诺罗·迪·图拉写道，在锡耶纳，"每个人都沉迷于吃喝、狩猎、放鹰和赌博"，马泰罗·维拉尼也因佛罗伦萨人类似的行为而哀叹……这种异常丰富的条件当然不可能维持长久。在大多数人看来，狂热者寻求即时满足是灾难中幸存者的特点，同样是不长久的。然而在随后的几十年里，我们继续听到人们对公认的行为方式和制度性规定有完全不同的态度，在托钵僧中尤其如此。我们看到，一方面黑死病似乎促进了一种打破常规、不负责任、自我沉溺的生活，另一方面则促进了更强烈的虔诚或宗教激动。在下面的话中，维拉尼讲述了瘟疫更持久的后果：

"人们认为，由于那么多人死亡，大地的所有物产会变得丰富，然而相反，由于人们的忘恩，每样东西都变得异常缺乏，而且会长久如此……大多数商品都更昂贵，比瘟疫之前上涨了两倍甚至更多。劳动力的价格，各个行当的商品都毫无秩序地上涨了两倍多。因遗产和继承，各地市民中的讼争、争端、争吵和骚乱都有增无减；……到处都是战争和各种各样的丑闻，完全与人们期望的相反。"锡耶纳的情况也类似。价格上升到前所未有的水平。在每个城市的小帝国之内，由于几乎所有从属市镇的背叛，锡耶纳在这些年里进一步瓦解。这些市镇把佛罗伦萨和锡耶纳强大寡头统治于1343年和1355年的相继倒台，看成进行反叛的机会。这两大城市极度衰落，统治团体在对外政策上不思进取，没有做出任何努力收复这些市镇。

这两大城市周围的小城镇和乡村并未因瘟疫而造成人口大量死亡，但是这些地区的人们在另外的方面感受到它的影响。14世纪所有大国都会利用的某些雇佣军利用了这些城市的虚弱……

雇佣军队的破坏加剧了因黑死病而开始的从小城镇和农村向大城市迁移的浪潮。大多数新来者为相对高的报酬所吸引而受雇于纺织工场。但是大量人口死亡也给人们提供了另外担任公证员、法官、医生和手艺人的机会。无论在佛罗伦萨还是在锡耶纳，控制移民的法律松弛了，一些特权，如快速授予市民身份或免税等，给予了那些不怎么急需的手艺人或者医生等专业人员。……

除了将大批周围城镇和乡村的人带入城市外，黑死病以另外的方式影响了佛罗伦萨社会。通过非正规继承和其他例外情况，在该城和大量人口缺失的锡耶纳城出现了"新贵"阶层。他们的财产因更古老家族的贫困而进一步增加，如巴尔迪和佩鲁齐家族，他们因金融破产而失去了自己的财富。在两个城市里，许多商人和手艺人都富裕到对"小人物"而言不正常的程度。斯卡拉麦勒视旧家族和新贵之间的斗争为该时代的主要冲突之一。对外来人和新贵的强烈抗议，在这两个城市中从没有停止过，现在无论是抗议之声还是暴力程度都进一

· 183 ·

步增加了。与"外来人和无知者"的对抗与对城市新政体的反抗融为一体。据说,政府已经被他们所占领。

威廉 L·朗格:观察黑死病的心理视角

大多数历史学家都不愿从心理角度来观察历史的发展。在最近几十年历史学家们被激励将心理学观点用于历史。1957 年,威廉 L·朗格,即当时美国历史学会的主席,在年会的主席演讲中向历史学家提出了这一要求。下面的片段选自那一演讲,朗格在其中指出现代心理学如何可以用来解释黑死病和相关的变化。

  思考:心理学家如何可以解释与黑死病有关的各种行为;《死亡的胜利》如何与这一解释相吻合。

材料来源:William L. Langer,"The next Assignment," *The American Historical Review*, vol. LXIII, no. 2 (January 1958), pp. 292 – 293, 295 – 298. Reprinted by permission.

黑死病比那一时代以前人们所经历的任何时期全都更糟糕,而且完全可能是降临到欧洲人头上的最大的一次灾难。在许多地区,人口在短短几个月里就损失了三分之一甚至一半,而且要记住,1328—1349 年的大灾难仅仅是造成人口持续可怕枯竭的流行病时期的开始⋯⋯

听到疾病接近的消息,一种无法摆脱的恐惧抓住了人们。在中世纪,它一方面导致人们以鞭笞游行的方式进行忏悔的行为急剧增加,另一方面导致人们疯狂寻找替罪羊,结果导致大规模屠杀犹太人。这些灾难最明显的特征是人们仓促地逃离城市,其中不仅富裕阶层而且城镇官员、教授和教师、牧师,甚至医生都加入到逃亡之列。大多数人都认为灾难是上帝发怒的表现,从而致力于悔罪训练、慈善事业以及修补教堂和建造宗教建筑等善功。另一方面,恐惧和混乱在许多地方造成总体道德败坏和社会崩溃。犯罪分子迅速出现,掠夺被废弃的房屋,甚至谋杀病人掠夺他们的珠宝。许多人对上帝的善和仁慈感到绝望,放任自己过放荡的生活,如修昔底德所言,决定"从生活中获取容易得到并能满足自己贪欲的快乐,认为自己的身体和财富都是短暂易逝的"。醉酒和性淫乱成为平常之事。亲眼见到 1665 年伦敦大瘟疫的人报告说,"在一间房子里,你会听到他们因死亡的悲痛而哀号,在另一间,则会听到人们醉酒、狎妓和喷出亵渎上帝的污言秽语⋯⋯"

人们都承认,这个时代充满了悲惨、沮丧和焦虑的氛围,而且在一般意义上末日审判迫在眉睫。大量作家在各种不同的领域评论了人们病态地关注死亡,对墓穴有可怕的兴趣,对人的尸体有令人毛骨悚然的偏好。画家们最喜欢的主题是基督受难、最后审判的恐怖和地狱的折磨,所有人都以残忍的现实主义进行描绘,而且都挚爱每一令人厌恶的细节。总体特征是"死亡的舞蹈"木刻和壁画普遍流行,并配有适当的诗句,它们在黑死病开始后不久就已出现,而且人所共知这表示人们意识到死亡的迫在眉睫和无法赦免的死亡的恐怖。在整个 15 和 16 世纪,这些冷酷无情的自然主义画面让人们时刻意识到即将来临的毁灭。

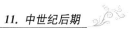

"死亡的舞蹈"主题的起源总体可以推溯到黑死病和继后的流行病,并在15世纪末梅毒爆发所造成的恐怖中达到高潮。假定我提到的许多其他现象都可以以同样的方式得到解释,至少部分得到解释,这难道不合理吗?我们所有人都承认,中世纪后期是一个普遍宗教狂热或过度狂热的时期,是朝圣和忏悔游行、弥撒布道、崇拜圣物和圣徒、俗人虔诚和民众神秘主义的时期。它显然也是一个非常不道德和生活特别松弛的时期,我们一定将其视为一部分民众"肆无忌惮"的延续。心理学家对此的解释是,通过强调完全相反的感情并将后者当作真感情表现自己的行为,人们来压抑难以忍受的情感。但是这一时代最明显的特征是人们对犯罪和来世惩罚的恐怖有强烈的意识,试图通过强烈渴望有效的调停、渴望个人直接体验上帝、对教会以及反映在赎罪券买卖上的机械的救赎手段不满来表达这种意识。

依据现代心理学的原则,这些态度,以及人们对占星术感兴趣、越来越诉诸魔法和15世纪巫术和恶魔崇拜的惊人传播,都是人类对那一时期所遭受苦难的正常反应。

 **本章问题**

1. 如果你要把中世纪后期解释为衰落的时期,你会强调什么论点和证据?如果你想把这个时期主要解释为一个过渡时期,你会强调什么论点和证据?
2. 中世纪后期的总体特征哪些方面体现在瘟疫以及人们对它的反应上?

第三部分
DI SAN BU FEN

文艺复兴、宗教改革和扩张

12. 文艺复兴

　　尽管中世纪后期在许多方面是衰落和分裂的时期,但是该时期也见证了文艺复兴这一文化和思想创造力的大爆发,文艺复兴发端于 14 世纪意大利的北部城市,那里的学者和社会精英阶层越来越关注古希腊罗马的文学和观念。随着对古代文明的兴趣增长,弃绝中世纪文明观念和习惯的趋势也在增强。尽管文艺复兴时期的人们仍然保留着深深的宗教情感,但他们比中世纪人更加关注世俗和物质的世界。最能概括文艺复兴含义的词汇是"人文主义":重新关注人是充满活力的世俗世界中强大而又具创造性的个人。所有这一切都反映在从 14 世纪到 16 世纪初意大利北部城市的文学、艺术和社会中,此后由于外部入侵和其他问题导致文艺复兴在意大利衰落。

　　在北欧,文艺复兴开始于 15 世纪期间,并延续了几乎整个 16 世纪。这一复兴深受早期意大利文艺复兴的影响,确实当时人们通常越过阿尔卑斯山旅行至南方,然后带着北部意大利人民表现出来的明显的观念和风格返回北方。然而,北方文艺复兴也有与意大利文艺复兴不同的起源和特点,尤其是它更多地与宗教问题结合在一起。例如,它更强调学习古典语言提高对圣经的翻译水平,研究古典文学是因为它与基督教的理想和生活有关,并创作具有突出宗教主题的艺术品。

　　本章集中探讨一个宽泛的主题:文艺复兴。这里所考察的是历史学家所界定的文艺复兴的典型特征,如文学人文主义、人文主义教育和总体的人文主义。什么是文学人文主义?在重新强调人文学之类的教育变化中如何反映了人文主义的发展?致力于人文主义的那些人遇到了什么问题?同时也考察反映这种人文主义的艺术和政治倾向。文艺复兴艺术在哪些方面与中世纪艺术不同?文艺复兴的某些主要成分如何反映在该时期的艺术中?政治理论如何反映了文艺复兴的特征?北方文艺复兴的性质是什么?中世纪关注的问题和文艺复兴风格之间的联系如何反映在北方文艺复兴的艺术之中?尤其是那些有关当时人们和现代学者从总体上区分文艺复兴和中世纪的材料。意大利文艺复兴时期的重要人物如何看待中世纪?与中世纪的裂痕有多深?应当如何从总体上解释文艺复兴?努力回答引起学者们巨大分歧的问题,其中最著名的是雅各布·布克哈特的解释,他强调意大利文艺复兴的现代性和独特性。二手材料列举了关于文艺复兴含义的传统争论。

原始材料

弗朗西斯科·彼特拉克：致薄伽丘的信：文学人文主义

文学人文主义是一场复兴古典文学以及古典作品所体现的价值观的运动，是早期文艺复兴的核心。这一趋势发端于14世纪期间的北部意大利，它将关注的焦点从体现中世纪特征的来世关心和作为宗教存在的人扩展到世俗人和世俗自然的问题。与此联系最为紧密且对它的传播贡献最大的人是佛罗伦萨的弗朗西斯科·彼特拉克(1304—1374年)，他最著名的是献给劳拉的爱情十四行诗，他也整理和翻译了许多古典作品并写了大量书信——经常赞扬古典作家，甚至模仿他们的风格写作。下面的选段选自他于1362年写给好友薄伽丘的信件，其中彼特拉克消除人们的疑虑并回应专门对人文主义学问提出的指责。

思考： 彼特拉克所驳斥的指责的性质；彼特拉克如何联系人文主义和宗教；彼特拉克对文学人文主义之益处的看法。

材料来源： James Harvey Robison and Henry Winchester Rolfe, *Petrarch: The First Modern Scholar and Man of Letters* (New York: Haskell House, 1898), pp. 391-395.

无论是道德劝诫还是死亡临近的说法都不会让我们离开文学，对健康的头脑而言，它能够刺激对美德的爱并能驱散或至少减少对死亡的恐惧。放弃我们的研究表明缺少自信而不是缺少智慧，因为文学不会妨碍只会帮助拥有文学细胞的头脑，它们促进了而不是拖累了我们的生活。许多种食物对虚弱和作呕的胃构成很大的负担，但对健康而饥饿的胃却能提供丰富的营养，因此，在我们的研究中对虚弱的头脑来说致命的东西，对敏锐和健康的头脑而言却是最有益的，尤其是当我们在汲取食物和学问时保持适度谨慎则更是如此。如果情况相反，肯定是某些人坚持到底的热情并没有达到让人敬佩的程度。我永远不会忘记，加图在年纪大的时候使自己熟知了拉丁文学，而且在真的变成老人时熟知了希腊文。瓦罗在100岁的时候仍然阅读和写作，他告别了生命，才告别了对研究的热爱。李维·德鲁苏斯尽管年老体弱并双目失明，但并没有放弃解释民法，继续从事这一工作造福国家……

除了这些人和无数其他类似的人之外，信奉我们的宗教而且我们最希望效仿的人中，就没有人一生致力于文学，并在年老和死亡时保持同样的追求吗？确实有些人在阅读和写作时被死亡夺去了生命。就我所知，在他们身上，从没有证明因世俗学问而著名是一种缺点……

尽管我知道许多人虽没有学问但因虔诚而著名，同时我也知道没有人因文学而被阻碍了通向神圣的道路。确实，人们谴责使徒保罗因研究而使头脑发生了转变，但是世界很久以前就对这一谴责做出了裁决。如果我可以讲我自己，那么在我看来，尽管取道无知而通向美德之路似乎更加平坦,但是它也培养了懒惰。所有善良之人的目标一致,但是通向目标的道路却各种各样。有些人步履缓慢,有些人更加精神,有的隐约可见,有些人则更加显眼。有人选择低处的道路,有些人则选择高处的道路。尽管在通向幸福的路上所有人都类似,但是更高处的道路也更荣耀。因此虔诚的无知并不能与熟悉文学之人富有启示的虔诚处于同一平面。你们无法从所有的文盲圣徒中为我挑选出一位榜样,他神圣至极,使我无法从其他团体中找出更加神圣的人与他匹敌。

彼得·保罗·弗吉里奥：论自由学科

与文学人文主义密切相关的是重新重视更宽泛界定的"自由学科"。这种重视表现在对教育的新探讨之中,教育课程表的变化构成了制度性的发展,产生了持久和广泛的影响。第一个在教育体系中系统表达这种重视的人是彼得·保罗·弗吉里奥(1370—1444年)。他在几所意大利的大学里担任教师,在他著名的论文《论自由学科》中,他否定了中世纪教育的许多内容和方法。下面的选段选自他写给卡拉拉的尤伯提努斯的信件,其中他提出了自由艺术越来越重要的观点。

思考：这一观点中哪些是人文主义特有的,而非经院哲学和中世纪的观念;在这一建议的课程表中,弗吉里奥如何为他选择的三个科目进行辩护;彼特拉克就这封信会思考些什么。

材料来源：From William Harrison Woodward, *Vittorino da Feltre and Other Humanist Educators* (Cambridge, England: Cambridge University Press; New York: Bureau of Publications, Teachers College, Columbia University, 1963), pp. 96-97, 106-107. Reprinted by permission.

我,弗朗西斯科,你的祖父,一个做事能力突出、有良好判断力的人,时常说父母对孩子负有三项责任。第一项是给他们起一个不会为此感到羞愧的名字。一位父亲,或是出于怪念头、或者是漠不关心、或者是希望家族姓名永存,给孩子起了名字,结果使他一生伴随着不幸。第二个责任是让他的孩子在著名城市里长大,因为这不仅关系他将来的自尊,而且与第三个也是最重要的责任密切相关,这第三个责任是孩子应该从父亲那里得到的,即考虑让他接受良好学问的训练。任何财富、任何应对未来命运的可能的安全,都抵不上接受重要的自由学科教育这一礼物。通过这一教育,名字再普通的人也能获得殊荣,尽管出身卑微也能给所出生的城市带来尊严。但是我们必须记住,一个人尽管可以通过改名字或离开某个城市,摆脱名字不幸的负担,摆脱人们对无名城市的蔑视,却永远无法弥补早期教育的缺失。因此后来的基础须在早年打好,性格要在易受影响的时候塑造,头脑要趁记忆力好的时候锤炼。

虽说所有父亲都有这一责任,但是拥有高等地位的人尤其义不容辞。因为拥有该地位的人在公众注目下生活,人们更指望他们能够证明个人的美德以及有能力发挥在其他人中占据独特位置的人所应发挥的作用……

现在我们来考虑应该被纳入"人文研究"名下的各种科目。我把第一位给予历史,基于的理由是它既有魅力又实用,具备同时吸引学者和政治家的特性。在重要性上位列第二的是道德哲学,它在特定意义上确实是"自由学科",目的是教给人们自由的秘密。历史则为这些所极力主张的原则提供具体事例。一个说明人们应该做什么,另一个则说明过去人们说了和做了什么,为了今天我们能从中汲取什么有用的教训。我要把雄辩术定为第三个主要的研究分科,它在精炼的学科中确实拥有显著的位置。通过哲学我们学会了事物的绝对真理,而雄辩术用整齐的装饰对此进行展示,从而让头脑不同的人都信服。而历史提供了经验之光——累积的智慧适合补充理性的力量和雄辩术的说服力。因为我们将良好判断、讲话智慧和行为正直作为真正自由性情的标志。

克里斯蒂娜·德·皮桑:女性之城

文艺复兴时期大多数伟大的文化人都是男人。然而,有一些女人能够创作作品、获得认可并维护女人免遭男性贬低。其中最著名的是克里斯蒂娜·德·皮桑(1363—1431年)。她出生于威尼斯,后随家庭移居巴黎,在那里她父亲成为法国王室宫廷的一名医生和占星家。她接受了异常良好的教育,创作了一些诗歌和著作,最为人们广泛阅读的是《女士之城》(1405年)。在下面的选段中克里斯蒂娜就女性的政治和教育能力以及就男性贬低女性质疑一位代表理性女神的寓言人物。

 思考: 关于女性的普遍假设和论点是什么;克里斯蒂娜·德·皮桑如何攻击这些假设和论点;她的作品在哪些方面体现了文艺复兴的特征。

材料来源: Excerpts from *The Book of The City of Ladies* by Christine de Pizan, translated by Rosalind Brown-Grant (New York:Penguin Putnam, Inc., 1999), pp. 29, 30, 139 – 141.

35. 驳斥那些认为女性不够聪明不能学习法律的人

即使上帝通常赋予女性大智慧,那么她们放弃自己惯常的谦逊而忙于向法庭提交案件也是不对的,因为已经有足够的男人从事这项工作。既然两个人能够轻巧地负担,为什么要派三个人呢?

"然而,如果有人坚持认为妇女不够聪明不能学习法律,我就引证无论过去还是现在的许多妇女的例子驳斥他们,这些妇女是伟大的哲学家,而且在比纯粹学习法律和人类法规更加困难的学科中卓越超群。过一会儿我要更详细地讲述这些妇女。另外,有些人认为妇女缺乏明智管理和确立良好风俗的能力,为了回答这些人,我会给你列举历史上某些可敬的女士,她们掌握了这些技艺。为了让你更好地明白我说的话,我甚至会给你列举你们同时代的一些女性,她们成了寡妇,丈夫死后她们组织和管理家庭的能力证明一位聪明的妇女可以在任何领域成功。"

36. 驳斥那些认为让妇女接受教育并不妥当的人

听到这些话后,我,克里斯蒂娜说:"我的女士,我能清楚地看到妇女给这个世界带来很多好处。即使某些罪恶的妇女做了恶事,但是在我看来妇女做过的或继续做的善事超过前者。就前述那些无论在艺术还是科学领域都接受过良好教育的妇女而言,情况尤其如此。这就是我更加对某些男人的观点感到惊讶的原因,他们说完全反对自己的女儿、妻子或其他女性亲戚致力于学习,以免她们的道德被腐蚀。"

"正直"回答说:"这会向你证明,并非所有男人的论点都基于理性,而且这些男人尤其是错误的。绝对没有任何理由可以假定有关道德纪律的知识有腐蚀道德的效果,它实际上是灌输道德的。这种知识能纠正人的罪恶并改善人的道德是确证无疑的。人们怎么能够认为通过学习好的课程和建议会因此而成为坏人呢?这样的观点完全无法令人接受而且是站不住脚的。我并不是说,让男女学习卑鄙的或其他被禁止的科学是个好主意,理由是神圣教会并没有禁止人们去徒然地学习。然而,说妇女因为知道什么是正确和合适的就会被腐化,那是完全错误的……

因此,并不是所有人,尤其是那些最聪明的人,都同意说教育妇女是一个坏主意。然而,正确的是,那些头脑并不聪明的男人会提出这一看法,因为他们不想让妇女知道得比他们多。你的父亲是一位伟大的占星家和哲学家,他并不相信科学知识会贬损妇女的价值。如你所知,看见你这么快乐地学习各门学科,确实给他带来很大的快乐,相反,倒是因为你的母亲作为一个女人持有这样的观点,即你应该像其他女孩子一样花时间纺织,你不应该接受更高级的或更具体的科学知识。但是,正如我们有时会引用格言所说的那样:'你天性里的东西人们无法拿走。'尽管母亲反对,你还是极力从学习中收集知识的谷物,这多亏了你天性中对学习的爱好。在我看来非常明显,你并不因为拥有这种知识而稍稍贬损自己;事实上你看起来很珍视它,而且确实应该这样。"

尼可洛·马基雅维利:《君主论》

意大利文艺复兴是在这样的环境中发展的,其中政治呈现出越来越具有竞争性、越来越世俗化的风格。在意大利的每个国家中,党派为权利而斗争,同时国家之间为了主权或利益而相互斗争。1492年后,意大利数次被西班牙、法国和神圣罗马帝国入侵。这些变化反映在文艺复兴伟大的政治理论家尼可洛·马基雅维利(1469—1527年)的生平和作品中。

马基雅维利出生在美第奇家族统治下的佛罗伦萨,在美第奇家族被驱逐、共和国政府取而代之的时期,马基雅维利于1498年在佛罗伦萨行政部门开始了自己的职业生涯。他在共和国政府中升迁到重要的外交职位,但是当美第奇家族于1512年重返权力舞台后他被迫辞职。他从没有放弃重新得宠的希望,而且写了著名的作品《君主论》(1513年),在某种程度上是向美第奇统治者申请在佛罗伦萨政府获得一份工作。这本书从当时起就成为一篇经典的政治理论论文,尤其是他把政治与神学和形而上学区分开来的方式。下面选自《君主论》的片段反映了著作的风格和某些重要主题。

思考:这部作品在哪些方面反映了文艺复兴典型的价值观或实践活动;同样的原则如何可以用于20世纪的政治活动。

材料来源:From The Prince and the Discourses by Niccolò Machiavelli, Translated by

Luigi Ricci and revised by E. R. P. Vincent（1935），pp. 56，65 – 66，by permission of Oxford University Press.

现在尚待考察的是君主对待臣属和朋友的方法和原则。我知道许多人已经对此做过大量撰述，由于我在这个问题上与别人观点不同，因此我也就此撰文恐怕会被别人认为是傲慢自大。但是我的目的是给那些理解它的人写一些有用的东西，在我看来最好深入事物的真相而不是对它的想象。许多人曾经想象过见所未见也不知其是否真正存在的共和国和君主国，可是由于我们如何生活应该怎样生活差距甚大，所以一个人为了应该怎么做而放弃现在所做的，就会知道这带给自己的将是毁灭而不是自我保全。因此，一个人在许多恶人中间事事都宣扬善，必然会痛苦万分。因此，如果一位君主想要保全自身，就有必要知道如何不做善事，并视情况需要决定是否使用这一知识……

所以，一位君主没有必要具备我上面列举的所有品德，但是有必要显得具备这些品德。我甚至敢斗胆说，具备这些品德而且始终遵守它们是非常危险的，但是显得拥有它们则是有益的。因此显得仁慈、忠诚、人道、诚实和虔诚是很好的，而且你也要这样做，但是你必须有思想准备进行这样的安排，即如果需要你做相反的事情要能够转向完全相反的品性。必须要理解的是，一位君主，尤其是一位新君主，不能遵守所有人们认为是善的事情，为了保持自己的国家，不得不经常背信弃义、不讲仁慈、违反人道和忤逆宗教。所以他必须有精神准备顺应命运而见风使舵。而且如我前面所说的那样，如果可能不要背离良善，如果情势所迫则能够作恶。

一位君主千万要注意，不要说出不洋溢着上述五种美德的话，而且要让看到或听到的人觉得他似乎是非常仁慈、诚信、正直、人道和虔诚的人。显得具备最后一项品质尤其重要，因为人们一般靠眼睛而不是靠双手进行判断，因为人们都能够看到你，但是很少有人能接触到你。每个人都能看见你看起来是怎样的人，但是很少人能感觉你到底是怎样的人，而且少数人不敢反对多数人，因为后者受到国家最高权威的保护。对于人们不会提出控诉的一些人的行动，尤其是君臣的行动，结果决定着手段的公正与否。所以让一位君主以政府和维持国家为目标，其手段总是被人们认为是体面的，并会受到所有人的赞扬，因为群氓总是为表象和事件的结果所吸引，而构成这个世界的只有群氓，当多数人为君主呐喊的时候，不是群氓的少数人是孤立无援的。

巴尔德萨·卡斯蒂利奥内：《廷臣论》

在意大利诸王国，最有声望的生活发生在统治者的宫廷。马基雅维利撰述了成功君主的方法和原则，与此同时其他人描绘了那些希望在宫廷生活中升迁或维持自己地位的人所必备的品质。这些作家中最著名的是一代外交家巴尔德萨·卡斯蒂利奥内（1478—1529年），在他还是乌尔比诺公爵宫廷中一员的时候撰写了《廷臣论》。在下面的选段中，卡斯蒂利奥内首先描绘了廷臣——理想的"文艺复兴时代的人"——的最好品质，其次描绘了最适合宫廷妇女的行为。

思考：为什么卡斯蒂利奥内认为贵族出身很重要；卡斯蒂利奥内认为什么才能对廷臣的成功最为重要；女性在宫廷通向成功的道路与男性有何区别。

材料来源：Baldesar Castiglione, *the Book of the Courtier*, trans. by Charles S. Singleton (New York: Doubleday, 1959), pp. 28-30, 32-34, 70, 206.

"因此我要让我们的廷臣出身于贵族和有教养的家庭。因为出身低微的人做恶事远没有出身高贵的人那么难堪,后者如果偏离了祖先的道路,就会玷污家庭名声,不仅得不到任何东西而且会失去已经得到的东西。因为出身贵族就如同一盏明灯,使好的行为和坏的行为都明亮可见,对蒙羞的恐惧和对赞美的渴望都激励和驱使他们趋向美德……

除了出身贵族外,我希望廷臣在其他方面也得到宠爱,不但天生有才、面容和身材出众,而且具备我们称为'姿态'的优雅,后者会使人一见面就感到他惹人喜爱,并让这装饰他所有的行动,从而外表上给人一种印象,认为这个人值得与之为伍,值得为每个大领主所宠爱。"……

"现在我们转向某些具体的方面:我认为廷臣主要和真正的职业是当兵打仗……我希望在这方面要积极训练,要让其他人知道他很勇敢、有能力、对所服务的人忠诚……我们的廷臣在这一技艺上越出众,获得的赞美就越多。我认为没有必要让他拥有有关各种事情的完美知识以及适合于统帅的其他品质,如我所说,只要他绝对忠诚并有无畏的精神,而且始终如一,我们就应该满足了……

因此,要让我们所寻找的人非常凶猛、严厉,无论敌人在哪里他们总是冲在最前面。在所有其他地方要让他仁道、谦逊、稳重,尤其避免炫耀以及厚颜无耻地自夸,因为这样往往会激起所有听到他说此话的人的仇恨和反感。

"我要让他在文学,至少在我们说的人文学方面达到精熟的程度。让他们不仅能用拉丁语交谈,也能用希腊语交谈,因为其中如此神妙地写出了丰富多彩的万事万物。让他们熟知诗人、演说家和历史学家,并让他们练习作诗,尤其是用俗语作诗。因为除了个人满足之外他会接受和吸收它,因此就不会缺乏取悦女士之道,女士通常会钟爱于此……而且这些研究会使他言语流畅,并(如同阿瑞斯提普斯对暴君所说的)在与人交谈时大胆而又自信。然而,我要廷臣的脑子里牢记一条原则,即在这方面以及其他事情上都要谨慎,要有所保留而不要自满,不要错误地认为自己了解所不了解东西。

我认为无论在习惯、举止、言语、姿态和风度方面,女士一定不同于男人。正如男性必须展示某种结实强壮的男人气概一样,女性要有款款柔情,每个动作都充满女性的甜美,这使她无论走动还是停下来、无论说什么总是看起来是位女士,与男子无任何相像之处。

"如果说这一训诫丰富了贵族教导廷臣的原则,那么正如加斯帕洛阁下所说,我认为她必须能够效仿许多优秀的修养之道并以此来装扮自己。我认为与男人相比,思想上的美德对女人来说更加必不可少,出身高贵、回避情感、行为自然优雅、有礼貌、聪明、谨慎、不傲慢、不嫉妒、不诽谤、不自负、不争吵、得体,得宠于女主人和其他人,优雅地从事各种练习,这些对妇女也都是合适的。而且我确实认为漂亮对妇女远比对廷臣来得重要,因为女人不漂亮就减色很多。她也必须更加谨慎小心不让人有机会诟病她,好好管理自身,不仅不让罪恶玷污自己,甚至避免遭人怀疑,因为女人并不像男人那样有许多方法保护自己免遭恶意诽谤。"

图像材料

拉斐尔：雅典学院——艺术和古典文化

拉斐尔在梵蒂冈的著名壁画《雅典学院》绘于1508—1511年间，是文艺复兴艺术中最有启示性的杰作之一(图12.1)。《雅典学院》表现了分列不同地位的希腊主要哲学家，并描绘了分属不同哲学流派的团体。中间站着柏拉图，手指上天肯定他对自己理念理论的信奉，左手拿着他的《蒂迈欧篇》抄本，而亚里士多德则手指向地，表明自身的经验主义倾向。绘画的左边站满形而上学哲学家，上面有阿波罗的雕像(诗歌的庇护者)，右边表现的是雅典娜雕像(理性女神)下的自然哲学家。苏格拉底在左边，正面对一帮年轻人用手指头数数字。伸开四肢躺在中央台阶上的是第欧根尼。左下方的毕达哥拉斯在一个台子上演算数学。古典作家和诸神实际上也是拉斐尔同时代人的肖像。柏拉图的形象可能是雷奥那多·达芬奇。前景中央正在写东西的是深思、悲观的哲学家赫拉克利特，是米开朗基罗的肖像。右边弯向一个几何图表的是欧几里德，他是建筑师布拉曼特的肖像。在他后面托勒密举着一个地球仪，而在最右边，艺术家拉斐尔从画面向外看。

图 12.1　壁画《雅典学院》

在内容上这幅画是对希腊哲学表示敬意，希腊哲学在意大利文艺复兴中发挥了重要作用。然而其内容并不仅限于此。拉斐尔属于一个思想家和艺术家团体，他们像画面上描绘的那样聚在一起讨论哲学，但正如画面所暗示的，在文艺复兴时期无论是柏拉图还是亚里士多德的观点都受到尊重。而且为这幅画中的人物充当模特的艺术家、建筑师、雕塑家、哲学家和作家们都相互熟悉并相互来往,因此这幅壁画显示了北部意大利,尤其是佛罗伦萨文化精英们广泛的相互联系。甚至这幅壁画在梵蒂冈的特定位置也是富有启示性的。对面的墙面上有另一幅壁画,即拉斐尔的《圣礼论辩》,描绘的是各个时代伟大的基督教神学家。这两幅壁画的布置象征着文艺复兴时期典型的价值观:在不排斥基督教的情况下赞扬异教文化。最后,透视的运用和崭新的建筑布局代表着文艺复兴现实主义和大胆创新的特性。

思考:这幅作品以什么方式反映了与中世纪完全不同的社会和态度。

杨·凡·艾克:乔瓦尼·阿诺菲尼的婚礼——象征主义和北方文艺复兴

即使在艺术方面也不能总结说,文艺复兴一下子彻底与过去划清了界限。即使在风格和内容上,绘画反映了文艺复兴现实主义、人文主义和个人主义,但它们仍然反映着尚存的中世纪前提和中世纪所关切的内容。

图12.2 《乔瓦尼·阿诺菲尼的婚礼》

我们可以在北方文艺复兴的杰作《乔瓦尼·阿诺菲尼的婚礼》(图12.2)中看到这一点,这幅作品是1434年由荷兰艺术家杨·凡·艾克所作。该场景看起来非常世俗化:乔瓦尼·阿诺菲尼这位住在布鲁日的意大利商人,与新娘共同站在私人房间里发婚姻誓言(当时两个人可以在教堂外缔结合法婚姻)。他们周围的各种陈设是这样的房间司空见惯的,都用现实主义手法加以描绘。在中世纪人眼里,这些陈设具有人人皆知的象征含义,给这一场景赋予了重大的宗教和文化意义。单只点燃的蜡烛是传统的婚礼蜡烛,象征基督并暗指神圣之光。映出这个房间的凸面镜证明有两个证人在场(其中之一是艺术家凡·艾克本人,在镜子的正上方他告诉我们"杨·凡·艾克在此"),而且代表上帝无所不见的眼睛。(左边)为了表示对神圣地面的敬意,这对夫妇脱了鞋,这种鞋非常适合布鲁日的泥泞街道。出现在前景的狗象征着忠诚。在左边箱子和窗台上成熟的桃子代表着生育,也可能代表失乐园。床边的椅子柱上是雕刻的玛格丽特,是生育孩子的保护圣徒。这对夫妇的姿势表明了丈夫和妻子的关系:他的姿势是正面的,居支配地位,她则尊敬地面向他。

因此,这幅绘画既现实性地描绘了两个置身自然陈设中的颇具个性的个人(尤其表现在他们的脸上),也象征性表现了15世纪婚姻的含义。而且,这幅肖像表现了一位意大利商人和他的新娘是在布鲁日的一个房间里,布鲁日是北方的银行业和商业中心,房间的陈设来自欧洲各个地区,这反映中产阶级不断增长的财富和重要性,同时也反映了这一时期的国际贸易。

思考：这幅作品在哪些方面反映了与中世纪类似的社会和态度。

汉斯·荷尔拜因：财富、文化和外交

汉斯·荷尔拜因1533年的油画《大使们》(图12.3)描绘了作为文艺复兴基本要素的财富、文化和权力的结合。它描绘了两个穿着华丽的法国外交官在英国国王亨利七世的宫廷里。他们的服饰和站姿强调了外交官在促进两国利益方面越来越高的声望和重要性。右边的那个人也是一名法国教士。他的部分使命是在天主教会和同情路德的英国君主之间居间调停达成协议。协议的失败体现在那把鲁特琴（代表期待中的和谐）和断掉的琴弦上，鲁特琴被搁在两人中间桌子的底层架子上，断掉的琴弦则躺在翻开的路德福音书旁边。在鲁特琴旁边有地球仪、测量员的直角尺、一幅圆规和商人的算术书。所有这些都强调了思想、商业和地理发现的主题，同时也强调了文艺复兴时期非常重要的欧洲列强为争夺土地和财富而发生的冲突。在上层的架子上有各种仪器和天球仪，表明人们对了解天空、时间、地点和航海越来越感兴趣。总而言之，这幅油画证明欧洲强国中间文艺复兴生活和政治具有世界性和竞争性。

图12.3 油画《大使们》

思考：这一油画如何与文艺复兴人文主义和个人主义的主题相吻合；荷尔拜因这位德国艺术家绘制驻英国的法国外交官的油画（或为法国外交官绘制）有何意义。

材料来源：Hans Holbein, *The Ambassadors*. London, The National Gallery.

二手材料

雅各布·布克哈特：《意大利文艺复兴时期的文化》

对文艺复兴的现代解释几乎一律以瑞士历史学家雅各布·布克哈特于1860年首次出版的《意大利文艺复兴时期的文化》为起点。布克哈特放弃了编年的方法而从总体上描绘14世纪和15世纪的意大利文艺复兴，认为它明显不同于前面的中世纪而且显然是一种优秀的文化。一直到20世纪20年代，历史学家们几乎都一致认可他的解释。此后他论文的某些方面遭到攻击，尤其是遭到中世纪史家的攻击。然而最近几十年，布克哈特的著作又重新得

到人们的尊重,至少被视为意大利文艺复兴文化史的典范。无论如何,所有探讨这一主题的历史学家都必须论述布克哈特的论点,下面的节选反映了某些核心观点。

思考:在布克哈特看来,意大利文艺复兴与前面的中世纪最为不同的是什么;原始文献能够为这一论点提供什么支持;骄傲的中世纪史家会如何回应这一论点。

材料来源:Jacob Burckhardt, *The Civilization of the Renaissance in Italy*, trans. S. G. C. Middlemore (London:George Allen and Unwin, Ltd.;New York:The Macmillan Co., 1890), p. 129.

在中世纪,人们意识的两个层面——内心自省和向外观察一样——均在一层共同的纱幕下,或处于睡梦中或处于半醒状态。这层纱幕是由信仰、幻想和幼稚的偏见织成的,透过它,世界和历史都笼罩在奇怪的色彩中。人们只有作为一个种族、民族、党派、家庭或团体——只有通过某些一般范畴,才能意识到自己。在意大利,这层纱幕首先烟消云散,客观地对待和思考这个国家以及这个世界的一切事物成为可能。同时,主观层面也相应强调主张自身:人成了精神的个体,并且也这样来认识自己。以同样的方式,希腊人曾经把自己与野蛮人区分开来,而且当其他亚洲人仅仅认识自己是某个种族一员的时候,阿拉伯人就已经感到自己是一个个人了……

在很早的年代,我们就能随处发现自由人格的发展,而在北欧,这种自由人格要么还未出现,要么尚不能以同样的方式展现自身……但到13世纪末,意大利开始充满了个性,施加于人们个性之上的魔咒被解除了,成千的人物各自以其特别的形态和服饰出现在我们面前。但丁的伟大诗篇在欧洲其他国家不可能出现,仅仅因为他们还仍然处于种族的魔咒之下。对意大利而言,这位最有气势的诗人,通过展示丰富的个性而成为那个时代最具民族性的先驱。但是有关用文学和艺术来解释人性丰富的内容——多层面地描述和批判——我们将在另外的章节进行讨论,在此我们不得不仅仅探讨心理事实本身。这个事实是以最明白无误的形式出现的。14世纪的意大利人不知道任何虚伪的谦逊或任何形式的伪善,他们中没有一个人害怕与众不同,害怕在实质上和表面上不像自己的邻居。

彼得·伯克:文艺复兴的神话

许多历史学家攻击布克哈特的解释以及围绕该解释而构建的遗产。这些历史学家认为布克哈特过高估计了文艺复兴的近代性。他们强调文艺复兴甚至在意大利也仍然是中世纪世界的一部分。其他历史学家则反应对布克哈特的批评有些过头。在下面的选段中,彼得·伯克批评布克哈特的文艺复兴观是一种神话,并描绘了主要的反对理由。

思考:在伯克看来,为什么布克哈特的文艺复兴观是一种神话;布克哈特的支持者会如何反应;材料本身支持布克哈特的解释还是伯克的解释。

材料来源:From Peter Burke, *The Renaissance*, pp. 1, 3 - 5. Reprinted with permission by humanities press International, Inc., Atlantic Highlands,

NJ，10016；and The Macmillan Press，Ltd.

雅各布·布克哈特用两个词来界定这个时期，即"个人主义"和"近代性"。根据布克哈特的说法，"在中世纪，人们意识……均在一层共同的纱幕下，或处于睡梦中或处于半醒状态。……人们只有作为一个种族、民族、党派、家庭或团体——只有通过某些一般范畴，才能意识到自己。"然而，在文艺复兴的意大利，"这层纱幕首先烟消云散……人成了精神的个体，并且也这样来认识自己"。文艺复兴意味着近代性。布克哈特写道：意大利是"近代欧洲的长子"。14 世纪的诗人彼特拉克是"第一个真正的近代人"。伟大的艺术和观念的复兴开始于意大利，在后期阶段这种新态度和新的艺术形式传播到欧洲其他地区。

布克哈特的这种观点是一种神话……

布克哈特的错误在于他根据自己的评价来理解这一时期的学者和艺术家，根据其表面价值而选取了这一复兴的故事并将其扩展成一本书。在艺术复兴和古典复兴这样的传统表述中，加入诸如个人主义、现实主义和近代性等新的东西……

这一 19 世纪的文艺复兴神话仍然被许多人严肃对待。电视公司和背包旅行的组织者们仍然从中挣钱。然而，职业历史学家们即使仍然发现这一时期和这场运动充满魅力，也对文艺复兴的这一版本感到不满。关键是布克哈特和他同时代的人竖起的这座大厦经不起时间的考验。更确切地说，它尤其被中世纪史家的研究削弱了基础。后者的论点基于大量细致的观点，但主要有两点。

首先，有些观点大意是说所谓"文艺复兴的人"实际上更像中世纪人。他们在行为、前提和理想上比我们往往认为的更加传统——而且也比他们自视的更加传统。亨赛特认为，即使是彼特拉克，这位布克哈特认为是"第一个真正近代的人"也有许多态度与他描绘的"黑暗的"世纪相同……

其次，中世纪史家积聚了某些论点，大意是说文艺复兴并非如布克哈特和他同时代的人曾认为的那样是"单数的"事件，这个词实际上是以"复数"来使用的。在中世纪有各种"复兴"，最著名的是 12 世纪和查理曼时代。在这两个时代，都有一系列文学和艺术成就，并伴随着对古典学问兴趣的复兴，而且在这两种情况下，当时的人都将他们的时代描绘为恢复、再生或"革新"。

费代里克·查波德：马基雅维利和文艺复兴

对马基雅维利《君主论》中思想的反动和赞赏，显然本身就构成了矛盾的历史。一方面，政治理论史领域的思想家几乎无人能超越马基雅维利，他被认为是第一个近代政治理论家。另一方面，更普遍的传统是驳斥他的思想不道德，"马基雅维利式"这一词汇带有贬损意味，指政治机会主义和冷酷无情。在下面的选段中，费代里克·查波德分析了马基雅维利和他思想的意义。查波德是意大利历史学家，写了大量有关马基雅维利的著作。

 思考： 为什么马基雅维利的思想如此适合当时的历史现实；选自《君主论》的片段如何支持对马基雅维利的这一解释。

材料来源：Federico Chabod, *Machiavelli and the Renaissance*, trans. David Moore (Cambridge, MA: Harvard University Press, 1960), pp. 116-118. Copyright 1958 by Federico Chabod. Reprinted by permission.

马基雅维利身后生活的主旋律是他作为思想家的伟大主张，代表着他对人类思想史真正和实质的贡献，也就是说，他清晰地认识到政治的自主性和必要性，"它处于道德好坏的王国之外。"马基雅维利因此否定中世纪的"一致"概念而成为近代精神的先驱之一……

马基雅维利全面接受了政治挑战，荡涤了国家理性概念所没有启示的一切行为标准。所谓国家理性概念，就是准确评估历史时机和建设性的力量，君主为了达到自己的目的必须利用这些力量，而且他认为，君主的行动仅受他的能力和力量所限制。因此，他铺设了通向专制统治的道路，无论在国内还是在对外政策方面，这种统治在理论上都不受任何限制。

如果要使这位佛罗伦萨秘书对政治自主性的认可成为可能，相反要取决于他独特的国家概念，他把国家等同于政府，或者说干脆就等同于政府首领个人。因此在《君主论》中，他把注意力完全集中在驾驭政府的那个人的人格上，而他个人也成了整个公共生活的缩影。这样的概念直接取决于历史经验，这种经验蕴含在他如此杰出的措施和为维持中央政府而持续努力的先决条件中，这一概念保证了他的理论的成功和卓越超群。

这是基督教世界的历史转折点。政治理论家的思想不再为天主教的教义所羁绊。

国家的结构不会在其他方向上为个人良心的挣扎所威胁。整个道德世界即使没有消失，也在一定程度上退到阴影之中，也没有其他现成的道德取代它并激发新的宗教狂热。因此，政治思想可以表现自身，而不必混杂着考虑其他不同特征的东西。在这个时代，在中世纪社会和政治秩序的废墟中，一元的国家得以创建，这个时代有必要把所有抵抗的武器交到仍然对抗封建主义和特殊神宠论的人手中。一句话，这个时代有必要清楚地肯定政治行动的自由和伟大，肯定中央政府的力量和权威。只有这样才有可能一时或永远消除过去的所有痕迹，并在训诫的外表下给未来社会提供武器，在面对新旧各种分裂因素的时候能够保护统一国家的生命。

这就是尼可洛·马基雅维利的巨大成就，他也因此成为政治学和统治学合理的代表人物。在欧洲两个世纪的历史中，他一度被人赞赏和仇视、追随和反对，仅仅因为这个贫穷困顿的城市市民与城市本身产生分歧，曾用现在已经没有的辩才表明了王权为取胜而必须使用的武力的性质，人们就把目光聚焦在他身上。

查理 G·诺特：文艺复兴的北方源头

现代许多学者都认为，意大利和北欧文艺复兴之间有一些区别。也许最明显的是北方文艺复兴到来较晚。更重要的是，尽管北欧的人文主义深受意大利人文主义的影响，但是与基督教文化和所关心的问题联系更加紧密。在下面的选段中，查理·诺特揭示了意大利和北方文艺复兴之间的区别，并认为北方接受文艺复兴文化的前提是它能够适应北方特定的历史需要。

 思考：北方文艺复兴在哪些方面不同于意大利文艺复兴；诺特如何解释这些不同。

12. 文艺复兴

材料来源：From Charles G. Nauert, *The Age of Renaissance and Reformation*, pp. 116-117. Reprinted by permission of Charles G. Nauert, Jr. 1981.

如果文艺复兴文化不能适应它的需要，北方绝对不会接受它。15世纪后期和16世纪早期重组的强有力的君主需要为他的公务人员和朝臣确立一种新的理想，而它对公共服务、个人美德和学问的强调提供了颇具吸引力的替代品，以取代没文化、难约束和无信用的封建等级的传统方式。新的理想对社会等级和军事能力也足够重视，从而使它能够在世袭贵族仍然举足轻重的社会里为人接受。对国王而言，它能够使公务人员平添优势，这些人既文雅又有文化，既能为主人动笔，又能为主人仗剑。

除了君主和他们的宫廷外，北方的其他重要团体也发现人文主义文化富有魅力。管理城镇，尤其是莱茵河谷和南部德国富裕城市的强大自信的商人寡头，在人文主义中发现了一种文化理想，它远比中世纪的骑士和经院传统更适合城市权贵的需要和偏见。庞大的未来宗教改革者团体发现，文艺复兴富有特色地否定了最近的历史，并渴望回到最初的源头，这是非常具有吸引力的。因为历史上的罗马包括使徒和教父时代，那时教会仍然是纯洁而未被腐化的……

成长于北方的人文主义并不仅仅是意大利文化的翻版，而是把意大利因素嫁接到每个国家皆不相同的文化传统之中。明显的例子是，德国人甚至法国人不可能像意大利人那样把古罗马人尊崇为自己的祖先。

各地发生的变化使人们对最近历史的遗产感到厌恶（通常比意大利更公开和暴烈，因为经院传统和宗教精神在北方力量更为强大），有意识地接受理想化的希腊和罗马时代作为改革文学、教育的样板以及所有文化人的理想。更甚于意大利的是，北方人文主义者热情地将使徒和教父时代视为他们力求恢复的古代遗产的一部分。对古典基督教的强调，加上在下游莱茵河谷和北欧其他地区繁荣的世俗虔诚运动广泛传播，可以解释为什么阿尔卑斯山以北的人文主义将其所有的改革行动都指向了教会改革，而且要深化个人的宗教经验。

本章问题

1. 文艺复兴在哪些方面是新的变化，完全不同于前面的中世纪时代？这些发展的"新"如何被贬低为或重新解释为中世纪演化发展的继续？

2. 根据本章所提供的材料，关于文化成果和对文艺复兴的态度，特别具有人文主义性质的是什么？

13. 宗教改革

在整个中世纪,罗马天主教会尽管有内部不和、异端运动和与世俗王权的斗争,但努力保持为一个整体。16世纪的新教改革使其四分五裂。1517年由于马丁·路德挑战正统教会教义和教皇的权威而开始了宗教改革。这场运动扩展到德国、北欧和欧洲其他地区。到16世纪中叶,由约翰·加尔文在日内瓦开创的相关但形式不同的新教更具活力,在中欧、法国部分地区、苏格兰和英国主导了反对天主教的斗争。天主教的势力在神圣罗马帝国皇帝和西班牙的领导下从政治和军事上,通过特伦特宗教会议和耶稣会从宗教上进行了反击。

宗教信仰的重要性、包含在宗教改革中的情感以及西方基督教会分裂的历史影响等都使宗教改革成为人们集中研究的目标。而且,留存下来的有关宗教改革的文献也相对比较多。

本章所选取的材料尽管代表了广泛的宗教改革主题,但是主要集中在三个相关题目上。第一个涉及人们争议最多的原因问题。人们很清楚,有社会、宗教、政治和经济的综合原因,但是那个原因是主要呢?这些原因之间有哪些联系呢?第二个同样探讨宗教改革的原因,但是视角有些不同。什么促使路德否定基督教而发现新教义?路德教和加尔文教有什么吸引力?耶稣会和加尔默罗修会等天主教组织在哪些方面能够吸引信徒并在天主教改革中发挥重要作用呢?第三个则采取比较性的视角,聚焦于不同信仰的异同。路德教和加尔文教之间联系如何紧密?为什么加尔文教传播时路德教失去了某些活力?一方面路德教和加尔文教如何与天主教有关;另一方面如何与其他新教派别有关?16世纪天主教改革的性质是什么?最后,这些材料阐释宗教改革,这场欧洲历史上最深刻革命的总体意义。

原始材料

约翰·特策尔:宗教改革的星火——赎罪券

尽管引起宗教改革的原因很多,但是把路德推到宗教改革家位置的直接原因是出售赎罪券。赎罪券是减免或赦免一个人因生前犯罪而应在炼狱遭受的惩罚。赎罪券可以由罗马

13. 宗教改革

教廷授予,因为有这样的原则:它可以利用基督和非凡的圣徒长期积累的圣德库和精神财富池。同教会的其他仪式一样,原本用于精神目的的东西,如奖赏悔罪行为,到16世纪早期被"滥用于"世俗目的,如为教会官员提供钱财。约翰·特策尔(1465—1519年)出售赎罪券就是明显的例子。他是一位善于游说、受人欢迎的多明我会托钵僧,1517年受美因兹大主教阿尔伯特的指派在德国出售赎罪券。出售的收益在阿尔伯特和教皇之间平分。下面的材料选自特策尔关于赎罪券的演讲。

 思考:特策尔说的最令人信服的"卖点";获得有效赎罪券的必要条件;如果有人说他兜售赎罪券是滥用赎罪券,特策尔会怎样为自己辩护。

材料来源:From James Harvey Robison and Merrick Whitcomb, eds.,"Period of the Early Reformation in Germany," in *Translations and Reprints form the Original Sources of European History*, vol. Ⅱ, no. 6, ed. Department of History of the University of Pennsylvania(Philadelphia:University of Pennsylvania Press,1898),pp. 4-5.

你们也许已经从我主耶稣基督的代理人那里得到了安全通行证,通过它,你们能从敌人手里解救自己的灵魂,而且通过悔罪和忏悔,让灵魂摆脱炼狱的所有痛苦,从而把它送达幸福的王国。要知道,这些证件上刻印着基督受难所显示的所有美德。想一想,犯下每一项大罪,在经历了忏悔和痛悔后,都要在此生或炼狱里经受七年的悔罪。

每天、每周、每月、每年、一生,人们要犯多少大罪啊!那简直数不胜数,那些犯下此罪的人必然在炼狱火的煎熬中忍受无尽的惩罚。

但是拥有这些忏悔的证件,你就能够在一生中的任何时间完全赦免所有加在你身上的惩罚,除了保留给罗马教会的四种情况外,任何情况下都能如此。从此,在你的一生中,无论什么时候希望忏悔,除了保留给教皇的情况外,你都可以获得同样的赦免。此后在你弥留之际,所有的惩罚和罪恶都可以得到完全赦免,而且教会的战士和所有成员拥有的灵魂赐福你都可以享有。

你们难道不知道吗,当一个人有必要前往罗马,或者踏上其他危险的征途时,他会带着钱到一位代理商那里,付一定比例的钱——百分之五、六或十——就可以凭这位代理商开出的证书,在罗马或其他地方完整地拿到自己的钱?那么你们难道不愿意出四分之一弗洛林获得这些证书吗?凭着它,你不是把钱而是把神圣和不朽的灵魂安全无虞地带到天国?

马丁·路德:因信称义

宗教改革早期的领导人是马丁·路德(1483—1546年)。他出生于德国一个富裕的农民家庭,后来成了一名奥古斯丁派僧侣以及威登堡大学的神学教授。1517年在这一位置上,他与特策尔卷入了赎罪券问题,并在《九十五条论纲》中提出了非常学术性的挑战。这一举动的消息传播很快,出现了巨大的争论。虽然路德最初仅打算鼓励在天主教会内部进行一场温和的改革,但很快发现自己支持的原则与教会钦定的原则差异甚大,于是采取行动,最终导致自己被教会驱逐。

路德把自己的精神演进归于关键性的体验。其中最重要的是他首先构想了"因信称义"原则,这构成他自己信仰的核心和新教的重要基础。下面的选段选自他的自传性作品,其中他描绘了这一体验。

思考:路德的"因信称义"含义是什么?为什么这一原则会对许多天主教徒那么具有吸引力?为什么这一原则会对天主教会构成威胁?

材料来源:From Roland H. Bainton, *The Age of Reformation* (New York:D. Van Nostrand Co., Inc., 1956), pp. 97-98. Reprinted by permission.

我特别渴望理解保罗给罗马人的书信,所有都可以理解,只有一句表述阻碍着我,那就是"上帝的正义",因为我认为正义的含义是上帝凭此而公正地惩罚不义之人。我设想的情形是,我虽然是个无罪过之人,但作为一个良心不安的罪人站在上帝面前,并没有信心以我的美德让他平息怒火。因此我并不会爱公正却发怒的上帝,而是怨恨和小声抱怨他。然而我紧紧地抓住保罗并特别渴望知道他指的是什么。

我日夜思考,直到有一天看到了"上帝的正义"和另一表述"正义者因信而活"之间的联系。然后我明白了上帝的正义是一种正义,凭借它,通过恩赐和纯粹的仁慈,上帝通过信仰而给我们正义。于是我感觉自己获得了再生,并通过敞开的大门进入了天堂,整本圣经呈现出全新的含义。以前"上帝的正义"让我内心充满仇恨,现在它成为大爱中难以言表的甜蜜。对我而言,保罗的这一段落成为通向天国的大门……

如果你真正相信基督是你的救世主,那么你马上就有了仁慈的上帝,因为信仰引导你进入并打开上帝的心灵和意志,你会看到纯粹的恩典和溢满的爱。在信仰中看上帝,你会看到他慈父般友爱的心灵,其中没有愤怒和冷淡。那些看到上帝愤怒的人并没有直接看他,而仅仅是隔着帷幕看他,就如同一片黑云遮住了他的脸。

马丁·路德:《论意志的束缚》

路德的观念和天主教观念核心的区别是关于自由意志和影响救赎的善功的力量。根据天主教教义,人们能够通过选择做善事、虔诚之事和许可之事等促成自己的救赎。马丁·路德对此进行否定,认为人们没有力量影响自己的救赎,救赎只能由上帝出于仁慈而赐予。下面的选段选自马丁·路德的《论意志的束缚》,写于1520年,回应了著名基督教人文主义者伊拉斯谟对自由意志和善功的辩护。

思考:马丁·路德在这里的论点是怎样从他的"因信称义"观念中的来的;在路德眼里上帝具有什么特点。

材料来源:Martin Luther, *on the Bondage of the Will*, trans. J. I. Packer and O. R. Jahnston (London:James Clarke & Co., 1957), pp. 313-314. Reprinted by Permission.

坦白承认,对我而言,即使可能,我也不愿被赋予"自由意志",也不愿手里留下什么让我能够为救赎而努力。这并不仅仅因为面对那么多危险、灾难和魔鬼攻击时我无法站稳立场并坚持我的"自由意志"(因为一个魔鬼比所有人都强大,在这样的情况下无人能够得救),同时因为,即使没有危险、灾难和魔鬼,我仍然被迫在无法确保成功的情况下劳动,并徒劳无功。如果我活着,永无尽期地工作,我的良心永远无法确信要做多少来令上帝满意。无论我做什么工作都满腹疑虑,不知它是否令上帝高兴,或者他是否还要求我做别的。那些通过工作寻求正义的人的经验,证明了这一点,而且经过许多年给自己造成很多伤害后,我也完全明白了。但是现在上帝出于控制我的自由意志而掌握了我的救赎,而且将其置于他的控制之下,并承诺不根据我的工作和经营,而靠他自己的恩典和仁慈来拯救我,我完全肯定他是诚实的,不会对我撒谎,而且他强大而又有力,任何魔鬼或敌对都不能破坏他,或把我们从他身边拉开。他说,"谁也不能从我手里把他们夺去。我父把羊赐给我,他比万有都大。"因此,如果不是所有人,也有一些人,而实际上有许多人获得了拯救,因此靠"自由意志"谁也不能获救,而我们每个人都会消亡。

而且,我完全肯定我令上帝高兴,不是因为工作的成绩,而是因为他承诺给我的仁慈的宠爱。因此如果我做得很少,做得不好,他不会归咎于我,而是用赐福的感情宽恕我并让我更好。这就是所有圣徒在上帝中的荣耀。

马丁·路德:谴责农民起义

1524年,德国爆发了声势浩大的农民起义。随着农民起来反对贵族和德国诸侯,长久的经济和社会冲突也进入关键时刻。农民指望获得路德的支持,路德以基督徒的自由之名攻击教会。然而,路德关心的只是精神层面,他并不打算将对教皇权威的挑战扩大到全面挑战社会和政治权威。路德最初犹豫不决,但随着起义不断扩大而且越来越严重,路德清楚地站到了诸侯一边。路德失去了民众,尤其是农民的支持,后者反而转向了再洗礼派等更激进的团体。但是路德在诸侯中获得了重要的政治同盟,后者残酷镇压了起义。路德教作为一场运动成为支持强大世俗权威的角色。下面的选段选自路德对农民起义的谴责。

 思考: 这一文献与路德以前的行为和路德在其他材料中说的话有什么不一致;这如何有助于解释路德教的成功与失败。

材料来源: From James Harvey Robinson, ed., *Readings in European History*, vol. Ⅱ (Boston: Ginn, 1904), pp. 106 - 108.

在我以前的小册子(《论"十二条款"》)中,我没有理由谴责农民,因为他们承诺要像基督要求的那样(《马太福音》7.1)服从法律和良好的教导。但是我刚刚一转身,他们就不管承诺,出去诉诸武力了,像狗一样掠夺和抢劫。由此看来,他们虚伪的头脑里所有的,他们在"十二条款"中以福音之名提出的,都是徒劳的借口。一句话,他们所从事的纯粹是魔鬼的工作,正是大魔鬼本人控制了缪尔豪森,只沉湎于抢劫、谋杀和流血,正如基督在约翰福音8.44所讲的魔鬼,"他开始就是个杀人的"。因此,既然那些农民和穷人让自己被带入歧途而且言行不一,那么我也必须对他们说一些不同的话。首先如上帝所命令的(《以赛亚书》43.1;《以西结书》2.7),把罪摆在他们面前,也许有些罪恶会让他们恢复理智,然后我会教导那些有权的人如何在这件事上管理他们。

这些农民自己背负了对上帝和人类的三种大罪,他们的身体和灵魂因此应遭受多重死亡。

首先,他们曾经向他们忠诚和仁慈的统治者发誓要服从和顺从,遵守上帝的教导(《马太福音》22.21),"该撒的物该还给该撒,"以及(《罗马书》13.1),"在上有权柄的,人人当顺服他"。但是由于他们故意而且冒渎地背弃了顺从,而且还胆敢攻击他们的主人,因此他们放弃了身体和灵魂,就像背信弃义的、发假誓的、说谎的卑劣之徒和恶棍所做的那样。因此,圣保罗裁定他们说(《罗马书》13.2)"抗拒的比自取刑罚"。农民早晚要招致这样的判决,因为上帝希望始终神圣地保持忠诚和忠实。

其次,他们招致了骚乱并冒渎地劫掠了修道院和不属于他们的城堡,因此,他们就像拦路抢劫和谋杀犯一样,当受身体和灵魂的双重死亡。第一时间杀死叛乱的人是正确和合法的,因为他已经为上帝和皇帝所取缔。每个人都是公共叛乱者的法官和行刑者,就如同着火时能第一个灭火的是最好的人。叛乱并不仅仅是卑鄙的谋杀,而是如同一场大火点燃和毁灭了国家,它使满地都是谋杀和流血,使人成为寡妇和孤儿,像大灾一样摧毁了一切。无论是谁,都应该打击、掐死和刺死他们,不管是公开的还是秘密的,而且应当记住,没有人比叛乱者更恶毒、更有害、更像魔鬼。就像人们必须杀死疯狗,如果你不与叛乱者战斗,他们会攻击你和你的整个国家。

第三,他们用福音书来遮盖自己可怕和反叛的罪恶,称自己为基督徒兄弟,发誓忠诚,并强迫人们加入这类可憎的事情之中。因此他们成为最大的渎神者和违背上帝圣名的人,在福音的外表下服侍和敬奉魔鬼,结果身体和灵魂应10倍地遭受死亡,因为我从来没有听说过更丑陋的罪恶。我也相信,魔鬼预知最后的审判,所以采取了这种闻所未闻的措施,他似乎在说:"最后的也就是最坏的,我要搅动沉渣把底凿穿。"愿主来约束他!魔鬼是多么强大的君主,他如此把世界掌握在手中并能使它陷入混乱:其他人谁能这么快俘获成千上万的农民,把他们带入歧途、蒙蔽和欺骗他们,煽动叛乱,使他们自愿成为他的怨恨的刽子手……

但愿农民会获胜(上帝是禁止的),——因为上帝无所不能,我们只知道他正准备最后的审判,那不会太遥远,也许打算借助魔鬼毁灭所有的秩序和权威并把世界抛入混沌之中,——然而可以肯定,那些被发现拿着剑的人,会带着清白的良心归于毁灭,把世俗王国留给魔鬼,而接受永恒的国度。由于我们遇到了这样奇异的时刻,一位君主通过流血而赢得天国远比他人靠祈祷容易得多。

约翰·加尔文:《基督教原理》——预定论

在宗教改革最初几十年,路德教是最主要的运动。但是到宗教改革的中期,它大大失去了活力,并主要限于德国和斯堪的纳维亚的重要地区。在欧洲其他地区扩展新教运动的领导权落到了约翰·加尔文(1509—1564年)手里。加尔文出生于法国,曾在法国的大学里学习做律师和古典学学者,他有过重要的宗教体验并接受了许多路德的教义。因为他的观点,

13. 宗教改革

他于1530年代离开法国逃到日内瓦,最终于16世纪40年代在那里建立了神权统治。加尔文尽管基本上都同意路德的教义,但是他强调预定论思想。这一点反映在下面选自他《基督教原理》(1536年)的片段中。这本书是加尔文严格的逻辑学杰作,其中系统性地确立和解释了加尔文的基督教神学。在这里,他强调因信称义的重要性,强调召唤——努力过善良的生活,做上帝召唤所做之事——是已经被上帝遴选而获救的证据。

 思考:加尔文教如何避免了预定论概念所蕴含的"被动"和"听天由命"的危险;如何将这些观点与路德关于自由意志和善功的观点进行比较;为什么这一教义会成为天主教教义的威胁。

材料来源:John Calvin, Institutes of the Christian Religion, vol. Ⅱ, trans. Henry Beveridge(Edinburgh, Great Britain:Calvin Translation Society,(1845),pp. 529,534,540.

生命的契约并非向所有人平等传布,在被传布的人中,你也不能总是见到所有人都一直接受。这种区别表现出神圣审判不可测知的深度,而且它毫无疑问从属于上帝永恒选择的目的。但是,如果上帝仅仅出于纯粹的高兴本能地给某些人救赎,而其他人根本没有通向救赎之门径,马上就会出现很严重、很困难的问题,如果不考虑有关遴选和预定论方面的观点,那么这些问题根本无法解释……

我们用预定论来指上帝永恒的判决,通过这种判决他自己决定希望让每个人发生什么。并不是所有人都按照相同的条件而被创造,有些人被预定了永恒生命,有些则被预定了永恒的天谴。同时,由于每个人都是为了这一或那一目的而被创造,我们说他已经被预定了生或死……

我们说,圣经已经明白充分地证明了,上帝通过自己永恒不变的想法,一劳永逸地决定了他某一天出于高兴而授予救赎的那些人,另外也决定了他出于高兴而注定毁灭的那些人。我们坚持说,这种有关选择的想法基于他自由的仁慈,一点也没有考虑人的价值,而那些注定毁灭的人也是被公正、无可指责但同时也是无法理解的判断而被排除出生命的通道。关于遴选,我们认为召唤是获得遴选的证据,称义是它显现的另一标志,最后通过获得荣耀而完全实现。但是由于上帝通过召唤和称义、也通过排除恶人了解他的名或他的灵的圣洁来标记自己的选择,因而他通过这些标记以某种方式揭开了等待人们的判决。在此我忽略愚蠢之人所设计用来推翻预定论的许多幻想。也没有必要驳斥那些从提出之时便足显其空洞的反对意见。我将只坚持那些论点,它们在学者中间成为争论的话题,或者对头脑简单之人造成某些困难,或者被不敬神之人用作似是而非的托词来攻击上帝的正义。

耶稣会章程

天主教会也并未消极地面对来自新教改革派的挑战。教会通过各种方式从内部进行改革,并用教义和行动来对抗新教。也许,天主教改革最有效的武器是耶稣会,该会是由伊格内休斯·罗耀拉(1491—1556年)创建的。罗耀拉曾是一名士兵,在受伤康复后转向了宗教生活,吸引了一批严守纪律、为教皇服务的追随者。1540年,教皇正式接受了他们的服务。耶稣会成为教会反对新教,向外国土地传播天主教和欧洲天主教地区获得影响的武器。下面的内容选自耶稣会章程,1540年得到教皇保罗三世的批准。

思考:有助于解释其成功的该组织的特点;无论在语气还是内容方面,这一材料如何区别于路德和加尔文的材料。

材料来源:James Harvey Robison, ed., *Readings in European History*, vol. Ⅱ (Boston: Ginn, 1904), pp. 162-163.

那些希望在我会——我们希望用耶稣的名字来区别——高举十字架旗帜为上帝而战的人,那些只侍奉上帝和他地上的代理人教皇的人,严肃地发誓永久纯洁后,要把这样的思想植入他的头脑,即他属于为某些特殊目的而建立的团体:在基督教生活和教义中改善灵魂,并通过公共祈祷和服务上帝之道、精神训练和慈善行为,尤其通过用基督教训练年轻人和无知者,并通过聆听忏悔时所有基督信徒的精神宽慰来传播信仰。而且他应当倍加小心,始终把上帝的目的,其次把我会的目的放在心上……

所有的成员只要活着,都要意识到而且要每天想到,我会,无论是整体还是部分,都是在忠诚地顺从最神圣的主、教皇和继任教皇的前提下为上帝而战。虽然通过福音的教导和正统信仰,我们已经认可并坚定地承认基督的信徒隶属于罗马教皇,他是他们的首领和耶稣基督的代理人,然而我们也宣布,为了在我会中进一步促进谦卑、每个人完美地禁欲以及牺牲我们自己的意志,每个人除了一般的义务之外,还要为特殊的誓言所约束,即无论目前的罗马教皇还是将来的教皇,无论就灵魂福祉和信仰传播在何时颁布何种内容,我们都发誓尽一切可能立即遵守,不逃避不推脱,无论他把我们送到土耳其人还是其他异教徒那里,甚至送到遥远的称作印度人的地方;无论把我们送到异端还是分裂宗教者那里,或是送到某些忠信者那里。

阿维拉的泰瑞莎:完善之道

尽管耶稣会是宗教改革期间建立的最著名的天主教修道团体,但是其他团体也建立并进行了改革,在重申天主教教义的力量方面发挥了重要作用。其中许多是妇女的修道团体,它们强调沉思、祈祷和神秘宗教体验。这些女性修道团体最著名的领导人是阿维拉的圣泰瑞莎(1515—1582年),她是一位西班牙圣徒,加尔默罗革新修会的创建者。下面的选段选自他的《完善之道》。

思考:她对路德改革如何反应;这一宗教团体和天主教教义在哪些方面会吸引妇女。

材料来源:E. Allison Peers, ed. and trans., *The Complete Works of Saint Teresa of Jesus*, vol. Ⅱ (London and New York: Sheed and Ward, 1950), pp. 3, 13.

最初建立这座修道院的原因，我以前在我写的书里记载了，而且也是由于上帝给我某些奇妙的启示，向我说明如何在这间房子里侍奉他。当初建立的时候，修道院在外部事务方面如此严厉，而且修道院没有正规收入，这都并非出于我的本意；相反，我倒是希望那里什么都不缺。一句话，像我这样一个虚弱而不幸的女人，这样做是出于良好的意图而不是自我安慰。

就在这时，我注意到路德派在法国将要造成的伤害和混乱以及这个可怜的教派不断扩大的趋势。这令我非常烦恼，似乎我能有所作为，或者对这件事情有所帮助，我面对主哭泣，恳求他消除这个大恶魔。我意识到我应该牺牲上千次来拯救一个要在那里失去灵魂的人。鉴于我是一个女人，一个罪人，而且没有能力在侍奉上帝中做所有喜欢的事情，而且由于上帝有那么多敌人和那么少朋友，最后的这些人就是最忠诚的人，所以我决定像我一直所渴望的那样，做造物主钟爱我做的小事——即尽可能完美地遵循福音书的忠告，而且监督留在这里的少数修女也这样做，对上帝的大善充满信心，他永远会帮助那些为了他而决定放弃一切的人……

为了获得这一点，如果我认为自己能做一切未免有些自不量力。但是我的主，我对在这里的你的仆人充满信心，知道她们不会渴望或努力追随其他东西，只会取悦你。他们为了你已经放弃了仅有的东西，希望她们拥有更多以便以此来侍奉你。既然你，我的造物主始终心存感恩，我认为你不会辜负她们对你的恳求，因为我主你在俗世的时候，并没有鄙视妇女，而是始终帮助她们，向她表现出大慈大悲。你确实会发现她们身上的爱和信仰一点都不亚于男人，而且其中一个就是你最神圣的母亲，我们从她的美德中获取美德，并仿效她的举止，尽管我们的罪使我们不配这样做。我们不能公开做任何对你有用的事情，也不敢讲述某些真理，只是私下里哭泣，唯恐你听不到我们这一正当的请求。然而主啊，我不相信这就是你的善和正义，因为你是正义的法官，与俗世的法官不同，后者终究是人和亚当的子孙，拒绝承认妇女的美德无可怀疑。我的主，事情确实如此。但是一切都真相大白的日子就要到来。我并不是为自己打算而讲这些，因为整个世界都已经意识到我的罪恶，而我很高兴那样的日子要真相大白。但是如果我看到那样的时代，我认为排斥那些公正和勇敢的灵魂是不公正的，哪怕它们是妇女的灵魂。

图像材料

路德和《新约》

路德1546年版《新约》的卷首插画（图13.1）揭示了许多新教改革的内容。首先，许多词是用德国而不是拉丁语写的，从而反映了新教的如下观点：每个人都应该阅读圣经。出版地点是威登堡，这里是路德1517年招贴《九十五条论纲》发起

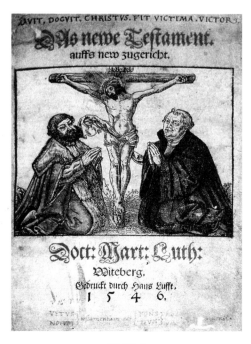

图 13.1

宗教改革的地方。1546年是路德去世的那一年。在这幅图画上,分列十字架上的耶稣两边的,右边是祈祷的路德,左边是他的保护人萨克森选侯。这象征两者在新教因信称义的核心信仰下结合起来,象征着对路德教在德国传播至关重要的真正政教联合,也象征着教会和国家依据路德教而达成一致。这部作品总体简朴没有装饰,反映了路德教并表明它舍弃了天主教的部分内容。这本书本身是机械印刷的,表明新近发明的印刷术对宗教改革的重要性。

 思考:这幅卷首插画如何可以解释或象征宗教改革的原因。

赛巴尔德·贝哈姆:路德和天主教教士辩论

在宗教改革的辩论中,无论天主教还是新教都经常使用艺术来宣传各自的观点。纽伦堡的艺术家赛巴尔德·贝哈姆1525年的木刻画(13.2)登载在以《路德和工匠》为题的由汉斯·萨克配文的宽幅印刷品上。左边是"无神论者"——是商业的成员,包括拿着棒子和画笔的画家、铸钟人和拿着渔网的渔民——所有人都依靠天主教会的佣金生活。他们抱怨路德不公正地攻击教士从事出售赎罪券和出租教会土地等活动。领导他们的是一位修女和一位教士,后者向路德伸出诅咒的手指。右边是路德率领的一队粗鄙的农民——代表"普通人",路德用圣经回应对他的指责并教导诅咒他的人寻求上帝的王国。基督在上方的环形云中,像地上的君王那样拿着球体和权杖,他把权杖倾向路德的那一边,作为对教士不利的判决。

图13.2 《路德和工匠》

 思考:这幅图画反映了宗教改革的什么内容;这幅图画如何与前幅图画进行比较。

彼得·保罗·鲁本斯：罗耀拉和天主教改革

在这幅由耶稣会1619年委托彼得·保罗·鲁本斯所做的油画中（13.3），表现了伊格内修斯·罗耀拉正在祈祷并把魔鬼赶出教会。中间的罗耀拉带有光环，在右边教士的支持下进行祈祷。上面有天使支持他。左上方魔鬼在逃离下面的受害者，后者既为这一体验而惊慌失措，也重新燃起了希望。

与图13.1比较起来，路德1546年版的德语《新约》译本揭示了天主教改革的部分性质。而这里强调教会在上帝和人之间的调停，强调圣礼的重要性以及强调需要被任命的教士。天主教会希望把他们所拥有的财富和壮丽用于该事业之中。这不仅表现在罗耀拉的法衣和教堂内部的壮观上，也表现在委托著名艺术家鲁本斯用新颖、精致和豪华的巴洛克风格绘制油画上。

图13.3 彼得·保罗·鲁本斯的油画作品

 思考：如果你把这幅画和前面两幅画看做宣传画，它们在哪些方面具有吸引力，而且对谁会有吸引力。

二手材料

尤安·卡梅伦：什么是宗教改革？

历史学家通常都认为宗教改革由16世纪欧洲全面的宗教变革所构成。然而他们也经常就宗教改革到底是什么这一问题产生分歧。在下面的选段中，尤安·卡梅伦认为，宗教改革的本质是宗教改革者的抗议和俗人政治野心的结合。

思考：教会人士和学者的抗议如何与政治上激进的俗人的野心结合而成为宗教改革的本质；这种解释如何暗示了宗教改革的原因。

材料来源：From Euan Cameron，*The European Reformation*，pp. 1 - 2， 1991. Reprinted by permission of Oxford University Press.

宗教改革运动是独一无二的，它把欧洲基督教分成了天主教教派和基督教教派。从古代开始没有一场宗教反抗或改革运动传播得如此广泛、影响如此深远,对正统的知识批评得如此深刻和敏锐,对它所要废止的东西如此具有破坏性,它所创作的东西如此丰富……

欧洲的宗教改革并不是一场单纯的革命,一场只有一个领导人、有明确界定的目标或紧密组织的反抗运动。然而它也不是一大堆混乱或矛盾的野心,松懈而又凌乱。它是一系列平行的运动。在每一个运动中,对历史上某个关键时期持有不同看法的各种各样的人,与那些追求其目标但又对目标不完全了解的力量结合在一起。

首先,宗教改革是作为中世纪特权阶层的教会人士和学者反抗他们自己的上级。那些上级是罗马教皇和他的代理人们,他们攻击一些真诚、可敬、有学问的教会人士的教导,似乎他们的教导威胁了教士和教皇的声望和特权。马丁·路德这位第一个反抗的教士,攻击"教皇的皇冠和僧侣的肚子",而后者则进行反击来保护他们的地位。反抗的教会人士——"改革者"——并非用沉默和私下里反对来回应罗马的反击,而是用印刷品公开谴责那些咒骂他们的人。不仅如此,他们还发展自己的教义使他们的反抗更有凝聚力,并为他们的不顺从进行辩护。

然后,以中世纪俗人对宗教分裂的惯常反应为背景,最令人惊讶的事情发生了。政治上激进的俗人继续宗教改革家的反抗,把他们的反抗(也许是错误的)等同于自己的反抗,并紧逼他们的统治者,这些俗人(最初)并不是磨刀霍霍的政治领导人,而是普通的、中等富裕的人。这种混合和结合——宗教改革家的反抗和俗人的政治野心——是宗教改革的本质。它把宗教改革者的运动转向了新型的宗教分裂:它没有变成"教会分立",教会分立是指天主教会的一部分在政治上起来反对权威,但并没有改变信仰和仪式;它也不是"异端",异端是指一些人偏离了正统的信仰和崇拜,但没有威望、力量或权威。相反,它创立了一种新型的崇拜和信仰,公开传教并得到认可,这种崇拜和信仰也在整个社区、地区和国家内构成所有团体新宗教原理的基础。

G·R·埃尔顿:宗教改革的政治解释

最近,宗教改革的宗教性解释受到政治历史学家的挑战。从高度权威的《新剑桥近代史》中选取的下列片段对此观点进行了说明。在此,剑桥的G·R·埃尔顿认为,尽管精神因素和其他因素是相关的,但对宗教改革能够扎根与否的原因进行解释,首要的基础是政治史。

思考:埃尔顿如何证明他的论点;卡梅伦会在哪些方面驳斥这一解释。

材料来源:From G. R. Elton, ed., *The New Cambridge Modern History*, vol. Ⅱ, *The Reformation* (Cambridge, England: Cambridge University Press, 1958), p. 5. Reprinted by permission.

在欧洲许多地区,人们对精神营养有很大的渴望,而且思想运动给那些无论从哪方面来说都是刚刚开始寻求上帝的运动提供了思想内容,它拥有自己的尊严。然而,在解释宗教改革为什么在这里扎根而在那里消失——为什么这一复杂的反教皇"异端"事实上导致了依靠罗马的教会内部永久分裂时,这些思想运动都不会摆在前面。这一特定位置留给了政治和世俗野心

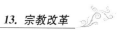

的表演。一句话,只有在世俗权力(君主或地方官员)支持它的地方,宗教改革才能维持自身,而在世俗权威决定镇压它的地方则不可能生存。斯堪的纳维亚、德国公国都证明了前者,英国也以某种特殊的方式证明了这一点,西班牙、意大利、哈布斯堡在东方的地区以及法国(尽管并非决定性地)则证明了后者。1555年和约背后隐含的那一著名短语——谁统治就信谁的教,在人们用文字将其表述出来很久以前,就在实践上是一种常识。因为这是一致的时代,这个时代在任何时间和地点都主张,一个政治单位不可能在其内部容纳两种信仰或崇拜。

这一信条基于简单的事实:只要世俗政体的成员包含着宗教组织的成员,宗教分歧就相当于政治不满甚至背叛。所以政府整齐划一,统治者的宗教也就是他的国家的宗教。英国是将这一原则付诸行动的极端的例子,官方迅速地从亨利没有教皇的天主教,经过以瑞士和玛丽教皇制度为基础的爱德华新教,转到更具英国特色的伊丽莎白的新教。但是其他国家也经历了类似的发展,这无须引起灾难或恼人的疑惑。君主和政府以及被统治的臣民一样,也不会出于纯粹的动机行事,至少某些君主在改变信仰过程中忽略精神因素,同在民众的渴望中只看到纯洁一样不真实。宗教改革的成功超过早期或类似运动的梦想,主要并不是因为(如该词所表示的)时机已经成熟,而是因为它找到了世俗力量的支持。觊觎教会的土地、抵制帝国和教皇的要求以及创建独立自主国家的野心,都在其中发挥了作用,但这通常要真正附属于宗教改革家的教义。

约翰 C·奥林:天主教改革

16世纪天主教会的历史同新教改革的历史一样充满争论。确实,从"天主教革新"、"天主教改革"和"天主教复兴"到"反宗教改革"等所使用术语的变化,反映了历史学家在解释这段历史方面分歧很大。争论的核心是天主教会的改革和复兴在多大程度上是对新教改革的反应,以及在多大程度上是由独立于新教改革的力量所促成。在下面的选段中,致力于宗教改革研究的历史学家约翰 C·奥林发表了对这一问题的看法并分析了16世纪天主教改革的性质。

 思考: 在奥林看来,将天主教改革称为反宗教改革有什么问题;天主教改革运动有什么内在的一致性和连贯性。

材料来源: John C. Olin, "The Catholic Reformation," in *the Meaning of the Renaissance and Reformation*, ed. Richard L. DeMolen (Boston: Houghton Mifflin Co., 1974), pp. 268, 289-290.

从各种表现上,天主教改革都受到1517年后出现的危机和随后教会分裂的深刻影响,其中既有实际的影响也有潜在的影响。它不是在那时突然出现的,但是新教改革所提出的问题给它造成了新的急迫性、提供了新的场景和维度。在宗教和教会传统内部进行更新和改革,也是对那一传统的保护以及为保持和恢复它而做出的努力,过去如此,以后也是如此。在宗教反抗和分裂的震动下,天主教非常复杂的活动方式展现出来。给它贴上反宗教改革的标签不能令人满意,因为这个词汇太狭窄并容易引起误解。其中确实存在着对新教改革的反应,但是这个因素尽管重要,却不能涵盖16世纪天主教生活的所有层面,也不能恰当地解释天主教复兴的源头和特征。

那么我们主要的任务就是突破关于新教改革和天主教反宗教改革的陈规旧俗,以更全面和客观的方式来考察天主教改革。这有必要考察对教会分裂和新教发展的反应,但是这个主题即不能当作出发点也不能占据这个舞台。天主教的存活和继续发展启示了新的景象,即当时有那么多最重要基督教人物的生活和贡献。确实,如人们最近所注意到的那样,如果天主教改革的真正意义一定要在它的圣徒中发现,那么强调教会分裂、争论和教会人士更加世俗化的反映,有点本末倒置。

从萨伏纳罗拉和希梅内斯时代到特伦特宗教会议结束时期,天主教改革运动有几个明显的特征。第一个也是最明显的特征是需要改革的意识广泛传播而且人们做出许多认真的努力去完成它。这场运动在最初是零散的和无联系的,是个人自发的努力而不是影响整个教会的联合行动。希梅内斯是1517年前教会和机构改革的典型例子。伊拉斯谟和基督教人文主义者,不管影响多么广泛和深刻,都是靠个人的能力在努力,也就是说,尽管他们展望了基督教生活和社会的广泛改革,但实质上寻求个人的重新定位和更新。在保罗三世担任教皇期间,天主教改革越来越一致和正式,并扩展到整个教会。1535年孔塔里来到罗马引领了新的时代。新的血液融入了教皇的宫廷,早期的耶稣会组织起来并开始广泛活动,最终全体宗教会议在特伦特召开。尽管这场运动本身也有多样性,但是它有内在的一致和连贯性,并遵循着一条可以辨认的连续的道路。

这种内在的一致和连贯性是由什么组成的呢?很明显它首先表现在对宗教改革的渴望中……什么特征区分出了天主教改革家并使他们联合一致行动呢?我们看到,有两个特征像两条主旋律一样贯穿整个天主教改革运动中:天主教改革家专注于个体或个人的革新以及专注于教会牧师职责的恢复和更新。一句话,天主教改革有明显的个人和牧师定位。

天主教改革家聚焦于个体基督徒以及他的精神和道德生活。他们实质上寻求成员的革新而不是教义或结构的改变。基督教会的成员必须过优良的生活并被教导和引导沿着那条路前行。这就是萨伏纳罗拉预言性说教的责任,是伊拉斯谟和基督教人文主义者的目标,是伊格内休斯·罗耀拉和他"精神训练"的目的。基廷会、嘉布遣会和耶稣会通过成员更大的献身和圣洁强调这一点。西班牙希梅内斯、维罗纳的吉尔伯蒂和特伦特全体会议的改革在关心信徒教育和精神改善方面将其作为根本的目标……

这样的聚焦点也预示着关心制度性的教会改革,因为如果人要被宗教所改变,那么宗教需要正确地表现和忠实地传授。因此教会的牧师职责——教导、指导和使信徒圣洁地工作——一定要摆在首位并非常有效。因此要强调训练教士、选择优秀的人当主教并坚持让他们住在教区里,指导年轻人并传播福音,在教会中恢复纪律,并根除在侍奉基督和拯救灵魂中受贿和其他不相称行为。彼得的小船不愿沉没或重建,而是要驶回原来的航道,它的船员各守其位,负责自己的任务。天主教改革中教士的地位被清晰地放大。几乎每个人都承认,如果是因为他们的无知、腐败或忽视给教会带来了麻烦,那么对他们的改革就迫在眉睫,是所有革新的基础和根本。这包含个人的革新,教士和主教的革新,后者是实现教会天职的工具,改革的目标和结果是委托给他们照顾的信徒个人的革新。然而改革直接的目标是制度和牧师的革新。教会本身要得到恢复,以便使徒真正的使命得以完成。

斯蒂芬 E·奥兹门特：宗教改革的遗产

不同的历史学家已经认识到由宗教改革而造成的广泛变化。其中最明显的是它所造成的新教和天主教之间宗教联系和冲突的变化。然而,还存在着由宗教改革造成的其他文化和社会变化,它们直接影响了日常生活。在下面的选段中,斯蒂芬·奥兹门特分析了宗教改革的遗产,强调他如何取代了许多日常信仰、仪式和风俗。

思考：奥兹门特所强调的那些变化如何影响了日常生活；在奥兹门特看来,宗教改革和搜巫运动之间会有什么联系。

材料来源：From Steven E. Ozment, *The Age of Reformation*, pp. 435 – 436. 1980. Reprinted by permission of the Yale University Press.

从这些术语来看,宗教改革是在一个宗教几乎渗透到人们全部生活的时代发生的前所未有的革命。对大多数人来说,他们的社会地位和经济条件一生都没有发生大的变化,但是这场宗教改革运动却给他们所知道的世界带来了巨大变化,无论对虔诚的基督徒还是加入这场运动的人都不例外。在 16 世纪上半叶,许多城市和地区都颁布了法律和命令,逐步中止或大大限制了许多直接涉及大多数人日常生活的传统信仰、仪式和习俗：包括强制性斋戒、耳语忏悔；圣徒、圣物和圣像崇拜；买卖赎罪券、朝圣和圣坛；为死者和垂死之人守丧和葬礼弥撒；涤罪原则；拉丁弥撒和礼拜仪式；传统仪式、节日和假日；修道院、修女院和托钵僧修会；婚礼的圣礼地位；临终涂油、坚信礼、圣职礼和忏悔；教士独身、教士免除公民税收和犯罪审判；非居民圣俸；教皇革除教籍和禁令；教会法规；教皇和教会地方政府以及教士的传统经院教育。现代学者们也许会怀疑,官方宗教框架里的这些变化在多大程度上意味着个人信仰和习惯的实际改变。然而,没有人会怀疑,随着新教改革融入 16 世纪的法律和习俗之中,个人改变的可能性大大增加。当历史学家们撰写文艺复兴社会史时,我猜想他们会发现在宗教景象上发生的这些转变所产生的影响尽管通常是间接的,但是非常深厚。

尽管宗教改革影响了地方和国际的政治势力平衡,但它不是人们普遍认可的政治革命。虽然传统的敌人通常在不同的宗教阵营中消失了而且高级教士为政治精英所取代,但是并没有出现传统社会和政治团体的重组。宗教改革更大的社会影响反而表现在那么有效地取代了那么多信仰、仪式和习俗,后者曾经组织了社会生活并在千年的大部分时间里赋予它安全和重要性。在此,宗教改革家们继续中世纪后期简化宗教生活提高世俗生活的努力。如果研究宗教改革时期英国民间宗教的学者是对的,那么新教对中世纪宗教的成功实际上让更糟糕的迷信浮出表面。通过摧毁人们对付日常不幸和困扰的传统仪式框架,宗教改革让那些在其思想中找不到安慰的人——人数有很多——比以前更加焦虑,尤其是当它的领导人用武力寻求他们发现无法单纯通过请求获得的东西时。新教以这样的方式为世界"脱魅",鼓励了人们对巫术和神秘事物的新兴趣,因为宗教的头脑和心灵,否定了在传统圣礼魔力和朝圣虔诚中的发泄渠道,便通过拥抱迷信来补充新教新的节制和简朴,这些迷信比宗教改革所抛弃的宗教仪式更具有社会破坏力。

玛丽莲 J·鲍克瑟和让 H·奎塔特：宗教改革中的妇女

宗教改革中的主要人物是男人，而且传统上聚焦于他们的斗争和教义。近年来，学者们开始询问女性在宗教改革中发挥了什么作用，以及宗教改革是否在社会层面和公共生活方面对妇女有利。下面的选段选自玛丽莲 J·鲍克瑟和简 H·奎塔特合著的《关联领域》，她们都是妇女研究的专家，在这一选段中他们讲述了这些问题。

  思考：妇女有助于传播宗教改革的方式；为什么宗教改革并没有明显改变妇女在社会中的地位。

材料来源：Excerpted from *Connectiong Spheres: Women in the Western World*, 1500 to the Present, edited by Marilyn J. Boxer and Jean H. Quataert. 1987 by Oxford University Press, Inc.

由于对陈规俗套满不在乎，妇女在1517年后把宗教改革观念传播到社团、城镇和欧洲省份方面也起了很大作用。作为配偶和母亲的角色，他们通常是把早期改革观念带进欧洲贵族家庭和城市中心普通人家庭的人。英国神学家理查德·胡克(1553—1600年)通过提及妇女的"性质"、"感情热切"，而不是提及她们具备清醒选择的知识和能力，解释了妇女在改革运动中的重要性。同样，天主教辩论家则使用妇女不成熟和"性质"脆弱的观点来败坏新教。

妇女在16世纪宗教改革中发挥的重要作用，不应该让我们感到惊讶，因为她们在支持早期异端挑战确定秩序甚或性别等级方面同样重要。许多赞美俗人美德的中世纪反教权运动也赞美世俗妇女⋯⋯

由于宗教改革的中心思想同早期宗教运动一样，意味着放松等级制度，这对妇女特别有吸引力。宗教改革通过强调个人与上帝的联系以及他(她)对行为自己负责，肯定了每个人通过阅读圣经有能力发现真理。因此它能比罗马天主教提供更多的任务，让男女们世俗地参与⋯⋯

[然而]，宗教改革并没有明显改变妇女在社会中的地位，宗教改革家从没有打算这样做。确实，他们召唤男女共同阅读圣经和参加宗教仪式。但是阅读圣经加强了保罗对妇女意志薄弱和有罪的看法。当如法国西南部发生的那样在俗人讲道方向上，或如茨维考所记录的那样在妇女聚会讨论"非基督教内容"方面发生激进转向时，宗教改革家们——路德教和加尔文教相同——都在恐惧中退缩了。与路德教相比，激进改革派或再洗礼改革派总体上在宗教生活领域给妇女提供了更积极的任务，甚至允许她们讲道。

更加保守的新教徒"劝告回到基督的正义"，因此，再洗礼教徒被指控认为"婚姻和娼妓是同样的事情"。妇女甚至被谴责"胆敢否认丈夫的婚姻权利"。在一次审问中，一位妇女解释说"她嫁给了基督，所以一定要贞洁。为此她引用了格言：没有人能侍奉两个主"。

权威改革家的反应是明确的。福音的平等并不能推翻社会等级或性别次序的不平等。正如法国人皮埃尔·维瑞在1560年所解释的，新教选民同基督教和其他信仰者一样，仍然求助于两极分化——如男人和女人、主人和仆人、自由和奴役。而且,宗教改革没有提高妇女的地位,同时还从她们那里剥夺了情感上一直存在的女性圣徒和保护人意象,后者在她们生活周期的关键点上长期发挥重要作用。宗教改革家否定了圣徒的特殊力量而且不予重视,例如圣玛格丽特和圣安娜,她们曾经是妇女在生育和守寡期间忠实地提供帮助的同伴。随着否定玛丽亚和圣徒、修女和女修道院长,圣父的地位更加稳固。

本章问题

1. 16世纪天主教和新教之间最重要的区别是什么?这些区别在哪些方面可以解释各自的吸引力以及宗教改革的原因?

2. 思考前一章的资料,看宗教改革和文艺复兴时期思想和文化的某些发展有怎样的联系?

3. 说路德和他的教义——其实是总体意义上的宗教改革——比人文主义和近代的思想更加中世纪、更加保守,这种说法在哪些方面是正确的?

14. 海外扩张和新政治

在15世纪中期和16世纪中期之间,欧洲大部分地区获得了新的政治和经济力量,这些力量在中世纪后期一直在消失,这表现在诸多方面。首先,中央政府在一系列有才能的君主领导下获得了新的权威和力量,他们通常被历史学家称为"新君主"。这尤其表现在英国、法国和西班牙,甚至在人们通常认为皇帝比较虚弱的神圣罗马帝国,查理五世的地位和力量也上升了。其次,欧洲国家支持向世界其他地方扩张的新浪潮。在葡萄牙和西班牙先后领导下,这些国家向全世界派出了探险者、传教士、商人、殖民者和军队,迅速建立了庞大的帝国。第三,近代外交得以发展,使国家承认了有权威并精通外国事务的代表。这反映并促进了欧洲国家的新政治力量和相互竞争。

本章的材料探讨15至16世纪欧洲新政治和经济力量的各个方面。尤其是说明与探险和扩张有关的问题。扩张的动机是什么?为什么这时候出现扩张?扩张与民族主义有什么关系?扩张的后果是什么?有些材料探讨该时期的政治发展,尤其是该时期最著名的统治者查理五世的统治。他的作用和地位是什么?他们怎样为扩张所影响?他的地位同商业和经济新的繁荣有什么联系?

简而言之,本章的材料解释政治和经济力量的新发展,它与前两章所探讨的宗教、文化和思想发展有密切关系。尽管文艺复兴文化并不代表与中世纪文明的彻底决裂,但是这些选材强调这一时期比较独特并被认可为"近代的"内容。历史的模式正在确立,它将成为今后几个世代欧洲的特征,我们将在下一章看到这方面的内容。

原始材料

戈麦斯·埃亚内斯·德·阿祖拉拉:几内亚发现和征服编年史

15至16世纪的地理扩张和征服是由葡萄牙的亨利王子(1394—1460年)发起的。虽然他没有亲自参加探险,但是在葡萄牙的西南端建立了一所航海学校和活动基地,在这里他向

14. 海外扩张和新政治

非洲西海岸派除了探险队。阿祖拉拉很清晰地解释了他这一努力之动机,他是亨利王子[他称亨利为"婴儿勋爵"(The Lord Infant)]的朋友,应国王阿尔方索五世的请求他将1452—1453年的航海进行了编年记载。

 思考:比探险原因听起来更合理的解释;经济、军事和宗教动机是互补的还是矛盾的;这份材料在哪些方面反映了一个国家与伊斯兰交战的历史。

材料来源:Gomes Eannes de Azurara, *The Chronicle of the Discovery and Conquest of Guinea*, vol. I, trans. Chalres Raymond Beazley and Adgar Prestage (London:The Hakluyt Society, 1896), pp. 27 – 29.

设想当我们熟悉了做这件事的人,我们就了解了这件事的内容并会了解他做这件事的目的。既然我们在前面的章节中已经说明这些事情的主角是婴儿勋爵,尽我们所能清楚地了解了他,那么本章就应该了解他做这些事情的目的。你应该牢牢记住,这位王子高贵的灵魂,受到某种自然的约束,一直促使他开始和实践伟大的事业。因此,在夺取了休达后,他让船队针对异教徒全副武装,一方面为了开战,一方面是因为他也想了解加纳利群岛和博多哈尔角之外的土地,到目前为止,无论是在作品中还是在人们的记忆中,对该海角之外地方的状况都还不清楚。一些人说圣布兰德确实经过了那个地方,也有其他传说说两艘船绕过了海角但再也没有回来。但这似乎一点也不可信,因为无法想象如果所说的大船到过那里,其他船只会不努力了解他们走过的航程。由于我们所说的婴儿勋爵希望了解那里的真相,——因为对他而言,如果他或其他领主不努力了解那方面的知识,就没有船员或商人敢于尝试。(因为很清楚,没有人曾经冒险前往不清楚或不能确保获利的地方。)——并看到没有其他领主努力做这件事情,他向那些地区派出了自己的船队,去弄清楚那里的一切。刺激他这样做的,是出于对上帝和当时在位的他的哥哥爱德华国王的敬奉。这就是他采取这项行动的第一个原因。

第二个原因是如果那个地方碰巧有一些基督徒或者有一些避风港,航行到那里没有什么危险,那么就会有许多商品带回王国,并能够发现新的市场。而这极有可能,因为我们这些地区的其他人还没有与他们进行过贸易,他们也还不知道其他地方的人,而且我们王国的产品也可以运到那里,这样的买卖会给我们的国民带来很大的利润。

第三个原因是,据说摩尔人在非洲土地上的势力远比人们猜想得要大,而且在他们中间没有基督徒也没有其他种族。同时,因为每个聪明的人出于天生的谨慎都希望了解敌人的势力,因此这位婴儿勋爵尽量让自己充分探索它,并彻底了解这些异教徒扩张的范围到底有多远。

第四个原因是他在进行的一次长达三十年针对摩尔人的战争中,从没有在以外的地方发现一位基督教国王或者领主,因为爱我主上帝耶稣而在这场战争中帮助他。所以他想知道是否在那些地区有一些基督教君主,基督在他们身上倾注了极大的仁慈和爱,他们会帮助他对付信仰的敌人。

第五个原因是他特别希望推广我主耶稣的信仰,并把所有应该获得拯救的人带给他——要知道我主耶稣化身、受难和死亡都是为了这唯一的目的,即拯救——婴儿勋爵愿意费时费力把他们带到正途,因为他认为这是奉献给上帝最好的东西。如果上帝允诺因一件善事而回报百件,我们就有理由相信因为这样大的善行,也就是说因为这位勋爵的努力有那么多人的灵魂得到拯救,他就会在上帝的王国里得到成百倍的回报,并因此死后在天国里获得荣耀。因为写作这段历史的我亲眼看到那些地区那么多的男女都转向了神圣的信仰,因此即使这位婴儿勋爵是一位异教徒,他们的祈祷也足以让他获得拯救。我不仅确实看到最初被俘获的人,而且他们的孩子和孙辈也都成了基督徒,似乎上帝的恩惠与他们紧紧相随,而且上帝向他们清晰地透露了自己所有的秘密。

克里斯托弗·哥伦布:致桑切斯勋爵的信,1493年

克里斯托弗·哥伦布(1451—1506年)的航行给欧洲开启了新的世界,并标志着西班牙开始了由葡萄牙发起的探险、扩张和征服进程。哥伦布是热那亚探险家,历经许多困难后他说服了西班牙君主,即王后伊莎贝拉和国王斐迪南,支持他跨越大西洋的航行。他指望发现通向亚洲及其财富的西方通道,然而却在加勒比海的某些岛屿上登陆,他认为这是亚洲的一部分。下面是哥伦布在第一次大西洋航行返回后不久,于1493年3月14日在里斯本写给西班牙财政大臣的信件。在下面的节选中,他描绘了自己遇到的土著居民。

 思考:哥伦布如何看待土著居民;哥伦布最关心什么;这封信如何反映了哥伦布的动机。

材料来源:Select Letters of Christopher Columbus, trans. and ed. R. H. Hajor (London: The Hakluyt Society, 1847), pp. 6 – 10.

据我亲眼所见或听到的信息,该岛和其他岛屿上的居民,无论男女都从出生开始就赤身裸体,只有一些妇女例外,用树叶、大树枝或者棉花围裙遮身。我已经说过,他们没有人拥有铁,也不熟悉武器,而且没有能力使用它们,这倒不是因为他们身体畸形(因为他们身材很好),而是因为他们很羞怯而且非常胆小。然而他们也携带替代性的武器,就是在太阳下晒干的藤条,在两端固定上干木做的削尖的头,就是这样的武器平常也不大敢用。因为经常发生这样的事情,当我派两三个人到他们的村落进行商谈时,他们会队伍不整地出来,在我们的人接近时他们就迅速逃跑,父亲抛弃孩子,孩子抛弃父亲。他们的这种胆怯并不是因为我们给他们造成了损失和伤害,相反我会把身边所有的东西给任何我接近的人,如棉布和所有其他东西,而不从他们那里拿走任何东西,他们实际上是天生胆小怕事。然而他们一发现自己安全了,抛弃了所有的恐惧,他们就非常单纯和诚实,对自己拥有的东西非常慷慨,当有人要求时,没有人会拒绝给予自己所拥有的任何东西,而是反过来请我们索要。他们向别人表现超越自己的大爱:他们常常受人滴水之恩而以涌泉相报。然而,我禁止把小东西和不值钱的物品(如几个碟子、盘子以及玻璃、钥匙、皮带等)给他们,尽管他们得到后就想象它们是世界上最漂亮的饰品。甚至有时一位水手会用一根皮带换来一个半金币。如果我们的人给

他们价值更小的东西,尤其是刚刚铸造的布拉卡和任何其他金币,印第安人就会给卖主所有想要的东西,例如,半盎司、一盎司或两盎司的黄金或者30或40磅的棉花等,对这些商品,我们的人已经非常熟悉。他们像白痴一样用棉花和黄金来交换零碎的弓箭、玻璃、瓶子和罐子等,我下令禁止了这种不公正的交易,而我本人则送给他们我带来的许多漂亮和合意的物品,而不从他们那里拿走什么。我这样做是为了更容易博得他们的好感,从而引导他们成为基督徒,愿意尊重国王和王后、我们的贵族和所有西班牙人,并促使他们有兴趣找出、搜集并把他们大量拥有而我们急需的东西交给我们。他们没有任何偶像崇拜,但是坚信所有的力量和威力,所有好的东西都来自天上,相信我带着这些船和水手从天而降,正是带着这样的印象,他们抛弃了恐惧之后接纳了我。他们也不迟钝或愚蠢,头脑非常清楚,那些跨海到过邻近岛屿的人羡慕地描述他们所看到的一切,但是他们从来没有看到过任何穿衣服的人,也没有看到类似我们的船只。当我到达那块海面时,曾经用武力从第一个岛屿抓住了一些印第安人,为的是让他们学会我们的语言,跟我们交流他们所了解的那个国家的情况,这个计划非常成功,对我们好处很大。因为很短时间里,通过手势、符号或者单词,我们便能够相互理解了。这些人仍然与我们一起旅行,尽管他们跟我们一起待了很长时间,但仍然认为我们来自天上,而且我们每到一个新地方,他们就公布这个消息,立刻大声向其他印第安人叫喊,"快来,快来看这些来自天上的人"。听到这话,那些男女老少,抛弃了最初的恐惧后,便会成群地出来,挤在路边看我们,有些人拿来了食物,有些人带来了饮品,都带着令人惊讶的爱意和善意……在所有这些岛屿上,人们的面相、习惯和语言都有一些不同,但是他们都能相互理解,这样的情况非常适合实现让这些人皈依基督神圣信仰的目标,我想,这是我们最尊贵的国王非常希望的。根据我的判断,他们对此非常赞许而且颇有好感。

伯纳德·迪亚兹·德·卡斯蒂洛:回忆录——阿兹特克人

尽管许多首次接触非西方民族的欧洲人往往会傲慢地看待前者,但是也有些人对他们见到的事物印象深刻。这对一些目击墨西哥的西班牙人尤其如此。在科蒂斯于1519年征服墨西哥之前,阿兹特克人主宰了"中美洲"的大部分地区。下面的选段是半个世纪后由科蒂斯征服军中的一员伯纳德·迪亚兹(1492—1581年)撰写的,他认识到阿兹特克人高度发达的文明和首都的辉煌壮观。

 思考:迪亚兹印象最深的是什么?迪亚兹为什么对该文明的财富惊讶不已;如何将这一描述与哥伦布的描述进行对比。

材料来源: I. I. Lockhart, trans., *The Memoirs of the Conquistador Bernal de Castillo* (London: J. Hatchard and Son, 1844), pp. 220 – 221, 235 – 238.

当看到它的辉煌壮丽时……我们脑中一片空白,怀疑我们所看到的一切都不是真的。一连串大型城镇沿着湖岸延伸,湖岸外还有更大的城镇耸立在水上。无数的独木舟在我们周围的各个地方往来穿梭,每隔一段距离就会穿过一座新的桥梁,在我们面前出现了辉煌壮丽的墨西哥城……

根据习惯,莫特库祖玛穿着华丽,穿着一种半长筒靴,上面缀满宝石,鞋底是用纯金制成的。扶持他的四位显贵同样穿着华丽,他们的服装一定是在途中的某个地方换上的,为的是参见莫特库祖玛,他们最初出来遇到我们时穿得并不如此华丽。除了这些显贵之外,君主周围还有许多其他贵族,有些人在他头上举着华盖,其他人则簇拥在他前面的路上,地面铺上棉布,以使他的脚不接触光秃秃的地面。他的随员没有人看到过他完整的脸,在他面前每个人都要眼睛下垂地站立,只有扶持他的四个侄子敢抬头向上看……

我们的指挥官,在大队骑兵和步兵的护卫下,向特拉特洛尔科进发,他们像平时一样全副武装……我们一到这个大市场,就因其大量的人口、摆开出售的丰富的商品以及负责管理的良好警务和规程而深深震惊。陪同我们的贵族把我们的注意力引向细部,向我们详细解释了所看到的一切。每种商品都有专门的出售地点。我们首先参观了市场的那些分区,除了出售男女奴隶外,还分别出售金银制品、珠宝、皮制衣服和其他手工制品……紧接着是商人经销未加工制品的地方——棉花、绞线和可可……一个地方出售生产内昆布的原料、绳子和凉鞋,另一个地方则出售龙舌兰根、熟制品以及用这种植物制作的各种其他东西。在市场的另一个分区,摆着虎皮、狮皮、豹皮、水獭皮、马鹿皮、野猫皮和猛兽皮,有些经过了鞣制。另一个地方出售豆类和鼠尾草,以及其他药草和植物。这里专门指定了一个市场让商人经营家禽、火鸡、鸭子、兔子、野兔、鹿和狗,也为经营水果、制作糕饼和动物内脏的商人制定了经营区域。不远处摆着各种各样的陶器,从陶制大锅到小水罐应有尽有。然后出现的是经营蜂蜜、蜂蜜糕点和其他甜食的商人。与此相邻的,是木材商、家具商,他们都有自己的商店,分别陈列着桌子、凳子和各种木制用具……

在这个市场中也有法庭,这里任命了三名法官和一些治安官,他们监察陈列出售的商品……我希望我列举完了所有这些丰富的商品。这些商品种类如此繁多,但篇幅有限我无法再一一列举。除此之外,市里挤满了人,聚集在柱廊的人如此拥挤,想要一天把他们看完是不可能的……

确实,从这一恶魔的神庙最顶端,可以眺望周围的整个地区。从这里可以望见三条堤道通向墨西哥……我们也可以看到从查普特比山流下来的沟渠,给整个城市提供甘甜的饮水。我们也可以清晰地看到跨越通道的各种桥梁,通过它们堤道相互交叉,湖水起起伏伏。湖面上挤满了独木舟,为城市提供供应品、产品和其他商品。从这里我们发现,城市中各幢房屋之间以及建于湖上的各个城镇之间唯一的沟通渠道,是通过吊桥和独木舟。在所有这些城镇中,漂亮的白灰庙宇在一群小庙宇中拔地而起……你可以想象,那样的景色极为壮观。

在饱览了这一华丽的景色之后,我们的眼睛又转向了大市场,大量的买卖人拥挤于其中。这些人拥挤喧嚷,声音之大就是 4 英里外的地方也能听到。

雅各布·富格尔:致查理五世的信——金融与财政

15 至 16 世纪欧洲的探险和扩张与同时期欧洲的商业发展密切相关。商业发展的核心是兴起了富格尔公司等大型国际金融公司,富格尔公司起源于德国的奥格斯堡,而且富格尔在欧洲各地建立了许多分支，不但与商业发展密切相关，而且作为王室家族的金融家直接与政治发展有关。富格尔对政治影响的程度反映在下面这封信的口气和内容上，这封信是公司的负责人雅各布·富格尔写给哈布斯堡家族的首领查理五世的，后者是神圣罗马帝国皇帝、西班牙国王，而且是当时欧洲最有势力的统治者。这封信指出富格尔提供财政支持，让德国的选侯在1519年选举查理五世而不是竞争对手法国的弗朗西斯一世当神圣罗马皇帝。

思考：这封信的语气；与查理五世建立关系富格尔会得到什么利益；假如查理拒绝归还贷款的要求，雅各布·富格尔有什么选择。

材料来源：From Richard Ehrenberg, *Capital and Finance in the Age of the Renaissance: A Study of the Fuggers and Their Connections*, trans. H. M. Lucas (New York: Augustus M. Kelley, 1963), p. 80. Reprinted by permission.

陛下肯定了解，我和我的家族迄今为止一直为奥地利家族服务，全心全意促进它的安宁和繁荣，因此，为了让陛下已故祖先马克西米利安高兴，同时也为了让陛下获得罗马帝国皇位，我们与那些只信任我们而不信任他人的不同诸侯进行约定，将其视为我们义不容辞的责任。而且为了同一目的我们向陛下的代理人预付了大笔钱财，其余的大部分是我们不得不向朋友筹措的。众所周知，如果不是我们的帮助，陛下不可能获得罗马的皇冠，陛下代理人亲手写的信件可以证明这一点。在这件事情上我没有计较自己的利益。如果放弃奥地利家族而去关照更远的法国，我就能获得大量的钱财，那是当时给我开出的价钱。在这种情况下会给陛下和奥地利家族造成多大的劣势，陛下高贵的头脑应该非常清楚。

图像材料

小弗兰斯·弗拉肯：帝国的资产和负债

小弗兰斯·弗拉肯所作的这幅油画（图14.1）描绘了查理五世皇帝于1555年退位。中央坐着查理五世，两手摊开，象征着把西班牙和尼德兰给在他左边的儿子菲利普，把帝国给在他右边的弟弟斐迪南。菲利普旁边站着各种政治人物，他们下边是代表各个省份的旗帜。前景是一个寓言性的场景，代表西班牙控制了大海和新世界。左边是长着胡须的海王星，有一个天球和他的宫廷，右边是一个印度人和其他外国的人物和动物正在表示臣服（以金银财宝的形式）。该事件于1555年10月12日发生于布鲁塞尔，就在他同意了奥格斯堡和平条约后不久，该条约被解释为他的双重失败：承认了路德教以及德国诸侯在政治上对王权的胜利。在那里，查理发表了演讲，做出了如下声明：

图 14.1 小弗兰斯·弗拉肯的油画作品

我没有野心统治大量王国,而是力求保证德国的幸福,做好准备防卫法兰德斯,让我们的军队献身于保卫基督教抵御土耳其,致力于拓展基督教。虽然我有这样的热情,但是无法如我希望得那样表现自己,原因是路德异端和德国其他改革者引起的麻烦、邻近地区诸侯的仇恨和嫉妒将人们拖入了残酷的战争,感谢上帝的恩赐,我安全地从这些战争中脱身出来……我决定隐退到西班牙,把拥有的所有国家交给我的儿子菲利普,把罗马帝国皇帝给予我的弟弟……首要的是注意邻近地区派别的影响。一旦他们出现在你们中间,就将其扼杀在胚胎中,以免它们广泛传播并彻底推翻你的国家,以免陷入最可怕的灾难中。

思考:这幅图画和演讲如何反映了这一时期哈布斯堡的地位和困境。

阿兹特克人眼中的墨西哥被征服

除了少数书面材料外,对阿兹特克文化的描述同印加文化和玛雅文化一样,大都来自图片、雕塑和其他工艺品。对历史事件描绘时,也往往从征服者而非被征服者的观点出发。这里我们看到的,是阿兹特克人从被征服民族的角度对西班牙征服(图 14.2)进行描绘,这确实非常罕见,该阿兹特克手稿写在 1519—1522 年间,也就是 1519 年科蒂斯进入墨西哥后不久描绘的,非常可怕地描绘了阿兹特克人所遭受的血腥残酷的镇压。注意这位阿兹特克人似乎正在向科蒂斯奉献花环,而后者手握长剑即将挥砍。

思考:该图画所表现的征服和毁灭的符号。

图 14.2　阿兹特克手稿中描绘的墨西哥被征服

探险、扩张和政治

15 至 16 世纪探险航程的进行，除了有各种各样的动机之外，还有许多因素使那些航程在实践上有以前所没有的可能性。技术发明大大提高了造船和航行能力。但同样重要的是，人们了解了与大陆块相关的洋流和季风，并将其绘成了地图。顺着洋流和季风而不是逆行会更加容易，而且船员可以依靠发现大陆块沿途获得供应。

早期的航行倾向于利用该地图中所标示的洋流和季风。例如，早期向北美的航行采取更加靠南面的航道向西跨越大西洋，返回的时候选择靠北的航道。同时，向印度洋进发的葡萄牙船只，会沿着季风和洋流向巴西航行，然后在更南的地方跨越大西洋。洋流和季风也可以解释绕过南美顶端向西航行的困难。这种航行的方式也可以清楚地显示某些对外扩张的地理政治结果。例如，尽管葡萄牙致力于开拓远东的东方通道，但它得到了西部的巴西（这是他在新大陆的唯一一块土地），因为它正好处于有利的洋流和季风经过的途中。

思考：图 14.3 如何有助于解释欧洲不同国家探险和殖民的方式。

地图 14.4 描绘了 16 世纪国际金融的某些政治地理学联系。首先它表明了富格尔遍布欧洲的范围，从而指出此时的国际金融获得了怎样的发展。其次，他揭示了工业和金融之间的某些直接联系，因为富格尔家族经常涉足两者，而且经常获得矿产特许状或经常矿产的权利，以此作为保证金或以此归还借款。第三，它表明了富格尔家族和哈布斯堡王朝之间的政治联系，公司的大多数分支和矿产都在哈布斯堡王朝的地域内，富格尔家族通过一系列贷款与哈布斯堡王朝联系在一起并不令人奇怪。

思考：图 14.4 与雅各布·富格尔致查理五世的信之间有怎样的联系？

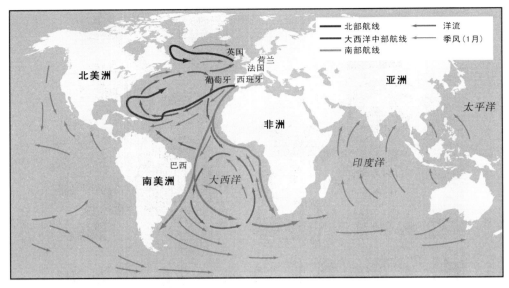

图 14.3 海外探险

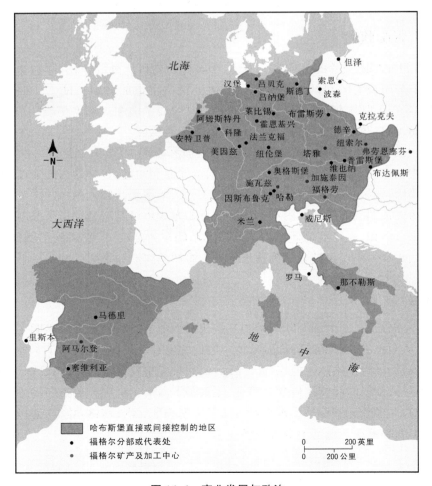

图 14.4 商业发展与政治

二手材料

理查德 B·里德：欧洲的扩张

在分析 15 至 16 世纪的海外扩张时，历史学家强调具备必要知识和技术是海外扩张的条件，同时特别强调用经济和宗教因素来解释其动机。在下面的选段中，理查德 B·里德认为，欧洲扩张是一种国家主义现象，正是因为这一点葡萄牙能够成为早期的先驱者。

 思考：为什么意大利和德国没有参与海外扩张；里德认为，葡萄牙率先进行扩张是因为它处于比其他国家更有利的位置，人们会怎样攻击他的观点；有助于解释葡萄牙率先进行海外扩张的其他因素。

材料来源：Richard B. Reed, "The Expansion of Europe," in the *Meaning of the Renaissance and Reformation*, ed. Richard L. Demolen（Boston：Houghton Mifflin, 1974）, p.299. Reprinted by permission.

欧洲的扩张是一种强烈的国家主义现象。15 世纪后期和 16 世纪出现了一个最明显的倾向，即在他们所谓的"新君主"手里确立强大的中央集权，而且要出现民族国家，欧洲的扩张只是这个趋势的一个方面。海外扩张政策要求一定程度的内部稳定和国家意识，而这只有强大的中央政权才能做到。葡萄牙比他可能的竞争者更早拥有了这一地位，而且在充满活力的阿维斯王朝的领导下成为一个稳定的王国，在 15 世纪以前已经相对摆脱了封建割据。与此同时，西班牙仍然分裂为一系列相互冲突的政治辖区，英国和法国则关注于他们自己或者相互之间的事务，荷兰仍然是帝国的从属品。葡萄牙综合了其自然地理环境的优势和政治经济的稳定而开启了发现的时代。只有在成为成熟的国家实体、摆脱封建政治和经济的限制之后，西班牙才在 16 世纪、英国、法国和尼德兰在 17 世纪成为活跃的殖民力量……

如果把意大利城市国家考虑进来，在文艺复兴扩展中民族国家的重要性尤其明显。威尼斯和热那亚，曾贡献了那么多中世纪旅行家和早期文艺复兴地理学家和制图师，并没有直接参与欧洲的海外扩张。但是，早期航海家的名单中有很多是意大利人。亨利王子在他的海军中雇佣了威尼斯人和佛罗伦萨人，同时哥伦布、维斯普奇、韦拉察诺、卡波特和其他许多人分别为西班牙、法国和英国进行了航行。16 世纪后半叶之前，意大利的制图学家是欧洲最好的，而且大量对新发现进行编年记载的书籍和小册子都是源于维琴察、威尼斯、罗马和佛罗伦萨的出版社。意大利银行家和商人在伊比利亚大城市的商业生活中也非常活跃。分裂的意大利在促使文艺复兴扩张过程中发挥了作用，但是它不能充分利用自己的天赋。德国在 16 世纪的扩张中也有突出的人物，费德曼、斯达顿、威尔塞、富格尔等人的名字证明了这一点。但是德国同意大利一样并不统一，这两个国家要成为殖民力量，要等到 19 世纪各自获得稳定之后。

尽管在文艺复兴扩展中每个民族都有所表现,但是那并非国际性的冒险。相反,它在很大程度上是国家主义热情的表现,那是15至16世纪政治发展的特征。它主要是一种国家事业,通常有私人资助,但由相关国家的政府控制和保护。并没有国家间的合作,甚至在宗教改革的混乱之后,政治的忠诚和同盟已经为宗教同情所调节后,也没有为相互的新教或天主教海外政策而组成殖民同盟。

M·L·布什:扩张对非欧洲世界的影响

欧洲的扩张对欧洲历史具有重要意义,但对探险者所触及的非欧洲世界有更大的影响。然而,对西班牙所控制的新世界和葡萄牙为首领的东方而言,这种影响有很大的不同。在下面的选段中M·L·布什对这些差异进行了分析。

思考:非西方世界的什么内部因素有助于解释这些差异;西班牙和葡萄牙之间的区别,有助于解释对非西方世界产生的不同影响。

资料来源:M. L. Bush, Renaissance, *Reformation and the Outer World*(New York: Harper & Row,1967),pp. 143 – 145.

卡斯提帝国和葡萄牙帝国分别在西部和东部对欧洲外部的世界产生了不同影响。首先,卡斯提向西扩张促成了一系列空前的海外移民。几乎在整个16世纪,每年都有1 000到2 000名西班牙人定居在新大陆。随后到来的是西北欧大规模的移民浪潮,人们为了逃避国内迫害而登上通向北美和加勒比海的大西洋海船,最后非洲的移民推进了西印度和巴西的奴隶制度。另外,在东方,16世纪并没有实质上的殖民地。欧洲只是通过堡垒、工厂和教会,通过殖民官员、商人和传教士而留下自己的印记。

其次,新大陆的殖民地给土著居民造成了严重地影响,而在东方,欧洲人的影响非常小,只是到后来才越来越大。

16世纪20年代早期,西班牙征服者随身带去了天花和伤寒,这些欧洲的疾病很快就合力杀死大批印第安人,尤其是在1520、1540和1570年代疾病大流行时期。例如在中部墨西哥,1519年人口有11 000 000人,到了这一世纪末已经不足2 500 000人。另外,印第安人受到白人殖民者引进的有角牛畜群的困扰。他摆脱这些畜群而为白人殖民者服务,但是这通常会使他前往劳动力集中的营地,那样就没有机会摆脱疾病感染。印第安人或是因渴望获得白人的商品而绝望地陷入债务,或是因为要永久摆脱畜群以及因西班牙人引进的义务劳动制度①而进入劳动营地,通过这两种形式,印第安人有了明显的欧化趋势。他成为挣工资的人、债务人和基督徒。印第安人受人剥削,但在法律上仍然是自由人。奴役已经开始出现,但是还没有得到官方认可。而且,在新大陆特别有势力的传教团体方济各会,竭力要把印第安人从白人的魔爪下解救出来。在卡萨斯的圣巴托罗缪和维托利亚的弗朗西斯科那里,印

---

① 这种制度依赖于每个印第安村落一年中在规定时间里提供一部分劳动力或服一定的劳役。

第安人找到了有影响的保护者,通过他们安排分立的印第安基督徒社区,他得以暂时摆脱白人。但是查理五世所许可的印度安人传教城镇,遭到他的继承人菲利普二世的反对,这些城镇只在很边远的地区继续存在。

除了少数例外,活下来的印第安人的生活方式基本上都因白人的到来而改变了。最明显的例外是在葡萄牙人统治的巴西,那里最原始的游牧印第安人有很多机会撤退到丛林。在巴西营地也很少。总体而言,由于葡萄牙人专注于其他地方,而且由于缺乏按照西班牙的标准建造帝国的资源,所以他们的影响很小。而且,在西班牙帝国内,欧洲人在秘鲁印加人那里留下的印记,不如在墨西哥阿兹特克人那里那样深。其原因是征服秘鲁比较缓慢、出现了几次印加人起义、地形的性质、西班牙居民人数少、欧洲化的进程比较迟缓,而且从长远来看并没有完成。残留下来的印加贵族在习惯上西班牙化了,在宗教上信奉了天主教,但是农民仍然是异教徒。与这些变化相比,东方的西方化则是更加近代的事情。

16世纪西方对东方产生影响主要通过传教士。随着弗朗西斯·泽维尔1512年到达印度,开始了令人印象深刻的皈依进程。他以科摩林角沿海的渔民为中心,据说在10年中促使60 000人皈依。耶稣会则把注意力放在东部,选择果阿作为罗马之外的总部。16世纪在马来西亚、苏门答腊和中国成效甚微,而在马六甲虽然开端良好,但很快就遭到了挫折。但是在锡兰,年轻的科特国王1557年皈依基督教是一场重大胜利,在日本皈依活动也进展顺利。16世纪80年代,在日本的耶稣会修士声称皈依了150 000人,但其中的绝大部分是九州岛的居民。

基督教在东方并非新宗教。有许多涅斯托里基督徒居民,但是欧洲人视他们为异己,就向看待穆斯林一样。据推测,到1583年新的基督徒的人数达到了600 000人。但是与伊斯兰教在东方的扩张相比——这一进程几乎同时发生——基督教的扩张成效甚微。

最后,葡萄牙的海上帝国并没有把葡萄牙的习俗传播到海外。他们的帝国实质上是在适应当地环境的情况下建立的。相反,西班牙的陆上帝国在很大程度上反映了卡斯提的习俗。

在新大陆,一个小心翼翼发展并进行控制的统治制度确立起来,人们在其中看到,在旧大陆对封建贵族独立势力的严加控制,也同样应用于新大陆。严格要求政府官员是王室的仆人。然而,新大陆的政府比旧大陆更加有效地实行了中央控制。这里并不尊重贵族的特权,几乎没有什么权力无保留地交到贵族手中。事实上,新大陆政府的虚弱起初并不是因为贵族的权力和特权,而是因为统治机器的庞大笨重。然而,尽管有这些预防措施,但是到17世纪早期,新世界变成了大封建权贵的地盘,他们实际上有不受约束的权力。

格瑞·纳什:红、白、黑——早期美洲的民族

欧洲人通常与他们在海外遇到的民族发生冲突。在美洲,对土地拥有权、更主要的是对私人财产含义的理解不同,导致了不断的冲突。欧洲人理所当然地认为人们有权利买卖土地,然而在土著美洲人看来情况并非如此。在北美,欧洲殖民者会把土地圈起来寻求个人利益。这会削弱整个游牧部落生存的基础,因为他们依赖的是自由移动、狩猎和建立临时聚落。在下面的选段中,加利福尼亚大学洛杉矶分校研究美洲早期历史的历史学家格瑞·纳

什描绘了白人殖民者和北美土著居民在文化和经济制度方面的冲突。

 思考：土著美洲人和欧洲世界在土地和个性方面的看法有什么不同；根据我们现代所了解的生态破坏，你如何评价土著美洲人有关自然调和的观点。

材料来源：Gary B. Nash, Red, White and Black: T*he Peoples of Early America*, 3d ed. (Englewood Cliff, NJ: Prentice-Hall, 1982), pp. 25 - 27. Copyright 1982, 1992. Reprinted by permission of Prentice-Hall.

尽管土著美洲人和欧洲人文化之间的差异，并不像"野蛮"和"文明"概念所表明的那样大，但是大西洋东西岸的社会在尚未相互接触的那些世纪里发展了不同的价值体系。在欧洲人和土著美洲人相遇时所发生的身体对抗背后，是无法相容的看待世界的方式。通过比较欧洲人和印第安人如何看待人与环境的关系、财产概念和个性，就可以看出这些潜在的冲突。

在欧洲人的眼里，自然界是供人们使用的资源。《创世纪》里这样说："治理这地，管理地上各样行动的活物。"宇宙仍然由上帝统治，显现在地震、飓风、干旱和大水中的超自然力量人们当然也无法控制。但是近代早期已经出现了科学革命，它给人们以更强的自信心，认为他们能够理解自然界——并最后控制它。在欧洲人看来，神界和俗界不同，人与自然环境的关系落到世俗的层面。

在印第安人的精神里，并不存在这种神界和俗界的区分。自然界的每一部分都是神圣的，因为土著美洲人相信世界居住着各种不同的"存在"，每一种存在都拥有精神力量而且相互联合在一起构成了一个神圣的整体。默里·威克斯解释说："植物、动物、石头和星星并不被视为由自然法则统治的物体，而是看做'同伴'，个人或群体都或多或少与它们有有益的关系。"因此，如果一个人剥掉了大地的覆盖物而冒犯了土地，那么土地中的精神力量——有些丛林部落称之为神灵（manitou）——就会反击。如果有人捕鱼或狩猎超过了自己的需要，那么居于鱼和动物身上的精神力量就会进行报复，因为人类破坏了主导所有存在——人类和非人类——之间关系的互信和互惠。剥削土地或不尊重自然界的任何部分，都是使自己与居于所有事物中的精神力量断绝关系，并"等于抛弃了自然界中的生命力"。

因为欧洲人把土地视为为了人的利益而利用的资源，所以很容易将其视为可以私人拥有的商品。个人财产权成为欧洲文化所赖以存在的基础之一。篱笆成为排他性地拥有财产的象征，遗产成为在家庭内把这些"财产"代代相传的机制，法庭成为解决财产争端的制度性机构。在大型的农业社会，财产成为政治权力的基础。事实上，在英国，政治权利源自对特定数量的土地拥有所有权。另外，社会结构主要是通过财产分配而界定的，拥有大量土地的人站在社会金字塔的顶端，大量无财产的个人则构成了宽广的基座。

在印第安世界，人们无法理解视土地为私有财产的观点。部落承认地域界限，但是在这些界限之内，土地属于公共所有。土地不是一种商品而是自然的一部分，由造物主托付给活着的人们……因此，土地是造物主的礼物，人们要小心使用，而不是让某些个人独占。

在人的个性方面，印第安人和欧洲人的价值观也相差甚大。欧洲人渴望得到、具有竞争性，长时期以来宣扬个人的作用。人们可以渴望有更广泛的选择余地、获得更大的机会来提高自己的地位——通过勤奋、勇敢,甚至导致殉难的个人牺牲。比较而言,土著印第安人的文化传统强调集体而非个人。由于土地和其他自然资源公共所有而且社会也不像欧洲那样分成等级,积聚财富的精神和个人野心是不合适的……因此,在印第安团体中更可能遭到排斥而不是令人羡慕。

章节问题

1. 最能解释西方海外扩张的因素是什么?
2. 海外扩张在哪些方面与15至16世纪政治经济的发展有关?
3. 西方和非西方文明的相互作用产生了什么后果?

第四部分
DI SI BU FEN

近代早期

15. 战争与革命：1560—1660年

1560年至1660年间欧洲爆发了战争与革命。16世纪后半叶的法国，在虚弱的国王统治下，不同的政治和宗教派别在有时相当于全面的国内战争中相互斗争。尽管在17世纪更强大的国王和大臣带来了进一步的稳定，但是在路易十四主张法国专制主义之前，贵族在17世纪中期重新兴起。在德国，政治和宗教分化导致了1618年地区战争的爆发，这很快导致了持续30年的国际战争，直到1648年通过《威斯特伐里亚条约》才宣告结束。该战争对德国的破坏史无前例，可能有三分之一的人失去了生命。国王和议会之间的冲突不断加剧，加上宗教和社会的分化，导致了17世纪40年代的革命和内战以及50年代克伦威尔的临时统治。1660年在查理二世的统治下恢复了相对的稳定。最后，在尼德兰，大规模的流血表明西班牙长期努力维持对荷兰的统治，但荷兰最终于1648年获得了完全独立。

本章的材料探讨从16世纪中期到17世纪中期的三次动荡——分别在法国、中欧和英国。16世纪法国内战的性质是什么？君主专制制度在哪些方面回应了法国的政治和宗教冲突？中欧的三十年战争主要是一场德国人的冲突还是反对西班牙统治的斗争？与政治原因相比，宗教在这场战争中有怎样的重要性？除了造成死亡和破坏之外，这场战争有何决定性或重大的后果？英国王权和议会权利之间发生冲突的性质是什么？英国的政治理论如何反映了这些冲突？所有这些冲突造成了哪些后果？

本章的材料说明这个世纪是个暴烈的时代——有时特别指向妇女——也是为政治和宗教控制而斗争的世纪。在17世纪后半叶暴力减少了，出现了新的稳定意识，我们将在下一章看到这些内容。

原始材料

欧吉尔·格瑟林·德·布斯贝克：法国内战

1560年至1660年间是以骚乱、动荡和战争为特点的时期，法国是最早发生这些动荡的地区之一。在那里,政治和宗教的分立造成了长时期的流血和零星的内战。下面的选段选自1575年由神圣罗马帝国派往法国的外交官布斯贝克写的一封信,他在其中描绘了这场骚乱的性质和影响。

思考:在布斯贝克看来,促使已经爆发的内战进一步恶化的力量和苦难是什么;内战对社会的各个方面造成了怎样的影响。

材料来源:From Charles Thornton Forster and F. H. Blackburne Daniell, *The Life and Letters of Ogier Ghiselin de Busbecq*, vol. II (London, 1881), pp. 38-40.

自导致国家混乱的内战伊始,就发生了最为可怕的变化。这种变化如此彻底,就连以前熟悉法国的人都认不出它来了。到处可以看到损坏的房屋、倾倒的教堂和成为一片废墟的城镇。同时,旅行者们极度恐惧地看着那些地点,近来它们已经成为屠杀和残忍事件表演的舞台。土地被抛荒,无人耕种;农民的牲畜和农具被士兵当作战利品拿走,而且他还同样遭到法国人和外国人的劫掠。商业陷入瘫痪,挤满了商人和顾客的城镇,如今商店关门、工场歇业,一片荒凉。同时,居民们遭受无尽的勒索,他们大声抱怨勒索的额度之高,抱怨那么多钱被白白浪费掉了,而且被用于他们根本不情愿的目标。他们用反叛的语气要求清算。有经验的人、法国古老家族的成员在许多场合被人怀疑,要么是不允许他们进入宫廷,要么是让他们在家里过着单调的生活。除了因宗教不同而划分出的两个派别之外,还有世仇和争吵,这影响了社会的每个阶层。

首先,他们对在法国服务的意大利人有抵触情绪,后者拥有很高的职位并被委以重任,这令有些人非常嫉妒,他们认为意大利人无视法国的事业,并认为他们既没有美德,也没有服务精神,同时他们的出身根本不应获得这样的任命……

分裂法国大家族的长期不和,远比古代悲剧所描绘的要激烈,这是吉斯、凡多姆和波旁家族之间存在的情感状态,更不用说蒙特默雷西家族了,后者通过联盟和联系组成了很大的派别。

黎塞留:政治遗嘱和个人遗嘱

16世纪末在亨利四世统治下,法国的内战结束。这位强大的国王战胜了敌对的派别并加强了王权。但是宗教冲突以及与贵族争夺权利的斗争在法国并没有结束。更准确地说,在一系列强权人物的经营下,君主制度朝着专制主义方向发展,这些人物中就包括黎塞留(1585—1642年)。在那一时期的大部分时间里,他担任国王的首要顾问而且是实际上的统治者。下面的选段选自他的《政治遗嘱和个人遗嘱》,黎塞留在其中表明了自己对君主权力的看法。

思考:黎塞留如何为君主权力辩护;马基雅维利会如何回应这一观点。

材料来源:Armand Jean du Plessis, Duc de Richelieu, *Political Will and Testament*, vol. II (London, 1965), pp. 45-46.

对国王的伟大和政府的繁荣而言,权力是最必不可少的成分,那些负责管理事物的人尤其不能忽略任何事情,如果这些事情有助于加强他们主人的权力以至达到整个世界都拒斥他的地步。

正如爱的目标是善,害怕的原因是权力,更加明确的是,在那些有能力搅动一个国家的君主中,基于尊敬和敬重的恐惧具有很大的力量,它会使每个人都忠于职守。

如果这一原则对国内部分特别有效,那么它在国外也会通行:臣民和陌生人也会以同样的眼光来看待可怕的权力,这两种人都会避免冒犯君主,他们意识到,如果自己有这样的倾向,君主有条件伤害他们。

我顺便说起过,我所讲的权力的基础必须是尊重和敬重……如果它基于任何其他原则,都是很危险的。如果不是产生一种合理的恐惧,就会使人们怨恨君主,如果恐惧转变成怨恨,那么君主就处于最糟糕的境地。

促使人们用爱来尊敬和害怕君主的力量……是一棵大树,它有五个不同的分叉,都从一个相同的根部汲取营养和食物。

君主必须因他的声望而强大。

始终保持必要的军队。

保险箱里要保持足够的钱财以应不时之需,它们经常在人们意料不到的时候出现。

最后要抓住他的臣属的心……

詹姆斯一世:英国君主的权力

从詹姆斯一世开始的斯图亚特王朝时期,英国君主和议会之间的摩擦不断加剧。在当上苏格兰国王后,詹姆斯在 1603 年伊丽莎白死后又当上了英格兰国王。詹姆斯有学者背景,因对君主制度有固定的看法而出名。1610 年在一次议会演讲中他清晰地阐述了这些观点。其中,他评论了国王权力的性质,他说得不仅是英国的国王的权力,而是指一般意义上的国王权。

 思考:詹姆斯认为国王应该有极高的地位和巨大的权力,他如何为此进行辩护;君主权力的界限。

材料来源:From J. R. Tanner, *Constitutional Documents of the Reign of James I, C. E. 1603 - 1625* (Cambridge, England: Cambridge University Press, 1930), pp. 15 - 16. Reprinted by permission.

君主国的地位在世上至高无上,因为国王不仅是上帝的代理人,坐在上帝的宝座上,而且就连上帝也称他们为神。有三个对应的东西可以说明君主国的地位:一个来自圣经,另外两个基于政策和哲学。在圣经中国王被称为神,因此由于某种明确的关系他们的权力被比作神圣权力。国王也被比作家庭的父亲,因为国王确实是"民之父母"(*Parens Patriae*),是子民的政治之父。最后,国王被比作人的身体——这个微观宇宙的头。

国王之所以被称为神,是因为他们以类似神权的方式治理大地。如果你思考上帝的属性,就会发现这些属性同样适用于国王。上帝有权随心所欲创造和破坏、制造和消灭;给予生命和让人死亡;有权审判所有人而不应有任何人对他审判;可以随心所欲提拔低等的东西、降低高等的东西;无论身体还是灵魂都属于上帝。国王具有同样的权力:他们有处理不处理臣民的权力;有权提拔和解职;有生杀大权;有权以任何理由审判任何臣民,但只被上帝审判。他们有权提升低等事务而贬低高等事务;有权对待他的臣民如象棋的棋子,让一个小卒担任教士或骑士,在赚钱的事业中吹捧或贬低任何臣民。臣民身体之服务和灵魂之爱均应归于国王……

至于一个家庭的父亲,根据自然法,自古就对自己的孩子和家人具有父权,也就是生死权,(我所指的家庭的父亲是那些最初产生国王的家族的正统继承人)因为国王最初源于那些在全世界建立和拓展殖民地的人。现在一位父亲可以随心所欲处分给后代的遗产,甚至在有充分理由的场合根据自己的喜好把财产给年幼的孩子而不给长子;随自己高兴让他成为富翁还是乞丐;如果发现他们冒犯自己就限制或禁止他们谒见,或者再次宠爱悔过的罪人。国王就是这样对待臣民的。

最后,作为自然身体的头,有权指挥身体的各个部分发挥头脑判断最为合适的作用。

下议院:英国议会的权力

詹姆斯关于君主权力的观点并不为议院议员所接受。确实从他在任开始到他的儿子查理一世统治时期,国王和议会就一直为各自的权力进行斗争。伴随着其他问题,他们之间的斗争以 17 世纪 40 年代内战的爆发和查理一世被斩首而达到高潮。下面是 1604 年下议院致新国王詹姆斯一世的声明,其中部分揭示了这场斗争的性质。

 思考:下议院和国王就哪些权力意见不同;詹姆斯一世和下议院如何为他们的要求进行辩护;在哪些方面两者的立场可能会妥协。

材料来源:From J. R. Tanner, *Constitutional Documents of the Reign of James I*, C. E. 1603 - 1625 (Cambridge, England: Cambridge University Press, 1930), pp. 220 - 222. Reprinted by permission.

我国臣民古已有之的权利,主要存在于本下议院的特权之中,现在就这方面而言,公开传达到陛下那里的错误信息包括三个方面:

首先是我们没有任何特权,只有恩赐,每次议会复会都要通过恩惠而被恩准,并因此而受到限制。

其次是我们并不是存卷法院,也不是管理记录查阅的法庭,我们的事项只是形成法案和备忘录,维持记录只是出于惯例而不是义务。

第三,给骑士和市民之令状的送还,不属于我们检查的范围,而是属于大法官法庭。

最仁慈的君主,这些主张直接和明显地要彻底剥夺下议院最基本的特权,并在这方面剥夺英国整个下院的权利和自由,而这是他们和他们的祖先自古以来在陛下最尊贵的祖先治下就毫无疑问享有的东西。对此我们,即下议院的骑士、市民和城镇居民以英国全体民众的名义在议院聚会,明确地提出抗议,因为这在最大程度上贬损了陛下议会高等法院的真正尊严、自由和权威,结果会贬损陛下上述所有臣民以及你王国所有人的权利,并希望我们的抗议记录下来,传诸后世。

相反,对陛下、君主和首领充满谦卑和敬意的我们,针对那些错误信息,我们最明确地保证,

一、我们的特权和自由是我们的权利和应得的遗产,它们不亚于我们的土地和商品。

二、不能阻止我们享有这些特权和自由,它们不能被否认和削弱,除非我们整个王国出现了问题。

三、我们通过请求进入议会分享特权只是我们的礼貌行为,它确实削弱了我们的权利,不亚于让我们通过恳求而向国王诉讼要回我们的土地……

四、我们也要确保我们的议会是存卷法院,要永远受到这样的尊重。

五、在这块土地上没有最高的常设法院,在威严和权威方面与我们议会的高等法院并驾齐驱,基于陛下您的恩准,我们的法院向其他法院颁布法律但不从其他法院接受法律或命令。

六、最后,我们确保下议院是判定所有此类令状送还以及其所有成员选举的唯一合适法官,缺乏了这一点,选举的自由是不完整的;大法官法庭,尽管是在陛下你领导下的常设法院,可以送出那些令状、接受它们的返还、并保存它们,但它只是为了应议会要求而做这些事情,无论大法官法庭还是其他法庭都不应该对这些令状进行任何形式的裁决。

最仁慈的陛下,我们大量的麻烦、猜疑和嫉妒都因这些误导的看法而出现。

海因里希·克雷默和雅各布·斯普伦杰:女巫之锤

1560 年至 1660 年间的社会动荡也包括以迫害女巫的形式对妇女的暴力愈演愈烈。尽管猎巫运动非常广泛,但在德国尤其流行,在那里无论是天主教徒还是新教徒都参加了猎巫和迫害。权威部门经常使用猎巫者的手册作为女巫信仰指南。最著名的手册是《女巫之锤》(Malleus Maleficarum),1486 年由两位多明我会宗教裁判官写成。下面的选段所聚焦的是为什么大多数巫师是女人。

 思考:据作者的看法,到底为什么女人比男人更可能被称为巫师;这揭示了对妇女的什么看法。

材料来源:Alan C. Kors and Edward Peters, eds. *Witchcraft in Europe*, 1100-1700, *A Documentary History*. (Philadelphia: University of Pennsylvania Press, 1972), pp. 114, 119, 121, 123.

关于第一个问题,为什么人们发现脆弱女性的巫师数量要多于男性……第一个原因是

女性更轻信,由于魔鬼的主要目标是破坏信仰,所以他更愿意攻击她们……第二个原因是女性天生更容易感动,而且……第三个原因是她们嘴巴不牢,魔鬼通过手腕让她们了解的事情,她们瞒不住同伴……但是最简单而自然的原因是她们比男人更加淫荡,这一点从她们许多淫荡可憎的事情中反映得再清楚不过了。应当指出的是,在第一个妇女形成时就有缺陷,因为她是由一根弯曲的肋骨,也就是一根胸部肋骨构成的,这根肋骨弯向与男人相反的方向。由于有这个缺陷,她是个不完美的动物,总是欺骗……这一点也在词源学得到说明:因为Femina(雌性)是由Fe(信仰)和Minus(减少)组成,因此她永远难以保持信仰……总而言之,所有的巫术都来自肉欲,在妇女身上肉欲永不满足。

图像材料

蒂亚戈·维拉斯贵兹:布拉达之降

漫长的、耗费巨大的三十年战争(1618—1648年)成为17世纪上半叶的标志。那一系列复杂冲突的主要构成成分是荷兰的新教徒努力摆脱自己的西班牙君主。

在这幅由君主委托的油画(图15.1)中,西班牙艺术家蒂亚戈·维拉斯贵兹庆祝西班牙天主教军队1625年对荷兰布拉达新教徒的胜利。这场反叛的荷兰和其西班牙君主之间的

图15.1　蒂亚戈·维拉斯贵兹的油画作品

漫长战争开始于6年之前。这幅绘画集中描绘的时刻,是在遭受漫长的围攻之后,布拉达的指挥官拿骚的查士丁向他优雅的对手安布落吉奥·斯皮诺拉将军交出城市的钥匙。正如他的姿势所表明的,这位西班牙将领安慰地问候那位荷兰指挥官,并赞扬他和他的士兵勇敢地守卫了这座城市。胜利的西班牙人的宽宏大量反映了这样一种意识,即在16世纪和17世纪最初几十年里,凭借其光荣的军事征服史,西班牙君主认为自己是欧洲最强大的统治者。许多长枪垂直树立象征着西班牙军队的秩序和力量,尽管事实上许多士兵都是外国雇佣兵——在三十年战争中各方都是如此。斯皮诺拉的优雅也表明西班牙人相信他们天主教事业最终的正义性。

尽管西班牙取得了胜利,斯皮诺拉将军过分慷慨的骑士姿态和投降条款,使得荷兰军队保有他们的武器并在退出城市时保持完整。荷兰会再一次用这些军队转而对付衰落的西班牙军队并最终在战争中取得胜利。

 思考:在这幅油画中如何描绘了"光荣的"战斗景象;维拉斯贵兹的油画所反映的17世纪战争的性质。

杨·布鲁盖尔,塞巴斯蒂安·沃兰克斯:战争与暴力

佛兰德尔的艺术家杨·布鲁盖尔(1568—1625年)和塞巴斯蒂安·沃兰克斯(1573—1647年)的这幅油画(图15.2)描绘了三十年战争期间抢劫的军队。这场战争对德国来说是一场灾难,不仅是因为它持续时间长而且不道德,也因为普遍使用雇佣兵。在这幅图画中,没有共同服装和旗帜的雇佣军攻击看来是平民的马车队,也许后者听到他们要来,正在逃

图 15.2

跑。妇女和孩子遭到雇佣军的攻击,无论是手执武器的还是手无寸铁的男人也同样遭到攻击。当时目击雇佣军的格里美尔豪森描绘他们"只会造成伤害和损害,反过来他们也遭受伤害和损害,这是他们的全部目标和存在理由。任何东西都不能使他们转向——无论冬夏、冰雪、冷热、风雨以及高山和深谷……还是对永久遭谴的恐惧。他们在战斗、攻城、攻击和战役中,甚至在冬季都是如此,直到最后一个个相继死亡、腐烂和毁灭。"这幅图画传达出这样一种见解,失去控制的胡乱的暴力是这个时期鲜明的特征。

思考:在哪些方面可以使用这幅油画和他的观察来解释卷入其中的人如何经历三十年战争。

托马斯·霍布斯:《利维坦》——政治秩序和政治理论

尽管英国避免了三十年战争,但是它自身也经历了激烈的战争和王权的崩溃。在1640—1660年间,英国经历了内战、国王查理一世的审判和死刑、奥利佛·克伦威尔的上台以及斯图亚特国王查理二世的复辟。这些事件刺激托马斯·霍布斯(1588—1679年)明确阐述了历史上最为重要的政治理论主张。

霍布斯在内战中支持国王的事业而且担任未来查理二世的导师。他利用了17世纪正在发展的新哲学和科学概念,就国家和政治权威的起源以及合适的功能提出了一种政治理论。他主要的观念体现在《利维坦》(1651年)中,这里提供的是其封面(图15.3)。它表现的是巨人般的君主形象,拿着代表权力的象征物,掌控着秩序良好的城市和周围的土地。如果仔细观察,人们会发现君主的身体是由整个国家的市民组成,根据霍布斯的理论,市民同意把自己的独立让渡给能够维持秩序的全权的君主。下面选自霍布斯著作中的片段对此进行了解释,其中他叙述了一个国家形成的原因以及那个国家权力的性质。

图15.3 杨布鲁盖尔和塞巴斯蒂安·沃兰克斯的油画作品

思考:为什么人们来自这样一个国家,为什么他们把权力给了君主;如何把霍布斯的观点与詹姆斯一世的观点进行比较;主张下议院增加权力和主张增加君主权力的人各自会如何批评这一观点。

材料来源:Thomas Hobbes, *Leviathan*, vol. III of the English Works of Thomas

Hobbes, ed. Sir William Molesworth（London：John Bohn，1889），pp. 113，151-153，157，159.

因此,在人人相互为敌的战争时期必然出现的东西,也会在人们只能依靠自己的体力和发明来保障生活的时代出现。在这样的环境下,产业无法存在,因为其成果没有保障。这样的后果是没有了土地耕种,没有了航海,无法利用海外进口的商品;也没有了宽敞的建筑,没有了需要用更大力气移动和搬动物品的工具;没有了关于地貌的知识;没有了时间的记载;没有了艺术、文学和社会;而且最糟糕的是,人们一直生在暴力死亡的恐惧和危险之中;而且人们的生活孤独、穷困、卑污、残忍和短寿……

我们看到,那些天生爱好自由、统治他人的人引入了国家来约束自己,生活在国家之中,其最终的动机、目的或设想是预想以此保全自己并因此会获得更加满意的生活。也就是说,使自己脱离悲惨的战争状态,正如第13章所说明的,如果没有有形的力量让他们敬畏,或由于害怕惩罚而约束自己履行契约和遵守所指定的自然法,那么战争就是人类激情的必然结果……

因为诸如正义、平等、谦逊和仁慈等自然法或者整个自然法,施于我们也施于他人,倘若没有某种权威的威力促使他们遵守,那么就会与使我们走向褊狭、傲慢、复仇等的自然情感相冲突。如果没有武力,契约就是一纸空文,根本没有力量保证人们的安全……

如果要建立一种公共权力,它能够保护人们免遭外来侵略和相互伤害,并因此保障他们通过劳动和大地的果实使自己富足和生活满意,唯一的道路是把他们所有的权力和力量交给一人或一个集体,集体能够通过多数人的意见让所有人的意志服从一种意志;这就等于是说,任命一个人或一个集体代表他们的人格,每一个人都承认代表他们人格的人在关乎公共和平和安全的事务中有权采取任何行动,或者促使别人采取行动,而且每个人在其中都使自己的意志服从他的意志,使自己的判断服从他的判断。这不仅是同意或者协调,这是全体真正统一在一个和同一的人格之中,这一人格的形成基于人人相互订立的契约,其方式就如同每个人都对另一个人说:我放弃自己管理的权利,而把它授权给这个人或这个集体,条件是你也要放弃自己的权利交给他,并以同样的方式承认他的一切行动。如此做了之后,这群统一在一个人格中的人就被称为国家,……这就是伟大的利维坦的诞生,或者更尊敬地说,是人间上帝的诞生,在不朽上帝的治下,由他来保障我们的和平和安全。因为依靠国家内每个人给予他的权威,他可以充分运用授予权力和力量,依靠其中的威力保证全体人的意志对内实现和平,对外相互帮助抵御外侮。在他身上存在着国家的本质,用一个定义来说,它就是一个人格,一大群人基于相互签订契约,对他的各种行为授权,目的是让他在认为有利于大家的和平和共同安全的时候运用全体的力量和手段。

拥有这一人格的人被称为主权者,或者是拥有主权,其余的人都是他的臣民。

德国和三十年战争

这些地图聚焦于三十年战争期间德国的环境。第一幅地图15.4表现战争开始时大致的政治和宗教划分。这幅地图为了清晰而在许多方面进行了简化。其中并没有表现少数派宗教信仰区域或非加尔文教或路德教占人口大多数的地区。它只表现了政治划分的一部分，这一地域政治划分的总数接近 300 个。第二幅地图 15.5 表现了三十年战争期间的主要战斗。地图 15.6 表现 1618 年至 1648 年间主要由于战争和瘟疫而造成的人口变化。

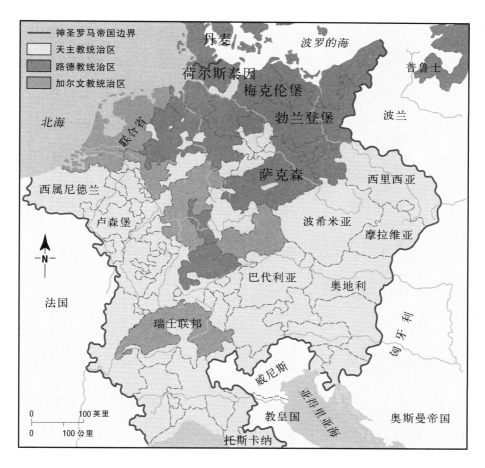

图 15.4　政治和宗教分裂

这些地图共同解释了德国所面临的一些政治和宗教问题。尽管神圣罗马帝国在理论上存在着，但 17 世纪的德国实际上是在政治和宗教上分裂的地区。历史学家认为难以确定导致这场战争的原因以及战争长期持续的责任，这并不令人感到惊讶。通过比较主要战场和人口的变化表现了对人口的某些影响。确实，战后德国政治和宗教持续分化，加上战争对该地区和人口的巨大破坏，有助于解释德国为何虚弱以及在接下来的两个世纪里为何无法统一。

思考：德国地理政治和宗教的划分在哪些方面解释了三十年战争破坏的广度和深度；历史学家们如何运用这些地图来支撑他们对三十年战争之原因和后果的解释。

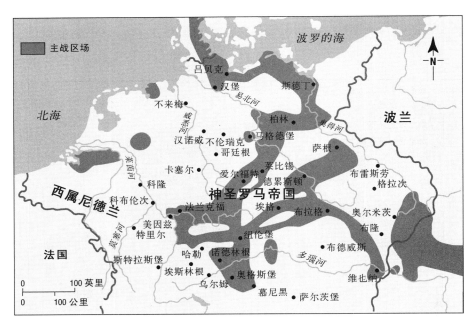

图 15.5 主战场

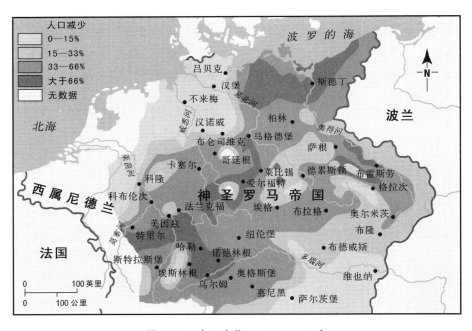

图 15.6 人口变化：1618—1648 年

二手材料

哈约·霍尔波恩：三十年战争的政治解释

关于三十年战争发生的原因，历史学家们分歧已久。某些人聚焦于某一特定地区，如德国和西班牙；而有些人则强调一系列特点的原因，如宗教或政治；还有一些人认为它只是影响社会各个方面的17世纪总危机的一部分。在下面的选段中，以研究德国史而著名的历史学家哈约·霍尔波恩认为这场战争主要是哈布斯堡王朝统治下德国诸国家之间的政治斗争。宗教问题至多是一种辅助原因。

思考： 即使宗教并非引起战争的主要原因，它在这场冲突中也发挥了一定的作用，这些作用是什么；可能导致这场战争的其他原因。

材料来源： Hajo Holborn, *A History of Modern Germany: The Reformation* (New York: Alfred A. Knopf, 1959), pp. 305–306.

那一漫长的战争在德国人的记忆中是一场"大战"，在历史学家的著作中则称为"三十年战争"，导致那场战争的并不是欧洲列强的冲突，甚至不是皇帝和帝国诸侯或诸侯之间的激烈争论。相反它是哈布斯堡王朝地域内各个等级和君主制的冲突，它燃遍了整个德国和欧洲大陆。如果没有帝国宪政方面的大危机、没有德国诸国家的混乱以及欧洲大国的野心，发生在波希米亚的那些事件不可能发展成一场灾难，使德国因此而被削弱和毁坏。

很难明确宗教信仰解释的不同在何种程度上直接导致了这场灾难。但是毫无疑问，当时在个人和社会的生活中，甚至在国家和民族关系中宗教动机都是很强烈的。但是信条之战是在新教和天主教宗教复兴的热情已经失去原动力而且宗教观念重新变得程式化时才开始的。坦率的怀疑主义在德国非常缺乏，但是曾经有大量的团体已经不在宗教理想中寻求人类渴望的完全满足。然而，天堂和地狱的现实在任何地方都没有受到质疑，人们也没有质疑应该把政治和社会秩序置于不让撒旦破坏上帝的工作这样的原则之上。宗教热情不仅表现在审判女巫的骇人的狂暴中，还表现在所有政府都关心自己领地范围内宗教生活的方向。然而宗教一方面堕落为迷信，同时另一方面也逐渐变得形式化并失去了其纯正性。尽管每项政治行动都披上了宗教的外衣，但是宗教似乎越来越被利用来为以世俗利益为动机的行动进行辩护。

卡尔 J·弗里德里克：三十年战争的宗教解释

在解释三十年战争的原因时，以往的学术界传统往往强调宗教的重要性，哈佛德高望重的历史学家卡尔 J·弗里德里克接受了这一传统。在《巴洛克时代(1610—1660)》一书，弗里德里克将战争置于当时仍然非常浓厚的宗教前提中，认为强调其政治原因的历史学家忽略了宗教背景的重要性。下面是选自该著作中的片段。

思考： 弗里德里克用什么论据来证明自己的论点；在弗里德里克看来，许多历史学家为什么拒绝对该战争做宗教性解释；霍尔波恩会怎样批评这一观点。

材料来源： Excerpts from *the Age of the Baroque* by Carl J. Friedrich. Copyright 1052 by Harper & Row Publishers, Inc. Reprinted by permission of Harpercollins Publishers, Inc.

人们习惯于轻视那场席卷欧洲心脏地带亦即德国神圣罗马国地盘的大战的宗教方面。在后期，不仅黎塞留和马扎然精明的治国之术而且教皇乌尔班二世自己的主张，都支持这一观点，此时人们已经把宗教和政治看成完全不同领域的思想和行为。自由历史学家已经难以认识到，对巴洛克时代的人而言宗教和政治本是同根，最激烈的政治问题也恰恰是宗教问题。文艺复兴时期的新异教，随着它专注于到处自我实现而消失了。人们再一次也是最后一次认为生活在宗教甚至神学意义上富有意味，文艺复兴只是用来深化政治热情的权力，也被人们进一步参透，并引起了有关宗教信仰的论争。

如果不完全赞同世俗和宗教问题之间有着紧密的联系，就不可能理解三十年战争。就不幸的帕拉丁选侯弗里德里克以及费迪南、梯利、古斯塔夫·阿道夫、巴伐利亚的马克西米利安、萨克森的约翰·乔治而言，如果不把他们的宗教动机视为其政治的核心所在，那么他们所有人只能被视为傻瓜。如果从严格世俗的观点来看待他们的行动，他们似乎反反复复地做着"错事"。随着战争拖延日久，人们确实变得越来越老于世故，但是甚至在1648年缔结和平后，宗教论争仍未结束。自从奥格斯堡会议（1555年）接受了那一无情的立场，即人们必须承认统治自己地域的人所信奉的宗教后——这样的观点逐渐以"在谁的地盘，信谁的宗教"(cujus region, ejus religio)的口号而为人所知——宗教与政府的亲密关系成为神圣帝国脆弱和平的基础。这一原则诞生于那个时代的精神——即路德的来世与文艺复兴冷淡主义的结合体，不过是天主教徒和路德教徒之间的妥协，加尔文教完全在它的保护范围之外。但是在17世纪，加尔文教成为新教的战争主力，而更加充满激情的天主教徒则为特伦特宗教会议以及耶稣会和嘉布遣会所鼓舞、为西班牙的势力所支持，并充满了反宗教改革的热情，两者都逐渐认为这一原则是罪恶的而且与他们最深层的信仰相矛盾。

当费迪南宣称继承波希米亚王位后，继续推行反宗教改革的工作，他最强烈的动机是宗教性的；波希米亚人的抵制以及弗里德里克通过选举而接受波希米亚王位，也是宗教性的。王朝和民族的感情确实在其中发挥了作用，但是它们巩固了最基本的宗教要求。尽管在漫长的斗争中宗教动机和王朝、政治，甚至经济动机长期并存，但是宗教始终是无处不在的感情。巴洛克时代的人并没有因这些矛盾而烦恼，而是体验到这些对立是不可避免的。

如果说宗教在促使费迪南二世解除其得胜将军的职务方面发挥了决定性的作用，那么，在鼓舞古斯塔夫·阿道夫参加反对皇帝及其同盟的战争方面宗教起了更加决定性的作用。19世纪无法感受到激起巴洛克时代人性的宗教情感，印象更加深刻的是17世纪馈赠给后代的稳固的民族国家，它往往夸大宣称自己笃信宗教的统治者们所接受的王朝政策甚或马基雅维利的政策,20世纪往往大加效仿,否定这些战争的宗教特征。但是,构成巴洛克精髓的,恰恰是人们有能力视政治家为宗教拥护者,有能力上演人类同时依赖信仰和权力的这出戏剧。

M·S·安德森:旧制度中的战争与和平

西方社会在很长时间里没有卷入战争是非常罕见的事情。然而,1618年至1660年间,战争尤其普遍而且具有破坏性。历史学家们就这些战争的原因进行了长期的争论。在下面的选段中,在近代早期研究领域著述广泛的历史学家M·S·安德森分析了战争对欧洲意味着什么以及战争在17世纪的广泛意义。

 思考:欧洲人如何认识战争的原因、性质和后果;战争与和平的区别;战争和政治的联系。

材料来源:M. S. Anderson, *War and Society in Europe of the Old Regime*, 1618 - 1789. (New York: St. Martin's Press, 1988), pp. 13 - 15.

近代早期,几乎所有人都认为战争是人类正常生活的一部分,甚至是必不可少的。所发生的事件似乎证明了这一观点:在1618—1660年期间,每年都会在欧洲某些地方发生国家间的严重冲突,在大部分时间里,破坏性的争斗会同时在欧洲几个地方进行。战争的普遍和不可避免意味着人们很少严肃地讨论个中原因。人们把它视为生活必需的和不可避免的成分,像接受坏天气和瘟疫一样接受它,将它视为普通人明显无法避免的东西,视为需要人们接受而不需要人们分析的东西。路德有这样的名言:"战争如吃、喝和其他事情一样不可缺少",它以最为直接的语言反映了这一事实和宿命的态度。人们也没有更多地把握战争有时所产生的更深更久的影响。最为明显的只是它意味着在很短时间内就有许多死亡、破坏和损失。但与此相对有约定俗成的说法,即漫长的和平会削弱一个社会的道德构成,使它松弛、懒散甚至腐朽,而战争则聚集和调动了能量,唤起人们许多更好的品质,总起来说有激励和净化的效果。同样清楚的是,一次成功的战争会提高一位统治者的个人名声,而且到目前为止,这些冲突最表面的原因是君主声称自己有权利要求有争议的领土,要求所谓的继承权,甚至仅仅要求优先于对手或者要求得到某些表明自己优先的特定象征物。偶尔人们也认识到战争会有长久重要的经济后果,也就是说,战争会培育战胜国的贸易,而抑制失败对手的贸易,贸易的敌对状态成为战争的原因之一。纯粹或主要由这种物质对立而引起的争斗在这一时期并不普遍,但确实发生了……然而,如下的观念仍然是人们所不熟悉的:战争通过对社会提出要求以及对强大中央政府权力的推动,从根本上改变了这些社会……

最后,战争与和平的明确区分,也就是人们能明确识别的分界线,只是刚刚开始出现。中立者的地位仍然非常模糊,它们的地位难以为刚刚萌芽的国际法所保证,经常会受到侵犯。人们普遍认为,一个交战国有穿过中立国的地域行军的权利,只要它补偿在行军中所造成的破坏("无害通过"的权力)。边界还没有明确划定,邻国之间明确划定的是接触区而非边界线。通常,中央政府对地域广泛的官员和将领的控制尚不彻底,因此在这些地区经常会发生地方引起的镇压行为和公开暴力,但并没有使国家卷入正式的冲突。在这个暴烈的时代,此类事件造成了国际关系的摩擦和国家间的怨恨,尽管很少威胁国家间的和平但总是潜在的威胁……

因此,17 世纪早期的武装冲突蔓延到生活的各个方面,之所以会如此是因为它在许多方面都还没有明确界定,而且和平与战争之间的界限还是模糊不清的。但是缺乏明确的定义并不会削弱它的重要性。大多数欧洲政府长期以来首先就是发动战争的机器。在 17 世纪和 18 世纪早期,他们所进行战争的规模以及对部队的有效控制都显著增强了。

康拉德·鲁塞尔:英国内战的原因

与三十年战争相比,历史学家对爆发于 17 世纪中期的英国内战争论更加激烈。争论的核心是两个相关的主题:首先,在探讨内战的原因时,如何平衡宗教、政治、经济和社会因素;其次,如何可以说某个团体或阶层支持某一方。在下面的选段中,康拉德·鲁塞尔认为三大不稳定的原因共同促成了那场内战:复合王国的问题(英格兰和苏格兰),宗教分裂的问题以及国王的财政压力。

思考:鲁塞尔的三大原因如何共同起作用;为什么查理 1637 年试图将英国宗教强加于苏格兰具有如此的重要性。

材料来源:From Conrad Russell, *The Causes of the English Civil War*, pp. 213 – 217. Conrad Russell 1990. Reprinted by permission of Oxford University Press.

[英国内战]是三个长期不稳定的原因导致的结果,所有这些都在查理当上国王之前就已经存在,人们可以看到它们已经全部困扰着欧洲以及英国的君主们。所有这些原因都不是英国独有的(甚至很少具有英国特征),它们甚至在英国也不是特别严重。对英国和尼德兰而言,特别的是这些原因在同一时间达到了顶峰。这三个长期的原因分别是复合王国问题、宗教分裂问题以及面对物价暴涨和军费大增导致了财政和政治体制崩溃。

或许复合王国的问题是导致 1603 年以来不稳定的原因。始终存在着促进进一步和谐的努力,而这种努力总是容易导致严重的麻烦。1603 年,英格兰面临着……服从一个超国家权威的打击……英国人希望把詹姆斯和查理仅仅视为一个叫做英格兰的单一民族国家的国王。由于这显然不是事实,而且国王不得不牢记这一点,因此英国人总是容易误会国王的行动,尤其是强迫国王做一些根据英国的习惯无法做的事情……例如,1637 年,当一位英国国王成为这一误解的牺牲品,试图作为英国的国王来统治整个不列颠,他发现这是不可能做的事情……

1603 年英格兰根本的错误,是没有接受所出现的是两个主权国家、因而也是法律上平等国家的联合。甚至詹姆斯也没能真正把苏格兰变成"北不列颠"。后者是一个拥有自己的制度、法律和文化的国家,明确坚持所发生的任何关系必须是法律上平等的伙伴之间的关系……

宗教问题的爆发力源自这样的信仰，即宗教一定要强迫信奉。当一个社会把这些适合单一教会的前提应用于有许多教会的社会时，问题就产生了……

但是，1640年8月，当苏格兰军队进入英格兰，把宗教问题与英国的问题融为一体时，要使这样的问题完全平静下来还为时过早。人们会用马基雅维利在意大利说教皇的话来说英国的加尔文教徒：他们还很虚弱，尚不能统一国家，但是他们又太强大，不允许其他人这样做。当苏格兰人进入英格兰时，他们能够让一大批人加入自己的军队，这些人更喜欢苏格兰的宗教而不是要让他们信奉的宗教。

由于物价飞涨以及人们共称的"军事革命"所造成的战争费用的大幅增加给君主们带来的紧张，也是欧洲的课题之一。詹姆斯六世和詹姆斯一世、西班牙的菲利普三世以及法国亨利四世之间在16世纪90年代的漫长战争结束后，同时共同面临着财政困难。随着正式使用火药，尤其是建造大型防御工事和组织大量军队所带来的变化，大大增加了战争的经济消耗。在欧洲各地，因之发生的财政压力给同意征税原则带来了紧张，也许只有尼德兰利用敌人就在家门口的优势，把同意原则与按照所需规模征税结合在一起。而英国由于特别维护同意征税原则，因而这一进程比其他力量使得英格兰处于更大的制度压力之下……

在这个事件中，一个甚或两个因素都是不够的：三者的结合驱使英格兰进入了内战……无论是宗教问题还是财政问题，在16世纪50年代就已经很明显了，但从那时起的90年里它们并没有导致内战。毫无疑问，1637年的英格兰是一个有诸多不满的国家，有些不满可能非常严重，但是它仍然是一个非常稳定和和平的国家，并没有许多明显的标志说明它已经处于大动乱的边缘……1637年查理试图把英格兰的宗教强加于苏格兰，也许这是至今把三种长期不稳定的原因结合到一起的最可能的原因。我们很难说查理是睁着眼睛来冒险。同样难以看出一位国王会采取什么精心设计的行动来促成一场英国内战。

威廉·蒙特尔：魔鬼的侍女——宗教改革时期的妇女

如《女巫之锤》所表明的，16世纪和17世纪对巫术的信仰非常广泛，而且权威的资料也证明大多数巫师是妇女的看法。许多人也被指控杀害自己的孩子（杀婴者）。无论是巫术还是杀婴，大多数受指控的都是女人。在这一选段中，专门研究宗教改革时代的历史学家威廉·蒙特尔分析了16和17世纪巫术和杀婴者不断增加的原因。

思考：哪三种变化最有力地解释了这一时期对巫术和杀婴的迫害日益增加；哪些妇女团体受到的影响最大，为什么？

材料来源：William Monter,"Protestant Wives, Catholic Saints, and the Devil's Handmaid: Women in the Age of Reformations", in Renate Bridenthal, Koonz, and Susan Stuard, eds., *Becoming Visible: Women in European History*, First and Second Editions, Copyright 1977 & 1987 by Houghton Mifflin Company. Used with permission.

三种关键的变化共同作用，导致男性歇斯底里地对待宗教改革时期的巫师和杀婴者。

首先,公共机构——国家和教会等——越来越多地干涉人们的日常生活。在整个新教和天主教的欧洲,国家敦促人们参加教会,而教会官员则教导人们服从国家,两者都越来越努力控制人们的行为。天主教的宗教裁判所和加尔文教的宗教法院等教会法庭,都非常依赖国家强制推行它们的政策,英法等国家则依赖教士提供受洗的记录或者从神坛上宣布国家的法令。

其次,这些越来越活跃的公共权威存在于一个充斥着恐惧的世界。大多数欧洲新教徒和天主教徒仍然从有城墙的城镇和防御的城堡里窥视邻居,路德最著名的赞美诗开头是这样的:"巨大的堡垒是我们的上帝。"我们找不到许多物质原因解释这个时代人们普遍的恐惧,鼠疫这一前工业欧洲最大的杀手,无论在宗教改革之前还是之后都造成了最大的破坏。新教和天主教欧洲的宗教改革家,都明确要攻击所有形式的"迷信"(当然包括巫术),这削弱了驱魔或特别祈祷等善意魔法的影响,但并没有提供替代它们的东西。近代科学还没有出现,正统的医药通常对许多疾病都没有解释(甚至更糟糕的是没有疗效)。在这样的环境下,新教和天主教的改革家都把"四旬斋的胜利"强加给生下死胎的未婚母亲,而且让有离奇梦境的老女人成为16世纪基督教着魔的替罪羊。

最后,文艺复兴后期欧洲的父权理论,在决定哪些团体的妇女成为这些着魔的牺牲品方面发挥了重要作用。遭到谴责的巫师大都是寡妇,而被控杀婴的人都是单身妇女。在父权核心家庭得到强化的时代,两个团体都生活在男性的直接监督之外。她们"不自然的"地位引起人们的怀疑,有时引起人们的恐惧,邻居的憎恨也是原因之一。

章节问题

1. 很清楚,在1560年至1660年间的骚乱中,既有政治的因素也有宗教的因素。总起来说,你认为哪一个最重要?你的答案基于何种证据?可以得出什么论点承认这两者的重要性?

2. 15世纪中期到16世纪中期的政治和宗教发展是前面两章的重点,本章的主题与这些发展有怎样的关系?

3. 君主专制主义的兴起与这一时期的骚乱有怎样的关系?

16. 贵族统治与专制主义的 17 世纪

17世纪下半叶是欧洲政治相对稳定的时期。尽管战争仍然发生,但是并不像前一个时期那样剧烈。在法国、普鲁士、奥地利、俄国和英国,中央政府获得了权力。法国是主要的强国,成为许多国家政治权力的样板。在法国,由强大的常备军、重商主义政策和不断成长的官僚机构所支撑,路易十四行使着绝对的权力。普鲁士、奥地利和俄国的情形也大致如此。英国的模式有所不同,那里的中央政府仍然非常强大,但君主本身正变得虚弱。1660年至1688年间,在斯图亚特国王重返政权后,一场革命进一步加强了议会的权力。

在这一时期,不均衡地发生了社会、政治和经济的重大变化,总体而言那些变化有利于已经非常显赫和富裕的人。在法国和普鲁士等国家,贵族失去了某些独立性,但是他们继续担任大多数重要的政府官职,保持着很高的声望并影响着文化的风格和口味。但对大多数人而言,这一时期的政治结构、生活方式和相关制度几乎没什么变化。

本章主要探讨两大主题:中央政府的成长和近代早期社会。这些选段提出了大量问题。就第一个主题而言,问题包括:法国君主专制主义的性质是什么?它与普鲁士的君主专制主义怎样区分?如何将君主专制主义类型与英国议会权力的增长进行比较?发展了什么制度和政策来促使中央政府权力的增强?就第二个主题而言,问题包括:近代早期社会家庭的性质是什么?对孩子的典型态度是什么?这一时期普通人的传统价值观和生活方式是什么?

这两个聚焦点可以让我们对17世纪欧洲有许多认识,并有助于确立17世纪各种发展的背景。

原始材料

菲利普 W·冯·霍尼克:奥地利人随心所欲遍布各地——重商主义

重商主义作为一种放任的经济观念和相应的政府政策,是17世纪政治专制主义共有的东西。重商主义者典型的目标是获得金银、贸易顺差以及经济自足。1684 年,菲利普 W·冯·霍尼克对重商主义进行了非常清晰的表述,颇有影响。霍尼克是一位律师,后来成为政府官员,他制定了自认为一个恰当的经济政策所应具备的九项基本原则,这些原则节选于此。

思考:鼓励重商主义政策的政治和军事目的;这样的经济政策所支持的对外政策决策;什么样的政治和经济环境会使一个国家最容易追随重商主义政策并从中获益。

材料来源:Philipp W. von Hornick,"Austria Over All if She Only Will," in Arthur Eli Monroe, ed., *Early Economic Thought*, Reprinted by permission of Harvard University Press (Cambridge, MA, 1927), pp. 223-225. Copyright 1924 by the President and Fellows of Harvard College.

国家经济的九项基本原则

如果一个国家的力量和强盛在于金、银以及其生存必需或适合其生存的一切物品的过剩,这些物品主要来自自己的资源而非依赖其他国家,同时还在于能够合适地培育、使用和应用这些物品,那么,总体的国家经济政策(*Landes-Oeconomie*)必须考虑如果不依赖他人、不依赖在各方面都行不通的地方,怎样获得过剩、怎样培育和享有,同时尽可能不依赖外国并节约使用本国的现金。为了这一目的,下面的九条原则特别有用。

首先,特别仔细地考察国家的土地,不错过任何耕种的可能性,也不漏掉任何一个角落任何一小块土地。阳光下的任何一种有用的植物都要尝试栽种,看它是否适合本国,因为太阳的远近并非植物所需的一切。尤其是要不惜代价发现金银。

其次,在国内发现的商品,若不能在原生状态下使用,应当在国内加工。因为加工品的报酬要超过原材料的 2 倍、3 倍、10 倍、20 倍甚至 100 倍,忽略这一点是谨慎的经营者所厌恶的事情。

第三,为了实现上述两个原则,无论是生产和耕种原材料还是进行加工,都需要人。因此要特别关注人口,人口要在国家有能力养活的前提下尽可能地增多,这是秩序井然的国家首先要考虑的事情,但不幸的是这一点经常被人们忽略。而且要采取各种可能的手段让人们由无所事事转向有报酬的职业。用各种各样的发明、技艺和贸易来教育和鼓励他们,如果有必要,可以为此从国外引进指导者。

第四,金银一旦进入本国,不管是来自自己的矿山还是通过工业来自国外,在任何情况下、无论为了什么目的都尽可能不要将它带出去,也不要把它压在箱子和柜子里,而必须要让它一直处于流通状态,尽可能禁止在这些金银曾遭到破坏不能重新利用的地方使用。在这样的条件下,曾拥有大量现金供应,尤其是占有金银矿山的国家就不可能会陷入贫穷,它也确实有可能不断地增加财富和财产。

第五,一个国家的居民应该努力依靠本国的产品生活,使他们的奢侈品仅限于此,尽量不使用外国的产品(除了因为急需而别无选择,或者不是出于需要,而是因为广泛普及无法克服的恶习,印度香料就是一例)。等等。

第六,假如因为需要或者无法克服的恶习,上述的购买无法避免,那么应该尽可能直接从这些外国人手里获得这些东西,而且不是为了换取金银,是为了交换其他本国产品。

第七,在这种情况下,应该进口未加工过的此类外国商品,然后在自己的国家进行加工,这样就赚取了在外国加工的费用。

第八,只要需要,就不分白天黑夜地寻找机会把本国过剩的产品以加工过的形式卖给外国人,而且要换取金银,为了这一目的,一定要在地球的最远端寻求消费者,并通过各种可能的方式进行开发。

第九,除了某些特别重要的原因外,在任何情况下都不要进口本国供应充足、质量良好的商品。在这件事情上不要向外国人表现什么同情和感情,不管他们是朋友、亲戚、同盟还是敌人。因为当所有友谊结束后,它会使我们陷入虚弱和毁灭。即使本国的商品质量很差、价格很高也应该如此。因为在国内花 2 元钱买一件物品,也要强于在国外花 1 元钱购买,尽管那些见识不多的人认为这件事非常奇怪。

大选侯弗里德里克·威廉:密信——普鲁士君主的权威

17 世纪的君主们经常通过熟练运用精心设计的政策来加强自己的权力,从而在自己的王国内获得了前所未有的权威。最引人注目地巩固自己权力的,是霍亨索伦王朝的君主弗里德里克·威廉(1640—1688 年),他被称为布兰登堡-普鲁士的"大选侯"。他制定了新的税收,发展了训练有素的由贵族成员担任的官僚机构,使自己的军队近代化,针对贵族和代议机构要求权利的要求,他主张自己的权威。1667 年,他给自己的儿子写了一封秘密的忠告信,后者是皇位继承人之一。这里是这封信的节选。

思考: 在弗里德里克·威廉看来,对君主权威威胁最大的是什么;弗里德里克·威廉认为什么政策对维持权力最重要;弗里德里克·威廉的哪一建议反映了重商主义原则中所表现的态度。

材料来源: From *Documents of German History*, edited by Louis Snyder. Copyright 1958 by Rutgers, The State University.

你举止如同子民的慈父,爱护臣民而不分信仰,始终致力于改善他们的幸福,这都是必要的。努力促进各地的贸易,牢记增加布兰登堡马尔克的人口。尽可能接纳教士和贵族的建议;聆听他们并对他们和蔼可亲,这与你的地位相称;认可你所发现的能力,那样就会增加臣民对你的爱和感情。但是为了不使你的地位出现危险并失去人们的尊敬,你必须始终态度谦和。凭你在生活中的地位,在任何有优先权的事情上以及所有你有资格的事情上都不要让步;相反,要坚守你优越地位的崇高。记住如果一个人允许宫廷成员太夸耀和炫耀自己的作用,那么他就会失去自己优越的地位。

要真诚地关心在你的全境实施正义。务必无论对穷人还是富人都维持正义,没有任何区别。务必毫无拖延地处理案件,因这样做就会巩固你的地位……

务必与帝国的诸侯和贵族保持友好关系，经常与他们通信并与他们保持友谊。确信不要给他们留下仇视的借口，尽量不要激起嫉妒和憎恨的感情，确信在任何可能出现的冲突中，你都处于强势地位来保持你的分量……

如果必要，与人结盟是明智的，但是依靠自己的力量更好。如果你没有手段、也不拥有人民的信任，你就处于弱势。这些就是上帝所赞美的事情，自从我拥有它们的那一刻起我就变得强大了。唯一遗憾的是，在我执政初期，我放弃了这些政策而违背自己的意愿听从了其他人的建议。

圣西蒙：回忆录——法国被削弱的贵族

法国的路易十四是当时最强有力的统治者。1643年他还是个孩子时就继承了王位。他1661年亲政，一直统治法国直到1715年去世。当时的统治者都视他为模范君主。他巩固自己地位的方式之一就是在凡尔赛宫组织华丽的宫廷生活。在那里，贵族们希望获得宠爱或任命，竞相引起他的注意并越来越依赖国王的兴致。其中有位贵族圣西蒙伯爵（1675—1755年）感到被忽视了，于是对国王心生怨恨。圣西蒙在自己的会议录中对凡尔赛的生活进行了编年记载。在下面的选段中他指出路易十四如何利用这种宫廷生活达到自己的目的。

思考：国王的活动如何削弱了贵族的地位；贵族想要维持或增强自己的权力有哪些选择；如何比较国王的行为和大选侯对儿子的建议。

材料来源：Orest Ranum and Paritcia Ranum, eds and trans. *The Century of Louis XIV*. Reprinted by permission of Harper & Row (New York, 1972), pp. 81, 85, 87-88.

路易十四所利用的手段，是经常举办游乐会，在凡尔赛宫进行私人散步或者进行远足，他的目的是，通过在每次都到场的人中指名道姓，挑选某些人而使另外的人感到屈辱，同时他的目的也是让每个人都小心翼翼地取悦于他。他意识到，到目前为止为了保持持续的效果而一直施以恩惠是不现实的。因此，他通过嫉妒——每天表现一点点的偏爱，而人们随时会说出来——和手腕，用虚幻的宠爱取代了真正的宠爱。这些一点点的宠爱和尊重生出了希望，同时从中也出现了顺从——在发明这些事情方面没有人比他更足智多谋。最终，玛丽城堡在这方面用处很大，而在特里亚农宫，尽管事实上每个人都可以去向他献殷勤，但女士有与他共餐的殊荣，而且每餐都要在她们中间挑选人；每天晚上在床边准备好的蜡烛台都由他希望尊重的大臣拿着，总是要从在场的人中挑选最配得上的人，当他做过祈祷出来后就大声任命。

路易十四仔细安排让自己对所有地方发生的事情都消息灵通，无论这些事情发生在公共区域、私人家庭、公开碰头的地方，还是家庭或私通的秘密空间里。眼线和搬弄是非的人不可胜数。他们以各种形式存在着：有些人无意识地把自己的告发传达到国王那里，有些人则有意如此。有些人则通过国王专门为他们设立的通道直接给国王写信，这些信件只有他看得到,而且总是把这件事排在其他事情之前;最后,有些人则有时在后走廊的房间里与他秘密交谈,这些秘密的沟通使得各个等级的许多人在还无法知道什么原因时就被扭断了脖子,这通常是不公平的,而国王一旦有人提醒,就不会或很少再重新考虑,而认为那是千真万确的……

在任何事情上,他都喜欢宏大、壮丽和丰富。他把这些风格转变成政治思考的准则,并将其全面植入他的宫廷。人们可以通过沉溺于美食、服饰、侍从、建筑和赌博来取悦他。这些场合能使他与人们交谈。其中的实质是,通过把奢侈变成一种美德,或对某些人而言变成不可或缺的东西,他就能尝试和成功地使每个人都筋疲力尽,这样就使每个人都堕落到为了生存而完全依赖他的慷慨。通过在各方面都出类拔萃的宫廷,通过进一步混同而打破天生的差别,他也从中找到了自豪感。这是一种罪恶,一旦引进,就会成为吞噬掉所有人的肌体内部的癌症——因为它从宫廷很快传播到巴黎、传播到各省和军队中,自从那一不幸的革新出现之后,不论是什么地位的人,其重要性与否仅仅取决于他摆设的餐桌和豪华程度——它吞噬了所有人,它迫使那些处于偷窃状态的人为了满足支出而不会约束自己的行为。它因社会地位的混乱、傲慢甚至面子而不断繁盛,它因疯狂地渴望发展而一直保持增长态势,它造成的后果不可胜数,所导致的只能是毁灭和总体危机。

约翰·洛克:《政府论》下篇:立法权

在整个17世纪,英国国王的专制主义一直遭到攻击,最后通过1688—1689年的光荣革命而被打败。那时,权力明确转向了由社会上层控制的议会。约翰·洛克(1632—1704年)在他的《政府论》二篇(1690年)中,为革命和英国新的政治体制进行辩护,并阐释了在18至19世纪影响甚大的政治观念。这本著作和其他作品确立了洛克是一位一流的经验哲学家和政治理论家。下面的选段选自他的《政府论》下篇,其中洛克分析了立法权。

 思考:进入社会状态的目的;立法权的范围和限度;洛克如何论证自己的观点;这些观点如何与君主专制主义相反。

材料来源: John Locke, *Two Treatises of Civil Government* (London: J. M. Dent, Everyman, 1924), pp. 183 - 184, 189 - 190.

既然人们参加社会的重大目的是和平和安全地享受他们的财产,而达到这个目的主要工具和手段是那个社会指定的法律,因此,所有国家最初和最基本的实在法就是立法权的建立,正如甚至可以支配立法权的最初和最基本的自然法一样,它本身就是要保护这个社会和(在与公众福利相符的限度内)其中的每个人。立法权不仅是国家的最高权力,而且当共同体一旦把它交到某些人手里后,它就是神圣和不可变更的。任何人的任命法令,无论采取何种形式或以任何权力做后盾,如果没有得到民众选举和任命的立法机关批准,都没有法律效力和强制性。因为如果没有这个立法机关,那么法律就不具备成为法律所绝对必须的条件,也就是社会的同意,除非他们自己同意或者基于他们所接受的权威,任何人都没有权力制定法律。因此,任何人因最严肃的约束而不得不表示的顺从,最终都归结到这一最高的权力,而且要接受它所指定的法律的指导。对外国任何权力或国内任何从属权力所发的誓言,都不能解除社会任何成员对基于他们信任而行使权利的立法机关的服从,也不能让他们违背它所制定的法律或不情愿地服从,如果设想要求一个人最终遵从并非最高权威的权力,那是非常可笑的。

这就是社会给予他们的委托以及上帝律法和自然法对每个国家的立法机关所设定的限制:第一,他们要以所颁布的正式法律来进行统治,不应因特殊情况而变更,无论对待穷人还是富人、对待权贵还是庄稼人均一视同仁。第二,制定这些法律的最终目的是人民的幸福,此外别无其他目的。第三,未经人们自己或其代表的同意,它们绝不应该对人民的财产征税。而这仅仅适用于这样的政府,即那里的立法机关始终存在,而且人民至少没有把部分立法权保留给他们定期选出的代表们。第四,立法机关不应该也不能把指定法律的权力转让给其他人,或者将其置于不是人民所安排的地方。

图像材料

近代早期的城堡

下面的图片是沃勒维孔特城堡的建筑、庭院和花园(图16.1),它既反映了法国的富裕也反映了17世纪的某些潮流。该城堡是1657年至1660年间受法国财政大臣富凯之命,按照建筑师勒沃、画家勒布伦和园艺家勒诺特的规划而建。它讲求几何秩序以及对称平衡,体现了古典的风格。它根据人的理性计划征服和控制自然,反映了当时不断增强的科学精神。它也反映了仍然由少数精英在政治、社会和经济上进行控制的基础稳定的社会。该城堡和

图 16.1 沃勒维孔特城堡的建筑、庭院和花园

类似的建筑并不像中世纪城堡那样用于军事防卫。它后来成为凡尔赛宫的样板,后者则成为 17 至 18 世纪欧洲君主辉煌威严的典范。

 思考:这样的建筑和花园为何得以建造,圣西蒙会如何看待这样的工程。

彼得·德·荷赫:母爱

这一家庭生活的风景画(图 16.2)由 17 世纪荷兰的艺术家彼得·德·荷赫所作。它被命名为《母爱》,描绘一个女孩跪下来,她的母亲正检查和除去她头上的虱子。这一景象发生于荷兰这一最城市化和商业化的欧洲国家。房间的中等富裕程度,特别反映在窗帘的图案和质地上,而强调整洁、私密性和相对的简朴,则反映出这是一个中产阶层的家庭。

图 16.2 《母爱》

 思考:画家想向欣赏绘画的人传达什么。

二手材料

G·杜兰:专制主义——神话和现实

17 世纪期间,有些君主获得前所未有的权力和权威,历史学家们因此用"专制主义"一词来描绘这些政治制度。有些历史学家则认为这一词汇使人误解,无论是君主的野心还是后果都没有构成政治上的专制主义。在下面的选段中,G·杜兰分析了专制主义的神话和现实。

思考: 为什么杜兰选择把专制主义看成一种趋势;杜兰如何评价君主的目标和态度;弗里德里克·威廉和圣西蒙的原始材料是否支持杜兰的分析。

材料来源: From George Durand, "What is Absolutism?" in *Louis W and Absolutism*, pp. 23-24, ed. By Ragnhild Hatton, copyright 1976 The Macmillan Press, Ltd. Reprinted by permission of the publisher.

如果把专制主义看成一种趋势而不是一种政治制度,那么它是无可否认的现实。在每个国家中,君主都努力摆脱压力和控制。其方法在任何地方都是一样的,他极力通过自己选择的议员而不是认为理应担当此任的贵族进行统治。他还努力恢复控制被封建贵族和教会接管的司法管理。这些倾向产生了每个国家都有的两种制度。

第一是小型的、内部的或秘密的政务会,也就是内阁(Conseil des Affaires),它不同于传统的政务会,因为后者是从古老御前会议职能的分化中产生的。例如,在卡斯提的国务会议(Consejo de Estado)、英国枢密院的内部集团、奥地利1748年的国务会议以及凯瑟琳大帝所设立的帝国议会之间有很大的相似性。

第二是整合和集中司法制度。在法国,16世纪起草习惯法以及17世纪颁布发行法典、大型条例,构成了王室干预司法进程的基础。移送高等法院的程序或由国王任命的专员进行审判,是法国所特有的,但是像枢密院(conseil des parties)这样的机构,可以对应卡死提的皇家会议、英国的皇室法庭或奥地利的宫廷枢密官。

我们根据这些来推断存在着总体的专制主义气氛,未免有些荒谬,它给君主提供的只不过是一种机会,使他能不受阴谋和压力的影响仔细审议国家事务,而且能确保法律程序遵从他的意愿和指示。

作为一种实际的政治制度,专制主义只是一种神话。君主本人从来没有视自己为绝对的,只有俄国的独裁者是例外,那里缺乏基本法,没有既定的惯例和自治的秩序,这些都使它成为独裁政府。然而在法国,即使是路易十四也从来没有计划取消议会,只是限制了它的权力而且于1655年限制了它抗议的权利,他也没有尝试取消社会等级。君主们从没有尝试创设一种制度,后者因为不活动而失去了任何抵抗的可能性。他们只是想限制那些惹麻烦的人的活动,想设立一种与旧制度并行的新的行政结构,少数官员指导、推进和控制原来以劝告、抗议和分享权力为原则的社会制度。君主还是继续通过出售官职来委托他们的行政权力,或把它们出租给富豪,后者成为实际的国中之国。西班牙的国王还遭受了他们自己议会的暴政。实际上,专制主义似乎更多是环境和个性的结果,而不是深思熟虑要对整个国家的结构进行彻底变革。

乔治·麦考莱·特里威廉:英国革命,1688—1689年

在英国,对君主权力的两次打击构成了历史的转折点。第一次是内战和查理一世在

1640年被斩首。尽管这是议会的胜利,但是继后的克伦威尔时期以及1600年查理二世从流放中归来使人对议会胜利的持久性产生了怀疑。第二次是1688年的"光荣革命",这一次把詹姆斯二世赶下台,但并没有发生第一次革命的动荡。在下面的选段中,剑桥历史学家乔治·麦考莱·特里威廉比较了这两次革命并分析了第二次革命的意义。遵循辉格党人的传统,特里威廉把英国历史上的这些趋势看成是具有建设性和进步性的。与大多数历史学家不同,他更把这场革命视为议会的巨大胜利。

 思考: 为什么与第一次革命相比第二次革命是议会更加明确的胜利;使议会获得胜利的因素是什么。

材料来源: George Macaulay Trevelyan, *The English Revolution*, 1688 – 1689. Reprinted by permission of Oxford University Press (Oxford, England, 1938), pp. 164 – 166.

1688年所争论的根本问题是——法大于国王还是国王大于法?议会与法利益相关,因为议会毫无疑问可以更改法律。随之而来的是,如果法律高于国王的意志,而议会又可以对其更改,那么议会就会是国家的最高权力。

詹姆斯二世试图由国王来全面更改法律。如果这一要求得到许可,那么必然就使国王高于议会,而且事实上成为一个暴君。但是1688—1689年冬天的那些事件使相反的观念获得胜利,大法官科克和塞尔登在本世纪早期已经阐述过,国王是法律的高级仆从而非它的主人,是法律的执行者而非它的源头,法律只能由议会来更改——包括国王、上议院和下议院。正是这一点使这场革命称为英国宪政历史上决定性的事件。它之所以具有决定性,是因为它从来没有失去效力,而克伦威尔革命的效果已经基本消失。

确实,第一次内战也部分就这一同样的问题进行斗争:——在纳西比战役中,普通法与议会联手在争夺宪法最高地位的斗争中战胜了国王。但是在那时,法律和议会取得胜利,仅仅是因为清教这一当时最强烈的宗教情感增强了它的战斗力,而且宗教情感很快就与宪法问题混为一体。清教冲破了法律界限,配合穷兵黩武,同时推翻了法律、议会和国王。因此,在1660年有必要同时恢复国王、法律和议会,并没有明确定义它们之间最终的相互关系。

在1688年的第二次危机中,站在法律和议会一边的,不仅是已经严重衰落的清教情感,而且还有整个正处巅峰的英国教徒的力量以及自由主义、怀疑主义不断增长的影响——所有这些联合起来对抗衰弱的罗马天主教的势力,而詹姆斯二世则把皇家事业的政治命运押在后者身上。17世纪斗争最终胜利的,不是带有清教理想的皮姆和克伦威尔,而是持法律至上这种世俗观念的科克和塞尔登。1689年清教徒不得不满足于勉强的宗教宽容。但是法律取得胜利,因此制定法律的议会最终战胜了国王。

菲利普·阿里耶斯:孩童的世纪

通过分析彼得·德·荷赫的油画《母爱》以及其他种类的证据,就近代早期人们对待孩子的态度这一问题,历史学家们改变了我们的臆想。其中最著名的历史学家是菲利普·阿里耶斯。下面的选段选自他的《孩童的世纪》。

思考：这一读物和荷赫的油画有怎样的联系；在阿里耶斯看来，17世纪的家庭、中世纪家庭和近代家庭之间有怎样的区别。

材料来源：Philippe Ariès, *Centuries of Childhood*, trans. Robert Baldick. Reprinted by permission of Alfred A. Knopf, Inc. (News York, 1962), pp, 403-404. Copyright by Alfred A. Knopf, Inc.

中世纪末和17世纪之间，孩子已经获得了依偎在父母身边的权利，在一个习惯把孩子委托给陌生人的时代，这是他不能要求的。孩子回归家庭是一个重大事件：它赋予17世纪的家庭以不同于中世纪家庭的主要特征。孩子成为日常生活中不可或缺的成分，他的父母为他的教育、职业和未来而操心。他还不是整个系统的轴心，但是成为非常重要的人物。然而17世纪的家庭并不是近代家庭，它还保留着很强的社交特性。也就是说，家庭存在于大房子中，它是社会联系的中心，是男性家长控制下小型集体和等级社会的核心。

相反，近代的家庭与外界断绝了联系并与社会相对，是孤立的父母和孩子的团体。这个团体的所有能量都花在帮助孩子在社会上立足，它有个体的而非集体的理想：孩子胜过家庭。

彼得·拉斯利特：失去的世界——近代早期家庭

在任何社会中家庭都是非常重要的机构，它的结构和功能变化缓慢。从近代早期开始经历了几个世纪后，我们可以看到那一时期的家庭和今天的家庭之间明显的区别。在下面的选段中，社会历史学家拉斯利特指出了这些区别，他出身剑桥，在近代早期研究领域著述广泛。

思考：这一选段所揭示的家庭的经济和社会功能；这一文献如何丰富荷赫的绘画以及阿里耶斯的文献所提供的家庭画面；这一家庭的结构如何不同于17世纪典型的家庭结构。

材料来源：Excerpt From *The World We Have Lost* by Peter Laslett. Copyright 1965 by Peter Laslett. Reprinted by permission of Charles Scribner's Sons.

1619年，伦敦的面包师们向权威部门申请提高面包的价格。为了支持自己的要求，他们附送了对面包房的详细描绘以及每周的费用记录。在这样一个大家庭中有13或14个人：面包师和他的妻子，两个拿薪水的雇工，他们被称作熟练工人，两个学徒，两个女佣以及3到4个面包师本人的孩子……

当时描绘这样一个团体的唯一词汇是"家庭"。这个团体的头、企业主、雇主或者说经营者被称为家庭的主人或者头人。他是其中某些成员的父亲，同时也相对于其他成员的父亲。

他的家庭功能和经济功能没有明显区别。他的妻子既是他的同伴也是下属,说她是同伴,是因为她管理家庭,负责食物并管理女佣,说她是下属,是因为她是女人、妻子和母亲,并相当于其他人的母亲。

拿薪水的佣人,无论男女都有特定和熟悉的地位,在很大程度上与主人的孩子相同但又不完全相同。在当时,家庭并不仅仅是一个社会,而是三种社会合为一体:男人和妻子的社会,父母和孩子的社会,以及主人和仆人的社会。但是当他们都很年轻,而且仆人也大部分都是未婚年轻人时,他们的地位和功能非常类似于主人的孩子……

因此,学徒是工人,也是年轻人,是额外的儿子和女儿(女孩也能当学徒),由于供他穿衣、学习和吃饭,学徒必须服从而且被禁止结婚,在 21 岁之前不拿报酬并绝对从属于师傅。如果说学徒是处于儿女地位的工人,那么家庭的儿女也是工人。约翰·洛克在 1697 年写道,穷人家的儿女在长到 3 岁以后也必须每天劳动一段时间。伦敦面包师的子女在年轻时的许多年里,不能自由去学校读书,回到家里也不能随心所欲地玩。很快他们就发现要做力所能及的筛面粉工作,或者在路上帮助背着面包筐前往市场摊位的女佣,或者在为整个家庭准备永无休止的一日三餐方面出一份力气。

因此,我们马上就会看到,我们所失去的世界并非天堂或者平等、宽容或充满爱的黄金时代。我没有被这一观点所误导是非常重要的,我不假思索就可以说,不能说工业时代的到来带来了经济的压迫和剥削,它已经存在。我们开始考察的家长制的安排在莎士比亚和伊丽莎白时代的英国并非新生事物。它们同希腊和欧洲历史一样古老,而且并不限于欧洲。或许可以说,它们虐待和奴役人的冷酷程度,同取代它们的布莱克和维多利亚时代的经济状况别无二致。当人们只能指望活到 30 岁,当他意识到他的大部分或整个成年生活都必须为了自己生存而不是为了他人家庭的生存而工作时,一个人怎样会一定意识到这一点呢?

本章问题

1. 什么环境加速了 17 世纪君主专制主义的发展?为达到这一目的,国王采取了哪些政策?
2. 为什么重商主义原则特别吸引 17 世纪的君主?
3. 家庭生活如何反映了 17 世纪广泛的社会、经济和政治层面?

17. 科学革命

西方文明中最重要的思想革命之一发生在17世纪。一部分精英思想家——笛卡儿、伽利略、牛顿、开普勒、培根和波义耳等,基于16世纪的突破和对自然界运转根深蒂固的兴趣,确立了近代天文学、数学、物理学和化学等科学的基础。尽管最初只有很少人知道他们的作品,但到18世纪,他们的观念广泛传播。

在发展近代科学的过程中,这些思想家对已有的宇宙概念和以前的知识前提提出了挑战。这一最终成功的挑战现在被称为科学革命,它有一系列关键的因素。首先,认为宇宙固定不动而且有限、以地球为中心的观念让位于认为宇宙运动、无限、地球仅仅是千百万天体之一、所有天体都服从自然法则的观念。其次,过去探查真理的方法主要是参考亚里士多德、托勒密和教会等传统权威的学说,现在让位于强调基于观察事实和熟悉法则的怀疑主义、理性主义和严密推理。第三,尽管这些思想家仍然关心他们所秉持的宗教信仰,但是总体的科学趋势已经从神学问题转向世俗问题,这一趋势聚焦于事物如何运转。

本章的原始文献强调17世纪这些科学家所面临的两个主要问题。首先,人们如何确定真理?文献对笛卡儿、伽利略和牛顿的答案进行了考察。其次,科学和圣经权威之间有何恰当的关系?与教会权威最直接发生冲突的伽利略给我们提供了某些线索。

二手材料集中于科学革命的性质和原因。17世纪的科学与早期的科学在哪些方面有所不同?什么可以解释这些区别?17世纪科学家的动机是什么?

在整个欧洲,大部分这些思想的发展只有少数人了解。在18世纪,这些科学观念和方法作为启蒙运动思想催化剂的一部分,逐步流行起来。

原始材料

勒奈·笛卡儿:《方法论》

为获得真理,17世纪的科学需要新的哲学和方法论标准,取代过去用来支撑科学假设的标准。勒奈·笛卡儿(1596—1650年)在他的《方法论》中有说服力地提供了这些标准。笛卡儿出生于法国并在法国接受了教育,但他大部分创作的岁月是在荷兰度过的,以作为数学家、物理学家和形而上学哲学家而著名。下面的选段选自他的《方法论》,里面包含着他对发现真理之方法的著名论述。

思考:笛卡儿的方法在哪些方面构成了对传统上确定真理方法的突破;这种方法的缺陷以及现代科学家会如何批评这种方法;这种方法如何反映了笛卡儿作为数学家的背景。

材料来源:Renè Descartes, The Discourse on Method, in *the Philosophy of Descartes*, ed. and trans. Henry A. P. Torrey (New York: Henry Holt, 1982), pp. 46-48.

我相信,不理会构成逻辑的大量规则,只要找到下面四条规则,且坚定不移,在任何情况下都不违背它们,也就足够了。

第一条是,凡是我没有清晰认识到的东西,绝不把它接受为真理;也就是说,要避免轻率和偏见,除了清晰明显地呈现在头脑中让我没有任何理由怀疑的东西之外,在我的判断中不去理解更多的东西。

第二个原则是把我要考察的每一个难题尽可能分成许多部分,或者根据解决问题的需要进行划分。

第三个原则是按照次序进行思考,从最简单和最容易理解的对象入手,以便一步步上升到最复杂的知识,就连那些看起来没有什么自然联系的事物,也假定有某种次序存在。

最后一条是最完全地列举并最全面地考察,以便做到没有遗漏任何东西。

几何学家总是运用一长串非常简单和容易的推理来完成最困难的证明,这使我想到,人们可以认识的任何事物都可能是以类似的方式相互联系着,只要人们注意不把并非如此的东西接受为真理,只要人们总是细心地遵守一个真理推到另一个真理的必要次序,那么就没有遥远到最终无可企及的东西,也没有隐蔽很深发现不了的东西。我认为发现从哪些东西开始并不困难,因为我已经知道那一定是最简单最容易理解的东西;到目前为止在科学方面有所发现的人中,只有数学家能够获得一些证明——也就是说,一些明确和明显的证据——因此我毫不迟疑地要从他们考察的那些真理入手。

伽利略·伽利莱:致托斯卡纳的克里斯蒂娜的信:科学和圣经

17世纪初最著名的科学家是意大利的天文学家、数学家和物理学家伽利略·伽利莱(1564—1642年)。他在地心引力、速率和天体运动方面的发现,都是基于与既定真理和权威标准相反的科学方法。下面的选段选自致托斯卡纳公爵夫人克里斯蒂娜的信件(1615年),其中,伽利略为自己的观念辩护,并表达了他正确区分科学和圣经权威的观点。

思考： 根据伽利略的观点，哪些题目或问题是科学的，哪些是神学的；如何比较伽利略和笛卡儿的观点；为什么伽利略的观点对科学革命至关重要。

材料来源： From Galileo Galilei, *Discoveries and Opinions of Galileo*, Stillman Drake, ed. and trans. Reprinted by permission of Doubleday & Company, Inc. (New York, 1957) pp. 182-183. Copyright 1957 by Stillman Drake.

我认为在讨论自然界的问题时，我们一定不要从圣经段落的权威出发，而是从感觉经验和必要的论证开始；因为圣经和自然现象都同样来自神的语言，前者是圣灵的命令，而后者是遵守上帝命令的执行者。为了适合每个人理解，就其表面的含义而言，它要讲许多似乎与绝对真理不同的事情。但是自然界不可动摇和改变，她从不违反施于她身上的法则，一点也不关心她深奥的理性和运作方法是否能被人理解。因此，感觉经验置于我们眼前或者必要的证明向我们证实的自然现象，不会因为圣经段落的证据而遭到质疑（很少收到责难），在圣经词语的背后也许有不同的含义。因为圣经并不在所有表现上与控制所有自然效果的同样严谨的环境相联系，上帝在自然行为中所揭示的自身，也绝不逊于圣经的神圣表述……

我并非想从中得出结论，认为我们没有必要特别尊重圣经的段落。相反，我们一旦在自然界获得某种确定性，就要利用他们适当地帮助阐释圣经以及考察那些可能隐藏在背后的含义，因为这些一定与所证明的真理是一致的。我断定，圣经权威是设计用来让人们相信那些超越人的所有理性、不能为科学，或任何其他手段而只能通过圣灵之口而证实的那些物体和命题。

然而，即使在那些并非信仰领域的命题中，这一权威也要强于那些仅凭单纯的主张或可能的论点来支撑，并未用证明的方法来解释的人的作品。同样，坚持认为神圣智慧超越人的所有判断和猜想，不仅是必要的也是合适的。

但是我们没必要相信，赋予我们感觉、理性和理智的上帝，会打算放弃使用它们，我们本来可以用它们获得的知识，上帝却用其他手段给予我们。

1633年教皇的审讯：伽利略被宣告有罪

伽利略发现自己的观点遭到来自各个角落的攻击，其中也包括教会内部的重要团体，这并不令人吃惊。最终，他对哥白尼学说——认为地球不是宇宙的中心——的辩护，遭到教会的正式谴责。当他在《关于两大世界体系的对话》（1632年）中再次争论性地总结了这些观念时，被带到了教皇的宗教裁判所面前，他被迫放弃自己的观点，并被禁闭于佛罗伦萨郊区的一座别墅里，下面的选段是他因异端而于1633年在宗教裁判所接受审判时对他提出的某些指控。

思考： 为什么伽利略的观点对教会构成如此大的威胁？教会对这些观点所采取的立场有哪些深远的影响。

材料来源：Excerpt from George Santillana, *The Crime of Galileo*, P. 310. Reprinted by permission of The University of Chicago Press (Chicago, 1955). Copyright 1955.

我们宣布和宣判，由于审判中所列举的问题以及你前面的供述，在宗教法庭的审判中，你、伽利略被怀疑有严重的异端嫌疑，也就是相信和持有这样的学说——这是虚妄的并违背神圣的经典——即，太阳是宇宙的中心，并不从东向西移动，而地球是移动的，且并非宇宙的中心；在被判定违背圣经后，你仍然认为这种观点是可能的而且为它辩护；而且你最终招致了圣典和其他或总体或具体的法令针对此类错误所颁布和实施的谴责和惩罚。如果你首先按照我们为你规定的形式，以真诚之心和诚实之信仰，在我们面前发誓弃绝、诅咒和憎恨前述错误和异端以及违背基督教和神圣罗马教会的所有其他错误和异端，我们可以免除你的这些罪责。

伊萨克·牛顿爵士：《自然哲学的数学原理》

17世纪最伟大的科学综合是由伊萨克·牛顿(1642—1727年)完成的，他出生在英国并在剑桥大学获得了数学教授的职位。牛顿在早年完成了他最重要的科学发现。18世纪早期，他是欧洲最令人钦佩的科学家。他在地心引力、光学和微积分学等方面都有重大发现。更重要的是，他综合了各种科学发现和方法，描绘宇宙按照可测量的、可描述的机械原理进行运转。牛顿最著名的著作是《自然哲学的数学原理》(1687年)，其中包含了他的万有引力理论。在下面选自该著作的片段中，牛顿描绘了他获得知识的四个规则。

 思考：牛顿的规则为什么对经验科学特别有用；这些规则在哪些方面与笛卡儿不同。

材料来源：Sir Issac Newton, *Mathematical Principles of Natural Philosophy*, trans. Andrew Motte, rev. Florian Cajori (Berkeley, CA: University of California Press, 1947), pp. 398, 400. Reprinted by permission of the University of California Press.

规则 I

我们所承认的自然事物的原因，不会超过真实且足以解释其现象者。

为了这一目的，哲学家们说，自然不会做徒劳之事，少已有效多则无用。因为自然喜欢简单，不会因原因多多而动容。

规则 II

因此对相同的自然结果，我们要尽可能赋予相同的原因。

例如人和野兽的呼吸；欧洲和美洲的石头下落；我们烹饪用火和太阳的光亮；地球与行

星的反射光。

规则Ⅲ

若物体的特性,其程度既不能增强也不能减少,而且发现在我们实验的范围内为所有物体所共有,就应视为一切物体的普遍性质。

因为我们只能通过实验了解物体的性质,所以我们认为所有在实验上普遍相同的就是普遍的,而且它既不会减少也不会被完全消除。

规则Ⅳ

在实验哲学中,尽管我们可以想象出任何相反的假设,但我们要把通过从总体上归纳现象而推断出的命题视为正确或基本正确的,除非出现了其他现象,它或者使命题更加精确,或者会排除这些命题。

我们必须遵循的规则是,不能因假设而规避归纳所得出的论点。

图像材料

新科学观

图17.1 约翰内斯·开普勒著作卷首页

科学革命中最重要的人物之一是天文学家和数学家约翰内斯·开普勒(1517—1630年)。图17.1展示的是他1627年首次出版于纽伦堡的某一著作的卷首页,其中寓言性地表现了天文学"大厦"。其中喜帕恰斯和托勒密的古老但仍然可敬的天文学立柱,让位于开普勒直接的前辈哥白尼、第谷·布拉赫的粗壮的新立柱。在左下方的镶板上描绘着开普勒正在研究;中间的镶板是布拉赫的天文台所在的岛屿的地图;在右边的镶板上是两个人正在从事印刷工作。在各个地方都能看到天文学使用的各种仪器。

这幅图画揭示了科学革命丰富的内容,这些共同强调了测量和观察对新科学多么重要。描绘新旧立柱表明,基于他们直接前辈的工作——在这里,布拉赫基于哥白尼,而开普勒基于布拉赫和哥白尼,新的科学家在不需挑战过去权威的情况下取代了他们。通过赞颂印刷术则指明了科学家之间相互交流的重要性。

 思考:这幅图画如何描绘了17世纪科学家与早期科学前提决裂的方式。

伦勃朗·范·利津：蒂尔普博士的解剖课

荷兰艺术家伦勃朗·范·利津(1606—1669年)于1632年创作的这幅作品(图 17.2)，描绘了尼古拉斯·蒂尔普博士利用被绞死罪犯的尸体上解剖课。类似的公开尸体解剖已经出现在17世纪欧洲的尼德兰和其他地区。典型的解剖由学生、同事、普通市民参加，而且在阿姆斯特丹这样的解剖教室里进行。看着蒂尔普博士的那7个人——都是外科医生——的服装表明他们正在参与重要的职业活动。他们专注的面容——尤其是最靠近蒂尔普博士的那两位外科医生——反映出他们对了解人体越来越感兴趣、努力把外科术和科学联系起来以及他们的职业日益上升的名声。然而，只有蒂尔普博士进入了大学。除了拥有医药学的博士学位和在这里担任教师外，蒂尔普博士也是阿姆斯特丹重要的官员：只有他在室内带着帽子。

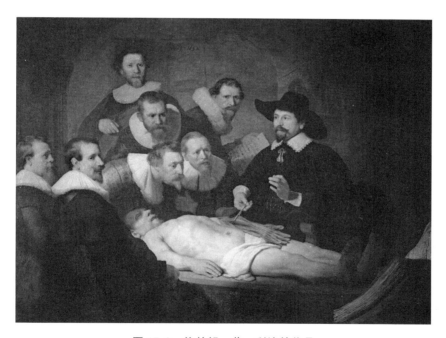

图 17.2　伦勃朗·范·利津的作品

在远处的右边有一本打开的书，暗示进入这一讲座中的知识以及医药学的学术研究和人体真相之间越来越强的联系。然而，在17世纪外科医生并未享有很好的名声，而且有充分的理由说明，人们总体上对医药职业的信心很低。另外，进行类似的解剖学课程并不仅仅为了"科学"目的。它们必须被证明是肯定上帝无所不能这种基督教信仰的研究。这些事件也有不怎么严肃的方面：一般观看的人要付费，而且尸体解剖后通常举行宴会。

 思考：这幅油画所表现的人们对科学和医药学观念的变化。

二手材料

米切尔·波斯坦：科学为何在中世纪退步了？

人们通常把17世纪的科学进步视为革命，是因为它们与以前的科学状况形成了反差。了解17世纪进步根源的方法之一是审视早期时代，看那时是否有些东西失去了，这些东西可以解释两者的反差。在下面的选段中，米切尔·波斯坦进行了这种颇具争议的探讨，主要聚焦于中世纪所缺乏的科学刺激。

思考： 为什么中世纪缺乏科学刺激；阻碍中世纪人进行科学探索的中世纪的典型特征；伽利略所关心和面对的问题如何与这一观点有关。

材料来源： Michael Postan, "Why Was Science Backward in the Middle Ages?" In *A Short History of Science: Origins and Results of the Scientific Revolution* (London: Routledge and Kegan Paul), pp. 10–17. Reprinted by permission of Routledge and Kegan Paul. Ltd.

人们普遍同意，中世纪保留了供后来的时代所运用的古代科学。其中既有中世纪文明的科学成就也有科学失败……中世纪并没有丰富他们所接管的东西。确实他们的贡献如此之小，科学史家往往把中世纪视为停滞的时代……

无论在纯粹的思想层面还是技术层面中世纪都有一些进步，然而综合起来与中世纪生活全景相比照，或者与公元前4世纪希腊和希腊化时代的科学成就相比照，或者与17世纪的科学活动相比，所有这些成就一定是非常可怜的。那时成就缺乏的原因是什么呢？

针对该问题，答案可以有很多，也已经给出了很多。但是大多数答案可以归结为中世纪生活中缺乏我一般所称呼的科学刺激。研究科学的学者有时对鼓励科学进步的东西意见不一致。有些人在人们的好奇心中、在了解自然运转的渴望中寻找和发现它。其他人相信科学知识产生和生长于人们试图改良工具和生产方法，简而言之，科学真理是技术进步的副产品。我在此不想加入这一具体的争论，我想要说明的是，在鼓励科学的这两个方面，中世纪都是不幸的，无论在头脑层面还是实践层面都多少是欠缺的。

最容易说明的是思想层面。中世纪是信仰的时代，并达到了对科学思考不利的程度。并不是说类似的科学家遭到了禁止。因为总体而言，因其科学观念而遭受迫害的人非常少，少的原因是因为具有这些危险思想或任何科学观念的人本身非常少，如果有一些这样的人倒是令人惊讶。这并不是说当时没有思想界的巨人。意思是说在那个信仰的时代，具有思想和精神的人发现信仰的天职本身——信仰的阐释、争论和征服——已是一项足以让他全神贯注的任务。简单地说，他没有时间从事科学这样的职业。

事实上他们既没有时间也没有意愿。因为即使有足够的人从事像科学这样世俗的活动,他们也仍然没有什么理由这样做。在中世纪宗教教义完整而且不可动摇的时候,科学的思想对象和方法说到底是多余的。科学调查的目的是逐步建立起一个有关宇宙、宇宙起源及其运转方面的统一理论。但是在中世纪那一进程真的需要吗?难道迷恋上帝、创世故事和全能意志原则的中世纪人,没有完整解释世界如何起源,世界如何、以什么手段、为何目的而被指挥的吗?当一幅图案从一开始就存在,而且很清晰,每个人都看得见时,为什么还要辛苦和痛苦地去拼凑呢?

思想上的刺激就是如此。实践层面的刺激也几乎同样虚弱。对自然的进一步理解并非来自技术改进,主要原因是当时几乎没有什么技术改进。中世纪的职业延续了几个世纪,没有什么明显的方法变化。经历了最初的大发展之后,也就是在11世纪之后,在欧洲大部分地区,中世纪农业的程序如风景般固定不变。在铁器锻造、编织店和陶器的历史中,偶尔出现革新时期,但是就整体而言,中世纪的技术改进稀缺而又缓慢。中世纪的经济政策也因此被诟病。在几个世纪的进程中,经济活动被包围在一个庞大的规章和细则的结构之中……细则建立时基于存在的技术方法,而一旦建成就会阻碍后续的变化。

另外,保护的意识根深蒂固,在任何地区贸易中技术方法都被视为秘密……中世纪的人由于缺乏科学刺激因而只能做他们做过的事情。他们所取得的成就在于提高实用的人文艺术或者保存和传递古代的学问,他们在并非典型中世纪的领域有所作为。

乔治·克拉克爵士:近代早期欧洲——科学革命的动机

到17世纪,某些明显的历史变化为个人进行与科学革命有关的探索发现提供了舞台。另外,这些个人为中世纪所没有的方法所促进,使用新的不断发展的技术、材料和知识进行探索发现。在下面的选段中,17世纪研究领域公认的权威乔治·克拉克爵士考察了引导人们从事科学工作的某些动机。

思考:克拉克所归纳的从事科学工作的不同人之间的差别;与13或14世纪人们相比,为什么17世纪的这些人有"无私的求知欲望"。

材料来源:Sir George Clark, *Early Modern Europe*, Reprinted by permission of the Oxford University Press (Oxford, England, 1957), pp. 164 – 165.

有无数的动机促使人们从事科学工作、清除科学观的各种障碍,但是我们可以把最重要的动机整合在一个统一的标题之下,而且要始终牢记,在实际生活中,它们都是相互混合在一起的。其中有经济方面的动机。葡萄牙的探险者想得到新的航海工具;德国矿主则就冶炼及提升和装载重物的机器提出问题;意大利工程师则用流体静力学改进了河道、水闸和港口;英国贸易公司则雇用使用新制图方法的人。医生和外科医生也与经济动机密切相关,他们革新了解剖学和生理学,并在新医药和新手术方面做了许多有益无害的工作,尽管某些工作现在看来有些荒谬。同医生一样,士兵在设计和瞄准大炮或设计防御工事方面也求助于科学。但是也有远离经济领域的其他动机。珠宝商对贵重或半贵重的玉石了解颇多,但魔法师也是如此。音乐家学会了和声学;画家和建筑师不仅作为工匠也作为艺术家研究光和色彩、材料和均衡。出于许多理由宗教促使人们进行科学研究。最明显和长久确立的是希望在计算每年固定和非固定宗教节日方面绝对准确:正是教皇主持天文学研究,通过这些研究,16世纪日历得以改革。更深更强烈的动机是研究科学奇观、宇宙中未阐明的秩序,把它作为造物主意志的体现。这比任何其他动机都更接近驱动他们所有人的核心动力,即无私的求知欲望。

邦妮 S·安德森和朱迪斯 P·金瑟:妇女没有科学革命

科学革命总体上是由男人完成的。一些妇女直接参与了这场科学革命,但是她们只是例外。科学革命基于观察、测量、试验以及达成理性结论等原则。男人是否应用这些原则改变对妇女尤其是妇女生理学的假设了呢?邦妮 S·安德森和朱迪斯 P·金瑟在解释性地回顾欧洲历史上的妇女时,也就是在《她们自己的历史》中提出了这一问题。

思考:根据安德森和金瑟的观点,为什么妇女没有科学革命;女性生理学的认识与有关男女的更广义的假设有怎样的联系。

材料来源:Excerpts from *A History of Their Own*, vol. II, by Bonnie Anderson and Judith Zinsser. Copyright 1988 by Bonnie Anderson and Judith Zinsser. Reprinted by permission of Harper Collins Publishers, Inc.

16和17世纪欧洲的学者质疑、改变和放弃了欧洲所继承知识中最神圣化的认识。科学革命的思想巨变使他们重新考察和描述宇宙的性质及其力量、人体的性质及功能。人们使用望远镜,抛弃了月球有光滑表面的传统成见。伽利略、莱布尼兹和牛顿研究和描绘行星的运动,发现了地心引力以及地球和太阳的正确关系。法罗比欧解剖了人体,哈维发现了血液循环,列文虎克用显微镜发现了精子。

然而,对妇女而言并没有科学革命。当男人研究女性解剖,讲述女性生理学、生殖器官和女性在生育中的作用时,他们就不科学了。他们悬置了理性而且不接受感官的证据。传统、偏见和想象而不是科学观察左右了他们有关妇女的结论。亚里士多德和盖伦等古典作家的作品在其他领域被抛弃很久之后,在该领域仍然如最初创作时那般具有权威性。男人们以新"科学"的名义说着过去厌女症的词语。他们以"科学"的名义给有关妇女性质、功能和作用的传统观点赋予所谓的生理学基础。科学肯定了男人们已经知道的东西,肯定了习俗、法律和宗教假设和论证的内容。他们用自己"客观"、"理性"调查的权威,重新表述了古代的前提并得出了同样的传统结论:男性天生的优越以及女性合理的从属性。

 **本章问题**

1. 17世纪的科学主要在哪些方面构成了对过去的突破？在进行这种突破时17世纪的科学家所面临的主要问题是什么？他们如何处理这些问题？

2. 科学革命发生于17世纪而不是16世纪和18世纪，你对此如何解释？

18. 旧体制下的政治和社会

到 1715 年路易十四去世时,法国不再威胁着要制服欧洲的其他地区。确实,在 18 世纪的大部分时间里,通过多变的外交联盟和战争而产生了大致的势力平衡。1715 年至 1789 年间,在各国中间出现两大类型的对抗状态。在中欧,古老的哈布斯堡帝国与新的、自信的普鲁士相互斗争。虽然竞争的结果是普鲁士获得了强国地位,但是哈布斯堡帝国牢牢控制了自己的大部分国土,并以波兰和奥斯曼帝国等虚弱的国家为代价向外拓展。在欧洲之外,英国和法国在建立帝国的大战中为争夺对殖民地的霸权而斗争。

法国大革命前的这一时期被称为"旧体制",代表 17 世纪下半叶之特征的政治和社会倾向仍然持续存在,也就是说仍然是贵族统治、强大的君主、膨胀的中央政府和传统的生活方式。已经出现的重要变化——如加强中产阶级并导致城市发展的农业、商业和工业发展——无论在规模还是在地域上都非常有限。

本章的材料集中于 1715 年至 1789 年旧体制的方方面面。首先,考察仍然占主导地位的贵族的性质和地位。贵族的职责是什么?贵族阶层之内和之外妇女的地位是什么?说贵族无关紧要对吗?面对来自君主以及中产阶级两方面的压力,贵族如何反应?贵族对农民持什么态度?其次,分析 18 世纪国家的发展。在使普鲁士成为强国方面,君主发挥了什么作用?战争如何使该国越来越重要,而且如何反映了这一点?第三,考察商业和中产阶级在英国的重要性。商业、中产阶级和英国贵族之间有怎样的联系?商业和工业的发展与英国殖民地事物和不断增强的民族主义之间有什么关系?英国和其他国家所从事的奴隶贸易有哪些后果?第四,大多数人在考察旧体制时拥有哪些假设。

本章的材料强调,政治相对稳定是 1715 年和 1789 年之间的特点。但在思想领域稳定却不是规律,我们将在下一章对此考察。

原始材料

腓特烈大帝：政治遗嘱

从远处看，18 世纪的君主无论在权力、地位和名声方面似乎都类似于 17 世纪的君主。但是从近处考察，有些差别还是很明显的。普鲁士的腓特烈二世大帝（1712—1786 年）是 18 世纪最令人敬佩的君主。他 1740 年登基并有效地统治直到于 1786 年去世。腓特烈二世继续普鲁士的传统，依靠强大的军队来维持和增加自己所拥有的东西以及名声。同时他重新组织了军队和官僚机构，并在政府的理论和实践中引入了新的观念。下面的选段选自他的政治遗嘱（1752），阐明了他的政治概念以及君主适当的角色。

思考： 这一君主的概念于 17 世纪君主所表达的概念之间有怎样的区别；腓特烈为什么强调保护和支持贵族的必要性；与君主争夺权力的最大对手是谁；对君主而言，宗教宽容的优缺点是什么。

材料来源： Frederick II, *Political Testament*, in *Europe in Review*, eds. George L. Mosse et al. (Chicago: Rand McNally, 1957), pp. 110-112. Reprinted by permission of George L. Mosse.

政治是这样一门科学，也就是总是采取与自我利益一致的最便利的手段。为了使行动符合自身利益，人们必须知道这些利益是什么，为了了解这一点人们必须研究它们的历史和应用情况……为了了解应该宽厚地还是严厉地对待那些易于反抗和耍阴谋的人……人们一定要首先设法了解想要统治的人的特定特征。

［普鲁士的贵族］为国服务牺牲了自己的生命和财产，贵族的忠诚和美德赢得了所有统治者对其进行保护，为了使他们保有自己的土地，帮助已陷入贫困的［贵族］家庭是［统治者］的义务；因为他们被视为国家的基石和栋梁。在这样的国家，没有必要害怕内讧和反叛……保护贵族是这个国家之政策的目标之一。

一个良好运行的政府必须有一个根本性的概念，它非常完整，可比做一种哲学体系。采取所有行动都要有充分的理由，所有的财政、政治和军事事物都必须遵循同一目标：也就是使国家强大、加强国家的实力。然而，这个体系只能从一个头脑中流溢出来，那一定是君主的头脑。懒惰、享乐主义和低能，是限制君主从事给臣民带来幸福这一崇高任务的原因……君主被抬升到这样高的位置，让他拥有这样至高无上的权力，目的并不是让他可以过懒惰奢侈的生活，不是让他靠别人的劳动而使自己富裕，不是让他牺牲所有其他人而使自己幸福。君主是国家的第一人。为了使他能够维持这一职位的尊严而给他们很优厚的报酬，人们要求他为了国家的福利而高效地工作，要求他至少把个人的精力放在最重要的问题上……

毫无疑问你会看到,普鲁士的国王亲自统治是多么重要。如果让牛顿与莱布尼兹和笛卡儿合作,他就不可能发现引力系统,同样,如果政治体系不是出自一个人的头脑,那么它也不可能出现和持续……政府的所有部分都不可动摇地相互发生联系。财政、政治和军事事物是不可分割的,其中一项得到良好管理是不够的,必须所有都……一位亲自统治、构成自己政治体系的君主,当出现某些场合要求他快速行动时,他不会受到妨碍,因为他能指导所有的事物都朝向他亲自设定的目标。

天教教徒、路德教徒、改革教派、犹太人和其他基督教派别生活在这个国家,并和平地生活在一起:如果君主为错误的热情所驱使,宣布自己支持这一或那一宗教,就会出现党派,激烈的争论就会随后到来,慢慢就会出现迫害,结果受宗教迫害的人会离开自己的祖国,成千上万的臣民会用他们的工业技术使邻国富裕起来。

统治者是否相信某种宗教并非政治上所关心的。如果人们去考察一下,所有的宗教都是基于迷信的系统,多多少少都有些荒谬。一个有良好判断力并仔细研究了它们内容的人,不可能看不出它们的错误,但是这些偏见、错误和秘密都是为了人而创设的,一个人必须充分了解要尊重民众不去触犯他们的信仰,不管所信奉的是何种宗教。

丹尼尔·笛福:完美的英国商人

18世纪期间英国在力量和财富上都在不断增长,尤其是在商业和制造业领域。这些经济发展最重要的受益者是不断上升的商业中产阶级。随着英国越来越民族主义化,这个阶层也越来越坚定而自信。在下面选自《完美的英国商人》(1726年)的片段中,丹尼尔·笛福讲述了这些趋向。尽管他以《鲁宾孙漂流记》而出名,但笛福还是创作了许多著作,并曾一度经营商业。

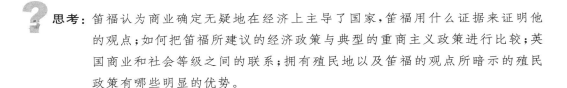

思考:笛福认为商业确定无疑地在经济上主导了国家,笛福用什么证据来证明他的观点;如何把笛福所建议的经济政策与典型的重商主义政策进行比较;英国商业和社会等级之间的联系;拥有殖民地以及笛福的观点所暗示的殖民政策有哪些明显的优势。

材料来源:Daniel Defoe, *The Complete English Tradesmen*, vols. 17-18 of *The Novels and Miscellaneous Works of Daniel Defoe* (London: Thomas Tegg, 1840-1841), chap. 25.

为了向我们的国家表示敬意,我提出三点:

1. 我们是世界最大的贸易国,因为我们是土地的生产物和产品以及人民劳动和制造品的最大出口国,同时我们是外部其他国家以及世界上任何国家之出产物、产品和制造品的最大进口和消费国。

2. 我们的气候最好也最适合人们居住,因为与其他国家相比一个人在英国能更长时间在户外工作。

3. 我们的男人是最结实和最好的,因为,让他们都赤裸着上半身,不给他们任何武器,只能赤手空拳,然后让他们到一间房间里或舞台上,把他们与来自任何国家的数量相同的其他人关在一起,男人对男人,他们会击倒你在全世界找到的最厉害的人。

我们已经看到,那么多贵族和富裕家庭都是靠贸易出现和成长的,因此贵族的年轻一代确实重新返回了他们发迹的清泉,成为商人,而不是走向其他地方。因此,如我上面所讲,英国的商人在总体上并不像其他国家一样,是人口中最低微的阶层。我们英国的商业在总体上也不像其他国家一样,是人们所从事的最卑微的事情。相反,商业是人们积攒财富和改善家庭的最现成的方式,是体面的人和上好的家庭所涉足的领域……

至于国家的财富,毫无疑问主要依赖于人们进行贸易的部分。在最近的战争中,由于大量被雇佣以及海外的大量活动,许多家庭在几年里上升到贵族的地位,然而有更多的商人家庭利用战争的有利形势,甚至在同一时期积攒了巨额财富,比如为步兵和海军提供衣服、支付款项、供应食物和装备等。而且靠谁缴纳了大量的税收?靠谁经营银行和公司?向谁征收进口税和消费税?不是商业和商人承担战争的负担吗?他们不是仍然每年为国债支付400万利息吗?向谁征收国债?政府的信用靠谁来支撑?难道商业不是所有资金中取之不竭的资金,所有资金都依赖的对象吗?

再说,我们商人的生活状况和地位多么优越,已非中等贵族所能够维持的!现在一个普通的商人,不管他在城市里还是在乡村,一年花的钱要超过一年四五百镑收入的贵族,而且每年还会增加并有积蓄,因此贵族充其量维持着他原有的家系,连这种家系也可能衰落了。至于年收入在100到300镑左右的小贵族,尽管他们同其他人一样自傲于自己的面孔,我要对他们说,伦敦的一个鞋匠也拥有比他更好的房子、花更多的钱、给他的家人穿更好的衣服,同时也越来越富裕。显然其中存在着差别:领地是一个池塘,而商业是一道清泉;对前者来说,只要从周围的地面上依靠普通的供水和水沟,保持水满满的,而且水是健康的,就心满意足了;但是后者却是不竭的水流,不但能够灌满池塘,使它的水满满的,而且还会继续流淌,充溢更低的池塘和周围的地方。

英国就是这样,我们的商业非常繁荣,英国的贵族名单里很多都是商人,这一点都不奇怪;而且最好家族的贵族娶商人的女儿为妻或者把自己年幼的孩子送到商人那里当学徒也不令人惊讶;当长子和家族的头领被证实挥霍放荡时,这些幼子经常购买长子的领地,复兴家庭,不得不做犹太家族认可的事情,即幼子购买长子继承权,而长子则为他服务!

在这里,商业并非与贵族极不协调,一句话,在英国商业制造贵族,而且使这个王国充满贵族。因为过了一两代之后,商人的孩子,或至少商人的孙辈们,便成为真正的贵族、政治家、议员、私人顾问、法官、主教和贵族,同那些出身高贵和来自最古老家族的人一样,这一点我们以前说过……

所有这些都证明了我前面所说的话,即英国的商业从不也不会与其他国家的商业同日而语,也不会像在国外以及英国贵族假装要做得那样,商人受到轻视,相反由于我们最好的家族,大都因商业而兴起,因此英国那么多出身贵族的最好家庭的后代,都卑躬屈膝地当伦敦商人的学徒,而且学徒期满后,他们会创办和从事那些商业,而且认为它并不有辱自己的血统……

英国的伟大不在于战争和征服,不在于通过刀剑扩大统治或者让其他国家的人屈服于自己的力量,而完全在于商业,在于在国内发展我们的商业并向国外延伸……

正是由于商业,在未知的土地上进行了新的探险,在无人居住的岛屿和未开垦的美洲大陆建立了新的移居地和种植园,设立了新的居住区并形成了新的征服。那些种植园和移居地又扩大了贸易,而且依靠那些进行探险和种植的人,国家的财富和力量进一步增强。我们并没有通过征服拥有那些土地的国家以及把他们并入我们的国家来增加力量或增加臣民的数量,而是全面耕种我们的殖民地,用我们的臣民,用我们岛屿上土生土长的人去满足那些国家。除了我们从非洲运到美洲在蔗糖和烟草种植园充当奴隶的黑人外,所有的殖民地,包括很多岛屿,都同美洲大陆一样,完全是由大不列颠和爱尔兰人移居的,其中主要是大不列颠人,那些土著人要么进一步移居到这个国家,要么出于愚蠢和背叛而反动战争与我们作对,已经被摧毁和消灭了……

匿名作者:奴隶贸易

某些西方国家共同享有的商业繁荣,部分基于奴隶贸易,后者在 17 和 18 世纪最为兴盛。奴隶总体上是由英国的船只来运输,但是法国和其他国家也从事这一贸易。大多数奴隶都是跨越大西洋被运往欧洲的殖民据点,回程的船上装满蔗糖、金属和木制品运回母国。尽管在 17 世纪和 18 世纪早期,欧洲并没有广泛反对奴隶制度,但是到 18 世纪中叶,开始出现反对奴隶制度的情绪。下面是有关奴隶贸易的叙述,是一位匿名的法国人所写的,他赞成取消奴隶贸易。

 思考:允许和支持奴隶贸易的态度;这一经历对黑人的影响;这一贸易给殖民地留下的遗产。

材料来源: Leon Apt and Robert E. Herzstein, eds., *The Evolution of Western Society*, vol. II (Hinsdale, IL: The Dryden Press, 1978), pp. 279-280.

只要船只在几内亚海岸一抛锚停靠,船长决定购买俘房的价格就向黑人宣布了,后者从各个君主那里购买囚犯然后把他们卖给欧洲人。把礼物送给那些管理沿海特定区域的君主,就可以获得贸易许可。很快奴隶就被没有人性的掮客带来,就像许多牺牲被拖来献祭。渴望得到那部分人的白人把他们收进在海边建造的小房子里,那里有两门大炮和二十个卫兵守卫着。一旦交易结束,黑人就被带上锁链牵到船上,他们在那里遇到同样受难的同伴。他的心头了出现了不祥的感觉,一切都使他震惊和害怕,未卜的前途使他焦虑万分。起初他们确信自己要被当作白人的食物,而船员们喝的葡萄酒让他肯定了这一残忍的想法,因为他想象这些液体是同伴的血液。

船只起航开往安的列斯岛,黑人们被用铁链拴在船的货舱里,那是一种悲惨的监狱,阳光无法透进来,空气也只是通过气泵向里输送。令人作呕的食物一天分发两次。如果不是剥夺了他们试图了结自己的所有手段,那么他们陷入的极度悲伤和悲哀的状况早就让他们自杀了。他们一丝不挂,在负责守护工具的船员的眼皮底下无法藏匿任何让他们缓解绝望的工具。害怕出现从几内亚出发的航程中有时会发生的反抗,是他们普遍最关心的事情,而且卫兵同船员几乎一样多。任何微小的动静或两个黑人之间悄悄地谈话,都会招致最严厉的惩罚。总而言之,白人在航行中一直保持警戒状态,他们害怕出现反抗,而对黑人而言始终处于无法确定的残忍状态,他们不知道等待他们的命运。

当船只到达安的列斯岛的一个港口后,他们被带到一个仓库,如同商品一样向购买者进行展示。种植园主根据要买的黑人的年龄、体力和健康程度付钱。主人把他带到种植园交给一名监工,后者当时当地就成为折磨他的人。为了驯化他,允许黑人在新的地方休息几天,然后很快就交给他锄头和镰刀加入人群去劳动。那时他不再对自己的命运感到疑惑,他明白了人们要求他的只是劳动,但是他不知道劳动的强度多么大。事实上,他黎明即开始劳动日落前才收工,只是在就餐时间才中断两个小时。一个成年黑人每周所得到的食物是两磅腌牛肉或鳕鱼和两罐木薯粉饭,总计法国的两品脱。12 和 13 岁或以下的黑人只能得到一罐饭、一磅牛肉或鳕鱼。有些种植园主给黑人自由,让他们在每个星期六通过劳动换取食物,其他庄园主更加吝啬,只允许他们在星期天和假日有这样的自由。因此,由于黑人的营养很不充分,他们有欺骗的习惯完全是因为有获得所缺乏食物的必要。

玛莉·维特雷·蒙塔古女士:给 R·女士的信,1716 年:妇女和贵族

在 18 世纪,妇女能够在政治和经济领域发挥的作用仍然是受到限定的,但是贵族妇女有可能开始承担有影响的社会和文化角色。尤其是,许多妇女把写信当作一种艺术,从这些信中可以获得有关妇女地位和态度的见解。玛莉·维特雷·蒙塔古女士(1689—1762 年)是英国著名的文学家,除了多卷本的信件外,她还写了文章和诗歌。下面的内容选取自她 1716 年写给 R·女士的信件。

思考:贵族中婚姻的前提;婚姻、爱情和利益之间的关系;这封信所反映的妇女的地位。

材料来源:Mary Wortley Montagu, *Works*, vol. II (London: Richard Phillips, 1803), pp. 57 - 59.

没有妇女胆敢公开搔首弄姿一次引诱两个情人。我也没有看到有如此一本正经的人,自称对丈夫忠诚,她们的丈夫当然是那种脾气很好的人,善意地看待妻子的殷勤,就像一个人看待他的副手一样,后者把所有麻烦的事情都揽在自己身上。尽管如此,她们还是要这样做,因为一般说来他在另外的场合都是副手。也就是说,每个女士都有两个丈夫,一个挂名,一个履行职责,这已经成为惯例。由于这种安排已经众所周知,如果邀请一位优秀女士共进晚餐,而没有同时邀请她的情人和丈夫随行,而她在他们中间处于特别有吸引力的地位,那么就是明显的冒犯和公开的厌恶。这种亚婚姻一般共同维持 20 年,那位女士经常掌握着那位可怜情人的地产,甚至让他的家庭彻底毁灭。

这些关系确实和其他婚姻不同,很少是因为真正的感情而开始的。因为没有参与这种

社交的男人只是一个没有教养的人,而妇女一结婚就寻找情人,把他作为自己装备的一部分,没有他她就不可能高贵,而且契约的第一条要确立补助金,这要保留给那位女士,以防这位情人善变。我认为这种能够指控的名誉之事是出现那么多精彩的忠贞事例的基础。我确实知道某些上等的女人,她们的补助金如每年的租金一样众所周知,但没有人看低她们;相反,如果她们被怀疑当了情人而别无所图,那么她们的判断力就会引起质疑。她们进行竞争的主要内容就在于尝试谁会获得最多。

第三等级的妇女

18世纪欧洲的大多数人都不是贵族成员。超过90%的人都是农民、手艺人、家仆和劳动者——在法国通常被称为第三等级的成员。尽管第三等级的男人和女人共同享有很多东西,但是妇女的地位和苦衷通常不同于男人。关于这些妇女苦衷的清晰记录是很难找到的,但是1789年法国大革命前大量正式的请愿书给我们提供了丰富的资料。下面是一份"第三等级的妇女向国王的请愿书",时间是法国大革命爆发前几个月。

思考:妇女可以有什么选择;一致认同的问题和提出的解决办法;在哪些方面男人和女人的利益会发生冲突。

材料来源:Excerpts from *Not in God's Image* by Julia O'Faolain and Lauro Martines, Copyright 1973 by Julia O'Faolain and Lauro Martines. Reprinted by permission of Harper & Row, Publishers, Inc.

1789年1月1日。几乎第三等级的所有妇女都出身贫寒。她们的教育要么被忽视要么被误解,这表现在她们被送到老师那里学习,而老师本身对他们打算教授的语言一窍不通……

15或16岁时,妇女一天可以挣5或6个苏。如果上天没有赐给她一副好面孔,他们就要嫁给不幸的手艺人,没有嫁妆,而且在乡间深处陷入筋疲力尽的生活,生了孩子却无力抚养。相反,假如她们天生丽质,但由于没有文化、原则或任何道德观念,就会成为第一个引诱者的猎物,一次失足,便来到巴黎进行掩盖,在这里彻底变坏,最终作为淫荡的牺牲品而死去。

今天,在难以谋生的时候,成千上万的妇女主动把自己献给出价最高的人,而男人们宁愿暂时购买她们而不愿长久拥有她们。那些为道德所吸引、渴望教育自己并具有自然风味的女人……面临着选择,要么投身修道院,在那里接受一份普通的嫁妆,要么去当家庭仆人……

如果未出嫁的女人年老体衰,她们就在泪水中度日,而且成为最近的亲属们鄙视的对象。

陛下,为阻止这样的不幸发生,我们请求把男人赶出那些专属女性的手工艺领域,比如制衣、刺绣、制作女帽等。让他们把针和纺锤留给我们,而我们也发誓决不碰圆规和三角尺。

陛下，我们请求接受教育并给我们工作，我们不是要侵占男人的特权，只想获得谋生的手段。这样我们当中为奢侈品所诱惑并被带入歧途的薄弱者，就不会被迫加入坏人的行列，这些人充斥于大街小巷，其淫荡和无耻不但令我们妇女、也令经过光顾他们的男人们蒙羞。

图像材料

让·奥诺雷·弗拉戈纳：秋千奇遇

在旧体制下贵族仍然主导着文化，这一时期的大部分艺术品都是他们委托制作的，那么，艺术反映贵族的价值和口味也就不足为奇了。让·奥诺雷·弗拉戈纳的《荡秋千》(图18.1)就代表了在18世纪法国贵族中非常流行的一种艺术类型。

1767年弗拉戈纳接受圣朱利安男爵的委托制作一幅油画，描绘他的情人坐在秋千上，一位教士来推秋千，而教士不知道这位妇女是男爵的情人，男爵则在一个有利的隐藏地观看。在图画中，那位秋千上的女人似乎非常了解所发生的一切，把自己的鞋子甩向一尊严肃的神的雕像，她的外套明显地翻了起来。

这幅油画反映了18世纪贵族对宗教的不敬，因为那位不知情的主教成了笑柄。这种不敬因为下列事实而进一步被夸大和渲染：圣朱利安与教士打交道很多，因为他当时是负责监视教士财富的政府官员。

绘画葱翠的背景以及画面的内容表明，这些处于社会最上层但很快就将衰落的贵族，崇尚浪漫华贵并沉迷于肉欲。

图 18.1 《荡秋千》

 思考：这幅画提供了什么证据，说明18世纪法国贵族对生活方式的态度。

让·迪福雷恩：仁慈行为

在图18.2《仁慈行为》(1783年)中，画家让·迪福雷恩描绘贵族负责社会福利的古老传统在18世纪仍然保持着。这里，一位贵族正在探访一个遭受疾病和贫穷双重打击的家庭。现实性地描绘贫穷伴随着宽慰，表明贫穷的影响可以通过慈善姿态而得到缓解。贵族的这种仁慈行为被认为是为数不多的治愈穷人社会问题的合适方法。

图 18.2

思考：如何将这幅油画与秋千的奇遇进行比较。

C·C·P·劳森：丰特努瓦战役

尽管 18 世纪战争仍然很普遍，但是与 17 世纪上半叶相比，战争更有节制和秩序，而且也并不残酷。这表现在 C·C·P·劳森用油画(图 18.3)表现的 18 世纪典型的陆地战争丰特努瓦之战中。指挥官保持了贵族的传统，在战争开始之前相互平静地敬礼。军队统一服装、队列整齐，显然在指挥官的严格控制之下。这里所描绘的 18 世纪战争的特点反映了军事战术和经济的现实。正如现代历史学家 R·J·怀特在《18 世纪欧洲》(New York：St. Martin' Press，1965 年)中所说的："人们认为贵族和低下的人混合是有益的，18 世纪的任何地方，其军事力量的主体均是如此。战争主要是防御性的，总有伴随着谨慎而且按照严格的程序规则行事。在攻城战这一高贵的游戏中军队近乎巴洛克式的移动，严格遵守《战争指南》(标准军事手册)所规定的，现代观察家看起来荒唐可笑的游戏规则，并没有令后来的人们着迷，它只是资源有限、理性设定了目标的世界特定需要的产物。"

思考：这幅图画中军队的安排如何反映了 18 世纪的社会结构。

图 18.3

大西洋奴隶贸易

15世纪以前许多社会都熟悉奴隶制度。而且,以非洲为起点的奴隶贩卖,在向西跨越大西洋之前,已经出现在东方和北方。然而,16世纪后,大西洋的奴隶贸易急剧增加。图表18.4追溯了15至19世纪期间奴隶从非洲跨越大西洋出口的数量。

图表 18.4 大西洋奴隶贩卖

年　代	人　数
1450—1600	367 000
1601—1700	1 868 000
1701—1800	6 133 000
1801—1900	3 330 000
总　计	11 698 000

 思考：哪个时期奴隶贩卖的数量最多;应该如何解释几个世纪奴隶贸易的差距。

二手材料

大卫·布里昂·戴维斯：奴隶制度——白人、黑人、穆斯林和基督徒

从西方的观点来看，非洲奴隶制度的核心通常是17至18世纪盛行的欧洲、非洲和美洲之间跨越大西洋的三角贸易。然而，奴隶贸易的根源深厚而又宽广。在下面的选段中，美国历史学家大卫·布里昂·戴维斯强调了基督徒和穆斯林之间漫长的战争史以及发生在两个团体的人民之间海盗、绑架和奴役的重要性。

思考： 穆斯林奴役基督徒的重要性；为什么穆斯林奴役基督徒的故事不太为西方所知。

材料来源： *The New Review of Books*, July 5, 2001, p.51.

如果不了解基督徒和穆斯林在地中海和大西洋长达千年的战争以及随之出现的海上掠夺和绑架行为，就不可能理解新世界奴隶制度的起源。1627年北非海岸的海盗攻击了遥远的冰岛，并把当地400名震惊的居民变为奴隶。1617年长期在西班牙、法国、意大利，甚至爱尔兰海岸奴役基督徒的穆斯林海盗，在葡萄牙的马德拉岛捕获了1 300名男女。再回到17世纪40年代，在穆斯林的北非有许多英国的奴隶，其数量超过英国控制的加勒比海的非洲奴隶。确实，1624年一份议会公告估计，北非海岸拥有至少1 500名英国奴隶，大部分是在地中海或大西洋被抓获的海员。

历史学家罗伯特C·戴维斯总结说，在1580—1680年间，大约有850 000名基督徒奴隶被拴着锁链带到马格里布。如果我们下移一个世纪到18世纪和19世纪早期，受奴役的数量一定超过100万，那时，受奴役的白人美洲船员成为华盛顿、亚当斯和杰弗逊政府外交政策的头等大事。只有一小部分基督徒奴隶被赎身或者皈依了伊斯兰教，那些幸运至极而脱身的少数人，也会抱怨"只能吃到面包和水"，"像狗一样"被对待，在战舰上当奴隶或者在兴建或修复公共建筑时搬运巨石都会经常受到鞭打。他们的死亡率与那条臭名昭著的大西洋中央航线上的非洲奴隶的死亡率是一样的。

16世纪和17世纪对欧洲人的大规模奴役，并没有导致反对奴隶制度的运动。事实上，某些被赎身的欧洲奴隶作为报复对穆斯林进行猎奴攻击。丹尼尔·笛福虚构的鲁宾逊·克罗索（出版于1719年）在非洲西北海岸被"萨利的土耳其海盗"抓获并变成奴隶的时候，正在一艘开往几内亚的17世纪中期的贩奴船上。经过了两年的奴役后，克罗索逃跑了，射杀了一名全身赤裸的黑"野人"，然后被仁慈的葡萄牙贩奴船船长营救，后者把克罗索带到巴西，四年后他作为拥有奴隶的种植园主发了一笔小财。

我并不是说穆斯林对基督徒的奴役并没有导致任何形式的反对。把北非海岸海盗奴役白人的行为转变成强烈清晰反对奴隶制度论点的，本杰明·富兰克林不是第一人，但是最著

名的一个。他在国会嘲笑支持奴隶制度的演讲,把它比作虚构的阿尔及尔人迪万于1687年的演讲,后者支持对基督教"进行劫掠和奴役"。但那发生在1790年,也就是富兰克林生命的最后一个月,那时,经历了文化和思想的变革,已经在英国、美国和法国激起了反对奴隶制度的运动。在富兰克林年轻的时候,事实上拥有并出售黑奴的时候,富兰克林做梦也不会想到要写这样一篇文章。

在前面的几个世纪,也就是在人道主义改革,包括反奴隶制度运动兴起之前,穆斯林不断奴役基督徒以及基督徒奴役穆斯林,实际上已经使两者都习惯于大规模接受奴隶制度,并为庞大的大西洋奴隶制度开辟了道路。例如,15世纪的葡萄牙领导人把奴役非洲黑人和让他们受洗,视为长达几个世纪收复伊比利亚运动和十字军讨伐摩尔人的继续。

约翰·罗伯特:旧政体——理想与现实

很难用我们自己的臆断反过来考察过去的社会。然而,旧政体下的人——18世纪欧洲——有他们自己的信仰、价值观,有关于世界以及人在其中的位置等方面的见解。在下面的选段中,约翰·罗伯特描绘了18世纪欧洲多数人认为理所当然的时期,尤其强调了他们的思想保守主义。

思考: 他们的前提在哪些方面与我们不同;他们在哪些方面与我们相同;他们关于创新与过去的观点为何如此重要。

材料来源: From John Roberts, *Revolution and Improvement: The Western World*, 1775-1847, pp. 34-35. Copyright 1976 John Roberts. Reprinted by permission of The Regents of the University of California Press, and the University of California Press.

18世纪大陆的多数欧洲人以及某些英国人和定居海外的英国人认为下列前提是理所当然的,我们可以将其简要概括为这样一些论点:上帝创造世界并赋予它道德和社会结构;上帝通过耶稣基督身上的启示,将一种义务加诸社会之上,即通过弃恶扬善积极地保护教会、基督教真理和道德准则;基督教教导说,现存的社会结构原则上是好的,应该支持;社会的结构是按照等级划分的,对大多数人来说等级是继承的,这个等级的顶点通常在君主那里。权利和义务的分配方式要与等级相符。通常正确的是(我们可以继续罗列这些前提),尽管在旧体制下围绕世袭单位的社会组织是社会的基本数据,但是它认为也应该尊重人们依照宗教、职业、经济或社会目的而组织起来的团体;以这些目的而组织起来的团体被认为是人们日常生活——例如商业活动或享受法律权利——的合适的管理者,而且属于这些团体的个人的利益明显要次于这些法人的利益……

那时人们也设想大多数人个人的行为应该受法律和传统习惯的约束,这种约束远甚于今天……

社会约束反映了旧体制下普遍流行的反个人主义。而且,人们认为道德和意识形态的真理是不可分割的,而且在理论上并没有给个人的妄想留下什么空间……

贯穿所有这些前提的是占压倒优势的思想保守主义。我们的时代和旧体制之间最大的差异是，那些时代人们普遍相信创新需要证明，而过去则不需要。因习惯、传统、规定和单纯无知的残酷事实所造成的巨大惰性，沉重地压在18世纪的制度之上。由于已经存在了许多世纪，因此我们父辈的思考方式、他们演进和设立的法律和形式具有不言自明的合理性。体现这一点的一种方式就是强烈的守法主义，也就是迷恋旧文献、旧判断、血统和遗产。上层关注于血统、祖先和家庭荣誉等问题，然而这种对过去的关注丝毫没有历史心理。人们沉迷于过去，是把过去看作指导、范例甚至当作奇观，并不是为过去而过去。很少有人意识到他们所看的世界并非祖先的世界。

莱奥纳德·克里格：复兴的贵族

历史学家有时夸大了18世纪中产阶级兴起和贵族衰落的重要性。最近，历史学家开始强调18世纪中期是贵族阶层真正复活的时期，它努力重新获得自己的地位和影响——通常取得了巨大成功。芝加哥大学的莱奥纳得·克里格在下面的选段中对此进行了说明。

 思考：就贵族阶层的复兴克里格提出了什么证据；贵族阶层适应18世纪政治需要的方式。

材料来源：Reprinted from *Kings and Philosophers 1689－1789*, by Leonard Krieger, with the permission of W. W. Norton & Company, Inc. Copyright 1970 by W. W. Norton & Company, Inc.

令人惊讶的是，18世纪贵族阶层——至少其最重要的部分——复兴了。贵族们赞赏这样的原则，即人们不能打败它就加入它，这后来成为众所周知的药方，欧洲几个国家的贵族都自我振作起来，并开始垄断新国家的政府机构，甚至在商业联系的网络中占据重要位置。统治英国的辉格寡头集团在汉诺威王朝1714年上台和1760年后乔治三世发挥王室影响期间，没有遇到严重的挑战，它所代表的是土地主贵族，后者针对市场的需要而发起了资本化和科学化的农业，而且与城市的商人和银行家有了经济联系。法国的贵族由于路易十四有意注入补助金而重新补充了力量，1715年太阳王死后他们做出很大的努力根据自己的想法来重新塑造君主，当这一努力失败后，经济上更加进步思想，更新颖的司法和行政贵族为了特权阶层继续起来反攻。在俄国，军事和土地贵族的各个部分主宰了王位的继承，——总体来说，他们偏爱沙皇皇后，指望他们始终作为这位"女性"的成员——而且从1725年彼得大帝去世到凯瑟琳大帝1762年继位，他们一直操纵政府的社会政策。从1718年到1772年这漫长的时期，瑞典人委婉地称为"自由的时代"，它实际上是贵族统治的时代，通过寡头式地控制议会和官僚机构，贵族实行了名义上的君主统治。荷兰给其1707年至1747年这一时期也贴上了同样夸张的标签，这一期间，数量很少但非常有影响的摄政阶层，也就是由城市贵族组成的寡头集团，在威廉三世死后恢复了自己的支配地位并一直让总督职位空缺。就此而论，组成荷兰"共和国"的七省，是欧洲扩大版的独立城市共和国。独立城市共和国主要集中在瑞士和德国，18世纪上半叶在排他的贵族寡头统治下也保持了稳定……

贵族阶层在18世纪重新精神焕发是以作为自身前提的近代化为基础的,而且他们社会冲突的舞台从国家结构之外转向国家结构之内。过去他们通过否定中央政府的司法权来维护土地所有权、庄园领主权、司法豁免权和免税等特权,现在他们通过占据和控制实施司法权的政府部门来维护这些特权。贵族渗透了国家,违反了普通法、平等公民权和统一实施等标准,而这些标准作为指南,在拓展中央政府范围方面一直指导着官僚机构。但是等级制的倾向并非纯粹重回老路。尽管这种倾向和分享国家的平等倾向之间明显相互敌对,但是,两种倾向相互共存虽然在逻辑上并不匹配,却是对当时社会基本要求的忠实反映。为了居民的军事安全,为了经济的管理和相互资助,为了防止宗教混乱和民众骚乱,欧洲社会要求对更广大的地区和更多的人口进行统一控制,这是当时政府的工具无法办到的。因此政府便调用了社会和团体传统的等级制度,作为延伸到民众中的政府的臂膀。所有民众都受到支配,但有些人受支配的程度比其他人要深。

杰罗姆·布卢姆:贵族和农民

贵族占欧洲人口的百分比很小。大约人口的80%到90%仍然是农民。尽管农民生活在许多不同的环境中,但是大多数人基本上都生活在糊口的水平,他们通常被认为处于社会的最底层。在下面的选段中杰罗姆·布卢姆分析了领主(贵族)和农民自己对农民的态度。

思考:贵族如何通过联系自己看待农民;贵族的态度如何反映了实际的社会环境;对农民持相反态度可能会出现的后果。

材料来源:From Blum, Jerome, *The End of the Old Order in Rural Europe*, pp. 29-31, 44-49. Copyright 1978 by Princeton University Press. Reprinted by permission of Princeton University Press.

因为有了土地所有权,也就有了对土地上所居住的农民的权力和权威。这种权威的性质、农民从属于领主的性质、领主监督和控制的范围以及农民应对领主担负的职责,都是千变万化的。人们称呼农民的名称是各不相同的,农民对领主应付的义务也各不相同。但是不管有什么差别,任何地方的农民,只要是在所隶属的土地上,其地位就与不自由和受约束相联系。在传统的等级阶梯中,他处于最后一级。他是"时代的继子,是宽厚有耐性的后背,支撑着整个社会金字塔的重量……他是粗鄙之人,被宫廷、贵族和城市剥夺和嘲笑。"……

农民的从属性和他对贵族的依赖,反映在东西方领主的态度和观念上。他们相信事物的自然秩序已经把人类划分成了主人和奴仆,也就是统治的人和遵守的人。他们相信自己是天生高等的存在,而视那些命中注定要伺候他们的人是天生低等的存在。他们对农民的态度充其量只是家长统治的傲慢,但更经常的态度是鄙视和轻蔑。当时人们所表现的观念是一直强调农民无知、不负责任、懒惰和毫无价值,而且在东方的土地上人们推崇随心所欲地使用鞭子,认为那是让事情解决的唯一方法。农民被认为是低等和次等形式的生命,1737年巴伐利亚的一位官员说,农民是"介乎动物和人之间的杂种"。1752年普罗旺斯农民起义的一位目击者把农民描绘为"一种罪恶的动物,狡猾、残忍、半开化的野兽;他既没有感情也不诚实……"摩尔达维亚人巴兹尔·巴斯克报告说,他土地上的农民"对纪律、秩序、节俭或清洁一窍不通……是彻头彻尾的懒鬼和说谎的人……他们习惯于做最少的活,而这也要在打骂中完成。"梅克伦堡伯爵的一位顾问在 1750 年的正式报告中把那里的农民描绘为"牛头",声称要相应地对待他……

领主认为自己优越的观念通常因为领主和农民之间种族和宗教上的区别而进一步加强。在中欧和东欧的许多地区,主人属于征服民族,他们确立了对土著居民的统治。德国领主统治了波西米亚、加利西亚、东普鲁士和西里西亚的斯拉夫农民,并统治了波罗的海地区的拉脱人和爱沙尼亚人;波兰贵族是乌克兰、立陶宛和白俄罗斯农民的主人;大俄罗斯人拥有居住着乌克兰人、立陶宛人和波兰人的庄园;马扎尔人对斯洛伐克人、罗马尼亚人和斯洛文尼亚人称王——这只是列举了广义的种族区别。欧洲人非常注意其他民族和宗教团体,总体上蔑视它们,至少也是鄙视它们,在这方面世界上没有其他民族能与他们相比……这些占主导地位的团体尽管在人数上被大大超过,但是它成功地维持了文化的一致性,因为它把自己统治的农民视为人类低等品种,甚至认为是贱民……

农民被社会中的大人物压迫、谴责并被置于无知状态,他们接受了烙在他们身上的劣等的印记。当人们问他如何界定自己的身份时,农民会回答说"我只是一个农奴"。他们似乎没有自豪和自尊,肮脏、懒惰、狡诈,而且总是怀疑他们的主人和村子外面的世界。甚至友好的观察者也会因看到的陋习和他们的行为望而却步。一位评论者在 1760 年代抱怨说,"如果他们的命运不济不在他们粗野和残忍的面孔上表现出来,也许人们会给他们更多的同情。"

玛丽 E·威斯纳:前工业时代欧洲妇女的工作

17 世纪和 18 世纪期间,大多数妇女都参加工作。然而,妇女可以得到的工作类型和能获得的工资与男人相比都是有限的。而且妇女并不像男人那样被看作"工人"。然而,妇女的工作对这一时期欧洲的经济以及资本主义的发展是非常必要的。在下面的选段中,玛丽 E·威斯纳评论了妇女工作的变化以及近代早期工作的含义。

 思考:关于妇女工作的变化,威斯纳作出的"归纳性观点";威斯纳所说的"工作的含义"指什么;生产与再生产之间的性别区分如何得到加强。

资料来源:Merry E. Wiesner, "Spring Out Capital: Women's Work in Preindustrial Europe, 1350 – 1750," in Renate Bridenthal et al., eds., *Becoming Visible: Women in European History*, 3 rd ed. (New York: Houghton Miffin Co., 1998), pp. 226 – 227.

尽管有广泛的类别和稳定的连续性,但我们还是可以对这一时期欧洲许多妇女工作的变化进行一些归纳。需要大学教育和正式训练的职业对妇女是关闭的。妇女很少能掌握足够的资金,进入那些需要大量原始资金投入的职业,社会的准则使她们无法从事具有政治功能的职业。家庭职责使她们无法从事需要频繁外出的职业。无论在 1350 年还是 1750 年,妇女工作的这些属性都是准确的,但是超过这四个世纪,它们的含义就发生了变化,确切地说,只有那些有正规教育、有政治功能、有投资或国际联系的人,如医生、商人、银行家、律师、政府官员和海外商人才能获得财富、权力和名声。

确实,正是在这种工作含义上我们才能看到这一时期的最大变化。妇女的生产性任务越来越被限定为再生产——如干家务——或进行辅助——或做帮手。因此,那些缝制衣服、招待搭伙的人、洗衣服、收集药草换钱的妇女越来越被看作家庭主妇,这个名称在19世纪被载入了统计学语言中,此时,她的活动不再被视为对国民生产总值有贡献,或者与其他类型的经济计算结果有关。

生产和再生产之间性别的区分在近代早期因教区、城市和国家政府而进一步加强,也就是有各种各样的任务,之所以称任务,是因为这些都不是真正的"工作",只是"支持",这甚至包括允许妇女出售她们生产的物品。妇女本身有时也接受同样的辞令,因为她们知道,争辩说她们有权工作,不如描绘自己一定要抚养的孩子或者描绘如果她们不工作就会花费多少公共财产等来得有效。

妇女确实在工作。最近关于伦敦劳动力市场的研究表明,1700年72%的妇女离开家从事全职或临时的有报酬的工作,大多是地位很低的工作。历史学家们曾经为欧洲经济的巨大发展和欧洲在全世界的拓展设想了很多原因。最近人们在这些因素中加上了"工业革命",人们认为欧洲人为了有钱购买来自世界各地的消费品而减少了休闲的时间。这场工业革命不仅把妇女卷入其中,而且需要她们的劳动。尽管她们的劳动被定义为辅助性或支持性的,但它提供了大量劳动力贮备,以同样的方式,妇女和孩子在发展中国家为今日的全球市场提供了大量的劳动力。

本章问题

1. 竞争团体和历史环境给那些想要维持自己地位和影响的贵族在哪些方面造成了压力?
2. 面对削减其地位和影响的各种压力,18世纪的贵族阶层有哪些优缺点?
3. 18世纪的各种前提如何反映了旧体制时期的社会和政治性质。
4. 大西洋奴隶贸易的兴起在哪些方面与17世纪和18世纪的其他发展有关?

19. 启蒙运动

18世纪作为西方文明思想史上的一个时期,被十分恰当地认为是启蒙运动时期。当时,一群被称为哲人的思想家,发展和普及了一系列相关的观念,它们构成了近代思想的基础。他们的方法强调怀疑、经验推理和讽刺。他们通过从小册子到大百科全书这样的著作以及在贵族"沙龙"的各种聚会传播他们的观念。这一思想运动尽管以法国为中心,但发生在整个欧洲。

大多数哲人相信,西方文明正处在启蒙的边缘,理性和教育可以很快驱散让人们一直处于不成熟状态的过去的黑暗。他们批评的主要对象是制度,如政府、教会以及使旧思维方式永存并因此阻碍进步的非理性习惯。这些哲人尽管富于批评和战斗性,但是他们并不是政治家或社会革命家。他们的观念在许多方面都具有革命性,但是在实践上这些思想家反而习惯不流血的变革——通常是由开明君主自上而下进行改革。启蒙思想家通常赞美英国,那里自由观念和实践最为发达。

本章的材料关注三个问题。首先,启蒙思想的性质是什么?启蒙运动公开表明的精神是什么?启蒙观念中体现了何种道德类型?在哪些方面权威遭到否定而自然被抬高到很重要的位置?其次,我们如何概括这些哲学家的特征?他们是谁?他们共同的精神特性、他们的宗教信仰和他们相互的影响是什么?最后,启蒙思想在法国大革命前如何影响了18世纪的政治?是否有"开明专制主义"这种现象,如果有,它的含义是什么?

总体来说,这些材料应该解释为一种仍然与旧体制的传统社会相连又有明显近代特征的思想运动。到18世纪末,启蒙运动的许多观念在法国大革命中都发挥了重要的作用——这是下一章要探讨的主题。

原始材料

伊曼纽尔·康德:什么是启蒙运动?

启蒙思想家中最普遍的主题是对启蒙精神的自觉意识。东普鲁士康尼根伯格的伊曼纽

19. 启蒙运动

尔·康德(1724—1804 年)所作的短文节选于下,其中对此进行了阐释。康德是世界上最有深度的哲学家之一,尤其著名的是,他对人类心智以及如何与自然相连进行了分析,这体现在他的《纯粹理性批判》(1781 年)中。下面的短文写于 1784 年,康德在其中界定了启蒙精神并描述了它的某些含义。

 思考:康德的"自由"指什么,康德为什么认为自由对启蒙如此关键;人们如何变得开明以及促进这种启蒙的合适环境;康德认为"自然"是什么;康德如何表述启蒙和政治。

材料来源:Immanuel Kant,"What is Enlightenment?" in *the Philosophy of Kant*,Carl J. Friedrich,ed.,Reprinted by permission of random House,Inc. (New York,1949),pp. 132-134,138-139. Copyright 1949 by Random House,Inc.

  启蒙运动就是人类脱离自我招致的不成熟状态。不成熟就是不经别人的引导就没有能力运用自己的理智。不成熟的原因如果不是因为缺乏理智,而是由于没有别人引导就缺乏决心与勇气去运用自己的理智,那么不成熟就是自我招致的。要敢于认识!(*Sapere aude!*)要有勇气运用自己的理智!这就是启蒙运动的口号。

  由于懒惰和怯懦,大量的人在自然将他们从外在的指导下解放出来后仍然乐意待在不成熟之中。正是由于懒惰和怯懦,使得其他人轻而易举地俨然以保护人自居。当一个不成熟的人多么舒服!如果有一本书能替我理解含义,一位牧师能替我有良心,有一位医生能为我决定食谱等,那么我就没有必要努力,我就没有必要去思考。如果我付得起钱,其他人会替我接管这类乏味的工作。那些好心从事监督工作的保护人会关注到,到目前为止,绝大部分人,包括全部女性,都认为步入成熟不仅艰难而且非常危险……

  但是公众要启蒙自己是非常有可能的:只要公众被允许获得自由这甚至是不可避免的……

  启蒙运动所需要的一切仅是自由,而且是所有自由中最没有害处的自由,即人们在一切事情上公开运用自己的理性……

  现在也许有人要问:"我们目前生活在启蒙时代了吗?"答案是:没有,但是生活在一个启蒙运动的时代。还有很多东西阻碍人们处于或被置于在宗教事务上确实运用自己理智的状态。但是我们有明确的信号,表明这种尝试的领域已经向人们打开,他们可以自由工作,逐步减少总体启蒙的障碍并摆脱自我招致的不成熟。在这种意义上,这个时代是启蒙的时代,或者说是腓特烈(大帝)的时代……

  我已经强调了启蒙运动的要旨,也就是人们摆脱自我招致的不成熟,尤其是在宗教事务方面。我之所以如此做是因为我们的统治者没有兴趣在艺术和科学方面尽监护之责,而且在宗教方面的不成熟不仅是最有害的也是最可耻的。但是庇护艺术和科学自由的国家首领的思想观点要更进一步,因为他理解,在法律方面让他的臣民公开使用他们的理性,公开提出他们对更好法律框架的看法以及对现存法律进行直言不讳的批评,也不会有什么危险。

· 289 ·

在这方面我们有一个光辉的例子;我们所赞赏的君主中没有一个能超过他。只有本身已经完全启蒙的、同时掌握纪律严明的军队来保障公共安全的人才不怕幽灵。只有他才能说出一个自由国家不敢说的话:你尽可以争辩,而且无论争辩什么,只要你听话!

巴龙·德·霍尔巴赫:《自然的体系》

大多数启蒙思想家都否定传统的权威之源头,如教会和习俗。相反他们认为人们依赖理性、经验和自然来指导自己。巴龙·德·霍尔巴赫(1723—1789 年)在不同的著作中举例说明了这一点。他是获得法国公民身份的德国贵族和科学家。他最为著名的是对有组织的宗教进行攻击以及对狄德罗《百科全书》的贡献。在下面选自他《自然的体系》(1770 年)的片段中,霍尔巴赫集中探讨了启蒙的含义以及如何行动来获得启蒙。

思考:启蒙为何如此重要;在霍尔巴赫看来"自然"是否具有上帝的含义;关于启蒙的性质,康德和霍尔巴赫有何相同的观点。

材料来源:Baron d'Holbach, *The system of Nature*, trans. H. Robinson (Boston:J. P. 1853), pp. viii - ix, 12 - 13, 15.

人类不幸的缘由在于对自然的无知。固执于此,他紧紧抓住从孩童时代就接受的盲目观念,这些观念本身与他的一生交织在一起,随之出现的偏见歪曲了他的头脑、阻碍了他的发展、使他为幻想所奴役,这似乎注定他始终会犯错误。他就像一个缺乏经验的孩子,满是毫无根据的念头,一种危险的酵母与他所有的知识混合在一起,这些知识必然是暧昧的、摇摆的和虚假的,——他根据别人的权威为自己的思想定调,那些人要么本身就是错的,要么有欺骗他的乐趣。为了驱散西米里人的黑暗,清除改善他状态的障碍;为了使他摆脱笼罩着他、模糊了他所走道路的谬误的乌云,需要阿里阿涅德的线索以及她对提修斯倾注的所有的爱。它要求非凡的努力,它需要坚定无畏的勇气——除了不屈不挠的行动决心,独立思考,严格和公正地考察所接受的东西外,它不受任何影响……

因此,我们最重要的职责是寻求一些手段,来打破那些谬误,后者除了误导我们外一无是处。纠正这些谬误的方法一定要在自然本身中去寻找,只有在她丰富的素材中,我们才能理性地期待找到解药,消除错误指导的、无法抗拒的热情所造成的毒害。是寻找这些补救方法的时候了,是勇敢地直面这种罪恶、考察它的基础、详细审查它的超级结构的时候了。理性用它忠实的指导经验,一定能够攻击那些躲在堡垒里长久危害人类的偏见。为了这个目的,理性一定要回到其适当的位置——一定要把它从它所交往的罪恶同伴中解救出来……

真理不对那些头脑固执的人讲话:——只有思想真诚、惯于思考的人才能听到她的声音,这些人的感情使他们因政治和宗教暴君给大地造成的无数灾难而悲伤——他们启蒙的头脑痛心地思考谬误在各个时代用来压制人类的一系列无边无际、沉重的灾难。

所谓"文明人",是指其经验和社会生活能够使他从自然界获得自我幸福的手段,因为当经验告诉他们从外部存在所接受的刺激对自己的幸福有害时,他们知道去压制它们。

而"启蒙了的人"则是达到了成熟和完美的人,他能够追逐自己的幸福。因为他知道去考察,去独立思考,不认为别人的权威是当然的真理,经验已经告诉他考查通常能够证明谬误……

必然得出的结论是,一个人在研究中一定要始终依赖经验和自然哲学:在宗教、道德、法律、政治治理、艺术、科学、快乐和不幸中,他都应该向它们求教。经验告诉说,自然界根据简单的、一致的和不变的法则而运转,他必须通过他的感官来穿透她的秘密,他必须通过他的感官描绘他对自然发展的体验。因此,无论何时,只要他不再获得经验或者离开了它的道路,他就跌进了深渊,想象力会将他带入歧途。

丹尼斯·狄德罗:艺术与科学百科全书简介

由丹尼斯·狄德罗(1713—1784年)和达朗贝儿(1717—1783年)编辑的《艺术和科学百科全书》,比其他著作更加集中体现了启蒙运动。这部百科全书创作于1745年和1780年之间,向公众呈现了启蒙运动思想家认为重要的知识。百科全书背后在潜在的批判性的启蒙运动精神,导致传统权威对它进行了不止一次的谴责和压制。这份简介是由狄德罗撰写的,他是一位哲学家、小说家和戏剧家,已经因自己的作品与权威们产生了纠纷。这份简介显然激起了广泛的期待,甚至在百科全书第一卷出版之前,已经接到了1 000份订单。

思考: 读者购买这本百科全书指望获得什么,这些希望本身如何反映了启蒙运动的精神;这一选自《简介》的片段如何反映了与康德和霍尔巴赫相同的观点;这里所描绘的启蒙运动与17世纪科学革命有怎样的联系。

材料来源: "the Encyclopedia Announced" from *Major Crises in Western Civilization*, *Volume II*, 1745 to the Nuclear Age by Richard W. Lyman and Lewis W. Spitz. Copyright 1965 by Harcourt Brace & Company and renewed 1993 by Richard W. Lyman and Lewis W. Spitz, Reprinted by permission of the Publisher.

不可否认的是,自从文学在我们中间复兴以来,我们就把在社会上传播开来的普遍启蒙运动和逐步奠定人们理解更深刻知识之基础的科学萌芽,部分归功于词典。拥有这样一本书,人们可以查阅所有的主题,它既可以指导那些有勇气在别人指导下工作的人,同样也能启蒙那些仅仅自我教育的人,还有什么价值是它所不具备的呢!

我们认为这只是它的优势之一,但它并不仅仅具备这一个优势。在把所有有关艺术和科学的内容浓缩进这本词典后,下列内容仍然是必不可少的:要让人们意识到它们相互之间的补充;要运用这种补充使原理更加明确、结果更加明晰;要指出各种存在之间的远近关系,正是这些存在物构成了人们正忙于研究的自然界;要通过展示根源和枝权的相互联系,表明人们在不考察其他许多内容的情况下可以了解整体的某些部分;要创作一幅所有时代所有地区人类精神努力的全景图;要清晰地呈现这些内容;要给每种事物划定适当的范围,而且如果有可能,通过我们的成功验证我们的碑文……

这些著作大部分出版于最近一个世纪,并没有完全受到蔑视。人们发现,即使它们并没有展现出多少才能,但至少打下了劳动和知识的印记。但是这些百科全书对我们意味着什么呢?从那时起,我们在艺术和科学领域有什么进步没有取得呢?那时没有预见到的真理,今天有多少已经发现了呢?真正的哲学尚在摇篮中,无限大的几何学还没有出现,试验物理学刚刚出现,辩证法尚未出现,彻底的批判主义还不为人所知。笛卡儿、波义耳、惠更斯、牛顿、莱布尼茨、伯努利兄弟、洛克、贝洛、帕斯卡、高乃依、拉辛、布尔达卢、博絮埃等,要么还未出生,要么就是还未写作。研究和竞争的精神并没有激发学者们:虽然不具备旺盛的创造力但比较罕见的另一种精神,也就是精确和条理的精神,还没有征服文学的各个分支,努力把艺术和科学提高到很高层次的各种学会还没有建立……在这一工程的最后你会发现指明各种观念之联系的人类知识之树,它们曾经在这一巨大活动中指导着我们。

哲人

启蒙运动思想家经常自称"哲人",从字面意义上,这个词是指称哲学家的法语词汇。与启蒙运动精神连在一起这个词汇有特定的含义。下面的选段,也就是《百科全书》的"哲学家"词条,直接对此进行了探讨。传统上一般称狄德罗是"哲学家"词条的作者,但是也许是由另外的人撰写的,很可能是杜马塞所作。无论如何,它根据启蒙运动的原则对这个题目进行了权威论述。

思考:哲学家的特点;应该如何比较这一论点和康德对启蒙运动的定义以及霍尔巴赫对文明或启蒙之人的定义;20世纪的哲学家与此哲学家定义有何不同。

材料来源:Merrick Whitcomb, ed.,"French Philosophers of the Eighteenth Century," in *Translations and Reprints form the Original Sources of European History*, vol. VI, no. 1, ed. Department of History of the University of Pennsylvania (Philadelphia: University of Pennsylvania Press, 1898), pp. 21–23.

其他人决心不进行思考就行动,他们也意识不到推动他们的原因,甚至不了解所存在的东西。相反,哲学家则尽最大可能区分各种原因,经常预先了解它们,并有意使自己沉溺其中。他以这样的方式避开某些对象,因为它们能引起他的某些感觉,而这些感觉不利于他的幸福生存或理性存在,同时他努力寻找这样一些对象,它们能在他身上激起某些情感,而这些情感与他所自我感觉到的状态相吻合。哲学家敬重理性,就如同基督徒看待神恩。神恩决定基督徒的行动,理性则决定哲学家的行为。

其他人则为感情所驱使,因此他们做出的行动并不是出于思考。这些人是行动在黑暗中的人,而哲学家即使受感情驱使,也是先思考后行动。他在夜晚前行,但前面有火炬照耀。

哲学家构建某些原则基于个人大量的观察。人们接受原则而不考虑产生这一原则的观察，也就是说，他们相信原理是自动存在的，但是哲学家则从源头获取原理，他考察它的起源，他了解它真正的价值，只是在他满意的时候才运用它。

在哲学家眼里，真理并不是激发想象力的情人，他相信真理是可以随处发现的。他满足于碰巧能够在某个地方发现它。他不会把它与外表相像的东西混淆，而是把真的当真的，把假的当假的，可疑的当可疑的，可能的则仅仅是可能的。还不止此——这是哲学家最完美的地方；当他没有依据进行判断时，他知道如何保持悬而不决。

这个世界充满了有理解力的人，甚至理解力很强的人，他们总是进行判断。他们总是猜测，因为他们正是通过猜测进行判断，而不知道何时一个人需要适当的依据进行判断。他们误判了人类头脑的能力，他们认为人们有可能了解一切，因此为没有准备好做判断而感到羞耻，而且在他们的想象中理解在于下判断。哲学家们相信，理解在于正确判断；更令他对自己满意的，不是在没有足够的判断依据前就下断语，而是暂时搁置自己决定的能力。

因此哲学的精神是观察的精神、精确的精神，也就是指出所有事物真正的原理。哲学家所培育的不只是理解力，他也传达了他的关注和劳动。

人不是怪物，生来只是居住于海底和密林深处，生活的需要导致他必然要与他人交往，而且我们无论发现他处于何种状态，需要和幸福都引导他生活在社会中。那一原因决定着他应该了解，应当研究、应当劳动去获得社会的特性。

我们的哲学并不相信自己是此世的流放者，他不相信自己处于敌人的国度里。他像聪明的经济学家一样，希望享受自然赋予他的美好；他希望找到自己与他人在一起的快乐，而且为了获得它，他有必要协助创造这种快乐。所以他努力与那些或出于偶然或出于自我选择决定与之共处的人保持和谐，他同时发现那很令他满意：他是一个诚实的人，希望快乐并让自己有用。

哲学家因此是一个诚实的人，在所有事情上都为理性所驱使，他在思考和精确的精神中加入了社会的习惯和性质。

伏尔泰：哲学辞典——英国模式

弗朗索瓦·玛丽·阿鲁埃，即后来使用了伏尔泰(1694—1778年)这个名字的人，毫无疑问是当时哲人中的佼佼者。他几乎使用了当时的各种文学形式进行写作，包括喜剧、讽刺作品、历史和散文，他展示了启蒙运动最主要的成分。其中之一是哲人们对英国政治体制的赞美和理想化。从1726年到1729年，他对英国进行了为期三年的访问，这次访问使他详细了解了英国，并在推广英国科学家的观念和英国政治体制的原则方面发挥了重要作用。下面的选段选自他的《哲学辞典》，该著作首次出版于1764年。

思考：伏尔泰赞扬英国政体的哪些内容；所隐含的对法国政体体制的批评；伏尔泰是否理想化了英国的制度。

材料来源：Voltaire, *Philosophical Dictionary*, in Voltaire, Works, trans. W. F.

Fleming (New York: E. R. Dumont, 1901), vol. 5, pp. 293 – 294.

事实上,英国政体已经达到了完美的程度,所有人因此都恢复了那些自然的权利,而在差不多所有的君主国家,这些权利都被剥夺了。这些权利包括:完全自由的人身和财产权;出版的自由;在所有犯罪案件中由独立法人组成的陪审团进行审判的权利——仅仅依据严格的法律条文被审判的权利;每个人有权不受干扰地表明自己所选择的宗教,同时拒绝只有国教会或国定教会的成员才拥有的义务。这些是具体的特权。而事实上,与世界上大多数其他国家的习惯相比,它们是无法衡量的特权! 在你躺下的时候你会放心,起床时你仍然拥有伴随你就寝的那些财产;夜深人静时,你不会被人从妻子和孩子的怀抱中夺走,或扔进地牢,或在流放中被沙漠掩埋;当你从床上醒来时,你有权公开发表所有的想法;如果你被谴责做了错事、讲了或写了错话,你会仅仅依照法律而被审判。踏上英国土地的每个人都拥有这样的特权。外国人完全享有处理自己财产和人身的自由,而且如果被指控犯罪,他可以要求一半的陪审员由外国人组成。

我斗胆宣称,如果说人们庄严地集合起来是为了制定法律,那么这样的法律能够给他们带来安全。

玛丽·沃斯通克拉夫特:女权辩论

尽管启蒙运动以男性为主导,但妇女也有积极参与的可能性。女性作为庇护人和理性的捐助者,在促成哲学家、中上层人士以及贵族精英在巴黎和其他地方的沙龙举行聚会方面,发挥了特别重要的作用。然而,妇女按照启蒙运动的传统发表严肃的文章仍然是非常困难的。确实,启蒙思想家并没有设法改变大众认为妇女低下的态度。一位在这两方面都付出努力的人是玛丽·沃斯通克拉夫特(1759—1797年),她是一位英国作家,1792年发表了《女权辩论》。这部著作对压迫妇女进行了逻辑严密的攻击,而且为改变教育而疾呼。在下面的选段中,玛丽·沃斯通克拉夫特致信为法国拟定新宪章的人,在她看来,这份宪章并没有恰当地处理妇女的权利。

思考: 在她的论点中为什么教育如此关键;这一论点在哪些方面反映了启蒙运动的方法和理想。

材料来源: Mary Wollstonecraft, *The Right of Woman* (London: J. M. Dent and Sons, Ltd., 1929), pp. 10 – 11.

为妇女权利而辩,我的主要论点基于最简单的原则:如果她没有通过教育准备好成为男性的同伴,那么她的知识和美德就会停滞不前,而真理一定要为所有人共有,否则它在普遍实践中就会失去有效的影响。除非妇女知道她为何要具有美德,否则怎么能指望她会配合呢? 除非自由加强了她的理性,直到理解了自己的职责,并且看到责任如何与她真正的幸福关联。如果孩子受到教育,理解了爱国主义的真正内涵,那么他们的母亲一定是个爱国者。对人类的爱只能从关心人类的道德和生活利益中产生,正是对人类的爱产生了一系列道德,但是妇女目前的教育和状况阻碍了她进行这样的调查研究。

这部著作中举出了许多在我看来确凿的证据,证明目前流行的有关性别特征的观念是破坏道德的,而且我认为,为了使人的身心更加完美,贞洁一定要更加受到普遍重视,而在妇女的容貌不再受到可以说是崇拜之前,当她们没有道德和理智来使容貌具有心灵美的高贵痕迹或感动人的淳朴感情时,男性世界里是永远不会尊重贞洁的。

先生,请你仔细考虑这些建议,因为当你讲"看到人类的一半为另一半排除在参与政府之外是一种政治现象,根据抽象的原则,这是无法解释的。"时,你似乎已经瞥见了这一真理。如果是这样,你的宪章基于什么呢?如果男人抽象的权利经得住讨论和解释,基于同样的理由,妇女的权利不会因同样的考验而消失。尽管这个国家流行着完全不同的观念,而且它们基于你经常用来为压迫妇女辩护的论点——成规惯例。

既然你坚信你是按照最宜于增进妇女幸福的方式来行事,那么我把你当作一位立法者向你呼吁,请你考虑,当男人为了他们的自由而斗争,并被允许在有关自己幸福的问题上自我判断时,压制妇女是否也不协调或不公正呢?如果妇女与他分享了理性这一礼物,是谁让男人成为唯一的法官呢?

托马斯·潘恩:理性时代——自然神论

许多启蒙思想家都强烈反对传统的宗教习俗和观念。很少人走到坦诚自己是无神论者的地步。更加典型的是某些形式的自然神论,该信仰所信仰的上帝,创造了具备自然法则的理性宇宙,但不再干涉事物的进程。在下面选自托马斯·潘恩《理性时代》(1794年)的片段中,我们可以找到关于该信仰的最好例证。潘恩(1737—1809年)是一个不同寻常的国际性人物。他出生于英国,但成为美国的拥护者,而且后来成为法国三级会议(1792—1793年)的成员。他最著名的著作是《常识》和《人权》,在这两本著作中他都为革命进行辩护。在《理性时代》中,潘恩将自身置于启蒙思想传统中并总结了自己的宗教观。

思考: 潘恩为什么如此反对传统的宗教习惯;这种反对如何与其他启蒙运动思想一脉相承;一位真诚的、有教养的天主教会成员会对此作出何种回应。

材料来源: Moncure Daniel Conway, ed., *The Writing of Thomas Paine*, vol. IV (New York: G. P. Putnam's Sons, 1896), pp. 21 - 23.

我的几个同事和其他法国同胞已经给我做出榜样,把他们个人的信仰自愿地坦白出来,我也要向他们那样做,而且我这样做的时候要完全出于真诚和坦白,就像一个人的头脑中自己对自己所说的那样。

我相信唯一的上帝,别无其他,而且我希望来世还有幸福。

我相信人类的平等,而且我相信宗教的职责在于行事正义、热爱仁慈并力图使同胞获得幸福。

但是,为了避免人们认为除此之外我还做许多其他事情,我要在这部著作中表明我不相信的东西以及不相信的理由。

我不相信犹太教会、罗马教会、希腊教会、土耳其教会、新教教会以及我所知道的任何教会所宣布的信条,我自己的头脑就是我的教会。

所有国家的教会机构,不管是犹太教的、基督教的还是土耳其教会的,在我看来,无非是人类的发明,其目的是恐吓和奴役人类,并以此来垄断权力和利益。

我这样说并不是要谴责那些持相反信仰的人,他们对自己的信仰与我有同样的权利,但是为了人类的幸福,他必须从思想上对自己忠诚。不忠诚并不在于相信还是不相信,而在于声称相信自己并不相信的东西。

如果我可以说的话,思想上的谎言在社会上产生的道德损害是无法估量的。当一个人如此腐化并玷污了自己思想的贞洁,结果正式信仰了自己所不相信的东西,那么他就准备好犯任何其他罪行了。为了报酬接受了教士这一职业,而且为了使自己有资格做这个职业,他开始发伪誓,试问还有什么事情能比它更能破坏道德的呢?

就在我在美国出版了那本小册子后不久,我看出政治制度的变革会接着引起宗教制度的变革,这种可能性非常大。教会和国家龌龊的关系一旦达成,无论发生在什么地方,犹太教、基督教或者土耳其教会就会用痛苦和惩罚有效地禁止对所确立的信条以及主要宗教原理进行讨论,结果,若非改变政府的体制,这样的问题就无法适当和公开地在世人面前提出来,但是当这样的改变发生时,宗教体制的革新就会接踵而至。人们就会发觉人为创造的东西以及教士的诡计,就会重新回归对唯一上帝纯粹而毫无掺杂的信仰。

让·雅克·卢梭:《社会契约论》

与所有其他人不同,让·雅克·卢梭(1712—1778年)考察了启蒙思想的外部界限并进而批评它赖以存在的基础。他出生在日内瓦,一生大部分时间都在法国度过(主要在巴黎),在那里成为一名为《百科全书》出力的哲人。然而,他认为社会制度已经导致人的败坏,而处于自然状态的人类比处于现代文明中的人更加纯洁和自由。这种思路为18世纪末和19世纪初浪漫主义的产生提供了基础。卢梭最出名的政治学著作是《社会契约论》(1762年),他在其中提出了主权在民的观念。在下面选自他著作的片段中,卢梭集中探讨了他所认为的全书的根本论点:通过社会契约从自然状态向社会状态的过渡。

思考: 卢梭对社会契约主要问题的解决方法;社会契约的优缺点;这一选段中反映了启蒙思想的什么特点。

材料来源: Jean Jacques Rousseau, *The Social Contract and Discourses* (London: J. M. Dent, Everyman Library, 1913), pp. 14-15, 18-19.

"问题就是要找到一种结合的形式,它能以全部共同的力量保护和保障每个结合者的人身和财富,而且,尽管每个人都与全体联合在一起,但他仍然只不过是在服从自己本人,仍然像以前那样自由。"这就是社会所要解决的根本问题。

这一契约的条款就是这样为订约的性质所决定,以至于任何微小的改动都会使它们流于无效。因此,尽管这些条款也许从没有正式宣告过,但它们在任何地方都是一样的,被人们普遍默认和承认,直到社会契约遭到破坏时,人们就会重新得到自己最初的权利,并在丧失约定的自由的同时,恢复自己为了前者而放弃的天然的自由。

这些条款无疑也可以全部归结为一句话,即每个结合者,包括他全部的权利,都转让给整个集体。因为首先,由于每个人都把自己毫无保留地献出来,那么所有人的条件都是一模一样的,而且这样做就不会使人想要把它们变成别人的负担。

其次,由于这种转让毫无保留,联合体也就尽可能地完美,每个结合者也就不会再有更多的要求了。因为,如果个人保留了某些权利,而由于在他们和公众之间没有共同的上级进行裁决,每个人在一件事情上是自己的裁判者,就会要求事事如此,这样一来自然状态就会延续下去,结合也就必然不起作用或变成暴政。

最后,每个人把自己给予所有人,也就是没有把自己给任何人,而且由于每个人都能从某个结合者那里获得他让渡给他人的同样的权力,也就获得了自己所丧失的东西的等价物,并获得了更大的力量来保全自己所有的东西。

如果我们抛开社会契约中所有非本质的内容,就会发现它可以浓缩为下列字句:

我们每个人都把自身以及自己的全部力量置于全体意志的最高指导之下,而且在我们的共同体中接纳每个成员作为全体之不可分割的一部分。

从自然状态过渡到社会状态,人类便产生了明显的变化,也就是在行为中用正义取代了本能,而且他们的行为被赋予了他们以前所缺乏的道德。那么只有当责任的呼声替代了身体冲动以及肉体的欲望时,迄今为止仅仅考虑自己的人,才被迫按照不同的原则行为,在听从欲望之前先请教自己的理性。虽然在这种状态下,他被剥夺了得之于自然的某些便利,但是反过来得到了其他更大的便利,他的能力得到激发和发展,思想变得开阔,感情变得高尚,整个灵魂都得到提升,倘若不是因滥用这一新的处境而导致他陷入比原来的处境更糟的地步,那么对把他从自然状态永远脱离出来,使他从愚蠢、无趣的动物转变成一个有智慧的存在以及一个人的幸福时刻,会始终感恩不尽。

让我们把整个账目用容易度量的词汇进行描绘吧。人们在社会契约中所失去的东西是他的天然自由以及对试图得到和成功得到的一切东西的无限权利,他所得到是社会的自由以及拥有的东西的所有权。为了在衡量双方时避免发生错误,我们必须清楚地区分天然的自由和社会的自由,前者仅仅为个人力量所约束,后者则为总体意志所限制。也要清晰地区别占有权和所有权,前者仅仅是力量的结果或者是最先占有者的权利,而后者则只能建立在明确的权利基础上。

除了上述这些之外,我们还应该在人们从社会状态的收益中加上道德的自由,只有它才使人类成为自己真正的主人,因为单纯的肉体冲动是受奴役状态,而遵从自己制定的法律则是自由。关于这一点我已经说得够多了,而且关于自由一词的哲学含义不在我们目前的讨论范围之内。

图像材料

《百科全书》的卷首插图

这幅图画(图 19.1)出现在 1751 年版《百科全书》的开头。一则说明引导读者去理解其寓意。在中央和所有其他人物之上站着真理,"带着面纱,发射出光芒,分开了乌云并将之驱散"。紧靠她左边的是理性,他揭开真理的面纱;在她下面,哲学把面纱拉走。手捧圣经的神学家跪倒在真理的脚下。在真理的右面是想象,"准备装饰真理并为她带上花冠"。在它们的下面是代表几何、物理、天文、光学、植物学、化学、农学、历史和艺术的人物。最下面是实践者,他们要利用上述这些指导取得进步。从整体和寓言性的细节中,这幅图画代表了百科全书派和启蒙运动的乐观主义精神。

 思考:这幅图画所描绘的启蒙运动的含义;真理、理性和想象的理想之间、科学和艺术之间以及图画所描绘的实践者之间的联系。

图 19.1 《百科全书》卷首插图

约瑟夫·赖特:空气泵实验

所有绘画当中,没有一幅比英国艺术家约瑟夫·赖特所作的《空气泵实验》更好地描绘了启蒙运动的形象。实验在画面的中央进行,从空气被抽出的密闭玻璃瓶中的一只死鸟身上,可以看出实验显然取得了成功。没有穿正式实验服的实验者正仔细观察他的一举一动。在他周围是他的家人和一些衣着华丽的朋友。

这幅图画的形式和内容都象征着启蒙运动。一小束光芒足以照亮人类并揭开自然的法则。科学并非专家的专利,业余人士也能够理解它,并通过实验获得实际的结果。这幅图画出自英国人之手也具有特定意义,因为英国率先发明了实用机器,而且人们认为英国比其他民族有更加实用的科学方法和观念。这幅油画也解释了合乎传统的两性形象:实验者在大胆进行实验,同时在他左边一位朋友或同僚正安静地向一位妇女和他的女儿解释所发生的事情,而后者的感情则像死去的鸟儿一般脆弱——鸟是她们关心的主要对象。

19. 启蒙运动

图 19.2 《空气泵实验》

 思考：这幅绘画与康德、霍尔巴赫和狄德罗的文献有何共同点。

奥地利的约瑟夫二世：宣传和开明君主

奥地利的约瑟夫二世皇帝(1765—1790 年在位)一般被认为是 18 世纪最开明的君主之一，他也确实认为自己是开明君主。约瑟夫二世自我描绘的作品(图 19.3)表现了何为开明君主。这幅画表现他和自己的朝臣正与一名农夫一起耕地。为了让欣赏者认出他和他的官

图 19.3 约瑟夫二世自我描绘的作品

· 299 ·

员,约瑟夫仍然穿着正式的服装,包括戴着扑粉的假发。这一场景也肯定了18世纪尤其是贵族革新家对改善农业的兴趣不断增加。在这里所选取的多封信件中,约瑟夫二世表达了他的某些希望。

 思考: 这一场景和这些信件中的哪些内容可以算作是开明的;这些表述和作为一个君主的实际情况中间有何不一致的地方;康德会怎样看待约瑟夫二世。

二手材料

莱斯特 G·克罗克:启蒙时代

启蒙运动的内容归功于18世纪一小部分哲人的思想,这些人来自许多国家但主要集中在法国。他们之间尽管也经常争吵,但是大多数人都认同某些论点和主张。在下面的选段中,莱斯特 G·克罗克分析了是什么把这些哲人们结合在一起。

 思考: 原始材料如何支持克罗克的论点,或者与他的论点相矛盾;哲人们为什么那么关注基督教和教会;这种观点的哪些方面在你看来最符合今天的社会。

材料来源: Excerpted from *the Age of Enlightenment*, pp. 2-3, by Lester G. Crocker. Copyright 1969 by Lester G. Crocker. Reprinted by permission of HarperCollins Publishers, Inc.

我们所称的启蒙运动在18世纪40年代成为自觉的运动之前,是经过了几个世纪在个人的头脑里逐步成型的。主要的激发力量是伏尔泰在宣传和促成"团体"精神方面的不懈努力,以及在《百科全书》方面的漫长斗争,这部百科全书有助于把许多哲人结合在一起。我们所称的哲人,是指那些致力于促进启蒙运动目标的作家们。这些哲人往往会就他们提出的各种问题的答案进行争执。他们的团结一致基于他们意识到了共同的敌人——社会现状以及支持它的人,尤其是基督教和教会。他们的一致也在于这些问题是什么。这些哲人有明确的观念和共同的目标。其中包括宗教宽容(哲人们并不普遍信奉宽容所有观念和个人宽容),相信通过改善社会人类生活可以得到提高,因为人(在一定程度上)是由法律和政府所塑造的,认为启蒙团体可以直接或通过民众意见影响统治者。他们的立场以世俗主义和人道主义为基础。不论这些哲人各自的宗教信仰如何,他们所有人都认为有组织的教会分内的事情(如果有的话)是救赎灵魂,必须要把科学、政府、经济政策、(甚至有人认为)道德价值和个人道德都从教会的绝对控制中解放出来。启蒙运动就是让无拘束的批评理性和个人经验来指明人们要采取何种道路应对在改善人类事物方面所出现的挑战。上帝即使存在,也对这些事情没有什么影响——17世纪末以前贝洛已经指出了这一点。在这些哲人看来,教会现在可以被称为"幂群",而且如同所有类似的群体一样,主要对自身感兴趣。启示性的宗教是幻想,或者干脆就是骗局。基督教尤其与人性的要求相对,试图(批评者主张)引导人们离开现世的自身利益,前往彼岸并不存在的神秘天堂。反对基督教世界的观念以及宗教对思想的控制,是17世纪自由思想运动的根源。在所有的信条中,最有力地把这些哲人们结合在一起的,是他们相信人们必须为了在现世过上更好的生活这一唯一的目的而掌握自己的命运,而且他必须尽一切可能来扩大对命运的控制。

卡尔 L·贝克尔:18世纪哲学家的天城

启蒙运动的历史学家在解释方面的另一分歧点,集中在这些哲人如何具有近代性和世俗性上。19世纪和20世纪早期的历史学家认为,这些哲人比中世纪更加具有近代性,而且从古典异教世界汲取的东西要多于中世纪世界。这一观点在如今的历史学家中间仍然占据主流。但是,康奈尔大学的历史学家卡尔·贝克尔60年前对这一观点提出了强烈的挑战。他的著作《18世纪哲学家的天城》(1932年)尽管现在已经不再那么流行,但当时成为关于这一主题影响最大的著作。在下面选自该著作的片段中,贝克尔指出了他的论题的主旨。

思考: 这些哲人在哪些方面更加具有中世纪特征而非具有近代特性;贝克尔认为在哲人们的作品中有许多基督教哲学,他提供了哪些证据来支持这一观点;针对贝克尔的解释,康德会如何回应。

材料来源: Carl L. Becker, *The Heavenly City of the Eighteenth - Century Philosophers*. Reprinted by permission of Yale University Press (New Haven, CT, 1932), pp. 29 - 31, 102 - 103.

我们习惯于认为18世纪具有真正近代的特征。当然,"哲人"本身就表明他们已经否定了迷信和中世纪基督教思想的欺骗,而且我们通常愿意相信他们说的是真话。我们肯定地说,18世纪是典型的理性时代,哲人们是一群喜欢怀疑的人,他们虽没有公开表白但实际上是无神论者,总是出面攻击臭名昭著的人,勇敢地维护自由、平等、博爱、言论自由以及你所愿意的事情。所有这些都没有错。但我认为哲人们更加接近中世纪,并没有像他们充分意识到的或如我们普遍认为的那样,从中世纪基督教思想的先入之见中解放出来……

但是,如果我们考察他们信仰的基础,就会发现哲人们处处都暴露出与中世纪思想的关联,只是他们没有意识到。他们否定了基督教哲学,但在很大程度上仿效那些未完全摆脱他们所谴责"迷信"的人。他们摆脱了对上帝的恐惧,但是仍然对神表现出尊敬的态度。他们嘲笑六天创造世界的观念,但是仍然相信宇宙是上帝按照理性计划设计的完美结合的机器,是人类永久居住的场所。毫无疑问,他们把伊甸园看作虚构的神话,但是他们羡慕地回顾具有罗马美德的黄金时代,或者跃过海洋回溯繁荣于宾夕法尼亚的阿卡迪亚文明未被破坏的纯真。他们否定了教会和圣经的权威,但是表现出对自然和理性的幼稚信仰。他们谴责形而上学,但是被人称为哲学家又感到很自豪。他们取消了天堂,但似乎为时过早,因为他们仍然相信灵魂不死。他们勇敢地讨论无神论,但在仆人们面前却不这样。他们大胆维护宽容,但在宽容教士方面却有些困难。他们否认曾发生过奇迹,但是相信人类的完美无缺。我们认为这些哲学家既轻信又怀疑。他们是常识的受害者,尽管他们具有理性主义和人类的同情,尽管他们厌恶欺骗、狂热和模糊不清的观点,尽管他们具有怀疑主义,尽管玩世不恭、大胆的年轻人的渎神并谈论绞死最后一名教士体内的最后一名国王——尽管有这一切,但在这些哲人的著作中有许多我们的历史中想象不到的基督教哲学。

伯尼 S·安德森和朱迪斯 P·津塞:沙龙中的妇女

同文艺复兴和科学革命一样,启蒙运动中的主要人物是男人。然而,有些妇女以作家身份直接参与其中,更重要的是,她们以 Saloniéres 的身份参与其中——也就是作为家庭沙龙聚会的组织者,在沙龙中,启蒙运动的人物与社会和文化精英阶层的男女进行交往。启蒙时代的人们极力改变人们对人类以及人类性质的传统观点,他们是否也同样试图改变人们看待妇女的传统观点呢?在下面的选段中伯尼 S·安德森和朱迪斯 P·津塞探讨了这一问题。

思考:在安德森和津塞看来为什么妇女没有启蒙运动;从长远来看,启蒙运动在哪些方面会对妇女有利。

材料来源:Excerpts from *A History of Their Own*, vol. 11. by Bonnie Anderson and Judith Zinsser. Copyright 1988 by Harper & Row, Publishers, Inc. Reprinted by permission of Harper & Row, Publishers, Inc.

17世纪后半叶,法国妇女建立了沙龙这样的机构。有抱负的女主人争相把有才气、有才智和有权势的人吸引到自己的家里。这些新的社交圈子处于强有力的法国宫廷之外,而且通常与后者相对,它们给妇女提供了新的可能性:担任沙龙组织者的可能性,作为组织者,她通过自己的优雅和技巧使交谈热闹起来,使艺术家找到庇护人,使贵族感到快乐。作为沙龙组织者,她把权力核心搬到自己家里。在她所创造的氛围中,她不仅可以促进或阻碍艺术和文学的声誉,而且也同样促进和阻碍政治政策。在这些沙龙中,法国经济的财政纠正案得到讨论,国王对大臣的选择也深受有影响的沙龙组织者的支持所影响。沙龙组织者私下参与宫廷的秘密,政治家、外交家以及思想家和艺术家经常光顾沙龙。沙龙组织者能使人平步青云也能使人仕途失意,而且沙龙也经常成为新政治哲学和君主的新反对者的避风港……

在沙龙中,一位妇女可以遇到并嫁给地位比她高财富比她多的人。在沙龙中,有进取心的妇女可以通过吸引著名人士铺设道路。沙龙成为有影响力的妇女的基地,她可以影响国王、政府和政治观念,并可以影响文学和艺术风格……

男女之间理性地谈话和社交,享受此世的快乐,是启蒙运动文化的特征。与女学者交往并经常光顾沙龙的男人是发起启蒙运动的人。那些受到沙龙组织者帮助、资助和奉承的人创作的艺术和作品——有极少数例外——要么完全忽略了妇女,要么支持对妇女的传统看法,这对妇女而言简直是一个悲剧。人们认为文艺复兴和科学革命的目标和理想只适用于男人,因此妇女没有文艺复兴和科学革命,与此相同,妇女也没有启蒙运动。启蒙运动思想家质疑了传统对人的所有限制——而且确实挑战了传统本身的正当性。他们拥护普通人的权利、市民的权利、奴隶、犹太人、印第安人和孩子的权利,但是并没有拥护妇女的权利。相反,他们经常牺牲自己的逻辑和理性,重新肯定最古老的传承下来的有关妇女的传统:即她们在关键的推理能力和道德方面低于男性,所以应当从属于男人。在哲学和艺术中,启蒙运动中的男人支持传统的妇女理想:沉默、服从、恭顺、谦逊和贞洁。沙龙组织者——聪明、独立、有力、阅读广泛而且有时放荡不羁——遭到了谴责和嘲笑。一些启蒙思想家确实质疑甚至否定、轻视妇女的传统——如英国妇女玛丽·沃斯通克拉夫特的《为妇女权力而辩》(1792年)、法国马奎斯·德·孔多塞的《关于妇女享有城市权利》(1792年)、西班牙人约瑟法·阿玛尔·伊·鲍尔旁的《为妇女有才能和能力进入政府和拥有男人所占有的其他职位而辩》(1786年)——但他们招致了愤怒,然后就被人遗忘了。相反,多数哲学和作家重申欧洲文化中有关妇女的最有限的传统,而这通常出现在谴责男人传统行为的著作中。

H·M·司各特:开明专制主义问题

历史学家们就启蒙运动到底在多大程度上影响了同时代的君主这一问题进行了长时期的争论。传统上,人们普遍认为奥地利的约瑟夫二世和普鲁士的腓特烈二世等是开明君主。在近几十年,这种观念被严格限定并遭到质疑,结果使许多历史学家认为开明专制主义和开明绝对主义这个词不再适合用来指18世纪的君主。最近,其他历史学家得出结论说这个词汇是令人满意的。在下面的选段中,H·M·司各特考察了这一争论并总结说开明专制主义是真实存在的。

 思考:开明专制主义的特点;为什么约瑟夫二世(见本章的图像材料)和腓特烈二世(见前章的原始材料)会被视为开明君主;开明专制主义如何区别于17世纪的专制主义(见16章的材料)。

材料来源:H. M. Scott, "The Problem of Enlightened Absolutism," in *Enlightened Absolutism: Reform and Reformers in Late Eighteenth-Century Europe*, ed. H. M. Scott. 1990 H, M, Scott; Published by the United States of American by the University by the University of Michigan Press.

历史概念中没有一个词如开明专制主义那样不断写死亡讣告,但就是倔强地拒绝死去。在传统意义上,开明专制主义理论主张,在18世纪后半叶,大多数欧洲国家的国内政策都受到启蒙观念的影响,甚至为启蒙观念所左右,因此与以前的政策截然不同。统治就变成了系统性的理性尝试,应用最新的知识进行管理,同时国内政策的主要目标成为改善教育机会、社会环境和经济生活……

统治者和他们有影响的顾问进行了一系列广泛的改革,改革的主要灵感是启蒙运动的政治哲学。行政管理以及法律化和财政制度都近代化了;商业和经济发展受到鼓励;付出了努力改善农业,甚至取消了农奴制度;国家对天主教会的控制得到加强,进行了决定性的努力把教会的某些财富导向不断增加和提高的牧师活动;大学的教育变得近代化;中级和初级教育大幅度增长。这些改革以及改革成功的数量,在 18 世纪后期的背景下都是惊人的,而且在这些措施背后的社会责任感也是非常新颖和突出的。尽管每个国家所采用的具体措施都不相同,但在人所共知的欧洲启蒙运动这一思想运动中可以找到共同的解释,就在欧洲推行开明专制主义的同时,启蒙运动达到了高潮:即从 18 世纪中期到 1789 年法国大革命爆发。

在过去的 200 年里,开明专制主义的历史名声几经起伏,尤其反映在英美学者探讨 18 世纪后期欧洲的历史著作中。它首先在 20 世纪 30 年代变得非常显著,此后 100 年里为历史学家广泛接受。然而到 20 世纪 60 年代,潮流开始转向,怀疑论者在这些政策中只看到了建设国家的传统目标,把伴随它们的启蒙主张纯粹视为装点门面的东西,持这种观点的人逐渐增多。批评开明专制主义的人认为,很少有君主、当然也没有主要的统治者,会盲目追随启蒙主义的蓝图,而无视甚至忽略自我防卫的需要。列强运作其中的国家相互竞争的体制,需要大量的、强有力的军队以及需要支撑军队的行政和财政制度。这些优先考虑的事情已经抢先占领了开明改革的地盘。批评开明专制主义思想的人尤其认为,这些创新精神的成功通常是不完整的,而且有时可能是非常有限的……

在 20 世纪 70 年代期间,大量专门研究某一特定国家的成果开始挑战认为开明专制主义是一种虚构的普遍看法。这些研究明确指出,这一时期的改革受到思想观念的影响,并非只是专制主义国家发展的另一个阶段。这一倾向在 10 世纪 80 年代逐步加强……

清楚的是,开明专制主义并非历史学家头脑中的一种观念。主动改革的程度之深以及所取得巨大成功,现在是毋庸置疑的。

本章问题

    1. 什么核心的观念和态度最明确地与本章所揭示的启蒙思想家相关?这些观念如何与 18 世纪社会和制度有关?

    2. 18 世纪的统治者要实行什么政策才能最大程度上与启蒙思想家的观念和前提相吻合?想要更加开明的君主会面对什么样的障碍?

    3. 你认为启蒙思想家的什么观念和态度对我们今天所面临的问题仍然有效?什么样的启蒙思想观念似乎不再有效或合适?

    4. 如果说科学革命和启蒙运动构成具有长远意义的思想革命,这些材料在哪些方面支持这一论点?

第五部分
DI WU BU FEN

19世纪

20. 法国大革命

1789年法国大革命结束了旧政体下政治和社会的相对稳定。这场革命和稍早的美国独立战争,引发了19和20世纪横扫整个西方文明的政治和社会变革。

尽管法国大革命的原因很复杂而且争议颇多,但是大多数人都同意革命是由财政危机所引起的,正是财政危机导致路易十六于1789年召集了古老的代表性机构,即三级会议开会。很快,复兴的贵族和地位上升的中产阶级就发生了冲突,两者都要求从国王那里得到支持。在一个乡村农民反抗贵族和巴黎人群诉诸暴力的环境下,国王尽量疏远两者。革命性的法规接踵而至。到1792年法国成为君主立宪政体,封建制度被取消了,响应启蒙思想的自由原则得到正式承认,教会的土地被没收了,政府的行政管理重新组织起来。这个国家对内与反革命的力量、对外则与欧洲大部分其他地区处于战争状态。

1792年的第二次革命则为法国设定了更加激进的道路。路易十六被送上断头台,政府宣布成为共和国。真正的权力掌握在小型的"公共安全委员会"手中,该委员会通过恐怖统治以及通过国家动员发动内战来攻击内部的持异议者。随着1794和1795年转向更加温和的道路,也就是人们所称的"热月政变",这一时期宣告结束。随着权力掌握在富裕的中产阶级手中,大声要求更加激进政策的力量和那些希望回归君主制的力量之间维持了脆弱的平衡,一直到1799年,拿破仑·波拿巴通过政变夺取了政权。

历史学家们对革命感兴趣,因为变化非常迅速和富于戏剧性。他们尤其感兴趣于革命的原因。在本章中,一些原始材料探讨与革命原因有关的问题。革命性的不满有哪些早期征兆?中产阶级和平民——第三等级大声抱怨了什么?第三等级的领导人如何看待自己?相关的二手材料探讨有关革命的解释性争论:这主要是一场社会革命吗?政治对法国大革命有什么影响?其他材料考察法国大革命的进程和影响。所发生的事件具有特定的重要性,因为法国大革命被视为其他革命和预期革命的样板。大革命期间进行了哪些主要的变革?我们怎样解释最激进的步骤——恐怖统治?在革命性的事件中妇女发挥了什么作用?在革命进程中民族主义发挥了什么作用?

简而言之,这些选材要提供看待法国大革命之性质和意义的广泛视角,它超越其他事件,成为划分西方文明中近代早期和近代的界标。

原始材料

亚瑟·扬格：在法国旅行——革命的征兆

在某种意义上，法国大革命的出现是出人意料的。人们会设想象法国这样发达和稳定的君主制国家，应该是最后一个发生革命的地点。然而对当时某些敏感的观察家来说，18世纪80年代后期革命的迹象已经非常明显。其中一个这样的观察家是亚瑟·扬格（1741—1820年），他是英国农民和日记作家，因撰写农业方面的作品而著名。1787至1789年间他广泛游历了整个法国，并将经历记成日记。下面的选段选自他的日记，其中他记录了对法国深深的不满。

思考：什么问题和不满给法国人以革命迫在眉睫的感觉；最可能导致革命性危机的具体问题是什么，要采取什么步骤可能会避免这样的危机；扬格对这些问题和不满有怎样的感觉。

材料来源：Arthur Young, *Arthur's Young's Travels in France During the Years 1787, 1788, 1789*, 4th ed., Miss Betham-Edwards (London: Bell, 1892), pp. 97-98, 124, 134.

巴黎，10月17日，1787年

在整个人群中流传着一种说法，即他们正处于政府大变革的前夜，各种事情都指向了这一结果：财政出现了大混乱；不召开王国的三级会议就无法弥补赤字，但是人们想不出他们的会议会达成什么结果；现任的大臣以及朝野中人们信赖的人，谁也没有决定性的才能，承诺有什么权宜之计之外的补救方法；在位的君主有很好的性情，但是在这样的时刻缺了大臣，他就没有足够的智慧进行统治；宫廷沉迷于消遣和放荡之中，它不是努力将自己置于更加自立的状态，而是进一步加重灾难；各个阶层都处于骚动之中，他们渴望进行某些变化，但不知道指望什么或希望什么；自从美国独立战争以来自由的酵母日渐膨胀，各种各样的环境长久以来就预示着，如果不能发现某些高人、有超常天才的人和不屈不挠勇气的人把握方向来指导各种事件而是被它们所驱使，那么就会酝酿成行动，现在这些环境聚集到了一起。明显的是，人们并没有这样进行谈论，而是把破产当作话题。在这方面最奇妙的问题是，破产是否会引发内战，而且会彻底推翻政府？我得到的关于这一问题的答案似乎是合理的：有能力、有活力而且强有力的人采取的措施当然不会引起内战或导致推翻政府。但是同样的措施，如果由完全不同性格的人进行尝试，就可能会引起两者发生。所有人都一致认为，如果结果不是给予更多的自由，就不可能把各个等级集合起来，但是我遇到的人中很少人有关于自由的正确看法，因此我非常怀疑即将出现的这种类型的自由。他们不知道如何尊重民众的特权，至于贵族和教士，如果革命给他们的等级增加了什么，我认为那将是有害无益的……

雷恩,9月2日,1788年

民众有双重的不满,一是面包价格飞涨,一是强迫解散了议会。第一个原因是非常自然的,但人们为什么热爱议会是我所不能理解的,因为它的成员,包括三级会议的成员都是贵族,而且贵族和平民的区别都不如布列塔尼那样大、那样令人讨厌、那样糟糕。然而他们让我相信,民众是因为欺骗甚至是为此目的而分发的钱财而被煽动走向了暴力。军营建立之前骚动已经非常激烈,这里的军队完全无法维持和平……

南特,9月22日,1788年

同法国其他城镇一样南特也是自由事业中群情激昂的地方,我在这里亲耳听到的谈话,证明了法国人的思想中发生了多大的变化,我相信除非由头脑最清晰、才能最明显的人掌握方向,否则目前的政府不可能持续半个世纪长。如果政府不谨慎小心,美国的独立战争已经为法国的另一场革命奠定了基础。

议事录:第三等级的不满

为不满和财政问题所迫,路易十六在1789年召开了三级会议。这一已经有175年没有召开的代表机构,反映了法国社会传统的正式等级划分:第一等级是教士;第二等级是贵族;第三等级是从银行家到农民的所有其他人。预计到三级会议就要召开,国王要求人们提供并接到了一些议事录,也就是每个等级的地方团体所草拟的不满意的事项。这些记录为历史学家提供了特别丰富的素材,揭示出在1789年大革命爆发前什么困扰着人们。下面的选段选自卡尔卡松第三等级的议事录。

 思考:怎样把第三等级的这些不满与扬格记录的不满进行比较;为什么这些不满可能是革命性的;这些不满在哪些方面是第三等级独有的,第一和第二等级并没有这些不满。

材料来源: "Cahier of the Grievances, Complaints and Protests of the Electoral District of Carcassonne..." From James Harvey Robinson, ed., *Readings in European History*, vol. 11(Boston:Ginn,1904), pp. 399-400.

8. 在这些权利中下面的权力要特别表明:国家此后只服从它自愿批准的法律和税收。

9. 王国三级会议的召开要固定明确的期限,而且要表明资助第三等级和公共服务所必需的津贴,期限不能长于下一次三级会议即将召开的那一年的年末。

10. 为了向第三等级确保其按照成员数量而被赋予的影响力,它向国库所贡献的额度、它在国家会议中要维护和促进的各方面利益、他在会议中的投票数应该按人头取得和计算。

11. 任何团体、联合体或个体市民都不能主张金钱上的豁免权……所有的税收应根据全国统一的制度厘定。

12. 应该取消因拥有封地而向平民征收的费用,同时应该取消禁止第三等级成员拥有某些地位、担任某些官职和等级的总体或具体条例,这些官职和等级迄今为止只是授予了贵族,他们或是一生享有或是可以世袭。应该通过一条法律,宣布第三等级的成员只要个人条件合适就有资格担任任何官职。

13. 由于个人的自由与国家的自由密切相关,因此请求陛下以后不允许用武断囚禁的命令干预这种自由……

14. 也应该授予出版自由,但根据严格的条例,这种自由应该服从宗教原则、道德和礼仪标准。

伊曼纽尔·约瑟夫·西耶斯:第三等级是什么?

在三级会议召开前,在各个等级之间出现了问题,问题尤其集中在三级会议召开时第一和第二等级联合是否拥有力量上的优势上。对特权等级进行广泛攻击并主张第三等级权利的人是伊曼纽尔·约瑟夫·西耶斯(1748—1836年),一位深受启蒙思想熏陶的教士,最终当选为第三等级的代表并在大革命和拿破仑时期的历史事件中发挥了积极的作用。下面的内容选自他的小册子《第三等级是什么?》,该小册子出版于1789年1月而且很快流行起来。

思考:西耶斯攻击贵族的基础;为什么资产阶级的成员会发现这本小册子非常有吸引力;如何把这本小册子的内容和语气与议事录进行比较。

材料来源: From Merrick Whitcomb, education., "French Philosophers of the Eighteenth Century," in *Translations and Reprints from the Original Sources of European History*, vol. VI, no. 1, ed. Department of History of the University of Pennsylvania (Philadelphia: University of Pennsylvania Press,1898), pp. 34 - 35.

在此就是要让人们清楚,所谓特权等级有益于公共事业的说法只不过是一种幻想;第三等级在公共事业方面与特权等级一起完成了所有艰难的任务;没有特权等级,他们的高等职位将会由更加出色的人担任;这些职位自然应该是对能力和公认的劳动的奖励和酬谢,如果特权等级已经霸占了所有有名有利的职位,那么这既是对全体公民的可憎的不公正,也是对公共幸福的背叛。

因此,有谁敢说第三等级自身不具备组成一个完整国家所必需的一切呢?它是一个强壮健全的人,而他的一只手还被绑在锁链上。如果取消了特权等级,国家不会失去什么,反而会增加一些东西。因此,第三等级是什么?是一切,是被束缚和压迫的一切。如果没有特权等级,第三等级将会是什么呢?是一切,是自由和欣欣向荣的一切。没有第三等级将一事无成,没有特权等级,一切都会更好……

国家是什么?是生活在一部普通法之下有同样的立法机构代表的人们的联合体。

贵族等级拥有特权和巨大开支,这些都在庞大公民团体的权利之外,它竟然称这是它的权利,这难道还不明显吗?它由此脱离了普通等级和普通法,因此贵族等级的公民权使它成为一个大国中间的一群独立的人,这是真正的国中之国。

至于政治权利,贵族等级也是单独行使。它有自己特定的代表,他们不负责保护民众的利益。它的代表团单独就座,当它与普通市民的代表在同一个大厅里共同开会时,它的代表依然在本质上是不同的和有区别的。首先在起源上它不是由人民委托的,其次在目的上它不是保护普遍利益而是保护特殊利益,因而与国家是格格不入的。

第三等级则包含了所有属于国家的东西,而且所有并非第三等级的东西,不能看做是属于国家的。第三等级是什么?是一切。

革命性立法:取消封建制度

1789 年夏,一系列革命性的活动横扫法国。第三等级成功地组织了国民议会。7 月 14 日下层民众攻打了巴士底狱,这一事件标志着用暴力摧毁旧政体以及民众革命的开始。在农村,农民起来反抗贵族。面对这样的压力,国民议会中的贵族成员在 8 月 4 日和 5 日提议取消他们自己的封建权利和特权。总体来讲,这些法律正式否定了封建制度和旧政体的许多制度,下面的选段就来自那一立法。

思考:这些措施在何种程度上可以消解议事录和西耶斯小册子中所表达的第三等级的不满;为什么贵族成员自己会提议并支持这些措施;这些措施是否应该解释为是对君主制度或路易十六国王的否定。

材料来源:From James Harvey Robison, ed., "The French Revolution, 1789 – 1791," in *Translations and Reprints form the Original Sources of European History*, vol. 1, no. 5, ed. Department of History of the University of Pennsylvania (Philadelphia: University of Pennsylvania Press, 1898), pp. 2 – 5.

1. 国民议会特此彻底取消封建制度。兹宣布,在现有的权利和权益中……所有源自或体现物或人的奴役或人的劳役的部分,应无偿取消。

4. 所有庄园法庭均无偿取缔……

5. 各种各样的什一税以及替代什一税的应付款项……一律取消,然而其前提是要设计另外的方法来提供资金,用于神圣崇拜、资助主婚的教士、帮助穷人、修补和重建教堂和牧师住宅以及维持目前基金所负责的所有机构、神学院、学校、学术机构、收容所和一些组织。

7. 司法和市政官职的买卖应立即取缔,正义应当无偿分配。

9. 无论是人或物在金钱上的特权,在支付税收方面应永远取消。应当以同样的方式和形式向所有市民和所有财产征税……

10. ……各省份、各公国、各地区、各市镇、各城市和各公社的所有金钱或非金钱方面的特权都永远取消,而且并入所有法国人共同的法律之中。

11. 所有公民无论出身都有资格担任教会、市政和军队的任何官职或职位,而且职业无贵贱之分。

17. 国民议会庄严宣布国王路易十六是法国自由的恢复者。

18. 国民议会为了向呈交刚刚通过的法律会集体来到国王面前,向他表示最恭敬的感激……

19. 在宪法通过后,国民议会会马上考虑起草目前法令所规定之原则的发展所必需的法律。

法国《人权宣言》

没有一份文献能比《人权宣言》更好地总结了法国大革命的根本理想。在充分讨论的基础上,国民议会于8月27日通过了这一文献,后来该文献的修改版写入了1791年宪法。其条款包括关于人权的总体描述以及具体描绘政府哪些事情当做哪些不当做。这份文献与《美国独立宣言》相对应,人们认为它广义上也包含18和19世纪民主革命的一般原则。

  思考: 这份文献如何反映了启蒙运动的理想;这份文献针对哪一社会团体;谁会因这份文献的条例而痛苦万分或恼怒不已;这份文献与君主专制政府不一致的地方;君主如何在顺应这份文献的同时保留自己有意义的权力。

材料来源: James Harvey Robison, ed., "The French Revolution, 1789-1791," in *Translations and Reprints from the Original Sources of European History*, vol. 1, no. 5, ed. Department of History of the University of Pennsylvania (Philadelphia: University of Pennsylvania Press, 1898), pp. 6-8.

组成国民议会之法国代表认为,无视、遗忘或蔑视人权是公众不幸和政府腐败的唯一原因,所以决定把自然的、不可剥夺的和神圣的人权阐明于庄严的宣言之中,以便本宣言可以经常呈现在社会各个成员之前,使他们不断地想到自己的权利和义务;以便立法权的决议和行政权的决定能随时和整个政治机构的目标两相比较,从而能更加受到他们的尊重;以便公民们今后以简单而无可争辩的原则为根据的那些要求能确保宪法与全体幸福之维护。

因此,国民议会在上帝面前并在他的庇护之下确认并宣布下述的人与公民的权利:

第一条 在权利方面,人们生来是而且始终是自由平等的。社会差别只能基于公共福利的基础上。

第二条 任何政治结合的目的都在于保存人的自然的和不可动摇的权利。这些权利就是自由、财产、安全和反抗压迫。

第三条 整个主权的本原主要是寄托于国民。任何团体、任何个人都不得行使主权所未明白授予的权力。

第四条 自由就是指有权从事一切无害于他人的行为。因此,各人的自然权利的行使,只以保证社会上其他成员能享有同样权利为限制。此等限制仅得由法律规定之。

第五条 法律仅有权禁止有害于社会的行为。凡未经法律禁止的行为即不得受到妨碍,而且任何人都不得被迫从事法律所未规定的行为。

第六条 法律是公共意志的表现。全国公民都有权亲自或经由其代表去参与法律的制定。法律对于所有的人,无论是施行保护或处罚都是一样的。在法律面前,所有的公民都是平等的,故他们都能平等地按其能力担任一切官职,公共职位和职务,除德行和才能上的差别外不得有其他差别。

第七条 除非在法律所规定的情况下并按照法律所指示的手续,不得控告、逮捕或拘留任何人。凡动议、发布、执行或令人执行专断命令者应受处罚,但根据法律而被传唤或被扣押的公民应当立即服从,抗拒则构成犯罪。

第八条 法律只应规定确实需要和显然不可少的刑罚,而且除非根据在犯法前已经制定和公布的且系依法施行的法律以外,不得处罚任何人。

第九条 任何人在其未被宣告为犯罪以前应被推定为无罪,即使认为必须予以逮捕,但为扣留其人身所不需要的各种残酷行为都应受到法律的严厉制裁。

第十条 意见的发表只要不扰乱法律所规定的公共秩序,任何人都不得因其意见,甚至信教的意见而遭受干涉。

第十一条 自由传达思想和意见是人类最宝贵的权利之一,因此各个公民都有言论、著述和出版的自由,但在法律所规定的情况下,应对滥用此项自由担负责任。

第十二条 人权的保障需要有武装的力量,因此这种力量是为了全体的利益而不是为了此种力量的受任人的个人利益而设立的。

第十三条 为了武装力量的维持和行政管理的支出,公共赋税就成为必不可少的,赋税应在全体公民之间按其能力作平等的分摊。

第十四条 所有公民都有权亲自或由其代表来确定赋税的必要性,自由地加以认可,注意其用途,决定税额、税率、核定、征收的方式和税收期限。

第十五条 社会有权要求机关公务人员汇报工作。

第十六条 凡权利无保障和分权未确立的社会,就没有宪法。

第十七条 财产是神圣不可侵犯的权利,除非当合法认定的公共需要显然必需时,且在公平而预先赔偿的条件下,任何人的财产不得受到剥夺。

奥伦比·德·古日:妇女权利宣言

尽管法国大革命的男人拥护自然权力原则、法律面前人人平等以及全面的自由,但是几乎没有人赞同将这些原则用于妇女。然而,某些妇女和妇女组织努力为妇女争取与男性已经得到的同等权利。奥伦比·德·古日(1743—1793年),这位自学成才的屠夫的女儿,数部小册子和戏剧的作者,是这些妇女中最著名的一位。下面的选段选自她1791年9月的小册子,这本小册子以国民议会的《人权宣言》为蓝本。她批评性的作品最终使她与罗伯斯比尔和雅各宾派发生了冲突。她被指控从事反革命行动,1793年被逮捕并处决。

 思考:古日要求什么;她用什么论点和语言来支持自己的要求。

材料来源:Olympe de Gouges, "The Declaration of the Rights of Women," in *Women in Revolutionary Paris*, 1789 - 1795, Darline Gay Levy, et al., eds. (Urbana, IL: University of Illinois Press, 1980), pp. 89 - 93.

母亲们、女儿们、姐妹们和国家的代表要求组成一个国民议会。相信无视、忽视或轻视妇女的权利是民众不幸和政府腐败的唯一原因，（妇女）决定通过庄严地宣告说明妇女生来就有的、不可剥夺的和神圣的权利。

条款 1. 妇女生而自由而且享有与男性同样的权利。社会区别只能基于公用事业。

条款 4. 自由和公正在于归还所有属于别人的东西，因此妇女行使自然权利的唯一限制是男性永久的暴政，要根据自然和理性法对这些限制进行变革。

条款 6. 法律必须是全体意志的表达，女性和男性公民必须亲自或通过他们的代表共同促成法律的形成。法律应该对所有人一致：男性和女性公民在法律面前一律平等，应当平等地根据他们的能力获准得到所有荣誉、职位和公共职业，除了德行和能力外没有其他区别。

条款 11. 自由沟通思想和意见是妇女最宝贵的权利之一，因为自由保证了父亲对孩子的认可。任何女性公民因此可以自由地说，我是那位属于你的孩子的母亲，而不受无知的偏见所迫而隐藏真相。在法律所决定的场合，要有例外来回应对这种自由的滥用。

条款 17. 财产权属于男女两性，不管他们结合在一起还是分开来。对任何一方而言，它都是神圣不可侵犯的权利，除非法律决定的公共需要显然需要它，而且事先进行了公正的赔偿，否则任何人都不可将其剥夺，因为它是真正自然的遗产。

附言：

女子们，醒来吧，理性的警报已经响彻全世界，发现你的权利。自然的强大王国不再为偏见、狂热、迷信和谎言包围。真理的火焰已经驱散了所有愚蠢和侵占的乌云。受奴役的男人们已经增强了力量，需要你们的帮助来打碎他的锁链。变得自由后，他就对同伴不公平起来。噢，女子们，女子们！你们何时不再愚昧无知？你从大革命中得到了什么好处？更明显的轻视，更明显的鄙视。在腐败的岁月你仅仅统治男人的弱点。恢复你的遗产是基于英明的自然之法则——在这样美好的事业中你要敬畏什么呢？要敬畏迦南婚姻立法者的智慧之言。难道你害怕法国立法者、那一道德的纠正者、长期陷入政治活动而如今过时的人，还会仅对你说：女人们，你们和我们有什么共同点呢？你要回答说，一切都是相同的。如果他们坚持自己的弱点，得出与他们的原则矛盾的相反结论，你就勇敢地用理性的力量对抗愚蠢的迷信主张。在哲学的大旗下你们团结起来，运用性格中所有能量，你很快就会发现这些傲慢的男人，不仅像卑躬屈膝的崇拜者匍匐在你的脚下，而且自豪地与你一起分享上帝的宝藏。不管横在你们面前有什么障碍，要靠自己的力量解放自己，你只需要想这样做。我们不要转向你在社会中所经历的骇人听闻的画面，而且国民教育如今正在讨论中，我们聪明的立法者是否会明智地思考妇女的教育，我们拭目以待。

美国《独立宣言》

美国独立战争要早于法国大革命数年。但是时间上的优势并不必然在历史重要性上有优势。那时美国处在西方文明的边缘地带而法国则处于中心。然而，美国独立战争在许多方面影响了法国大革命。两者相似的地方是他们的两个著名宣言：《美国独立宣言》（1776 年）和《法国人权宣言》（1789 年）。尽管不能确定美国的文献是否直接影响了法国的文献，但是它们都是 18 世纪后期共同理念的产物，反映了西方文明中这些观念和革命行动直接的密切关系。《独立宣言》主要由托马斯·杰斐逊起草。下面的选段选自该文献的开头部分。

思考： 这一标准在评价革命合法性方面的用处；法国和美国宣言相似的地方；两份文献在目的和内容方面有怎样的不同。

材料来源： *The Declaration of Independence*, 1776（Washington, D. C.：U. S. Department of State, 1911）, pp. 3 – 8.

在人类事务发展的过程中，当一个民族必须解除同另一个民族的联系，并按照自然法则和上帝的旨意，以独立平等的身份立于世界列国之林时，出于对人类舆论的尊重，必须把驱使他们独立的原因予以宣布。——我们认为下述真理是不言而喻的：人人生而平等，造物主赋予他们若干不可让与的权利，其中包括生存权、自由权和追求幸福的权利。——为了保障这些权利，人们才在他们中间建立政府，而政府的正当权利，则是经被统治者同意授予的。——任何形式的政府一旦对这些目标的实现起破坏作用时，人民便有权予以更换或废除，以建立一个新的政府。新政府所依据的原则和组织其权利的方式，务使人民认为唯有这样才最有可能使他们获得安全和幸福。若真要审慎的来说，成立多年的政府是不应当由无关紧要的和一时的原因而予以更换的。过去的一切经验都说明，任何苦难，只要尚能忍受，人类还是情愿忍受，也不想为申冤而废除他们久已习惯了的政府形式。然而，当始终追求同一目标的一系列滥用职权和强取豪夺的行为表明政府企图把人民至于专制暴政之下时，人民就有权也有义务去推翻这样的政府，并为其未来的安全提供新的保障。——这就是这些殖民地人民过去忍受苦难的经过，也是他们现在不得不改变政府制度的原因。

马克西米里安·罗伯斯比尔：对国民公会的演讲，1794年2月5日：为恐怖辩护

1793—1794年间，法国经历了革命最激进的阶段，被称为恐怖统治。在这一期间，法国实质上由国民议会每个月选出的12个成员组成的公共安全委员会统治。该委员会最著名的人物是马克西米里安·罗伯斯比尔(1758—1794年)，他是一名地方的律师，在雅各宾俱乐部内脱颖而出并以清廉和好口才而著名。历史学家们对罗伯斯比尔颇有争议，有人称他是嗜血之徒，对恐怖统治时期的处决负主要责任，有些人把他看成真诚的、理想主义的、有力量的革命领寻人，时代的需要将他推到前台。在下面他于1794年2月5日对国民会议的演讲中，罗伯斯比尔详细解释了革命并为包括恐怖在内的极端行动进行辩护。

思考： 当罗伯斯比尔指出恐怖是美德的一种体现时他的意思是什么；运用恐怖如何与革命的本质相联系；如何把这一演讲解释为可以推导出其必然结论的启蒙运动对旧政体的攻击。

材料来源：Raymond P. Stearns, ed., *Pageant of Europe*. Reprinted by permission of Harcourt Brace Jovanovich, Inc. （New York, 1974）, pp. 404-405.

现在是明确革命的目标和我们希望达到的界限的时候了，也是让我们自己了解仍然面临的障碍以及应该采取什么手段达到目标的时候了……

我们所追求的目的是什么？就是和平地享受自由和平等，永恒正义统治的法律已经镌刻好了，它不是镌刻在大理石或石头上，而是在所有人的心里。

我们希望所有事务有这样的状态，所有卑贱和残忍的激情都受到法律抑制，所有仁慈慷慨的感情都涌现出来。其中，人的理想是渴望赢得荣誉和为祖国服务；差别只从平等本身中产生；公民服从官员，官员服从人民，人们服从正义；国家保护每个人的幸福，每个人自豪地享有祖国的繁荣和光荣；每个人由于不断受到共和国情感的熏陶以及出于成为值得尊敬的伟大公民的需要而高尚起来；艺术是自由的装饰品，它使自由更加高贵；商业是公共财富的源泉而不只是少数家族畸形地富有。

在我们的国家，我们希望用道德来代替自私，用正直取代名声，用原则代替管理，用责任代替礼节，用理性王国代替习惯的暴政，用鄙视恶习取代鄙视不幸，用自豪取代傲慢，用热爱光荣取代热爱金钱……也就是说，用共和政体所有的美德和奇迹取代君主政体所有的恶习和荒谬。

总而言之，我们希望满足自然的要求，完成人类的使命，信守哲学的诺言……即迄今为止在奴隶状态中地位显著的法国，要让已经存在的所有自由民族的光荣都黯然失色，成为所有国家的楷模……那是我们的抱负，那是我们的目标。

什么样的政府能够实现这些奇迹呢？只有民主政体……但是，为了在我们中间建立和巩固这一民主，实现宪法法律的和平统治，必须结束自由反对暴政的战争，成功地度过革命的风暴。这就是你们确立的革命体制的目标……

那么什么是民主或人民政府的基本原则呢——也就是说，什么是它所依赖和使它发挥作用的主因呢？是美德。我指的是公共美德……那种美德不是别的，而是对祖国和法律的热爱……

法国大革命目标的壮丽，既是我们力量的源泉，也是虚弱的原因：说是我们的力量，因为它使我们用真理压倒了欺骗，用公共权利压倒了个人利益；说是我们的弱点，因为它把所有坏人、所有在内心要毁灭我们的人联合起来……必须扑灭共和国内外的敌人，要么与他们同归于尽。在这样的情况下，我们第一条政治信条应该是用理性引导人民，用恐怖来对付人民的敌人。

如果说在和平时期人民政府的基础是美德，那么在革命时期人民政府的基础则是美德和恐怖：没有美德则恐怖是有害的，没有恐怖则美德是无力的。恐怖不是别的，只是迅速、严峻和不屈不挠的正义，因此它是美德的一种体现。

弗朗索瓦-泽维尔·约里克拉克：士兵给母亲的信——革命民族主义

尽管国内困难重重，其中在数个省份发生了反革命运动，但是法国军队在1792年战争爆发后还是阻止了外敌，而且1794年法国军队甚至越过了1789年的边界。这时成功的部分原因是民族主义热情随着革命而高涨起来。这一民族主义表现在一位征召入伍的士兵弗朗索瓦-泽维尔·约里克拉克写给妈妈的信件中。

思考：这封信中所反映的法国社会的分裂；这样的情感在士兵当中为什么如此重要，而且政治领导人和军事战略家如何充分利用这些感情；这些信件所表现的民族主义是否是法国革命的性质中或革命的某个特定阶段所固有的。

材料来源：From Ludwig F. Schaefer, Daniel P. Resnick, and George F. Neteville, eds., *The Shaping of Western Civilization*, vol. 11, trans. Daniel P. Resnick (New York: Rinehart and Winston, Inc., 1970), p. 216. Reprinted by permission of the editors.

1793 年 12 月 13 日

我亲爱的妈妈：

在所有的信件中，你一直向我指出无论如何要离开军队。下面是我认识到的困难和障碍。首先，尽管为此花费了大量的钱财，但难以找到替代的人。其次，我们仅仅征召了 18 到 25 名人员，我们正准备征召 25 到 35 人。一回到家里，我们必须准备回返，那白白浪费了钱财。第三，当祖国召唤我们去保卫她，我们要向赴宴一样飞向那里。我们的生命、财富和才能并不属于我们，一切都属于国家、祖国。

我非常清楚你和我们村子里的其他人并无这样的情感。他们不会因受侮辱的祖国的叫喊而起身，他们所做的一切都是出于被迫。但我在良心和关心中长大，尽管被迫生活在君主专制制度下，但共和国已经深入我的心灵。爱祖国、爱自由、热爱共和国的原则不仅铭刻在我的心里，而且只要它能取悦上帝，让我维持生命的气息就会深深地蚀刻和保留在那里。

即使花费财产的三分之一，如果能让你与我一起分享这些情感，我会很高兴地与它们告别而且认为那只是小小的牺牲。要是哪一天你能了解自由的价值并放弃对财富无意义的爱恋就好了。

1794 年 5 月 30 日

我的命运如何？我正在自己的岗位上，我必须在那里，每一个善良的人如果知道真相一定会急速救援他处于危险的国家。如果我在那里死去，你应当感到高兴。还有比为祖国而死更光荣的吗？还有更加正义、更加光荣和更加高尚的事业值得为它去死吗？没有！你宁愿看到我在弗瓦德方丹（他家乡的村落）与木头和石头打交道在睡床的草垫上死去吗？

不，我亲爱的妈妈，想一想我在我的岗位上你会感到安慰。如果你在某些方面感到良心的责备，那就为祖国卖掉你最后的裙子。她是我们唯一的方向舵，是她指导我们并给我们幸福……

你的儿子约里克拉克

图像材料

若拉·德·波特雷：革命的寓言

若拉·德·波特雷的《革命的寓言》(图20.1)实际上是历史和革命象征物的大杂烩。最上面是让·雅克·卢梭的肖像，尽管他从来没有提倡革命而且在法国大革命开始前11年就去世了，但当时许多人认为他是法国大革命的精神和思想之父。他下面是法国共和国的新旗帜，左面的旗帜上写着爱国主义的词句"热爱祖国"。再向左边是三角形的平等纪念碑，其下是两个少女，代表善良与真诚，而在中间是一捆木棒和武器组成的东西，上面带着红色的自由帽，这一切象征公正有力的共和国政府。它的正下方是纸币，即法国大革命时期发行的纸币，那用来资助革命和付清债务，在中间靠右长着一颗自由树。右边是两个未完成的柱子，第一个柱子奉献给道德重建和《人权宣言》，第二个柱子则奉献给法国大革命。它们的正下方和背景中，是决心支持和保卫革命的象征物：断头台、大炮和士兵。前景的右边是戴着自由帽的农民在耕地。这幅油画把许多象征物和革命思想意识的许多内容集合在一起。这幅作品创作于1794年，是革命最激进的阶段。

图20.1 《革命的寓言》

 思考：这幅图画、《人权宣言》和启蒙运动之间的联系；在这幅图画中，旧政体在哪些方面被象征性地抛弃了。

皮埃尔·纳西斯·盖兰：罗夏克奎林伯爵

法国大革命时期随着事件不断进展，新的共和国政府不但需要与外国的军队作战，而且要与法国内部的起义者战斗。最严重的起义发生在西部法国的旺代地区。几年后，皮埃尔·纳西斯·盖兰(1774—1833年)赞扬了旺代起义者的目标。

盖兰的《亨利·迪韦尔热》(图20.2)即描绘罗夏克奎林伯爵(1772—1794年)的油画，揭示旺代的农民在地方贵族和教士的领导下，以"我们的国王、我们的教士旧政体"的名义发动了叛乱。盖兰描绘年轻的贵族将军罗夏克奎林在旺代叛乱的某一近距离战斗中。罗夏克奎林穿着高筒靴、黄色的裤子、腰系白色的腰带、受伤的右手用吊带吊着，他坚定地站着，用手枪向敌人近距离平射,我们看到敌人的刺刀近在咫尺。在罗夏克奎林的后面站着同样坚定但衣着朴素的农民游击队,一个人手里拿着来福枪,另一个人则只拿着干草叉,以此来强调这次反叛的普遍性。上面飘扬着反叛的保皇党运动的旗帜,与别在将军胸前的圣心相呼应。

罗夏克奎林在这次战斗中幸存下来,不料在1794年被杀。然而,他协助领导的这次起义不断传播,最后在法国83个地区中有60个地区爆发了起义。这些法国国内外真实存在的敌人威胁着新生的共和国。

图 20.2 《亨利·迪韦尔热》

 思考:这幅油画如何表现了反叛的保皇党运动;法国大革命的支持者会如何看待这幅油画。

内部动乱与恐怖统治

对恐怖统治的理解经常为滥杀无辜的形象所扭曲。更加清晰地认识恐怖统治的一种方法,是使用地图和统计数据,它们可以揭示哪里发生了恐怖,恐怖有多么强烈以及受害者是谁。地图20.3和20.4比较了面对政府官

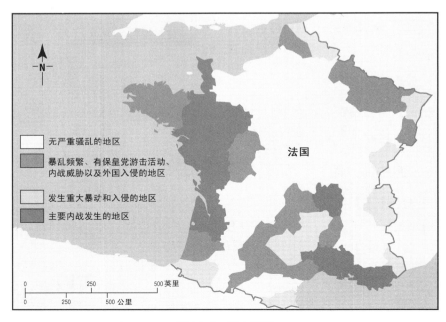

图 20.3 国内骚乱

员的国内骚乱和恐怖时期法国各省被处决的人的数量。两个饼形图20.5和20.6,比较了1789年和1793年3月至1789年8月间恐怖时期法国人口中属于各个阶层的大致的百分比。

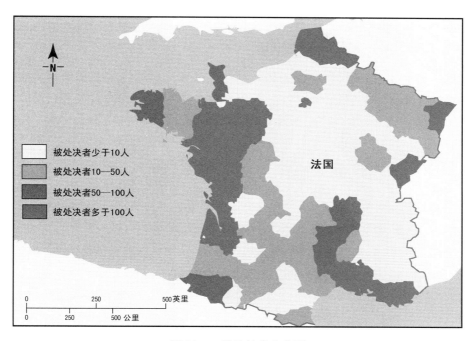

图20.4 恐怖的发生范围

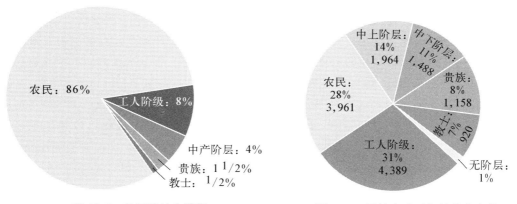

图20.5 法国的社会等级　　　　图20.6 恐怖专政时期被处决人数

 思考：这些地图和图表如何能够说明恐怖统治并非随意的和无目的的;从这些地图和图表中可以就恐怖统治的原因和结果作出怎样的推测。

二手材料

乔治·勒费弗尔：法国大革命的出现

在近代历史中，没有任何事件像法国大革命那样为人们长期和充满热情地进行解释。有关这一事件的史学编纂传统如此广泛，仅仅有关史学编纂本身的著作和文章就非常多。所议论的中心议题是革命的某个原因或多重原因，下面选自乔治·勒费弗尔的《法国大革命的出现》的片段中对此进行了探讨。勒费弗尔到去世为止一直担任巴黎大学颇有声望的法国大革命史的教席。他关于法国大革命的著作一直备受推崇。

思考： 在勒费弗尔看来，法国大革命最主要的原因是什么；这种解释如何把法国的大革命与法国之外的地区联系起来；在这一对法国大革命的解释中如何把社会、经济和政治因素联系起来；这一观念如何得到原始材料的支持。

材料来源： From Georges Lefebvre, *The Coming of the French Revolution*, pp. 1-3. Copyright 1947 by Princeton University Press. Reprinted by permission of Princeton University Press.

1789年法国大革命的根本原因扎根于法国和西方世界的历史之中。18世纪末法国的社会结构是君主专制。这种制度所表现出的痕迹源于这样一个时代，那时，土地几乎是唯一的财富形式，土地占有者统治依靠土地劳动和生活的人们。诚然，在长期的斗争过程中（其中贵族日后的反叛，即福隆德运动就发生在最近的17世纪），国王有能力逐步剥夺贵族的政治权利、让贵族和教士服从他的权威，但是他仍然让教士处于社会等级中的第一等级。尽管仅仅作为他的"臣属"而感到焦躁不安，但他们仍然是特权阶层。

同时，商业和手工业的发展逐步建构了一种新的财富形式，即流动的或商业的财富，同时也产生了新的阶级，在法国称为资产阶级，他们从14世纪开始就作为第三等级在王国的三级会议中占有席位。随着15至16世纪的航海发现以及随后新世界的探险，以及由于在提供钱财和有能力的官员方面对君主国王非常有利，这个等级越来越强大。在18世纪，商业、手工业和金融业在国家经济中占有越来越重要的地位。正是资产阶级在危机时刻挽救了皇家财政，大多数自由职业的成员和公共雇员都是从这个等级中招募的。这个等级发展出了新的意识形态，而"哲学家"和"经济学家"只是把它用明确的形式表达出来。贵族的作用相应地衰落了，教士阶层不但所宣扬的理想失去了威望，而且它的权威性也越来越弱了。这些团体在国家的法律结构中占有最高的等级，但是在现实中，经济力量、个人能力以及对未来的信心都已让位于资产阶级。这样的差异不会长久持续，这种转变在19世纪传布到整个西方继而传布到全球，从这种意义上1789年的观念走遍了全世界。

唐纳德 M·G·萨瑟兰：显贵的革命

乔治·勒费弗尔对法国革命原因的解释，成为所谓法国大革命起源的一种"经典观点"。近些年来，这一观念遭到越来越多历史学家的强烈批评，大多数人否定勒费弗尔的社会经济观而赞同更多地进行政治分析。在下面的选段中，唐纳德 M·G·萨瑟兰对这一争论进行了评论。

思考：攻击经典观念的基础是什么，为什么"排他主义"对这些解释特别重要；代表经典观点的人会如何回应。

材料来源：From Donald Sutherland, *France*, 1789–1815, pp. 15–18, 1986 Oxford University Press. Reprinted by Permission of HarperCollins Publishers, Ltd., and Oxford University Press.

历史学家一度能够非常自信地描述法国大革命的起源。其中最适合的概念是"贵族的反动"，它同时包含着多重含义。政治上，它指削弱路易十四的绝对专制主义，后者被认为破坏了贵族的独立和特权。议会、地方的王以及上诉法院（到那时为止巴黎的最为重要）是贵族反抗背后的驱动力量。它们能够把签署法律和法令的权利转变成对不断增多的国王法令的否决权，王权因此会更加虚弱，这同样也关联到社会领域。在18世纪，贵族结束了对政府、军队、教会和司法领域高等职位的垄断，这反过来对资产阶级产生了影响。由于不再能够上升到当时社会和政治机构的最高层，资产阶级越来越与国家和体面的上流社会疏远。在实现最大抱负方面受挫后，它的忠诚度下降了，不断对体制进行富有暗示的批评，它有条件利用1788—1789年的政治危机完全推翻旧的秩序。旧政体的许多危机之一是社会流动性的危机。

这一论点的吸引力无法抵挡，部分是因为其内在的精致，部分是因为它能解释很多内容。他能清楚地说明路易十四的统治，也能说明18世纪和大革命。革命和反革命的斗争可以简化两个行动的角色，即资产阶级和贵族，他们在路易十四时代的末期首次发生了斗争。当然是贵族失败了，而且19世纪的专家们可以转向另一个循环，即资产阶级和工人阶级的斗争。

不幸的是，过去二十年研究性的和深思熟虑的批评已经使关于大革命起源的经典观念完全站不住脚了。首先它假设而不是证明了贵族不断垄断高等职位，它还假定17世纪的社会比继后的社会更加开放，但是该论点所依据的是不完整的证据和当时的人有限的抱怨。杜克·德·圣西蒙著名的论断是路易十四提拔"可恶的资产阶级"，但论及教会之职这个论断是不正确的，谈到政府部门这个论断部分正确但会误解别人，而谈到军队的职务，这个论断闻所未闻……

更加仔细地考察贵族排他主义的主要标志，发现那些限制主要是为了排除暴发户贵族，而不是上升的资产阶级……旧政体的贵族阶层因此相对比较年轻，还处在不断更新的过程中。

第二等级的大门是向有才能的人尤其是向富裕的人开放的。因此社会能够吸收富豪中有干劲的、有进取心的、有抱负的人……

对经典解释进行修正性的批评,其结果是重新主张大革命政治起源的重要性。如果贵族始终是统治阶层,如果无论何种排他性倾向解释起来都有问题,如果上升的机会比人们预期的要多得多,如果贵族和资产阶级具有类似的经济功能和利益,那么大革命起源于两个不同阶层的斗争的观点就应该放弃。派别之争仍然存在,不同的团体能够达成一致,共同推翻专制主义而拥护自由宪法,但是如修正派历史学家所认为的那样,他们因采用的手段、政治领导的失败、政治危机所呈现的形式,甚至因为模糊不清的"风格"而分道扬镳了。

露丝·格雷汉姆:面包和自由——法国大革命中的妇女

历史学家们长久以来都承认,妇女在法国大革命的某些方面发挥了重要作用。但是仅仅在最近 20 年才广泛考察法国大革命对妇女史的意义。下面选自露丝·格雷汉姆著作的片段是此类努力的代表。

 思考:在法国大革命中性别和等级界限之间有何联系;妇女在哪些方面成为大革命中"史无前例的革命力量";格雷汉姆所说的妇女的胜利和失败指什么。

材料来源:Ruth Graham, "Loaves and Liberty: Women in the French Revolution," in *Becoming Visible: Women in European History*, ed. Renate Bridenthal and Claudia Koonz (Boston: Houghton Mifflin, 1977), pp. 251 - 253.

妇女在 1789 年加入革命要求面包和自由,但 1795 年出现的结果是她们忍饥挨饿被限制了行动自由,仅仅据此就假定她们一无所获是不正确的。他们获得了保护她们婚姻、财产和教育权利的法律。诚然,妇女在法国大革命中被否定了政治权利(当国民议会废弃了 1793 年的民主宪法后大多数男人也是如此),但是当时在任何地方,妇女都没有享有与男人同样的权利。

尽管妇女在大革命期间是有凝聚力的团体,但是她们主要顺应她们等级的需要,从来就不是一支独立的力量。不信任妇女政治运动的那些革命权威的思想体系看似来源于卢梭,实际上来源于他们生活的事实:法国小规模的、以家庭为基础的经济需要中等和劳动阶级的妇女用她们特定的技巧和劳动服务于家庭。妇女在劳动阶级中并非人数众多、独立的团体。

法国大革命早期,出身中等阶层的妇女(从她们写的议事录中可以看出这一点),欢迎恢复她们作为妻子和母亲的自然权利,作为"男人的同伴"而参与社会。城市的穷人妇女——雇佣劳动者、妇女手工艺人、类似市场妇女的小业主——起来要求面包而不是要求妇女权利。然而,有证据表明"尊贵的中产的妇女也加入其中"。尽管这些运动跨越了等级界限(也许这些界限并不十分固定),但是并没有跨越性别界限。当男人像在 1789 年 10 月那样加入进来后,他们充当武装护卫队或分遣队。

随着革命进入更加激进的阶段,随着战争和内部斗争之后出现经济危机,穷富两极分化加剧了过去贵族和爱国者之间的斗争。在国民议会的最后岁月里,涌入大厅高喊"面包和1793年宪法!"的妇女们,确实代表着穷人,她们现在是上层阶级和上层妇女害怕的对象。面包骚乱属于贫穷的妇女,她们煽动自己的男人发动起义,但是起义属于男女双方本身,无套裤汉和他们的妇女。

然而,大革命曾经召唤妇女做出很大的牺牲,而且她们确实做到了,结果妇女成了史无前例的革命力量。掌握权力的男人害怕那些对大革命没有保证穷人的面包而提出挑战的妇女。法国大革命中的妇女如此令人畏惧,结果她们成了传奇人物——成了夫人。

1795年国民议会解散后成立的为期4年的督政府中,位居中上阶层的新精英,也就是富裕和有才能的人,掌握了权力。他们的女人没有政治权利但成为沙龙中有影响的女士,如有才气的作家斯达尔夫人和塔连夫人,后者曾是一位贵族的妻子,现在则被戏称"我们的热月夫人",她们都是这一倒退的象征。其中一位女士约瑟芬,是一位将军的遗孀,先成为一位督政府成员的情人,然后嫁给了年轻的拿破仑·波拿巴,后者很快就在意大利成为军队将领。

在巴黎之外,远离这些妇女魅力的地方,中产阶级的道德盛行。拿破仑赞同这一道德观。他于1804年当上皇帝后,把一些法律写入自己的法典,加强家庭中丈夫和父亲的权威,来保护自己财产。妇女在大革命获得的所有权利都丧失殆尽,因为她们现在必须无条件遵从自己的丈夫。拿破仑为妇女保留了离婚的权利(因为当色诺芬没有为他生育子嗣后他用此权利来对付她),但波旁王朝在1815年复辟后,又剥夺了她们的这一权利。

从妇女那里剥夺不掉的是她们在法国大革命期间胜利的记忆:她们在10月向凡尔赛进军,向立法机关请愿,她们的俱乐部聚会、她们的列队行进、暴动。她们的失败为下一次提供了经验教训。据说差不多一个世纪后,一位妇女在1871年5月巴黎公社起义中在一次俱乐部聚会上说:"我们是淳朴的妇女,但是与93年前我们的祖母相比,我们不是用更加脆弱的材料制成的,我们不能让她们的灵魂为我们感到羞愧,而是要起来行动,如果她们活到现在也会这样做的。"

威廉·道尔:法国大革命的评价

尽管大多数人都说在法国大革命期间发生了迅速和巨大的变化,但是很难估量这些变化在何种程度上是表面上的而非真正变化。许多历史学家总结说,尽管大革命为许多方面而奋斗,但大革命做出的大多数承诺并没有实现。其他历史学家认为,归因于大革命的大部分内容无论在任何情况下都百分之百会发生。在下面的选段中,威廉·道尔试图在大革命所实现和未实现的东西之间取得平衡。

思考:道尔如何判定什么样的变化在任何情况下都完全有可能产生;道尔把什么直接归因于大革命;道尔的论点如何会为那些总体上反对革命的人所利用。

材料来源：From William Doyle, *The Oxford History of the French Revolution*, pp. 423-425. Copyright 1989. Reprinted by permission of Oxford University Press.

　　大革命的影子笼罩了整个19世纪甚至以后。在1917年以前很少有人怀疑它是世界历史上最伟大的革命，甚至在这之后，它的首要地位仍然难以动摇。它是首屈一指的近代革命，是革命的典范。此后，欧洲一切都发生了变化，我们都深受它的影响。可是人们可以说，归因于大革命的大部分内容在任何情况下都完全有可能发生。1789年以前，有大量的迹象表明，法国社会的结构正演化到某一精英阶层主宰的阶段，他们重财产甚于出身。在这一潮流背后，资产阶级长达一个世纪的发展已经不可逆转，富人经常参与地方议会表明，他们更加广泛地参与政府管理势所必然。同时，法国大革命所引入的许多改革已经为专制君主所尝试和考虑——编纂法典、财政合理化、严禁贪污、自由贸易、宗教宽容。随着所有这些变化已经起航或者处于规划考虑之中，政府的权力似乎也已经为稳固发展做好了准备——具讽刺意味的是，这也成为1789年迷恋君主专制的人所抱怨的东西。在教会方面，修道理想已经衰退而教区教士越来越获得公众的支持。在经济上，殖民贸易已经达到顶点，与英国在工业方面竞争的越来越明显。同时，在其他结构性的领域，大的变动似乎一点也没有引起什么影响。保守的投资习惯仍然是19世纪早期的特征，农业的惯性和非企业性的业务同样如此。而在国际事务方面，人们很难相信，如果不发生法国大革命，英国就不会主宰世界的海洋和整个19世纪的贸易，普奥的对抗就不会沿着所发生的进程展开，拉丁美洲就不会主张某种形式的独立。在所有这些领域内，大革命的影响推动或延缓某些潮流，但不会改变总体的趋向。

　　面对这一切，人们同样难以相信，如果在特定的法国环境下，如果没有偶发事件、错误估计和误解纠缠在一起，融入了革命中，会出现《人权宣言》具体的反贵族、反封建的革命理想。同样难以相信，如果没有出现巨大的错误判断，导致了大革命中与天主教会的争吵，会出现像去基督教化那样非同寻常的事情。没有那一争吵，教皇权威戏剧性的复兴似乎也是不可想象的。代议制政府似乎已经出现在地平线上，但是如果没有无套裤汉运动，大众民主的理想要等多长时间本身才能确立呢？它当然彻底改变了扩大了英国议会改革的目标——尽管另一方面无套裤汉血腥的形象可能刺激保守派的反抗。尤其是，革命者决定参战，以旧政体无法采用的形式破坏了既定的战争方式，历史学家们都认可这使得这场革命彻底变革。武装人民是他们所梦想的最后一件事情。那场战斗的紧急状态反过来促成的场景，令我们对那场革命有难忘的记忆：那就是恐怖。大屠杀并不是什么新鲜事，1790年最残酷的屠杀发生在法国之外。但是政府系统地连续数月大量处决政敌，尽管采取了理论上人道的方式，却导致街道血流成河，这却是从来没有过，也是无法想象的。而且这发生在被认为是欧洲最文明的国家里，而且这个国家的作家们曾经教导说，18世纪要以其越来越和善、通情达理和人道而自豪。这出大型戏剧改变了政治变革的整个含义，如果它没有发生，当代世界是不可想象的。

　　换句话说，它改变了人们的观念。

 **本章问题**

    1. 大革命前所提出的要求以及革命期间所采取的行动,揭示出是什么激发了许多革命者?

    2. 什么因素有助于解释为什么革命发生在法国这个欧洲最繁荣和最强大的国家?这一解释为这场革命的意义增添了什么?

    3. 根据事后之见,君主政体做了什么来保持控制和减少革命性的变化?

    4. 在哪些方面,法国大革命应当被视为是一场中产阶级革命或一场显贵的革命?

21. 拿破仑时代

1799年督政府的成员与著名的军事将领拿破仑·波拿巴(1769—1821年)密谋通过政变推翻法国政府。政变取得了成功,拿破仑很快就主张自己支配他人的地位。到1802年他获得了全部权力,而到1804年他自称皇帝拿破仑一世。

从1799年到1815年一般被称为拿破仑时代。拿破仑因法国大革命而乘机崛起,不仅掌握了法国的权力,而且直接或间接地支配了大部分欧洲大陆。在法国内部,他清除了想要推进法国大革命的激进派和想要颠覆法国大革命的保皇派的双重威胁。通过行政改革、颁布法典以及与教会和解,他把革命所带来的某些变化制度化并令他人失去了勇气。以大革命的意识形态力量和强烈的民族主义为后盾,他的军队把法国的统治、制度和影响扩展到整个欧洲。1814年,由于过度扩张以及灾难性的俄国战役,拿破仑的军队被削弱,被欧洲列强的联军所击败。拿破仑失败后,主要的列强在维也纳召开会议,试图建立一种新的稳定,淡化革命和拿破仑的影响。

本章的材料聚焦于有关拿破仑的解释性争论:应当如何理解拿破仑和他的政策?应该把拿破仑视为法国大革命的温和维护者还是18世纪传统的开明君主?为了提供对这些问题的见解,这些选段将考察拿破仑如何获得权力以及他的观念、外部政策和国内制度。

原始材料

雷穆莎夫人:回忆录——拿破仑的魅力

拿破仑既不是渴望将法国推向更加革命道路的人,也不是赞同将法国倒退到旧政体体制的人。他掌握权力,承诺既拥护革命的原则也拥护秩序。学者们分析了为什么拿破仑会获得权力这一问题。有些人认为他具备军事和政治才能,有些人则认为他是个机会主义者,充分利用了所出现的机会。最早对这一问题进行分析的,是雷穆莎夫人(1780—1812年)撰写的作品。作为一名侍候约瑟芬皇后的夫人和拿破仑政府官员的妻子,她直接观察了拿破仑并在她的回忆录里对他进行了描绘。

思考：在雷穆莎看来，拿破仑为什么那么吸引法国人；拿破仑使用了何种手段来保证他的权力？

材料来源：From James Harvey Robison, ed., *Readings in European History*, vol. II (Boston: Ginn, 1904), pp. 491–492.

我能够理解，那些因大革命的骚乱而筋疲力尽、对长久与死亡相连的自由感到恐惧的人，如何希望在一位有能力、命运似乎在向他微笑的统治者统治下获得安宁。我能设想他们把他的上台视为一种运气，满心欢喜地相信他们会不可逆转地获得和平。我自信地认为，那些人非常真诚地相信，无论作为执政还是皇帝，波拿巴都能利用他的权威挫败派系的阴谋，而且能够把我们从无政府的混乱中解救出来。

没人敢说出"共和国"这个字眼，恐怖巳经深深地玷污了那一名字。督政府的官员遭到人们的轻蔑，在这种轻蔑中，督政府的统治枯萎了。波旁王朝的复辟只能依靠一场革命才能发生，而哪怕轻微的动荡都会令法国民众感到恐惧，在民众那里，所有的热情都已丧失殆尽。另外，人们所信任的人接二连三地欺骗了他们，而这一次，他们尽管屈服于武力，但至少相信他们不会欺骗自己。

有一种信仰或者说恐惧广泛传播，即当时只有专制主义才能在法国维持秩序。这成为波拿巴的支柱，而他亲口说他也相信这一点。派系集团不明智的尝试做了对波拿巴有利的事情，后者将其转化为自己的优势。他有理由相信他是必不可少的，法国也相信这一点，他甚至成功地说服外国的君主相信，他构成了阻挡共和国影响的屏障，要不是他，共和国的影响会四处传播。当波拿巴把帝国的王冠戴到自己头上的那一刻，欧洲的国王们都相信他们头上的王冠因此会更加安全。如果这位新皇帝颁布自由宪法，那么各个国家和国王的和平将会真的永远高枕无忧了。

约瑟夫·富歇：回忆录——拿破仑的秘密警察

尽管历史学家们发现了拿破仑统治令人赞赏的各个方面，但是多数人都谴责拿破仑使用秘密警察。约瑟夫·富歇(1763—1820年)，即奥特兰托伯爵，在1802年至1810年的大部分时间里担任这一机构的首领。富歇集有影响的政治家、警察官和机会主义者的特性于一身。在下面选自其回忆录的选段中，富歇对他的成就进行了吹嘘。

思考：这一文献的可靠性；拿破仑让富歇执行这些活动是否具有合理性。

材料来源：Joseph Fouché, *Memoirs* (London: Gibbings and Co., 1894), pp. 188–191.

关于国内，缺乏一个重要的源泉，即常规警察的源泉，它可以前后相继，并保证帝国的安全。拿破仑本人察觉到这一漏洞，在7月10日颁布了帝国法令，重新任命我担任警察的首领。同时在把警察和司法机关荒唐地混为一体之前，赋予我比以前更强大的职能……

毫无疑问，我拥有许多职衔不等、等级不同的拿薪水的密探。男女都有，根据他们的重要性以及所担负的任务,以每月1 000或2 000法郎的价格为我所雇用。我直接从他们那里接受书面报告,上面有约定俗成的标记。每隔三个月,我与皇帝交流一下人员目录,为的是避免重复雇用,也为了根据他们偶尔长期、时常临时服务的性质或用地位或用酬劳进行奖赏。

至于政府在国外的警察机构,有两个必要的目标,就是监视友好国家,同时抵抗敌对政府。在这两种情况下,它由花钱雇用或拿年金的人组成,受委托居住在每个政府附近,或者居住在每个重要城镇,独立于许多由外务部门或皇帝本身所派遣到所有国家的无数秘密机构之外。

我也有我的外国密探。在我的文件柜里,也搜集有禁止法国人阅读的外部的公报,利用这些公报做出的摘要为我自己所用。通过那种手段,我掌握了外国政治最重要的线索。而且与政府的官员配合,执行一项任务,能够控制或平衡负责对外关系的大臣的工作。

因此我远非把我的职责限于间谍活动。国家的所有监狱以及警察部队都在我掌控之下,签署护照签证的权力也归我所有,监督大赦的个人和外国人的任务交给了我。我在王国的大城市里设立了常设军需部,它把警察网络遍布整个法国,尤其是扩展到了边境线上。

我的警察获得了极高的知名度,以至于人人都说,在我的秘密机构里有三位旧政体的贵族,他们拥有亲王头衔,每天都向我沟通所观察的结果。

我承认这样的设置花费巨大,它耗费了几百万钱财,这些资金是从赌博和卖淫税以及护照批准费中秘密筹措的。然而,所有反对赌博的人,善于思考和立场坚定的人都会同意,在现实的社会状态下,合法地把罪恶转化为利润是必要的罪恶……

有必要大规模组织赌博公司,因为它们的收入不仅仅注定要奖赏我移动的间谍方阵。我任命大佩林担任法国赌博公司的总负责人,他已经经营了赌博业,在上任之后,他把特权扩展到帝国的所有大城镇,条件是除了每天向警察大臣每天缴纳3 000法郎外,还要每年支付14万法郎,然而这部分钱并不完全保留在警察大臣手里。

拿破仑的日记

拿破仑在历史上的成就和地位,可以部分通过他的个人风格得到解释。关于他个性信息的材料主要来自他的日记、回忆录和信件,尤其是那些反思自己的部分。下面的选段出自他1798—1817年的日记。

 思考:拿破仑认为是什么促成了他的成功;拿破仑对他的权力和他的个性的分析;拿破仑如何想被人们记住。

材料来源:R. M. Jchnston, ed., The Corsican: *A Diary of Napoleon's Life in His Own Words*(Boston: Houghton Mifflin Co., 1910), pp. 74, 140, 166, 492, 496.

巴黎,1798年1月1日

巴黎的记忆是短暂的。如果我待得更长而无所事事,就会迷失方向。在这座伟大的巴

21. 拿破仑时代

比伦城,一种名声取代另一种名声。在剧院里被人们看到三次后,人们不会再看我,因此我不会经常到那里去。

巴黎,1798 年 1 月 29 日

我在这里无所事事,我不会再待在这里。他们什么都不会听。我意识到,如果待下来,我的声望很快就会失去。在这里所有的东西都褪色了,我的名声几乎为人遗忘。小小的欧洲提供的机会如此少,我必须前往东方,我所有的大名声都是在那里得到的。如果远征英格兰成功与否难以预测,恐怕进攻英国的军队会成为东方的军队,而我就要前往埃及。

东方在等待着我!

米兰,1800 年 6 月 17 日

我刚到达米兰,有点疲乏。

一些匈牙利掷弹兵和德国俘虏经过,认出了第一执政,他们早在 1796—1797 年的战役中就已经成为战俘。许多人开始充满激情地叫喊:"拿破仑万岁!"

想象力是多么了不起的事情!这里的人们并不认识我,从来没有见过我,但是他们刚刚一知道我,就为我的出现而感动,愿意为我做任何事情!这样的事件在所有时代、所有国家都出现过!这就是狂热!是的,想象力控制着整个世界。我们现代制度的缺陷是不诉诸想象力。一个人只能为想象力所控制,缺少了想象力他就只是个畜生。

1802 年 12 月 30 日

我的力量来自我的名声,我的名声来自我取得的胜利。如果我不用更多的光荣和胜利来支撑,力量就会丧失。征服成就了现在的样子,只有征服能够维持我自己。

友谊只是个字眼,我谁都不爱,甚至不爱我的弟兄。也许我有点爱约瑟夫,甚至那样也是出于习惯,因为他是我的长兄。——我爱多罗吗?是的,我爱他,但这是为什么呢?他的性格吸引我:他冷漠、毫无趣味、严厉,而且多罗从不掉眼泪。至于我,你不要以为我在意,我清楚地知道我没有真正的朋友。只要我保持现在的样子,我的脸转向哪里,都能得到我需要的许多人。让妇女去哭泣去吧,那是她们的权利,但至于我,就不要给我任何感情。一个人必须坚定,有刚强的心,不然就把战争和政府扔在一边。

圣赫勒拿岛,1817 年 3 月 3 日

尽管受到这么多诽谤中伤,我一点也不担心我的名声。后人会做出公正的判决。真相会大白,我立下的丰功伟业可以与我犯下的过错相提并论。我对结果并不忐忑不安。假如我胜利了,我会带着曾有过的最伟大人物的名声而死去。现在尽管我失败了,人们也会把我看作一个了不起的人物:我达到的高度无人能比,因为并没有罪恶相伴。我打了 50 次激战,几乎每次都取得了胜利。我设计并编纂成型了一部法典,这部法典将使我的名字永传后世。我白手起家,成为世界上最强大的君主。欧洲在我的脚下。我始终认为君权基于人民。事实上,帝国政府是一种共和国。民族召唤我成为它的首领,我的信条是不分出身或财产,有能者居之,而这种平等的制度就是你们寡头政府如此痛恨我的原因。

圣赫勒拿岛:1817 年 8 月 28 日

如同那些冒充先知、弥赛亚的许多狂热者一样,耶稣被钉上了十字架,每年都有一些这样的人。明确的是当时人们把观念都固定在唯一的上帝身上,而且那些首次宣讲教义的人得到广泛接受:此为形势使然。我的情况也与此类似,我出身于低级阶层而成为皇帝,因为形势和性情都与我同在。

图像材料

雅克·路易·大卫:拿破仑越过阿尔卑斯山

雅克·路易·大卫是 18 世纪后期和 19 世纪早期的著名画家,也是自觉将其才能用于宣传艺术的伟大画家之一。法国大革命期间他是共和派,创作了大量图画,支持革命和革命所代表的东西。大卫认为"艺术应该……有力地贡献于公众教育",而且艺术"应当伟大和具有教育意义";如果一幅作品能够恰当地表现,"出现在民众眼前的英雄主义和公共美德标记会激发人们的灵魂,并植下光荣和为祖国奉献的种子"。

图 21.1 《拿破仑越过阿尔卑斯山》

在拿破仑掌握政权后,大卫成了一名波拿巴分子。1800 年拿破仑请他创作一幅作品,描绘他带领军队越过阿尔卑斯山。结果,《拿破仑越过阿尔卑斯山》(图 21.1)这幅作品描绘拿破仑以英雄般的姿态骑在白色坐骑上,沿着汉尼拔和查理曼(他们的名字刻在下面的石头上)的光荣足迹越过了阿尔卑斯山。拿破仑手向上举,可能同时指天和山顶,同时一阵风从他背后吹来——这是表示胜利的惯用象征。在马腹下军队和大炮正沿着小路向上攀登。拿破仑聪明地骑乘了步履稳健的骡子。他还是简单地为大卫摆了姿势,告诉他"需要描绘的是性格和给形象带来活力的内容"。没有人去考察伟大人物的肖像是否相似,只要在肖像中充满着他们的精神就足够了。

 思考:这幅油画和大卫创作时周围的环境以各种方式描绘了当时政治家和艺术的关系。

安东尼-让·格罗：波拿巴在雅法探望黑死病患者

尽管英国在埃及的阿布奇尔湾取得胜利，消灭了法国的海上力量，但是拿破仑仍然抱有通过陆地征服近东的希望。1799年2月，法国军队从开罗向东北行进进入了加沙和拿撒勒。尽管取得了一些胜利，但是法国并没有能够确立对该地区的统治。然而，拿破仑通过促使创作在这场战役中胜利的形象来转移这些失望。

1804年安东尼-让·格罗（1771—1835年）描绘了1799年近东战役中的一个场景，表现英雄的拿破仑展示自己的人道、慈善和高贵。这幅油画（图21.2）记录拿破仑在雅法战斗后，1799年3月11日进入了圣地耶路撒冷雅法城一座黑死病医院的清真寺庭院（有马蹄铁形状的拱门和突出的拱廊）。里面躺着黑死病患者，这场瘟疫最先在阿拉伯守城者中间爆发而后传播到法国人中间。当瘟疫爆发后，拿破仑起初让他的主治医官迪斯詹内特斯（就站在拿破仑的右后方，拿破仑则位于画面的中央）否认疾病的出现。在这里，拿破仑试图通过表现自己不怕感染而且患者得到了很好照顾，来阻止恐慌和激励自己的部队。在这一时刻，显然未受感染而且毫无畏惧的拿破仑伸出手来，甚至触摸了以为法国患者身上可怕的脓包（淋巴腺的发炎红肿，这通常预示着死亡），也许想传达的意思是，他的触摸可以奇迹般地治愈受害的人。就在拿破仑的左后方，一位更加谨慎的官员手拿手帕捂住脸挡住疾病和死者的恶臭。在前景躺着死者和痛苦的垂死者。在左边，一位穿着白袍的阿拉伯医生照顾着病人，一位助手拿着面包分发给需要的人。在右边，一位盲人斜靠在柱子上，努力接近拿破仑。在最下端

图 21.2　安东尼·让·格罗的油画作品

的右边,一位医生在照顾一位战士时自己垮掉了。背景是白色立方体的房子和雅法高耸的尖塔。在中部的上方,在一座方济各修道院的顶上胜利地飘扬着法国的三色旗。

事实与这幅油画所呈现的历史形象截然不同。在雅法战斗中,拿破仑曾经同意,如果敌方的战士投降会保护他们的生命。但是当他们放下手中的武器后,拿破仑命令屠杀了3 000名俘虏并劫掠了该城。到1799年5月,法国军队退回到埃及。

思考:艺术家想传达给观众的信息是什么;高质量的艺术作品如何被用作宣传目的。

二手材料

路易斯·贝吉龙:拿破仑统治下的法国——作为开明君主的拿破仑

如同大多数富有感召力的人物一样,人们很难从历史的角度客观地评价拿破仑。甚至在他去世之前,关于他的大量传说已经不胫而走。从那时开始,学者们的讨论大都探讨拿破仑应该被视为革命的保护者还是破坏者,他掌握了权力是逆转了革命的潮流还是巩固了这一潮流。在下面的选段中,法国的历史学家路易斯·贝吉龙集中探讨了拿破仑统治对法国的意义,并认为拿破仑不应该被看作别的,而应被视为18世纪的开明君主。

思考:为什么贝吉龙称拿破仑是最后一位开明君主和现代国家提倡者;在贝吉龙看来,什么在拿破仑的控制之外。原始材料和图像材料是否支持贝吉龙的解释。

材料来源:From Beregon Louis, *France Under Napoleon*. Copyright 1981 by the Princeton University Press.

因此,关于拿破仑·波拿巴历史作用的解释没有什么疑问。对世界其他地方而言,他仍然是大革命的传播者,是令人赞赏的统治世界的理性工具以及漫长的"与时间对话"(黑格尔)的精神进步的工具。但是对法国而言呢?……就当时似乎不可逆转的方面而言,他当然属于大革命——国民平等、消灭封建制度、取消天主教的特权地位。至于其他,如享受自由、政治制度的形式等,由于自从1789年以来特别不稳定,冠冕堂皇的原则和政府的实践之间有许多矛盾,战争的结局和国家的统一一直无法明确,因此该领域为强权人物打开了大门,他以保存大革命基本的成果为条件,在政府方面可以有所创新,并拒绝因各种顾虑而被羁绊。通过让法国安全地停靠在制宪会议不愿离开的海岸,拿破仑最后实现了旧君主无法实现的"自上而下的革命"。政治的平衡是对当前的革命遗产进行了大手术,进行了一些倒退,并不安地借鉴了一些旧体制的内容。在某种意义上,波拿巴的活力和严格的管理重新复活了开明专制主义的试验,这种试验有点为时过晚,因为它所处的环境是已经时过境迁的西欧……

正是人们所普遍认可的他的政治才能，把他明确坚信的，同时为巨大的个人声望所加强的个人观念和信仰，与对法国大革命什么必要什么可能的明确意识结合在一起——这是在大革命10年之后。"我的政策是在大多数人希望被统治的时候进行统治。我认为那是认可人民主权的方式。"尽管他坚决镇压了最积极反对的少数人，但也克服了大多数法国人冷漠和观望的态度。在社会等级和行政制度方面，他给那些很快就再次成为臣属的法国人，强加了一个他打算永恒保持的连贯的结构，而这反映出他喜欢一致、均衡和效率，也标志该结构是理性化的组织，其中某种思想可以把动力传播到最远端的民众。残存的拿破仑体制中看似僵硬甚至具有压制性的内容，当时却是其力量的源泉，使其成为令人艳美的样板，具有无可比拟的现代性。

马丁·莱昂斯：拿破仑·波拿巴和法国大革命的遗产

近些年来，一些历史学家重新看待拿破仑和他的政体的意义，除了考察他的言语和行为，他们强调他掌握权力以及与波旁王朝旧政体决裂的历史背景。在下面的选段中，马丁·莱昂斯认为拿破仑并非启蒙君主，而是现代国家的建立者，他的政体是1789—1799年"资产阶级"革命的完成。

 思考：莱昂斯说现代国家的创立者指的是什么；贝吉龙和其他人认为拿破仑是开明君主，莱昂斯如何与他们不同；在哪些方面拿破仑的政体是1789—1799年"资产阶级"革命的完成。

材料来源：Martyn Lyons, *Napoleon Bonaparte and the Legacy of the French Revolution* (New York: St. Martin's Press, 1994), pp. 295-298.

整个这场革命突出了两个主题。如人们经常描绘得那样，拿破仑是现代国家的创建者。他的政体也是1789—1799年资产阶级革命的完成。

这一新的国家出现于大革命而成型于拿破仑，是一个世俗国家，丝毫没有神圣认可的痕迹，而神圣认可是旧君主政体的思想支柱。这个国家以招募的军队和职业官僚为基础。腐败和徇私正式被认定为不合法，从这种意义上而言，政府是"理性化的"。所有市民的事务，都基于以平等为基础的原则并按照固定的规则进行处理，不是出于君主的心血来潮。尤其是这个现代国家信息灵通，它运用自己的机器收集关于臣属生活和活动的信息。它了解臣属越多，就越能密切地控制他们，也能更有效地向他们征税……

然而在拿破仑手中，这个国家变成了独裁的工具。尽管表面上还说主权在民的原则，但是拿破仑声称他个人体现了人民不可分割的权利，因此他否定了该原则的民主本质。他操纵了一系列公民投票来巩固个人的权威。那时，波拿巴主义不是一种军事独裁，因为它的权利典型地来自1800、1802、1804和1815年与民众意愿的商议。然而，这个政体终结了议会的生活，并对维护代议制民主风格的自由知识分子表示了彻底的蔑视。帝国岁月的波拿巴主义是反议会和反自由的。另外，拿破仑的民众独裁严格控制了消息媒介……

把拿破仑与波旁王朝相比,是犯了时代错乱的错误。把拿破仑变成18世纪后期最后一位开明专制主义者,意味着忽略了把他们区别开来的重大事件。法国大革命是决定性的历史断裂处,它把路易十六和拿破仑·波拿巴完全置于不同的领域。启蒙专制主义者的历史作用是使混乱和摇摇欲坠的旧政体国家结构合理化。他们的目标是从中挤压出更多的资源,而不是打乱它以不平等和特权为基础的根本框架。他们并不打算削弱等级制度本身。相反,他们站在它的顶峰,而且它的存在才能证明他们权威的正当性。

当波拿巴掌握了权力时,法国大革命已经彻底改造了等级制度。法律特权和免税权已经被荡涤一空——这是拿破仑特别强调的。波拿巴的任务并不是从传统的社会结构中榨取更多的资源,传统的社会结构,与贵族特权、行会、议会和地方自治一起,都已为大革命一扫而空。开明专制主义者的作用是使旧政体合理化,而拿破仑的作用是使新政体合理化。他的任务不是保卫贵族的社会声望(君主们献身于贵族,而且1789年路易十六把自己的命运与他们连在一起)。拿破仑的作用是建立一些制度,实现新型的平等和机会……

它的社会基础把拿破仑政体和波旁君主制度区别开来,而且使它成为大革命的继承人。正如本书所认为的,拿破仑政体的社会基础基于1789年资产阶级和农民的革命。

执政府和帝国依赖显贵的支持,该政体有助于界定和培养这些显贵。构成这些显贵的是成功的革命性的土地主资产阶级、职业人员和行政人员,也包括商业和工业界精英。他们支持拿破仑,因为他保留了大革命期间的社会成果。他本人就永久地象征着有能者居之。他永久地取消了领主权和贵族特权。他肯定了资产阶级所获得的物质财富,尤其是对逃亡的贵族财产的出售。他确立了法典,象征着法律面前人人平等,而且引入了中等教育制度,这符合职业人员和行政管理精英的利益。在许多人看来,创造一个新的帝国贵族似乎是一种倒退,但是这也可以解释为主张一种新的社会优先权。新的帝国贵族是要埋葬旧贵族,等级社会已经陈旧过时。现在的社会不再注重出身和关系,而是宣布了区分不同地位的新标准:财产数量、个人才能和对国家的贡献……拿破仑是资产阶级革命的巩固者,但他并不是所有阶层和社会团体被动的工具。

邦尼 G·史密斯:妇女和拿破仑法典

无论人们如何评价拿破仑和他的统治,但大多数历史学家都指出,那套理性组织的法典——拿破仑法典——是拿破仑最重要和最持久的遗产之一。该法典体现了许多启蒙运动和法国大革命的原则,而且该法典经过改造,为法国之外的欧洲和西半球所接受。尽管总体而言人们认为这是一个进步的法律体系,但是如今历史学家也指出对妇女而言它代表着某种倒退。在下面选自她全面的考察,即《改变生活:1700年以来欧洲妇女史》中,邦尼 G·史密斯分析了《拿破仑法典》对妇女的意义。

 思考:这部法典在哪些方面使妇女在法律和经济上依赖男人;该法典支持何种妇女适当角色的概念;该法典支持何种男人适当角色的概念。

材料来源:From Bonnie G. Smith, *Changing Lives: Women in European History Since* 1700, pp. 120 – 122. Copyright 1989 by D. C. Heath and Co.

Reprinted by permission of the publisher.

首先,妇女在结婚后获得丈夫的国籍。这使得妇女与国家的联系变成间接的,因为这种联系要依赖丈夫。其次,妇女不得不居住在丈夫喜欢的地方。妇女不能参与法律诉讼、在法庭充当证人或者在诸如出生、死亡和婚姻等民事行为中充当证人。降低了妇女的民事地位就等于提高了男性个体的民事地位。而且,法典即使不是取消了也是减少了男性在性行为方面的责任,而将其直接推给了妇女。例如,男子在非婚生子女诉讼中不再受到影响,在法律上也不对私生子的养育负责任。如果妇女生育了私生子就会在经济上被削弱,而男人不会因此而受到影响。最后,妇女通奸要受到监禁和罚款的惩罚,除非丈夫发慈悲把妻子领回去。然而,男人却不会受到这样的制裁,除非他把性伙伴带回家里。女性的性行为公开为法律规定和监督,而男子的性行为几乎无一例外地没有任何犯罪的地方。因此男性的性行为几乎没有限制地为人们所接受,但是女性的性行为只有在严格的家庭界限内才被接受。拿破仑法典把妇女产生道德的责任制度化——道德这个词在公民定义之中获得了性的含义。

拿破仑法典把女性在新政体中占有的空间定义为婚姻的、母亲的和家庭的——所有的公共事务都由男人决定。由于财产法削弱了妇女经济独立以及在家庭之外生存的可能性,这种限制更加有效。总体而言,妇女并没有对财产的控制权。即使她的婚姻基于契约,保证她独立计算自己的嫁妆,她的丈夫仍然管理性地控制资金。丈夫和父亲的管理权取代了家长的专断统治,更加符合现代统治观念。政府官员们不再是满足国王的意愿,而是满足国家的最大利益,就如同父亲增加家庭的福利。这种对妇女的经济控制各个阶层都是如此。妇女的收入归于丈夫,没有丈夫的允许妇女不能在集市上买卖和从事其他商业。一旦妇女获得允许,她确实会获得某种法律地位,在那种地位从事商业的妇女可能会被起诉。另一方面,她并不控制利润——这些利润总是要交给丈夫,而且法庭记录表明这种控制不断加强。而且,丈夫对经商妇女财产的权力表明财产要传递给丈夫的后代而不是她的后代。所有这些条款说明在最严格意义上妇女不能自由或独立地活动。

拿破仑法典影响了欧洲和新大陆许多法律体系,并在广泛基础上设定了对待妇女的条款。法典通过把自治权和经济财富由女性转移到男性而确立了男性的权力,区分了性别角色达一个多世纪之久。"从法典对待妇女的内容,你可以看出它是由男人撰写的",一位年长的妇女对这一新的法令是这样反应的。妇女的出版物抗议在享受了10年更加公平的法律之后到来的突然压制。甚至在1820年代,向妇女解释法典的书籍也总是认可她们的愤怒。法典条款的合理性暗含着男性勇武而女性柔弱的观念。基于男女天性的论据,既导致了所有男人的平等也加强了妇女所谓身体低劣的后果。一位作家根据性别来看天性,看到"男性有更大的力量,相对于妇女柔弱,即缺乏活力和天性谦逊,男性性情活跃和自信。"在法典编纂的时期,编纂者们在两个方面看待天性。在仅仅创建关于男人的学说时,天性使人想到抽象的权利。然而,如果妇女包括进来,天性就变成了经验性的,说女性身体条件不如男性。尽管矮男人和高男人平等,但是女人仅仅因为不如男人大就会不平等。

因此在法律学家看来,妇女需要保护,这种保护可在家庭内部找到。他们坚持说,该法律为妇女提供了保护,使她免受个别男性暴力的侵害,而这种情况很少发生。就这样立法者用法律为女性正式划定了一个私人空间,她们在其中没有任何权利。同时,人们认为法典可以保护妇女免遭最初允许的虐待。法学家并不把可能发生的数量极少的虐待视为什么了不起的缺点。他们认为法典是"确保世袭财产的安全和恢复家庭的秩序。"旧政体为妇女保留了"领地"的形式,对他们而言这无关紧要——这个名词是指一个人一生不变的环境,他生于此而且一直处于其中。为了鼓励流动取消了男子的领地,但是继续为妇女保留着。

到拿破仑法典生效时,除了弟兄姐妹继承权平等的条款外,没有为妇女保留什么自由的革命规划。该法典为财产至上和个人成功清除了道路。它宣告了流动的时代,标志着有能力者和英雄的兴起。该法典并没有为妇女留下那种攫取或英雄主义的空间。相反,妇女的王国限于美德、生育和家庭。

本章问题

1. 通过考察本章的材料,你如何解释拿破仑获得并有效地行使了权利?
2. 拿破仑在哪些方面保留和支持法国大革命的原则?他在哪些方面削弱了这些原则?

22. 工业化和社会变化

工业革命发端于18世纪的英国,改变了西方的经济生活。在拿破仑时期以后它扩展到西欧,而且到19世纪末西方文明的大部分都受到它的浸染。工业革命的特征是经济空前增长、工厂生产制度以及新型人工动力的运输机器和机械操作。其潜力无比巨大,人类首次有能力生产远远超过绝大多数人口需要的物品。那种潜力是否能够实现,需要花何种代价,仍有待观察。

随工业化之后接踵而至的是社会大变革。中产阶级和工人阶级受工业化的影响最大,无论在人数上,还是对他们所工作和生活的城市所产生的社会影响方面都有所增长。但中产阶级获益最多,生活水平不断提高、声誉日隆,而且政治影响不断增加。工人阶级在最初几十年里是否从工业化中获益,仍是历史学家争论的问题。很清楚的是,正是这个阶级背负着城市社会问题的负担:过分拥挤的贫民窟、糟糕的卫生状况、不充足的社会服务以及大量相关的问题。贵族、农民和手艺人——这些阶层与传统的农业经济和比较陈旧的生产手段相关——随着工业化的发展人数不断减少,社会的重要性降低。

本章的选段从经济和社会方面来探讨工业化。要陈述经济史中争议颇大的问题。为什么工业化首先发生在英国?英国和那些经济相对发达的地区有怎样的区别?大多数材料都与工业化的人类后果、社会史的问题有关。最广泛的利益领域、工业化对直接参与的工人的影响,都得到了考察。工厂中的工作条件如何?工业化如何影响了这些人的总体生活方式。工业革命的后果是生活水平提高了还是下降了?这些材料也探讨了中产阶级,尤其是中产阶级的态度和价值观。中产阶级如何看待工业化?这个阶级对金钱持怎样的态度?妇女的态度和对待妇女的态度发生了怎样的变化?

本章集中探讨19世纪上半叶的工业化。应该承认工业化的传播并不均衡。直到19世纪后半叶甚至20世纪初,工业化才传播到南欧和东欧的许多地区。

原始材料

1833年《工厂法》的证据:英国的工作环境

工业化带来了广泛的社会和经济变化,卷入其中的人们很快就感觉到了。最明显的变化是工厂和矿井的工作环境。在工业化最初几十年里并没有政府对工作环境的控制和有效的劳工组织,劳动者因此任由在竞争世界追逐利润的工厂主摆布。19世纪30年代和40年代英国议会对工厂和煤矿的劳动环境进行了调查,最终导致了1833年《工厂法》等法律的颁布。议会的这些调查为我们提供了大量关于工作环境以及人们对环境的态度方面的资料。下列的选段选取了三段议会委员会对工厂童工的调查。第一段是东北英国医学检查委员会所做的总结。第二段是一所丝绸工厂的管理员约翰·赖特的证词。第三段是一位丝绸工厂主威廉·哈特尔的证词。

思考:这些人将什么视为对工厂劳工的虐待;工作环境恶劣的原因;哈特尔如何维护自己,反对人们对他虐待劳工的指控;这些证据会有什么偏见。

材料来源:Commission for Inquiry into the Employment of Children in Factories, *Second Report, with Minutes of Evidence and Reports by the Medical Commissioners*, vol. V, Session 29 January – 20 August, 1883 (London: his Majesty's Printing Office, 1833), pp. 5, 26–28.

医学检查委员会的证据

有关英国东北部大城市劳动人口身体状况的调查非常不利。委员们这样描述这一地区:"我们发现了无可否认的证据,证明5岁的孩子被派去一天工作13小时,通常9岁、10岁和11岁的孩子被指派工作14和15小时。"委员们在许多例子中确证的结果是"畸形",更多的是"发育迟缓、肌肉松弛、身材单薄","长骨的末端扭曲,膝盖、踝关节等处的韧带松弛"。如果说这样的结果普遍到人们总是能够把工厂的孩子和其他孩子分辨出来,那么我可以毫不犹豫地说,这有些夸张和不真实地描绘了他们的总体状况,同时也必须说,可以看到辛苦劳作造成这一或那一后果的个别例子也不在少数……

"总体而言,我内心毫不怀疑,在许多工厂所实行的制度下,劳动阶级的孩子们需要而且必须有法律保护,反对他们的主人和父母之间无意达成的阴谋,让他们从事他们的体力无法承受的辛苦劳动。

"作为结论,我认为这清楚证明,孩子们每天工作的时间不合情理、非常过分,人们甚至指望成年人承担超过人类极限的工作量。我建议任何14岁以下的孩子在任何工厂工作都不能超过每天8小时。或建议14岁以上的人在任何情况下工作都不能超过每天12小时。作为医生,我希望在可能的情况下所有通过劳动糊口的人工作时间都限定在10小时之内。"

22. 工业化和社会变化

约翰·赖特的证词

你受雇于丝绸工厂多长时间？——30多年。

你是否还是个孩子的时候就进来了？——是的，5到6岁之间。

那时你一天工作多长时间？——30年前和现在都是一样的。

到底工作时间多长呢？——一天11个小时，还有两个小时加班：加班时间是从晚上6点工作到8点。正常的工作时间是从早上6点到晚上6点，另外两个小时是加班时间，大约50年前他们就开始了加班工作……

那么，为什么人们说那些被他们雇用的人条件非常恶劣？——首先，大量的人聚集在一起，有些房间40人，有些50人，有些60人，我知道有些房间达到100人，这肯定对身体和成长都有伤害。其次，厕所就在工厂里，它经常发出难闻的气味，在未来建立丝绸工厂时应当注意在厕所门和工厂的墙之间设置一个网眼结构的厅堂。第三，第一道工序的无聊沉闷以及一成不变，使他的手也变得没有力气。第四，孩子们被迫工作和封闭的时间非常长，合计一周有76个小时……第五，我们一年中大约有6个月被迫使用煤气、蜡烛或油灯，那期间的大部分时间里，大约一天6个小时，我们必须在同样的烟雾和煤烟中工作，而且在丝绸工厂里也大量使用油和油脂。

目前的劳动制度有何后果？——根据我最早的记忆，我发现后果是对工人的健康损害极大。我经常看到孩子们被带到工厂，无法行走，那完全由于过度劳动和封闭。劳动者身体的退化难以言表：我的两个姐妹经常被迫在工厂和家里帮工，她们很快就不能再行走了，腿完全瘸了。在另一个地方，我记得在10到20年前，(麦瑟斯·贝克尔和皮尔森)与大约25个人一起在麦克莱斯菲尔德的一个大公司工作，他们在那里只有一半的人适合为陛下服务。那些肢体直的人生长迟缓，在力气方面都逊于他们的父辈。由于过度劳动和封闭，他们吃饭完全没了胃口，无精打采袭向他的全身——深入到核心部位——削弱了好体质的基础——使我们的力气丧失。由于延长劳动，该城的各个地方伤残的人明显增加，这些都是我亲眼所见和了解的……

这些伤残都是在丝绸工厂里造成的吗？——是的，我相信是的……

威廉·哈特尔的证词

如果把劳动时间缩短到10小时对你的生产会带来什么影响？——那就会马上大大降低作坊和机器的价值，结果会大大损害我的生产。

怎么会这样？——它们计划好在一定时间里生产一定数量的产品。机器的价值与它在特定时间里生产的产品数量成正比。让机器在10个小时里生产12个小时的产品是不可能的。如果照料机器是一件很费力的工作，那么产品数量并不总是精确地与劳动时间成比例，但是在我的作坊里，在所有的丝绸作坊，生产所需要花费的劳动是非常非常小的。因此，机器在10个小时里生产12个小时的产品是绝对不可能的，生产量与劳动时间是完全成正比的。

本杰明·迪斯累里：女巫或两个种族——采矿城镇

19世纪的小说，对工业生活进行了某些生动的描绘。小说家和政治家，曾经担任英国首相(1867—1868年,1874—1880年)的本杰明·迪斯累里(1804—1881年),在其小说《女巫或两个种族》(1845年)中,除了类似的描绘外,也说明了一些改革派托利党贵族的思考,他们有时也被称作"年轻的英格兰"。他们希望获得工人阶级支持,反对他们的政敌自由辉格党。在下面选自他小说的片段中,迪斯累里描绘了一个乡村采矿小镇摩尔尼。

思考: 对土地和城镇而言工业化的物质后果;在迪斯累里看来工业劳动最糟糕的地方是什么;如何将这一描述与后面恩格斯作品选段中的观点进行比较;如果这样的人存在的话,迪斯累里会为此谴责谁。

材料来源: Benjamin Disraeli, *Sybil, or the Two Nations* (New York: M. Walter Dunne, 1904), pp. 198-200.

最后一抹斜阳努力穿透漂浮在乡村上空的烟云,映射出一道独特的风景。这个地区一马平川,只是在远处有一列石灰岩的小山,极目远望,大量不起眼的村舍小屋散落在数英里的土地上。有些房屋是孤零零的,有些连成一排,有些则聚成一团,但没有形成任何贯通的街道,而是不断为炽热的火炉、煤堆和冒烟的铁矿石所阻断。锻造车间和火车机头的烟囱四处冒着气咆哮着,表明到处存在矿井口和煤坑地层。尽管整个乡村可以比作一个大的养兔场,然而它横贯着许多河道,在不同的高度相互交叉。尽管人们在地下贪婪地挖啊挖,经常看到由于土地空洞松软导致整排的房子倾斜,但是这些房子仍然与成堆的矿坑垃圾或金属渣滓混在一起,这里和那里还能够看到星星点点的小块土地,嘲弄似地覆盖着草和谷物,看起来就像我们小时候读到的那些绅士的子孙,被扫烟囱的人偷走,只是在他们肮脏污秽的衣服下面还隐隐透露出他们的教养。但是在这个肮脏而非凄凉的地方,大树和灌木丛之类的东西是看不到的。

现在是黄昏时分,此时在南方地区,农民们在日落之前跪拜那位神圣的希伯来少女;大篷车停下了跨越大沙漠的漫长旅程,戴头巾的旅行者在沙子中弯下腰来,向那块圣石和圣城表示敬意;此时也不乏神圣地宣布中断英国的辛苦劳作,把矿工们送出来呼吸地上的空气,凝望一下天上的光线。

他们涌出来了:矿井送出了它的人群,矿坑送出了它的奴隶;锻造厂沉寂了,机车头安静了。平地上充满了成群的人:一群群强壮的人,肩部宽阔,肌肉有力,因长时间劳作而浑身湿透,如热带的孩子那样漆黑;成群的年轻人,有男有女,但是从服装和说话方面已经无法分辨;所有人都穿着男性服装,争论时从嘴里流出的会令男人战栗的咒骂,注定成了低声诉说的甜言蜜语。而这些人要成为,而且已经有些人已经成为英国的母亲们!但是当我们想起她们生活的原始简陋,难道会惊讶她们语言的粗俗不堪吗?衣服裸露到腰部,一条系在皮带上的铁链游走在她穿着帆布裤子的两腿之间,一位英国女孩一天12小时甚至16小时,用双手双脚沿着地下黑暗、陡峭、潮湿的通道把煤桶拖拉到上面,这些情形似乎已经摆脱了取消黑奴的社会的注意。那些可敬的先生们,似乎对那些管理通风口的小孩的痛苦麻木不仁,同他们所从事的工作一样,这项工作也是非常痛苦的。

看,在地球的深处这些人也出来了!四五岁的婴儿,大多数是女孩,漂亮,仍然很柔弱和羞怯。他们被指派完成相应的工作,那种工作的性质决定他们有必要最早进入矿井而最后走出矿井。他们的劳动确实并不艰苦,因为那根本不可能,但那种工作要在黑暗和孤独中度过。他们要忍受哲学博爱主义为最可怕的罪犯所发明的那种惩罚,而那些罪犯认为那比死还要痛苦。时间一个小时一个小时过去,所有那些让这些管通风口的小孩回想起所离开的世界和曾经参与的世界的,只有运煤车的通过,他们为它打开通道的气门,除了在通过的时间外,矿井和受雇人员的生命完全依赖于要让这些门始终紧闭。

弗里德里希·恩格斯:《英国工人阶级状况》

对当时许多人而言,工厂里的童工和艰苦环境下的矿井,是工业化带来的工作条件的最令人震惊的变化。然而,某些调查者全面记录了英国工人阶级所面临的问题。其中最出名的调查者是弗里德里希·恩格斯(1820—1895年),他是一位德国纺织厂主的儿子。恩格斯在19世纪40年代迁居英国,他在那里除了学习商业外,还旅行了许多城市参观工人阶级的地区并与他们交谈。他很快就成为他的朋友、现代社会主义的奠基者卡尔·马克思的合作者。下面的选段选自他根据研究而撰写的书籍《英国工人阶级状况》,这本书初版于1845年。在这里,恩格斯集中探讨英国工业城市中工人的生活环境。

思考:恩格斯认为穷人所面临的最糟糕的健康状况是什么;针对这些环境如何影响了穷人的心理和身体,恩格斯做了什么分析;这些描述如何会在童工委员会面前提供更多的证据(前面所节选的材料)。

材料来源:Friedrich Engels, *The Condition of the Working Class in England*, trans. and ed. by W. O. Henderson and W. H., Chaloner. (Standford, CA: Stanford University Press, 1968), pp. 110 - 111.

真正令人发指的是现代社会对待大批穷人的方法。他们被引诱到大城市来,在这里,他们呼吸着比他们的故乡——农村坏得多的空气。他们被赶到城市的这样一些地方去,在那里,由于建筑得杂乱无章,通风情形比其余一切部分都要坏。一切用来保持清洁的东西都被剥夺了,水也被剥夺了,因为自来水管只有出钱才能安装,而河水又弄得很脏,根本不能用来洗东西。他们被迫把所有的废弃物和垃圾、把所有的脏水,甚至还常常把最令人作呕的脏东西倒在街上,因为他们没有任何别的办法扔掉这些东西。他们就这样不得不弄脏了自己所居住的地区,但是还不止于此,各种各样的灾害都落到穷人头上。城市人口本来就够稠密的了,而穷人还被迫更加拥挤地住在一起。他们除了不得不呼吸街上的坏空气,还成打地被塞在一间屋子里,在夜间呼吸那种简直闷死人的空气。给他们住的是潮湿的房屋,不是下面冒水的地下室,就是上面漏雨的阁楼。给他们盖的房子盖得让坏空气流不出去。给他们穿的衣服是坏的、破烂的或不结实的,给他们吃的食物是坏的、掺假的和难消化的。这个社会使他们的情绪剧烈地波动,使他们忽而感到很恐慌,忽而又觉得有希望,像追逐野兽一样地追逐他们,不让他们安心,不让他们过平静的生活。除了纵欲和酗酒,他们的一切享乐都被剥夺了,可是他们每天都在工作中弄得筋疲力尽,这就经常刺激他们去毫无节制地沉湎于唯一能办到的这两种享乐。如果这一切还不足以毁灭他们，如果他们抗住了这一切，那么他们也会在危机时期遭到失业。这时，他们保留下来的不多的东西也要被剥夺得干干净净。

在这种情况下，这个最贫穷的阶级怎么能够健康而长寿呢？在这种情况下，除了工人的死亡率极高，除了流行病在他们中间不断蔓延，除了他们的体力愈来愈弱，还能指望些什么呢？

萨缪尔·斯迈尔斯：自助——中产阶级的态度

中产阶级自由主义者并非完全没有意识到工业化给社会带来的后果。一些学说发展起来，反映和迎合了他们的态度。这些学说有助于给中产阶级的地位提供依据，支持它通常所赞成的政策，并使工人阶级的穷困地位合理化。这些学说大都出现在萨缪尔·斯迈尔斯的通俗著作《自助》中，他是一位医生、编辑、两条铁路的负责人和作家。这本著作初版于1859年，在英国非常畅销并被翻译成许多语言。下面的选段很好地说明了这本书所表现的个人主义和道德口吻。

思考：斯迈尔斯主张自助是解决问题的唯一办法，他如何为此进行辩护；斯迈尔斯如何分析工人阶级的状况，他对提交到议会童工委员会的证据如何反应。

材料来源：Samuel Smiles, *Self-Help* (Chicago: Belford, Clarke, 1881), pp. 21-23, 48-49.

"上帝救助自助之人"是一条久经考验的箴言，简洁精当地浓缩了大量的人类经验。自助精神是一切个人成长之本，而且他表现在许多人的生活中，构成了国家活力和力量的真正源泉。从外部获得帮助通常效果非常差，而来自内部的帮助却永远充满活力。无论为人们或某些阶层做什么，都在一定程度上去除了为自己而作的刺激因素和必要性，而让人们隶属于过分指导和过分管理，不可避免的倾向使他们相对变得无助。

甚至最好的机构也不能给一个人提供积极的帮助。也许它们最应该做的就是让他自由地发展自己、提高自身的条件。但是在任何时候人们都容易相信，幸福是靠制度手段而不是通过自己的行为来保证的。因此，立法作为人类进步的动因，其价值同样被高估了。靠每隔3到5年投票选举1或2个人，组成占人口百万分之一的立法机构，尽管它尽职尽责，但是对人的生活和品行不会带来积极的影响。而且人们日渐明白的是，政府的功能是消极的和限制性的，而非积极主动的，从原则上是解决保护问题——保护生命、自由和财产。法律如果明智地实施，可以保护人们付出很小的牺牲而享有自己精神和物质方面的劳动果实。但是，任何法律，不管多么严格，都不可能让懒惰者变得勤劳，无能者变得有远见，醉酒的人变得清醒。带来这种改变的只能是个人的行动、经济和自我牺牲，只能是良好的习惯而不是更多的权利……

确实，所有的经验都证明，国家的价值和力量不是依赖机构的形式而是依赖其子民的品性。国家只是个体状况的聚合体，文明本身只是组成社会的男女、孩子的个人提高问题。国家的进步是个人勤劳、能力和诚实的集合，而国家衰退则是个人懒惰、自私和堕落的结果。我们所惯于谴责的社会的大恶，大部分都是人们自己堕落生活的衍生物。尽管我们努力通过法律手段将这些罪恶割除,但它们会以其他的形式重新枝繁叶茂,除非个人生活的状况和品性从根本上得到提高。如果这种观点正确的话,那么,最高的爱国主义和博爱就不在于改变法律和制度,而在于帮助和刺激人们通过个人自由和独立的行为提升和改善他们本身。

英国人民最明显的特征是他们的勤劳精神,这突出地表现在他们过去的历史中,现在这种特征一点也不逊色于过去。正是英国民众表现的这种精神,奠定和确立了帝国工业辉煌的基础。国家的强势增长主要是源于个人的自由能量,它一直取决于在其中劳作的大量的人手和头脑,不管这些人作为土地耕作者、实用品的生产者、工具和机器的发明者、作家还是艺术品的创作者。积极勤奋的精神一直是我们国家的主要准则,同时它也有修正和纠正的精神,一直抵消法律错误和制度缺陷所造成的影响。

国家一直追求的勤奋之途,也证明是最好的教育。由于致力于工作是对每个人最健康的训练,因此它也是一个国家最好的学科。可敬的勤奋是与责任密不可分的,天意则与幸福紧密相连。诗人说,神们将劳动置于通向乐土的途中。显然如果不是通过自己的体力或者脑力劳动挣得,面包吃起来不会那样香甜。通过劳动大地征服了野蛮,人类从野蛮中摆脱出来,没有劳动文明无法前进一步。劳动不仅是必需和责任,而且是一种祝福:只有懒惰之人认为它是诅咒。工作的义务刻写在四肢的肌肉、手部的结构和头脑的神经和脑叶上——其健康行为的总和就是满足和快乐。在劳动这所学校里,人们学到了最好的实践智慧,我们以后会发现,手工劳动生活无不与高等的思想耕耘和谐共处。

巴尔扎克:《高老头》——钱与中产阶级

随着工业化,中产阶级的地位和财富都在上升。渐渐地,钱成了社会的共同标准,而中产阶级则处于从中获利的位置。但是对相对富裕的人来说强调金钱也有痛苦的一面。非常深刻和广泛地关注这一主题的人,莫过于法国的小说家巴尔扎克,他一生大部分时间都挣扎于财政问题之中。他的小说《高老头》(1834 年),描写了一位年老的资产阶级高老头,抱怨他不再富裕时女儿们对待他的方式。下面是选段。

思考:高老头如何把金钱既看成他所面临问题的原因也是其解决办法;巴尔扎克如何把金钱、社会结构和家庭生活联系了起来;一名工人将对高老头的问题做出怎样的反应。

材料来源:Honoré de Balzac, *Father Goriot*(New York:Century Co.,1904),pp.264-265.

"唉!倘若我有钱,倘若我留着家私,没有把财产给她们,她们就会来,会用她们的热吻来舐我的脸!我可以住在一所公馆里,有漂亮的屋子,有我的仆人,生着火;她们都要哭作一团,还有她们的丈夫,她们的孩子。这一切我都可以到手。现在可什么都没有。钱能买到一切,买到女儿。啊!我的钱到哪儿去了?倘若我还有财产留下,她们会来伺候我,招呼我;我可以听到她们,看到她们。唉,谁知道?她们两个的心都像石头一样。我所有的爱都在她们身上用尽了,她们对我却不再有爱了。做父亲的应该永远有钱,应该拉紧儿女的缰绳,像对付狡猾的马一样。我却向她们下跪。该死的东西！她们十年来对我的行为，现在到了顶点。你不知道她们刚结婚的时候对我怎样的奉承体贴！（噢！我痛得像受毒刑一样！）我才给了她们每人八十万，她们和她们的丈夫都不敢怠慢我。我受到好款待：好爸爸，上这儿来；好爸爸，往那儿去。她们家永远有我的一份刀叉。我同她们的丈夫一块儿吃饭，他们对我很恭敬，看我手头还有一些呢。为什么？因为我生意的底细，我一句没提。一个给了女儿八十万的人是应该奉承的。他们对我那么周到、体贴，那是为我的钱啊。世界并不美。我看到了，我！她们陪我坐着车子上戏院，我在她们的晚会里爱待多久就待多久。她们承认是我的女儿，承认我是她们的父亲。我还有我的聪明呢，什么都没逃过我的眼睛。我什么都感觉到，我的心碎了。我明明看到那是假情假意，可是没有办法。在她们家，我就不像在这儿饭桌上那么自在。我什么话都不会说。有些漂亮人物咬着我女婿的耳朵问：'那位先生是谁啊？''他是财神，他有钱。''啊，原来如此！'人家这么说着，恭恭敬敬瞧着我，就像恭恭敬敬瞧着钱一样。"

伊丽莎白·普尔·桑福德：妇女的社会和家庭特征

工业化也对中产阶级妇女产生了影响。随着在变化的经济环境中这些妇女的财富和地位上升，以前的行为模式不再适用。出现了大量的书籍和手稿来建议中产阶级妇女的适当角色和行为。下面的选段就是选自这样的书籍之一，即约翰·桑福德女士所写的《妇女的社会和家庭特征》(1842年)。

思考：根据这份文献，妇女与相对于丈夫的理想功能是什么；根据暗示，中产阶级男人与相对于妻子的角色是什么；如何解释对妇女的这种观点。

材料来源：Mrs. John Sandford (Elizabeth Poople Sanford), *Woman in Her Society and Domestic Character* (Boston: Otis, Broaders and Co., 1842), pp. 5 - 7, 15 - 16.

时代带来了许多变化。它影响男人的意见，就如同亲昵影响感情，出现了一种破除迷信的倾向，要把一切都回归其真正的价值。

因此妇女的感情也经历了变化。过去几乎将她奉若神明的浪漫情感正在衰退，现在她必须要用内在品质赢得尊重。她不再是诗歌里的女王和骑士传奇中的明星。但如果不再抱有热情，感情就会更加理性，也许同样真诚，因为她受到欣赏主要是与幸福有关。

我们必须承认，在这方面她最有用也最重要。家庭生活是她的影响之源，社会最感激她的是家庭的舒适。因为幸福几乎是美德的成分之一，没有比家庭安宁更有助于提升男人的品性。一位女性可以令男人的家庭快乐，从而可以增加他行使道德的动机。她可以净化和平静他的心灵，可以平息他的怒火、缓解他的痛苦。她的微笑是一种幸福的影响，令他的心灵喜悦，驱散他紧锁在额头的愁云。通过她的努力让周围的人感到幸福，她也相应被人尊重和热爱。她会通过她的完美获得人们的兴趣和关心，而在以前她认为这是女性的特权，同时也会真正赢得尊重，而在以前对她的尊重是理所当然的。

她能够产生影响，也许最主要的秘诀之一是适应周围人们的不同趣味，同情他们的情感。无论从小的方面还是大的方面说这都是对的。确实,就前者而言,对同伴不感兴趣通常是最令人失望的。趣味不相投就损害了家庭的舒适,错误总体而言要由女性负责。作出牺牲的是女人而不是男人,尤其是在无关紧要的事情上。如果她想塑造其他人,必须在一定程度上塑造自己……

要使自己有用,一位妇女必须要有感情。正是这种感情,激起了千般难以名状的温柔,这使她的帝国在心中永固,使她那样令人愉快,那样必不可少,她在家庭范围内逐步上升,不但成为家庭的黏合剂,而且成为它的魅力所在。

女性指望男性来支撑和指导,再也没有其他东西比这更能赢得异性的爱慕。由于男性本身比较优越,所以他们易于被这所吸引。相反,他们从来不对那些愿意主动提供而不愿求助的人感兴趣。确实,在独立自主中有些不适合女性的东西。这违反自然,因而会引起反感。我们不希望看到一个女人假装发抖,但我们也不希望看到她当亚马逊女战士。真正明智的妇女认为自己是依赖他人的。她做力所能及的事情,但意识到自己的劣势,因此感激别人的支持。她知道自己是比较脆弱的人,因此应该接受尊重。就这种观点而言,她的脆弱是一种吸引力,而不是瑕疵。

所以,在妇女尝试的各种事情中,她们都要表现依赖的意识。如果她们是学习者,就让她们表现出可教的精神;如果发表意见,就让她们以谦逊的方式提出。在女性的自负中有些令人非常不愉快的东西,就是经常制止而不是劝说,拒绝接受根据判断甚至赞同的建议。

弗洛拉·特里斯坦:妇女和工人阶级

随着工业化不断扩展,工人阶级组织也在发展。面对政府和中产阶级的反对,这些组织在争取拥护者和维持存在方面面临非常大的困难。大部分新工会组织不注意女性而且由男性控制。然而,也有类似弗洛拉·特里斯坦(1803—1844年)那样的女性,认识到妇女解放和工人阶级组织形成之间的联系。在《工人同盟》(1844年)中,特里斯坦向法国工人做了如下的呼吁。

思考:这在哪些方面会吸引工人,尤其是工人阶级妇女;这与伊丽莎白·普尔·桑福德和萨缪尔·斯迈尔斯的态度有何区别。

材料来源:Flora Tristan, *L'Union Ouvriére*, 2nd ed. (Paris, 1844), p. 108, in Julia O'Faolain and Lauro Martines, eds., *Not in God's Image*. Copyright 1973 by Julia O'Faolain and Lauro Martines. Reprinted by permission of Harper & Row, Publishers, Inc.

(1) 通过建立紧密的、稳固的和永恒的同盟创建工人阶级。

(2) 工人同盟选择并资助一位保护者,让他在国家面前代表工人阶级(因为要求200法郎的税额,工人阶级没有投票选举权),从而达成全面接受该阶级作为组织存在的权利。

(3) 宣布双手作为财产的合法性,2 500万法国工人除了双手没有任何财产。

(4) 确保承认每位男女都有工作的权利。

(5) 确保承认每位男女都有权接受道德、智力和职业培训。

（6）考察在现有社会环境下组织劳动力的可能性。

（7）在法国的每个地区建造工人同盟的大楼，为工人阶级的孩子提供智力和职业培训，允许没有劳动能力或老弱病残的人进入。

（8）宣布对工人阶级妇女进行道德、智力和职业培训势所必然，以使她们可以改善男人的道德。

（9）宣布男女司法平等是获得人类和谐的唯一手段。

图像材料

克劳德·莫奈：圣拉扎尔站

从视觉的角度看，工业文明与以前的文明区别甚大。法国印象派画家克劳德·莫奈1877年描绘的（图22.1）巴黎中心地带的火车站，集中体现了新的工业文明。蒸汽、动力车头、快速交通以及铁和玻璃的结构。所有都处于发展的城市环境中，与以前乡村或城市的典型形象形成强烈的反差。

图22.1 克劳德·莫奈的作品

思考：看到这幅图画19世纪的观察者会产生的联想。

威廉·贝尔·斯科特：铁与煤

图22.2 威廉·贝尔斯科特的油画作品

英国艺术家威廉·贝尔·斯科特（1811—1891年）1860年创作了描绘英格兰泰恩塞德工业活动的油画（图22.2）。在该油画的标题文字中，他自豪地宣称："在19世纪，诺森伯兰向世界展示了用铁和煤可以做什么。"他绘制这幅油画也许是回应一份出版物上的一份诉求，它抱怨在大多数油画中，"我们未抓住我们身边事物的诗意；我们的铁路、工厂、矿井、喧闹的城市、蒸汽机船以及每天创造的无尽的新奇和奇迹。"这一19世纪中叶的油画当然赞美这些工业的"东西"。画面的前景是设计制作的作坊。中间，三个强壮的工人正在捶打熔铁。右边是一幅描绘罗伯特·斯蒂芬及其公司所建造的蒸汽机头的图画，而且确实在右边的背景中一列那样的蒸汽机头正穿过斯蒂芬的高架桥。左边的前景中,一位女孩坐在安式炮上,拿着他父亲的中饭,在衣服的下摆有一本算数书。该店铺中,有用铁制造的其他工业品:铁锚,海军的气泵、带链轮的粗重的铁链。在这三个工人后面,一个在矿井工作的男孩拿着大卫安全灯,向下俯视港口。在河道上,一只运煤驳船通过。

思考:这幅油画向观赏者呈现了工业活动的什么景象;一位艺术家可以呈现有关工业活动的其他什么景象。

《米切尔·阿姆斯特朗的一生和冒险》插图

下面的一幅插图(图 22.3)来自英国著名小说家弗朗西斯·特罗洛普的小说《米切尔·阿姆斯特朗的一生和冒险》。这幅插图描绘了英国工业革命的几个主要因素。它描绘了一个纺织工厂的内部——一座新工业最先进的工厂。多亏机械化和人工动力,现在几个工人可以做许多人的活。工人们——男人、女人和孩子——显然很穷。在背景中站着严厉的中产阶级工厂主,正与同阶级的其他人讲话,而前景中一个童工带着某些友善拥抱中产阶级的同伴。这幅场景典型反映了中产阶级对穷人和贫穷的看法——将其视为道德问题,用同情和博爱来处理,而不要求社会和经济的实质性变化。

图 22.3 《米切尔·阿姆斯特朗的一生和冒险》插图

思考:这幅插图在哪些方面反映了本章其他材料所触及的工业化的情况;这幅插图和 18 章的图 18.2 有何异同。

工业化和人口变化

比较图 22.4 和 22.5,它们各自反映了英国 1801 年和 1851 年的人口密度,揭示了该时期英国某些地区人口的快速增长和工业化。第三幅图 22.6 反映了 1851 年工业(许多是纺织厂、冶金和采矿)集中的地区。比较这三幅图,可以揭示英国经济早期快速现代化时期变动的人口密度、城市化和工业化的联系。

思考:人口和经济变化之间的联系有何地理政治后果;这些同样的联系具有什么社会后果。

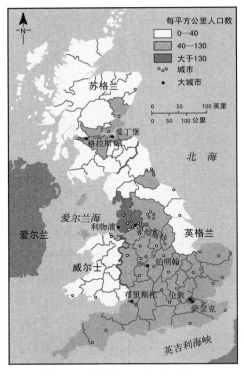
图 22.4 英国 1801 年人口密度

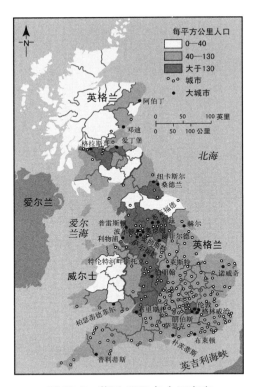
图 22.5 英国 1851 年人口密度

图 22.6 1851 年英国工业的集中

二手材料

罗伯特 L·海尔布伦纳：经济社会的形成——最先工业化的英国

工业化显然在英国最早发生,但是其中的原因就不那么明显了。在18世纪期间繁荣和经济发展的是法国。比利时和尼德兰等其他国家在经济上也比英国拥有某些优势,应该更早工业化,但并没有如此。在下面的选段中,经济学家和经济史家罗伯特·海尔布伦纳讲述了英国为什么最早工业化的问题,并指出了英国和18世纪大多数其他欧洲国家的不同。

思考： 为什么海尔布伦特强调"新人"的作用大于他所列举的其他因素；英国必须克服的劣势；是否是仅仅这些环境造就了"新人",或者是否是"新人"利用了这些环境,而当时其他大多数国家的大多数人并不具备这样的环境。

材料来源： Robert L. Heibroner, *The Making of Economic Society*. Reprinted by permission of Prentice-Hall, Inc. (Englewood Cliffs, NJ, 1980), pp. 76-77, 80-81.

为什么工业革命最初发生在英国而不是发生在大陆？要回答这一问题,我们必须观察英国在18世纪区别于其他大多数欧洲国家的背景因素。

第一个因素只是因为英国相对富裕。事实上,一个世纪成功的探险、奴隶贸易、海上掠夺、战争和商业已经使她成为世界上最富裕的国家。甚至更加重要的是,她的财富不仅集中到少数贵族手里,而且增加了庞大的中上层商业资产阶级的财富。因此英国是一个在小规模上发展了工业经济基本要素的国家："大众"消费市场。结果,不断的需求压力刺激了寻找新的技术。

其次,英国是最成功和最全面地由封建社会转向商业社会的舞台。前后相继的强大国王有效地瓦解了地方贵族的势力,使英国成为统一的国家。作为这一进程的一部分,我们在英国也看到对新生商人阶层的大力支持。然后我们看到,在17和18世纪按步骤达成的圈地运动,又驱赶了大批的劳动力去充斥其新的工业机构。

第三,英国是特别热衷于科学和工程技术的地方。牛顿曾担任早期院长的著名的皇家科学院,建立于1660年,是智力活跃的直接源头。确实,这种对小器械、机器和各种设计的普遍兴趣,很快就变成了全国性的轻度疯狂；当时相当于《纽约人》的杂志《绅士杂志》在1729年宣称,今后要让它的读者们"与各种发明齐头并进"——各种发明的不断涌现很快就使这一任务无法完成。同样重要的是英国土地贵族对科学耕作的热情,英国的土地主表现出对土地轮作和施肥方面的兴趣,而他们的法国同伴却对此不屑一顾。

当时还有大量其他的背景原因,有些具有偶然性,如英国坐落的地方有大量的煤炭和铁矿石资源；有些是目标明确的,如发展国家专利制度,有意识地刺激和保护发明行为。英国在许多方面已经"准备好了"工业革命。但是,最后使得这些潜力变为现实的是新人团体的出现,他们抓住了历史潜在的历史机遇,把它们当作自己获得名声和财富的工具……

无论人们高兴还是不高兴,除了一个高于一切的品性之外,个人的特征都逐渐消失了。也就是说,所有人都对拓展、发展、为投资而投资感兴趣。所有人都与科技进步联系在一起,没有人鄙视生产过程。莫兹利的一位雇员曾经评论说:"看到他操纵某种工具是一种乐事,但他使用18英寸的锉刀非常得心应手。"瓦特在试验他的机器方面不知疲倦;韦奇伍德只要看到做工粗心就会在工厂周围跺着木头腿喊:"这样为约斯·韦奇伍德做不行。"理查德·阿克莱特在促进他的利益方面具有无尽的能量,他坐在四匹马的驿站马车里颠簸在糟糕的道路上环游英国,边游走边追逐适合自己的东西。

一位法国游客1788年给一座印花棉布工厂写信说,"在我们看来,一个富裕到可以建立和经营这样一个工厂的人,不愿意待在与他的财富不符的地位上。"这种态度对上升的英国工业资产阶级来说完全是陌生的。他的工作是他自己的尊严和报偿,而工作带来的财富却放在一边。博斯韦尔在索哈看到瓦特和博尔顿的发动机大工厂后,宣称他永远不会忘记博尔顿所说的话,"先生,我在这里出售的是全世界所渴望拥有的东西——动力。"

这些新人是最初的和最后的企业家。他们为自己带来了新的能量,它永无休止也取之不竭。在经济而非政治意义上,他们无愧于"革命者"的称号,因为他们所引导的变化是全面的、广泛的、不可逆转的。

彼得 N·斯特恩斯:俄国的工业革命

1850年以前,工业革命限于英国和西方一些有限的地区。在1850年至1870年间,使英国成为工业巨人的煤矿、钢铁铸造厂、纺织工厂、蒸汽机车和铁路广泛传播到西欧、中欧和北美。然而,在这些地区之外,直到19世纪70年代以后才出现工业革命。许多历史学家解释了西方这些地区和其他地区形成差异的原因。彼得·斯特恩斯解释了俄国工业化缓慢的原因。

思考:俄国具有什么工业发展的机会;然而,俄国为什么没有很快工业化。

材料来源:Peter N. Stearns, *The Industrial Revolution in World History* (Boulder, CO: Westview Press, 1993), pp.72-73.

在工业革命出现的几十年内,俄国开始接受西方工业的延伸。1843年英国的纺织机器开始进口。一位移居英国的德国人厄内斯特·努普当上了向俄国出口的经纪人。他资助在俄国安装机器的英国工人,并严厉地告诉俄国的企业家不仅要购买英国型号的机器,而且要英国人改装和校正:"那不管你们的事,在英国他们比你更了解。"尽管这样势利,许多俄国企业主还是建立了加工棉花的小型工厂,意识到甚至在俄国小型的城市市场,他们以低于传统生产布匹的价格出售还是能够获得可观的利润,其他工厂则是由英国人直接建立的。

面对沙皇政府呼吁帮助建立铁路和蒸汽船船队,欧洲和美国人都特别积极地响应。第一艘蒸汽船1815年出现在俄国,到1820年代正式在伏尔加河上服役。第一条连接圣彼得堡和郊区皇家住地的公共铁路于1837年开通。1851年,第一条主要的铁路线,把圣彼得堡和莫斯科联系在一起,它沿着一条尼古拉沙皇本人要求的特别直的路线。政府也引进来了美国的工程师,让他们设立铁路工厂,以使俄国人能够建造自己的机头和车厢……

但是那时俄国并没有工业化,现代的工业经营并没有有效地削弱原有的经济活动,国家仍然是农业占主导地位。生产方面的高比例增长建立在这样低下的基础上,因此总体产生的影响不大。某些结构性的障碍阻碍着真正的工业革命。俄国的城市从未以制造传统为荣,这里手艺人不多,其技巧甚至是前工业时代的方法。只是到19世纪60年代和70年代城市的充分发展,导致形成了手工业者的核心——如印刷业,甚至在那时还是需要引入大量的外国人(尤其是德国人)。更严重的是农奴制度,它把大多数人俄国人都束缚在农业地产上。尽管可以发现某些自由劳动力,但大多数俄国的乡下人都不能自由离开土地,而且他们向地主的地产提供额外劳役的义务,甚至不能刺激他们进行农业生产。彼得大帝通过允许地主出售村庄和劳动力来扩展钢铁厂,从而努力调整使农奴制与前工业的冶金工业相适应。但是这种混合的制度不适应大规模的变化,而后者正是工业革命所需要的。

而且,西方的工业革命,尽管为俄国提供了可以模仿的实实在在的样板,但是也产生了不少的压力,让它发展更加传统的生产领域而不是进行结构变化。西方城市的发展和不断的繁荣要求提升俄国木材、大麻、牛脂的水平,而且对谷物的要求越来越多。这些出口商品可以在没有改进技术和改变现存劳动制度的情况下生产。确实,许多地主为了提高谷物的产量向西方出售,大力提高农奴的劳役义务。明显的诱惑锁定了更加古老的经济——对新的机会所作出的反应,是在传统制度内部增加变化以及维持农奴制度和乡村优势,而不是冒险在内部进行彻底变革。

彼得·斯特恩斯、赫里克·查普曼:早期工业社会——进步还是衰落?

关于工业革命早期阶段,人们争论最久的一个问题是,工厂工人是否获得了更高的生活水平。许多"乐观的"历史学家,主要依据工资率、价格和死亡率等统计证据,认为即使在早期,工厂工人的生活水平也有所上升。一些更加悲观的历史学家,强调定性的数据,比如工厂在心理、社会和文化方面影响工人生活方面的描绘,认为这些工人在19世纪上半叶的生活水平下降了。在下面的选段中,彼得·斯特恩斯和赫里克·查普曼集中探讨,得出结论说,至少对大多数工人而言,物质条件都有所提高。

 思考:这一选段中乐观历史学家所要强调的内容,以及悲观历史学家会如何反应;如果不考虑所增加钱财的心理和社会代价,工资率的增加是有意义的测量手段。

材料来源:Reprinted with the permission of Macmillan College Publishing Company *Society in Upheaval*, 3 rd ed., by Peter Stearns and Herrick Chapman. Copyright 1992 by Macmillan College Publishing Company, Inc.

早期工厂的雇用是使条件恶化了还是提高了,关于这一问题曾经引起了激烈的争论,尤其是讲到英国工业革命时,这种争论尤甚,两种观点都能找到证据。许多人极力证明早期的工业是罪恶,其他人则主张它的好处。甚至在工业革命期间这一问题的争论就带有强烈的党派色彩。该问题不仅是一种学术问题。为了理解工人本身,关键是了解他们进入工厂的时候是否经历了条件的恶化。无可否认,从现代的观点来看,工人生活悲惨,他们被严格限定在自己的环境里,但是根据他们所了解的水平来判断,他们是否感觉自己很悲惨,这是很难弄清楚的……

而且,在英国和其他地方,乡村的条件在工业革命开始之前通常在走下坡路。这归根到底是农民接受工厂工作的主要推动力。农民的生活水平无论如何都是很低的,前工业社会确实非常贫困。进入工业的人经常来自农民的最底层。这些人从人口增加和家庭工业的衰退中受损害最大。早期工业时期存在着物质条件的恶化,但是它主要发生在乡村无地的人和家庭生产者中间以及伦敦等城市贫民窟中没有技术的人身上。当他们发现了工厂的工作时,工人们很少能注意到他们境况的恶化,许多工厂工人实际上在生活水平方面有所提高。

对工厂工人而言,同前近代的穷人阶层一样,最坏的问题是环境的不稳定。生病的工人很少能拿到工资,有时会失去自己的工作。随着年纪增长,工人的技巧和力量都下降了,收入也因此减少了。年老的工人由于缺乏可以依赖的财产,遭受着工资下降和频繁被解雇的痛苦。机器损坏经常导致数天或数周没有工作。更重要的是,周期性发作的工业萧条使许多工人陷入悲惨境地。工资下降,有时会下降达50%,有四分之一的劳动力失业。有些人回到农村去寻求工作或成群地游荡寻找食物,有些人仅仅依靠救济生活,尽管救济所提供的支持不足,但是工业制造城市的救济名册中经常包含超过一半的工人阶级。有些人出售或典当自己的财产。所有人都用土豆代替面包而且不付租金来减少开支。年老最终会带来不幸。工人阶级的生活经常被大量的个人危机和全面危机所打断,造成了一种不安全的意识,即使在比较好的年代这种不安也笼罩着工人们。

在繁荣的岁月,工人的平均物质生活水平中最糟糕的特点是住房。乡村的房舍过去通常很小也不结实,因动物而又脏又乱,但是城市的住房有时更加糟糕……

居住条件很差、城市拥挤,加上工厂工作本身的压力,许多工人身体条件很差。婴儿的死亡率很高,许多工人出生后的平均寿命只有雇主的一半……

工厂里的收入要高于乡村,这是毫无疑问的。有很好技巧的男性工人,许多都是以前的手艺人,他们所获得的报酬是普通工人的3—6倍。因为尽管早期的机械化减少了技术工人的比例而且改变了所需要的技巧,但是并没有取消对技术的需要。因此,那些装配机器、搅炼熟铁或操纵更复杂纺织机器的人,需要数年学习来完全掌握他们的行当。但是,即使是非技术工人,所支配的现金工资也要高于乡村和城市临时工的收入。除了食物、住房和衣着外,购买其他东西的钱已经所剩无几。普通工人能够支付得起的只是一点烟草和给互助团体的小额捐款。然而,工资会随着时间而增加。1840年以后在英国工资确实增加了。以法国为中心的大工厂的实际工资在19世纪30年代和40年代也增加了,19世纪40年代和50年代德国也有了改善,而俄国在19世纪90年代以后也有所改善。

所以我们得出这样的结论是没有问题的,早期工业时代的物质条件总体上尽管还比较差,但是为许多工人提供了适当的收入和某些宽慰。平均而言,当时的条件比新工人传统上所期望得要好。

米切尔·安德森：西欧的家庭和工业化

在过去二十年里,对社会史兴趣的不断增加,刺激了其他学科的学者探讨历史问题。大量的社会学家应用他们自己学科的方法来研究19世纪工业化的社会内容。在下面的选段中,爱丁堡大学的社会学家米切尔·安德森,探讨了工业化对工人阶级家庭产生的影响。

 思考：工业化进程影响工人阶级家庭的具体方面；安德森的解释如何支持"乐观主义者"或"悲观主义者"就工业革命对工人阶级的影响而进行的争论；对中产阶级的影响有怎样的不同。

材料来源：Michael Anderson, "The Family and Industrialization in Western Europe." *The Forum Series*. Reprinted by permission of Forum Press (St. Louis, MO, 1978), p. 14. Copyright 1978 by Forum Press.

那时,父母和孩子之间的相互依赖在农民社会很重要,然而,在工业地区已经消失,这反映在家庭关系的变化中。然而工业化的早期阶段,尽管摆脱了密切的监督和比较私密的家庭环境,会使他们中间比前工业化的农民家庭产生更多的爱慕,但是夫妻之间关系的变化可能非常小。夫妻在相同的生产劳动中相互合作已经不复存在,但是这从来没有成为普遍现象。然而,仍然需要而且可能的是,夫妻双方都要劳动来让家庭维持在温饱线之上。在少数地区,妻子确实离开了家庭到工厂里去工作。更加普遍的是,工厂工人的妻子们在家里劳动,生产少量的衣服,加工某种食物和饮料,在家里给中产阶级家庭洗衣服或经营小店或小旅社。工业团体的多重需要就这样汇合在一起,这有助于工人阶级家庭团结一致,同时也使母亲们可以看管和照顾(也许比以前要好)小孩很长一段时间,直到小孩长大成为劳动力。

最初只是在少数地区,尤其是专营矿产、机器制造、钢铁生产、造船和锯木的地区,妇女的经济地位和家庭地位才出现了变化。在这些地区,并没有足够的空缺让妇女成为挣工资的雇佣者,结果许多妇女被迫进入差不多全新的全职主妇的状态。然而由于工厂的生产方法应用到缝制衣服和准备食物之中,越来越多的传统工作被取代,家庭逐渐局限于消费。只有在那时,工人阶级才普遍出现了男性在家庭之外的生产工作和女性在家内的消费性工作的区别。

尽管证据并不充分,但是至少在某些地区,这似乎对夫妻之间的关系产生了影响。由于男性成为唯一挣工资的人,其他家庭成员越来越依赖他而不是相反。无论丈夫做什么,妻子都没有力量反抗。尽管整个家庭在物质上依赖父亲,但是他只是在能够从家庭获得其他地方得不到的感情或其他报偿时,或者周围的公共舆论能有效地控制他的行为时(由于大工业城市脆弱的团体控制,邻居的控制通常是很弱的),才需要家庭。因此,在工人阶级那里,这样的观念,即妇女的空间在家庭以及她的作用本质上是低下的家庭角色,并没有过时。相反,作为对夫妻之间力量平衡改变的反应,这种观念结果似乎是发展了,这反映了19世纪后期和20世纪早期工业社会新的就业状况。

本章问题

1. 你认为工业化对 19 世纪欧洲人而言应该被看作一场大繁荣、好坏参半的事情还是一场灾难?为什么?

2. 回想起来,政府应该接受什么样的政策来减轻工业化的痛苦?什么样的因素制约着接受这些政策?

3. 就如何评价工业化这一争论,中产阶级自由主义者会有什么论点?工业工人和妇女又会持什么论点呢?

23. 反动、改革、革命和浪漫主义：1815—1848 年

欧洲列强在维也纳会议(1814—1815 年)聚首,决定拿破仑既已失败、世界该往何处去。以奥地利首相梅特涅为代表的保守观点主导了这次会议。尽管最后的安排对法国并不严厉也未使它蒙羞,但却体现了保守派的领袖们努力排斥大革命和拿破仑时期造成的变化,恢复传统组织和政府的权力,并抵制自由主义和民族主义。这一安排和其他进展的结果,使贵族重新获得了部分声望,路易十八(路易十六的弟弟)重新掌握了权利,军队介入(同西班牙和意大利一样)镇压对现状的威胁。

然而,民族解放和自由革命运动在 19 世纪 20 年代、30 年代和 40 年代浮出水面。在 19 世纪 20 年代和 30 年代,希腊和比利时获得独立,在意大利和波兰也兴起了并不成功的民族主义运动。自由主义包括要求更多的自由、立宪政府和政治权利,在西欧特别强烈。在英国,19 世纪 30 年代和 40 年代通过的一系列法案明确地承认了自由的诉求。在法国,19 世纪 30 年代的一场革命使掌权团体对自由观念更加开放。

高潮出现在 1848 年,革命在整个欧洲爆发。尽管每场革命都不尽相同,但总体上中产阶级和工人阶级以民族主义或自由主义的名义要求变化。最初,政府削弱了或者倒台了,但是革命者发现一旦权力掌握在自己手里很难维持统一。很快代表专制统治的团体利用这些分裂重新掌握了权力。

这一时期的许多政治发展都以保守主义和自由主义为特征,它们反映在某些艺术和文学风格中。浪漫主义是其中最为重要的,它以不同的方式同时反映了保守主义和自由主义。从 18 世纪后期出现后,它不断扩展,最后成为 19 世纪上半叶最主要的文化运动。浪漫主义否定以前主导古典风格的形式主义,拒绝为启蒙理性主义和日常生活赤裸裸的现实主义所限制,强调情感和自由。

本章的材料首先聚焦于保守主义:保守主义的几个主要特征是什么？它反对什么？什么政策与保守态度相吻合？维也纳会议在哪些方面反映了该时期的保守主义？接下来的一系列材料则审视自由主义和改革运动:在 19 世纪上半叶自由主义的含义是什么？自由主义者要求什么改革？以英国宪章运动为代表的改革运动的性质是什么？第三则是探讨 1848

年革命:1848年革命在哪些方面使这一时期的某些主要倾向濒临危急关头?在这些革命中,谁可被视为"赢家"和"输家"?最后,材料聚焦于浪漫主义的性质,最后的材料是关于浪漫主义的性质,尤其是对反映在文学和艺术中的内容进行回顾:浪漫主义和保守主义之间有什么联系纽带?浪漫主义怎样与自由甚至革命的理想相联系?从这些选段中出现的是这样一幅欧洲人的画面,他们极力从政治和文化上来处理法国大革命和启蒙运动的遗产。

原始材料

梅特涅首相:与沙皇亚历山大一世的秘密备忘录中的保守原则

随拿破仑倒台而出现的保守潮流的著名领导人是梅特涅首相(1773—1859年)。梅特涅作为奥地利外交部长主持了维也纳会议并在奥地利内部和1815—1848年间的保守国家中间发挥了重要作用。无论在原则上还是实践上,他都代表着反对法国大革命所造成变化的保守主义,并反对自由主义和民族主义。下面的选段选自梅特涅在1820年送给俄国沙皇亚历山大一世的秘密备忘录。这份备忘录尽管不是完善的政治理论表述,但反映了保守态度和观念的主要成分。

思考:梅特涅感受到了什么威胁;梅特涅如何把"自以为是"和中产阶级联系在一起;这份文献如何反映了大革命和拿破仑时期的经验;依据这些态度自然出现的政策类型。

材料来源: Prince Richard Metternich, ed., *Memoirs of Prince Metternich*, 1815 - 1829, vol. III, trans. Mrs. Alexander Napier (New York: Charles Scribner's Sons, 1881), pp. 454 - 455, 458 - 460, 468 - 469.

一位著名作家最近说:"欧洲被精神饱满之人所同情,同时被有德之人所痛恨。"①用几句话来精确描绘我们写这几句话时的形势是多么困难的事情!

国王们不得不考虑他们在不久的将来生存的机会;各种感情已经释放出来,共同联合起来推翻了社会尊为存在基础的一切;宗教、公共道德、法律、习俗、权利和义务,所有一切都遭到了攻击、混淆、推翻或质疑。大多数人民都冷眼观看这些攻击和革命,而且绝对没有任何防卫手段。一些人为这场洪流所裹挟,但是绝大多数人希望维持安宁,它已经不复存在,甚至其最初的成分似乎也失去了……

快速掠过造成目前社会状态的最初原因后,有必要更加具体地指出那种罪恶,它威胁要剥夺社会的真正福祉、真正文明的成果,并在快乐中将其颠覆。这一罪恶可以用一个词汇来描绘——自以为是,这是人类头脑急速让许多事务都达到完美而必然出现的结果。正是它

---

① L'Europe fait aujourd'hui pitié à l'homme d'esprit et horreur à l'homme vertueux.

在今天导致许多人误入歧途,因为它几乎变成了一种普遍的情感。

宗教、道德、立法、经济、政治和行政,对每个人来说都成为普通和容易接近的东西。知识似乎由灵感而来,对自以为是的人而言经验毫无价值,信仰对他而言一无是处,他用虚伪的个人信念代替了信仰,这种信念是在摒弃了所有调查研究的情况下而获得的。对一个相信自己一瞥之下就能领会所有问题和所有事实的头脑而言,这些手段似乎太微不足道了。在他看来法律没有价值,因为他并没有促成法律的创建,而且承认由一代代粗鲁无知的人所追溯的限制,绝非有才能之人所为。权力就在他自身,他为什么要屈从于那些仅对被剥夺了光明和知识的人有用的东西呢? 在他看来,在虚弱的时代所需要的东西,对意味着普遍完美的理性和活力时代并不适用,这是德国的改革者依据人的解放观念所设计的,其本身就很荒谬! 他并没有公开攻击道德,因为没有道德,他不能确保自己片刻的生存,但是他根据自己的模式来解释道德的本质,并让所有其他人也这样做,只有那样别人才不会杀他也不会掠夺他。

通过追溯自以为是之人的特征,我们相信,如果把在原则上仅趋向于把组成社会的各种成分个人化的事物秩序也称为社会的话,那么我们也已经追溯了当时社会的特征。自以为是使得每个人都成为自己信仰的指导者,成为他愿意据此来管束自己或让其他人来约束自己和邻居的法律的仲裁人。简而言之,他使自己成为自己的信仰、行动以及指导行动之原则的唯一法官……

政府失去了它们的平衡之后,就会被社会中间阶级的叫嚷所恐吓和置于混乱中,这个阶层位于国王和他们的臣属中间,折断了了君主的权杖,盗用了民众的哭诉——这个阶层经常被人民所否定,然而人民那么愿意聆听他,那些一句话就可以让他们重新变得一文不值的人却拥抱他、害怕他。

我们看到这个中间阶层用盲目的狂怒和憎恨放纵自己,这证明它非常恐惧而非对自己事业的成功有任何信心,它诉诸各种手段,只要这些手段能够缓解它对权力的渴望,它致力于劝说国王把自己的权利限定在高坐王位,而让人民去统治,对几个世纪遗赠下来的既神圣又有价值的对人的尊重,它统统攻击——事实上是否定过去的价值观,宣称他们自己是未来的主人。我们看到这个阶层穿戴上各种伪装,根据场合联合或者拆分,第二天便相互剥夺所有的战利品。它拥有报纸,并用它鼓动不信神、不服从宗教和国家的法律,甚至鼓吹说,对那些渴望获得某些好处的人来说,谋杀是一种义务。

卡尔斯巴德法令,1819年:保守派的镇压

政治领导人极力主张保守主义,反对任何所觉察到的来自自由主义和民族主义等的威胁,一方面是通过国际合作和行动,即所谓的欧洲同盟政策。另一方面是在国内采取同样的措施反对同样的威胁,如德国就在1819年颁布了《卡尔斯巴德法令》。这些法令由奥地利和普鲁士通过德意志联邦议会推行,但主要是由梅特涅首相推行,来应对反抗维也纳国会之原则的民族学生运动,下面的选段选自该法令,主要关于大学、出版物以及所有的"革命密谋"。

思考:这些法令的目的以及用以影响这些目的的手段;这些法令与梅特涅在致沙

皇亚历山大一世的秘密备忘录的"信仰的坦白"中所表现的态度是否一致；有效推行这些法令的后果。

材料来源：From James Harvey Robison, ed., "The Reaction after 1815 and European Policy of Metternich," in *Translations and Reprints form the Original Sources of European History*, vol. 1, no. 3, ed. Department of History the University of Pennsylvania (Philadelphia: University of Pennsylvania Press, 1898), pp. 16-20.

关于大学的临时法令，全体通过，1819年9月20日

2. 联邦政府相互保证，要将下列老师从大学或其他公共教育机构中清除出去：他们明显背离了自己的职责，超越了他们职能的界限，滥用他们对年轻头脑的合法影响，宣传与公共秩序敌对或颠覆现存政府制度，明白无误地证明他们不适合担任委托给他们的重要职位……

3. 这些法律长期以来针对大学里的秘密和非法社团，应该严格执行。这些法律尤其适用于数年以来以大学学生联合会的名义创设的团体，因为那一社团的概念包含着完全禁止的永久社团计划，以及各种大学之间经常的联系。在该方面进行特定监督的职责应当交给政府的特定机构。

为期五年的出版法

1. 只要该法令仍然有效，任何以每日发行或内容不超过20页的系列形式发行的出版物，在政府官员未事先了解并批准同意的情况下，均不得出版发行。

6. ……而且第一部分所列举的出版物，无论在德国的哪个地方出现，只要议会根据所任命的委员会的意见，认为它们对联盟的荣誉、个别国家的安全以及德国和平和安宁的维持有害，有权不经申请就用自己的权威进行压制。对此决定不可上诉，而且相关政府必须保证执行。

在美因兹设立调查委员会

第一款：从该法令通过之日起，两周之内，要由联邦发起，在美因兹城和联邦要塞召集特别调查委员会，由包括主席在内的7名成员组成。

第二款：该委员会的目标是尽可能全面详尽地联合调查与下列事务有关的事情，即针对现存制度、联邦和个体国家内部之和平而出现的革命密谋的起源和多重后果；那些密谋的存在多多少少已经有某些清晰的证据，或也可以在调查过程中产生。

杰里米·边沁：英国自由主义

自由主义的根源深远而又多样，可以追溯到17世纪及以后约翰·洛克的作品。到自由主义在19世纪开始繁荣之前，它有特别浓重的英国传统。也许19世纪早期最有影响力的英国自由主义者是杰里米·边沁(1748—1832年)。他最著名的是创建了功利主义理论以及提倡对许多英国的制度进行改革。边沁和詹姆斯·密尔以及约翰·斯图亚特·密尔等追随者的观念和努力,构成了英国19世纪英国自由主义和自由改革的潮流之一。下面的选段中第一段选自边沁的《道德和法律原理导论》(1789年),集中探讨功利原则。第二段选自他的《政治经济手册》(1798年),指出他关于政治经济政策的观点。

思考：边沁的功利原理真正指什么；根据功利原则政府总体上恰当的作用是什么；他如何解释政府在经济事务中的恰当角色。

材料来源：Jeremy Bentham, An Introduction to he Principles of Morals and Legislation (Oxford: Clarendon Press, 1876), pp. 1-3; John Bowring, ed., Bentham's Works, vol. III (Edinburgh: William Tait, 1843), pp. 33-35.

1. 自然将人类置于两个最高主人的控制之下,它们是痛苦和欢愉。它们指明我们必须做什么,而且决定我们要做什么。一方面是对与错的标准,另一方面是原因和结果的链条,两者都紧紧地系于它们的王座。它们控制着我们所做、所说、所想的一切：我们做出的任何摆脱臣服的努力,都会进一步表明和肯定这种臣服。一句话,一个人企图弃绝它们的王国,但事实上,他将始终臣服于它。"功利原则"承认这种臣服,并认为它是这种制度的基础,其目标是通过理性和法律之手来创建幸福的构造。试图对它提出质疑的制度,所从事的是用声音代替感觉、用狂想代替理性、用黑暗取代光明。

但是象征和雄辩已经太多了,改善道德科学并不是靠这样的手段。

2. 功利原理是目前工作的基础,因此从一开始就清晰明确地表述它的含义是非常合适的。功利原则是指这样的原则,它赞成或者不赞成每一项行动,不管这项行动是什么,关键要看它要增加还是减少利益所系的当事人的幸福,或者换句话说,它是否促进或阻碍那种幸福。我所说的是每一项行动,不管这项行动是什么,因此它不仅包括个人的每项行动,也包括政府的每一项措施。

3. 功利是指各种形式的财产,借此可以产生利益、好处、快乐、善或幸福(在目前情况下所有这些都是一样的)或者(接下来的也是一样的)阻止利益所系的当事人的不幸、痛苦、罪恶或悲伤。如果那个当事人指整个社团,那么就是指整个社团的幸福,如果当事人是某个具体的个人,则指那个人的幸福。

4. 团体的利益是某种最总体的说法,它可以出现在道德的措辞中,难怪它的含义经常会失去。如果说它有意义的话,也不过如此。团体是一种虚构体,是由被认为组成其成员的个人组成的。那么团体的利益是什么?——是组成团体的某些成员的利益总和。

5. 如果没有理解个人的利益所在,谈论团体的利益是虚妄的。当人们说一件事情促进了或者说为了某个人的利益时,就是说它会增加一个人的快乐总量,或者反过来说,它会减少一个人的痛苦总量。

6. 当一项行动所具有的增加团体幸福的趋势大于减少幸福的趋势时,人们就可以说它适合功利的原则,或者简而言之符合功利(一般来说该含义与团体有关)。

7. 当政府的措施(这只是特定的行动,有特定的人或一群人来执行)所具有的增加团体幸福的趋势大于减少幸福的趋势时,人们就可以说它适合于功利原则或者为该原则所支配。

所以,实际的问题是代表自身的个人在多大程度上能最大限度地促进计划好的目标?而且在何种情况下政府会促进这些目标?

为了促成总体国家财富的增加,或者为了增加生存和享受的财富,总体的原则应该是,不问特定的理由是什么,政府应该什么也不做或不试图去做。在这些情况下,政府的座右铭或格言应该是——保持沉默。

保持沉默出于两个主要原因:

1. 总体而言,为此目的政府的任何干涉都是不必要的。构成整个团体收入的,是属于团体的某些个人财富的总和。而总体而言,他个人特定的份额的增加,包含在每个人努力和关心的恒久目标之中。总体而言,没有人如你自己那般了解什么代表你的利益——没有人愿意那么辛苦和坚定不移地去从事它。

2. 总体而言,由于无助于甚至阻碍计划中的目标达成,它可能还是有害的。每个人比政府投入更多的时间和精力集中于维持和增加自己财产份额的手段,可能比政府在他的情况下或为了他的利益所采取的步骤更加有效。

而且,另一方面,通过对个人的行动自由加以限制或约束,它在另外一种意义上具有全面和持久的害处……

……除了某些例外以及那些不太重要的情况外,让一个人根据他所占有的财富自由地追求自己最大限度的快乐,可以最有效地保证获得最大的快乐。这在任何人那里都不欠缺。适用于这种场合的力量——财富、金钱上的力量——政府之手如果不从另一个人那里获取,就不可能给予一个人,因此通过这样的干涉,总体上不会有任何力量的增加。

在这方面政府干预所获得的收获,主要是和知识的头脑有关。有些场合,为了总体的公共利益,要靠政府的力量来创造和传播这一或那一部分的知识。如果不由政府要求创造这些知识,那些知识既不会创造出来也不会得到传播。

我们在上面已经看到了为此目的这一总体原则——沉默——所基于的理由。因此无论什么措施,如果没有理由证明是那种原则的例外,就要被视为不属于政府的"议事日程"。因此整个技巧就限定在一个很小的范围内,安全和自由就成了那一事业所要求的全部。农业、手工业和商业向政府提出的要求是非常适度和合理的,就像第欧根尼向亚历山大提出的那样:"离开我的阳光"。我们不需要照顾——我们只要求安全和畅通的道路。

《经济学家》,1851年:自由主义——进步和乐观主义

自由主义者通常相信进步,而且对他们自己的时代和未来非常乐观。到该世纪中期,自由主义在欧洲主要的经济强国英国广泛传播。因此生活在19世纪中期的英国自由主义者特别自信和骄傲,这表现在下面选自1851年刊登于《经济学家》杂志的两篇文章中。该杂志特别受富裕中产阶级的欢迎。

思考： 自由主义者如何看待 19 世纪上半叶的伟大进步；从这些变化中谁受益最多；保守派和社会主义者会如何回应。

材料来源： *The Economist* (London), vol. IX, January 4, 1851, p. 5; January 18, 1851, p. 57.

经济学家因其性质和职业，一般被认为是冰冷的、精于计算的和没有热情的人。如果我们说，我们认为与 19 世纪头 50 年休戚与共特别幸福和荣幸，但愿没有玷污这一时期……

这个时代见证了物质幸福方方面面的飞跃。关于财富、生活艺术、科学发现以及用来促进舒适、健康、安全、人的能力、公共和私人道德、知识的改善与传播、社会慈善和公正的意识、宗教自由和政治智慧，我们不必一一细说——最后的 50 年更加快速和深入地把我们推向进步，超越了近代社会的任何 50 年……在我们所列举的许多具体领域，该时期都表现出超越以前任何时代的快速和惊人的进步。就文明化的欧洲而言，18 和 19 世纪在某些关键方面的差距，要大于 1 世纪和 18 世纪之间的差异。

我们只要简单提到刚刚过去的半个世纪所取得的巨大成就——如在道德方面所拥有的 35 年和平；如博爱和公正地相信大众的幸福而非一两个阶层的幸福才是社会关心的目标；人们接受取消奴隶制的人道倾向；刑罚制度的改善以及所产生的对其功效的怀疑；宗教宽容方面的进步以及相互容忍；水上和陆地上将蒸汽用于机头以及在物理学方面全世界交通的重大进展；——如发明和总体引进了煤气；使用铁路和电报、将机器广泛应用于所有生活艺术中，中止了各种非常伤害人体的劳作，农业是个例外，但那里虽然患风湿病的劳动者成倍增加，因为贫穷和在各种天气下过度劳动变得提前衰老，但仍然取得了很大的进步；——只要一提到一些这样的事件，我们就确信刚刚过去的半个世纪比记录中的任何时代都更多地充满了奇迹。

宪章派的第一份请愿书：英国变化的要求

尽管保守派努力进行压制，但 1815—1848 年间欧洲还是发生了改革运动。最后几乎欧洲所有国家都经历了保守派特别恐惧的革命。英国是个例外，但针对英国变革的失败，这些政治运动也差一点导致暴力反抗。其中最重要的政治运动是宪章运动，宪章派的主要成员是工人阶级，他们要求为了自身而进行改革。下面的选段选自 1838 年呈现给众议院的第一份宪章。后继的宪章呈现于 1842 年和 1848 年。每一次大规模的群众运动都有可能转向暴力反抗，而且每一次议会都拒绝了宪章派的要求，只是到 19 世纪末才大部分满足了这些要求。

 思考： 宪章派所提要求的性质；宪章派希望通过什么手段达到这些目的；梅特涅会如何分析这些要求。

材料来源： From R. G. Gammage, *History of the Chartist Movement*, 2nd ed. (Newcastle-on-Tyne, England: Browne and Browne, 1894), pp. 88–90.

既然要求我们一概奉公守法,那么天性和理性就赋予我们权利,要求在立法时要绝对聆听民众的声音。我们履行自由人的义务,就必须享有自由人的权利。因此,我们要求普选权。为了避免富人和有权势者的利诱威逼,必须进行秘密选举。为了充分实施权利,我们在运用这项权利时必须不受任何约束。我们要求的是实际利益,而不是表面利益,因此我们要求投票表决。为了达到有益的结果,代表和人民之间的关系必须密切。为了纠正错误和进行指导,立法和选举机关应当经常进行联系。某些错误,若易于为民众迅速纠正,本来是非常轻微的,但是如果任其在长期的强迫容忍下因循成习,则可能会产生灾难性的后果。为了公共安全,同时为了民众的信任,有必要进行经常的选举。因此,我们要求议会每年改选一次。我们有选择的权利和自由,那么选择的范围必须不受限制。现有的法律强迫我们选举那些无法了解或者不太同情我们的人当代表;选举已经退休、不在感受业务烦扰的商人、那些不了解土地上发生的罪恶和纠正方法的土地主、那些追求议会荣誉,只为博取法庭上声望的律师。一个勤勤恳恳履行职责的代表的劳动是繁重的。让他们继续无报酬地劳动,不公正、不合理,也不安全。我们要求在将来贵族院成员选举中,选民的意见应作为唯一的标准。而且通过这种方式选出的代表,应该在受召为公众服务期间,从公共税收中获得一笔适当的酬金。迄今为止,这个强大王国的治理,一直是相互倾轧的宗派尝试自己自私实验的试验品。我们已经从自己惨痛的经历中感受到这种后果。欢乐无常如微光一闪,迅速被漫长黑暗的痛苦岁月所吞没。如果人民自主的政府不能消除他们的灾难,那么它至少可以消除他们的抱怨。普选,也只有普选能够给国家带来真正持久的和平,我们坚信它也会带来繁荣。为此请贵院认真考虑我们的请愿,做出最大的努力,通过各种呵护宪法的手段,通过一项法律,给每一位达到法定年龄、精神健全、未被宣判有罪的男性,以投票选举议员的权利,并规定未来的议员选举都以无记名投票的方式进行,而且规定以这样的方式选出的议会,任期无论如何不能超过一年,并取消议员资格的所有财产限制,在他们履行议员职责期间给予应得的报酬。

"请愿者不胜感恩。"

《年度纪事》,1848 年:德国 1848 年革命目击记

1848 年革命在欧洲爆发。法国的二月革命似乎成为其他地方,尤其是德国革命的导火索。确实,在法国爆发革命的数天内,德国确立的政府就面临变革要求、游行和革命。下面是目击 1848 年 3 月德国所发生某些事件的人的叙述,发表在伦敦的《年度纪事》上。

 思考:这是否暗示着某种革命行动的方式;要求变革的性质;所确立的政府如何反应。

材料来源:Louis L. Snyder, ed., *Document of German History* (New Brunswick, NJ: Rutgers University Press, 1958), pp. 174 – 175.

为了清晰明白地叙述今年在德国发生的复杂事件,我们必须仔细考察安排的问题。因为在各个独立王国的革命运动之外,始终有创建德国新民族的企图,这个民族以所有国家的

23. 反动、改革、革命和浪漫主义：1815—1848年

同盟为基础，建立统一的大议会并在法兰克福建立中央行政部门……

在德国的西南部国家，法国革命的影响最先显现。2月29日，巴登大公接待了臣民的代表，他们要求出版自由、建立国民军和陪审团审判。他们达到了自己的目标，而且以作为自由领导人著称的M·威尔克尔被任命为大臣。

3月3日，在莱茵的省份，由科隆带头，也依例而行。4日，在威斯巴登和法兰克福，5日在杜塞尔多夫也发生了类似的游行。3月3日，科隆的民众聚集到市政厅门前，当时正在召开市议会，他们要求承认某些权利，这些内容写在小纸片上，在民众中间传来传去。其中包括：(1) 普选权，所有的立法和政府均由民众产生。(2) 出版和言论自由。(3) 取消常备军和武装民众，他们自行选举自己的长官。(4) 全面的公民集会权。(5) 保护劳工，保证各种必需品的供应。(6) 对所有儿童实行国民教育。

然而，军队调集来了，不费吹灰之力就把街道上的人清除了。

在拿骚的威斯巴登，大量的民众4日在宫殿对面聚会，要求在他们自行选举的领导人领导下全面武装民众；完全的出版自由；建立德国议会；公开集会的权利；由陪审团进行公开或口头的审判；控制大公的领地；召开第二次会议拟定基于民众的新选举法，并清除对宗教自由的所有限制。大公当时外出在巴黎，但公爵夫人在宫殿的阳台上向民众保证，她的继子，即公爵会完全同意他们的要求。结果发表了一份声明，其中公爵夫人保证同意这些要求。同一天下午，公爵回来了，立即向民众发表讲话，全面认可了公爵夫人和大臣们所同意的要求。

威廉·华兹华斯：转折——自然的美丽

浪漫派的主题反映在其他文化形式中，也反映在诗歌中。英国诗人威廉·华兹华斯（1770—1850年）的作品在早期集中于浪漫主题。他强调个人和自然的美丽之间的关系。华兹华斯在生前得到广泛认可，最后被授予英国桂冠诗人。下面的诗歌《转折》初次发表于1798年。

 思考：这首诗歌如何被视为对启蒙运动的否定；这首诗歌在哪些方面与本章后面所选取的夏多布里昂的作品强调的主题有关。

材料来源：Edward Dowden, ed., *The Poetical Works of William Wordsworth*, vol. IV (London: George Bell and Sons, 1893), pp. 198–199.

起来！朋友！快把书本抛开，
不然你准屈背伛腰；
起来！朋友！快点笑逐颜开，
为何要烦恼操劳？

夕阳正缓步在山头，
以温煦艳丽的霞光，

遍洒连绵的青绿麦田，
为傍晚涂上一抹金黄。

书本！无止境的无聊差事：
远不如倾听林中红雀歌唱；
她的歌声多甜美！我发誓，
其中有更多的智能回荡。

你听！那画眉的歌声多嘹亮，
做传道的牧师，它最称职；
快快跃入这万象的辉光，
让大自然做你的导师。

她拥有无尽的现成珍宝，
丰富我们的心灵——
　自在的智慧，焕发着健康；
　醇厚的真理，洋溢着舒爽。
春天树林里的一阵悸动，
便能远比一切的贤哲，
帮你分辨善良与邪恶，
更能教导你人性的种种。

大自然的智慧多么芬芳，
人类的理智偏要干预，
扭曲了万物的美好形象——
谋杀了一切，只为剖析。

别再为科学与技艺大放厥词，
荒瘠的书本也可抛在脚下；
你只须备妥一份心智——
敏于观察，善于接纳。

图像材料

卡斯帕·大卫·弗里德里克：《雪中的修道院墓园》

《雪中的修道院墓园》(图 23.1)是由北德著名艺术家卡斯帕·大卫·弗里德里克于

1819年绘制的。中间是一座修道院教堂的唱诗班建筑遗迹，周围环绕着白雪覆盖的墓园和落叶的冬季森林。左边，一列僧侣随着一具棺木进入遗迹。

图 23.1　雪中的修道院墓园

这幅油画代表了浪漫主义、尤其是德国浪漫主义的许多典型要素。风景尽管在视觉上非常精确，但超越了现实主义：光线太充足，教堂太雄伟、周围的森林布局太匀称，而葬礼却不该出现在这个地方（葬礼并不在废墟中举行）。这幅绘画通过暗示，否定了启蒙理性主义和19世纪城市生活的限制。相反，唤起了中世纪的浪漫样式、自然的精神性和基督教的光荣。尤其是一些小人物被置于宏大的背景中，揭示了浪漫的渴望要被永恒的性质所压制。浪漫主义的特色是宣扬情感高于理性，即使要表达的是一种悲伤的情感。

思考： 这幅绘画的浪漫主义在哪些方面与华兹华斯的诗歌以及下面夏多布里昂所描绘的哥特教堂相一致。

勒内·德·夏多布里昂：基督教真谛

18世纪后期和19世纪前半叶的浪漫主义运动部分是对理性主义、城市化和世俗主义等新潮流的反抗。许多历史学家已经指出浪漫主义和保守主义的特殊联系，尤其是渴望简单的生活、尊重传统宗教以及乡村生活和人类习惯一致的意识。这表现在下面勒内·德·夏多布里昂(1768—1848年)《基督教真谛》的选段中，他是一位保守的法国政治家和作家。这部著作出版于1802年，流传极广，并使夏多布里昂成为法国保守派的领袖。夏多布里昂在这里描绘了中世纪的哥特式建筑。

思考：这一描绘为什么会吸引贵族成员和天主教会；通过暗示，他攻击了自己所处时代的哪些方面；这如何补充了弗里德里克的绘画。

材料来源：Viscount de Chateaubriand, The Genius of Christianity, trans. Charles I. White (Baltimore, MD: John Murphy, 1856), pp. 385 – 387.

如果你进入哥特式教堂，肯定会感到某种敬畏以及对上帝的模糊感情。你马上就会被带到那样的时代，其中兄弟会的修士们，在修道院的丛林里沉思过后，聚在一起，跪倒在祭坛面前，在寂静的夜里唱赞美上帝的诗歌。古代法国似乎一起复活了，你看到了所有那些独特的服饰，看到了与现在完全不同的整个国家；你想起了它的革命、产品和艺术。年代越久远则越是充满魔力，越能激起已经随着人类空虚和生活快速的画面消失的观念……

高卢人的丛林依次被引入了我们祖先的庙宇，那些著名的橡木也因此而维持了它们神圣的性质。雕刻着不同枝叶的天花板、支撑着墙体并像树干般折断的柱子、地下室的阴冷、圣堂的黑暗、过道、秘密通道和入口的昏暗——一句话，哥特教堂的一切都让我们想起了丛林的曲折，一切都激起我们宗教敬畏、神秘和神圣的情感。

两座高耸的尖塔矗立在建筑的入口处，超越庭院里的榆树和紫杉树之上，给蓝色的天空增添了最美丽的色彩，有时两个塔顶被一缕晨曦照耀着，有时它们头顶上悬浮着美丽的云彩或在朦胧的雾气中伸展着。连鸟儿们都会把它们弄错，把它们当作丛林中的大树，鸟儿们在他们的顶上盘旋，在塔尖栖息。但是，看哪！混杂的声响突然从这些塔顶响起，惊飞了受惊吓的鸟儿。基督教的建筑不仅满足于建造森林，而且渴望保留森林的低语，通过风琴和钟声，他给哥特式神殿添加了在森林深处呼啸的风声和雷电。这些虔诚的声音唤出了过去的岁月，岁月在石头的胸膛里发出庄严的声音，在古老西比尔的每个角落都能听到，响个不停的钟声在你的头上回荡，而脚下死者的墓穴却寂静无声。

欧仁·德拉克罗瓦：自由领导人民——浪漫主义和自由主义

19世纪上半叶大量的历史主题都被法国画家欧仁·德拉克罗瓦结合进他的画作《自由领导人民》(1830年)(图23.2)中。这幅油画描绘了1830年巴黎的一场重要革命事件——在该城中心的一座桥上革命者与政府军战斗。革命者由象征自由的女性所率领，她一只手举着共和国旗帜，另一只手拿着枪，身后跟着各个阶层和年龄的人。

无论在风格还是内容上，这幅油画都揭示了自由主义和浪漫主义的某些关联。该景象代表革命的高尚道德目标：人们为了自由主义和民族主义的理想而斗争。尽管这一事件比较混乱，但是人们的脸上传达着镇定和坚信，相信他们自由事业的正义和结局。同时，这幅油画的风格属于浪漫主义传统，尤其表现在它强调英雄主义和理想目标的实现——这里是自由的目标——超越了人的普通生命。

思考：这幅油画在哪些方面象征着梅特涅和维也纳会议所反对的东西。

23. 反动、改革、革命和浪漫主义：1815—1848 年

图 23.2　油画《自由领导人民》

奥诺雷·杜米埃：工人阶级的失望——特朗斯诺奈大街

1830 年在一些国家似乎给中产阶级带来了胜利，但是工人阶级很快就失望了。1830 年以后，法国的新政体不仅在缓解工人的条件方面毫无作为，而且还实际通过法律限制他们进行组织的权利。1834 年，由于为《镇压团体法》的制定（该法律以治安为名禁止任何超过 20 人的未经授权的团体）所激怒以及忍受严酷的劳动条件（丝绸纺织工通常一天工作 16 到 20 小时），里昂爆发了工人起义。经过四天的流血屠杀，数百人死亡，政府军镇压了这次起义。在巴黎还爆发了一次小型的起义，武装的起义军开始在街头设置路障。这次起义也遭到政府军的镇压。

在这幅 1834 年的平板印刷画（图 23.3）中，奥诺留·杜米埃（1808—1879 年），这位共和派的政府批评者和两份政治期刊的插图画家，描绘了这一行动的后果，聚焦于巴黎工人阶级街区特朗斯诺奈 12 大街。在那里，政府军相信他们遭到了来自一个公寓房窗户的枪击。在 4 月 14—15 日，他们闯入楼梯进入公寓大楼，射杀、刺杀和棒击致死 8 个无辜的人以及一名妇女和儿童。杜米埃表现了散落在卧室的罹难者。在中央，在翻倒的椅子旁边并靠在床上的，是一名父亲，他浑身是伤。下面是他的婴儿，在睡衣下面露出被打碎流血的头颅。右边是死去的祖父，而在黑暗的左边是母亲的尸体。地板上是凶手血淋淋的脚印。法国官员很

快就没收了这幅图画的所有副本。

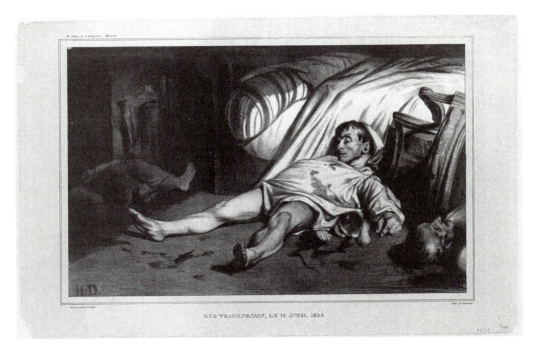

图 23.3　奥诺留·杜米埃的平板印刷画

 思考：这幅图画揭示了 1830 年革命期间上台的甚至更加"自由的"政府所采取的政策；为什么政府官员极力没收这幅图画的所有副本。

二手材料

豪约·霍尔本：维也纳会议

事后觉悟让历史学家可以用强烈批评的眼光来评价外交事件。人们通常批评重大的国家间的安排不顾历史的力量，后者很快就会瓦解和平条约试图建立的和平。尽管这种批评的观点适用于维也纳会议，但是有一些历史学家认为与第一次世界大战后的安排相比，它还算比较成功的。其中一位历史学家是耶鲁大学的豪约·霍尔本。在下面的选段中，霍尔本从当时各个团体现实的观点对维也纳会议进行了评价。

 思考：霍尔本为什么认为维也纳会议制定了建设性的和平条约；其他历史学家会如何批评这一观点。

材料来源：Hajo Holborn, *The Political Collapse of Europe*. Reprinted by permission of Alfred A. Knopf, Inc. (New York, 1965), pp. 27-28. Copyright 1965 by Alfred A. Knopf, Inc.

维也纳决议创建了一种欧洲的政治体系，它的基础持续了整整一个世纪。整整一百年里，没有出现如同1792年后的20年多年所发生的世界性战争。欧洲在1854年和1878年之间经历了可怕的战争，但是没有一次战争是欧洲所有国家或欧洲强国都参与的。19世纪的战争造成了力量的转换，但那是欧洲政治体系内部的转换，并没有颠覆那种体系。

维也纳和平协定经常为人诟病而不是受人称道。人们对维也纳会议最普遍的谴责，是说它在估量现代民族主义和自由主义的力量方面缺乏远见。远见确实是区分政治家和纯粹政客的重要品质之一。但是，即使是政治家也只能用手头已有的砖建造房屋，不能指望他在设计第一层房屋来庇护自己那一代人之前就搭建第二层。他对未来发展的远见，通常只能通过谨慎努力地为新力量的发展打通道路来体现。

在这一方面，维也纳会议取得了怎样的成功，是值得怀疑的。参加会议的代表没有一个是一流的政治家或政治思想家。他们都是顽固的保守主义分子和彻底反动的人，而且他们发现，旧势力对革命篡位者的胜利，肯定了他们的信仰，而且他们并没有确立反动的和平。他们承认法国没有宪章就无法存活，而且也知道神圣罗马帝国不可能再次复兴。如果人们牢记在德国和意大利民族主义还没有强大到成为新秩序的支柱，那么德国同盟就代表着德国政治环境的很大进步。另外在东欧，现代的民族性观念还没有确立，不过是学术和文学研究的对象。一个和平条约无法创建新的历史力量，它只能把现存的力量纳入一种关系中，它有利于维持相互的信任并能把未来的冲突降到最低，剩下的事情一定要留给政治家从不停顿而且永不会结束的日常工作。

从这方面来看，维也纳协定是具有建设性的和平条约。

E·K·布拉姆斯泰德和K·J·梅尔赫什：西方自由主义

尽管因每个国家所面临的情况不同，欧洲的自由主义各有差异，但是在19世纪前半叶期间各种自由观念和要求之间还是有广泛的一致性。在下面的选段中，E·K·布拉姆斯泰德、K·J·梅尔赫什总结了欧洲自由原则和态度的共同因素。

思考：这些原则和态度与保守主义有怎样的不同；为什么自由主义对中产阶级而不是对贵族或工人阶级更有吸引力。

材料来源：From E. K. Bramsted and K. J. Melhuish, eds., *Western Liberalism: A History in Documents form Locke to Croce*, pp. 35-36. Copyright 1978 Longman Publishing Group, UK. Reprinted by permission.

尽管自由主义的三大主要潮流中有许多变化，但是不应该忽视，从洛克到约翰·斯图亚特·密尔等古典自由主义者之间有一些共同特征。他们都扎根于启蒙的观点，因此始终强调人的基本理性和合理性。基于传统和习惯的统治阶层的特权受到质疑,而且经常遭到否定。我们随处可见人们强烈要求扩大个人的权利,并削减国家和政府的力量。尽管他们的观点差异很大,但是这一时期的自由思想家的论点主要是赞成个体公民的权利和社会作用,强调议会控制政府权力以及行政人员职责的必要性。整体而言,自由主义相信现存政治和宗教观念的多元性,它处处都为少数人的权利进行呼吁,认为那些权利应该得到保护。只要持异议者把自己的活动保持在法律规则之内,就不能使他们因宗教和政见的不同而丧失民事行为能力。个人财产权以及政府保护财产权的职责是自由主义思想的本质特征,大多数自由主义者坚持投票权要与财产资格相连,绝非出于偶然……

尽管所有的自由者都不赞同基佐的著名口号"发财吧!"①,但是没有财产的人并不会得到多数人的尊重,如果他们不是社会主义者和无政府主义者,则会被视为慈善的对象。相反自由主义者忙于信奉理性的政治秩序,它基于宪法并为拥有有限权利的政府所推动,大臣们要对议会负责。

大多数自由主义思想的另一个特点是相信进步和文明的不断前进……有科学进步和勤奋的中产阶级新的自信相助,人类的不断进步从未被真正怀疑过。

乔纳森·斯帕伯:欧洲革命,1848—1851年

1848 年革命长期以来一直是历史争论的焦点。在某些人看来,1848 年代表着维也纳会议所确立的体系的结束;在另一些人看来,它代表着自由主义和保守主义力量之间的大战;而对另外一些人而言,它代表着自由主义、民族主义、社会主义和浪漫主义的交汇点。也许最坚持不懈的史学理论传统视 1848 年是历史发生"错误"转向的时刻。在下面的选段中乔纳森·斯帕伯对这些历史争论进行了总结。

思考: 有关 1848 年革命的这三种主要解释传统之间有什么不同;哪一种解释对你来说最有意义。

材料来源: Jonathan Sperber, The European Revolutions, 1848—1851. Cambridge: Cambridge University Press, 1994, pp. 1 - 2.

在历史学家的手里,1848 年欧洲革命并不总是受到最友好地对待。温和地嘲讽、公开挖苦和充满敌意的轻蔑,经常成为叙述和评价的基调。更加友好地对待这一时期也没有带来多大改善,因为它们富有诗意的解释巧妙地淡化了作为严肃政治运动的革命,使其无法与 1789 年和 1917 年的真正事业相提并论。下面我们指出三种解释传统。

一种解释的特点是将 1848 年描绘为"浪漫革命"。沿着这样的思路写作的历史学家,省略了蓬勃热情和浪漫诗情结合而产生的街垒战,他们使人想起 1848 年 3 月在短暂的自由幸福中达到顶点的一场革命,是当代德语词汇所描绘的"民族的春天"。在这样的版本中,注意力往往集中在个别大人物浪漫的英雄事迹:拉约斯·科苏特在匈牙利平原从一个村落走到

---

① *Enrichissez vous!*

另一个村落,集合农民反抗入侵的哈布斯堡军队;朱塞佩·加里波第率领贫穷的罗马共和国军队反抗法国的远征军;达尼埃勒·曼宁独自集合威尼斯人在非常不利的形势下与奥地利人战斗。所有这些都是伟大而又光荣的,但是主要是在姿态和悲怆的力量上——它是否能够成就什么则另当别论。

更加悲观的是另一版本的1848年革命,那一版本主要把革命视为闹剧,制造这场革命的革命者往好里说是半吊子的无能之辈,往坏里说则是懦夫和牛皮大王,当革命的进展变得暴烈时,他们偷偷逃离了舞台。这个版本这样来描绘巴黎革命者的故事,他从自家的窗户看到游行的人群经过,便从椅子上跳起来,冲到外面,大声喊道,"我是他们的头,我必须跟上他们。"遭受这种回顾性蔑视的另一个典型例子是法兰克福民族会议,也就是全德议会。历史学家们与这一"'教授'议会"开玩笑,嘲笑它旷日持久地争论德国应该是联邦国家还是邦联国家,经过一年的研究,指出议员们如何投票命名普鲁士国王为皇帝,结果发现他对这个职位根本没有兴趣。

第三种也是历史学家关于1848年最基本的版本,把注意力投向了那一年革命在建立新政体方面的失败,指出经历了或长或短的间隔时间——通常很短——在革命开始时被推翻的权威重新掌握了权力。以这种传统进行研究的历史学家把19世纪中期失败的革命与1789年和1917年更加成功的革命进行比较,为其中的差异提供了许多解释。

约翰·魏斯:1848年革命

关于1848年革命的学术争论一直持续,但是近些年来一些历史学家开始提出新的解释。下面约翰·魏斯的选段便是这种新趋向的例子。在此,他不再强调自由主义的作用,而是强调手工业工人和农民在革命中的作用。

思考:在魏斯看来,革命的社会和经济原因是什么;魏斯认为给这些革命贴上自由主义的标签是一种误导,他是如何证明自己的论点的。

材料来源:John Weiss, *Conservatism in Europe*, p. 56. Reprinted by permission of Thames & Hudson, Ltd.

除了那些因战争失败导致的革命外,1848年革命是欧洲最后的革命。它们遭到镇压也标志着前面讨论的各种半封建保守主义的最后胜利。人们通常给这些革命贴上自由主义的标签,这是一种误导。这些革命的发起和维持者都是手工业工人和农民,他们进行战斗要么是维持传统秩序的某些成分,要么就是因为自由商业资本主义的侵入扰乱了他们的地位。确实,革命爆发伊始自由主义者就僭取了领导权,但是他们要的是改革而不是革命。而且自由主义者并不代表整个中产阶级,而仅仅是有政治意识的专业团体——律师、行政人员、教育界人士和学生。在欧洲并没有大众追随自由主义改革,而且中产阶级总体上并没有像1789年那样识别出阻碍社会流动的明晰的阶层,因此他们对来自下层的社会动荡的潜力非常小心翼翼。

革命的自由派领导人脱离了他们自己的阶层,而且最终证明不能给反叛的手工业者和农民保守派很难给予他们的东西。只有在匈牙利和意大利,民族主义激起了反对奥地利的民众起义,其革命确实是广泛和剧烈的。在其他地方,我们仅仅发现了城市反抗,伴随着零星的农民起义。除了法国之外,吓坏了的保守派精英们从来没有被推翻,他们只是在纸面上妥协,暂时退让,直到革命者明显变得虚弱时再重新获得权力。在法国东部,传统主义者仍然操纵着以前工业时代为特征的社会动乱的形式。1848年,工业无产阶级几乎没有发挥任何作用,革命爆发的原因是人们熟悉的传统原因,1846年和1847年是19世纪欧洲农业收成最糟糕的年份,由此出现了饥荒、通货膨胀、市场萎缩和失业。

本章问题

1. 19世纪早期的自由主义者和保守主义者就如何评价法国大革命进行争论时,各持什么样的观点?

2. 保守主义者发现浪漫主义在哪些方面合自己的胃口?浪漫主义的哪些方面会吸引自由主义者?

3. 要把19世纪保守主义、自由主义和浪漫主义看成不同的方法,欧洲人就是试图用这些方法来应对自18世纪后半叶以来出现的西方文明的变化。

24. 民族国家、民族主义和帝国主义：1850—1914年

1850年至1914年间，欧洲在政治上的特点是民族国家的发展、民族主义的传播以及"新帝国主义"的兴起。民族国家的发展出现在1848年后。顺应经济和社会的压力，政府加强了对自己国家经济和社会生活的干预。无论在自由主义的英国还是路易·拿破仑统治下保守的法国，这一点都非常明显。在意大利尤其是德国的民族统一运动中，都有类似的倾向，国家具备了更加丰富的新职能。

民族主义之根，深深植入对法国大革命和拿破仑入侵的经历和反动中。民族主义在1848年革命中也发挥了重要作用。在19世纪后半叶，民族主义继续增长而且为民族政府充分利用。民族主义最明显的表现是意大利和德国成功的统一运动。

新帝国主义出现在19世纪最后几十年。欧洲列强致力于快速寻求对亚洲和非洲的新地区进行控制。探险家、传教士、商人、军队和政府官员很快相继进入这些地区，并确立了直接政治控制。在这一进程中，西方大大增加了对世界其余大部分地区的控制，把西方的文化带进土著社会中，而不管他们愿意与否。

本章的材料探讨这三方面的发展。有些材料集中于民族国家的发展，尤其是在德国，那里的集权政府不断扩大努力适应当时的社会和经济压力。所探讨的问题是：德国政府如何回应社会立法的要求？在德国统一进程中保守主义者起了什么作用，其他力量如何应对普鲁士统一德国的压力？其他材料关注民族主义，尤其是民族主义的含义、吸引力以及与自由主义和保守主义的关系。民族主义在德国和意大利统一运动中起了什么作用？民族主义与这一时期的新帝国主义是如何联系在一起的？最后，大多数材料选段探讨帝国主义，因为帝国主义不仅对世界大部分地区具有长远的意义，而且也是历史学家们广泛讨论的议题。帝国主义的民族和经济动机是什么？对帝国主义的态度是什么？尤其是材料所反映的将其美化为基督教和人文主义运动。妇女在殖民社会中发挥了什么作用？

通过这些选段可以证明欧洲国家间日益激烈的竞争以及那些国家间的政治紧张关系。这一点我们可以在第26章看到，它们导致了第一次世界大战的爆发和继后的革命。

原始材料

奥托·冯·俾斯麦：关于实用主义和国家社会主义的演讲

1848年革命最终是对理想主义改革的一击。此后各国政府开始追求更加有限的目标。它们倾向于求助更加集权的措施，避免教条主义政策，甚至接受某些反对团体的议案，希望削弱后者对政府的坚决反对。奥托·冯·俾斯麦(1815—1898年)在德国就是这样做的。他出生于一个普鲁士贵族家庭，1862年升到国王之下首相的位置。下面的第一段材料选自1862年他对国会的演说，其中他主张，1848年的理想主义必须要由保守的现实主义所取代。

俾斯麦的权利持续到1890年。在这期间他和他的保守主义支持者面临着来自某些自由主义者和代表工人阶级的日益增长的社会主义者的反对。19世纪80年代，俾斯麦支持工人有关社会保险的某些要求并促使通过了《德国工人保险法》等法律。俾斯麦演讲后面的其他选段表明了这些政策的逻辑依据。

思考：当俾斯麦说当代的一些重大问题要由铁和血来决定时，他指的是什么；俾斯麦如何为他支持"社会主义"政策辩护；为什么俾斯麦支持这样的政策？这些政策的实施使保守主义者获得了什么，谁注定要失去？

材料来源：Louis L. Snyder, ed., *Documents of German History* (New Brunswick, NJ; Rutgers University Press, 1958), p. 202; William H. Dawson, *Bismarck and State Socialism* (London: Swan Sonnenschein and Co., 1890), pp. 29, 34 - 35, 63 - 64, 118 - 119.

铁与血

尽管我们不会自找麻烦，但德国确实无法摆脱麻烦。德国并不指望普鲁士的自由主义，而是指望他的权力。南部德国的国家——巴伐利亚、符腾堡和巴登——愿意陷入自由主义，其原因是没有人向它们分派普鲁士的角色！普鲁士必须集中她的力量，等待机会到来，这样的机会来来回回好几次了。由于《维也纳条约》，我们边界的设计并不有利于一个健康的国家。商谈和多数人意见并不能决定今天的重大问题——那是1848年和1849年的错误——，而要用铁和血。

国家社会主义

赫尔·里希特呼吁人们注意国家要为做什么负责。但是在我看来，国家也要为不做什么负责。我认为，"放任主义"、"经营管理方面的自由贸易主义"、"没有力量站起就必须被打倒和践踏在地"、"凡有的，还要加给他。没有的，连他所有的，也要夺过来"——等等原则应该用于国家,尤其应用于君主制、父权制统治的国家。另一方面,我相信那些对国家干预保护弱小表示恐惧的人公开露出了马脚,他们希望用他们的力量——资本的力量、修辞的力量或其他什么力量——为一部分人谋利、压制其他人并引入党派统治,当这些设计因政府的行为而被扰乱时他们就悔恨交加。

工人只要是健康的就给他工作的权利,他生病的时候确保得到照顾,年老时确保得到供养。如果你这样做了,而且不怕牺牲,也不抱怨国家社会主义直接说出了"老有所养"的话,——如果国家对工人阶级表现出多一点基督教的关怀,那么我相信实行戚登(社会民主)计划的先生们将徒然听到空谷鸟鸣,工人阶级只要看到政府和立法机构真诚地关心他们的福利,就会马上停止涌向他们。

是的,我无条件地承认工人的权利,而且我只要在这个位置就会坚持这一点。但在这里我并不赞同社会主义的立场,据说它只是从俾斯麦内阁开始,我所支持的是普鲁士普通法的立场。

为了国家的巨大幸福,我们采取的许多政策都是社会主义的,而且国家必须习惯于带有社会主义色彩的东西。在普鲁士,施泰恩—哈登贝格的立法尊重农民的解放,如果我们要展示这样的智慧,就必须通过改革措施在社会主义的领域内满足我们的需要。那一立法是社会主义,是从一个人手里取得土地并给另一个人——是一种非常浓厚的社会主义,而不是垄断。而我很高兴接受了这种社会主义,因为其结果是我们保障了自由和幸福的农民,而且我希望我们要及时为工人阶级做这样的事情。然而,我活着的时候能否看到——因为作为原则问题,我遭受到来自各方面的全面反对,这使我感到厌烦——还是个未知数。但是你们交给国家的食谱上必须滴上几滴社会的油——到底滴多少我不清楚……确立农民的自由是社会主义的;社会主义也是为了铁路而征用土地;社会主义是在最大程度上把领地集合起来——在许多省份里都有这样法律——从一个人手里获取土地并交给另一个人,只是因为后一个人能够更加方便地耕作土地。社会主义就是依据《水力法》,为了灌溉等而征用土地,在那里,一个人的土地被取走是因为另一个人能够更好地耕作;社会主义完全是我们的贫穷救济、义务教育、义务修建道路,这样我必须在我的土地上为旅行者保留一条道路。那一切都是社会主义的,而且我还能举出更多,但是如果你相信你能用"社会主义"这个词吓唬人或者唤来幽灵,那么你所采纳的观点是我很久已经就放弃的,而且为了整个帝国的立法,放弃它是完全必要的。

所有的事情都集中在一个问题上,也就是国家是否有职责为无助的市民提供什么?我坚持认为那是它的责任,这不仅是当我讲到"实用基督教"时斗胆首次所称呼的"基督教国家"的责任,也是每个国家的责任。一个团体如果从事个人单独能够处理的事情就是非常愚蠢的,同样,教区如果有优势根据正义所完成的目标,就要留给教区。但是有些目标是只有作为一个整体的国家才能完成的。属于这方面的有国防、总的交通系统以及宪法第四款所讲的一切。同时也包括救助穷人以及消除合理的抱怨,正是后者为社会民主主义提供了有效的煽动素材。这是国家的职责,是国家不能永远漠视的职责……国家只要一把这件事情(保险)抓到手上——我相信把它抓到手上是国家的职责——就必须寻求最便宜的保险形式,不能以靠它盈利为目标,眼光要始终盯在穷苦之人的福利上。否则我们就如会把某些国家职责的完成——从最广泛的意义上讲最重要的实施穷人救济——,如同教育和国防一样,带着许多权利委托给股份公司,我们只是自问,谁能够做得最便宜? 谁能够做得最有效? 如果超越现有穷人救济法,在更大程度上供应穷人是国家的职责,国家必须承担,不能想到股份公司可以做就心满意足了。

如果一个雇用了 2 万或者更多工人的企业要破产……我们不能让这些人挨饿。我们必须诉诸真正的国家社会主义为他们找到工作,这是我们在每次灾难面前都要做的。如果反对的理由是对的,说我们应该避开国家社会主义,就像避开传染病一样,那么如何在灾难的情况下在这个或那个省组织工作呢?——这些工作在劳动者有工作和薪金的时候我们不应该做。在这样的情况下,我们建造不知是否有利润的铁路,我们就要改进,否则私人就会掌握主动权。如果那就是共产主义,我一点也不反对,尽管带着这样的口号我们不会得到更多。

朱塞佩·马志尼:人的职责

从法国大革命以来不断增长的民族主义力量,越来越与 19 世纪上半叶期间的自由和博爱的理想联系起来。1848 年后,它变得越来越实用和保守,这表现在德国和意大利的统一上,然而它仍然基于某些早期的理想。这些表现在意大利爱国者朱塞佩·马志尼(1805—1872 年)的一生和作品中。马志尼一生大部分时间都是革命者,并一直为建立独立和统一的意大利共和国而奋斗。他在 19 世纪 30 年代和 40 年代的努力都失败了,最终在更加实用主义的领导人加富尔的领导下完成了统一。但是他的观念代表了 19 世纪意大利和其他国家强烈的民族主义潮流。下面的片段选自他向意大利工人发表的最著名的论文《人的职责》。

思考:马志尼民族主义的基础;这些观念为什么会吸引工人阶级;为什么俾斯麦会赞同这些观念而且他是否有反对的地方。

材料来源:Emilie Ashurst Venturi, Joseph Mazzini: *A Memoir* (London: Alexander & Shepheard, 1875), pp. 312 - 315.

我曾经对你们说过,你们的首要责任——就重要性而言是首要的——是对人类的责任。你们在成为公民或父亲之前就已经是人。如果你们不用爱去拥抱整个人类大家庭,如果你们不证明自己信奉因上帝统一而来的人类大家庭的统一,不证明自己相信注定要把人类的统一变成事实的各民族的兄弟情谊;无论何地如果有个同胞在痛苦呻吟,或者人性的尊严遭到欺骗或暴政的侵犯,你们有能力但并不愿意去救助那个不幸的人,或者你们有能力但感到自己没有责任为解救受骗者或受压迫者而斗争——你们就践踏了你们的生命法则,你们并不理解将指导和赐福未来的宗教。

但是你们单凭个人能为道德改善和人类进步做些什么? 你们能够经常用枯燥的言辞表达自己的信仰,偶尔也会对不属于自己国家的人做一些善举,——仅此而已。但是慈善并非未来信仰的口号,未来信仰的口号是联合,即所有人兄弟般合作走向一个共同的目标,这比慈善又要崇高得多,正如你们所有人联合起来建造一座大厦,要远比你们每个人自力更生,或者纯粹靠借助交换一些石头、灰浆或工具,建造起来的简陋小屋要来得高大。但是你们告诉我,由于你们在语言、习惯、倾向和能力方面各有不同,所以你们无法尝试联合行动,个人太无足轻重,人类太庞大。布列塔尼的水手在出海时对上帝祈祷说:"帮助我,我的上帝!我的船如此小而大海如此辽阔!"这番祈祷是你们每个人状况的真实表达,除非你们找到无限增加力量和活动能力的方法。

当上帝赐给你们国家也就给你们提供了方法,那时他就像一个聪明的领班,按照工人不同的能力分派不同的工种一样,把地球上的人类分成不同的群体,从而播撒了民族的种子。罪恶的政府已经破坏了上帝的设计,然而你们仍然可以追溯它,至少就欧洲而言,它是通过大河的河道、高山的走向和其他地理状况清晰标识出的。这些政府通过它们的征服、贪婪甚至嫉妒其他国家正当主权而破坏了上帝的设计。破坏得如此严重,以至于除了英国和法国之外,没有一个国家现在的边界符合上帝的设计。

这些政府除了自己的家族或王朝以及自己等级的私利外,过去和现在都不承认任何国家,但是上帝的设计必将完整实现。天然的区域划分和各个民族自发内在的倾向,必将取代罪恶政府认可的独断的划分。欧洲的地图将要重新绘制,自由的人投票所界定的民族国家,将要在国王和特权阶级的国家的废墟上兴起,在这些国家之间会存在着和谐和兄弟情谊。而且,人类共同的工作,也就是总体上改善、逐步发现和应用起生命法则,将会按照不同地区和总体的能力进行分配,以和平和逐步发展的方式来完成。那时,你们每一个人,因千百万人的力量和爱而强大,所有人都讲同样的语言、有着共同的倾向、接受同样的历史传统教育,有希望依靠个人的努力来造福全人类。

啊,我的弟兄们,热爱你们的国家! 国家是我们的家园,是上帝赐给我们的家园,他在其中安排了许多家族,我们热爱它们,它们也热爱我们;与其他家族相比,我们与这些家族更容易有同感,更容易相互理解;一个家族集中在一个特定的地点,其成员有共同的特性,因此适合特定种类的活动。国家是我们共同的工厂,我们的劳动产品由此出发为全球的利益服务。在这里,汇聚着我们使的最顺手的工具,如果拒绝使用它们,就会违背上帝的计划并削弱我们的力量。

海因里希·冯·特赖奇克:激进民族主义

民族主义观念和民族主义运动在整个19世纪获得了更大的力量。尽管在该世纪的前半叶,民族主义得到了许多自由主义和保守主义思想家的支持,但是它还是在该世纪下半叶变得更加激进、极端和具有种族主义倾向,这在中欧尤其明显。德国支持这种激进民族主义的最有影响的人是海因里希·冯·特赖奇克(1834—1896年),他是柏林大学的历史学家。在下面选自他著作的片段中,特赖奇克提出了关于民族特性、国家、战争和犹太人的观点。

 思考:这些观念吸引人的是什么;特赖奇克对英国人和犹太人持这样的观点,可能的原因是什么;根据这些观念会顺理成章地出现什么政策。

材料来源：Louis L. Snyder, ed., *Documents of German History* (New Brunswick, NJ: Rutgers University Press, 1958), pp. 259-62.

关于德国特性

思想深邃、理想主义、世界眼光；其超验哲学勇敢地超越（或自由地掠过）有限存在各个分立的障碍；熟悉人类的各种思想和感情，渴望全面研究与一切国家和所有时代著名思想家共有的全世界性的观念王国。这一切始终是德国的特征，而且一直被誉为德国特性和教养的本质……

关于国家

国家是一个道德团体，人们要求它用明确的成就来教育人类。它的最终目标是一个民族应该在其中发展成为具有真正民族特性的民族。为了达到这一点，国家对民族和个人都负有最高的道德责任。当国家面临危险时，所有内部的争吵必须忘记。

当国家喊出它的生命处于危险时，社会的自私必须停止，党派的仇恨必须消弭。个人必须忘记自我，要感觉自己是整体的一员。

一个国家拥有的最重要的东西，它的一切和最终目标，是力量。那些不够男子汉，当面看不到这一真理的人，不应该干预政治。国家本身的目标不是物质力量，它是一种保护和促进更好利益的力量。力量必须通过用于人类的至善来证明自己，增加它的力量是国家最高的道德义务。

国家真正的伟大是它把过去、现在和将来联系起来，结果个人没有权利把国家当作获得在世间实现自己野心的手段。国家的行动如果激起、促进和净化了自由和理性之人的独立，那么任何行动的扩大都是有利的和明智的，如果它扼杀和阻碍了自由人的独立，就是罪恶的，是人创造了历史……

只有真正伟大和强大的国家应该生存。小国家无法保护臣民抵御外侮，而且他们在更大的范围对 kultar 无能为力。魏玛出现了歌德和席勒，如果这些诗人是德国民族国家的公民，应会更加伟大……

关于战争

永久和平的观念是一种幻想，只有那些性格懦弱的人赞成。只有那些萎靡、无精打采和精疲力竭的时代才做永久和平的梦。无数感人的描写证明了神圣的爱的力量，那种爱是由高贵国家的正义之战所唤醒的。在一个充满武器的世界里根本不可能维持和平，甚至上帝也证明战争作为治愈人类的猛药一直会不断发生。在伟大的国家中，最大的政治罪恶和最令人轻蔑的是虚弱。它是违背圣灵的政治罪恶。

战争是引人向上的，因为在大的国家概念面前个人消失了。一个团体中的成员相互奉献，任何场合都没有在战争中那么明显。

现代战争的发动不是为了商品和财产。处于危险中的是民族荣誉中的崇高道德利益，它的某些东西具有绝对圣洁的特性，促使个人为之牺牲。

关于英国人

虚伪的英国人,一只手拿着圣经,另一只手拿着鸦片烟,没有任何救赎的特性。该国家是古代的强盗骑士,全身盔甲,手里拿着长矛,出现在世界的每一条商道上。

英国拥有商业精神,热爱金钱,这扼杀了所有光荣的情感,而且无法分清对错。英国人的胆怯和淫荡掩藏在假装虔诚的神学谈话艺术中,这在我们自由思想的德国异端看来是最令人厌恶的。在金钱的力量面前,所有的高贵思想和阶级成见都被击败了。而德国的贵族尽管贫穷但保持了骑士风度。反对社会兽性的最后的不可或缺的堤岸——决斗——在英国已经过时而且很快消失了,代之而起的是马鞭。这是粗俗的胜利。他们报道贵族婚礼的新闻,详细记录参加婚礼的宾客每人送了多少礼物或现金,甚至该民族的年轻人也把竞技变成了商业,为有价值的奖品而竞争,而德国的学生们为了真正或想象中的光荣而毁坏他们的面容。

关于犹太人

犹太人由于经营钱财的能力一度在德国历史上发挥了必要的作用,但是现在雅利安人熟悉了财政的特性,犹太人不再必要。国际化的犹太人,隐藏在不同国籍的面具下,起着分裂性的作用,他对世界不再有任何作用。有必要公开谈论犹太人,不要因犹太人报纸玷污了纯粹的历史真相而受到妨碍。

弗里德里克·法比瑞:德国需要殖民地吗?

在19世纪后期,帝国主义以强大的力量席卷欧洲。新帝国主义最明显的动机也许是经济。随着每一次征服,人们都期望拓展新商业,尤其是开辟工业产品的新市场。但是还有另外的动机,甚至是最重要的动机:民族主义。当时不断自信的民族主义离新帝国主义只有一小步之遥。这两种观点都反映在弗里德里克·法比瑞1879年的小册子《德国需要殖民地吗?》中。他是德国一个传教团体在西非南部的巡视员,在书中他强调了德国在成为一个帝国后的"文化使命"。

思考:法比瑞用了什么观点论证德国获得殖民地的合理性;法比瑞说德国的"文化使命",指的是什么,这如何与帝国主义相联系。

材料来源:Louis L. Synder, *The Imperialism Reader* (New Yorker:D. Van Nostrand, 1962), pp.18-20, 经过了删减。

德意志民族,这么善于航海,这么有工业和商业头脑,比其他民族都更适合农民殖民,拥有丰富的劳动力供应,所有这一切都超过其他现代文明国家,难道它就不能成功地在帝国主义之路上开辟一条新路吗?我们毫不怀疑殖民问题已经成为对德国发展生死攸关的事情。殖民地会有益于我们的经济状况以及我们整个民族的进步。

这里是我们所面临的许多问题的解决办法。在我们这个新帝国,有那么多痛苦,那么多徒然的、乏味的和有害的政治争吵,因此,开辟新的有前途的民族努力之道,会起到解放性的作用。我们的民族精神将会更新,令人满意并成为一大笔财富。一个走向强大的民族,只要理解并证明自己是"文化使命的担当者",就能够维持自己的历史地位。同时,这是走向稳定和促进民族幸福的唯一途径,是一个国家持续发展的必要基础。

德国一度只是在思想和文学领域对我们的世纪做出了贡献,那个时代现在结束了。作为一个民族,我们有了政治头脑、有了力量。但是,如果政治力量成为一个民族的主要目标,它就会导致我们走向无情,甚至野蛮。我们必须准备好促进这个时代的理想、道德和经济文化。法国的民族经济学家勒罗伊·鲍尤曾用这样的话来结束他关于殖民化的著作:"最广泛殖民的民族是世界上最伟大的民族,如果她今天达不到那样的程度,她明天会达到。"

没有人能够否认,迄今为止英国在这方面超过了所有其他国家。在最后几十年,甚至在德国,人们也不停地说"正在崩溃的英国力量"。确实,我们如果考虑帕默斯顿和格莱斯顿的政治,那种说法似乎有点道理。在这个军事力量的时代,人们习惯于根据准备战斗的部队数量来评价一个国家的力量。但是任何人看到地球,注意到英国的殖民地不断增长,她如何从那里获得力量,她统治这些地方的技巧,盎格鲁·撒克逊种族在海外地区如何具有主导地位,就会把那种军事论点视为庸人的逻辑。

事实是,英国用不到我们大陆军事国家四分之一的人力就牢牢掌握了其在全球占有的地方。那不仅仅是巨大的经济优势,而是有力证明了英国稳定的力量和文化素质。

我们德国人从盎格鲁·撒克逊兄弟那里学习殖民的技巧并开始与他们友好竞争是明智之举。数世纪前,当德意志帝国站立在欧洲所有国家之巅时,它在贸易和海上力量方面都是首屈一指的。如果新的德国想长久保持它新获得的国家地位,就一定要注意它的文化使命,最重要的是,要毫不迟疑地重新要求殖民地。

罗德亚德·吉卜林:白人的责任

帝国主义经常为那些积极参与其中的人和待在家乡的民众所美化。这种美化的内容之一是把帝国主义视为基督教和民族主义的冒险。从更广泛意义上讲,是把帝国主义描绘为西方文明理想主义领导者所从事的英雄事迹,努力把"真正文明"的"好处"传播到世界的"劣等民族"。其中最广为人知的是罗德亚德·吉卜林(1865—1936年)的作品,尤其是他的诗歌《白人的责任》,这首诗写于1899年,用来庆祝美国吞并菲律宾。

思考: 吉卜林的"白人的责任"指什么;吉卜林如何为帝国主义辩护;为什么这样的辩护如此具有吸引力。

材料来源: Rudyard Kipling, "The White Man's Burden," *McClure's Magazine*, vol. XII, no. 4 (February 1899), pp. 290 - 291.

担负起白人的责任,
派出你最优秀的子孙,
让他们离乡背井,
满足你们俘虏们的需要。

24. 民族国家、民族主义和帝国主义：1850—1914 年

在繁忙的日常工作中，
伺候那些激动不安的野蛮人——
那些你们新捕获的
半魔鬼半孩童的阴郁臣民。

担负起白人的责任
耐心地忍受一切，
收起恐怖的威胁。
压抑傲慢的炫耀。
用坦率和质朴的语言，
讲上百遍让他们明白，
为他人实现利益而探索，
为他人获得财富而工作。

担负起白人的责任——
结束残暴的战争，恢复和平——
让饥民满腹，
让疾病消停。
（要为满足他们的愿望探寻），
当你的目标尽在眼前，
当心懒惰和不信神的蠢货，
把所有的希望化成泡影。

担负起白人的责任，
抛弃国王残暴的统治，
用农奴和清扫工的辛劳——
打造共同的事业。
避风港你勿进，
平坦路你勿走，
让他们过上你的生活，
在你死后把你牢记永久。

担负起白人的责任，
收获你熟悉的报偿——
你所改善之人的谴责，
你所保护之人的仇恨——
你所迁就的主人高喊，

(且慢!)对着光明叫喊:——
"尔等因何让我们摆脱束缚,
我可爱的埃及的黑夜?"

担负起白人的责任,
对任何人都躬身曲背——
不要大声呼吁自由
要掩饰你的疲惫。
通过你愿意还是抱怨,
通过你离去还是留下,
那些沉默的忧郁的臣民,
会衡量你们和你们的上帝。

担负起白人的责任!
要从孩童时代做起——
轻松愉快地献出桂冠,
心甘情愿地发出赞美:
如今已到了成年,
审视你全部虚度的岁月,
带着来之不易的现成智慧,
冷静地听取你同伴的判决。

皇家尼日尔公司:控制非洲的格式条约

欧洲人采用了许多手段控制非洲大地,最明显的是武力。然而,最狡猾的手段包括"条约"或欧洲人所称的"法律契约"。在争夺非洲过程中,非洲的酋长签署了数百份这样的文献。下面的材料是 19 世纪 80 年代英国公司,即皇家尼日尔公司颁发的一份"格式条约"范本。该公司已经获得英国政府授权在西非尼日尔河流域实行贸易垄断,并与法国竞争控制这块地区,这些条约最后成为创建英国尼日利亚殖民地的基础。

 思考:这些条约给予每一方什么;非洲人要放弃什么;为什么英国发现这种获得控制的方式如此具有吸引力。

材料来源:Edwart He:tslet, ed. , *The Map of Africa by Treaty*, 2 nd ed. (London: Her Majesty's Stationary Office, 1896), vol. 1, pp. 467 - 468.

我们,_____的在下面签名的首长,为了我们国家和人民条件的改善,今日把远至_____的我们整个地域割让给皇家尼日尔公司。

我们也授予皇家尼日尔公司全权解决无论何种原因所引起的当地的争端,我们也发誓,没有所说的皇家尼日尔公司的批准,我们不与其他部落发动任何战争。

我们了解所说的皇家尼日尔公司有全权在我们国家的任何地方开矿、耕作和建造房屋。我们约束自己,除了通过所说的皇家尼日尔公司外,不与任何陌生人或外国人发生任何关系。

至于前述的皇家尼日尔公司(获颁宪章的有限公司)约束自己不干涉该国地方法律和习俗,始终维持秩序和良好的政治。

所说的皇家尼日尔公司约束自己要保护所说的首长们不受邻近侵略性部落的攻击。

所说的皇家尼日尔公司也同意支付所说的首长们_____数量的当地钱财。

我们,在下面签字的证人,在此郑重宣布,_____的首长们,在各自的十字架后面有他们的名字,已经当着我们的面,在自愿和同意的情况下盖上了他们的十字架,而且所说的_____已经当着我们的面签了字。

在_____签署一式三份,188____年____月____日。

翻译者的声明　我,_____的_____,在这里郑重宣布,我非常了解该国的语言,而且在188____年____月____日,我向所有在场的首长们忠实地解释了上述条约,而且他们明白条约的意思。

图像材料

乔治·哈考特:美化的帝国主义

下面这幅1900年由乔治·哈考特描绘的油画(图24.1)传达着帝国主义对欧洲人而言有所具有的意义。这幅作品首次在皇家学院展出,表现英国士兵乘火车开赴南非参加布尔战争。士兵们明显扮演了男英雄的角色,无论在他们自己还是老少市民的眼神中都可以看出来。画面中央的一对情侣进一步强调了这一点,是英国男子刚毅和女性温柔的缩影。在许多人看来,帝国主义能使欧洲人有一种冒险意识,而且证明他们对欧洲本身和世界其他地区的优越性。画面中所缺少的是这些士兵和殖民地的人们所共同经历的流血和剥削的现实。

 思考:这幅油画如何吻合吉卜林《白人的职责》中的描绘。

图24.1 乔治·哈考特的油画作品

1899年独立日：美帝国主义在亚洲

1898年的美西战争导致了西班牙的失败和退出古巴、波多黎各和菲律宾。它也在美国引起热烈的讨论，即美国是否应该步欧洲之后尘要求殖民地。菲律宾的"解放"导致了与菲律宾起义者长达十年的战争，起义者通过斗争争取摆脱西班牙和美国获得独立。美帝国主义对菲律宾感兴趣，在很大程度上是因为它给美国人提供在亚洲其他国家进行贸易和投资的通道，尤其是在虚弱的中国市场，它能够购买无数的美国商品。在这幅漫画中（图24.2），我们看到山姆大叔就要用刺刀刺中一个菲律宾人，而后者正极力用剑来保卫自己，这表明美国军队和菲律宾起义者力量对比悬殊。在山姆大山背后，当时的总统麦金利挥舞着旗帜，表明在美帝国主义背后可以看到爱国主义和沙文主义。

图24.2 反映美帝国主义在亚洲的漫画作品

思考： 美国人如何能通过长期反对欧洲帝国主义而使自己赞同殖民主义合理化。

帝国主义在非洲

图24.3表明欧洲殖民之前土著民族之间大约的地理划分。图24.4突出1880年前19世纪的政治文化区划。图24.5则表现1880年至1914年间的殖民瓜分。

这些地图共同说明了帝国主义在非洲的许多内容。首先，非洲被划分的方式和速度表明在19世纪后期的帝国扩展中竞争激烈。其次，欧洲瓜分非洲并没有顾及非洲已经存在的社会、政治、文化和种族划分。纯粹从地理的角度来看，人们就能够想象帝国主义给当地社会和文化造成的破坏。第三，这些地图有助于解释非洲摆脱殖民统治后所经历的各种问题。新的非洲国家总体上是以欧洲殖民者人为划定的政治边界为基础而形成的。因此许多非洲国家不得不处理因19世纪瓜分非洲而导致的人口分裂和敌对。

24. 民族国家、民族主义和帝国主义：1850—1914 年

思考： 这些地图如何有助于解释帝国主义对非洲的影响。

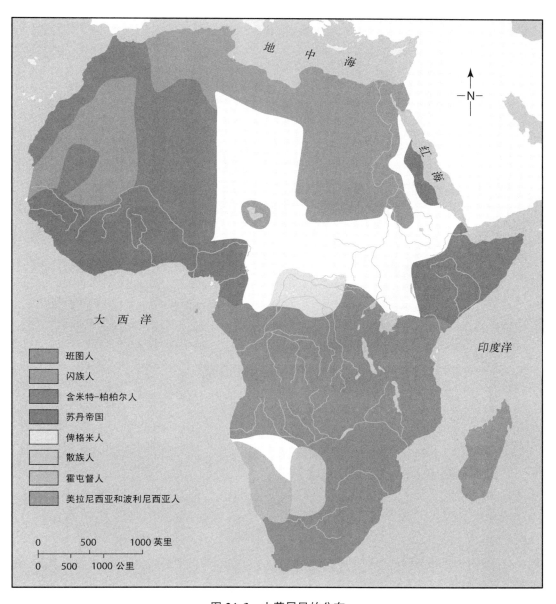

图 24.3 土著居民的分布

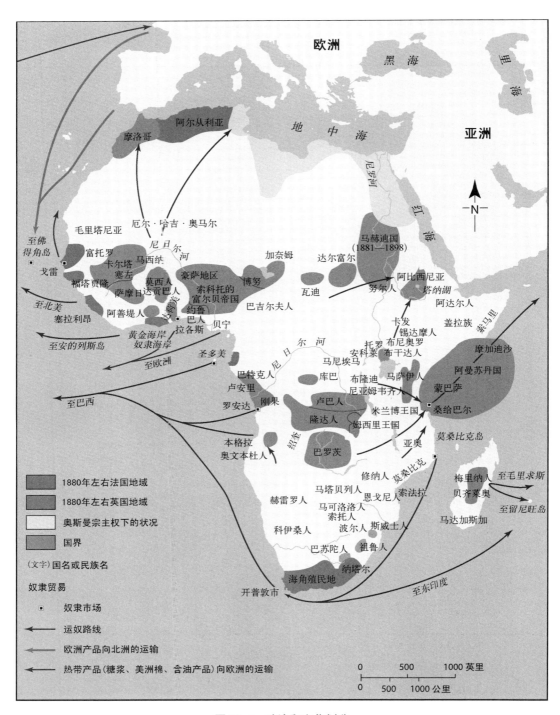

图 24.4 政治和文化划分

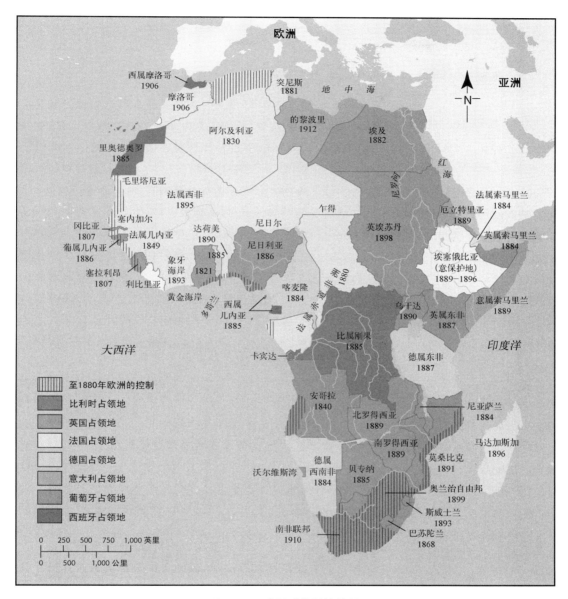

图 24.5 欧洲对非洲的控制

二手材料

雷蒙德·格鲁:意大利统一的严格计划

在 19 世纪上半叶,民族主义通常与自由主义紧密联系。1848 年革命后民族主义和保守主义之间的关系越来越密切,这尤其表现在民族统一运动中。在下面的选段中,雷蒙德·格鲁,密歇根大学一位提倡比较史的学者,在比较的背景下分析了民族主义、自由主义和保守主义之间的关系。

 思考: 民族主义如何既吸引自由主义者也吸引保守主义者;在19世纪后半叶,为什么自由主义理想经常以民族主义为借口而牺牲自己。

材料来源: Raymond Grew, A Sterner Plan for Italian Unity. Reprinted by permission of Princeton University Press (Princeton, NJ, 1963), pp. 465 – 466. Copyright 1963 by Princeton University Press.

如果说政治就是观念和利益的公开斗争,那么民族主义就是对政治的否定。因为民族主义强调统一、忠诚和责任的价值,将政治争论视为虚弱的根源。它否认不同等级、团体或宗教之间存在着真正的利益冲突。因此,民族主义的影响本质上是保守的,因为无论任何人只要能够为了国家统一和强大,无论是迪斯累里、格莱斯顿、拿破仑三世还是俾斯麦,它都会提供支持的理由。由于秩序和统一这一政治保守派的要求,对一个强大国家而言必不可少,而且由于在民族主义者看来最有价值的目的是获得力量,因此他们总是迫于压力试图在政治上右倾,为了统一而牺牲自由,为了权威而牺牲讨论,为了手段而牺牲目的。

然而,民族主义通常源于自由主义者和改革家,因为每个地方都要求变化,都需要现代化主义者的原则,现代化主义者尽管因需要一场革命而要失去很多,但他们都自觉地认识到自己的国家是"不发达"国家。民族主义之所以能够有效地否定政治,是因为它以现代国家为模型可以很清晰很容易地界定自己的目标。对法国而言,其模型是英国,对意大利而言,其模型是英国和法国。意大利的民族主义者通常是自由主义者,但是他们的自由主义主要是赞美自由国家的成就。因为模型已经存在,他们直接面对它,渴望获得有效的官僚机构、负责任的政府、进步的经济结构、以普遍接受和应用的法律为基础的一切。民族主义是快速获得这一切的计划,不是缓慢向它们过渡,而是在必要的时候添加上这些东西。急迫地要达到这些目标,而这些目标又是民族主义本身强烈反对的,结果造成关心手段的理论家们显得迂腐和不切实际。意大利民族主义者并不需要类似玩世不恭那样冷酷的东西来证明"推迟"争论或选择实用手段的合理性,尽管这通常意味着自由主义生存所需要的活动逐步丧失。

戴维·布莱克鲍恩:德国统一

同意大利的情况一样,19世纪上半叶德国的民族主义同自由主义有密切的关系。在1848年革命的早期阶段尤其如此。但是随着自由民族主义努力获得明确变革的失败,德国走向统一的脚步沿着俾斯麦和保守主义者照亮的道路前进,他们用三次战争帮助德国在1871年获得了统一。在下面的选段中,戴维·布莱克鲍恩分析了使德国统一道路取得成功的国际环境。

 思考: 为什么列强允许普鲁士统一德国而不加以干涉;为什么俄国和英国"心烦意乱";其他强国也许会采取什么措施反对普鲁士。

材料来源: David Blackbourn, *The Long Nineteenth Century: A History of Germany*,

1780-1918（New York：Oxford University Press，1998），pp. 247-248.

三次战争的结果使德国统一起来，成为欧洲中部一支新的力量。为什么其他列强允许这样的事情发生？一个很重要的答案是普鲁士的军队成功地经受了检验。不能过分强调德国统一最后凭借的是战争，其他因素也有利于普鲁士的道路获得成功。在克里米亚战争中俄国军队蒙受了耻辱，19世纪60年代把精力集中在一场内部改革中。早期俄国的工业化也依赖俄德贸易，而且重视与新兴的德国力量保持良好关系……英国有紧迫的殖民地问题：它主要怀疑法国在大陆的野心，把新出现的德国视为既不威胁英国根本利益也不拥有很强大海军的力量。加上英国总体上赞成民族自觉（同意大利一样）、尊重德国文化以及格莱斯顿关注国内事务，因此，英国支持普鲁士"军国主义"的人远远超过怀疑的人，其中的原因是非常明显的。如果我们转向在普鲁士统一道路上被直接击败的两个强国，需要强调的不是他们与人为善的中立原则，而是他们的虚弱。在这一时期，奥地利被彻底孤立起来，维也纳并没有成功地修复因克里米亚战争而破裂的与俄国的同盟关系。就奥地利的地位以及中央的虚弱而言，非常具有讽刺意味的是，它的主要同盟者普鲁士也成为它在德国事务中的劲敌。长久的哈布斯堡君主、匈牙利、意大利和斯拉夫等臣属国的状况所造成的长期困难，使这些问题进一步加剧。这是1866年最重要的背景之一，接下来，在普法战争期间，捷克人和波兰人的动荡不安促使维也纳转向了更加亲德的立场。最后，拿破仑三世统治下的法国在欧洲事务方面我行我素，是一支冒险主义的力量，它激起普遍的怀疑而且没有人为它1870年的命运感到难过。

艾瑞克 J·霍布斯鲍姆：帝国的年代

自20世纪早期开始，人们已经从许多不同的角度揭示了帝国主义。学者们看待帝国主义的方式通常更多地揭示了他们自己的政治和思想观念。某些早期的解释，如J·H·霍布森和V·I·列宁，都是从经济角度进行解释。他们批评帝国主义是资本主义的过度发展，霍布森从一个自由社会主义者的角度探讨，而列宁是作为马克思主义理论家和政治领导人进行探讨。以新的方式对帝国主义进行经济解释仍然很流行。这表现在下面的选段中，其作者是英国的历史学家E·J·霍布斯鲍姆，他在其中广泛探讨了19世纪西方文明。

 思考：为什么霍布斯鲍姆认为经济结果与帝国主义的经济动机并不相关；为什么霍布斯鲍姆称帝国主义是国际经济自然的副产品；为什么政治活动次于帝国主义的经济动机。

材料来源：From *The Age of Empire* by Eric Hobsbawn. Copyright 1987 by E. J. Hobsbawn. Reprinted by permission of Pantheon Books, a division of Random House, Inc.

说殖民扩张的一般动机是寻求市场，更能令人信服。尽管这一点经常令人失望，但并不影响这一判断。人们普遍相信，大萧条造成的"生产过剩"可以通过大规模的外销予以解决。商人们总是倾向于填满存在大量潜在顾客的世界贸易地图的空白区，他们自然会去寻找那些未开发的地区:中国是一个令销售员魂牵梦绕的地区——倘若那里的3亿人每人买一盒大头钉会怎么样呢?——不为人知的非洲则是另一个地区。在19世纪80年代,英国的商会想到外交谈判也许无法使他们的商人进入刚果盆地一事非常恼怒,他们相信那里可以提供数不尽的销售预期,尤其是那位戴王冠的商人、比利时的利奥波德二世正把刚果当作一个富有利润的事业加以开发……

当时全球性经济的困难之处在于,许多发达的经济体都同时感到需要新的市场。如果足够强大,它们的理想是在不发达地区实行"门户开放",但是如果不够强大,便希望瓜分到属于自己的领土,凭借着所有权,这些土地可以使它们的商业拥有垄断地位,或者至少拥有实际的优势。对第三世界未经占领的地区进行瓜分是这种逻辑的必然结果。在某种意义上,这是1879年后几乎在各个地方都立稳脚跟的贸易保护主义的延伸……就此而言,"新帝国主义"是基于几个竞争性工业经济体相互敌对并为19世纪80年代经济压力所强化的国际经济的天然副产品。帝国主义者并不指望某个特定的殖民地自身成为黄金国,但这种情形真的在南非发生了,那里成了世界上最大的黄金生产国。他们也许只是指望殖民地能够提供区域性商业渗透的合适基地或跳板……

在这点上,获得某些殖民地的经济动机逐渐与达到该目的所需的政治活动难以分开,因为任何一种保护主义都是经济在政治的协助下进行运作……一旦敌对的力量开始划分非洲和大洋洲的版图,每一个国家自然都会设法不让其他强国获得过大的地区(或特别有吸引力的小块土地)。一旦某个列强的地位开始同在某个棕榈海滩(更可能的是一片干燥的灌木丛)升起国旗有关,获得殖民地本身就成为地位的象征,不论这些殖民地的价值如何。

卡尔顿 J·H·海斯:作为民族主义现象的帝国主义

尽管对帝国主义的经济解释还未失去市场,但是近来已经出现其他观点,它们补充了甚至直接替代了经济的解释。下面选自卡尔顿 J·H·海斯的选段就是这种直接的替代解释。海斯是复杂地理解民族主义的第一位历史学家,他认为经济动机完全是次要的,总体而言,帝国主义是一种民族主义现象。

 思考:海斯用什么证据来否定民族主义的经济解释;霍布斯鲍姆会如何回答这种解释;这种观点在哪些方面与本章关于民族主义的文献相吻合。

材料来源: Excerpted from *A Generation of Materialism*, 1871-1900, pp. 223-224, by Carltcn J. H. Hayes. Copyright 1941 by Harper & Row Publishers, Inc. Copyright renewed 1969 by Mary Evelyn Hayes. Reprinted by permission of HarperCollins Publishers, Inc.

新殖民帝国的建立和旧殖民帝国的加强要早于新重商主义的确立,引证经济观念支持帝国主义似乎是事后追溯其合理性。大体上来说,并不是拥有大量工厂主和银行家的自由党发起了70年代和80年代早期向外的帝国主义运动。相反,发起者是拥有大量农业追随者的保守党,后者出了名地怀疑高利贷者和大商业,而且发起者最主要的是爱国主义的教授和政论家,他们不考虑政治归属和个人的经济利益。这些人提出了经济的观点,最终吸引银行家、商人和实业家进入了帝国主义的阵营。

从根本上说,新帝国主义是一种民族主义现象。它紧随着民族战争而出现,后者缔造了无所不能的德国和统一的意大利,使俄国处于君士坦丁堡的视野之内,使英国发抖、法国黯淡。它表现了随之而来的心理反应,即热切地希望维持或恢复民族的声望。法国通过在海外的获得来弥补在欧洲的损失。英国则通过扩大和美化大英帝国来抵消在欧洲的孤立。俄国为巴尔干人所憎恨,重新转向了亚洲,而且不久德国和意大利会向世界表示,他们有资格通过在外部的帝国开拓,提高通过武力在欧洲内部获得的声望。小的国家没有生死攸关的大声望,极力保持不出现新的帝国主义,但是,葡萄牙和荷兰重新表现出对他们已经获得的帝国的骄傲,而且后者以新的活力来管理自己的帝国……

简单不过的是,1870年之后先后出现的帝国主义似乎首先是以民族声望为由呼吁获得殖民地;其次是得到殖民地;第三是用经济的论点来平息批评者的怒气;第四是实现这一点,并将这些结果同保护关税的新重商主义和国内社会立法联系起来。

丹尼尔 R·汉德里克:帝国的工具

最近一些历史学家所明确集中探讨的问题,是19世纪下半叶期间帝国统治的扩大是如何发生的。他们认为与殖民拓展的勃兴同时出现的殖民征服的工具可以很好地对此做出解释。下面的选段选自丹尼斯R·汉德里克非常有影响的著作《帝国的工具:19世纪的科技和欧洲帝国主义》。在这些选段中,他集中探讨重要的发明和更新在哪些方面使欧洲人更加容易地征服了新土地。

 思考: 根据汉德里克的解释,科技如何有助于解释帝国开拓的事件;汉德里克的论点是削弱还是加强了对帝国主义的经济或民族主义解释。

材料来源: Daniel R. Headrick, The Tools of Empire: Technology and European Imperialism in the Nineteenth Century (New York: Oxford University Press, 1981), pp. 205–206.

该世纪中期帝国主义的内容主要是英国的触角从印度伸展到缅甸、中国、马来亚、阿富汗、两河流域和红海。至少从地域上讲,更能深刻表现新帝国主义的是该世纪最后几十年对非洲的争夺。历史学家们普遍同意,从获利的角度来看,这一争夺活动是有问题的。在这方面,技术同样有助于解释这些事件。

把每一项发明都置于其本身的科技和社会经济背景中一件件地进行描绘,是再容易不过的事情。然而,发明革新的内在逻辑并不能使我们对各种时间巧合视而不见。尽管各种进步出现在不同的时期,但是许多证明对进行争夺的帝国主义有用的发明,是在1860年到1880年期间首次产生影响。在这些年里,奎宁预防药物使非洲对欧洲人更加安全;驻扎在帝国边境地区的军队中,快速设计的后膛枪取代了前装枪;复合发动机、苏伊士运河以及海底电缆,使得汽轮无论在政府资助的邮路上还是远海的货物运输中都比帆船更具竞争力。

1880 年出发去征服的欧洲人,无论面对自然还是所遭遇的人,都比 20 年之前的前辈更加具有力量,他们能够更加安全和舒适地完成自己的任务……

后膛枪、机关枪、蒸汽船和汽轮以及奎宁和其他发明的使用,无论在钱财还是人力上,都确实降低了渗透、征服和开发新地区的代价。它们使帝国主义如此划算,因此不仅民族政府而且小团体都能够在其中发挥作用。孟买省开通了红海通道;皇家尼日尔公司征服了索科托的哈里发;甚至如马克格里格·莱尔德、威廉·麦金农、亨利·斯坦利和塞西尔·罗德西亚等个人也能够促成某些事件,并划定广大的地域,这些地域后来都成为帝国的一部分。正是由于新技术在 19 世纪的流行使得帝国主义如此廉价,因此它开始为欧洲的民族和政府所接受,并使国家变成了帝国。这个因素在强夺非洲过程中,不是同历史学们所强调的政治、外交和商业动机同样重要吗?

玛格丽特·斯托贝尔:性别和帝国

尽管在海外殖民地担任士兵、官员和行政人员的欧洲人,大都是男人,妇女们也旅至殖民地,居住在那里,尤其是居住在这些海外社会中。她们在自己社会中与男人的地位不平等,但优于被殖民的男女,使她们的角色以及人们对帝国活动的争论更加复杂。在下面的选段中,玛格丽特·斯托贝尔分析了这些妇女所面对的环境以及她们如何与非洲和亚洲的被殖民民族相联系。

 思考:欧洲人在哪些方面从帝国主义中获得了利益;妇女对帝国主义的看法如何与男人不同。

材料来源:Magaret Strobel,"Gender, Race, and Empire in Nineteenth and Twentieth-Century Africa and Asia," in Renate Bridenthal et al., eds., Becoming Visible: Women in European History, 3rd ed. (New York: Houghton Mifflin Co., 1998), pp. 390–410.

欧洲妇女与 19 世纪和 20 世纪欧洲列强控制的非洲和亚洲地域的关系复杂多变,而且经常出现矛盾。作为"高等种族"(使用当代的表达)内部的"劣等性别",帝国主义给妇女提供了某些选择,殖民地的男性统治因此要受到限制。到 20 世纪,一些欧洲妇女开始攻击殖民关系中在种族、政治和经济方面的不平等。但是她们大多数人都支持和献身帝国的冒险事业。这些妇女从在从经济和政治上征服土著居民中获利,而且大都具有相伴而生的种族主义、家长制统治、民族沙文主义态度。对她们大多数人来说,在殖民地生活提供了在欧洲所没有的机会,而在欧洲,她们的选择为社会等级、可嫁之人的"短缺"、选择合适职业的困难以及缺乏可皈依的"异教徒"等情况所限制。同时,妇女继续经历、有时挑战、有时再现妇女在经济、政治和意识形态方面的从属性。作为殖民地官员的妻子,她们使自己的生活从属于男性中心的管理环境。作为当地妇女的教育者,它们再现了欧洲资产阶级、维多利亚家庭生活和女性依赖的思想。传教的妇女献身于职业和召唤,在某些方面形成了对这些观念的挑战,但即使她们也接受了家长制的观念、教会的官僚作风,并向非洲和亚洲的妇女宣传欧洲

24. 民族国家、民族主义和帝国主义：1850—1914年

传统的女性角色……

在某种意义上，欧洲妇女在男性统治的殖民社会和结构中的边缘地位也提供了一种机会。主流文化之外的人有不同的眼光，这源自她们在社会结构中的不同经历和地位。也许欧洲妇女在主流殖民社会内的边缘地位，使她们能够以不同的眼光来看待帝国主义的各个方面。欧洲妇女经常会看到土著妇女的需要，而男性统治者则对此视而不见。有些人选择运用技巧，为了土著居民而提高自己作为殖民社会成员的权力和地位。她们这样做，尽管不完全是有意的，却有助于帝国的解体。

 **本章问题**

1. 在19世纪，民族主义、民族国家和帝国主义间有怎样的历史联系？这三者与工业化有怎样的联系？
2. 你如何解释19世纪后期帝国主义的兴起？
3. 从19世纪以来我们在哪些方面对帝国主义的看法发生了变化？

25. 文化、思想和社会：
1850—1914年

从19世纪中期到1914年，城市中产阶级无论在社会还是文化上都主宰了欧洲社会，正是这个阶层从该时期持续的工业化中获益最多。随着城市中产阶级在人数和财富上不断增加，它开始主张自己的价值和设想。这个阶层逐步确立了生活方式、思想和文化的标准。同时这些标准遭到各方的攻击，尤其遭到那些对工人阶级问题比较敏感的人的攻击。中产阶级确立的标准和对这些标准的挑战形成了反差，标志着这一时期是社会、文化和思想剧烈动荡的时期。

本章所选取的材料体现了这一时期主要的社会、文化和思想发展。主要探讨三个广泛的问题。首先，中产阶级生活方式的主要要素是什么？某些材料解释了这种生活方式在中产阶级的物质背景中是如何反映的；其他材料则聚焦于妇女和家庭在这种生活方式中所发挥的作用。其次，中产阶级所拥护的思想潮流主要是什么？在这里，考察了向19世纪末期演化的自由主义以及普遍称为社会达尔文主义的思想。第三，对中产阶级思想和制度的主要挑战是什么？最流行的是马克思主义和相关的社会原理，但也有保守派的挑战，如来自天主教会和种族主义的挑战。

通过这些材料所描绘出的画面，是一个有一系列文化和思想发展的充满活力的社会。在第一次世界大战爆发之前的几十年里，许多人回顾这一时期是取得非凡进步的时期。下一章我们将考察20世纪的某些进步，反过来证明19世纪下半叶是一个非常积极的时代。

原始材料

查尔斯·达尔文：物种起源和人类由来

19世纪是科学观念和科学发现大发展的时期，也许最主要同时也最具争议性的是达尔文（1809—1882年）的进化理论。达尔文是英国的博物学家，在南太平洋的航行中收集了素材。他利用这些素材发展了他的自然选择的进化理论。这种进化理论,尤其是当运用于人类时,挑战了圣经的创世说。他认为,所有的生命,包括人类,都是从低等形式进化而来。进化非常缓慢,远比人们所假设的时期要长。自然选择,或者说适者生存,决定着物种如何进化。达尔文在1844年的论文中首次明确阐述了自己的发现。然而,只是到了1859年后,当他出版了《物种起源》后,他的观念才广为人知并引起广泛的争议。下面的选段中前面两段选自本书。第二部分选自1871年出版的《人类的起源》。

材料来源:Charles Darwin, The Origin of Species by Means of Natural Selection, 6th ed. (London: D. Appleton and Co., 1883), pp. 606-6-7, 619.

……(记住所生育的个体比可能生存的多),那么,较其他个体更为优越的个体,即使优越的程度很小,都会有更好的机会存活和繁殖后代,难道这还有什么可怀疑的吗?另一方面,我们可以确定,任何有害的变异,即使程度极微,也会遭到严重的破坏。我把这种有利个体差异和变异的保存和有害变异的毁灭,称为"自然选择"或"最适者生存"……

自然选择发挥作用,仅仅通过保存在某些方面有利的变异,并随之引起它们的存续。由于所有生物都按照几何比率高速增加,因此每个地区都充满了生物。随之而来的是,有利的类型在数目上增加了,所以总体上使较不利的类型在数量上减少而变得稀少了。地质学告诉我们,稀少就是灭绝的预告。

本书至此所达成的结论,也是许多有足够的能力做出健全判断的自然学家所主张的结论:人是由某些组织不高的形态传下来的。这一结论所基于的基础是永远不会动摇的,因为人和低等动物在胚胎发育上有密切的相似性,而且在结构和构造上,有无数的相似之处,其中有高度重要的,也有微不足道的,——他保留的退化器官,有时会出现变态返祖现象——都是不可争辩的事实。这些事实我们早就知道,但是在以前,它们丝毫没有向我们说明关于人类起源的内容。现在当我们用全部有机界的知识所给予我们的眼光来看待它们,它们的意义就十分明确了。当把这一系列的事实与其他事实,如同一生物群中各个成员之间亲缘关系的远近、过去和现在在地理上的分布以及它们在底层的先后关系,结合起来进行考虑,伟大的进化原则就一清二楚和牢不可破了。如果说所有这些事实都在说谎,那是令人难以置信的。一个人只要不像蛮族人那样,满足于把自然界的各种现象看成互不联系的,就不会再相信人是分别创造活动的产物……

我们已经看到,人在身体的各个部分以及在心理能力方面都不断出现个体的差别。这些差别和变异,与低等动物相比,似乎都是由同样普遍的原因所引起,遵循着同样的法则。无论是人还是动物,两者都通行着类似的遗传法则。人在数量上的增长比率要高于生活资料的增长率,结果他有时要经历严酷的生存斗争,而自然选择就要在它力所能及的范围内发挥影响。一系列特别明显的具有类似性质的差异并不是必不可少的,个体身上轻微波动的差异就足以让自然选择发挥作用……

人有所有高贵的品质,有怜悯最为下贱之人的同情心,有惠及其他人甚至最低等生物的慈爱心,有上帝一般能看透太阳系运行和组织的智慧——拥有所有这些崇高的本领——,但尽管如此,人在躯干上仍然保留着无法磨灭的出身卑微的印记。

赫伯特·斯宾塞：社会静力学——自由主义和社会达尔文主义

赫伯特·斯宾塞(1820—1903年)的著作,集中体现了19世纪中期成功的实业家所赞同的富有进取心的自由哲学。在这个时期,资本主义相对无约束,而社会立法尚处于萌芽期。这个时期也是从生物进化角度进行思考的开始,这充分表现在1859年查尔斯·达尔文《物种起源》的发表。斯宾塞在他的大量著作中都对此进行了反映。他从一名铁路工程师上升为《伦敦经济学家》杂志的编辑——同时也是一名独立撰稿人。尽管他一直是自由放任主义的支持者,但是他最有名的是提倡社会进化并接受把达尔文的思想用于社会(社会达尔文主义)。现代学者把他视为社会学的奠基者,下面的选段选自其1851年出版的《社会静力学》。

 思考： 斯宾塞的观点为什么对工业中产阶级如此具有吸引力；某些团体会基于何种理由反对这些观点；依据这些观念会出现什么社会政策；这些观点在哪些方面反映了达尔文的观念。

材料来源： Herbert Spencer, *Social Statics* (New York: D. Appleton and Co. 1896). pp. 149 – 151.

在整个自然界,我们可以看到一条严格的戒律在起作用,它有点残酷,可也许很仁慈……一个工匠手艺笨拙,即使付出了所有努力也无法克服,那么他就要挨饿,这似乎是很残酷的。一个劳动者因病而失去了与强壮的同伴竞争的能力,他就必须忍受随之而来的贫穷,这似乎是残酷的。听任孤儿寡母挣扎在死亡线上,这似乎也是残酷的。然而,如果不是单独来看,而是与整个人类的利益联系起来看,就会看到这些命中注定的严酷之事其实充满了好处——就如让有病父母的子女早进坟墓,挑选出放纵和衰弱之人罹患瘟疫一样。

有许多好心肠的人没有勇气公正地看待这一问题。由于他们对现存的苦难充满同情,不能适当考虑最终的后果。他们所遵循的是一条不明智的、最终甚至很残酷的路线。我们不认为一位母亲用可能致病的糖果去满足她的孩子是真正的慈爱。我们认为,一个外科医生不愿让病人受手术之苦而使他的疾病发展成为致命的问题,是一种非常愚蠢的善心。同样,我们必须称那些为了防止目前的不幸而给后代带来更大不幸的人为伪慈善家。如果让那些必要的严酷发挥作用,就会变成对懒汉的猛烈鞭策和对放纵者的有利约束。可是这些穷人的朋友却因为这里或那里发出的哭泣声就要废止它。在事务的自然秩序下,社会不断地排出不健康的、低能的、缓慢的、优柔寡断的和缺乏信心的成员,由于对这一事实视而不见,这些尽管好心好意但没有头脑的人,却要提倡一种不仅停止净化进程而且甚至会加剧损害的干预——由于向他们提供源源不断的必需品,绝对地鼓励了轻率和无能之人的繁殖,同时由于加重了维持家庭的困难,从而妨碍了有能力和远见之人的繁殖。因此,由于他们热切地想阻止发生在我们周围的有益的苦难,这些对叹息明白、对呻吟糊涂的人给后人留下了不断加剧的灾难。

约翰·斯图亚特·密尔：《论自由》

在19世纪后半叶，自由主义无论在理论上还是实践上都开始发生变化。总体而言，它不再与自由放任政策相关联而且不如19世纪上半叶乐观。这样的变化反映在约翰·斯图亚特·密尔(1806—1873年)的著作中。他是19世纪中期最有影响的英国思想家，而且可以说是当时自由主义理论家的领袖人物。他年轻的时候赞同他父亲詹姆斯·密尔、一位著名哲学家以及实用主义的创始人杰里米·边沁的早期自由主义。久而久之，他认识到早期自由主义的困难和新的危险。他修改了他的自由主义观念，这种变化后来反映在19世纪后期和20世纪早期的自由主义政治政策中。下面的选段选自他最著名的著作《论自由》(1859年)，其中，密尔以19世纪上半叶自由主义者的目标为起点分析了自由主义的演化。

材料来源： John Sturat Mill, *Utilitarianism*, *Liberty and Representative Government* (London: J. M. Dent and Sons Ltd., Everyman Library, 1910), pp. 66-68.

因此，爱国者的目标就在于要对统治者施加于团体的权力设定一些限制，而这种限制就是他们所谓的自由。谋取这种限制有两个方案。第一种方案是获得对某些特权，即所谓的政治自由或权利的认可，统治者方面如果侵犯就算背弃了义务，如果他真的有所侵犯，那么个别的反抗或总体造反就被认为是正当的。第二个方案，一般上来说是后来的权宜之计，就是建立宪法上的制约，凭借这样的限制，统治权方面某些重要的法案的通过有一个必要的前提，也就是征得群体或某个认为能代表群体的团体的同意。大多数欧洲国家的统治者或多或少都被迫屈服于第一种限制的模式。但第二种方案却未必如此，于是要求获得这种限制，或者在某种程度上拥有了这种限制之后还要求更加完美，就到处成为自由爱好者的主要目标。而且，只要人类还满足于以另一个敌人攻击一个敌人，满足于在对付暴政时多少能够获得有效保证的前提下服从一个主人的统治，那么他们就还没有使自己的渴望超越这一点。

然而，在人类事物的演进中来到了这样一个时代，此时人们认为，统治者应该具有独立权力，在利益上与自己相对已经不再是一种必然的性质。如果国家的各级官吏是他们的租客或代表，可以随他们高兴来撤销，那就要好得多。似乎只有那样，他们才能拥有彻底的安全，政府的权力永远不会滥用到对他们不利的程度。渐渐地，统治者选举产生且短暂任期的新要求，就成为平民政党所存在地区该党的主要目标，而且在很大程度上超越了以前限制统治者权力的努力。随着使统治者的权力出自被统治者定期选择这一斗争的不断进行，某些人开始认识到，从前对限制权力本身这一点看得过重了，那似乎是反对在利益上习惯与民众作对的统治者的一种策略。现在所需要的，是统治者应该和人民一致，他们的利益和意志应当是国家的利益和意志。国家不需要违背自己的意志进行保护。不会害怕它的暴政会肆虐于自身。让统治者有效地对国家负责，可以及时地被国家撤换，那么国家就不怕把自己能够支配其用途的权力托付给他们。他们的权力只是国家自身的权力，只不过是集中了，采取了更容易行使的形式而已。这种思想形态，或者说是情感模式，在上一代的欧洲自由主义者、在自由主义仍然明显占有统治地位的欧洲大陆还是很普遍的……

可是随着时间流逝，终于出现了一个民主共和国，占据了地球上很大的面积，而且使它成为国家集团中最有力量的成员之一。既然有这么巨大的现存事实以供观察,于是这种选举的责任制政府就成为观察和批评的对象。现在人们觉察出,所谓"自治政府"和所谓"人民施用于自身的权力"等词句并不能表达真实的情况。行使权力的"人民"和与权力所加的人民并不总是同一的。而所说的"自治政府"也并非每个人自己管理的政府,而是每个人都被所有其他人管制的政府。而且人民的意志实际上意味着大多数或最活跃部分的人民的意志,即大多数,或者那些成功地使自己被接纳为大多数的人意志。结果是人们想要压迫他们中的一部分人,对这种滥用权力的预防不亚于任何其他种群。因此即使在掌权者能正常地对群体,也就是对其中最有利的党派负责的时候,对政府施加于个人的权力进行限制也未失去其重要性。对事物的这种看法,因为既迎合了思想家的智力,又同样迎合了欧洲社会中那些在真实或假想的利益上与民主相对的重要阶层的意向,因而确立起来毫不困难,如今在政治思想中,一般把"多数人的暴政"列入社会需要预防的罪恶之中。

  人们最初认为而且仍然普遍认为,多数人的暴政同其他暴政一样可怕,主要在于它通过公共权威的措施发挥作用。但是善于思考的人们认识到,当社会本身是暴君时——也就是说社会作为集体凌驾于组成社会的个人之上——它实施暴政的手段并不限于通过其政治机构之手而采取的措施。社会能够而且确在执行它自己的诏令,如果它颁布了错误的而非正确的诏令,或者所颁布的诏令内容是它不应该干涉的,那么就是在行使一种社会暴政,这比任何其他政治压迫更加可怕。因为尽管它通常不以极端的刑法作为支撑,但是却使人们没有办法逃避,渗透到人们生活的细节之中,而且奴役了灵魂本身。因此,防御官员的暴政远远不够,也同样需要反对流行观念和感情的暴政,需要反对社会的如下倾向,即通过其他手法而不是行政处罚把自己的观念和实践当作行事准则强加于持不同政见者,来缚任何与它的原则不协调的个性的发展,甚至,如果可能的话,防止这种个性的形成,从而使得所有人都按照它规定的模式来塑造自己。集体意见对个人的独立进行合法干预要有一个限度,而且找到那个限度并保持它不受侵害,无论对使人类事务处于良好状态还是防止政治暴政都是必不可少的。

《我们的姐妹》:作为药剂师的妇女

  大多数职业都被界定为不适合妇女。少数适合的职业经常在书籍和妇女杂志的"如何"指南栏目中向中产阶级妇女进行解释,经常是由妇女撰稿。下面的选段选自"我们的姐妹怎么办,或有报酬的女性职业——作为药剂师的妇女",该文章1897年刊登在面向中产阶级妇女的流行杂志《我们的姐妹》中。

思考:什么使得制药适合妇女;什么活动不适合作为药剂师的妇女或一般妇女。

材料来源:"What to Do Our Daughters, or Remunerative Employment of Women — Women as Chemists," *Our Sisters*, February 1897, pp. 85 – 86, in Eleanor S. Riemer and John C. Fout, eds., *European Women*: A Documentary History, 1789 – 1945 (New York: Schocken Books, 1980), p. 45.

药剂师协会在向妇女开放了它的队伍后,为她们提供了非常合适的职业。男女中仍不乏其人宣称女性医生是失去性别的人。这些人几乎无法用自己的论点来反对制药,便坚持说在配制药物和药丸时有些东西是绝对不适合女性的。药剂师的职业并不需要妇女拥有概括为"意志坚强"的所有那些才能和品质。在平静的药店里,一名妇女药剂师与医生和护士不同,并不与那些严酷的现实面对面:如疾病、痛苦、畸形和死亡。确实,她加入医生和护士的工作,而且她在治愈病人方面负有足够的责任。但是对她们所有人而言,一生的工作并不涉及损坏、身体和心理的紧张,并不总是要求她忍耐、耐心和持久力。假如在一项某些药剂师要关注的手术、即拔牙中需要她的服务,假如她感到自己不能胜任那一场合,只需把患牙疼的人交给牙医或角落里的男性同事就可以了!

卡尔·马克思和弗里德里希·恩格斯:《共产党宣言》

尽管马克思主义最初只是许多激进学说之一,但是它被证明从总体上对工业资产阶级和中产阶级文明发出了最强有力、最具影响的挑战。马克思主义最简明最通俗的表述,包含在由卡尔·马克思(1818—1883年)和弗里德里希·恩格斯(1820—1895年)撰写并于1848年首次出版的《共产党宣言》中。卡尔·马克思出生于德国,学习了历史和哲学,然后开始了新闻记者、作家和革命家的生涯,他一生大部分时间流亡在伦敦。他的合作者弗里德里希·恩格斯也出生在德国、居住在英国,但是他在英国帮助经营家族在曼彻斯特开办的棉纺厂。他们的学说直接攻击工业资本主义,从哲学、历史和科学上把共产主义描绘为终将取代资本主义的合理替代品。他们被公认为不断壮大的无产阶级(工人阶级)的革命领导人。下面是《共产党宣言》的片段。

 思考:这里所表述的观念的吸引力;马克思和恩格斯所提倡的具体政策;《宣言》所反映的历史和思想潮流。

材料来源:Karl Marx and Friedrich Engels, *Manifesto of the Communist Party*, 2nd ed.(New York:National Executive Committee of the Socialist Labor Party, 1898),pp. 30 – 32, 41 – 43, 60.

一个幽灵,共产主义的幽灵,在欧洲徘徊。旧欧洲的一切势力,教皇和沙皇、梅特涅和基佐、法国的激进党人和德国的警察,都为驱除这个幽灵而结成了神圣同盟。

有哪一个反对党不被它当政的敌人骂为共产党呢?又有哪一个反对党不拿共产主义这个罪名去回敬更进步的反对党人和自己的反动敌人呢?

从这一事实中可以得出两个结论:

共产主义已经被欧洲的一切势力公认为一种势力;

现在是共产党人向全世界公开说明自己的观点、自己的目的、自己的意图并且拿党自己的宣言来对抗关于共产主义幽灵的神话的时候了。

为了这个目的,各国共产党人集会于伦敦,拟定了如下的宣言,用英文、法文、德文、意大利文、佛来米文和丹麦文公布于世。

共产党人同一般无产者的关系是怎样的呢?

共产党人不是同其他工人政党相对立的特殊政党。

他们没有任何同整个无产阶级的利益不同的利益。

他们不提出任何特殊的原则用以塑造无产阶级的运动。

共产党人同其他无产阶级政党不同的地方只是：一方面，在各国无产者的斗争中，共产党人强调和坚持整个无产阶级的不分民族的共同利益；另一方面，在无产阶级和资产阶级的斗争所经历的各个发展阶段上，共产党人始终代表整个运动的利益。

因此，在实践方面，共产党人是各国工人政党中最坚决的、始终推动运动前进的部分；在理论方面，他们比其余的无产阶级群众优越的地方在于他们了解无产阶级运动的条件、进程和一般结果。

共产党人的最近目的是和其他一切无产阶级政党的最近目的一样的：使无产阶级形成阶级，推翻资产阶级的统治，由无产阶级夺取政权。

共产党人的理论原理，绝不是以这个或那个世界改革家所发明或发现的思想、原则为根据的。

这些原理不过是现在的阶级斗争、我们眼前的历史运动的真实关系的一般表现。消灭先前存在的所有制关系，并不是共产主义所独具的特征。

一切所有制关系都经历了经常的历史更替、经常的历史变更。

例如，法国革命废除了封建的所有制，代之以资产阶级的所有制。

共产主义的特征并不是要废除一般的所有制，而是要废除资产阶级的所有制。但是，现代的资产阶级私有制是建筑在阶级对立上面、建筑在一些人对另一些人的剥削上面的生产和产品占有的最后而又最完备的表现。

从这个意义上说，共产党人可以用一句话把自己的理论概括起来：消灭私有制。

前面我们已经看到，工人革命的第一步就是使无产阶级上升为统治阶级，争得民主。

无产阶级将利用自己的政治统治，一步一步地夺取资产阶级的全部资本，把一切生产工具集中在国家即组织成为统治阶级的无产阶级手里，并且尽可能快地增加生产力的总量。

要做到这一点，当然首先必须对所有权和资产阶级生产关系实行强制性的干涉，采取这样一些措施，这些措施在经济上似乎是不够充分的和没有力量的，但是在运动进程中它们会越出本身，而且作为变革全部生产方式的手段是必不可少的。

这些措施在不同的国家里当然会是不同的。

但是，最先进的国家几乎都可以采取下面的措施：

1. 剥夺地产，把地租用于国家支出。

2. 征收高额累进税。

3. 废除继承权。

4. 没收一切流亡分子和叛乱分子的财产。

5. 通过拥有国家资本和独享垄断权的国家银行，把信贷集中在国家手里。

6. 把全部运输业集中在国家手里。

7. 增加国营工厂和生产工具，按照总的计划开垦荒地和改良土壤。

8. 实行普遍劳动义务制,成立产业军,特别是在农业方面。

9. 把农业和工业结合起来,促使城乡之间的对立逐步消灭。

10. 对一切儿童实行公共的和免费的教育。取消现在这种形式的儿童的工厂劳动。把教育同物质生产结合起来,等等。

在发展进程中,当阶级差别已经消失而全部生产集中在联合起来的个人的手里的时候,公众的权力就失去政治性质。原来意义上的政治权力,是一个阶级用以压迫另一个阶级的有组织的暴力。如果说无产阶级在反对资产阶级的斗争中一定要联合为阶级,如果说它通过革命使自己成为统治阶级,并以统治阶级的资格用暴力消灭旧的生产关系,那么它在消灭这种生产关系的同时,也就消灭了阶级对立和阶级本身的存在条件,从而消灭了自己这个阶级的统治。

代替那存在着阶级和阶级对立的资产阶级旧社会的,将是这样一个联合体,在那里,每个人的自由发展是一切人的自由发展的条件。

安娜·迈尔:社会主义妇女成为社会主义者

在1850年至1914年间的大量工人阶级妇女加入了工会和各种工人阶级政治组织。由于社会主义在19世纪最后几十年变得更加流行,越来越多的工人阶级妇女被吸引到社会主义组织。起初,大多数社会主义领导人不太考虑女性工人的特定需要,但久而久之开始更多关注妇女的问题而且妇女在社会主义组织中担任了领导角色。在下面的选段中,安娜·迈尔描绘了自己如何在19世纪90年代通过加入奥地利的社会民主党而成为一名社会主义者。

思考: 什么经历导致安娜·迈尔成为一名社会主义者;她成为一名社会主义者的结果是什么。

材料来源: Adelheid Popp, ed., *A Commemorative Book: Twenty Years of the Austrian Women Workers' Movement* (Vienna, 1912), pp. 107 - 109, in Eleanor S. Riemer and John C. Fout, eds., *European Women: A Documentary History*, 1785 - 1945 (New York: Schocken Books, 1980), pp. 94 - 95.

我长到13岁时,妈妈拉着我的手前去拜访一个烟草工厂的老板,让他给我一份工作。老板拒绝雇用我,但是我妈妈乞求他改变主意,因为她解释说我爸爸死了。这样我被雇佣了。第二天当我准备好去工作时,我妈妈嘱咐我要保持安静,做吩咐做的事情。那说起来容易做起来难。在这座工厂里所受到的对待真是残酷。年轻女孩经常被虐待,甚至要遭到老女人的殴打。我对此强烈反抗。只要能改善境遇的事情我都尝试。作为孩子我非常虔诚,而且经常热情地聆听教士们讲述《圣经》的故事。因此,当事情对工作中的我非常不利时,逢星期天我就前往教堂,在那里专心祈祷,对周围发生的一切浑然不知。星期一回去工作时,事情没有任何改善甚至有时会更糟。我扪心自问:是否有一种更好的力量能够奖善惩恶?

我对自己说,没有,不可能有。

几年过去了。《女性工人报》(Abreiterinnen-Zeitung)开始发行,一个女人偷偷地把几份报纸带进工厂,越是被警告离这个女人远点,我越是到她那里去,求她能否借给我一份报纸,因为没有足够的钱买一份。那时工作时间很长而报酬很低。当朋友借给我一份报纸后,我必须把它藏起来,就连带回家也不能让妈妈看到。我渐渐了解了许多事情,结识的圈子越来越大,当在斯腾伯格成立了一个政治组织时,人们鼓励工人们加入——只是男人,女人被忽略了。我已经结婚后,一位党代表来到我们中间。当他第三次来的时候,我问他我是否还不够成熟,不能成为该组织的成员。他很尴尬,但回答说:"你想什么时候加入?"于是我加入了,今天成了一名党员。

我参加了所有会议、所有的游行,就在不久前我遭到了工厂老板的惩罚。就因为我成了一名社会民主党员,我被调离了好的岗位而进入了一个比较差的岗位。尽管如此,什么也不能阻挡我,我对自己说,如果这位长官反对它,肯定是出于害怕,那么它不可能全是坏的。当烟草工会在1899年11月成立后,我加入了,我们经过一些大的斗争才取得进展。通过这两个组织,我成长为一个有阶级意识的斗士,而且我现在正努力争取妈妈们进入这项事业,这样无产阶级未来的后代就会有比我更幸福的年轻时光。

艾米琳·潘克斯特:我们为什么激进

妇女争取选举权的运动深深扎根于19世纪,但到该世纪末才获得力量。西方的各种妇女组织发表请愿书、领导行进、举行游行来支持她们对投票权的要求。在第一次世界大战前的那些年里,面对政府官员拒绝行动,妇女组织变得越来越激进。在英国,艾米琳·潘克斯特(1858—1928年)帮助组织了"妇女社会和政治协会",它攻击私人财产,并进行绝食促进妇女投票权事业。下面的选段选自1913年她的演讲,其中潘克斯特解释了她的组织为何激进。

思考:想获得投票权的妇女所面临的问题;潘克斯特如何解释妇女有必要进行反抗的原因;政府官员会用什么论点来反对潘克斯特。

材料来源:Jane Marcus, ed., *Suffrage and the Pankhursts* (New York: Routledge and Kegan Paul, 1987), pp. 153 - 156.

我知道在你们的头脑中有这样的问题:你们说,"妇女选举权肯定会到来,人性的解放是一个渐进的过程,一些妇女,怎么会不依靠演进,不教育她们国家的民众,不教育女性为获得公民权做准备,这些激进的妇女怎么会使用暴力,以过分的急躁扰乱国家的事业安排,从而达到自己的目的呢?"……

在"80"年代期间,妇女和男人一样,同时在请求投票权。同其他任何改革相比,支持妇女投票权的呼吁,声音更大、数量更多。大联合体、大城市议会、市议会都通过决议,请求给妇女投票权。与争取男性投票权相比,为争取妇女投票权举行了更多、更大型的会议,然而妇女并没有获得投票权。男人获得投票权,是因为他们暴力或者将来很暴力。妇女没有得到是因为她们遵守宪法和法律。唉,每个人不是都看得很清楚吗,那些对错误的政府所在意的地方保持耐心的人要继续保持耐心!为什么有人要劳神来帮助她们呢?所有这些年里,至少从80年代我首次进入投票权运动开始,我一直没有汲取任何政治教训,这令我感到很惭愧。

同许多仍然在英国的女性们一样,我相信通过纯粹和平的方法,妇女可以以某些神秘的方式获得她们的道路。我们这些妇女已经太习惯于对男人一套标准对妇女一套标准,因此我们甚至用那种变化的标准来伤害我们的政治幸福。

拥有了更好的教育机会、接受了某些政治方面的训练、在政治生活中如此接近那些"高等"人物,看到他们并非全都是自称的智慧的源泉,而是具有我们也有的人性弱点后,20世纪的妇女们开始对自己说,"由于我们的方法失败了而男人的方法成功了,现在不正是以男人的政治为榜样的时候吗?"……

在我看来,很久以前,妇女就有必要为了维持在大不列颠的自尊而进行反抗。发动这场战争的妇女是那些愿意战斗的妇女,如果仅仅为了自由的观念——如果仅仅是她们要成为一个自由国家的自由公民——我个人会独自为了那个观念而斗争。但是除了对自由的热爱外,我们还有无法忍受的痛苦要解除……

在不列颠,我们曾经尝试过劝说,曾经尝试过某种计划(通过进入公共团体,他们允许我们做他们没有时间做的工作),来显示我们是有能力的人。我们这样做是希望可以让他们相信并说服他们做正确和合适的事情。但是我们所有的努力换来的都是痛苦,现在我们要为我们的权利而斗争,在这个过程中我们正变成更加强大和更优秀的妇女。我们正变得更加适合运用权利,因为在得到它们时遇到了那么大的困难。

教皇庇护九世:邪说汇编

对中产阶级自由主义的批评不仅限于马克思等要求更加迅速、更加激进变化的人。从法国大革命开始,保守的天主教会通常对中产阶级和自由主义学说支持的变化怀有敌意。确实,就在该世纪中期过后不久的几十年里,当传统社会明显处于衰落时,教会变得比以前更加固执。1864年,自1848年至1878年担任教皇的庇护九世发表了著名的"邪说汇编",其中19世纪最主要的力量都正式遭到否定。下面选自这一文献的选段应当仔细阅读,它们表现的是教会作为错误特别否定的观点,而不是教会接受的观点。

 思考: 为什么庇护九世持有这样的立场;同样是中产阶级和自由主义者的天主教徒面对什么样的难题;什么团体会赞成这里所表述的教会的观点。

材料来源: From William E. Gladstone, *The Vatican Decree in Their Bearing on Civil Allegiance: A Political Expostulation* (New York: Harper and Brothers, 1875), pp. 109–129.

15. 每个人都可以在理性之光的指导下,自由地信奉和表白他相信正确的宗教。

16. 人们可以在任何宗教中发现永恒救赎之道并获得永恒的救赎。

39. 全体国民是一切权利的源头,而且拥有不受任何限制的权利。

45. 基督教国家的年轻人于其中接受教育的公共学校的整个方向,(在一定程度上)神学院除外,也许一定要同公民权利有关,其隶属性如此紧密,以至于任何其他权威都被认为没有权利涉足学校的纪律、学习的安排、学位的取得或教师的选择和批准。

47. 公民社会最著名的理论要求民众学校对所有等级的孩子开放,而且总体上来说,所有的公共机构目的是进行文学和哲学教育,而且为了实施对年轻人的教育,应当摆脱教会权威、政府和干涉,应当完全隶属于公民和政治权威,与统治者的意志和时代所流行的观点相一致。

56. 道德法并不需要神的批准,而且人的法律没有必要与自然法相一致,没有必要接受上帝的批准。

57. 哲学问题和道德的知识,以及公民法,必须脱离神和教会的权威。

78. 目前,把天主教视为国家唯一的宗教,排除所有其他崇拜形式,已经不再合适。

80. 罗马教皇能够而且必须认可最近所引入的进步、自由主义和文明并使自己与它们保持一致。

休斯顿·斯图尔特·张伯伦:19世纪的基础——种族主义

在19世纪下半叶,各种不同的作家把民族主义、达尔文主义和浪漫主义因素结合起来产生了种族主义理论,而且为种族主义观念的发展提供了依据。这些作家中最著名的人物是休斯顿·斯图尔特·张伯伦(1855—1927年),他是一位英国人,后移居德国,成了在籍的德国人。他在那里写了《十九世纪的基础》(1900年),这本书很快就成为畅销书。在书中,他强调了种族主义对文明发展的重要性。下面的选段选自论述"德国种族"的部分。

思考:"德国种族"的特征;这一选段在哪些方面反映了种族主义思想;这和德国的民族主义有何联系。

材料来源: Houston Stewart Chamberlain, *Foundations of the Nineteenth Century*, vol. 1 (New York: Howard Fertig, 1968), pp. 542-543.

让我们尝试扫视一下灵魂深处。这一德国种族具有什么特殊的思想和道德特征呢?某些人类学家会欣然告诉我们所有种族的天赋都是一样的,我们指向历史来回答:那是谎言!人类的种族无论在天性上还是才能大小上都截然不同,德国种族属于高度智慧的团体,这个团体通常被称为雅利安。这个人类大家庭都通过血缘纽带结合在一起并整齐划一吗?而且这些血统真的都源自同根吗?我不知道而且也不太在意,任何亲缘都没有选择性亲和力联系紧密,而在这种意义上,印欧雅利安人当然构成了一个家庭……

无论从身体方面还是精神上,雅利安人在所有民族中都是超群的,因此,正如亚里士多德所说,他们有权成为世界的主人。当亚里士多德说,"一些人天生是自由人,而其他人则天生是奴隶"时,则更加简明地指出了这一点,这完全表述了道德的一面。因为自由一点都不是抽象的东西,是每个人最基本的要求,自由的权利一定明显取决于获得自由的能力,而这又以身体和思想的能力为先决条件。人们可以下这样的断语,即大多数人甚至连纯粹自由的概念也不清楚。难道我们没有看到叙利亚种的人在奴隶地位发展得如同在主人地位一样好、一样幸福吗?中国人向我们表现得不是具备同一性质的例证吗?难道所有历史学家没有告诉我们,闪族人和半闪族人尽管具有很大的智慧但从没有成功地建立持久的国家吗?没有告诉我们,由于每个人总是努力将所有权力抓在自己手里,因此所表现的是他们的能力限于专制统治和无政府主义,而这两者都与自由相对吗?

理查德·瓦格纳:音乐中的反犹主义

19世纪下半叶种族主义思想最黑暗的一面是不断强调反犹主义。反犹主义历史悠久,该世纪中期后,它伴随着新的力量重现出来,在德国尤其明显,它在那里成为一种重要的社会和政治力量。这种悲惨的反犹主义的例子出自德国著名作曲家理查德·瓦格纳(1813—1883年)之手。下面的选段选自他的"音乐中的犹太精神",这篇文章于1850年刊登在一个德国杂志上。

 思考: 瓦格纳反犹主义的原理;他用什么来支撑反对犹太人的论点;这与休斯顿·斯图尔特·张伯伦的观念有怎样的联系。

材料来源: Louis L. Snyder, ed., *Documents of German History* (New Brunswick, NJ: Rutgers University Press, 1958), pp. 192 – 193.

我们有必要解释我们对犹太人的天性和个性的"不自觉的厌恶"……根据目前世界的状况,犹太人实际上已经超过了解放的程度:只要钱币仍然保持着一种力量,在它面前我们的一切所作所为都失去力量,那么犹太人就会统治而且还将统治……公共艺术口味已经处于犹太人忙碌的指尖中间,他们占满了艺术市场……犹太人的外表总是有某些令人讨厌的与此无关的东西……

犹太人讲世世代代居住着的国家的语言,但是他总是讲得像个外国人。我们整个欧洲艺术和文明对犹太人而言始终是一种外国语言。在这种语言和艺术中,犹太人只能跟着讲、跟着修补——无法真正创作一首用自己话语的诗歌、一幅自己所做的艺术品。在闪族人独特的发音中,首先撞击我们耳朵的是奇怪和令人难受的东西,在犹太人的声音作品中,听起来是吱吱嘎嘎、嗡嗡的鼻音……犹太人天生不能通过他的外表、语言或几乎不能够通过歌唱来向我们表现自己,然而,他们能够在最广泛传播的艺术种类,也就是音乐中控制大众口味……通过高利贷控制了钱使得犹太人具备了力量,因为现代文化最容易受到富裕的影响……

犹太人从来没有创作过真正的诗歌。[亨利希·海涅]达到了这样的程度,他自我欺骗成了一名诗人,因我们的作曲家把他诗化的谎言谱成了曲而受到奖赏。他无愧于犹太精神,就如同犹太精神有愧于我们现代文明一样。

图 25.1　19 世纪中期的法国掉版画

图像材料

妇女的岁月

这幅 19 世纪中期的法国雕版画(图 25.1)表现了妇女一生岁月的理想形象。中间的三幅宗教场景代表了妇女起源的纯洁、放逐地上和最后的命运。围绕基座的是 9 个年龄段的妇女,从快乐玩耍的 10 岁女童到 90 岁独居的令人尊重的祖母。中间则表现了作为中产阶级妻子、母亲和祖母的角色。

 思考：关于妇女恰当的性质和角色,这幅作品向 19 世纪的欣赏者传达了什么形象；这幅作品如何符合伊斯特曼·约翰逊的肖像以及下面瑞默和福特对欧洲妇女的分析；男人的岁月会有何种不同的形象。

雅各布·斯泰因哈特：城市

在世纪之交的这几十年中,布鲁塞尔、巴黎、米兰和柏林等大城市成为现代生活繁荣的象征。但是许多艺术家揭示了现代城市中心令人不安的阴暗面。

这幅由德国表现主义艺术家雅各布·斯泰因哈特(1887—1968 年)于 1913 年创作的油画(图 25.2)就是最典型的例子。在油画中,拥挤的人群和现代的有轨电车晚上穿过城市大道。路灯和商店窗户发出耀眼的光,在各个角落,人们半隐在阴影中。在左边的前景中,一个人正在睡觉,也许正在做梦。在他上面,一位心烦意乱的裸体女子(可能是妓女)摆着姿势坐在窗前,同时在她上面,经常光顾的人在狂欢并探出身体抛媚眼。高大的建筑逼近下面的人群。这一场景所唤起的是现代城市的狂乱、堕落和危险——导致"大战"的那些年的黑暗面。

图 25.2　雅各布·斯泰因哈特的油画作品

思考：这幅油画如何揭示了第一次世界大战前的那些年里城市生活的紧张。

二手材料

F·H·欣斯利：政治自由主义的衰落

尽管政治自由主义在1848年明显失败了，但是在19世纪中期还是处于巅峰状态，到该世纪最后20年开始明显衰落，或至少沿着明显全新的方向发展。下面的选段选自剑桥的F·H·欣斯利的《新编剑桥世界近代史》，其中对政治自由主义的演化进行了分析。

 思考：政治自由主义衰落的原因；19世纪下半叶政治自由主义衰落所反映的思想或意识形态的发展。

材料来源：F. H. Hinsley, "Introduction," in the New Cambridge Modern History, vol. XI, F. H. Hinsley, ed. (Cambridge, England: Cambridge University Press, 1962), pp. 32-34. Reprinted by permission of the publisher.

这个时代的政治，即便是在独裁程度最低的国家，也同时具有增加权威和扩大民主的特点；而且，与其说是扩大民主体制和政府民主化，倒不如说是走向政府政策和政府运作的政治环境的民主化。正是这些事实说明了自由主义衰亡的原因——它在比较民主的国家中已元气大伤，在不怎么民主的环境中已被挫败，而在介乎两者之间的环境中已经被歪曲。

19世纪70年代，西欧发达的国家中，当自由主义在其欧洲的故乡处于巅峰时，自由主义的政府抛弃了自由主义对国家权力的反对，并把国家视为在已经变化的环境中保证自由概念的最有效的手段。它采取了不可避免地扩大政府职能的初期步骤，并为实现社会目标而对个人使用了前所未有的国家强制力量——接受国家教育概念、工会合法化、证明公共卫生措施的合理性，甚至通过了保险和工厂立法。在这些国家中，不管其政府的政治面目如何，没有一个真正反对这些发展。然而，从19世纪70年代末开始，在这些国家中，政府被群众和近代国家这两个相关力量的进一步发展所压倒和推翻。甚至国家作用的每一方面的发展、社会问题的每一个新方面、对群众兴起的每一次认可，政策的每一次转向——无论是转向保护主义还是帝国主义，转向社会管制还是扩大选举权——都同自由主义所信奉的契约自由、企业自由、自由贸易、个人自由、公共经济和尽可能少的政府干预相冲突。自由主义的伟大贡献，即宪政国家，以及其指导原则、个人的自由、法律平等和与教会的冲突，——根据它们在这些国家中所确立的程度不同——都已经为更加具有经验主义和保守主义的政治家们所接管。自由主义变得更加教条化，更加狭隘地与城市大企业的利益相联系——甚至当工业组织本身从个人控制到团体控制的运动中背弃它时也是如此。自由主义政党在当前的问题上分裂为温和的（民族的、社会的或帝国主义的）和激进的派别，并失去了职位。自由主义或类似的统治,1885 年在英国、1878 年在德国、1879 年在奥地利和荷兰、1880 年在瑞典、1884 年在比利时、1885 年在法国都相继终结。在德普列蒂斯和克里斯比统治下的意大利和西欧以外的地区,自由主义政党仍然掌握着权力。但是它们只是名义的自由主义政党,也开始实行保护主义和帝国主义,实施社会控制,只是保留了反对扩大选举权和教会权力的自由主义信条。在这些国家,甚至同独裁的国家一样,真正的自由主义仍然保留了相应的但比较脆弱的基础,来对抗已经确立的权威。即便在这样的任务中,就算它没受到日益可能的压制所影响,但随着越来越需要社会管制、需要强力政府以及民众要求这些东西,自由主义注定要遭受挫败。

亚当 B·乌拉姆:未完成的革命——马克思主义阐释

对马克思主义的批判分析,几乎涵盖所有观点。从历史学家的观点来看,探讨马克思和马克思主义最有益的方法是将两者置于各自的历史背景中。下面选自亚当·乌拉姆的《未完成的革命》中的片段,就运用了这种方法,他是哈佛的研究政府方面的教授,在马克思主义史和苏联方面著述甚丰。在此,他试图通过指出影响马克思的思想传统以及制约马克思主义接受者的社会现实,来解释马克思主义的内容及其吸引力。

思考:为什么马克思主义在工业化初期最有吸引力;马克思主义在占领美国等 20 世纪国家时明显遭到失败,乌拉姆对此如何解释;当乌拉姆称马克思主义是理性主义乐观主义的产物时,他指的是什么;更加亲马克思主义的学者会如何回应这一解释。

材料来源:Adam B. Ulam, *The Unfinished Revolution* (New York: Random House, Inc., 1960), pp. 42 - 44. Reprinted by Permission of the Author.

这一理论比马克思主义的其他部分更加贴近工业化早期的事实和情感。阶级斗争是马克思主义的精华,是最具操作性的革命部分。作为一个历史和心理学概念,它明显过于简单化,但它是天才的高度概括。阶级斗争的原则抓住了一个重要历史时期的核心基调——基础建设的革命——并将其归纳为历史的规律。那时,西欧在政治上觉醒的工人团体只是整个无产阶级很小的一部分,但是阶级斗争原则提取了这些团体的痛苦,并从中看到了所有地方整个工人阶级觉醒的预兆和意义。工人对工业化的最初反映、他面对机器、雇主以及站在雇主背后的国家所表现出的痛苦和无能为力的情绪,被马克思猜想为工人阶级对工业化典型的全面反映。在工业发展过程中所变化的,是工人无能为力的情绪让位于阶级意识,这继而会引领它进行阶级斗争和社会主义。马克思的工人是历史上的工人,但是他是工业和政治发展特定历史阶段的工人。

甚至在解释这一过渡时期工人心理方面,马克思也表现出理性主义的偏见。工人对资本主义秩序的反对是对其法律、工厂和政府的全面反对。但是工人的这种革命意识要将他带向接下来的马克思主义的社会主义,在那里他要接受工厂制度和国家,唯一的区别是后者取消了资本主义。工人的革命反抗为什么不应流向其他渠道：流向否定工业制度和资本主义，流向否定社会主义以及资本主义的国家呢？在这里，马克思毫无疑问是时代的产物，是理性主义乐观主义的产物，工人们毫无疑问会把他们无政府主义的反抗和痛苦转化为成熟的历史哲学。他们毫无疑问会认识到，工业制度和现代生活剥夺了他们的财产、地位和经济保障，但是它们的力量本身有益于他们最后的结果，而且意识到只是资本主义和资本家使他们沦为受压迫的工具。无产阶级所感受到的锁链是工业制度的锁链。马克思促使他们扔掉的是资本主义的锁链。工人们了解这种区别吗？如果他们能够意识到，他们是否仍然会感觉到，破坏了资本主义他们会"赢得一个世界"吗？

埃莉诺 S·瑞默和约翰 C·福特：欧洲妇女

近年来，许多历史学家都指出了 1850—1914 年中产阶级妇女所面临的限制。随着对妇女史的考察逐步扩大和深入，出现了新的解释。在下面的选段中，埃莉诺 S·瑞默、约翰 C·福特认为，这一时期的中产阶级妇女越来越质疑她们的作用，经常把她们的活动拓展到新的重要领域。

> **思考**：中产阶级妇女母亲和家庭主妇的角色是如何合理化的；中产阶级妇女通过什么方式拓展自己的角色；中产阶级妇女的新角色如何影响了她们的态度。

材料来源：From European Women：A Documentary History，1789–1945，edited by Eleanor S. Riemer and John C. Fout. Copyright 1980 by Schocken Books，Inc. Reprinted by permission of Schocken Books，published by Pantheon Books，A division of Random House，Inc.

在 19 世纪和 20 世纪，中产阶级妇女也面临新的形势和挑战。尽管某些中低层的妇女仍同过去一样随当店员的丈夫一起工作，但大多数已婚的中产阶级妇女并不工作，也从不希望必须工作养家糊口。然而，大多数中产阶级妇女并不过着懒散的生活。她们确实发现，随着现代化的进程，对她们的时间和精力有了更多的要求，而且中产阶级家庭在清洁、食物准备和身体舒适方面的标准都提高了。

19 世纪，中产阶级妇女的母亲和家庭主妇角色，是通过妇女的天性和能力这两重概念而合理化的。一方面，妇女被认为是消极的人，她在身体和智力方面都低于男人。因此，妇女需要来自父亲和丈夫的保护和指导。另一方面，由于妇女没有进攻性而且在性方面是被动的，因而远离了竞争性日常工作环境的污染，因而人们认为她们在品行方面高于男人，并因此而受到尊重。妇女在生活中唯一的能力和最大的责任就是关心自己家庭的道德和精神需要。

这一理想中的各种矛盾以及妇女中和或消除这些矛盾的尝试，在许多文献中不断出现并成为主要的主题。从 19 世纪中叶起，大多数中产阶级妇女都有意识地和有条不紊地把自己母亲和德行的角色——因此把她们的能力范围——扩展到家庭之外的社会。她们实现这一点的方式之一，是把中上层妇女团体传统的、通常是随意的慈善工作转变成有组织的社会改造运动。这些妇女越来越对贫穷妇女和儿童问题感兴趣。她们相信自己了解并分担了工人阶级母亲们的许多焦虑,而且认为这些妇女和她们的孩子是城市化和新工业秩序所造成的经济和社会混乱的主要牺牲品。

通过她们的社会福利和改革工作,中产阶级妇女意识到在男人统治的世界里她们所具有的能力,同时也意识到自己的限度。许多人也意识到,尽管她们这个阶层的妇女期望成为依赖性的妻子,但是经济和社会的现实是,妇女要一辈子由男人来供养并没有任何保障。许多人开始相信,自己有限的教育、法律对她们的限制以及举止文雅的理想,使她们无法胜任生活中必须——或想要——扮演的角色。因此社会改革和妇女改革变得密切一致,而且全欧洲有组织的妇女经常会同时遇到这些。

本章问题

1. 19世纪终究是中产阶级的世纪,举出支持这种论点的依据。
2. 对中产阶级以及其观念和生活方式的批评具有哪些共同点?
3. 你如何解释19世纪后半叶期间马克思主义和社会主义观念的兴起?
4. 比较该时期社会、文化和经济的变化对男性和女性不同方面的影响。

第六部分
DI LIU BU FEN

1914 年至现在

26. 战争与革命：1914—1920 年

历史学家通常并不把世纪转折时期而是把 1914 年第一次世界大战爆发作为 19 世纪结束的标志。尽管在 1815 年之后发生了许多战争，但没有一次战争覆盖整个欧洲、持续时间很长以及付出惨重的代价。确实，许多欧洲人乐观地相信，西方国家在经济上如此相互依赖而且文化如此成熟，不可能再卷入大规模的战争。第一次世界大战爆发后，没有人会预料到它如此广泛和持久。事实上，战争最后结束之前持久了 4 年时间。破坏之空前、战斗之残酷令许多人质疑西方文明是否走到了尽头。这场战争如此紧张，英国、法国、德国等现代化的国家都动员了社会的全部资源，而现代化程度很低的俄国等国家则无力支撑。

革命在许多地区出现，德国、奥匈帝国和俄国最为显著。俄国的革命意义最为重大。1917 年 3 月，沙皇政府被相对温和、自由主义的团体赶下了台。同年 11 月，新的临时政府被布尔什维克推翻，后者创始了被证明特别有活力的共产主义政体。在这个政府领导下，苏联将成为世界政治中一支重要的力量。

1919 年的巴黎和会在一定程度上结束了这一时期，但是聚首凡尔赛的外交家和国家首脑所面对的问题是非常艰巨的。苏联没有被邀请与会，德国也实际上被忽略了。没有人对会议感到满意，而且许多国家隐藏着怨恨，这会令 20 世纪 20 年代和 30 年代的政治改变颜色。

本章集中探讨第一次世界大战和俄国革命。关于第一次世界大战，历史学家所探讨的两个主要问题是原因和战后安排。是什么原因促使了人们显然不想要的战争爆发，而且如果有的话，谁将最应受到谴责？《巴黎和约》成功了还是失败了？一些选段也探讨作战所使用的战术、人们在战争中的经历以及战争的后果。其他文献探讨战争在哪些方面对妇女产生了影响。关于俄国革命，问题不仅仅是它为什么发生，还包括怎样和为什么布尔什维克——在整个 1917 年它只是个小党——面对如此的不利局面获得和维持了权力。许多文献阐释列宁的策略、布尔什维克的政策以及学术上尝试对这些问题作出的各种不同回答。

许多人认为，战争期间发生的许多事件造成了与过去的彻底决裂。第一次世界大战和俄国革命的意义，表现在继后二十年的发展中。我们将在第 27 和 28 章探讨这方面的内容。

原始材料

前线报告：凡尔登战役，1916 年

人们普遍预期这是一场以英勇的强行推进为特征的短期战争，但这并没有成为现实。相反，战争变成了漫长、极度残酷的搏斗。在西线战场，敌对双方的军队在各自的战壕里相互屠杀。当时有大量的现场报告，下面就是一位法国军队长官对 1916 年凡尔登战役的描述。

思考：为什么防御具有如此的优势；人们为什么愿意为了小小的前进而付出惨重的代价。

材料来源：From Source Records of the Great War, vol. IV, ed. Charles F. Horne (New York: National Alumni, 1923), pp. 222 – 223.

由神射手首先进行两波射击后，德国人用多达五六百人的大纵队密集编队进攻，我们只有来复枪和机枪，因为七五式炮无法发挥作用。

幸运的是，侧翼的炮兵组成功地瞄准了右边的德国佬。在这些进攻中德国人要损失多少人，绝对说不清楚，简直难以想象。一排排的人整个倒下了，后面的人也难逃厄运。在机枪、来复枪和七五炮的射击下，德国的纵队被耕出了死亡的犁沟。你能想象到扫射过的水面，缝隙马上就被重新填平。这足以看出，德国人计划和发动进攻是多么蔑视人的生命。

在这种形势下德国人肯定要推进。他们令众人震惊，但是在前线没有人重视他们。事实上，我们与德国人的壕沟非常接近，一旦带刺铁丝网遭到破坏，双方的距离也就几分钟时间。因此，如果一方愿意牺牲足以覆盖两条双方战壕之间空地的生命，总是可以达到对方的战壕。在猛烈的轰炸后，牺牲成千上万的人，总是能够夺取敌人的战壕。

在 304 高地有许多斜坡，那里，德国人的尸体堆积如山，高出地面好几米。有时，德国人第三波的进攻就用第二波的死人做防御墙和掩体。5 月 24 日，我们看到，就是躲在前五次进攻的死者组成的防御墙后面，德国佬掩护自己组织下一次冲锋。

在我们进行反攻的时候，在这些死者之中找到了俘虏。他们没有受伤，但在被射杀和受伤的同伴组成的人墙倒下时被砸倒在地。他们几乎不说话，多半是因恐惧和酒精而眩晕了，花了好几天时间才恢复过来。

维尔浮莱德·欧文：甜蜜而荣光的幻灭

第一次世界大战的经历使那些相信 19 世纪理想的人感到深深的幻灭。第一次世界大战后，欧洲不再以乐观主义、进步和荣耀的意识为特征，而它们在 18 世纪至 1914 年期间的大部分时间里都是主流意识。这明显表现在战争诗歌中，这些诗歌不再美化冲突，而是表达

冲突的恐怖和徒劳。反战诗人中最著名的是维尔浮莱德·欧文，他 1893 年出生于英国，1918 年就在停战前一个星期死于战场。下面的这首诗歌带有讽刺性的结尾："为国捐躯甜蜜而荣光"。

> **思考**：战争对士兵的心理影响；在小说、戏剧、绘画和对该时代的历史分析中，表现这种幻灭感的其他方式。

材料来源：C. Day Lewis, *Collected Poems of Wilfred Owen*. Reprinted by permission of New Directions and Chatto & Windus, p.55. Copyright Chatto & Windus, Ltd., 1946, 1963, and The Owen Estate.

弯腰弓背，如同背着麻袋的老乞丐，
我们弯着腿，像巫婆般咳嗽，咒骂着走过泥泞，
在炮火连天中我们转过身，
开始向着遥远的宿营地跋涉。
士兵们边走边睡。许多人走掉了长靴。
但一瘸一拐，流血前行。人人都跛了；人人都瞎了。
疲倦得像喝醉了酒；甚至连呼啸而至的炮弹
落在身后，都听不到。

毒气！毒气！快，小伙子们！——恍惚中听到声音，
慌忙中及时戴上笨重的头盔；
但有人仍在喊叫、踉踉跄跄，
就如同人们在大火和灰浆中挣扎……
昏暗中，透过雾蒙蒙的镜片和浑浊的绿光，
就像在绿色的海底，我看见他溺水身亡。
在我所有的梦境里，在我无助的目光下，
他扑向我，渐渐虚弱、窒息、死亡。

假如在那令人窒息的梦中，
你也能尾随装他尸体的马车，
看到他脸上痛苦扭曲的白眼，
和如同厌恶罪恶的魔鬼般垂下的脸；
假如你能听到，每一次颠簸，他的血
便从腐烂的肺泡中汩汩涌出，
癌瘤般肮脏，呕吐物一般恶心，
如同稚嫩的舌上长满无法治愈的溃疡——
我的朋友，你再也不会

向热切向往荣耀的孩子们
激昂地宣扬那古老的谎言:为国捐躯
甜蜜而荣光。

伊夫林·布吕歇尔:大后方

战争每拖延一年,大后方的供应就越吃紧。对大多数远离战场的人而言,随着军事当局抽调物质和供应给前线部队,条件越来越糟糕。在下面的选段中,一位德国军官的英国妻子伊夫林·布吕歇尔描绘了1917年冬天柏林的生活困难。

 思考:最令大后方的人苦恼的是什么;农村居民所面对的艰苦有何不同;政府需要什么力量来管理后方。

材料来源:Evelyn Blücher, *An English Wife in Berlin* (New York: E. P. Dutton, 1920), pp. 183–184, 231.

在附近的一座小城,前几天举行了一个令人悲伤的小仪式。古老的教堂大钟,已经为从摇篮到坟墓的人们鸣响了300多年,现在却被军事当局征用了。居民们内心的悲伤可想而知,他们决定为自己的老朋友尽自己所能表达敬意。在为大钟的"死去"举行了正规的葬礼仪式后,形成了一支游行队伍,穿着法衣的教士领头,他的助手摇晃着熏香,居民们跟在大钟后面,在泪水和抗议中把盖着花环和鲜花的大钟交给军事当局。

当咖啡和茶叶全都耗尽后,就用各种浆果和树叶替代。栗子用来喂鹿,尽管孩子们还小,不能工作,但有趣的是看到他们采摘和收集各种不同的东西。

人们几乎什么东西都用过了——从各种果核中榨取色拉油,从向日葵的种子中则榨取用于润滑机器的上等油。用这种方式所生产的东西是惊人的,但可怜的是我们也不能把上等油用于烹饪和食用目的。

得到黄油一天比一天难,人们必须运用自己所有的说服力,在无望地乞求了无数的农民小家庭后,才能求得可怜的四分之一磅……

今年冬天照明是个大问题,因为没有汽油或者酒精,煤气灯几乎不可能了,因为给的数量很少,点灯也受到限制……

这种黑暗对城市里的人尤其难受,他们必须等待从乡村运进蔬菜和水果。我们的园丁每天都去,告诉我说他们要耐心地等待很长时间才能得到一磅圆白菜、洋葱等,这些东西确实很奇缺。对购买者来说幸运的是,所有食用品都规定了最高限价,否则穷人什么都买不起……

食物总是每天最重要的问题。食物越少,我们谈论的越多。奥地利人已经吃完了他们所有的存货,正在抱怨并转向德国寻求新的供应,就如同从沙漠转向石山寻求食物……

我们自己没有什么东西可吃,只有烟熏肉和干豆角,但是城镇里的人们情况更糟。土豆还没有成熟就挖出来了,在柏林的人们,现在实行了一个人每周一磅的配额,甚至这样也很糟糕。六月就像冬季,冷风延迟了蔬菜的生长,人们几乎一无所有了。我们都在饥饿地等待着收获,等待着至少更多面包和面粉的前景。

俄国临时政府的计划

1917年春天的一场革命,推翻了崩溃的俄国沙皇政府。相对温和、自由主义的临时政府在李沃夫亲王和保罗·米留可夫的领导下成立起来。尽管临时政府不得不与更加激进的工人政治组织——苏维埃——分享和争夺权力,但它最初还是迅速进行了某些重要的变革。下面是临时政府早期的计划,颁布于1917年3月16日。

思考:这份文献所揭示的态度;所发动改革的性质;这份文献反映了沙皇政府统治下的什么问题以及哪些不满促成了那场革命。

材料来源:Frank A. Golder, ed., *Documents of Russian History*, 1914–1917, trans. Emanuel Aronsberg (New York: Prentice-Hall, Inc., 1927).

市民们,杜马成员临时行政委员会在首都卫戍部队和居民的帮助和支持下,已经彻底战胜了旧政体的黑暗力量,能够组织起更加稳定的行政权力……

内阁的行动将在下列原则的指导下进行:

1. 立即全面特赦所有政治犯罪和宗教犯罪,包括恐怖活动、军事反抗和农民的反抗等。
2. 言论和出版自由,自由组织工会和罢工。只要战争环境允许,这种政治自由要扩大到军队。
3. 取消所有社会、宗教和民族限制。
4. 立即准备召集制宪会议,以普选和不记名投票的方式选出,它将决定政府的形式并为国家起草宪法。
5. 组建国民军,取代警察部队,长官选举产生,隶属于地方自治政府。
6. 选举实行普选、直接选举、平等选举和无记名投票原则。
7. 参加革命活动的军队不解除武装或从彼得格勒调离。
8. 在执勤和战时服役方面,要遵守严格的军事纪律,但是当执勤结束,士兵应当与其他市民享有同样的公共权利。

临时政府进一步声明,不会利用现存的战时条件延迟实现上述的改革措施。

V·I·列宁:《四月提纲》——布尔什维克的反抗

面对持续的战争和深深的不满,临时政府很快就遭到弗拉基米尔·伊里奇·列宁(1870—1924年)等人的反对,列宁呼吁进行更加激进的变革。列宁一生大部分时间都在革命中度过——经常处于流放中——现在上升为俄国马克思主义者布尔什维克派的领导人。他集卓越的马克思主义理论家和革命的组织者于一身。1917年4月,德国人帮助他返回俄国,试图削弱那里的新政府。列宁到达后,发表了他的《四月提纲》,最初该提纲遭到俄国马克思主义者的批评,最后为布尔什维克中央委员会所接受。

思考:为什么列宁拒绝支持临时政府;这一方案对谁具有吸引力,为什么;这一计划在哪些方面是明显的马克思主义理论。

材料来源：From V. I. Lenin, *Collected Works*, vol. XXIV（Moscow：Progress Publishers，1964），pp. 21-24. Reprinted by permission of the Copyright Agency of the U.S.S.R

1. 这次战争从俄国方面来说，在李沃夫之流的新政府条件下，无疑仍然是掠夺性的帝国主义战争，因为这个政府是资本主义性质的。在我们对这次战争的态度上，绝不允许对"革命护国主义"作丝毫让步……

2. 俄国当前形势的特点是从革命的第一阶段向革命的第二阶段过渡，第一阶段由于无产阶级的觉悟和组织程度不够，政权落到了资产阶级手中，第二阶段则应当使政权转到无产阶级和贫苦农民手中……

3. 不给临时政府任何支持……

5. 不要议会制共和国——从工人代表苏维埃回到议会制共和国是倒退了一步——而要从下到上遍及全国的工人、雇农和农民代表苏维埃的共和国。废除警察、军队和官吏。

一切官吏应由选举产生，并且可以随时撤换，他们的薪金不得超过熟练工人的平均工资。

6. 在土地纲领上，应把重点移到雇农代表苏维埃。

没收地主的全部土地。

把国内一切土地收归国有，由当地雇农和农民代表苏维埃支配。把各个大田庄（其面积约100俄亩至300俄亩，根据当地条件和其他条件由地方机关决定）建成示范农场，由雇农代表进行监督，由公家出资经营。

7. 立刻把全国所有银行合并成一个全国性的银行，由工人代表苏维埃进行监督。

8. 我们的直接任务并不是"实施"社会主义，而只是立刻过渡到由工人代表苏维埃监督社会的产品生产和分配。

V·I·列宁：彼得格勒苏维埃会议上的讲话，1917年11月8日：布尔什维克掌握政权

1917年11月的革命中临时政府倒台了。在列宁和列甫·托洛茨基(1877—1940年)的领导下，组织严密的布尔什维克很快就掌握了政权。1917年11月8日，列宁向彼得格勒苏维埃会议发表了如下讲话。

 思考：列宁所支持的政策以及如何将这些政策与《四月提纲》中的计划进行比较；列宁以何种方式依赖俄国之外的军队来维持革命最初的成功。

材料来源：Frank A. Golder, ed., *Documents of Russian History*, 1914-1917, Emanuel Aronsberg, Trans. Reprinted by permission of Prentice-Hall, Inc., pp. 618-619. Copyright 1927 by Prentice-Hall, Inc.

同志们！布尔什维克始终认为必要的工农革命，已经成功了。

这个工农革命的意义是什么？这个革命的意义首先在于我们将拥有一个苏维埃政府，

一个绝无资产阶级参加的我们自己的政权机关。被压迫的群众将亲自建立政权,旧的国家机构将被彻底打碎,而新的管理机构即苏维埃组织将建立起来。

俄国历史的新时期从此开始了,这第三次俄国革命终将导致社会主义的胜利。

我们当前的任务之一,就是必须立刻结束战争。可是大家都很清楚,要结束同现在的资本主义密切联系着的这样的战争,就必须打倒资本本身。

在意大利、英国和德国已经逐渐展开的世界工人运动一定会在这方面帮助我们。

我们向国际民主派提出的立即缔结公正合约的建议,一定会得到无产阶级群众的热烈响应。为了增强无产阶级的这种信任,必须立刻公布一切秘密条约。

在国内,农民中很大一部分人都说:我们不再跟资本家打交道了,我们要同工人一道干。我们只要颁布一项废除地主所有制的法令,就可以赢得农民的信任,农民会懂得,只有同工人结成联盟,他们才能得救。我们要对生产实行真正的工人监督。

现在我们已学会了齐心协力地工作,刚刚发生的革命就证实了这一点。我们拥有群众组织的力量,它定能战胜一切,并把无产阶级革命引向世界革命。

在俄国,我们现在应该着手建设无产阶级的社会主义国家。

全世界社会主义革命万岁!

伍德罗·威尔逊:《十四点》

每个参加第一次世界大战的国家都混杂着功利主义和理想主义的理由。在考虑它们的战争目的和可能的和平方案时,各国政府并没有预见到这场始料不及的漫长和代价惨重的战争中所出现的各种变化。到1918年各国政府都倒下了,美国也加入了冲突。1918年1月8日,在对美国国会联席会议发表的讲话中,伍德罗·威尔逊总统(1856—1924年)提出了他的《十四点》,勾勒了美国参战的目标以及和解的建议。《十四点》成为1919年巴黎和会讨论的基础,而且最理想化地表述了最终和解中所要达到的目标。

思考:把这些观点融为一体的理想;这些观点中承认和未承认的不满;战后采取何种措施可以保持和平的各种假设。

材料来源: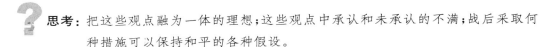 Woodrow Wilson, "Fourteen Points," *Congressional Record*, vol. LVI, part 1 (1918), Washington, D. C.: U. S. Government Printing Office, pp. 680 – 681.

我们参加这次战争,是因为正义受到侵犯,这些侵犯正义的事实,使我们痛心。只有这些事实获得矫正并且保证不再在世界上出现,我们本国人民的生活才能维持。因此,我们在这次战争中所要求的,绝不仅仅是和我们本身有关的东西,而是要使世界适于人类生存和安居乐业。特别是要使这个世界成为这样的一个世界:所有爱好和平的国家,所有像我们的国家一样希望依照自己的方式来生活,希望自己决定自己的制度,希望世界其他国家反对暴力和自私侵略,确保正义和公平的国家,都能够安居乐业。事实上,全世界各民族都是这个事业的共同创造者。同时,就我们本身而论,我们看得十分清楚:除非正义遍及他人,否则

26. 战争与革命：1914—1920年

正义也不会单独降临在我们身上。所以世界和平的方案就是我们的方案，而依照我们的看法，这个方案，这个唯一可能的方案，应该是这样的：

一　公开的和平条约应该以公开的方式缔结而成。以后国际间不得有任何种类的秘密默契，外交也必须从头到尾在众目睽睽之下坦白进行。

二　在各国领海以外的大洋和水域，有绝对的航行自由，不管是在平时或战时都一样。只有在执行国际公约的国际行动的时候，可以例外地封锁海洋的一部。

三　尽最大可能地消除经济障碍，并在所有同意接受和平及协同维持和平的国家之间建立平等的贸易条件。

四　互相充分地保证各国的军备减少到符合保卫国家内部安全的最低程度。

五　关于各国对各殖民地的权利主张，应该做自由、开明和大公无私的调整。调整的基础在于严格地遵守下面的原则：在决定关于主权的一切问题的时候，当地居民的利益，应该要和拥有尚未完全决定的管辖权的政府的正当要求获得同等的重视。

六　撤退现在在俄罗斯领土上的所有军队。要解决目前所有关于俄罗斯的问题，解决的原则应该是：由世界上其他国家，以最合理最自由的合作，使俄国获得毫无阻挠与毫无困扰的机会，以独立决定他本身的政治发展和国家政策，并且保证在自己决定的制度之下，可以获得自由国家所组成的国际社会诚挚的欢迎。同时，除了欢迎之外，并能够获得其他国家给予他所需要并希望获得的各种协助。……

七　在比利时的占领军应该撤退，其领土应该恢复，并不得企图限制她与其他自由的国家同样地享有主权。这应该成为全世界所同意的原则……

八　法国全部的领土应该获得自由。被侵占的法国地区应该归还。同时，1871年普鲁士在阿尔萨斯、洛林问题上所加诸法国的侵犯，已经使得世界的和平受到侵扰达50年之久。自然应当予以平反，这样才能确保和平并使我们全体的利益受到最大的保障。

九　意大利的疆界必须依照民族特性进行清楚地确定。

十　对于奥匈帝国统治下的各个民族，我们希望看到他们的国际地位受到保证和确定，同时给予他们最大的自由自治的发展机会。

十一　罗马尼亚、塞尔维亚及蒙地哥内罗的占领军应该撤退。被占领的土地应该归还。应给予塞尔维亚自由安全的出海通道。而巴尔干诸国的相互关系，应该按照他们历史上已经确立的政治归属和民族成分为原则，通过友好的协商而加以决定。同时，对于巴尔干诸国的政治及经济的独立和领土的完整，亦应通过国际条约予以保障。

十二　现行奥斯曼帝国的土耳其本部，应保有其稳固的主权，但其他现在在土耳其人统治下的各个民族，则应保证他们有确实安全的生活和绝不受干扰的自治发展的机会……

十三　应该要建立一个独立的波兰，她的领土应该包括所有没有疑义的波兰人所居住的地区。同时，必须保证她拥有一个自由的出海的通道。而她政治及经济的独立和领土的完整，则应由国际公约加以保障。

十四　一个一般的国际组织必须根据具体的国际公约加以组成，以使得大小各国同样获得政治独立和领土完整的相互保证。

就这些根本错误的纠正和公理的伸张而言，我们觉得自己是所有联合一致反对帝国主义的各国政府的人民的亲密合作者。我们的利害一致,同时也密合无间。我们必将并肩合作到底……

我们并不嫉妒德国的伟大,本计划也没有任何内容有损于德国的伟大。我们不嫉妒曾使德国的历史非常光辉可美的那些在学术或和平事业上的成就或荣誉。我们不愿伤害德国,或以任何方式遏制德国的合法影响或权力……

我们也不会肆意建议德国改变或修改她的制度。但我们必须坦白指出,对我们而言,在与德国进行任何理智的交涉时,必要的先决条件是我们须知道她的代言人在跟我们讲话时是为谁发言,是代表德意志帝国议会的多数发言,还是代表军人集团与拥护帝国专制统治的人们发言……

在我所罗列的整个方案里,贯穿着一个鲜明的原则,这是一个使得正义遍及一切人民和国家的原则:确认他们不管是强或是弱,在彼此平等的条件上,都有享受自由和安全生活之权利的公平原则……美利坚合众国的人民绝不可能依照其他的原则而行动,而他们为了维护这个原则,愿意奉献出生命、荣誉和所有的一切。这一个最高的道德考验,争取人类自由的最后的最有决定性的战争,已经来临了,他们准备把所有的力量,最崇高的理想、坚持和虔诚,付诸考验。

图像材料

C·R·W·内维森:光荣之路

第一次世界大战的残酷,打碎了英勇战斗和勇敢军事行动之梦。1917 年所留下的东西,是支撑着带刺铁丝网的木桩,这些铁丝网把两个人缠绕其中。他们的尸体已经开始融入大地。面对大屠杀的结果,美国作家和老兵厄内斯特·海明威写道:"荣耀、光荣、勇敢或神圣等字眼变得可憎"。内维森的油画(图 26.1)回应了这些情感,1918 年 3 月悬挂在英国画

图 26.1 内维森的油画作品

廊里。军事当局很快就开始对这幅作品进行谴责。

思考：英国军事当局为什么谴责这幅油画；这幅图画如何描绘了第一次世界大战的战争现实。

第一次世界大战：大后方和妇女

下面这幅英国战时工厂的图片(图 26.2)告诉我们工业化和技术如何促使延长的战争变成了大规模的战争。必须建设大工厂或转变成军需品的生产，这里生产的是炮弹。新的劳动力必须经过培训，通常包括改变价值观：这里主要由女人和老人补充因服军役而短缺的劳动力。最后，这幅图片表现出，为保持现代战争的进行，庞大的后勤组织以及政府与资本主义企业的合作必不可少。

后方劳动力的需要导致大量的妇女成为劳动力或者改变了工作。下面两个图表指出大不列颠妇女在 1914 至 1918 年间的职业变化：图表 26.3 指所有的职业，图表 26.4 指工业职业。

图 26.2 英国战时工厂

思考：现代战争的尝试，哪怕在外国的土地上进行，也会对一个国家的人民和经济产生影响，那么到底有哪些方面的影响；这些职业方面的变化对妇女产生哪些潜在的影响。

图表 26.3　英国妇女劳动力,1914—1918 年

工作的妇女人数	1914 年 7 月	1918 年 7 月	1918 年 7 月高于或低于 1914 年 7 月的人数
为自己劳动或做雇主	430 000	470 000	+40 000
工业劳动	2 178 600	2 970 000	+792 000
家政服务	1 658 000	1 258 000	−400 000
商业劳动等	505 500	934 500	+429 000
在国家和地方政府部门工作,包括教育行业	262 200	460 200	+198 000
农业劳动	190 000	228 000	+38 000
旅游、公房、剧院等的雇员	181 000	220 000	+39 000
运输行业劳动	18 200	117 200	+99 000
其他,包括职业雇员及家庭雇佣人员	542 500	652 500	+110 000
有职业的总人数	5 966 000	7 311 000	+1 345 000
没有职业但大于 10 人	12 946 000	12 496 000	−450 000
小于 10 人	4 809 000	4 731 000	−78 000
女性总数	23 721 000	24 538 000	+817 000

图表 26.4　1914—1918 年英国从事工业劳动的妇女

行　业	1914 年 7 月所雇佣女性人数估算	1918 年 7 月的雇佣女性人数估算	1914 年 7 月和 1918 年 7 月的雇佣女性人数之差	女性占所有被雇佣工人的百分比 1914 年 7 月	女性占所有被雇佣工人的百分比 1918 年 7 月	1918 年 1 月直接取代男性的女性人数估算
金属	170 000	594 000	+424 000	9	25	195 000
化学	40 000	104 000	+64 000	20	39	35 000
纺织	863 000	827 000	−36 000	58	67	64 000
服装	612 000	568 000	−44 000	68	76	43 000
食品、饮料和香烟	196 000	235 000	+39 000	35	49	60 000
纸张和印刷	147 500	141 500	−6 000	36	48	21 000
木业	44 000	79 000	+35 000	15	32	23 000
瓷器和陶器	32 000					
皮革	23 100	197 100	+93 000	4	10	62 000
其他	49 000					
政府机构	2 000	225 000	+223 000	3	47	197 000
总计	2 178 600	2 970 600	+792 000	26	37	704 000

资料来源:*Women in Industry: Report of the War Cabinet Committee on Women in Industry*(London: His Majesty's Stationery Office, 1919).

革命宣传

1922年庆祝俄国革命5周年的海报（图26.5）反映了1917年革命和此后数年间某些共产主义的信息和吸引力。在海报上，列宁穿着工人装，系着领带、带着帽子，站在地球上，似乎正领导全球的共产主义革命。他宣称，"让统治阶级在共产主义革命面前发抖吧。"在他身后升起的太阳标志着共产主义时代的光辉诞生。他的左边和右边是农民和工人，他们结成了联盟——革命的主力军和新秩序的受益者——举着旗帜宣布："全世界无产者联合起来。"下面是他们的劳动工具和俄国共产主义革命的象征：锤子和镰刀。

 思考：这幅海报特别吸引人的是什么；它具体表现了俄国革命的什么形象。

图26.5 1922年庆祝俄国革命5周年的海报

二手材料

罗兰·斯特龙伯格：第一次世界大战的起源

差不多在第一次世界大战结束前，学者们就开始讨论大战的原因了。由于描绘这次世界大战的人们掺入了很深的感情，所以很难进行客观评价。学者们通常很难把分析原因和进行指责区分开来。近年来，使许多学者感到惊讶的是，当时的人们几乎都怀着普遍的热情迎接1914年5月宣战的消息。这令一些学者开始对第一次世界大战爆发原因的传统解释重新进行评价，并开始强调导致人们欢迎大战爆发的深层社会力量。在下面的选段中，威斯康星大学的现代欧洲史家罗兰·斯特龙伯格探讨了解释大战爆发的各种观点，并认为欧洲人愿意参加战争比"专制国家制度"或一战的其他原因都更加重要。

 思考：斯特龙伯格所否定的解释及其原因；激进爱国主义在大战爆发中发挥了怎样的作用。

材料来源：Roland N. Stromberg, Europe in the Twentieth Century (Englewood Cliffs, NJ: Prentice-Hall, Inc., 1980), pp. 43-44, 74.

大型国际性战争在8月初突然爆发令每个人都大吃一惊，这并没有什么可奇怪的。发人深省的教训是，即使没有人愿意或想要战争，战争仍然可能爆发。同往常一样，阴谋论开始流行,尤其是断言德国人谋划了战争。威廉二世这位不幸的德国君主,被协约国描绘为魔鬼,其触角伸开要捕获小国家。英国、法国以及后来参战的美国都坚信,"普鲁士军国主义"是橄榄枝上的肿瘤。而德国人相信,他们嫉妒的邻居们阴谋包围并摧毁一个国家,而这个国家唯一的罪责是经济上获得成功。

然后,也出现了这样的理论:资本主义制度远非和平的力量,正是它策动了战争,因为战争有利可图或者是因为存在着对市场和原材料的竞争。尽管这些理论包含着某些真理的幼芽,但是所有这些幼稚的"魔鬼理论"应该抛弃,因为它们与严肃的历史研究格格不入,作为传说比作为历史更加有趣。

尽管人们有兴趣寻找一个无所不包的原因,但并没有这样的原因能够成功地解释这场战火或任何其他的重要历史事件……

欧洲的各个国家就像生活在原始自然状态中的个人,相互之间充满着无尽的争斗。他们不认可强迫他们保持和平的更高的权威。所谓的"国际法"事实上并没有约束他们,维持这种法律的不过是道德和习惯法的约束。

在保卫国家方面,人们越来越有更大的利害关系。这是民主化和财富增加的必然结果。尽管结果往往是不完美和不平等的,但是大多数市民都有意愿保卫自己参加其中的政治团体。1914年证明,当他们想到自己的国家正遭到攻击时,整个欧洲所有国家的群众和阶层都非常激进爱国……

实际上没有人盼望战争,它是突然发生的。当战争真的到来后,……普遍出现的是愉悦而不是沮丧。大量欢呼的人群包围着国王,站在白金汉宫外面,在车站向开拔的法国军队敬礼,公开在圣彼得堡表达爱意。一位巴黎的目击者在8月2日描绘了一股"人流,从各个角落涌来",尖叫着、叫嚷着、高唱《马赛曲》。在柏林,人群不停地穿过街道,持续两日之久,高唱着《联合下的德意志》和《莱茵河上的巡逻兵》。一群人攻击了圣彼得堡的德国使馆。"一群数不清的人"在8月4—5日阻塞了政府官邸周围的各条街道达好几分钟,而且连续数日涌向街道。欧洲的人们用狂喜而不是悲伤来迎接战争,这一事实在最后的分析中要比所有的外交细节都能更深入地解释战争的到来……

哈特姆·波吉·冯·斯特兰德曼:德国人和战争的到来

在试图理解第一次世界大战的起源以及为什么它如此长时间持续方面,学者们聚焦于德国的作用,但对德国的卷入基于什么基础说法不一。在下面的选段中,哈特姆·波吉·冯·斯特兰德曼分析了什么使得德国人接受了战争,是什么使战争的努力维持了四年。

思考:就哪些方面来说,德国内部的战争力量是全欧发展的一部分;在作者看来,德国为什么存在着对战争努力的支持;如何将这一对德国的分析与斯特龙伯格对战争起源的分析相比照。

材料来源:From Hartmut Pogge von Strandmann, "Germany and the Coming of War," in The Coming of the First World War, p. 123, eds. R. J. W. Evans and Hartmut Pogge von Strandmann. 1988 Oxford University

26. 战争与革命：1914—1920年

Press. Reprinted by permission of Oxford University Press.

尽管政治和军事领导人受公众及其争论的影响很大，但是战争并不是因为国内的原因，也不是为了维护社会现状。基于军事胜利而发展的概念足以让威廉二世时期德国的军队、政治和商业领导人达成一致。向东和向西的动力是以帝国主义文化为基础的，这种文化传播的价值是社会达尔文主义、市场征服、势力范围的渗透、资本家同伴之间的竞争、生存空间的获得和国家力量的上升。为假设的军事优势、总体的经济力量，尤其是工业活力、广泛传播的乐观主义和好战情绪所鼓舞，军事和政治领导人发现，当他们做出推进战争的决定时，这是许多德国人甚至大多数德国人都能接受的选择。"文化绝望"的思想价值有限，并没有出现恐慌的迹象，也没有迹象表明，在未来的岁月里威廉二世的德国无法在政治上对付过去。对胜利的信心和决心是愿意以防卫或防守行动为借口打一场扩张之战的主要因素，政治和军事领导人、政治团体以及人口的大部分都对此表示认可。这种一致性使德国的战争努力一直维持到1918年8月和9月的军事失败。

戈登 A·克雷格：战争和外交的革命

第一次世界大战所使用的技术和战术与以前的战争截然不同。这些技术和战术，加上战争的漫长以及平民和军事目标的区别越来越小，都使人们很难明确地觉察敌人，有的只是极端的仇恨。这反映在无论战争期间还是战后都要求进行报复方面，这不可避免地影响了随后的和平协议。普林斯顿和斯坦福的著名军事和外交史家戈登·克雷格曾大量撰写有关德国史的著作。在下面的选段中，他通过比较第一次世界大战和以前的战争分析了这些态度及其原因。

 思考：有关第一次世界大战之经历的原始材料如何与这种解释相关联；参战国家的政府为什么很难妥协；对第一次世界大战所发生的事件所进行的这种描绘，是否完全适用于20世纪所有漫长的战争。

材料来源：Gordon A. Craig, "The Revolution in War and Diplomacy," Jack J. Roth, ed. World War 1: A Turning Point in Modern History. Reprinted by permission of Alfred A. Knopf, Inc., pp. 12–14. Copyright 1967 by Alfred A. Knopf, Inc.

1914年的战争是历史上的第一次总体战，意思是说，在参战国家生活的所有人在战争期间几乎都受到战争的影响。过去并不是这样，甚至在针对拿破仑的大战中，许多人还是可以照常生活，就像和平年代一样……

19世纪60年代中欧的战争也是这种分离的状况，但在第一次世界大战中这就完全不可能了。一方面，这场大战首次打破了士兵和平民的区别，其原因部分是由于技术革新导致战争的扩大成为可能……当飞船开始在伦敦上空投掷炸弹、潜艇开始击沉商船时，战争就侵入了平民领域，战场无处不在……

平民无法面对面看到敌人或认出他是另外的人，他只是知道它是"敌人"，是一个非个人的、总体的概念,那使他失去了和平的快乐。随着不安不断增加,他的愤怒就转化为仇恨,政府的宣传人员经常鼓励这种仇恨,他们相信这是维持平民斗志的最好方法。因此,不久之后,人们认为敌人能够实行任何暴行,而且由于这千真万确,所以与他妥协的任何想法都是不可容忍的。必须把敌人打倒在地,不管要付出多少努力和鲜血,必须迫使他无条件投降,必须用和平条约惩罚他,让他永远臣服。

这造成的结果是……理性地计算冒险与获得、通过协商达成妥协对参战政府来说实际上已经不可能了。

邦妮 S·安德森和朱迪斯 P·津泽:妇女、工作和第一次世界大战

第一次世界大战期间由于男人被抽调到军队,以及由于不断地需要武器和其他物品支撑战争的努力,对女性工人的需要不断增加。女性大量成为劳动力,经常从事以前专门由男性从事的工作。历史学家们指出,这对妇女而言是巨大的变化,但是近来有些历史学家开始质疑,从长远来看,妇女从第一次世界大战作为工人的经历中到底获益多少。下面的选段选自《她们自己的历史》,其中,邦妮 S·安德森、朱迪斯 P·津泽认为,妇女的改变很少而且也不像人们通常假设的那样长久。

思考: 在邦妮 S·安德森、朱迪斯 P·津泽看来,为什么妇女的变化是表面上而非实质性的、是短期的而非长久的;为什么雇主、政府和大众传媒削弱了妇女变化的基础;这份材料与描绘大后方和妇女的材料有怎样的联系。

材料来源: Excerpts from *A History of Their Own*, vol. 11, by Bonnie Anderson and Judith Zinsser. Copyright 1988 by Harper & Row, Publishers, Inc., pp. 112-114. Reprinted by permission of Harper & Row, Publishers, Inc.

生活水平的提高、家庭规模的小型化、产期津贴、保护立法、工会和新工作,构成19世纪70年代和20世纪20年代之间城市工人阶级妇女生活最重要的变化。与这些变化相比,第一次世界大战(1914—1918年)对这些妇女生活的影响相对很小。尽管中上层的妇女经常报告说,战争使她们摆脱了19世纪限制她们工作和个人生活的态度,但工人阶级妇女的生活几乎没有什么变化。同特权阶层的妇女不同,工人阶级的妇女习惯于走出家门获得收入,她们进入军事工厂更可能是受到剥削而不是解放。与特权阶层的妇女不同,工人阶级的妇女和女孩很少为男女两性行为的"双重标准"所保护;相反,工人阶级的妇女使得为了有财产的人而维持"双重标准"成为可能。在城市中的工人阶级妇女看来,新白领工作的增加是不可逆转的战争所造成的新趋势。但第一次世界大战只是暂时中止了家庭之外的正常工作环境,战后会重新恢复传统的方式。

战争一爆发,欧洲政府便要求在战争期间中止保护妇女的法律。正是因为各个国家希望工人阶级妇女服务于军事,因此它们劝说工人阶级妇女在工厂里劳动,取代加入军队的男人的位置。为高工资和爱国主义所吸引,妇女涌向了这些新的、以前由男人从事的工作……政府最初坚持妇女从事以前男人的工作要获得同等的报酬,但是这样的政策基本上是无效

的:工厂倾向于把工作细分为各种操作,而且付给妇女较少的报酬。与男人相比以及从绝对值上来讲,妇女在工厂劳动的工资在战争期间增加了,但是仍然只是相当于男性收入的百分之多少。在巴黎,战前妇女在冶炼厂获得的收入仅是男人收入的45%;到1918年,妇女收入是男性的84%。在德国,妇女在工厂的收入相对于男子增长了约5%。无论男人还是女人似乎都把战争所带来的变化看成是暂时的。战后,男人会回归他们的工作岗位,妇女会离开男人的工作,所有都会恢复到以前……

战争一结束,所有参战的政府很快就开始让妇女离开"男人的工作"。在英国,这些妇女成为"多余的人"并被要求离开了;在法国,如果妇女们离开工厂的工作,则给予额外的奖励;在德国,政府颁布条例,如果有必要,让女人先于男人被解雇。这些政策非常有效:到1921年,法国和英国在工厂里工作的妇女人数比战前还要少。妇女的工资下降,又恢复到男人工资的低比率上,而且1919年凡尔赛和约做出的"同工同酬"承诺也是形同虚设。大众媒体主要报道妇女的服饰、发型、使用化妆品等表面上的变化,而忽视构成大多数妇女生活的深层的连续性。

亚瑟·沃尔沃斯:和平和外交

历史学家们传统上谴责凡尔赛所订立的第一次世界大战和约。他们通常认为,它无法与以前结束拿破仑战争的维也纳协定相比。然而,某些历史学家们对这种观点提出了挑战。他们认为,在第一次世界大战结束时缔造和平的环境是非常困难的。在下面的选段中,亚瑟·沃尔沃斯分析了调解人所面对的压力和障碍。

思考:外交官们不得不做出的选择和妥协;在这样的环境下,外交官们做了些什么;如何把沃尔沃斯的解释和克雷格的解释进行比较。

材料来源:From Arthur Walworth, *Wilson and His Peacemaker*, pp. xii - xiii. Copyright 1986 W. W Norton. Reprinted by permission of W. W. Norton & Company, Inc.

民族主义的好战精神非常强烈,又为战争所唤起的为国牺牲所强化,限制了和平制定者们自由追求理想主义者的长远目标。对战败的敌人普遍的仇恨,使得外交官在不被指责为"亲德分子"的情况下无法缔造理性的和平。战斗停止后,最聪明的政治家认识到,如果他们不能很快地转变有害的战时心理,就无法在不受摆布的情况下签署持久的和平。

而且,战争期间欧洲的民主也设立了障碍,让外交官们难以缔造和平。迫于生存,协约国的政府为了满足民族的愿望而做出秘密承诺。为了让意大利加入协约国一边作战,1915年缔结了《伦敦条约》,承诺该国一条边界,把成千上万的奥地利人和斯拉夫人置于意大利的统治之下。为了说服日本人加强它的海军活动,日本获得了在中国的特权,并享有了德国在太平洋的岛屿。尽管俄国作为一方而签订的协议因苏联与德国缔结和平而失效了,但是,法国、英国和意大利在奥斯曼帝国土地上的利益保持不变,维持1916年和1917年的谅解备忘录中所界定的内容。这些秘密谅解备忘录因人们对1914年大战爆发时违背条约义务感到愤怒而获得了力量。

战争结束时的协议,不能无视1919年已经存在的承诺和民族愿望,而且谁也不能指望迅速改变。一方面,在各种对付德国敌人的方案中一定有一种妥协。在战争结束时,欧洲的外交官们对维持和平的政策三心二意。一方面,对讲英语的当局更具吸引力的,是避免缔结的和平条约,那种条约会激起战败国的强烈反应,同时为不断的调整进程做好准备。另一方面,法国所提倡的,是创建军事数量上占据优势的同盟,这些同盟可以制服任何反抗。在长期的消耗战中,法国人力的不足已经恶化,很明显,法国单独作战不可能抵挡德国军队的另一次进攻。

罗伯特·塞维斯:俄国革命

历史学家往往通过构建一套复杂的原因或理论来应对在解释大革命发生方面的挑战。在马克思主义历史学家看来,俄国革命具有非凡的重要性。这些历史学家和其他历史学家指出,长期的经济和社会因素是导致这场革命的关键因素。然而,许多历史学家认为,革命的原因非常直接,并不复杂。罗伯特·塞维斯,这位颇受敬重的某些俄国历史著作的作者,采取了中间的立场,集中把某些环境视为革命的主要原因。在下面的选段中,塞维斯分析了1917年2月推翻沙皇政府的革命以及1917年10月列宁和布尔什维克夺取政权。

思考:俄国帝国所面临的问题;尼古拉二世沙皇如何置自己于"双重的危险"之中;布尔什维克为什么要诉诸恐怖。

材料来源:Robert Service, *A History of Twentieth-Century Russia* (Cambridge, MA: Harvard University Press, 1998),pp. 545-547.

在沙皇的统治下,帝国面临许多问题,国家的需要和目标已经很难得到社会的支持。俄国和其他资本主义国家之间的技术差距越来越大。军事安全造成了严重的问题,行政和教育之间的合作仍然很脆弱。政党对民众的观点影响甚少,国家杜马在很大程度上被忽略了。而且,传统的有财产的阶层并不努力在社会穷人成员之间促成公民社会的意识。尽管大多数俄罗斯人缺乏强烈的一个国家的意识,但是某些非俄罗斯人的国家有强烈的民族怨恨意识。俄帝国是不安定、不和谐的社会。

最后一位沙皇尼古拉二世将自己置于双重危险之中。他强烈阻碍和痛恨公民社会中涌现出来的因素:政党、职业团体和工会,但是他也没有尝试彻底镇压它们,结果出现了对沙皇政体的持续挑战。第一次世界大战前的社会和经济转型加剧了这些问题。社会中那些经历了贫穷的团体仇视当权者是可以理解的。其他一些团体在物质条件方面得到了提高,但是这些团体中有一些团体也造成了危险,因为它们对政治秩序的性质而感到灰心。正是在这样的环境下,大战爆发了并拉倒了该政体残留的支柱。结果是在经济崩溃、行政混乱和军事失败的环境中出现了1917年的二月革命。情绪的宣泄导致了地方努力获得民众自治,整个帝国的农民和应征入伍者主张他们的要求不受阻碍。

这同样的环境也使自由主义、保守主义和法西斯主义在今后许多年里都不切实际。在这些年里某种社会主义政府是最有可能出现的结果。然而,社会主义最极端的分支——布尔什维克——获得政权并不是不可避免的。最不可避免的是一旦布尔什维克发动了革命,他们如果不实行比当时更加暴力和更加严格的政策就不可能生存。如果不诉诸恐怖,列宁的党在政府中就不可能保持持久的支持。这反过来限制了他们,使他们没有能力解决几乎所有沙皇政体的敌人认为必须解决的问题。布尔什维克渴望经济竞争力、政治统一、各民族的合作、社会安定、行政效率、文化活力和教育普及,但是他们所使用的手段不可避免地破坏了他们所宣称的目的。

章节问题

1. 在哪些方面可以说第一次世界大战是19世纪后期各种主要趋势的自然结果?人们为什么通常认为第一次世界大战是19世纪和20世纪的分界线?
2. 在解释俄国革命和布尔什维克上台方面,第一次世界大战起了什么作用?
3. 第一次世界大战的原因和进程中有什么使得战后的和平协议如此困难?

27. 民主、萧条和动荡：
20 世纪 20 至 30 年代

　　第一次世界大战之后的 20 年里充满着动荡和不安。除了布尔什维克获得政权的俄国外，第一次世界大战的结果是整个欧洲都确立了自由民主。但是很快就出现了集权主义的倾向，同时许多国家经历了政治波动。尽管在 20 世纪 20 年代中期经历了短暂的繁荣，但是第一次世界大战和战后初期所遗留的经济问题并没有消失。1929 年纽约证券市场的崩溃开始了美国的大萧条，而且很快传播到欧洲。大量的人口遭受经济重创，政府被迫实行激进的解决问题的办法。在这整个期间出现了强烈的社会紧张关系并不令人奇怪。由于政治和经济的不稳定，使得从第一次世界大战中恢复过来难上加难。由于弥漫着对现在和未来的不确定感，社会似乎裂变成对抗的阶级和不同的意识形态。

　　同样的不确定性也波及思想领域。18 世纪流行的乐观主义和理性信仰让位于自然科学和社会科学的相对主义、心理学的弗洛伊德学说和艺术领域的混乱。西方不再自信，而 20 世纪 20 年代和 30 年代所发生的事情使人们更加缺乏信心。

　　本章所选择的材料列举了这些倾向。历史学家们在描述全面动荡以及努力应对时通常聚焦于 20 世纪 20 年代的德国。20 世纪 20 年代德国政治和经济动荡的性质是什么？在哪些方面具有这样一种意识，即所有的事情都失去了控制而且人群中构成了许多对立的派别？大萧条给工业经济最沉重的打击。大萧条如何使资本主义的未来变得不确定？各国政府采取了什么政策来应对萧条？20 世纪 30 年代大萧条如何和政治动荡密切相关？大萧条有何长久的影响？最后，弥漫思想生活中的普遍幻灭感和不确定性。1914 年成长的一代在哪些方面幻灭感尤其强烈？在哪些方面出现了这样的感情，即 19 世纪的理想已经远去，20 世纪的人们会比前辈更加糟糕。

　　这些材料所描绘的是 20 世纪 20 年代和 30 年代灰暗的生活画面。下一章要探讨的这一时期集权主义的发展，也是这个画面的组成部分。

原始材料

埃利希·马里亚·雷马克和里洛·林克：《归途》和《动乱年代》

随着一战后魏玛共和国的建立，德国有了和其他西方民主国家类似的政体。但是德国政府背负着巨大的经济问题、持续不断的骚乱以及带着第一次世界大战的遗产而劳作的缺乏经验的政治家。该社会及其氛围尤其表现在当时的文化产品中，例如，下面选自埃利希·马里亚·雷马克和里洛·林克著作的片段就是例证。雷马克是一战时期的德国士兵，他的《西线无战事》(1929年)和《归途》(1931年)是当时两本最流行的著作。第一段选自他的《归途》，主要探讨归来的士兵所面临的德国的生活。第二段选自林克的自传《动乱年代》。

 思考：第一次世界大战和之后的经济问题之间的关联；魏玛共和国所面临的问题；这样的环境如何成为希特勒等政治人物涌现出来的肥沃土壤。

材料来源：Excerpt from The Road Back by Erich Maria Remarque. "Der Weg Zurück." Copyright 1931 by Ullstein, A. G.；Copyright renewed 1958 by Erich Maria Remarque；Lilo Linke, Restless Days. Reprinted by permission of Alfred A. Knopf, Inc., pp. 388–389. Copyright 1935 by Alfred A. Knopf, Inc., and Renewed 1963 by Lilo Linke.

今天下午人们要求到大街上去游行。过去的数月里到处物价飞涨，穷人甚至比战时还要多。工资连买生活必需品都不够，即使人们手中有钱，也经常买不到任何东西。但是豪华的大酒店和舞厅越来越多，投机和诈骗越来越无耻。

稀疏的工人团体在举行罢工，行进在大街上，有时会出现骚乱。有谣言说军队已经在军营集中，但是根本没有任何这方面的迹象。

人们到处都可以听到叫嚷声和反击的叫嚷。有人正在街角高谈阔论地演讲，然后突然四处一片寂静。

一队人穿着前线战壕里褪色的制服，正缓慢地向我们走来。

队列采取小分队的形式，按四路纵队行进。前面举着大幅白色标语：祖国的感激在哪里？——战争致残的人正在挨饿。

一些缺了一只胳膊的人举着标语，而且不停地环视四周，看行进队伍是否紧跟在他们后面，因为他们走得最快。

跟在他们后面的是用短的皮绳索牵着牧羊犬的人，在狗的颈圈上有盲人的红十字……

盲人后面是瞎了一只眼的人和头部受伤的人破相的脸：扭曲的、肥厚的嘴，缺了鼻子和下颚的脸，大块红色伤疤贯穿全脸、以前的嘴和鼻子变成几个小洞的人。但是比这更凄凉的，是人们平静、质疑和悲伤的眼睛。

跟在这些人之后的是一长队截肢的人。有些人已经装上了假肢,当他们行走的时候,假肢歪歪斜斜弹跳着向前,叮当地敲打着地面,好像他们整个人都是用铁和铰链人工制造的。有些人在把裤腿卷起来用别针别紧。这些人拄着有黑色橡胶垫的拐杖或棍子走路。

然后到来的是浑身晃动的人,是受炮弹惊吓的人。他们的手、头、衣服和身体不停地抖动,似乎仍然因恐惧而战栗。他们不再能控制自己,意志力已经消失,肌肉和神经无法与头脑配合,眼睛空洞而无力。

继续说在德国可以找到所有不同团体和阶层的共同基础是不明智的。它们之间的隔阂日益加深而且无法弥合。右翼全民投票"反对杨格计划和战争罪的指控",同前些年左翼所安排的投票一样以失败告终,但是诽谤性煽动的毒药仍然留在这个团体的机体内,而且我们焦虑地看着它起效。

在我自己的家庭里,政治对抗已经超出了可以忍受的地步。10月份,弗里茨在一家出口商行结束了学徒生涯,就在那时这些公司倒闭了——这与法兰克福保险总公司、公民服务银行的崩溃以及德意志银行和贴现银行的强制重组和合并相比是小巫见大巫,这些事件都发生在这些年里,严重影响了德国的整体经济生活。然而,对我弟弟而言,他公司的倒闭超过了所有其他事件,因为这意味着他失去了工作。他3年的培训付之东流——当时的所有出口企业都被迫尽可能多地裁员……

"是的,但问题就在——上百万人!如果那不是我的错,那是谁的错?我告诉你们——你的朋友们,法国人、英国人和美国人,所有那些一个个给我们不光彩惩罚的该死的国家——他们要因此而受到谴责。我的公司出口到非洲,到德国的殖民地,每年的营业额成千上万。但是他们剥夺了我们的殖民地、我们所有的国外市场。他们窃走了我们在萨尔和上西里西亚的煤矿,他们从我们流血的国家里榨取了上百万的马克。我们如果不发动另一场战争解放自己就永远不可能重新站起来。"

"别傻了,弗里茨。全世界情况都很糟糕。"

"我才不管全世界呢。我只关心德国,是你们和你们的和平主义者把它拱手交给我们的敌人的。我鄙视你,你不配称自己是德国人。"

海因里希·豪泽:与德国的失业者在一起

大萧条对德国的打击远甚于其他国家。到1932年,超过600万工人失业,数不清的人沿街和沿途流浪,无家可归。许多人在城市收容所寻求帮助。这些人的困境——同其他国家成百万的人一样——反映在下面海因里希·豪泽的描述中。

 思考:豪泽沿着德国的公路观察的是谁;困境对这些人心理上的影响;这些环境如何会引导许多人转向阿道夫·希特勒和纳粹。

材料来源:Heinrich Hauser, "With Germany's unemployment," *Living Age*, vol. 344, no. 4398 (March 1933), pp. 27-29, 37-38.

在整个汉堡到柏林的大公路上,无家可归的人络绎不绝。

有那么多的人沿着相对的方向移动,或顺风而走,或逆风而行,如果通过口耳相传,口信可以从汉堡一直传到柏林……我今年所走的所有德国公路上都能见到这般光景……

但是这些徒步行走者多数并没有注意到我。他们单独行走或三五成群,眼睛都盯着地面。他们光着脚,迈着奇怪的、蹒跚的步态,因为把鞋子挂在了肩膀上。他们有些人是行会会员——带着绣花工具袋、穿齐膝短裤、戴宽幅毛毡帽的木匠,穿条纹红裙的奶工以及戴着黑色高帽的砖瓦匠——但占其中的少数。大多数人是人们无法识别其特定职业和特长的人——大多数是没有手艺的年轻人,他们在德国的任何城镇都找不到安身之处,他们从来没有找到工作也不指望找到一份。还有一些现象是以前从来没有见过的——整个家庭把所有的家当都堆在婴儿车和独轮车上,他们推着离开就像在说不出的绝望中沉重前行。整个国家都在行进。

我看见他们——这是 1932 年留给我的最深刻的印象——50 或 100 人一组,洗劫土豆田。我看见他们把土豆掘出来扔进麻袋里,拥有这块田的农民绝望地看着他们,而当地的警察在远处沮丧地袖手旁观。我看到他们在夜幕降临后背着麻袋蹒跚地走向城市路灯。这令我想起什么呢?战争、1917 年和 1918 年最糟糕的饥荒时期,但就是那时,人们也会付钱买土豆……

我进入了该城北部区域庞大的市政寄宿房屋……

我接下来的记忆是在另一个房间坐在桌子旁,人们坐在拥挤的板凳上,就像坐在拥挤的四等车厢里。几百张饥饿的嘴吃着食物,发出很大的响声。人们弯腰盯着自己的食物,就像动物感觉有人要把食物从他身边抢走一样。他们用左臂半抱着碗,防止别人把它抢走,还用另外的肘、头和嘴保护着碗,同时在嘴和碗之间快速翻动着勺子。根据一个人正常的饮食,领到的份额是很大的。在每个人的碗里肯定有一夸脱炖菜,而且质量也不差。里面有肥肉,也比较浓稠。但我还没有吃到一半,所有的邻居们已经吃完了,并嫉妒地看着我。我把剩下的给了那位撒克逊人,他惊讶地看着我,"胃疼,"我说。就在一眨眼的工夫,剩下的饭菜就无影无踪了。

在房间的另一边,清洗的盆子端了进来。每个人都在这里洗自己的碗,因为早餐还要用它。

人民阵线纲领,1935 年 1 月 11 日

20 世纪 30 年代的大萧条严重冲击了西方的稳定。在许多地区导致了所建立政府的倒台和右翼团体的兴起,1934 年在法国,部分出于对法西斯主义的恐惧,社会主义者和共产主义者联合起来组成了人民阵线。1936 年,在李昂·布鲁姆(1872—1950 年)的领导下,人民阵线获得政权,但仅仅维持了两年。下面的文献节选自人民阵线 1936 年 1 月 11 日的纲领。

 思考:这份文献在哪些方面反映了 20 世纪 30 年代期间公共生活的混乱;人民阵线打算如何应对萧条;这样的纲领对哪些团体最具吸引力,为什么?

材料来源:From David Thomson, *Democracy in France*, Reprinted by permission of Oxford University Press (Oxford, England, 5th ed., 1969), pp. 310-314.

I. 保卫自由

1. 大赦

2. 反对法西斯团体的措施

（a）根据法律，有效解除所有半军事组织的武装并将其解散

（b）针对煽动谋杀或任何企图反对国家安全的情况要强制采取法律措施……

4. 出版

（a）废除限制意见自由的法律和法令……

（iii）采取措施中止私人对商业广告的垄断以及金融广告的丑闻，并防止形成报业托拉斯。

（c）由国家组成无线广播组织，目的是确保无线新闻的准确以及政治和社会组织在电台方面的平等。

5. 工会自由

（a）实施和奉行工会对所有人的自由。

（b）承认妇女的劳动权利……

II. 保卫和平

1. 要呼吁人民，尤其是工人阶级协作维持和组织和平。

2. 通过明确侵略者和在侵略时共同实施制裁，在国联的框架内为了集体安全而进行国际协作。

3. 首先通过限制协议，之后通过全面地、有效地控制减少军备，为从武装的和平过渡到无武装的和平而不懈努力。

4. 军事工业的国有化以及压制私人交易武器。

5. 拒绝秘密外交，通过国际行动和公开谈判，在不削弱国联基本原则的基础上，促使离开日内瓦的国家重新返回，这是集体安全和不可分割之安全的原则……

III. 经济要求

1. 恢复因危机而破坏和降低的购买力。

（a）针对失业和工业危机

（i）建立国家失业基金

（ii）减少工作周而不减少周工资

（iii）通过建立适当的年老工人退休金制度，使你的工人重返岗位。

（iv）无论是城市还是乡村，都迅速实行公共工程计划，把地方投资和国家及地方当局所资助的计划结合起来。

2. 针对投资者的掠夺以及更好地组织贷款

（a）银行交易的规则……

（b）为了使贷款和投资摆脱经济寡头的控制，法国的银行必须停止私营，"法国的银行"必须成为"法国银行"……

IV. 财政净化

3. 对税收制度进行民主改革，以减轻阻碍经济恢复的财政负担，通过对大宗财富采取

措施增加收入。快速提高收入税,对年收入 75 000 法郎以上者征收收入税,对垄断利润征收特别税,但这样的方法对零售价格没有影响。针对与可转让("持票人")证券有关的逃税采取措施。

若塞·奥尔特加·加塞特:大众的反叛

20 世纪 20 年代和 30 年代的幻灭,通常与第一次世界大战的影响有关,反映在许多尝试更深刻地理解西方文明和人类状态的思考中。但是这种思想潮流不应该仅仅被视为对第一次世界大战的反映,当时最具有影响的著作《大众的反叛》(1930 年)中,若塞·奥尔加特·加塞特(1883—1955 年)哀叹人口的增加、"大众"的兴起和 19 世纪精英的、有教养的、自由的文明的衰落。奥尔特加是强烈的自由主义者和反君主制的人,1910 年成为马德里大学的形而上学教授以及西班牙属首屈一指的思想家。由于预感到共和派的失败,他在 1936 年逃离了西班牙。在下面选自《大众的反叛》的片段中,介绍了他在书中其他部分要探讨的问题。

思考:为什么大众获得权力会如此严重;奥尔特加如何区分"大众"和"有资格的少数人";他是否提出了对现代文明的具体批评。

材料来源:Fosé Ortegay Gasset, *The Revolt of the Masses*. Reprinted by permission of W. W. Norton & Co., Inc (New York, 1932), pp. 11, 16, 18.

有一个事实不管是好是坏,在目前欧洲的公共生活中具有无比的重要性,那就是大众开始全面占据社会权力。就"大众"一词的定义而言,大众既不应该亦无能力指导自己的个人生活,更不用说统治整个社会了。因此,这一现象实际上就意味着欧洲正面临着巨大的危机,这一危机将危害民族、国家和文明。这样的危机在历史上屡见不鲜,它的特征及其后果早已为人所熟知,它名称也尽人皆知,人们称这一现象为"大众的反叛"……

此外,在任何一个社会中都存在着一些层次完全不同的活动、行动和功能,它们具有各自特殊的性质,没有非凡的才能是无法实现的,比如说某些艺术和审美的活动、政府的功能以及公共事务中的政治判断等等。以前,这些特殊的活动是由具备相应资格的少数人实行的,或者至少由那些自称具备此等资格的人实行。大众断言自己没有权利涉足其中,他们知道自己如果想这样干,首先必须获得某些特殊的技能,就必须脱离大众,他们很清楚自己在一个健康有活力的社会体系中所扮演的角色……

我们这个时代的典型特征就是,平庸的心智尽管知道自己平庸,却理直气壮地要求平庸的权利,并随自己所愿到处运用这些权利。正如有人所说的,在美国"与众不同是不得体的事情",大众把一切与众不同的、优秀的、个人的、有资格的和遴选的一切都打翻在地,踩在脚下;任何一个与其他人不相像的人,没有像其他人那样考虑问题的人都面临着被淘汰的危险。当然,"其他的每一个人"并不是指所有的人。"所有的人"通常是指大众和那些特立独行的少数人的复杂组合。然而,现任"所有的人"就是特指大众。这就是当前我们所面临的让人望而生畏的现实,毫无保留地把其野蛮特征勾勒出来。

西格蒙德·弗洛伊德：文明与缺憾

心理分析是 20 世纪最有力的思想影响之一。一方面，它基于过去 18 世纪和 19 世纪对人类理性和科学调查力量的乐观主义：这种乐观主义断言，通过科学调查人们能够更加深入地了解人类的行为，而且理性理解能够缓解痛苦和问题。然而，它在其他方面反映了 19 世纪后期和 20 世纪早期对理性的冲击。它认为人类的许多行为是非理性的、无意识的和本能的。最后它附和了因第一次世界大战的经历而形成的悲观主义：文明正日益受到诸如性和进攻性等深层的反社会力量的威胁。西格蒙德·弗洛伊德(1856—1939 年)是对发展心理分析做出最大贡献的人，他是一位维也纳的神经科医生，并对心理分析越来越感兴趣，把它看作人类行为理论、调查方法和某些疾病的治疗方案。下面的选段选自《文明与缺憾》(1929 年)，这部著作是在一战后和弗洛伊德的晚年完成的。在这一选段中弗洛伊德谈到了文明的脆弱。

思考：这一选段如何反映了第一次世界大战的经历；这一材料在哪些方面反映并促使了该时期普遍存在的不确定意识；奥尔特加和弗洛伊德的相似之处。

材料来源：Sigmund Freud, *Civilization and Its Discontents*, in The *Standard Edition of the Complete Psychological Works of Sigmund Freud*, James Strachey, trans. and ed. Reprinted by permission of W. W. Norton & Co., Inc (New York, 1961), pp. 58-59, 92, The Hogarth Press, Ltd., Sigmund Freud Copyrights Ltd., and the Institute of Psycho-Analysis.

隐藏在所有这一切背后的、也是人们不愿承认的真实因素是，人类并非想得到爱的温和的动物，在受到进攻时至多只能够自卫；相反，人们认为人类这种动物其本能的天赋中具有强大的进攻性。因此，他们的邻居不仅仅是他们的潜在对手或性对象，而且容易唤起他们在他身上满足其进攻性的欲望，即毫无补偿地剥削他的劳动能力，未经他的允许便与他发生性关系，霸占他的财产，羞辱他，使他痛苦，折磨他并且杀死他。"人对人是狼"。[①] 面对这些人生和历史的经验，谁还有勇气对这个结论提出疑问呢？一般来说，这种残酷的进攻性等待着某种刺激或是为某种其他的意图服务，这种意图的目标也许用比较温和的手段就可达到。在有利于这种进攻性的情况下，当平时禁止它的精神上的反对力量失去效用时，它也会自动地出现，暴露出人类是一种野兽，对于这种野兽来说，对它的同类的关心是一种异己的东西。凡是想到在种族大迁徙或是匈奴人侵略时期，在人所周知的成吉思汗和帖木儿统治下的蒙古人的侵略中，或是在虔诚的十字军占领耶路撒冷的时候，或是恰恰就在最近的世界大战带来的恐怖中犯下罪行的人，都将不得不承认这一观点的正确性。

我们在内心中可以觉察到这一进攻倾向的存在，而且正确地设想它也存在于其他人身上。这一倾向的存在是扰乱我们和邻居关系的一个因素，并且迫使文明耗费了如此之高的

---

① "人对人是狼"这句话出自普劳图斯的《阿辛纳里亚》II, iv, 88。

能量的代价,由于人类生来的这种相互敌视,文明社会永远存在着崩溃的危险。共同的工作利益不会把人们联合在一起,本能的情感要比理智的利益强得多。文明必须尽其最大的努力来对人类的进攻本能加以限制,并且运用心理的反作用形成来控制它们的显现。从此就产生了一些方法,促使人们形成等同思想、抑制目标的爱情关系,从而有了对性生活的限制,同时也有了爱邻犹爱己的理想的圣训,这一圣训的合理性实际上在于这样一个事实,即没有其他东西像它这样强烈地反对人类原始的本性。尽管做了种种尝试,文明的这些努力目前成效不大。文明希望通过使用暴力打击罪犯的权利,来防止天生过度的野蛮暴行,但是法律是不能够控制人用比较谨慎而且狡猾的方法来表现进攻性的。

在我看来,人类致命的问题在于,他们的文化发展能否并在多大程度上控制住他们的进攻性和自我破坏本能对他们的集体生活的干扰。从这方面看来,也许恰恰是现在这个时代应受到特别的注意。人类已经在很大程度上取得了对自然力量的控制,他们可以借助于自然的力量,毫不困难地进行自相残杀直到最后一个人。他们明白这一点,目前的不安、痛苦和焦虑的心情大部分就是由此产生的。现在我们期待着两个"天神"之一的永恒的爱神厄洛斯将会维护他的权利,与同样永恒的对手死神进行不懈的斗争。但是谁能预见何者成功,并且结果怎样呢?①

图像材料

乔治·格罗兹:魏玛共和国的衰落

德国艺术家乔治·格罗兹1921年的这幅图画(图27.1),描绘了第一次大战刚刚结束后的西方社会尤其是德国所面临的问题。少数富人沉湎于娱乐休闲活动,同时卫兵保护他们的工厂。其他人则是一瘸一拐的退伍老兵、破产的商人、老妇人、年幼的孩子和穷人。他们似乎感觉到孤立、怀疑和不协调。这幅作品典型地体现了两次大战之间攻击资本主义和军国主义的文学艺术作品的主题。

思考: 如何把这幅作品与林克和雷马克的选段联系起来。

图 27.1 乔治·格罗兹的作品

---

① 最后一句是1931年加上去的——当时希特勒的威胁已经变得非常明显。

魏玛共和国的失业和政治

经济和政治发展通常并肩而行。许多历史学家认为,这在20世纪20年代和30年代早期尤其如此。图表27.2和27.3所探讨的是1924和1932年间德国的魏玛共和国。第一幅表现各个政党选举议会议员的结果;第二幅表现失业的数字。

图表 27.2　德国议会选举,1924—1932 年

	1924年 5月4日	1924年 12月7日	1928年 5月20日	1930年 9月14日	1932年 7月31日	1932年 11月6日
合格选民人数(百万计)	38.4	39.0	41.2	43.0	44.2	44.2
投票数(百万计)	29.7	30.7	31.2	35.2	37.2	35.7
民族社会主义德国工人党	1 918 000 6.6%	908 000 3%	810 000 2.6%	6 407 000 18.3%	13 779 000 37.3%	11 737 000 33.1%
德国民族主义人民党(保守党)	5 696 000 19.5%	6 209 000 20.5%	4 382 000 14.2%	2 458 000 7%	2 187 000 5.9%	3 131 000 8.8%
中央党(天主教)	3 914 000 13.4%	4 121 000 13.6%	3 712 000 12.1%	4 127 000 11.8%	4 589 000 12.4%	4 230 000 11.9%
德国国家党(民主党)	1 655 000 5.7%	1 921 000 6.3%	1 506 000 4.9%	1 322 000 3.8%	373 000 1%	339 000 1%
社会民主党	6 009 000 20.5%	7 886 000 26%	9 153 000 29.8%	8 576 000 24.5%	7 960 000 21.6%	7 251 000 20.4%
共产党	3 693 000 12.6%	2 712 000 9%	3 265 000 10.6%	4 590 000 13.1%	5 370 000 14.3%	5 980 000 16.9%

图表 27.3　德国失业人数,1924—1932 年

1924年	1928年	1930年	1932年(7月31日)	1932年(10月31日)
978 000	1 368 000	3 076 000	5 392 000	5 109 000

资料来源:Joachim Remak, ed., *The Nazi Years: A Documentary History* (Englewood Cliffs, NJ: Simon & Schuster, Inc., 1969), p.44.

 思考:失业和投票方式的关系

大萧条时期的失业,1930—1938 年

尽管20世纪30年代的大萧条具有世界性的影响,但各个国家所受到的影响并不均衡。比较大萧条在每个国家的进程,方法之一是考察全国的失业人口,这也许是反映大萧条及其社会后果的最有效的指数。图表27.4追溯了1930年至1938年间四个国家的失业人口数字以及失业人口占平民劳动力的百分比。

图表 27.4　全国失业人数，1930—1938 年

年份	德国		日本	
	人数	百分比	人数	百分比
1930	3 075 580	—	369 408	5.3%
1931	4 519 704	23.7%	422 755	6.1
1932	5 575 492	30.1	485 681	6.8
1933	4 804 428	25.8	408 710	5.6
1934	2 718 309	14.5	372 941	5.0
1935	2 151 039	11.6	356 044	4.6
1936	1 592 655	8.1	338 365	4.3
1937	912 312	4.5	295 443	3.7
1938(6 月)	429 475	2.0	230 262	2.9

年份	英国		美国	
	人数	百分比	人数	百分比
1930	1 464 347	11.8%	4 340 000	8.7%
1931	2 129 359	16.7	8 020 000	15.9
1932	2 254 857	17.6	12 060 000	23.6
1933	2 110 090	16.4	12 830 000	24.9
1934	1 801 913	13.91	1 340 000	21.7
1935	1 714 844	13.1	10 610 000	20.1
1936	1 497 587	11.2	9 030 000	16.9
1937	1 277 928	9.4	7 700 000	14.3
1938(11 月)	1 529 133	10.8	10 390 000	19.0

思考： 哪些国家受大萧条影响比其他国家要严重；在哪里失业情况持续最长；日本所受的打击比其他国家要轻，其中可能的原因是什么。

失业与向妇女呼吁

纳粹党利用失业向妇女发出政治呼吁，这表现在下面1931年的海报中(图 27.5)。海报表述说："妇女们，成千上万的男人失去了工作。成千上万的孩子没有前途。拯救德国家庭，把票投给阿道夫·希特勒！"

思考： 在大萧条时代随着失业的增加为什么某些政党有所得而有些政党有所失呢？如何把这些图表与格罗兹的绘画、林克和雷马克的选段和纳粹的海报联系起来；这幅海报设计在哪些方面吸引德国妇女。

二手材料

罗伯特·沃尔：1914年的一代——幻灭

第一次世界大战的结束激起了许多人的希望和期待。仅仅数年的希望和期待就变成了失望和幻灭，使第一次和第二次世界大战之间的几十年变了颜色。在下面的选段中罗伯特·沃尔分析了幻灭感的起源和意义，集中描绘出生在19世纪90年代的那一代欧洲人共同的经历，他们不得不背负大部分战争的负担。

 思考：为什么战后和平的最初数年对战后幸存者形成玩世不恭态度和幻灭感特别关键；幻灭感采取了哪些形式；在沃尔看来1917—1920年的发展有哪些可能的后果。

材料来源：Reprintedby permission of the publishers form The Generation of 1914 by Robert Wohl. Cambridge, MA：Harvard University Press. Copyright 1979 by the President and Fellows of Harvard College.

当我们想到20世纪20年代退伍老兵的队伍，就会通过雷马克和海明威的眼睛看到，他们是因参加战争而在身体上和道德上都有了残缺的一代。毫无疑问许多人都是这样。然而事实上，幸存者出了名的玩世不恭和幻灭感在很大程度上是战后最初几年和平的产物。为了理解这种幻灭感，我们必须回顾士兵们随身带回来的态度和期待、在所有年轻人中间也广泛传播的态度和期待。

许多士兵都像奥莫迪奥那样认为战争一定有秘不可宣的意义，只有未来可以揭示；他们发现有必要相信他们的牺牲和痛苦不会是一场徒劳；他们坚信战争是具有积极后果的净化仪式。意识到这种感情及其重要性，所有国家的政治领导人都鼓励战斗人员和平民不仅从和平中期望结束流血，而且期望生活的进程和质量都有真正的改观。人们说而且普遍相信，阶级壁垒会消除，自私自利会让位于合作，和谐会占据上风，国家间的冲突会停止，每个人的牺牲和痛苦会在某种程度上得到补偿。

这些期望通常会包裹在"革命"这个词当中，但是不同背景的人赋予这个词不同的含义。政府利用宣传鼓动这些希望，而且1918年开始把革新之梦具体化。威尔逊关于世界和平致力民主的观点，与退伍军人所实行的同样模糊的革命观念混为一体，后者是以战场上发现的男性气概和自我牺牲等价值观为旗号的……

幻灭感以各种形式出现。在20世纪20年代它呈现的最特殊的形式，与政治形势的发展和启示录般的希望破灭有关。在1917年和1920年间，革命浪潮席卷每一个欧洲国家。军队开始骚动并发动政变；城市居民因为食物供应短缺和物价上涨而发动暴动和起义；工会所吸收成员的数量远远超过战前规模；工人们开始为控制生产而挑战工厂主……

欧洲所有地区所有年龄的男女都感觉到这种幻灭感,但是在19世纪90年代出生的那批退伍老兵中间,背叛和失败的感情尤其强烈。他们经历了这种急转直下的感觉,越是年轻越感到晕头转向……

1917—1920年的发展加剧了失落和挫败感,它们引起了痛苦和玩世不恭的态度,但是在年轻的退伍兵中间,文化和政治革新之梦并没有消失。出生于19世纪最后20年的知识分子们,成长于文化危机的朦胧氛围中,尽管年轻,也经历了战争的考验,在战争刚结束的那些年里亲眼目睹了扫除百年帝国、动摇欧洲所有制度之基础的革命浪潮,他们无法使自己摆脱这样的想法:世界末日仅仅是被推迟了,战后时代的任何恢复都是暂时现象。革命政体在俄国的生存、共产党在整个欧洲的创建、法西斯运动在意大利的胜利、议会政府在西班牙的倒台、英法在重新获得战前活力方面所经历的艰难困苦、1929年世界经济危机的出现,都让这些知识分子肯定了自己的看法:他们童年时代的世界已经死亡,新的战后世界正在诞生。

R·H·S·克罗斯曼:统治与被统治——战争期间的岁月

许多学者把20世纪20年代视为失败和失去机会的时期。这对来自西方民主社会的自由主义者或左翼的学者而言尤其如此,因为他们从这些年代里寻找独裁和大萧条灾难性出现的源头。下面选自R·H·S·克罗斯曼著作中的片段就代表了这种观点。克罗斯曼在牛津接受教育,并在工党左翼成为领导人物,创作了许多有关哲学和政治学的著作。在这部出版于1940年的著作中,克罗斯曼对1918—1933年的这一时期进行了分析。

 思考:1918年和1919年所失去的机会;这一时期西方民主社会可以着手并能改变历史进程的政策。

材料来源:R. H. S. Crossman, *Government and the Governed*. Reprinted by permission of G. P. Putnam's Sons (New Yorks, 1940), pp. 255 – 257. Copyright 1940 by G. P. Putnam's Sons.

回顾起来,1918—1933年期间突出的特征是战胜国越来越无精打采。民主社会无论在国内国外都没有什么具有建设性的成就。胜利似乎剥夺了法国和英国的活力:他们的保守派不再是热情的帝国主义者,社会主义者也失去了革命的热情。集体和平主义的精神支配了他们,而且使得人们满足于懒惰地赞同远大的理想、对非正义、不诚实和压迫表示口头谴责。西方的民主社会拥有所有力量却不屑利用,只要现状还过得去就行。美国的态度也没有什么不同,只是这里拒绝了国际联盟的观念,而且门罗主义仍然被视为美国对世界和平的贡献。

一则虚构的神话只有在刺激人们行动时才有合理性。但是,"集体和平主义"不是刺激物,而是镇静剂。它用道德至上和幸福麻醉了民主社会,同时逐渐削弱了它们的责任意识。逐渐地,政治家和民众都开始相信,国际联盟作为一种力量,可以承担以前落到各个国家身上的工作。它们不再依赖自己、依靠与盟国合作来维持和平,而是依赖国际联盟。由于国际联盟并没有供自己支配的强制力量,因而信赖它是完全不合理的。

任何党派和任何团体都不应为这种民主精神力量的崩溃负责。大好时机在1918—1919年已经错过,而且西方民主社会要想从那种失败中恢复过来是很困难的。它们曾经鼓动民族主义作为统治的基础;它们曾经容纳经济上的帝国主义,而且允许国际金融独立于政府的政策而运作。一句话,它们曾经尽可能地恢复战前的状态。在做了这一切之后,它们又试图使自己具有人情味。但是它们的失败表明,良好的意愿和仁慈如果没有决心和知识做后盾,只能掩盖不公而不能将其根除。好意和友善毫无疑问可以安慰癌症病人,但是并不能治愈癌症,如果这位患者的医生只是展示这些品质,那么患者会忍无可忍转向江湖医生,并咒骂医生所表现的基督教的人性。

詹姆斯M·劳克斯:欧洲的大萧条

大多数学者都同意大萧条意义重大,但是就其具体的意义而言则意见不一。在马克思主义者看来,它是资本主义制度不可避免产生的一系列周期性经济危机的顶点,表明这种制度很快就要崩溃。而在自由主义经济史家看来,这是对保守主义、民族主义经济政策的控诉,它们被迫要让位于以政府行动和计划为特征的现代凯恩斯主义政策。而在另外的人看来,这是导致纳粹主义和第二次世界大战兴起的关键原因。在下面的选段中,詹姆斯·劳克斯分析了大萧条的影响,强调了源于大萧条的态度的各种变化。

 思考:是否如许多学者所认为的那样,大萧条迫使政府修改自由放任政策,恰好可以从整体上挽救资本主义;为什么在经历了大萧条后经济计划变得更加具有吸引力。

材料来源:James M. Laux, from "The Great Depression in Europe"(The Forum Series). Reprinted by permission of Forum Press (St. Louis, MO, 1974). pp. 13 - 14. Copyright   by forum Press.

也许,大萧条对欧洲人思考经济问题产生了最重大的影响。回顾这场经历,大多数欧洲人都认为自由放任不再具有正统性。他们不再接受这样的观点,即在经济体系的运作中政府必须尽可能地不做干预。政府除了平衡自己的预算外,必须承担广泛的责任。金本位的货币价值如果与经济发展相冲突,必须为后者让路。在20世纪20年代自由放任政策已经出现了哮喘和阵痛,10年之后的30年代它差不多倒下了。同往常一样,总有一种哲学出现来为这种态度变化进行辩护,英国的约翰·梅纳德·凯恩斯设计了理论经济学的新方法。凯恩斯是20世纪最具影响力的经济学家,1936年出版了他的经典著作《就业、利息和货币通论》。他认为政府能够而且应该运用盈余和赤字、大规模投资公共工程、改变钱币和信贷供应的规模、改变利息率等来操控资本主义经济。在他的分析中,他强调整体经济,强调储蓄、投资、生产和消费之间的关系,这被称为宏观经济学,而不是考察某一个企业或单位。凯恩斯是社会主义的批评者,他轻视生产设备政府所有的重要性,但是他促使政府干涉经济从而使资本主义更好地运转。

支撑这一观点的是许多欧洲工业国在两次世界大战期间取得的巨大生产成就。在这些危机中,国家经济在政府的指导下扩大了军工生产。许多人问为什么这样的技术不同时在和平时代应用,用来生产消费品而不是毁灭的工具。

结果是,大多数欧洲人不是在1939年而是在1945年放弃了这样的观念:他们的生活任冷若冰霜的经济体制的摆布,它的规则不可改变,而接受了如下的论点:经济可以在人们所期望的道路上运转。至此,离计划未来的经济发展——无论是整体还是部分——只差了一小步。经济计划在资本主义社会成为可以接受的东西,而且拥有了巨大的声誉。某些赞成这种观点的人低估了自由市场在指导生产决策方面的优点,似乎真的认为规划者比普通人更聪明。

经济上的民族主义是大萧条更加直接的后果——该政策认为,短期的民族经济利益最为优先,在心胸狭隘的国家利益面前,国际经济合作和贸易必须让路。在政治民族主义达到顶点的欧洲国家——德国、意大利和苏联,经济民族主义亮出了自己的獠牙。第二次世界大战后,当人们再次看到邻居的繁荣能给自己带来很大的利益后,这种观点失去了力量。在一个不断发展的大陆或世界经济中,每个人都能变得更加富裕。但是人们想知道,经济民族主义是否不能在西欧复苏,尤其想知道,它是否是危机中受欢迎的政策。

大萧条也有重要的政治后果。在德国,大萧条的悲伤忧郁使纳粹运动的活力更具吸引力。很难想象,如果没有大萧条和以普遍的失业为背景,纳粹会获得权力。在法国,大萧条使许多人相信,第三共和国的政体已经失去了冲力,而且与20世纪出现的问题有关,但是缺乏普遍支持的替代政体表明共和国可以勉强维持着,直到一场灾难性的军事失败将它推倒。在英国,大萧条并不太严重,也没有对发达的政治体制形成根本性挑战。在两次大战期间的大部分时间里都是保守派执政,而他们没有积极努力吸收一直持续到20世纪30年代末的大规模失业人员,引发了对他们的普遍仇恨和抱怨。对保守党能否管理和平时代的经济产生怀疑,导致1945年选举中出现了多数劳工党的政府。更加深刻的是,失业非常严重的时代在英国工人中孕育了强烈的反资本主义的情绪,这种情绪在战后引导他们要求转向社会主义,包括大工业的国有化等等。

大萧条促使欧洲人相信,他们的政府必须努力管理经济。大多数人都认为目标应该是完全就业和扩大产量,他们并不认同获得这些目标的手段。

本章问题

1. 本章中的哪些发展与第一次世界大战的经历和结果密切相关?
2. 20世纪20年代和30年代的发展趋向在哪些方面支持下面的论点:西方文明在1789年和1914年之间达到了顶点,随着第一次世界大战,它明显衰落了?要中和或反对这样的解释,可以指出哪些因素?

28. 法西斯主义和集权主义

第一次世界大战的结束和1919年巴黎和会上做出的安排,似乎是议会制民主的成功,但是20世纪20年代和30年代的事实证明这种成功只是表面上的。1917年的革命已经导致一个共产主义政体获得了政权。在接下来的20年里,共产主义政党遍及欧洲而且被视为最大的威胁,但是除了苏联之外,它们并没有取得政权。右翼的独裁主义运动成为议会制民主最直接的威胁。这些运动中最先出现的是墨索里尼的法西斯主义,它在1922年掌控了意大利。到20年代末期,东欧和南欧的政体更加独裁。20世纪30年代大萧条时期这种倾向更加明显。出现了向民族主义经济政策的倒退和政府更加强力的中央控制,试图以此来应对伴随着大萧条而来的绝望、破坏和混乱。在中欧、东欧和南欧,大萧条助长了已经非常强烈的独裁和法西斯主义的倾向。最极端的右翼意识形态是希特勒的纳粹主义,它在1933年主导了德国。到30年代末,欧洲卷入了一场比第一次世界大战更大的新的世界大战。

历史学家和社会科学家考察这一时期,有时聚焦于"极权主义"的兴起。这是个非常有争议的名词,很难客观地进行评价。一般而言,它是一种具有某些独特特征的政府形式。它反对个人主义、一个政党执掌政权、国家几乎全面控制了生活的方方面面(经济活动、社会组织、文化机构、军事和政治)。它有官方的、革命的意识形态、有恐怖和宣传,大众传播媒介被用作权力工具。然而,在那些被称作独裁的国家之间也有一些重大的区别。斯大林统治下的共产主义同其公开对手的纳粹主义,有完全不同的起源和意识形态。即使德国纳粹主义和意大利的法西斯主义相互非常相像,但有些学者质疑意大利的法西斯主义是否能被视为十足的独裁。从东欧到西班牙再到葡萄牙的其他右翼民族主义独裁政体,只是在某些成分上与法西斯主义相同。然而,许多学者仍然认为,极权主义概念确实给我们提供了一种工具,可以解释两次世界大战之间的重要发展。

本章讲述一系列宽泛的问题。这些政体的主要特征是什么?它们相互之间具有怎样的相似性和不同性?如何解释它们对民众的吸引力和控制力?它们在哪些方面与19世纪和20世纪的趋向有关?

本章选取的材料从各种不同的角度考察法西斯主义和集权主义。这些政体具有哪些相同的特征,这种政体如何区别于议会制度?墨索里尼和意大利法西斯主义的选段聚焦于法

28. 法西斯主义和集权主义

西斯主义的意识形态及其历史地位。试图区分德国的纳粹主义和意大利的法西斯主义,分析纳粹的吸引力,分析在这样的体制下可能出现的极端行为——包括种族灭绝政策,并评价希特勒在塑造纳粹主义方面的作用。考察斯大林和俄国共产主义最具争议性的三个方面:斯大林对 1929 年反对富农政策的辩护,他对民主的分析是他维护 1936 年苏联宪法的一部分以及 20 世纪 30 年代的大规模清洗。

除了提供有关 20 世纪 20 年代和 30 年代共产主义、法西斯主义和独裁主义的宽广视野外,本章的材料还提供了某些第二次世界大战的背景,下一章我们将对此专门进行探讨。

原始材料

贝尼托·墨索里尼:法西斯主义的原则

意大利是第一个转向法西斯主义的国家。该国家是第一次世界大战的战胜国之一,但是这场战争耗费巨大而意大利所获甚少。战后该国明显出现了不稳定、政府虚弱和左翼明显的威胁。贝尼托·墨索里尼(1883—1945 年)是以前社会主义党的领导人和第一次世界大战的退伍军人,他于 1919 年组织了意大利法西斯党。该党具有强烈的民族主义倾向,反对《凡尔赛和约》、左翼激进主义和所确立的政府。1922 年在带领他的黑衫党进军罗马后,伊曼纽尔三世国王邀请他组阁。在后面几年里,墨索里尼有效地消灭了反对者而确立了他的法西斯国家制度,这一制度持续了 20 多年。下面的材料包括"法西斯的政治和社会原则"里的选段,这篇文章由墨索里尼签名,由哲学家乔瓦尼·金蒂勒撰写,最初发表于 1932 年的《意大利百科全书》。它描绘了意大利法西斯主义的意识形态基础。这些片段强调抛弃传统的民主、自由主义和社会主义,强调信奉独裁的法西斯主义国家。

思考:在墨索里尼看来这一原则具有吸引力的最大原因是什么;在哪些方面这一原则可被视为对前一世纪所发展的主要历史潮流的否定;从这一原则中自然会出现什么政府政策。

材料来源:Benito Mussolini, "The Political and Social Doctrine of Fascism," *International Conciliation*, No. 306 (January 1935), pp. 7–17. Originally Published by the Carnegie Endowment for International Peace, as part of the *International Conciliation Series*.

法西斯主义超越当今的政治考虑而更多地考虑和观察未来和人性的发展,确信永久的和平既不可能也无益处。因此它否定和平主义原则——和平主义源于放弃斗争和面对牺牲的怯懦行为。只有战争才能使人类的能力处于最紧张状态,才能给勇敢面对的民族打上高贵的印记……

法西斯主义者接受生命并热爱生命,不知道自杀并蔑视自杀,相反他视生命为责任、斗争和征服,生命应当是高尚和完满的,是为个人而活,但更主要是为他人而活——为了那些近在眼前的人、那些距离遥远的人、当代人和后来的人……

这样的生命概念使法西斯主义与那一原则、所谓科学的和马克思的社会主义、历史的唯物主义概念完全相反……法西斯主义从现在直到永远,都相信神圣和英雄主义,也就是说,相信并未直接或间接受经济动机影响的行为……

法西斯主义者否认"经济"幸福的概念,否认它可以通过社会主义而实现,否认在某种程度上,通过经济发展,在某个既定的时刻,可以确保每个人获得最大的幸福。法西斯主义否认唯物主义的幸福概念具有可能性,而且将其抛弃,让它任由它的发明者、19世纪上半叶的经济学家们去摆布……

在社会主义之后,法西斯主义与民主意识形态的复杂体系做斗争,而且否定它的理论前提以及实践应用。法西斯主义否定多数人仅仅因为是多数就能指导人类社会,它否认仅仅数量上的优势就能够通过定期的商谈进行统治,而且它肯定人类不可变的、有利的和富有成效的不平等,纯粹通过诸如普遍投票权等机械性的程序运作永远不会抹平等级……

法西斯主义否定民主中披着集体无责任外衣的荒谬陈旧的政治平等谎言,并否认"幸福"和无限进步的神话。如果民主可以设想为不同的形式——也就是说,使民主指一种社会状态,其中不会使平民百姓在国家中变得虚弱无能——那么,法西斯主义可以写为"有组织的、集中的和独裁的民主。"

无论在政治领域还是在经济领域,法西斯主义都采取了与自由主义原则完全相反的态度……法西斯主义在创建中使用自由主义、社会主义或民族原则中所有仍然具有生活价值的要素。它维持所谓的归功于历史的确定性,但否定了所有其他的内容——也就是说,否定了这样的概念,即一定有某种原则对所有时代和所有民族都具有不可置疑的效果。

即使19世纪是社会主义、自由主义和民主的世纪,也不能说20世纪一定也是社会主义、自由主义和民主的世纪。政治原则已经过去,但人性仍在,人们反而期望这是权威的世纪、左翼的世纪、法西斯主义的世纪。如果说19世纪是个人主义(自由主义总是意味着个人主义)的世纪,那么人们期望这个世纪是集体主义的世纪,因此是国家的世纪。完美的逻辑推理是,新的原则可以利用过去原则中仍然有活力的成分……

法西斯主义的基础是国家概念,它的特征、职责和目标。法西斯主义视国家为绝对的,所有个人和团体与之相比都是相对的,只能在与国家的关系中进行思考。自由国家概念并不是在物质和精神上具有控制力的概念,不能在物质和精神上指导一个集合体的运作和发展,只能是一种限定于记录结果功能的概念;另一方面,法西斯国家本身是具有意识的,本身具有意志和个性——因此可以把它称为"伦理"国家……

如果说每个时代都有自己独特的原则,那么有上千条标志指示法西斯主义是我们时代的独特原则。因为如果某种原则必须是有生命的东西,那么法西斯主义创造了有生命的信仰就是其明证,而且这一信仰在人们的头脑中是强有力的,而且为那些因此受难和死去的人所证明。

因此,许多原则在实现自己时代表了人类精神史的一个阶段,而法西斯主义在世界上是所有那些原则的综合。

阿道夫·希特勒：我的奋斗

最极端和最具有种族主义形式的法西斯主义在阿道夫·希特勒(1889—1945 年)领导的纳粹统治下在德国兴起。在参加了第一次世界大战后，希特勒加入并很快控制了小型的国家社会主义德国工人党。在 20 世纪 30 年代，经过几年相对的默默无闻之后，纳粹党因攻击《凡尔赛和约》、魏玛共和国、共产主义者，尤其是所有犹太人的民族主义纲领，而获得很多支持者。1933 年，希特勒被任命为总理，德国很快转变为法西斯主义国家。希特勒的意识形态、他的心路历程和纳粹主义背后的某些观念表现在其不正规的著作《我的奋斗》中。这本书写于 1924 年，当时他因为试图推翻南部德国的巴伐利亚政府而被捕入狱。随着 20 世纪 30 年代早期纳粹党的支持率不断上升，这本书也成为畅销书。在下面《我的奋斗》的选段中，希特勒表现了他的反犹主义，认为理解历史的关键是种族分析，而且表明了他所谓德国牺牲俄国向东扩张的观点。

思考：希特勒如何把犹太人、马克思主义者和德国向东扩展联系起来；墨索里尼在哪些方面会同意此时的希特勒；在 20 世纪 30 年代德国的历史环境下，这些观念在哪些方面具有吸引力、能够获得支持或者为人接受。

材料来源：Adolf Hitler, Mein Kampf, R. Manheim, tans. Reprinted by permission of Houghton Mifflin company (New York：1943)，pp. 290 - 296，300 - 308，312 - 320，323 - 327，580 - 583，649 - 655，and the Hutchinson Publishing Group Ltd. (London, 1943). Copyright 1943 and 1971 by Houghton Mifflin Co. (U. S. Right)，and by the Houghton Publishing Group Ltd. (Canadian Rights).

如果我们把人类分成三部分，即文化的创建者、文化的担当者和文化的破坏者，那么只有雅利安人可被视为第一部分的代表。人类创造之物的基础和墙体都源于它，只有外表和颜色由各个民族不断变动的特性所决定。它为所有人类的进步提供了巨大的建筑石材和规划，仅仅依据不同人种的性质进行实施……

混血和因之而出现的人种水平的下降是古老文化灭绝的唯一原因。因为人并不是由于战争失败而导致毁灭，而是由于仅仅在纯正血统中才有的抵抗力的丧失。

世界上所有不属于优秀种族的人都是一群废物……

黑头发的犹太年轻人，脸上带着撒旦的笑容躲藏起来，等待毫无戒心的女孩，用自己的血液将她玷污，因此把她从她的民族中偷走。他采取一切手段破坏他着手征服的民族的种族基础。他不但系统地毁灭妇女和女孩，而且毫不退缩地为了其他人而拉倒血缘的障碍，甚至很大规模地进行。正是犹太人带着同样秘密的想法和清晰的目的在过去和现在把黑人带到了莱茵兰，也就是通过必然会出现的血统不纯，把它从文化和政治的高峰扔下来，自己爬到其主人头上，从而毁灭他们仇恨的白人种族。

一个意识到自己血统的种族纯洁的民族永远不会受犹太人奴役。在这个世界上他将永远是私生子的主人,私生子就是私生子。

因此他开始通过不断地毒害个人而系统地降低这一种族的水平。

而且在政治上他开始通过无产阶级专政来替代民主观念。

在组织起来的马克思主义大众那里他找到了武器,这让他摒弃了民主,相反,让他用专政和残忍的拳头征服和统治这一民族。

他在政治和经济这两重意义上进行革命。

围绕着强烈抵抗来自内部攻击的民族,他编织了一张敌对的大网,凭借他的国际影响,鼓动他们发动战争,最后如果必要的话,把革命的大旗插在这些战场上。

他在经济上削弱这些国家,直到他把没有利润的社会企业从国家那里拿走,并置于他的财政控制之下。

在政治领域他实行这个国家自我保存的手段,毁灭民族自我保存和自卫的所有基础,破坏对领导人的信奉,嘲弄它的历史和过去,把所有真正伟大的事情都拖进阴沟。

在文化上他玷污艺术、文学和戏剧,嘲笑自然的感情,推翻所有美和崇高、高贵和优秀的概念,相反把人们拖进他性质卑劣的地盘里。

宗教受到嘲笑,伦理和道德代表着过时,直到一个国家在这个世界上努力生存的最后支柱倒塌。

现在开始了最后的大革命。在获得政治权力后,犹太人脱去了他还穿着的很少的外衣。作为民主之人的犹太人成为嗜血的犹太人和统治这个民族的暴君。在几年内,他极力消灭这个国家的知识阶层,而且通过剥夺这个民族天生的思想领导权,使他们准备好接受永受压制的奴隶命运。

这方面最可怕的例子是俄国。在那里,他用极其狂热的野性,部分是用非人的折磨,杀害和饿死了大约3 000万人,目的是让一群犹太新闻人士和证券交易恶棍控制一个伟大的民族。

结局不仅仅是受犹太人压制的民族自由的结束,而且也是这个国家寄生虫的结束。在受害者死去后,这个吸血鬼早晚也要死去⋯⋯

因此,我们国家社会主义者有意识地让战前时期的对外政策到此结束。我们继续600年前中断的政策。我们停止德国向南、向西无休止的移动,转而把眼光盯在东方的土地上。我们最后终于脱离了战前的殖民和商业政策而转向为了未来的土地政策。

如果今天在欧洲谈到土地,我们头脑中出现的只有俄国和它庞大的边境国家。

如今,命运本身似乎愿意给我们某种暗示。通过把俄国交给布尔什维克,命运剥夺了俄国以前出现并保证它作为国家存在的知识阶层。因为一个俄国国家形态的组成并不是俄国斯拉夫人政治能力的结果,而是在低等种族中德国人组织国家之效力的最好体现。世界上许多大帝国都是以这种方式建立的。低等的国家在德国组织者和大贵族的领导下,不止一次地生长成强大的国家形态,而且维持的时间要比有创建性国家种族的核心种族要长。几个世纪里,俄国一直从其中上层的德国核心成员那里汲取营养。可以说今天它已经完全消灭和灭绝了,已经被犹太人所取代。俄国人依靠自己的资源不可能自身摆脱犹太人的枷锁,同样犹太人也不可能维持永远强大的帝国。他自己并不是组织的成分,而是腐烂的酵母。

这个东方波斯帝国衰落的时机已经成熟。犹太人在俄国统治的结束也将是俄国作为国家的结束。命运选择我们作为一场大灾难的见证人，这场灾难有力地肯定了这一种族理论的正确性。

约瑟夫·戈培尔：纳粹宣传册

纳粹特别强调把宣传当作获得和维持权力的手段。约瑟夫·戈培尔（1897—1945 年）是纳粹党早期的领导人，1929 年被任命为宣传部长，1938 年成为希特勒内阁会议的成员。下面的选段选自戈培尔 1930 年所撰写的小册子，描绘纳粹为什么是国家主义者、"社会主义者"以及反对犹太人和马克思主义者。

思考：这一材料如何反映了 20 世纪 20 年代德国的生活特征；这份文献打算向谁呼吁，它哪些方面可能是令人信服的宣传；在语气、特点和观念上，如何把它与墨索里尼的"法西斯主义原则"进行比较；纳粹的"社会主义"如何区别于更加传统的或马克思主义的社会主义概念。

材料来源：From Louis L. Snyder, *The Weimar Republic*. Reprinted by permission of D. Van Nostrand Co. (New York, 1966), pp. 201-203. Copyright by Litton Educational Publishing, Inc.

我们为什么是国家主义者？

我们是国家主义者，因为我们在国家中看到保护和促进我们生存的可能性。

国家是一个民族保护和保卫人们生活的有机纽带。一个人在语言和行动上理解了国家，他就有了国家的思想。

今天在德国，国家主义已经退化为资产阶级爱国主义，而且在风车般的上下摆动中它已经耗尽元气。人们说德国而指的是君主制，人们宣称自由而指的是黑白红旗帜。

我们是国家主义者，因为我们作为德国人热爱德国。而且因为我们热爱德国，我们保护它的国家精神并与破坏它的人战斗。

我们为什么是社会主义者？

我们是社会主义者，因为我们在社会主义中才看到维持我们种族生存、通过它再次获得我们的政治自由以及德国国家再生的可能性。社会主义首先通过它与最近复苏的国家主义驱动向前的力量结成同志关系才有了其特殊的形式。没有国家主义它一无是处，是一个幽灵、一种理论、天空的幻象和一本著作，而有了国家主义，它是一切，是未来、自由和祖国！

自由主义的资产阶级忽视社会主义建设国家的力量是一种罪恶，马克思主义把社会主义降低为一种钱袋和胃口的制度也是一种罪恶。

社会主义只有在内外完全自由的国家中才有可能。

为了真正的国家主义，打倒政治上的资产阶级感情！

为了真正的社会主义，打倒马克思主义！

跟上第一个德国国家社会主义国家的脚步！

国家社会主义德国工人党走在最前面!

我们为什么反对犹太人?

我们是犹太人的敌人,因为我们是德意志民族自由的战士。犹太人是我们痛苦的原因和受益者。他曾经利用我们民族广大民众的社会困难,来加深人民中左翼和右翼之间不合理的分裂。他曾经把德国分成两半,他是我们大战失败的真正元凶。

犹太人对解决德国致命的问题不感兴趣,他不可能有任何兴趣。因为他们生存所基于的事实就是没有任何解决办法。如果我们使德国人成为一个统一的团体,在世界面前给予他们自由,那么犹太人在我们中间就没有立足之地。当一个民族在内部和外部生活中处于受奴役状态时,他的手中就有了王牌。犹太人对我们的痛苦负责,他依靠这一点生存。

这就是我们作为国家主义者和社会主义者反对犹太人的原因。他腐蚀了我们的种族,玷污了我们的道德、暗中削弱了我们的习俗并破坏了我们的力量。

犹太人是人类堕落的多变的魔鬼。

我们是犹太人的敌人,因为我们属于德国人民,犹太人是我们最大的灾难。

我们每天早晨早餐时吃掉一名犹太人是不真实的。

然而,他逐渐地、确实地剥夺了我们所拥有的一切确实真实。

那种情况将会停止,就如同我们确确实实是德国人一样。

盖达·迪尔:德国妇女和国家社会主义(纳粹主义)

从一开始,纳粹党就反对妇女之政治和经济作用的任何扩大。确实,纳粹的政策是把妇女框在她们各自作为母亲和妻子的领域里,而且把她们从工作和政治中赶走——这是男人的领域。然而,许多妇女支持纳粹党而且加入了纳粹妇女组织。下面的选段选自盖达·迪尔1933年出版的著作,她是亲纳粹妇女组织的领导人。

思考:这在哪些方面会吸引德国妇女;这如何与纳粹主义的其他理想相一致。

材料来源:Guida Diehl, *The German Woman and National Socialism* (Eisenach, 1933), pp. 111 - 113, in Eleanor S. Riemer and John C. Fout, eds., *European Women: A Documentary History*, 1789 - 1945 (New York: Schocken Books, 1980), pp. 108 - 109.

这个混乱的年代困难重重,各种挑战必然创造出一种新型的妇女,她们能够分享第三帝国的成就并完成等待着她的妇女工作。

我们不要忘记,这一新型的妇女视荣誉高于一切。男人的荣誉基于完成托付给他的公共生活的任务。他以坚定的性格和自豪感,体面地完成自己的任务,以此来保护自己的荣誉。妇女的荣誉则基于特别托付给她的职责,对此她负有责任,正是在这一职责中新的生命开始成长:爱情、婚姻、家庭和母亲。妇女不接受这一职责,不恰当地把这一职责用作纯粹的享乐,不在求婚面前高傲一下就乖乖顺从——这是自然的方式,在婚姻中不以家庭为基础提供下一代——这样的妇女就亵渎了她的荣誉。因为我们生活的时代,女性的价值和尊严、女性的荣誉和自豪,对国家的未来和下一代意义非凡。因此,自豪地保护她的荣誉,必然是这种新型妇女的本质特征。除了天生的、令人高兴的朴实之外,她要赞美自身的这种尊严、自豪、对自己荣誉的保护以及英勇的战斗精神。她要再一次了解,德国妇女和德国的忠诚携手并进,为这样的女性气质生和死都是值得的。

尤根尼·科根:地狱的理论和实践——纳粹精锐

党卫军是希特勒的特殊部队,担当他的保镖和精锐警察力量。党卫军的成员通常极端献身于纳粹主义的观念和实践,并非常无情地实现它的信条。下面是尤根尼·科根于1937年与一位党卫军军官会谈后所记录的后者的表述,就在这次会谈后不到一年,科根被逮捕并被带到布痕瓦尔德的集中营。这位军官被训练为一名纳粹国家的精英,在这里他表露了作为一名希特勒和纳粹主义的追随者的想法。

思考: 这位官员认为党卫军在纳粹国家中要扮演什么角色,这一角色在哪些方面特别符合法西斯体制;这些文献如何有助于说明党卫军如何吸引那些决定加入的人;这里所揭示的观念如何使党卫军对犯下的某些暴行感到心安理得。

材料来源: Excerpt from *the Theory and Practice of Hell* by Eugene Kogon. Copyright 1950 by Farrar, Straus & Giroux, Inc. Reprinted by permission of Farrar, Straus & Giroux, Inc.

"我们这些元首年轻一代的训练者们所期望的,是以古代希腊城邦国家为模型的现代政府结构。我们把古代伟大的文化成就归功于这些贵族掌控的民主和广泛的奴隶制经济基础。从5%到10%的人,也就是他们最优秀的精华进行统治,其他人必须劳动和遵守。只有这样,才能获得我们必须要求自己和德国人民的最佳表现。"

"这一新的元首阶层由党卫军选拔——从肯定的意义上讲,要以国家政治教育学院(Naplola)作为准备阶段,以奥斯登堡学校作为未来纳粹贵族合适的专门学校,而且继后要在公共事务中实习。从否定意义上讲,要根除在人种和生理上有缺陷的地方,要彻底清除不可救药的政治敌对者,后者原则上不承认纳粹国家的哲学基础及其根本制度。"

"最晚在十年之内,我们就能把阿道夫·希特勒的法律推行到欧洲,阻止大陆不可避免的衰退,建立一个真正的国家团体,而德国是保持秩序的领导力量。"

布鲁诺·贝尔特海姆:被启示的心灵——纳粹集中营

有组织的官方种族迫害,尤其是对犹太人的迫害,是纳粹理论、态度和实践的直接后果。然而,在20世纪20年代和30年代早期,迫害的程度是未曾预料到的。这种迫害最极端的形式出现在20世纪30年代后期,那时引入了强迫劳动和集中营,后来出现的集中营则实行真正的灭绝政策,结果屠杀了数百万犹太人和其他人。在下面的选段中,当时的精神分析学家以及后来成为美国著名精神分析学家的布鲁诺·内尔特海姆,描绘了他在达豪和布痕瓦尔德集中营的经历。他集中描绘其中失去人性的过程以及囚犯们调整自己而努力活下去的一些方法。

思考:所使用的控制囚犯的方法;贝尔特海姆和其他囚犯发明的应对这一经历并活下去的心理方法;这些集中营的存在、性质和功能如何反映了纳粹极权主义的理论和实践。

材料来源:Bruno Bettelheim, *The Informed Heart: Autonomy in a Mass Age*. Reprinted by permission of Macmillan Publishing Co., Inc. Copyright 1960 by the Free Press, a corporation.

通常对囚犯的标准折磨,在从地方监狱转运到集中营期间就开始了。如果路程较短,则运输的速度通常会慢下来,以便有足够的时间制服囚犯。在囚犯开始被运输到集中营期间,差不多一直受到折磨。虐待的性质取决于负责囚犯的某个具体党卫军士兵的怪念头。尽管如此,他们所有人都有一种明确的方式。身体惩罚包括鞭打、不断用脚踢(肚子或腹股沟)、打耳光、射击或用刺刀刺伤,与此交替进行的是试图让囚犯极度精疲力竭。例如,囚犯被迫在强光下待数小时,或者跪地几个小时等。

囚犯时不时地被杀掉,但是并不被允许照顾自己和他人的伤口。卫兵也强迫囚犯互相击打,玷污党卫军所认为的囚犯最珍视的价值。他们被迫咒骂自己的上帝,指责自己或相互指责卑鄙的行为,并指责他们的妻子通奸和卖淫……

最初进行大规模折磨的目的,是使囚犯受到创伤,从而失去抵抗,即使无法改变个性也至少改变行为。从下面的事实可以看出这一点,他们对囚犯的折磨越来越轻,直至囚犯们停止了抵抗,并会立即执行党卫军的任何命令,哪怕是无耻的命令……

很难确切地说囚犯们最初所经历的事情在多大程度上加速了他们人格变化的进程。在身体方面,由于受虐待、流血和干渴,在心理上,由于需要压抑自己的愤怒和绝望,不至于导致自杀式抵抗,他们大多数人很快就彻底筋疲力尽了……

如果用一句话来概括我待在集中营的整个时期的主要问题,那会是:以某种方式保护内在的自我,如果运气好能够重获自由,我要差不多像是被剥夺自由时的自我。但这迫使我出现了人格分裂,一方面是内在的自我,它也许可以保持其正直完美,另一方面是其余的人格,它不得不为了存活而屈从和适应……

我毫不怀疑我能够忍受转运时以及接下来的恐怖,因为从一开始我就坚信这些可怕、羞辱的经历不会发生在"主观的"我身上,只能发生在"客观的"我身上……

在转运过程中,我所有的思想和感情都是极其超然的。看着一件件事情发生,似乎我只是模模糊糊地参与其中……

下面是德国的一位政治犯告诉我的,他当时在达豪已经待了4年。由于转运时候的经历,我到达那里的时候状态极差。我认为,这个当时已经是"老"囚犯的人判断,鉴于我的状况,如果不获得帮助活下去的机会微乎其微。于是,当他注意到我由于身体痛苦和心理厌恶而无法吞咽食物时,他根据自己丰富的经验对我说:"听着,做出你的决定:你是想活还是想死?如果你无所谓,那就不要吃任何食物。但是如果你想活,只有一条路:无论什么时候,无论是什么,你都要决心把它吃下去,不管多么令人作呕。只要你有机会就排掉大便,那样你会确信你的身体在工作。哪怕你只有一分钟,也不要唠叨不休,而要读书,或者倒头便睡。"

佛瑞德·巴龙:目击大屠杀

在20世纪40年代,纳粹着手"最后解决",灭绝犹太人和所有希特勒认为是国家敌人的人。纳粹建立了数所大型的死亡集中营,使用恐怖和工厂化的方法来屠杀这些人。只有少数人幸存下来,但有些人却设法讲述这段故事。其中一个人是佛瑞德·巴龙,他是一位奥地利犹太人,被送往已占领的波兰的奥斯维辛死亡集中营。在此他讲述了被移送和在营地的经历。

思考: 纳粹用什么方法让人们服从并有效地进行灭绝;那些在营地生活的人生活的性质是什么。

材料来源: Rhoda G. Lewin, ed., *Witnesses to the Holocaust: An Oral History.* Boston: Twayne Publihsers, 1990, pp. 10-12.

转运:我和当地的犹太人——男人、女人和孩子——一起行进了8到10个小时,到了一个小火车站。没有人告诉我们要到哪里去。我们被赶到火车车厢里,一个车厢100—120人,挤得像沙丁鱼一样,没有水、没有食物、没有任何卫生设施。车厢被封闭起来,在火车移动之前我们在里面站了也许有半天的时间。最后,终于开始了通向未知地方的缓慢旅程。在我们的车厢里有孩子和老人。有的人病了,死了,还有一些人发疯了,那绝对是无法描绘的地狱。在那个车轮上的人间地狱里,我不知道过了多少日夜。

最后火车终于停下来后,他们拉开车厢,光线刺得我们眼睛都看不到了,因为我们的眼睛一下子都不再习惯光线。我们看到了样子滑稽的人,他们穿着条纹的睡袍一样的制服和与之匹配的帽子,手里拿着粗大的棒子,用各种语言尖叫和嚎叫着跳下车厢。

我不知道我们身在何方。周围全是兵营和带刺铁丝网和机枪塔。在远处,我看到了一个像大工厂的地方,烟囱里冒着黑烟。我注意到空气中特殊的气味和粉尘使光线暗淡下来。阳光并不怎么明亮但有鸟在歌唱,那是美丽的一天。

我们被命令穿过一片长满黄花的草地,我旁边的一个人转过身径直朝草地走去。卫兵向他叫喊着停下来,但是他没有听到或者他不想停下来。他继续慢慢地走进那片草地,接着他们开动了机枪,那个人倒地而死。这是我到奥斯维辛所受到的招待。

奥斯维辛:他们把我们男女分开,并排成5列。我发现自己站在一个穿着精致服装的德国军官前面。他穿着长靴、带着手套,而且拿着马鞭,他用马鞭不停地左指右指。他指到那个方向,卫兵们就向右或向左推着他们前面的人。我当时21岁,身材很好,而老人则被送到另外一边,走开了。

我们必须脱掉衣服而且扔掉所有的东西,只有鞋子除外。我们被赶着进行冷水淋浴,我们在夜空下站着发抖,最后他们吩咐我们进入营房。他们递给我们囚犯的制服——一件夹克、几件短裤和一种便帽——和一只吃饭的盘子。然而我们不知道发生了什么,绝对已经麻木了。

一位非犹太人囚犯头,一位脸上饱经风霜的奥地利人告诉我:"你到了人间地狱了。"他从1938年开始就在监狱里,他大致向我描绘了如何在这里活着待下去。

他说:"不要信任任何人,不要相信你最好的朋友,照顾好自己。要自私到下流的地步。努力让自己从这一分钟活到下一分钟。一秒钟也不要放弃。时刻要观察最近的卫兵在哪里,正在做什么。不要自告奋勇做什么。不要生病,否则你马上就要死去。"

奥斯维辛规模庞大——极目望去,一排排的营房,用双股的带电刺网隔离开来。有匈牙利人和波兰犹太人,还有大量希腊人,许多荷兰犹太人,有些是法国人和德国人。

食物是我们生活中最大的乐趣。早晨我们接受他们称为咖啡的东西——黑水。我们工作到中午,之后我们得到一碗汤,晚上,我们得到另一碗蔬菜汤、一小片面包、有时得到一小片人造黄油或砂糖或某种香肠。这就是一天的食物。

自杀的事情随时发生,通常是晚上上吊自杀。一个人自己冲到一辆卡车前面,卡车只是撞坏了他的胳膊,但是党卫军把他打得遍体鳞伤,早晨他就死了。

大量的运输工具来到了。毒气室无法维持了,他们就在大坑里把人烧死。有些小孩子活着就被扔下去。我们日夜都能听到尖叫声,有时人们的心会被牵到很远的地方,但是此后它就关闭了,不再接受就在100或200尺远发生的事情。

约瑟夫·斯大林:苏联农业政策的问题——苏联集体化

约瑟夫·斯大林(1879—1953年)出身工人阶级,在1917年革命前成为布尔什维克的主要成员,1922年成为俄国共产党的总书记,到1929年成为苏联无争议的集权者。1927年,斯大林和苏联共产党决定了苏联有计划工业化的政策——第一个五年计划。同时,他们决定了拥护农村集体化的政策。到1929年斯大林制定了更加极端的政策,用高压政治来反对富农(相对富裕的独立农民)。富农抵制这种强制的集体化,结果出现了大规模的死亡和破坏。然而,到1932年,苏联农业的大部分都已经集体化了。下面的选段是斯大林1929年在马克思主义者土地问题专家代表会议上的演说。其中他解释和合理化集体化政策,并揭示了消灭富农阶级的必要性。

 思考:针对富农的政策和苏联有计划工业化政策之间的关系;斯大林如何辩护说这一政策是"社会主义的"而非"资本主义的";斯大林针对富农的态度和观念与希特勒对犹太人的态度和观念有何区别。

材料来源:J. V. Stalin, "Problems of Agrarian Policy in the U. S. S. R. ," in *Problems of Leninism*, ed. , J. V. Stalin (Moscow: Foreign Languages, 1940), pp.

303－305，318－321. Reprinted by permission of the Copyright Agency of the U.S.S.R.

如果农业基础是这样一种既不能实现扩大再生产而又在我国国民经济中占优势的小农经济,那么能不能加速推进我们社会主义化的工业呢?不,不能。能不能在相当长的时期内把苏维埃政权和社会主义建设事业建立在两个不同的基础上,就是说,建立在最巨大最统一的社会主义工业基础上和最分散最落后的农民小商品经济基础上呢?不,不能,这样下去,总有一天会使整个国际经济全部崩溃。出路何在呢?出路就在于使农业成为大农业,使农业也能实行积累和实现扩大再生产,从而改造国民经济的农业基础。但是怎样使农业成为大农业呢?要做到这一点,有两条道路。一条是资本主义道路,就是用在农业中培植资本主义的方法使农业成为大农业,结果是使农民贫困,使资本主义企业在农业中发展起来。我们摒弃了这条道路,因为它是和苏维埃经济不相容的。另一条是社会主义道路,就是在农业中培植集体农庄和国营农场,结果是使小农经济联合成为以技术和科学装备起来的大规模集体经济,这种经济有可能向前发展,因为它能够实现扩大再生产。

因此,问题就是这样:或者走第一条道路,或者走第二条道路;或者向资本主义后退,或者向社会主义前进。任何第三条道路都没有而且不可能有的。"平衡"论就是企图指出第三条道路。正因为它指望着第三条(不存在的)道路,所以它是空想的,反马克思主义的……

由此可见,现在我们已经有可能用集体农庄和国营农业的生产代替富农生产的物质基础。正因为如此,我们向富农举行的坚决进攻现在取得了不容置疑的胜利。如果说的是真正的坚决进攻,而不是限于空洞的反富农高调,那就应当这样向富农进攻。

这就是我们近来从限制富农剥削取向的政策过渡到消灭富农阶级的政策的原因。

那么,对于剥夺富农财产的政策怎样办呢?是否可以容许在全盘集体化地区剥夺富农财产呢?——各地的人们问。真是可笑的问题!当我们主张限制富农剥削取向的时候,当我们没有可能转为向富农坚决进攻的时候,当我们没有可能用集体农庄和国营农场的生产代替富农生产的时候,剥夺富农财产是不能容许的。那时不容许剥夺富农财产的政策是必要的和正确的。而现在呢?现在情形不同了。现在我们有可能向富农举行坚决进攻,击破富农的反抗,消灭富农阶级,用集体农庄和国营农场的生产代替富农的生产。现在剥夺富农财产是由实行全盘集体化的贫农和中农群众自己进行的。现在在全盘集体化地区剥夺富农财产已经不是简单的行政措施。现在在这些地区剥夺富农财产是建立和发展集体农庄的一个组成部分。所以,现在来多谈剥夺富农财产问题是可笑而不严肃的。既然割下了脑袋,也就不必怜惜头发了。

还有一个同样可笑的问题:能不能让富农加入集体农庄?当然不能让他们加入集体农庄。之所以不能,是因为他们是集体农庄运动的死敌,人们要想清楚。

约瑟夫·斯大林：苏维埃会议上的报告，1936 年：苏联民主

1936 年苏维埃确立了新宪法。虽然这部宪法在形式上是民主的而且表面上非常自由,

但事实上一点也没有对斯大林的权力和作为唯一合法政治组织的共产党提出挑战。问题的一部分是要区分"民主"一词的不同概念。下面的选段选自他于1336年在苏维埃第八次非常代表大会上的报告，其中，斯大林维护宪法，把"民主"和"政治自由"在苏联的含义与它们在其他国家的含义进行了对比。

> **思考**：这一材料所关注的东西；为什么斯大林如此耐心地为新宪法辩解；对资本主义国家的民主和苏联的民主之间做出的这种区别是否合情合理。

材料来源：James H. Meisel and Edward S. Kozera, eds., *Materials for the Study of the Soviet System* (Ann Arbor, MI: The George Wahr Publishing Co., 1950), pp. 236-237. Reprinted by permission of the Publisher.

我必须承认，新宪法草案确实保留了无产阶级专政的政体，就像它也对苏联共产党的领导地位保持不变一样（热烈的掌声）。如果尊敬的批评家们认为这是该宪法草案的缺陷，那只能令人遗憾。我们布尔什维克认为那是宪法草案的优点（热烈的掌声）。

关于各种政党的自由，我坚持有点不同的观点。一个政党是一个阶级的一部分，是这个阶级最先进的部分。几个政党以及因此而给各种政党自由，只能存在于具有对抗阶级而且他们的利益相互敌对无法调和的社会——也就说，其中有资本家和工人、地主和农民、富农和贫农等。但是在苏联，已经不再有资本家、地主和富农等阶层，只有两个阶级，工人和农民，他们的利益——远不是相对敌对，而是相互一致的。因此在苏联并不存在几个政党以及给这些政党自由的基础。在苏联，只存在一个政党、共产党的基础。在苏联只有一个政党可以存在，那就是共产党，它直到最后都一直勇敢地保护工人和农民的利益……

他们谈论民主。但民主是什么？在资本主义国家里，有对抗的阶级，民主归根到底是强大的阶层，有财产的少数人的民主。在苏联则相反，民主是劳动人民的民主，即所有人的民主。由此可见，民主制的原则不是被苏联的新宪法草案破坏了，而是被资产阶级宪法破坏了。这就是为什么我认为苏联的宪法是世界上唯一彻底民主的宪法。

图像材料

理查德·施皮茨：纳粹神话

下面的图画（图28.1）是纳粹宣传的一个样本，其特征是现实主义风格和浪漫想象的结合。它表现纳粹士兵和市民像兄弟般的同志一样迈步走向瓦尔哈拉殿堂，那里是雅利安英雄们最后的休憩地。在他们上面，是纳粹的旗帜，受伤的士兵也被抬着一起走向同样的天堂。我们看到的是模式化的人，而不是不同的个人：士兵们看起来全都一样，在右边有年轻市民、中年人和老年人、农民和工人的代表。那些受到赞美的全都是男性而且几乎全是士兵。所设想的是,看到这幅画的人会感到骄傲,会认为为国牺牲将得到报偿,而且最大的光荣来自参加军队。在主题和风格上,这幅图画代表着对20世纪主要艺术潮流的否定。

图28.1　反映纳粹宣传的图画

思考:这幅图画如何符合希特勒、戈培尔和党卫军官所提供的表述和材料中所反映的形象和理想。

极权主义,1919—1937年

下面的图28.2表现了1919年至1937年间极权主义政府在欧洲的扩展。那些仍然保留了议会民主的政府形式的国家,尽管没有实行强硬统治,但总体上都有长期的民主制度传统,是一战时期心满意足的胜利者,而且位于西北欧工业发达的地区。

思考:考察相关的地理、历史背景和一战的经历,说明那些变得专制或转向右翼极权政体的两个或更多国家之间的共性。

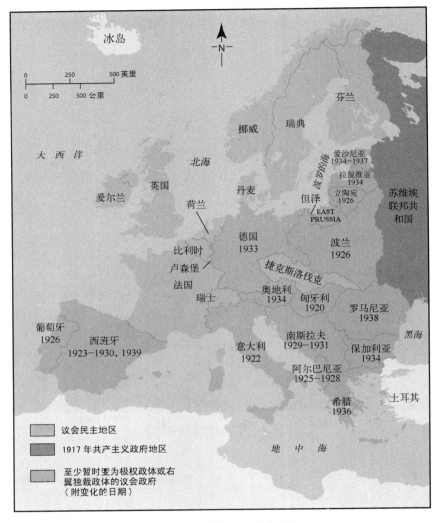

图 28.2 极权政府的蔓延

二手材料

F·L·卡斯滕：法西斯主义的兴起

第一次世界大战后 20 年里兴起了法西斯主义，在试图理解这一问题时历史学家们提出了许多观点。一些历史学家聚焦于法西斯主义的吸引力，分析了社会的什么阶层和团体支持法西斯运动。在下面的选段中，F·L·卡斯滕认为，尽管法西斯主义对所有的社会团体都发出了呼吁，但有些团体对此反应更加强烈。

思考：为什么法西斯主义对中低层特别具有吸引力；它对什么其他团体具有吸引力，为什么。

材料来源：From F. L. Carsten, The Rise of Fascism, pp. 232-234. copyright 1980. Reprinted by permission of the Regents of the University of California Press and the University of California.

同许多中产阶级或无产阶级政党不同，法西斯主义政党对所有的社会阶层都发出呼吁，从社会等级的最上层到最下层。被排除在外的只有他们最喜欢攻击的人：奸商、寄生虫、金融强盗、执政的派系、贪婪的资本家和反动地主。甚至在这些人中也有例外，只要他对领袖的书感到满意。然而，毫无疑问，有些团体对法西斯主义的呼吁反应更加强烈。特别是那些因为社会和经济变化而失去根基和受到威胁的人，那些社会地位受到削弱的人，那些失去了传统地位、对未来感到恐惧的人。尤其是那些中低阶层——或者它们中的某些团体：手艺人和独立商人、小农、底层的政府职员和白领工人。也许在早期阶段更加重要的是那些以前的官员、上一次世界大战未委任的人，他们已经习惯于使用暴力，没有什么工作机会等着他们，他们感到自己的"合法"报酬被剥夺了。在意大利、德国和其他地方，"前一代"的人在法西斯的兴起方面发挥了重要作用。对这一代的人而言，战争是生存之道，只不过是战场转到了国内。他们为了自己的利益热爱战争。最重要的法西斯运动都源于1929年，这一年匈牙利和慕尼黑成立了苏维埃共和国，这一年的内战引起了许多人内心的恐惧和仇恨，因此这绝非偶然。那些受过极度惊吓的人永远不会忘记。第二年在北部意大利对工厂的占领具有同样的效果……

除了已经提到的团体外，还有在学校和大学的年轻人，他们在早期阶段成为法西斯主义的热情信仰者。他们厌烦了现存的社会，厌烦了每天的工作，为这场运动所承诺的彻底变革深深吸引，并赋予它浪漫的光环。这些年轻人来自中产阶级或中下层的家庭。他们很难找到通向共产主义的途径。但是他们发现战后时期虚弱和不断变动的政府毫无吸引力。在魏玛共和国、在战后的意大利王国、在腐败的罗马尼亚政府，在西班牙软弱无力的政府，没有什么能点燃年轻人的热情：它们都枯燥乏味，政府部门里全是庸才和趋炎附势者。正是这一点，而不是什么经济威胁，导致许多有理想的学生加入了法西斯阵营。同样，许多战后一代的年轻官员和士兵也为国家强大的幻象和修改和平条约的承诺所吸引。精读在早期加入国家社会主义党的人所编辑的自传体记录可以看出，自豪之处在于具有强烈的国家主义、渴望看到德国强大和重新统一、摆脱"凡尔赛的锁链"以及派别斗争和政党的"讨价还价"。这通常与对共产主义者和社会主义者的仇恨以及反犹主义汇聚一处。那些加入该党派的人通常很年轻，他们热爱并经常进行战斗和战争，他们与同志、制服和宣传队伍打成一片。

克劳斯 P·费舍尔：希特勒和纳粹主义

不聚焦于其领导人阿道夫·希特勒，就难以分析纳粹主义。对历史学家而言，纳粹主义和希特勒的密切联系出现了两个特别重要的问题。第一，个人在塑造历史方面发挥了什么作用——在此，希特勒在塑造德国纳粹主义方面发挥了什么作用？第二，希特勒和纳粹主义在何种程度上是与德国过去的独特特征相关的德国的产物？备受推崇的研究纳粹德国的德国历史学家在《纳粹德国：一部新的历史》中探讨了这些问题。在这一选段中，他特别探讨了谁支持希特勒。

思考： 希特勒和纳粹主义应当被视为德国独有的，还是应被视为20世纪20和30年代期间影响整个西方的广泛历史倾向的极端表现；谁构成了他的追随者中的"坚实核心"；在创造纳粹主义的吸引力方面希特勒发挥了什么作用。

材料来源： Klaus P. Fischer, *Nazi Germany: A New History* (New York: The Continuum Publishing Co., 1995), pp. 259-262.

随着阿道夫·希特勒被任命为总理，德国将陷入深渊——一个无比罪恶的黑暗年代。尽管希特勒大肆宣传的千年帝国只持续了12年，但是世界从来就没有在如此短的时间里见过如此多的罪行。编撰历史的结果使许多描述第三帝国兴亡的历史学家产生了幻觉。希特勒散发的邪恶使这12年在历史的长河中显得格外漫长，促使许多历史学家推导出许多谬误的或误导的有关政治因果关系和心理动机的理论。因为纳粹党对世界造成的破坏是巨大的，因此历史学家假定这种邪恶必然根植于德国的历史和德国人的性格当中。具有讽刺意味的是，正是这种假设激发了纳粹种族主义者在第三帝国发展出作为惯用手段的诽谤性解释。对于一些患有德国恐惧症的历史学家来说，纳粹的经历依然是一个枢纽，只有围绕它才能清晰地解释整部德国历史。最为极端的是，这导致了将许多德国人或者历史事件歪曲为希特勒和奥斯维辛的最初化身。过去犯下的罪行也被延伸到明天，因为希特勒的阴影依然跨越了现代，扩展到未来。

与这种德国恐惧症倾向相对的则是开脱，它认为纳粹的经历是一个失常，与德国历史中过去的事件或体制没有关系。一些人甚至宣称纳粹的经历是一个独一无二的事件，是根植于历史时空之外的罪恶的爆发。这些观点尽管可能令某些德国人满意，因为他们相信自己是希特勒侵略欲望不知情的和无辜的受害者，但与其相反的观点同样不可信。一些修正主义的历史学家利用各种借口进行回避——如不知情（我们什么也不知道）、服从命令，相对渺小（当时你会和我们一样坏），或者干脆否认——宣称纳粹党人尽管也许受到了误导，但他们希望德国完美，而且对手归罪于他们的可恶罪行他们大都没有犯过，企图以此来洗刷罪行记录……

正如一句可笑的纳粹口号一直宣称的那样：希特勒不是德国，德国也不是希特勒，提醒我们自己记住这一点是重要的。如果情况确实如此，那么是谁在支持希特勒？他所发动的运动的性质又是什么呢？……出于信仰的追随者代表着纳粹运动最坚实的核心。他们几乎都是男性。这证实了纳粹党的一句大话：国家社会主义是"男人的事业"。这一核心主要由桀骜不驯的复员士兵组成，他们不能将遗留下来的军国主义和魏玛共和国的民主信仰结合在一起……

假如在魏玛共和国期间经济的稳定得到了恢复和维持,那么,纳粹运动永远只可能是个小型排外团体,由一群死不悔改的不称职的人所组成。但是,随着经济的崩溃——第一次是1923年,第二次是1929年,纳粹党吸收了一些被误导的同情者,他们出于经济上的自我利益加入了该党,他们害怕地相信,另外的唯一选择就是资产阶级的毁灭和共产主义的胜利。下列团体先后逐步参加了纳粹运动:中下阶层,他们害怕被剥夺社会地位;绝大部分更为富有的地主,他们害怕成为共产主义无形征收财产这一可怕政策的牺牲品;不再有梦想的工人,他们对国家的忠诚远远超过对阶级的忠诚。

但是,最终是希特勒的组织和领袖的天才,使得纳粹党有可能吸引广大德国人。党的成员名单和选举资料显示:纳粹党对它核心层之外的人也能够产生吸引力,并且明显吸引了和它不协调的社会团体。希特勒直觉上似乎知道,决定投票的方式的不仅是阶级关系,也是团体的偏见。希特勒认为:假如他能成功地使大众具有民族情绪,向他们灌输种族偏见,就能够有效地消除经济的差异,将不同的社会成分重组到一个国家共同体当中……

魏玛共和国失败了,因为没有足够忠诚的共和主义者挽救它。在正常的年代,共和国还可能勉强对付过去,其中期(1924—1929年)温和的复苏证明了这一点,但是在充满动荡和混乱变化的年代,它的虚弱成了致命的缺点。在相互的恐惧和妄想的氛围中,许多德国人再次倒退到"立竿见影的"专制主义解决方法。假如右翼的、民族主义的态度占据上风、这种解决方法自然出自政治右翼。

丹尼尔·戈尔德哈根:希特勒的志愿行刑人

长期以来人们最具感情色彩的争论,是有关屠杀了那么多生命的大屠杀的责任。这一问题所牵涉到的不仅是谁做出了实行灭绝政策的关键决定,而且包括谁执行了那一政策、谁支持它、谁知道以及谁应该知道。一部最具争议且广为传阅的书籍探讨了这些问题,即哈佛大学的学者丹尼尔·戈尔德哈根最近出版的《希特勒的志愿行刑人:普通德国人和大屠杀》。在这里,他指出了"普通"德国人所持有的反犹信念在最终导致屠杀犹太人方面所发挥的作用。

 思考:戈尔德哈根的观点与费舍尔(前一选段)和其他历史学家的观点有怎样的不同;戈尔德哈根的观点会得到怎样的赞同或遭到怎样的反对;为什么这些观点会如此具有争议。

材料来源: Daniel Johah Goldhagen, *Hilter's Willing Executioners: Ordinary Germans and the Holocaust* (New York: Alfred A. knopf, Inc., 1996), pp. 9-10, 416-417.

这一修正要求我们承认长期以来被学术界的或非学术界的解释者所否定或掩盖的事实:德国人的反犹信念是大屠杀的核心动因。它们是核心动因不仅是因为希特勒决定灭绝欧洲犹太人(这被许多人所接受),而且因为凶手们愿意屠杀和折磨犹太人。这本书的结论是:反犹主义促使成千上万的"普通"德国人——也会促使更多的人,如果这些人恰好在那些位置——去屠杀犹太人。并非经济上的困苦、极权主义国家的强制手段、社会心理压力、始终如一的心理倾向,而是在德国流行了几十年的对犹太人的看法,诱使普通德国人毫不同情地、大量甚至整体地屠杀犹太男人、女人和孩子……凶手们,也就是"普通德国人"是为反犹主义,是为特定类型的反犹主义所激动,这导致他们认为犹太人"必须死"。尽管凶手们的信念,他们特定类型的反犹主义明显不是唯一的源头,但是我坚持认为,它们是凶手们采取行动的最重要而且必不可少的源头,在任何解释中都应该置于中心地位。简单地说,这些凶手们已经就教于自己的信仰和道德,并判断集体解决犹太人是正确的,因而他们不会说"不。"……

必须强调的是,这并非是用单一的理由来解释实行大屠杀。有许多必要的因素促使希特勒和其他人构思种族灭绝的计划,因为这些因素已经上升到他们可以实行这一计划的地步,这一计划已经具有现实的可能性,然后便开始实行这一计划。这些因素大都被人们所熟知。这本书聚焦于大屠杀的诸多原因之一,这一原因是人们很少了解的,也就是德国男女以自己的身体、灵魂和才智投身这项事业的关键激发因素,没有这些德国人,大屠杀不可能发生。就大屠杀的激发因素而言,对大多数凶手们而言,单一原因解释就足够了。

在只聚焦于大屠杀的激发原因时,我们可以得出如下的结论。我们在此的论点是,这一致命性的德国种族反犹主义在这一历史场合不仅足以促使纳粹领导人做出决定,而且促使凶手们有必要的动力自愿参与对犹太人的灭绝。

斯蒂芬 L·李:斯大林的清洗

1934 年,斯大林的一位同事被一位共产党员暗杀了。不久,斯大林发动了共产党的大规模清洗。到 1939 年大清洗结束时,大量的人被处决或被囚禁。人们从各个方面试图对这些清洗进行解释。在下面的选段中,斯蒂芬描绘了这一历史争论。

思考:各种解释有怎样的区别;在你看来哪种解释最有道理;大清洗之类的事情是否是所有极权政体固有的或人们预料之内的特点。

材料来源:From Stephen J. Lee, *The European Dictatorships*, 1918 – 1945, pp. 53 – 55. Copyright 1987. Reprinted by permission of the Authors and Methuen & Co. as publishers.

斯大林的政策中最轰动最臭名昭著的是蓄意创造一个全面恐怖的国家。人们从未怀疑斯大林应对此负直接责任,而且 1956 年赫鲁晓夫提供了许多证据……

尽管斯大林大清洗的残暴性让人难以得出完全合理的解释,但还是可以提出一系列的动机。第一是斯大林有严重的人格缺陷。例如,赫鲁晓夫后来强调了他的残忍、报复心和"病态的"怀疑。最近,塔克坚持说,这些审判除了服务于政治目的外,也为斯大林自己的多疑倾向找到了依据。大清洗的第二个原因是,斯大林绝不是一个半途而废的人。他的目标是清除在 1017—1924 年间帮助列宁的整整一代人。仅是这一点就可以保证斯大林是列宁的唯一继承人,从而一生确保他的地位。对他权力的威胁大都是潜在的,不经历数年是不可能显现出来的。然而,应当尽快对付这些威胁。由于这些潜在的威胁难以识别,因此大量最终证明丝毫没有反对斯大林的人也必须清除。只有通过这样的大扫除,斯大林才能确保消灭了对他构成威胁的人……

关于大清洗的第三种解释是,从意识形态上讲需要这些大清洗。斯大林认为,他不仅是继续1918年列宁的策略,而且他正加快进入"无阶级社会"的进程。如果要实现这一渴望的共产主义目标,必须加强阶级斗争,从而让它早日实现。这个国家要实现自己的目标,"不是通过削弱它的力量,而是要使它越来越强大,从而击败垂死阶级的残余,击败资本主义的包围来保卫自己"。

这带领我们进入了人们就斯大林大清洗最经常讨论的问题"它们受到外部环境怎样的影响?"人们提出了两个完全不同的答案。

第一个答案是,斯大林一直害怕在他的工业化计划完成之前西方就会打碎苏维埃政权。因此在对外政策方面采取更加实用主义的方法是合情合理的,德国是主要的威胁,但通过临时的合作政策就能把它争取过来。斯大林发现与法西斯合作并不比与其他任何欧洲体制合作更加困难,因为他只是把它视为西方资本主义的一个分支。比较而言,老牌的布尔什维克是强烈的反法西斯主义者,而且把希特勒视为死敌,远甚于法国和英国。因此,在R·塔克和R·康奎斯特看来,斯大林认为有必要清除反法西斯的成分,从而使与德国的和解成为可能,这最后在1939年8月的《苏德互不侵犯条约》中化为现实。

I. 德茨舍具有不同的眼光。斯大林最担忧的是他的政体从内部瓦解——通过内部造反。在1936年发生这样的事情概率很小。除非外部出现大灾难导致第一次世界大战的场景再现,军事危机很容易引发革命。因此,斯大林的解决方法是破坏苏联内部任何可能利用这种形势的因素。这些公开的审判是通过夸大对他们的指控来对付这些潜在的威胁。

 **本章问题**

1. 根据本章所提供的有关这些极权政体的证据和解释,你如何解释它们的吸引力以及在20世纪的相对成功?在此,意大利法西斯主义、德国法西斯主义和苏联共产主义在哪些方面有所区别?

2. 通过考察这些政府在20世纪20、30和40年代的理论和实践,你会得出什么结论,是认为"极权主义"几乎不可避免地导致暴力和战争,还是由于当时特定的历史环境它恰好卷入了暴力和战争?在这方面,法西斯主义和共产主义有区别吗?理由是什么?

3. 在理论和实践上,意大利法西斯主义和德国纳粹主义在哪些方面不同于自由民主?苏联共产主义在哪些方面不同于这两者?

29. 第二次世界大战和战后世界

第二次世界大战爆发于1939年,甚至比第一次世界大战更加具有破坏力。1945年,欧洲摆脱了战争,面临着巨大的恢复任务。它已经失去了主宰世界的地位,这反映在其殖民地成功地进行了独立运动以及两个新的超级大国美国和苏联的兴起。然而,到20世纪60年代,欧洲已经基本上从战争中恢复过来,正享受着巨大的繁荣。

本章探讨1939年和20世纪60年代早期五方面的发展。首先,几乎整个西方文明都卷入了1939年爆发的战争,直到1945年在日本扔下两颗原子弹后才宣告结束。第二次世界大战的起源是什么?希特勒、纳粹主义和绥靖政策之间的什么关联导致了1939年战争的爆发?人们怎样经历了这场战争?

其次,到1947年,美国和苏联之间不断增强的敌意,在演讲、政策和联盟上正式表现出来,导致了东欧和西欧的分裂以及全世界共产主义和非共产主义国家之间的广泛分裂:冷战爆发了。在美国历史学家以及西方和苏联学者之间,冷战仍然是个有争议的议题。冷战为什么会发生?冷战以什么政策为特点?

第三,欧洲很快就从第二次世界大战中恢复过来,速度出乎人们的预料。到20世纪50年代,部分借助超级大国的帮助,大多数国家都在经受打击后重新站了起来。到20世纪60年代早期,欧洲享受着前所未有的繁荣以及政治和社会的相对稳定。在这一恢复过程中发生了哪些政治和社会的变化?1945年英国工党政府的建立如何说明了这些变化?

第四,欧洲列强在战后的20年里无法坚持其所有的殖民地。在反对去殖民化时,出现了哪些论点以及应用了哪些战略?国联在这场斗争中发挥了什么作用?中东的问题如何与反对去殖民化的斗争和美国的行动有关?

第五,一些社会和文化的发展成为这一时代的特征。其中最重要的是女权主义。在这期间,艺术和媒体产生了新的转向,挑战观看者的预期。这些发展的性质是什么?它们如何反映了这一时期历史快速变化的脚步?

尽管这些发展在最后三十年里进行了某些修正,但仍然是本书最后一章将要考察的当今潮流和其他潮流的一部分。

原始材料

罗伯特·亨瑞女士：不列颠之战

1940 年 7 月，德国为准备入侵英国对这个岛国进行了大规模的空袭。在差不多两个月的时间里，德国人每天晚上都向伦敦投弹。英国人躲在地窖和地铁站里，同时他们的飞机和反飞机大炮回击德国人。到 11 月，英国人赢得了不列颠之战的胜利。下面的选段是罗伯特·亨瑞女士的叙述，她生活在伦敦西区而且在空袭中活了下来。

思考：轰炸对英国人的士气产生了什么影响；圣保罗教堂的象征性意义。

材料来源：Mrs. Robert Henrey, *London Under Fire*, 1940 – 1945 (London: J. M. Dent, The Orion Publishing Group, 1969), pp. 43 – 44.

炸弹日夜不停地落下来。我们已经习惯于清晨嗡嗡响着突然出现的飞机、炮弹刺耳的声音、爆炸时沉闷的巨响以及很快就弥漫于空气中的火药味道。在伯克利广场以外出现了烧坏的公共汽车、半掩在尘烟中的商店废墟、因定时炸弹而无法通行的街道、敌机在半空爆炸、掉下大块的机体、飞行员用降落伞滑翔下来，这样的景象已经司空见惯……几乎每天晚上我们身边的标志物都会灰飞烟灭。

从伦敦之战（1940 年）的第一夜开始，由于东部照亮圆穹顶的火光，圣保罗教堂已经成为伦敦进行反抗的象征。早在 9 月 12 日夜一枚延时炸弹在其花岗岩支柱的南侧呼啸而下，陷入深达 27 英寸的地下。每个人都知道，如果它在那里爆炸，圣保罗教堂将片瓦不存。人们连续三天努力将其挖掘出来。然后在一位加拿大人埃尔特·戴维斯的指挥下用卡车把它郑重地运到哈克尼·马奇斯，这个人也成了民族英雄。

就是西区那些与婴儿在一起的家庭主妇，也一直牵挂着圣保罗教堂。几乎每天晚上，我们都从卡灵顿建筑的平房顶上盯着东部，祈祷它会矗立着。

威廉·霍夫曼：斯大林格勒的德国士兵

1941 年 6 月，德国的军队转向东方入侵苏联。德国的战争机器进展迅速，一直到苏联的冬天和抵抗让它的脚步缓慢下来。1942 年 6 月，德国人又开始了进攻。8 月，他们到达了斯大林格勒的郊区，它是伏尔加河上一座重要的工业城市。猛烈的战争持续了 6 个月，该城实际上已经被摧毁了。上百万的苏联士兵和平民失去了性命。最后苏联军队设法困住了德国筋疲力尽的第六军团的残余部队，取得斯大林格勒战役的胜利，逆转了东方战线的形势。

下面的选段选自一位德国士兵威廉·霍夫曼的日记，他在这场战斗中失去了性命。

思考：霍夫曼对 1942 年 7 月至 8 月在苏联的战争、德国的前景以及希特勒持什么样的态度;霍夫曼对苏联人的看法;什么原因使霍夫曼在1942年9月、10月和11月间感到沮丧和绝望。

材料来源: Vasili Chuikov, The Battle for Stalingrad (Chelmsford, U. K., Grafton Books, HarperCollins Publishers Ltd., 1964), pp. 248-254.

1942年7月3日……今天洗过澡后,部队指挥官告诉我们,如果我们后面的军事行动获得成功,很快就能抵达伏尔加河,夺取斯大林格勒,那么战争就必然马上结束。也许到圣诞节我们就可以回家了。

1942年7月29日……部队指挥官说,苏联军队已经彻底崩溃,已无法继续抵抗。抵达伏尔加河并夺取斯大林格勒对我们来说不是难事。元首知道苏联人的弱点所在。胜利就在眼前……

8月2日……苏维埃占有了多么大的空间,战后我们会在这里获得多么肥沃的土地!让我们快点结束吧。我相信元首会使这项事业取得圆满的结局。

9月4日:我们被派遣沿着前线向北进军斯大林格勒。我们连夜行军,黎明时到达了沃罗蓬诺瓦车站。我们已经看到了冒烟的城市,不由地想到战争的结束近在眼前。每个人都这样说,只是盼着每个日夜快点过去……

9月5日:我们的军团受命进攻撒多瓦亚车站——它靠近斯大林格勒。苏联人真的想要在城市里面进行抵抗吗?苏联的大炮和飞机让我们整夜不得安宁,出现了大量伤亡。愿上帝保佑我……

9月8日:两天连续战斗,俄国人的自卫异乎寻常地顽强,我们的军团伤亡重大……

9月13日……俄国人像野兽般拼命战斗,并没有自我放弃,反而向前靠近然后投掷手榴弹。昨天克劳斯中尉战死了,部队没有了指挥官。

9月16日:我们一营的士兵加上坦克正在攻击……野蛮行为。整个营损失惨重……

9月18日:在里面的苏联人是有罪的人,营长说:"政委命令让这些人死在升降机里。"

如果斯大林格勒的所有建筑都这样抵抗,我们的士兵将无一生还。我今天收到爱莉萨的一封信,她盼望我战争胜利后回家。

10月10日:苏联人离我们太近,我们的飞机无法轰炸他们。我们正准备进行决定性的进攻,元首已经命令尽快占领整个斯大林格勒。

10月22日:我们失去了许多人,每移动一步都必须跳过尸体。在白天你几乎无法呼吸,在任何地方都没有人搬动尸体,尸体留在那里发臭。三个月以前谁会想到,胜利的喜悦消失了,我们反过来必须忍受这样的牺牲和折磨,且战争的结束遥遥无期呢?……

士兵们现在称斯大林格勒是德国军人的大墓地。部队中留下来的人很少。

10月28日:每个士兵都视自己为罪人。他们唯一的希望是受伤,然后被送回后方……

11月10日:今天收到爱莉萨的来信,每个人都期望我们回家过圣诞节。在德国,每个人都相信我们已经占领了斯大林格勒。他们大错特错了。只要看看斯大林格勒对我们的军队做了什么就清楚了。

11月18日:我们昨天的坦克进攻没有奏效。进攻过后,战场上堆满了死人。

11月21日:苏联人反过来在整个前线发动了进攻。激烈的战斗正在继续。因此,所谓的伏尔加河、胜利和马上回到我们的家庭——是指他们那里!显然我们以后会在来世看到这一切。

杜鲁门主义和马歇尔计划

第二次世界大战期间,苏联和美国联合对付他们共同的敌人轴心国。大战结束后不久,以前盟国之间的敌意又开始出现。到1947年,敌意已经上升到正式列入政府计划和国际政策的地步,冷战爆发了。这里所选取的两项政策决议中,美国已经明白地表明了这一点。第一是杜鲁门总统在1947年3月12日向国会发表的演讲,旨在建议对希腊和土耳其进行援助,后者有落入苏联势力范围的危险。这一演讲中所包含的原则被称为杜鲁门主义。第二是国务卿乔治C·马歇尔于1947年11月10日向参议院和众议院所做的陈述,建议对欧洲进行大规模援助。这一建议被称为马歇尔计划。

思考:美国对苏联及其盟国的看法;这一对外政策的目的是什么;苏联可能会如何看待和回应这一对外政策。

材料来源:U. S. Congress, Congressional Record, 80th Congress, Ist Session (Washington, D. C.:U. S. Government Printing Office, 1947). vol. 93, p. 181.

U. S. Congress, Senate Committee on Foreign Relations, A Decade of American Foreign Policy:Basic Documents, 1941 – 1949 (Washington, D. C.:U. S. Government printing Office, 1950), pp. 1270 – 1271.

世界上许多国家的人民近来在违反其意愿的情况下,被迫接受极权政制。美国政府曾经屡次提出抗议,抗议在波兰、罗马尼亚和保加利亚使用压力和威胁,因为这违反了雅尔塔协议。我还需指出,许多别的国家,也有相似的发展。

在世界历史的现阶段,几乎每一个民族都必须在两种生活方式之中选择其一。这种选择大都不是自由的选择。

一种生活方式是基于多数人的意志,其特点为自由制度,代议制政府,自由选举,个人自由之保障,言论与信仰之自由,免于政治压迫。

第二种生活方式基于强加于多数人头上的少数人意志。它所依靠的是恐怖和压迫,操纵下的报纸和广播,内定的选举和对个人自由之压制。

我相信,美国的政策必须是支持各自由民族,他们抵抗着企图征服他们的掌握武装的少数人或外来的压力。

我相信,我们必须帮助自由民族通过他们自己的方式来安排命运。

我相信,我们的帮助主要是通过经济和财政的支持,这对于经济安定和有秩序的政治进程来说是必要的。

战争的结果,是数世纪里人们所居住的世界上最具有生产力和创造力之一的欧洲大家庭倒下了。这个地区尽管有各种不同的民族文化以及一系列互相残杀的冲突和战争,然而却享有共同的遗产和共同的文明。

随着主要盟国的军队在这个大家庭的中心地带会合,战争结束了。其中同盟中三个国家的政策已经指向恢复欧洲大家庭。现在清楚的是,只有苏联这一个国家因为自身的原因而不参与这一目标。

我们已经卷入了两次起源于欧洲大陆的战争。自由的欧洲各民族已经进行了两次战争来防止某一个大国用强力统治整个大家庭。这样的统治不可避免地会威胁到世界的稳定和安全。今天我们对它们保卫自己遗产的能力漠不关心,就等于放弃了两代美国人的努力和牺牲。我们希望看到这个大家庭恢复为世界安全的支柱之一,能够重新为人类的进步以及为法律和尊重个人为基础的世界秩序之发展做出贡献。

对那些希望看到的人来说,美国政府努力恢复整个欧洲大家庭的记录是非常清楚的。然而,我们必须面对这样的事实,尽管我们做出了许多努力,但并不是所有欧洲国家都能够自由地在这个它们成一个天然组成部分的大家庭里获得自己的地位。

因此我们复兴计划的地理范围限于这样一些国家,它们能够自由地根据自己的民族传统和对民族利益的判断进行行动,如果对这种形势有所怀疑,看一看欧洲大陆目前的地图就能获得答案了。

目前的分界线大体上是由西面而来的英美军队和从东面而来的苏联军队会合的那条线。在那条线的西边,大陆欧洲大家庭的那些国家正在根据他们自己的民族传统解决源于战争的巨大而困难的问题,并没有来自美国和大不列颠的压力和威胁。那条线东边的那些国家,则清楚地打上了外来之手的印记。

B·N·波诺马佑夫:冷战——苏联的观点

苏联与西方相比,在冷战以及现代史方面看法不同。下面的选段选自《苏联共产党史》(1960年)正式出版物。该选段聚焦于第二次世界大战的结束和冷战早期。

 思考:哪些解释最可能为西方非马克思主义历史学们所接受;这一解释与杜鲁门和马歇尔的观点有怎样的不同;这些不同如何有助于解释冷战的存在。

材料来源:B. N. Ponomaryov et al., History of the Communist Party of the Soviet Union, Andrew Rothstein, trans. (Moscow: Foreign Languages Publishing House, 1960), pp. 599, 606-12.

战争的结果是资本主义制度遭受了重创而变得更加虚弱。"资本主义总危机的第二阶段来临了",这主要表现在新的革命浪潮之中。阿尔巴尼亚、保加利亚、罗马尼亚和捷克斯洛伐克摆脱了资本主义制度……

在与这些人民民主国家的关系方面,共产党和苏联政府严格遵守不干涉它们内部事务的方针。苏联承认这些国家里的人民政府并在政治上支持它们。苏联忠实履行它的国际义务,用谷物、种子和原材料支援这些人民民主国家,尽管在战争期间它的储备大大减少了。这有助于给人们提供粮食并加速许多工业企业重新投产。苏联军队在这些人民民主国家的存在是防止国内反革命发动内战并防止外部干涉。苏联瘫痪了外部帝国主义干涉这些民主国家内部事务的企图……

美国决定利用其他主要资本主义国家的经济和政治困难将它们置于自己的支配之下。以经济援助为掩护,美国开始渗透进它们的经济之中并干涉它们的内部事务。日本、西德、意大利、法国和英国都在一定程度上依赖美国。西欧人民面临着保卫国家主权反对美帝国主义蚕食的任务……

第二次世界大战后所发生的剧烈变化实质性地改变了世界的政治地图。出现了两个世界、两个社会和政治阵营:社会主义的民主的阵营和帝国主义的反民主的阵营……

美国的统治集团极力争取世界霸权,公开宣称仅凭它的"实力地位"就能达到他们的目标。美帝国主义发动了所谓的冷战,试图点燃第三世界大战的火焰。1949年,美国设立了侵略性的军事集团,即"北大西洋公约组织"(NATO)。早在1946年,西方国家就开始实行分裂德国的政策,1949年随着西德的建立实质上已经完成了分裂。接下来它们开始武装西德。这进一步加深了德国的分裂而且使她的统一困难重重。危险的战争温床开始在欧洲形成。在远东,美国极力在日本制造战争的温床,在她的国土上驻扎自己的军队并建造军事基地。1950年,美国在远东恢复公开的侵略。它驻军在中国的台湾岛,挑起了朝鲜人民民主共和国和南韩之间的军事冲突,并开始发动对朝鲜人民的侵略战争。这场在朝鲜的战争是对中华人民共和国的威胁,中国人民志愿军起来帮助朝鲜人民。

美国在朝鲜的军事冒险骤然加剧了国际紧张局势。美国开始疯狂的军备竞赛,加速生产原子弹、热核反应武器、细菌武器和其他类型的大规模杀伤武器。美国的军事基地矛头主要指向苏联、中国和其他社会主义国家,在资本主义世界的各个地方都迅速建立,各种军事集团迅速组成。随着大规模杀伤性武器的使用,第三次世界大战的威胁骤然增加。

詹斯·赖希:柏林墙

也许分割欧洲的最明显的冷战标志是柏林墙。1961年,东德政府在莫斯科的命令下在柏林建造了一条长达100英里全副武装的高墙,防止市民逃往西部。柏林曾经是260万人的逃亡通道,尤其是专业人员和受过良好教育的人,在西柏林和西欧寻求更高的生活水平和更广泛的文化选择。1961年,一位东柏林22岁的学生詹斯·赖希,描绘了柏林墙建立起来后他的反应。

思考:赖希说的"高墙病"指什么;柏林墙对赖希这样的人带来了什么影响。

材料来源:Jens Reich, "Reflections on Becoming an East German Dissident, on Loosing the Wall and a Country," in Spring in Winter, The 1989 Revolutions, ed. By Gwyn Prins (Manchester, U. K.: Manchester University Press, 1990) (Dist. By St. Martin's Press), pp. 75 – 77.

1961年8月13日之前,也就是建立"柏林墙"那天之前,我是东柏林的一名学生。我1956年来到柏林,当时是个17岁的男孩,我们曾经居住在一个相当单调的省会省市,在哈尔伯施加塔特的后面,柏林对我来说就像启示录……后来我们了解了西柏林。多么令人激动啊!影院、剧场和交响音乐厅……我在柏林接纳了所有前来拜访我的人,而且我记得柏林墙的出现。

我依次提起所有那些清晰记得的细节,让你感受当柏林墙一夜之间竖立起来后我们所经受的冲击。我们正在柏林,在东西方的交叉路口,在两种完全不同文化的结合部。突然我们被封闭起来,就像金丝雀被关进了笼子。确实,柏林从一天转到了另一天,从一个充满活力和文化气息的城市,下降为地方省份仲夏午后的昏昏欲睡。我们被囚禁在单调沉闷的国家。在最初几年,我们不能到任何外国土地上去。捷克斯洛伐克、波兰和苏联只有专业人员才能访问。保加利亚和罗马尼亚在60年代中期对游客开放,但是价格高涨,而且它们是旅游胜地而非欧洲文化中心。前往西德是一种冒险,大多数人的结局是因为"逃离共和国"而被囚禁,更糟糕的是,边界卫兵会毫不留情地射击那些试图翻越"柏林墙"的人。

称它为墙并不确切。它是一个完整的体系,有瞭望塔、带刺铁丝网、探照灯、贯通的金属板(称它为"金属网"就会给人们"墙"内"金属丝"的错误印象)、布满地雷的地带、自动火炮覆盖的自由开火区、凶恶、饥饿的狗的巡逻区、向河里射击阻止泅渡者的全副武装的边境卫兵——所有这些遏制的装置以及水泥墙和通道……

"高墙病"是对我们受高墙限制和摧残的生活永恒的、伤感的解释。它源于被关在欧洲中部的笼子里。"高墙病"是烦恼。我们感觉陷入绝对痛苦的麻木迟钝之中,与周围世界上发生的任何事情都隔绝开来。高墙是孤独,是一种你未曾看到过那不勒斯、威尼斯、巴黎或伦敦就陷入死亡的感情。

有些人无法忍受如此乏味的生活前景,真的发疯了。人们有时候会做疯狂的、失去理性的事情。例如,你也许会走到边界,抽出身份证,声明说你要"摆脱这个糟糕的国家。"这个姿态的结局肯定是数年的囚禁,但这样做是希望西德早晚会(通常很晚!)把你赎买出来。高墙病是对从1930年到1950年出生的整整一代人的丧失感到悲痛。我们知道我们失去了什么。

哈里 W·莱德勒:英国工党掌握政权

在第二次世界大战期间,各国政府以前所未有的程度参与社会和政治活动。尽管随着大战的结束这种情况在一定程度上有所变化,但人们还是非常赞同政府参与社会。在英国,这伴随着人们越来越接受工党,从第一次世界大战结束后,后者的力量一直在增强。在1945年的选举中,这个由社会主义者和公会团体结合而形成的政党获得多数并掌握了政权,取代了温斯顿·丘吉尔领导的保守党。这一新政府开始实行一系列政策,实质性地改变了二战后时期的政府和人民的关系。下面所呈现的是1945年选举稍前的时期所阐明的工党纲领。

 思考: 这一纲领在哪些方面构成了对资本主义和自由放任的攻击;这一纲领如何反映了大萧条和两次世界大战的经历;一位保守派成员会如何不赞成这一纲领。

材料来源: Harry W. Laider, "British Labor's Rise to Power." In *League for Industrial Democracy Pamphlet Series* (New York: League for Industrial Democracy, 1945), pp. 24–25. Reprinted by permission of the publisher.

工党是社会主义政党并为此感到自豪。它在国内的最终目标是确立英国的社会主义福利——自由、民主、高效、进步、公德心,其物质资源要组织起来为英国人民服务。

但是社会主义并非如周末革命那样一蹴而就。工党成员同英国人民一样,是具有实践头脑的人。

一些基础工业实行公有和国家管理,直接为国家服务的时机已经成熟或早已成熟。许多小商业能够提供很好的服务,就让它们继续它们有益的工作。

有一些大工业国有化的时机还没有成熟,但是它们一定要接受建设性的监督,促进国家的需要,而不是通过限制性的反社会垄断或卡特尔协议——以所有人的低生活水平为代价考虑自己的资本结构和利益——来损害国家利益。

出于这些考虑,工党向国家提交如下工业计划:

1. 燃料和动力工业的国有化。在长达四分之一世纪的时间里,生产英国最贵重国家原材料的煤炭工业,在数百个独立公司的所有权下混乱地挣扎。在国有化下合并可以进行大经济运作、生产方式现代化以及在国家的每一个煤矿提高安全标准。煤气和电力企业的国有化可以降低费用、防止竞争性浪费、为协作研究和开发开辟道路并导致效率低下的分布地区的改革,其他工业会因此受益。

2. 内陆运输的国有化。不进行国有化,铁路、公路、空中和运河的交通服务就无法协调。不在国有化的情况下进行联合,就意味着不断为部门利益而斗争或者形成私人垄断的堡垒。这会威胁其他工业。

3. 钢铁的国有化、私人垄断维持着高价格并使无效率高成本的工厂一直存在。只有国有化取代私人垄断才能使这种工业有效率。

这种社会化的工业,以很好的补偿为基础进行接管,为了消费者的利益进行有效率地生产,与所雇佣的工人的合适地位和条件联系起来。

4. 以促进工业效率服务国家为目标,对垄断和卡特尔实行国家监督。禁止反社会的限制性活动。

5. 重要的而且轮廓鲜明的出口贸易计划。我们将以任何必要的方式进行国家帮助,使我们的出口贸易站起来,使它能够购买食物和原材料,没有这些东西,英国就会衰退和死亡。但是国家帮助是有条件的——条件是工业要有效率而且取得进步。落伍者和妨碍者必须接受指导或引导而步入正轨。这里我们经不起失败。

6. 制定适当的经济和价格控制,保证在从战争向和平过渡过程中重要的事情优先,而且保证每个市民(包括复原的服役人员)获得公平的条件。在使用原材料方面必须有重点,一定要控制食品价格,人们居住的房屋一定要优先于大厦,多数人的必需品一定优先于少数人的奢侈品。我们不希望像上一次战后那样崩溃之后到来短暂的繁荣,我们不希望在遭受重击和大规模失业之后出现物价飞腾、通货膨胀。要么是良好的经济控制、要么就是重创。

联合国大会:反殖民主义宣言

第二次世界大战后的二十年里大多数被殖民国家都摆脱西方国家取得独立。这既反映在西方战后的虚弱中,也反映在世界反帝国主义情绪的高涨中。然而非殖民化本身的进程是很困难的,而且区分不同国家的意识形态的差别也是很复杂的。1960年,经过激烈的辩论,联合国正式通过了如下《反殖民主义宣言》。尽管没有国家投票反对这项决议,但是澳大利亚、比利时、多米尼加共和国、法国、英国、葡萄牙、南非、西班牙和美国都投了弃权票。

 思考:这些国家弃权的可能原因是什么;那些国家有什么理由不肯放弃他们的殖民地;该宣言揭示了联合国的什么力量和弱点。

材料来源: General Assembly of the United Nations, "Declaration Against Colonialism," *Official Records of the General Assembly*, Fifteenth Session, Resolution 1514, December 14, 1960.

联合国大会:

勿忘联合国宪章中世界各国人民所正式宣布的决议,重申对基本人权、人类尊严和价值、无论男女和国家大小权力平等的信仰,并在更大自由中促使社会进步和生活水平的提高。

尊重所有民族的权力平等和自决权,普遍尊重和奉行所有人的人权和基本自由,不分种族、性别、语言或宗教,意识到以此为基础建立稳定、幸福、和平和友好关系的必要性。

承认所有依附民族情感上对自由的渴望以及这样的民族在获得独立方面的关键作用。

意识到因否定和阻碍这些民族独立的道路所造成的越来越多的冲突,构成了对世界和平的威胁。

考虑在帮助托管地或非自我治理地域的独立运动中联合国的重要作用。

承认世界人民热切希望结束各种形式的殖民主义。

相信殖民主义的继续存在会阻碍国际经济合作的发展,妨碍依附民族的社会、文化和经济发展,并损害联合国普遍和平的理想。

肯定各个民族为了自己的利益,在不损害任何有关国际经济合作的义务,并基于互利和国际法原则的基础上,都可自由处置自己天然的财富和资源。

相信解放的进程不可阻挡、不可逆转,而且为了避免严重的危机,必须结束殖民主义以及与之相关的隔离和歧视活动。

欢迎最近在大量依附地区出现了自由和独立,承认在这些还未获得独立的地区不断强大的自由趋势。

相信所有民族都有不可剥夺的完全自由、行使主权和国家领土完整的权利。

郑重宣告有必要迅速和无条件地结束所有形式和所有表现的殖民主义。

而且为此目的

宣布:

1. 民族屈从于外来的征服、压制和剥削,构成了对基本人权的否定,违背了联合国宪章而且妨碍了世界和平和合作的促进。

2. 所有民族都有自决权,根据该权利它们可以自由决定它们的政治地位,自由追求它们经济、社会和文化的发展。

3. 在政治、经济、社会或教育准备方面的不足之处不能作为推迟独立的借口。

4. 为了让依附民族和平自由地获得完全独立的权利,针对依附民族的所有军事行动和镇压措施均应停止,它们的国家领土完整应受到尊重。

5. 应当在尚未取得独立的托管地和非自我治理地区立即采取措施,依据他们自由表达的意愿和愿望,不分种族、信条、颜色,为了能让他们享受完全的独立和自由,无条件和保留地把所有权利移交给这些地区的人民。

6. 任何旨在部分或完全破坏一个国家的国家统一和领土完整的企图都不符合联合国宪章的目标和准则。

7. 所有国家都应该忠实和严格地遵守联合国宪章条款、共同的人权宣言以及目前基于平等、不干涉所有国家内政、尊重所有民族主权和领土完整的宣言。

贝尔福宣言、联合国 242 号决议和一个巴勒斯坦人的回忆录:以色列、巴勒斯坦和中东

从第二次世界大战以来,中东成为暴力冲突的中心和世界关注的焦点。冲突的主要源头之一是围绕以色列的创建所发生的冲突以及由此导致的巴勒斯坦问题。以色列——巴勒斯坦冲突的根源至少可以追溯到 19 世纪后半叶,那时候出现了复国主义运动——让犹太人在巴勒斯坦建立民族家园的运动。围绕以色列创建而产生的冲突在 1948 年到了紧要关头,那时控制巴勒斯坦的英国把它交给了联合国。随着以色列的建立而导致了联合国决议和第一次阿拉伯—以色列的战争,导致了大规模的巴勒斯坦难民以及阿拉伯和以色列长达几十年的冲突。

下面三份材料中,第一份材料被称为《贝尔福宣言》,是英国外交大臣 1917 年写给英国犹太人代表沃尔特·罗恩柴尔德的一封信。犹太复国主义者利用这封信支持向巴勒斯坦移民并责成英国在那里创建犹太人的家园。第二份材料是联合国 242 号决议(1967 年由联合国通过),该决议承认以色列的存在和它的安全要求,但是同时呼吁以色列从 1967 年阿拉伯—以色列战争中所占领的土地上撤出。第三份材料是一位巴勒斯坦流亡者法瓦兹·图尔基的回忆录片段。他描绘了 1948 年从巴勒斯坦的逃亡、接下来的流亡岁月以及一直存在的巴勒斯坦人的自觉意识。

 思考:《贝尔福宣言》为何如此重要,巴勒斯坦人为何拒绝;以色列人为什么不情愿地接受了联合国 242 号决议;图尔基的巴勒斯坦人的自觉意识源自哪里,为何重要。

材料来源:International Documents on Palestine, 1968, Zuhair Diab, ed. (New York, 1917); Fawaz Turki, The Disinherited: *Journal of a Palestinian Exile* (New York: Monthly Review Press, 1972), pp. 43 – 45, 54, as excerpted.

我很高兴代表陛下的政府,向你转达下面已经呈交并为内阁批准的同情犹太复国主义愿望的宣言。

"英王陛下政府赞成在巴勒斯坦建立一个犹太人的民族之家,并愿尽最大努力促其实现。但应明确理解,不得做任何事情去损害目前巴勒斯坦非犹太人的公民权利和宗教权利,或者损害其他国家犹太人所享有的权利和政治地位。"

如果你将该宣言告知犹太复国主义联盟我将万分感谢。

忠于你的,

阿瑟·詹姆斯·贝尔福

联合国 242 号决议

安全委员会……

1. 肯定联合国宪章原则的实现要求在中东实现公正和持久的和平,它应当包括应用如下两种原则:

(i) 以色列军队从最近冲突中所占领的土地上撤军。

(ii) 终止所有要求和交战状态,尊重并承认该地区所有国家的主权、领土完整和政治独立,以及这些国家在安全和承认的地界内摆脱威胁或军事行动、和平生活的权利。

2. 进一步肯定如下内容的必要性

(a) 保证该地区国际水域的通航自由;

(b) 对难民问题做出公正的安排;

(c) 通过诸如建立非军事化区等措施保证该地区每个国家的领土不受侵犯和政治独立。

一个巴勒斯坦人的回忆录

当我们——我母亲、父亲、两个妹妹、弟弟和我——沿着黎巴嫩边界开始缓慢行走的时候,微风开始吹拂,我们后面是海法城,很长时间以来,那里的景象都是轰炸、狙击手的射击、伏击、攻击以及巴勒斯坦人和犹太复国主义者的激烈战斗。我们前面是西顿城和无数的流亡者。我们周围是地中海,海水在太阳下波光粼粼。我们上面来世漠不关心地移动着,仿佛上帝在天堂里拄着拐杖行走,观望着人间的痛苦,并微笑着。而我们的世界已经像气球般破裂了,这个气球已经用它的热量将我们包围。从那时起,我们仅仅知道无尽的悲伤,仅仅看到因丧失国土以及因为悲痛而被压垮的巴勒斯坦同胞呆滞的眼神。

1948年4月。这是一年中最令人痛苦的一月,但是更痛苦的岁月还在后面……

在西顿待了几个月后,我们又开始转移,一个六口人的巴勒斯坦家庭向贝鲁特的难民营进发,因饥饿、失望和无法理解而有气无力。但是在那里我们遇到了其他家庭,同样无助,同样困惑,同我们一样他们从没有吃饱过,不足以为孩子们提供书本和教育,也不足以面对马上到来的冬天。在后来的岁月里,当我们离开难民营,在外面找到更好的房屋,过上更好的生活,并长到10多岁时,会抱怨没这没那,马上就会招来母亲的训斥:"孩子,你算幸运的了!想想那些还生活在难民营的人。想想他们吧,不要再提什么要求。"我们会看着窗外,看到雨在下,听到雷在轰鸣。我们会记住。我们会理解。想到"那些仍在那里的人"我们就会心平气和。

人们都在适应。我们也在最初几个月里去适应难民营的生活。在适应中我们沦为男人、女人、孩子、人。我们有时也做梦。但梦想是简单的,志向是扭曲的。我们希望有一天父母能够成功地为我和妹妹买两张床,缓解我们哮喘的痛苦,睡在冰冷地面的毯子上已经加重了我们的哮喘。我们希望有一天有足够的钱买几磅梨和苹果,当我们因分到的水果比别人小而吵架、生闷气和抱怨的时候就会这样想。我们希望月末马上到来,那时巴勒斯坦难民救济工程处的配给供应就会达到,足够吃一个礼拜。我们认为返回自己家乡的那一天很快就会来到。

数天延伸成几个月,几个月延伸成一年,而且一年延伸成几年。孩子们在冬天的烂泥和夏天的尘土中玩耍,同时,联合国就"我们的问题"进行辩论,而飞蛾在煤油灯周围投火自焚……

我们的巴勒斯坦意识不是消退了而是增强了,并有了微妙的色彩和新的维度。它由两个概念所支撑:保存巴勒斯坦的记忆以及获得教育。我们始终拒绝联合国提供房屋和金钱补偿让我们定居在东道主的国土上。我们想要的就是回到自己的家乡。从叙利亚、黎巴嫩和约旦望去,越过边境几英里、几码远的地方,就是我们出生、生活和感受大地的地方。我们会大喊、歌唱、申辩和争辩,"这是我的土地"。那片土地上来了一个民族,一个外来的殖民者团体,在急于摆脱罪恶和羞耻的西方世界的帮助下,要求从历史、天空和我们那里取得独立。

西蒙·德·波伏娃:第二性,红袜子:女性主义宣言

人们越来越认识到,女性,无论是个人还是组织,已经为要求改变斗争了很长时间。努力让人们觉醒和理解女性在政治、社会、经济和性方面意味着什么,成为20世纪中期女性斗争的中心议题。在欧洲甚或在整个西方,阐明这一努力的最重要的著作,是1949年首次在法国出版的西蒙·德·波伏娃的《第二性》。在这部著作中,波伏娃这位著名的法国小说家、社会批评家和存在主义哲学家认为,有许多明显和微妙的方式,迫使妇女居于屈从男人的地位。在20世纪60年代和70年代,女性要求改变的斗争传播开来并呈现出战斗状态。在整个西方世界,妇女在人们所知的、尤其是美国人所称的妇女解放运动中要求进行改变。大量的妇女组织出现了,许多组织发行刊物表达自己的观点。

下面两段有关妇女解放的选材中,第一段选自《第二性》。波伏娃强调妇女与男性相对作为"他者"的地位和作用。第二段则代表了更加激进的女权主义的表述。它是由纽约女权主义组织红袜子在1969年7月发行的。

思考:波伏娃如何把妇女与"黑人"和无产者联系起来;在波伏娃看来女性所面对的不利条件;红袜子的主要要求;这个团体如何为它的要求辩护;人们会对这一选择如何反应。

材料来源:Simone de Beauvoir, The Second Sex, H. M. Parshley, trans. Reprinted by permission of Alfred A. Knopf, Inc., pp. xvii – xxii, xxvii. Copyright 1952 by Alfred A. Knopf, Inc.; Redstockings, July 7, 1969, mimeograph.

……把妇女和无产阶级进行比较之所以有道理,就在于两者都未曾组成少数人团体,也未曾成为分离的人类集合体。在这两种情况下,都只能用历史的发展过程而不能用某个单一的历史事件来解释它们作为一个阶层的地位以及说明具体的个人在那个阶级中的成员身份。然而,无产阶级并非从来就有,而妇女却一直存在。她们因为自己的生理和身体结构而成为女人。在整个历史中他们始终从属于男人,因此她们的依附并不是历史事件或社会变化的结果——它也不是某种发生的事情。在这里他性似乎是绝对的,其原因在某种意义上是它不具备历史事实所存在的暂时性或偶然性。在某个时期所形成的地位可以在另一个时期废除,海地和其他国家的黑人就证明了这一点,然而天生的地位就似乎没有了变化的可能。但是,事实上事物的性质同历史现实一样,都不是一劳永逸地给定的,不可变更的。如果说妇女似乎是次要的,次要永远无法成为主要,原因是她本身没有产生这种变化。无产者说"我们",黑人也这样说。他们把自己视为主体,而资产阶级白人变成"他者"。但是女性除了在女性主义者会议上或者类似的正式游行中,并不说"我们",男人说"女人",而女人也同样用这个词来指自己,她们没有真正表现出主体的态度。无产者在俄国、黑人在海地都完成

了革命，印度支那的人正在那里为了革命而斗争，但是女人的努力从来没有超出象征性的骚动。她们只是得到了男人愿意赐给的东西，她们没有争取什么，只是在接受。

　　造成这一切的原因，是妇女缺乏具体手段把自己组成一个与相关群体面对面对抗的群体。她们没有自己的过去、历史或宗教，而且没有无产者那样的工作和利益的一致性。她们甚至没有不分等级地居住在一个地方，从而产生美国黑人、隔离区的犹太人、圣丹尼斯的工人和雷诺的工厂工人中间的社团感情。她们分散居住在男人中间，由于居住、家务、经济条件和社会地位而依附于某个男人——父亲或丈夫，其程度超过对其他女人的依附。如果她们属于资产阶级，那么就认为与那个阶级的男人一致；如果她们是白人，就会忠于白种男人而不是黑人妇女。无产阶级可以提出屠杀统治阶级，而极度狂热的犹太人或黑人也可以梦想独自占有原子弹，让全人类都是犹太人或黑人，但是女人甚至不能梦想灭绝男人。把她和她的压迫者连接在一起的纽带是其他纽带都无法相比的。两性的区分是生物学事实，并非历史上的一个事件。男性和女性在原始的伙伴关系内相互对立，妇女并没有打破它。夫妻两人是相互吸引的两半组成的固有统一体，沿着性别界限对社会进行分割是不可能的。由此我们可以发现女性的基本属性：她在两个部分都不可或缺的整体中是他者……

　　那么，如果女人并非男人的奴隶，也始终是后者的依附者，男女两性从没有平等地分享过世界。即使在今天，尽管形势发生了变化，女人还是受到重重束缚。她的法律地位几乎到处都和男人不同，常常处于恶劣境地。甚至当她的权利在抽象意义上得到法律承认时，传统习惯也妨碍她们在习俗中充分表现。在经济领域，可以说男人和女人几乎构成了两个等级。即使在是其他方面两者相同，前者也能获得更好的工作、较高的薪水，比新的竞争者有更多成功的机会。在工业和政治领域，男人有很多职位，而且他们垄断了最重要的位子。除了这些之外，他们还享有传统威望，而儿童教育似乎在各方面都支持这种威望，因为现在把过去神圣化——而在过去所有的历史都是男人创造的。现在，当妇女开始参与世界事务时，这个世界仍然属于男人——男人对此深信不疑，而女人也没有什么疑问。拒绝成为他者、拒绝成为交易中的一方——但这对妇女而言就是放弃了因与高等级结盟而所获得的所有好处。男性君主会为女权臣属提供物质保护，并为她的生存进行道德上的辩护，这样她可以马上逃避经济上的风险，同时可以避免抽象的自由风险，要想自由，她必须在没有帮助的情况下自己设法达到目的。确实，与每个个体肯定自己主观存在的道德愿望一起出现的，是使人放弃自由而变成一种物的诱惑。这是一条不幸的道路，因为她踏上这条道路，就变得消极、迷茫和毁灭，因此而成为他人意志的产物。在他的卓越面前变得沮丧，而且被剥夺了所有价值。但是这也是一条容易的道路，在这条路上，人们可以避免真正生存所涉及的紧张关系。男人一旦把女人变成他者，就希望她表现根深蒂固的共谋倾向。因此，女人由于缺乏确定的资源，由于她认为把她和男人连接在一起的纽带非常必要，而不考虑互惠性，由于她通常非常满意于自己为他者的角色，因此不可能要求主体地位。

　　因此，使女性的处境变得非常引人注目的原因是，她——同大家一样既自由又自主的人——仍然发现自己生活在一个男人强迫她接受他者地位的世界之中。男人打算把她固定为客体，而且她的超越必然被另一个自我（良心）所压制和永远超越，后者是必不可少的，而且是至高无上的。女人的戏剧性在于，每个主体（自我）的愿望——她总是认为自我是必不可少的——总是和环境的强制性构成冲突,在这样的环境中,她是无关紧要的。

I. 经过几个世纪个人斗争和初步的政治斗争,女人正联合起来从男性的霸权中获得最后的解放。红袜子致力于建立妇女的联盟并赢得这种自由。

II. 妇女是被压迫阶级。我们所受的压迫是全面的,影响了生活的各个层面。他们把我们当作性对象、家庭仆人和廉价劳动力进行剥削。我们被视为低等存在,其唯一的目标是改善男人的生活。我们的人性遭到否定,身体暴力的威胁强迫我们循规蹈矩。

由于我们的生活与压迫我们的人如此密切,我们之间相互孤立,看不到所遭受的个人痛苦是一种政治处境。这导致了一种幻象,以为一位妇女和她的男人的关系是两个独特个性相互作用的事情,可以个别解决。事实上,每一种这样的关系都是一种阶级关系,而且个体男人和女人之间的冲突都是政治冲突,它只能通过集体来解决。

III. 我们识别出受压迫的动因是男人。男性的霸权是最古老、最基本的统治形式。进行剥削和压迫的所有其他形式(法西斯主义、资本主义、帝国主义等)都是男性霸权的延伸:男人统治女人,少数男人统治其他人。整个历史中所有的权利结构都是男性统治和以男性为导向的。男人控制了所有的政治、经济和文化机构,而且用武力来维护这种控制权。他们用自己的力量使女人处于劣势。所有的男人都从男性霸权中获得了经济、性和心理上的好处。所有的男人都曾压迫妇女。

IV. 曾经有一些企图,试图把男人的责任转嫁到制度或妇女身上。我们谴责这些论点是推诿逃避。制度本身无法压迫,它们仅仅是压迫者的工具。谴责制度就暗示男女都是受害者,从而模糊了男人因女人低下而从中获益的事实,同时给男人提供了某种借口,说他们当压迫者是迫不得已。相反,倘若男人愿意其他人像对待女人那样对待自己,他完全可以主动放弃自己的优势地位。

我们也拒绝这样的观念,即女性同意自己受压迫或应该为自己受压迫受到责怪。妇女的顺从并不是洗脑、愚蠢或心理疾病的结果,而是源于男人持续不断、日复一日的压力。我们不需要改变自己,而是要改变男人。

最具污蔑性的托辞是妇女可以压迫男人。这种错觉的基础是把个人关系与政治环境割裂开来,而且男人倾向于把任何对他们权威的挑战都视为迫害。

V. 我们把个人的经验和对那种经验的感情,视为分析我们共同处境的基础。我们不能依赖现存的意识形态,因为它们都是男性霸权主义文化的产物。我们质疑而且不接受任何未经我们的经验所证实的结论。

我们目前的主要任务是通过分享经验以及公开揭露所有制度的性别基础,来发展女性的阶级意识。提高意识并不是一种"治疗"而是唯一的方法,前者暗示的是存在着个体的解决方法,而且错误地假定男女关系纯粹是个人性的,而通过后者,我们可以保证我们的解放计划基于具体的生活现实。提高阶级意识的第一个要求,是无论私下里还是公开场合都对我们自己和其他妇女保持忠诚。

VI. 我们认同所有的女性。我们界定我们最大的利益是最贫困、遭受最残酷剥削的妇女的利益。

我们否定所有把我们与其他妇女区分开来的经济、种族、教育和地位方面的特权。

我们决定承认并消灭所有我们可能对其他妇女持有的偏见。

我们致力于获得内部的民主。我们将做任何必要的事情来保证,运动中的每一个妇女都有平等的机会来参与、承担责任和发展自己的政治潜力。

VII. 我们呼吁所有的姐妹在斗争中与我们联合起来。

我们呼吁所有的人都放弃他们的男性特权,并为了我们和他们的人性,放弃他们的男性特权。

在争取我们的解放而斗争的时候,我们总是支持妇女反对压迫她们的人。我们不问什么是"革命的"或"革新的",只考虑什么对妇女有利。

个人作战的时代已经过去。现在我们要一路并肩前行。

图像材料

欧洲的毁灭

下面的图 29.1 显示了第二次世界大战最后阶段英美的轰炸攻击对德雷森所造成的破坏。与战时同盟军的其他"区域轰炸"一样,在这次攻击中成千上万的平民被屠杀。这幅地图表现了平民和军事目标的模糊以及现代战争中恐怖的不断增加。一些军事目标,如工厂、铁路桥、铁路编组场、部队掩体和兵营、军火库和指挥部等大都损失较小,相反,毁灭主要集

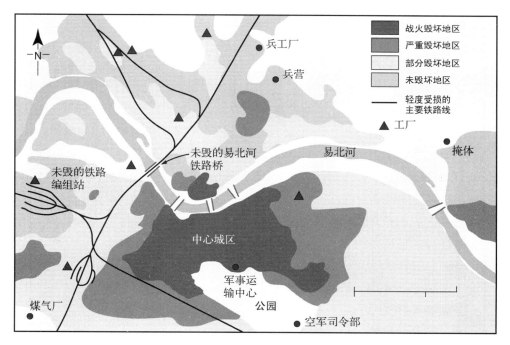

图 29.1　德累斯顿,1945 年

中在人口稠密的内城,燃烧弹几乎将它彻底夷为平地。

思考: 对这样的攻击及其效果可以作出何种可能的解释;以这种方式进行的战争与西方文明关于个人和人权的经典理想有怎样的矛盾之处。

冷战和欧洲一体化

图 29.2 显示了二战后 20 年里走向冷战和欧洲一体化的信息。在军事上,西方和东方

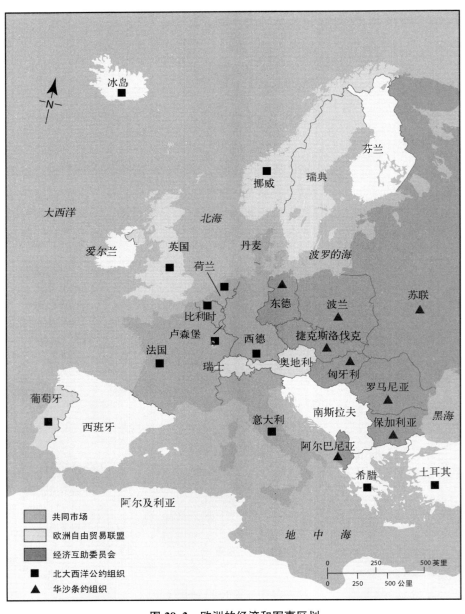

图 29.2　欧洲的经济和军事区划

分化成美国为首的北大西洋公约组织和以苏联为首的华沙条约组织。在经济上，西欧各国通过比荷卢关税同盟、欧洲煤钢联营、欧洲经济共同体（共同市场）和欧洲自由贸易联盟而逐渐结合为一体；东部则加入了经济互助委员会。尽管军事合作并不是总是与经济合作联系在一起，但这样的联系确实发生了。

思考：各个国家作出政治和经济抉择是否有某种地理上的关系；表明区域合作、军事同盟、政治动荡和国际"热点"的世界地图，是否比欧洲地图能更加全面地反映冷战和区域合作的程度和强度。

亚洲和非洲的非殖民化

由于二战造成的虚弱以及面临着不断增长的民族解放运动，西方帝国主义列强被迫开始在20世纪40年代放弃它们的殖民地。正如地图29.3所表示的，非殖民化进程在某些地方进程很快——可以看到有大片的区域在1960年左右几年里就获得了独立——而有些地方则进展较慢——用了近30年的时间才差不多完成了独立进程，而且其中某些地区（如纳米比亚、中国的香港）一直到20世纪90年代还处在外部控制之下。

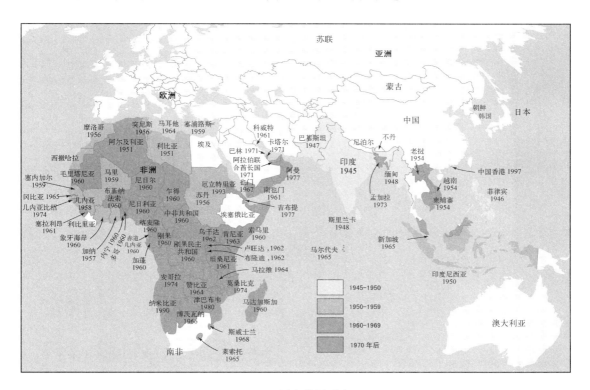

图29.3 亚洲和非洲脱离殖民

思考：有些地方获得独立较快，有些地方较慢，对此有哪些可能的解释；新国家在独立后可能面临的问题。

电视暴力

许多观察家都同意,电视对西方文明内以及整个世界人们的生活都产生了很大的影响,但是到底有什么影响却是个争论的议题。下面这幅图画(图 29.4)说明了人们提出的一个最具争议性的问题。它表现一个电视摄影组在越南进行实景拍摄。在这里摄制组和军队围着一个九岁的女孩,后者在 1972 年被空投凝固汽油弹烧伤了。这些摄制人员所摄录的形象在美国和其他地方的每日新闻广播中播放出来,它就战争到底是怎样的情形,给了老百姓真正第一手的、最新的也许有点过度现实主义的印象。然而,批评者认为,由于这些形象变得太普遍了,由于它们就在最俗气的电视节目(最典型的是情景剧)之前或之后展示,而且由于人们经常是在舒适的客厅里观看,所以这些真实战争的形象变得似乎不真实了。确实,人们肯定想知道这一画面本身是否不是为电影而制作的舞台布景的一部分(就像观众看到的《启示录》中所拍摄的布景一样,这部电影是 1979—1980 年的一部大片)。

图 29.4　电视摄影组在越南进行实景拍摄

 思考:20 世纪的媒体在其他哪些方面影响了人们对战争的认识和理解。

杰克逊·波洛克:第一号

20 世纪的艺术风格已经越来越脱离大众口味,越来越脱离大众习惯上对艺术的期待。行为绘画或抽象表现主义风格尤其如此,这些风格在第二次大战结束后不久很快就涌现出来。在这一艺术派别中最著名的画家是杰克逊·波洛克(1912—1956 年),他在 1948 年创作了这幅名为《第一号》的作品(图 29.5)。1950 年,波洛克接受了一位著名艺术批评家弗朗西斯 V·奥康纳的访问。

 思考:波洛克的表述和这幅油画怎样反映了 20 世纪历史的某些潮流。

图 29.5 《第一号》

二手材料

乔治 F·凯南：受谴责的慕尼黑绥靖政策

在讨论谁应该对第二次世界大战负责时，传统的观点认为，20世纪30年代西方民主国家所实行的不必要的软弱绥靖政策鼓励了希特勒。绥靖政策的组成成分之一是1938年召开的慕尼黑会议，在这次会议上，英国和法国同意肢解捷克斯洛伐克，换取希特勒不再要求其他土地的承诺。在下面的选段中，乔治·凯南提出了这种关于绥靖政策的传统观点。乔治·凯南是美国驻苏联前任大使，并因两卷本有关苏美关系的著作而获得普利策奖。

思考： 从实际参加1938年慕尼黑会议的英法政治家的观点来看，凯南的批评是否有道理；这一观点所探讨的第二次世界大战的原因是什么，或者说谁应该为大战负责。

材料来源： George F. Kennan, *Russia and the West Under Lenin and Stalin* (Boston: Atlantic-Little, Brown, 1961), p. 322. Reprinted by permission of Little, Brown and Company.

慕尼黑协定是张伯伦和法国总理达拉第悲剧性地错误构想的、铤而走险的绥靖政策，以牺牲捷克斯洛伐克国家为代价，徒劳地希望这能够满足希特勒勃勃的野心，从而保证欧洲未来的和平。我们今天知道这是不必要的——它所以不必要是因为捷克具有强大的抵抗力,如果捷克人决定战斗,他们能够实施强有力的抵抗。更加不必要的原因是,德国的将领当时意识到自身相对的弱点,如果希特勒决意要导向战争,实际上已经准备试图推翻他。事实是,西方国家和捷克政府在最后关头让步了,希特勒再次兵不血刃地取得了胜利,使将军们失去了发动这场政变的任何借口。人们再一次看到,就像历史记录中经常出现的那样,有时即使看不到确实的胜利但勇敢地面对自己的问题,反而是非常有利的。

A·J·P·泰勒:第二次世界大战的起源:为绥靖政策辩解

传统观点指责绥靖政策,认为它毫无道理,而且是第二次世界大战的主要原因,对这种观点人们已经从不同的角度提出质疑。也许最具争议性的是A·J·P·泰勒的观点,他是一位受人欢迎的、坦率的英国历史学家,在欧洲现代史领域著述甚丰。下面的选段选自他的《第二次世界大战的起源》,其中他认为绥靖者因为他们的政策而遭受了不公正的指责。

思考: 泰勒和凯南在哪些方面对绥靖政策的合理性而非绥靖的事实有意见分歧;泰勒的观点所探讨的第二次世界大战的原因是什么,或者说谁应该为大战负责;把20世纪30年代的绥靖政策视为一种历史经验教训,借鉴它来处理当今的问题,会存在怎样的好处和危险。

材料来源: A. J. P. Taylor, The Origins of the Second World War, 2nd ed. (New York: Atheneum Publishers, 1965), pp. 291 – 292. Reprinted by permission of the publisher.

他做的一切都取得了成功,因为其他人不知道该怎么对付他。又是在这一点上,我想要理解"绥靖者",而不是为他们辩护或谴责他们。历史学家们把绥靖者作为笨蛋或作为懦夫而一笔勾销是无济于事的。他们是面临实际问题的人,在当时的情况下尽心尽力。他们认识到一个独立强大的德国必须在某种程度上与欧洲相协调。后来的经验表明他们的看法是正确的。总而言之,我们现在仍然不停地研讨德国问题。例如,难道任何头脑清楚的人能够设想当希特勒通过宪法程序获得政权并得到大多数德国人民的明显支持时,其他国家可以在1933年用武力进行干涉以推翻他吗?也许除非1936年进行干涉把他赶出莱因兰,还有什么做法可以使他在德国更得人心呢?德国人把希特勒扶上台,也只有他们能够把他赶下台。此外,"绥靖者"还担心在德国失败之后俄国将控制欧洲许多地方。后来的经验表明,他们在这一点上的看法也是正确的。只有想让苏俄代替德国的人才有资格谴责"绥靖者",我不能理解,大多数谴责"绥靖者"的那些人,现在又怎么对因他们失败而导致的必然结果而同样感到愤慨呢?

认为"绥靖者"是一个狭小的集团,而且当时遭到广泛的反对,这种看法也是不真实的。根据现在所说的来判断,人们会想,实际上所有的保守党人几乎都赞成与苏俄结盟以全力抵抗德国,整个工党都大声疾呼要求强大的军备。事实与此相反,几乎没有什么主张更得人心,除了《雷诺新闻》外,国内的一切报纸几乎都欢迎慕尼黑协定。然而,这些传奇的影响如此之大以致当我写下这样的话时,简直无法相信。当然,像大多数政治家所做的和通常因此而受到称颂的那样,"绥靖者"首先想到他们自己的国家。不过他们也想到别的国家。他们怀疑,东欧各国人民是否会通过战争而获得最大的利益。1939年9月英国的立场无疑是英勇的,但它主要是在牺牲了别人的情况下的一种英雄行为。英国人民在六年战争期间蒙受的损失是比较小的。波兰人在战时遭受了异乎寻常的灾祸,并在战后也没有恢复独立。1938年捷克斯洛伐克被出卖了。1939年波兰得到救助。战争期间捷克人死亡不到10万人而波兰人死亡650万人。哪种情况较好——是做一名被出卖的捷克人呢,还是做一个得到救助的波兰人?我对德国被击败、希特勒被消灭感到高兴。我也对其他国家为此付出代价表示感激,而且也承认那些认为这种代价过高的人很诚实。

格哈特·温伯格:武装的世界

围绕绥靖政策的问题一直是人们分析的焦点,并引导出更宽泛的问题:大战为什么会在1939年爆发?是否可以阻止战争?为了回答这些问题,历史学家们通常回顾1914年第一次世界大战以来的整个时代。在下面讲的选段中,密歇根大学的格哈德·温伯格比较了这两次世界大战,并分析了区分两次大战的不同点。他也肯定了谁应该对第二次世界大战负责。

思考: 两次大战的原因和性质有何不同;如何比较温伯格与凯南和泰勒的解释。

材料来源: Gerhard L. Weinberg, A World At Arms: A Global History of World War II. Cambridge, U. K.: Cambridge University Press, 1994, pp. 1 – 2, 43 – 44.

尽管本书包含一章关于第二次世界大战背景的内容,但它把大战在欧洲的开始定为1939年。尽管有些人认为,这次大战纯粹是1918年因停火而暂时中断的第一次世界大战的继续,而且认为从1914年到1945年的整个时期可以视为欧洲新的内战,或者说三十一年战争的时期,但是这种观点不仅忽视了前一次冲突完全不同的起源和性质,而且对第二次冲突的特殊性质解释得模糊不清。如果说两次大战的副产品都是欧洲的虚弱和无力控制世界,但是两次大战的意图是完全不同的。尽管事实上在漫长战争的进程中这些意图有所变化,但是两者之间还是存在着根本的不同。

在第一次世界大战中,战争双方为了各自在世界上扮演的角色而争斗,决定这些角色的,是在国界、殖民地以及军事和海军方面可能发生的变化。奥匈帝国希望消灭塞尔维亚的独立地位,德国很快做出决定,比利时永远不能重新获得独立,这都是事实。但是除此之外,它们希望这两个19世纪从大的政治框架中成长出来的小国彻底消失,其他的国家——尤其是大国——则希望,即使为战胜国所削弱,也希望存活下来。在这种意义上讲,战争尽管是耗费巨大和破坏力极强的手段,但仍然是达到目标的传统方法。

同样是事实的是,战争本身由于有前所未有的伤亡、代价惊人、出现了毒气武器、飞机、坦克和潜艇、且世界经济模式发生了转变,最终的结局是彻底改变了战前的世界,而且是用交战双方没有想到的方式完成的。战争对胜利者和失败者的影响同样巨大,即使有些人做出了勇敢的而且有时适得其反的努力,但战前的世界不可能再复活了。现代国家有能力利用前面2个世纪所发展的社会和机械技术,从各自的社会中调集大量的人力和物力并将其投入战争的熔炉——因此而消耗殆尽——,因而造成了巨大的变化,而双方都不想要或喜欢这样的变化。

在第二次世界大战中,所有这些都是完全不同的。从一开始意图就是不同的。从一开始,全球重新建立的秩序就危若累卵,双方的领导人都承认这一点。德国的独裁者阿道夫·希特勒本人在1939年5月23日就明确地宣称,他发动战争的目标不是为了但泽自由市,而是在东方的生存空间。他的外交部长同样向意大利的外交部长保证,德国要的不是但泽,而是战争。当德国占领了波兰并提出与英法达成暂时和平时,他们的反应是,要明确不再与希特勒领导的德国政府签订任何协议,因为后者一直违背诺言,英国首相内维尔·张伯伦就是这样解释的。如果张伯伦这位经常被人嘲笑没有真正把握国家社会主义挑战之性质的人能如此清晰地看出这些问题,那么几十年后的历史学家就不应该对这场截然不同的战争之现实视而不见。事实上,这场争斗不仅是为了控制地域,而且是谁能活下来控制全球的资源,以及胜利者认为低劣且令人厌恶的民族要彻底灭绝的问题。

正是就这方面而言,源于欧洲的这两场战争尽管相隔仅仅20年却有着天壤之别……

预料中的中立国的呼吁都无法打动希特勒。他不但不愿意把战争推迟一天,反而非常着急,比德国军事时间表所要求的时间提前几个小时就发布了开始行动的命令。为了让公众看起来这场战争合情合理,他参与筹备对波兰提出某些让自己的人民听起来合理的要求——而且他下令一直不理会所提出的要求,直到这些要求都失效为止。他不再愿意冒着对方答应自己这些表面要求的危险,或者说不愿意确立真正谈判的基础,不愿意遇到什么讨价还价。既然不再有机会把西方国家和波兰割裂开来,他就把精力集中在未来战争的德国后方,这反映出他相信正是大后方的崩溃导致了以前大战的失败……

9月1日的早晨德国开始了对波兰的进攻……面对德国人民代表雷鸣般的掌声,他宣布德国再一次处于战争状态。

几乎所有国家最终都加入了这场新的大战,有些国家成为受攻击的牺牲品,有些国家本身则是热切的攻击者,有些国家在最后一刻参加战争,为的是加入战后世界组织。整个世界血流成河、灾难深重,其程度前所未有。尽管该次大战的军事行动细节和战斗的地点与第一次世界大战差别甚大,但人们可怕地预测这次新大战同样恐怖,甚至可能比上次更加糟糕,却是非常准确的。然而,这次与1914年危机后不一样,对谁应该对战争爆发负责这一问题,并没有出现激烈的讨论。一切都很清楚,德国发动了战争,而其他国家做了大量非常艰苦的努力来避免另一次大战。没有第二次关于"战争罪"的争论。

詹姆斯 L·格姆雷:冷战的起源

第二次世界大战结束和20世纪60年代期间的特点,是第二次世界大战中产生的两个超级大国美国和苏联之间的冷战。最初美国历史学家分析冷战所用的前提与制定政策的人没有区别:针对富有侵略性的苏联试图把自己的统治和共产主义意识形态推向全世界,美国仅仅是防卫性地进行了回应。但是到20世纪60年代时出现了其他的解释,最著名的是修正主义的立场,认为冷战至少在一定程度上是富于侵略性和挑衅性美国外交政策的结果。下面选自格雷姆著作的片段,描绘了这些对立性的解释并提出如何对这种争论进行分析。

 思考: 冷战不可避免还是可以避免;杜鲁门和马歇尔的演讲如何支持了一方或者另一方;哪种观点你认为最有道理。

材料来源: From James L. Gormly, *From Potsdam to the Cold War*, pp. 220–223. Copyright 1990 by Scholarly Resources, Inc. Reprinted by permission of Scholarly Resources, Inc.

那些把冷战归咎于苏联的人认为,斯大林作为集权制度的领导人,能够很容易调节自己民族的利益来消弭美国的反对,并确保和平。根据这种观点,如果这位大统帅不是扩张主义者,想占领中欧和西欧,应该可以很清楚地向杜鲁门政府和美国民众讲明自己的目标是防卫性、有节制的。但相反,苏联人并没有接受美国关于稳定和繁荣世界的观点,或者说并不相信华盛顿会接受苏联的合法性或者承认它需要对边境地区施加某种程度的影响。莫斯科需要"敌对的国际环境"来维持对苏联的控制和苏联的完整。因此,斯大林既是一个扩张主义者,也不愿意沟通自己的目标,而美国在英国的支持下,别无选择只能针锋相对……

其他分析家则谴责美国,谴责它不愿意满足苏联明白表达的要求,而且不愿意向苏联和斯大林明白表示华盛顿信任他们并承认他们的制度和国家的合法性。有些人解释说,美国的行为是美国门户开放观念的产物,该观念的目标是寻求国家的商业进入国际市场。还有其他人则把美国的行为归于对自己力量的自负,这把国家巨大的经济和军事力量和成就转化为道德和意识形态上的优越性。根据这种理论,许多苏联人害怕西方还是希望摧毁他们的国家。为了让他们相信美国想要成为朋友并因此而避免冷战,美国应当放弃自己的傲慢和全球目标,并表示肯定苏联进行统治和享受其胜利成果的权利。为了缓解恐惧和不信任,华盛顿需要承认苏联的新边界、它的外交平等以及它在东欧的势力范围。相反,美国政府仍然沿用外交官哈里曼所建议的道路,哈里曼说,只有苏联"按照我们的标准与我们玩国际游戏"时美国才能对苏联提供帮助……

尽管有这样的情况,但相信美国的行动把世界分成两个阵营而且促使东欧迅速苏联化,与相信苏联的扩张主义迫使美国实施遏制政策,似乎同样符合逻辑。为了全面地评估和估价这两种理论并决定冷战国际体系是否能够避免,需要考察苏联的记录,但是即使没有这些信息,只使用现存的美国和英国文献,人们也能得出这样的结论:美国的政策制定者在波茨坦会议后并没有做出努力向苏联再次保证,相互的合作是可能的,而且华盛顿并没有试图推翻苏联的打算。

达格·哈马舍尔德:在分裂世界中联合国的积极作用

二战中出现的最理想主义的机构是联合国,它于1945年通过大国的协议而建立,最后涵盖了世界大部分国家。它主要的目标是保持和平,随着核武器的扩散,和平变得更加紧迫。联合国尽管取得了某些成功,但也遭到了某些攻击,人们说它偏好那些与明显的民族利益相对的政策,而且武装冲突爆发时它不能采取有效行动。在下面的选段中,1953年至1961年担任联合国秘书长的达格·哈马舍尔德分析并维护了联合国的地位和行动。

思考:在哈马舍尔德看来,联合国为什么不能解决许多主要的国际问题;人们会对这一论点做出怎样的反应;杜鲁门和马歇尔所阐释的政策等与联合国的努力和目标一致还是相互冲突。

材料来源:Dag Hammarskjöld, "The Positive Role of the United Nations in a Split World," *United Nations Review*, vol. VII, no. 4 (October 1960), pp. 24–25. Reprinted by permission of the UN Chronicle.

联合国以其宪章和机构,要想对完全处于目前势力集团冲突范围之内的问题施加影响是非常困难的。如果某一冲突是在那一范围之内,人们会认为安全委员会活动不主动,而且人们担心,甚至联合国大会所采取的立场,也深深地受到仅仅与所考虑的具体困难间接相关的各种事项的影响。无论联合国大会和安全委员会采取什么态度,在这样的情况下,联合国秘书长实际上也不可能用他所掌握的手段有效运作,除非他冒很大的风险,使他的职位在需要秘书处服务的其他场合丧失有效性。

这清晰地界定了联合国在努力避免冲突或解决冲突时的主要有效活动范围。那些努力的目标必须是使新出现的冲突保持在集团冲突之外。而且,当冲突处于集团冲突范围边缘或之内的时候,联合国应当通过让这些冲突最初严格限于地区范围的方法,使这些冲突远离集团冲突领域。为此,联合国组织及其部门必须设定一条政策界限,但这一政策界限不是为了让一派反对另一派,其总体目标是让集团冲突所渗透的地区避免扩大或者进一步缩小……

那些对联合国目前解决主要国际冲突的努力看起来不耐烦的人,倾向于忽略或误解联合国为了指导国际团体走向逐步稳定在实际政治领域所能够做出的各种努力的意义。他们看到联合国在解决大型集团冲突方面无能为力,便反对该组织所代表的国际合作形式。因此,他们忘记了当冲突最初仅仅是在集团冲突领域边缘或者之外时,联合通过自己的行动所取得的成效或者能够取得的成效,如果不解决这些冲突或者将其限定在某个地区,集团冲突就会扩大并严重恶化。因此联合国组织通过阻止这些冲突所覆盖的地理和政治区域扩大,以及当能够使所有派别对冲突地区化感兴趣并支持联合国的努力时提供解决方法,实际上对势力集团的冲突施加了间接的但很重要的影响。

弗朗兹·法农:地球上受苦的人

在讨论第二次世界大战后几十年的殖民主义时,大多数历史学家都关注其政治和经济后果。然而有些观察者则指出了殖民主义深层的心理后果。其中最著名的人物是弗朗兹·法农(1925—1961年),他是法国西印度的一位精神病专家,他的著作曾经支持阿尔及利亚在第一次世界大战后进行反抗,摆脱法国获得独立。在《地球上受苦的人》(1961年)这本书中,法农认为殖民主义在实际卷入其中的人们产生了最大的影响:无论是外国占领者(殖民者)还是被殖民者(当地人)。在下面选自该书的片段中,法农强调两个团体在身体和心理上的鸿沟。

 思考: 区别殖民者和当地人之间的身体和心理鸿沟之间有什么联系;这些殖民者对当地人的态度;当地人对殖民者及其机构的态度。

材料来源: Frantz Fanon, *The Wretched of The Earth*, trans. Constance Farrington. Copyright 1963 by Presence Africaine. Used by permission of Grove Weidenfeld.

殖民世界是一分为二的世界,分界线和边界体现为军营和警察局。在殖民地,警察和士兵是殖民者及其压迫统治的官员、制度化的媒介和发言人⋯⋯

显然这些政府的代理人在这里所讲的是纯粹的武力。这些中间人并没有减轻压迫,也不设法掩盖统治;他带着清晰的和平支持者的道德炫耀压迫和统治,并将其付诸实施,然而却把暴力带进了当地人的家园和内心⋯⋯

殖民者的城镇是建造坚固的城镇,都是用石头和钢铁建成的。它是灯火通明的城镇,街道铺着沥青,垃圾桶吞下人们看不到、不知道甚至想象不到的残留物。除非在大海里,人们看不到殖民者的脚,即使在大海里,你也不能靠近去看。尽管殖民者所在城镇的街道非常干净和平整,没有窟窿或者石头,但是他们的脚还是被结实的鞋子保护着。殖民者的城镇是食物充足的城镇,是悠闲自在的城镇。它的胃里总是装满好东西。殖民者的城镇是白人的城镇,是外国人的城镇。

属于被殖民者的城镇,至少当地人的城镇、黑人的村落、市集和保留地,都是名声不好的地方,住着名声不好的人。他们出生在那里,出生在什么地方、如何出生无关紧要;他们死在那里,在哪里死亡或怎样死亡也无关紧要。那是个没有空间的世界,一个人就生活在别人的头顶上,他们的棚屋就建在另一个棚屋上面。当地人的城镇是饥饿的城镇,缺少面包、肉、鞋子、煤和灯光。当地人的城镇是蜷缩的村落,是双膝跪倒的城镇,是深陷泥沼的城镇。是黑人和肮脏的阿拉伯人的城镇。当地人转向殖民者城镇的眼光是贪婪和嫉妒的眼光,它表现出他梦想占有——各种形式的占有:坐在殖民者的餐桌旁,睡在殖民者的床上,如果可能的话和后者的妻子睡在一起。被殖民的人是满怀嫉妒的人。这一点殖民者非常了解。每当他们的眼光相遇,他总是提防性地愤怒地确定"他们想要取代我们的位置"。确实,当地人都梦想高坐在殖民者的位置上,哪怕只有一天。

这个世界分隔开来,这个世界一分为二,居住着不同的种族。殖民环境的独创性在于,经济现实、不平等和生活方式的巨大差异从没有掩盖住人的真实。当你非常近地考察殖民环境时,就会明显地看到,把这个世界分化的东西,始于属于或不属于某个特定种族的事实⋯⋯

从身体上,也就是在军队和警察的帮助下限制当地人的地位是不够的。就像为了表现殖民剥削的集权特征,殖民者把当地人描绘为罪恶的化身。当地社会不仅仅被描绘为缺乏

489

价值的社会。殖民者肯定那些价值已经从殖民世界消失，或者说从来就没有在那里存在过，这也是不够的。他们断言当地人对道德麻木不仁，他不仅代表着缺乏道德，而且代表没有价值……

殖民地的教会是白人的教会、外国人的教会。它并不召唤当地人进入上帝的道，而是进入白人的道、主人和压迫者的道。我们都知道，在这件事情上，许多人被召唤，但是很少人被挑中。

本章问题

1. 本章所描绘的各种潮流在何种程度上进一步证明了这一论点：与19世纪达到的顶点相比，第一次世界大战以来西方文明已经衰落？有什么样的发展可以否认这种论点？

2. 人们如何会提出这样的论点，即最后200年历史的根本转向并没有随第一次世界大战出现，而是随第二次世界大战出现的？那次大战的后果以及战后的发展表明了这一点。

3. 你认为导致冷战的，主要是由于与第二次世界大战相关的发展，还是共产主义和非共产主义国家意识形态的差别？有什么方法可以阻止冷战的发生？

30. 透视当今

对最近的西方历史进行评价是非常困难的。因其在很大程度上是当今社会,几乎不可能用历史眼光来看待它们。

尽管前一章所探讨的战后时代的潮流仍在继续,但还是明显发生了一些重要变化——尤其是在最后几年里。美国和苏联之间的冷战在20世纪80年代走向衰落,并随着共产主义在1989年的剧变而结束。在过去的苏联和东欧发生了革命性的变化。对西方而言,这些变化影响深远,可以成为一道历史的分水岭——标志着20世纪的结束和21世纪的开始。欧洲的其他地方,或者说整个世界,都已经开始追求摆脱两个超级大国的独立进程。冲突不断、石油丰富的中东地区引人注目,对世界团体越来越重要。亚洲的某些地区——如日本、韩国、新加坡和中国的台湾——经济发达,改变了世界经济力量的平衡。新技术成就,从空间探索到计算机生产,在许多方面影响了我们的文明。人们对"全球化"和生态问题越来越焦虑。在这张简单的名单上还要加上许多其他最近的潮流和事件。

本章并不按照通常的方式进行安排,因为材料大部分都是当代的,通常对原始资料和二手资料的区分不再有意义。这些选材主要集中于共产主义世界的变化,尤其集中在前苏联的变化以及相关的政治变化上。其他材料则从整体上解释目前的时代并揭示未来的问题。

最近的发展有很多还是模糊不清的。我们身处其中所以难以对当今进行评价,充其量本章的选材能够把当今社会的某些成分置于某种眼光之中。

约翰·卢卡克斯:短暂的世纪结束了

历史学家习惯上乐意把他们对文明的研究和分析划分为富有意义的时代或时期——在理想上这些时期以具有分水岭式的发展作为开始和结束,而且具有某种一致的特点。但对我们自己的时代而言,那就特别困难,因为我们缺乏历史的眼光。下面的选段选自约翰·卢卡克斯写于1991年也就是苏联解体之前的作品,他认为1989年在西方发生了分水岭式的事件,导致了20世纪的结束和21世纪的开始。

 思考: 卢卡克斯如何支撑自己的观点;他的论点对非西方社会是否同样有效;这对

未来意味着什么。

材料来源： From The End of the Twentieth Century and the End of the Modern Age by John Lukacs. Copyright 1993 by John Lukacs. Reprinting by permission of Ticknor & Fields/Houghton Mifflin Co. All rights reserved.

20世纪现在已经结束了，关于这个世纪有两个独特的内容。

首先，这是一个非常短的世纪。它持续了75年，从1914年到1989年。它的两个主要事件是两次世界大战。两次大战如同两座矗立的山峰，主导着这一风景。苏联革命、原子弹、殖民帝国的结束、共产主义国家的建立、两个超级大国的出现、欧洲和德国的分化——所有这些事件都是两次大战的结果，我们就是在这样的阴影下生活着，直到现在。

19世纪持续了整整99年，从1815年到1914年，从拿破仑战争结束到所谓的第一次世界大战的开始。18世纪持续了126年，从1689年到1815年，也就是从英国和法国之间世界大战的开始（美国独立战争也是其中一部分）一直到这些战争在滑铁卢的结束。

其次，我们知道20世纪结束了。在1815年，没有人知道那是大西洋世界大战的结束和百年和平的开始。当时，每个人，无论是法国大革命的朋友还是敌人，都关注重新浮出表面的大革命的前景。1815年后出现了革命，但是整个19世纪的历史是以在99年里没有出现世界大战为特征。其例外的繁荣和进步正是归功于此。

在1689年人们几乎不知道"世纪"这个词。《牛津英语辞典》中指出，这个词的现代用法在英语中出现于1626年。在这之前，该词表示罗马的军事百人团；此后，它开始拥有了另外的含义，即100年。它标志着我们现代历史意识的开始。

我们知道20世纪结束了——不仅是因为我们的历史意识（它不同于众所周知的历史知识），主要是因为作为第二次世界大战之后果的两个超级大国的对抗已经渐渐消失。苏联已经退出了东欧，德国已经重新统一。在欧洲之外，甚至朝鲜和越南战争、古巴导弹危机以及尼加拉瓜等政治危机，都直接和间接与这种对抗有关。

1991年，我们生活在一个完全不同的世界。无论美国还是苏联，面对所谓第三世界的人民和独裁者都出现了许多重大问题。要牢记立陶宛出现的丑事不能排除在外：它们牵涉到苏联本身的政治结构。甚至苏联社会主义共和国联盟这一名称，都变成了落伍之物，就像神圣罗马帝国这一名称一样。

同时要牢记，无论海湾战争何时和怎样结束，所谓的中东无论对美国还是苏联都是个大问题。即使美国在政治和军事上打了漂亮的胜仗，其有益结果也是短暂易逝的。不用去说了，想一想美国在中东的强制和平就是非常幼稚的无聊行为。

不仅大国及其同盟的结构，就是整个政治史的结构也都发生了变化。在苏联，这种变化目前已经一目了然；在美国，内部的问题尽管不同但也不是表面性的。国家的主权和凝聚力，政府的权威和效率已经今非昔比。

我们还要看更大的政治单位吗？"欧洲"充其量变成了一个自由贸易经济区，但欧盟却是海市蜃楼。我们更可能看到某些国家分裂成小国家吗？我们要看到成千上万的大规模移民吗？这是自从罗马帝国最后几个世纪以来从来没有发生过的事情。这至少是可能的。历史的纹理就在我们的面前变化着。

我们正处于一个新的黑暗时代的分水岭吗？一定不希望如此。摆在我们面前的主要任务是重新思考"进步"一词。这一词同"世纪"这个词一样，已经不再是我们习惯上思考的含义，而是有了现代的含义。在16世纪，也就是所谓的近代开始以前（这也是一个误称，认为这个时代将永远持续），进步只是指距离上的前进，而不是指时间上的前进，没有进化发展的含义。

此后，"进步"开始有了无可争议的乐观的含义，指无尽的物质和技术承诺。一直到20世纪期间，由于某些科技的后果越来越遭到质疑，它开始失去了某些光芒。在20世纪初，科技和野蛮似乎是一对反义词。现在它们不再是反义词。但是，科技和它对自然环境的威胁仅仅是进步所造成的大问题的一部分，如何更加恰当和正确地运用这个词及其理想，是已经开始的21世纪的任务。

雷蒙德 L·加特霍夫：冷战的结束

第二次世界大战后40多年里，主导国际事务的是美苏之间的冷战。尽管有时——尤其是20世纪70年代——这两个超级大国之间的紧张关系有所缓和，但是冲突一直持续到20世纪80年代中期。1985年米哈伊尔·戈尔巴乔夫掌握了苏联的政权，并实行了大改革政策：开放性（政治和文化的开放）和重组（经济重建）。从这些政策中出现了苏联内部的大改革、东欧的改革和国际事务的改革。到1991年，苏联失去了对东欧国家的控制，而且自身也解体了——冷战结束了。在下面的选段中，雷蒙德 L·加特霍夫分析了戈尔巴乔夫和美国的外交政策在结束冷战方面所起的作用。

思考： 在加特霍夫看来，戈尔巴乔夫为什么不顾一切地要着手结束冷战；在他看来冷战期间什么样的观念影响了美国的外交政策；其他何种因素有助于解释冷战结束的原因。

材料来源： Raymond L. Garthoff, "Why Did the Cold War Arise, and Why Did it End?" in the End of the Cold War: its Meaning and Implications, Michael J. Hogan, ed. (Cambridge, England: Cambridge University Press, 1992), pp. 131-32.

在最后的分析中，只有一位苏联领导人能够结束冷战，而且戈尔巴乔夫不顾一切地着手这样做。尽管更早的苏联领导人明白在核时代不允许战争，但是戈尔巴乔夫第一个认识到，苏联对外关系明确的核心是相互的政治适应，而不是军事力量威慑和"反威慑"。戈尔巴乔夫从这种认识中得出的结论以及继后苏联的行动，最终使铁幕被拆除，并结束了全球的冷战对抗。

戈尔巴乔夫确实低估了改变苏联的任务，这导致了政策失误，促成了他改变苏联社会和政体计划的失败。他的复兴社会主义观念建立在成功"开放"和"重组"的基础上，但这从来没有现实的可能性。重新复活苏联政治联盟也不可能实现。戈尔巴乔夫预见到这种分裂时是否修改了他的目标或者改变了自己的方法,我们不得而知,甚至他本人也不知道。然而,在外部的政治舞台上,戈尔巴乔夫不但理解而且成功地绘制了通向冷战结束的道路,即使在这个舞台上,他也确实高估了东欧共产主义政府进行改革的能力。

正如前面的讨论所揭示的,西方尤其是美国在结束冷战方面有必要的作用,但并不是主要的。我们可以举出很多理由来证明这一结论,但是最根本的原因是,美国人的世界观是从共产主义世界观中衍生出来的。如果没有扩张主义力量要遏制,那么遏制政策就是空穴来风。在这种意义上,正是真正的或想象中的苏联威胁,促使美国致力于发动冷战……

美国的政策制定者们的过失在于在构建自己的反共产主义对策时过分接受了共产主义世界观,而且太热衷于以暴制暴。确实,一旦冷战成为全球政治的主导因素(尤其是在美国和苏联的观念中),每一方都按照它与那次大冲突的关系来看待世界的每一种发展,而且每一方面都倾向于根据自我实现的预言进行行动。例如,美国人经常把源自本土的地方性和地区性的冲突视为冷战的战争。同苏联一样,他们不信任中立和不结盟的国家,如果世界上的国家要么成为自己的同盟要么成为对方的卫星国或代理人,他们就会感到更加舒服。因此,未必与超级大国的敌对有关的传统外交关系,也被卷进了冷战的漩涡,至少在参与者的眼里或者从他们的行动来判断,事实就是如此。

罗伯特·希尔波罗奈尔:共产主义之后

共产主义在苏联和东欧的剧变令大多数观察家都大跌眼镜。只有检讨过去,才能令人信服地找到这一剧变的原因。学者们现在正努力解释发生了什么。其中之一是罗伯特·希尔波罗奈尔,他在经济学、经济史和时事新闻方面著述甚丰。在下面的选段中,他集中探讨苏联的经济制度,尤其是苏联的中央计划体制,认为它是导致剧变的关键。

 思考:苏联的中央计划体制为什么在工业化的早期阶段或者在特定的规划方面运转良好,但是并不十分适合成熟的工业化经济;为什么共产主义在苏联的剧变具有如此广泛的影响。

材料来源:From Robert Heilbroner, "After Communism," The New Yorker, September 10, 1990. Reprinted by permission. 1990 Robert Heilbroner. Originally in the New Yorker. All rights reserved.

社会主义在这一世纪是一出大型悲剧,其多灾多难的落幕是共产主义在苏联和东欧的剧变。我非常怀疑社会主义现在是否在历史上消失了,但毫不怀疑这场剧变标志着它作为清晰的经济模式已经结束。而且,我怀疑它在经济上的失败比共产主义病还要更长久地折磨社会主义。在早期,人们可以看出苏联已经走向政治危机,但是那种危机大都可以归咎于令人绝望的苏联历史上的政治遗产,而不是归咎于社会主义本身。正是苏联经济方面的崩溃形成了冲击。苏联战前工业化的奇迹,无可辩驳地说明了计划经济体制在获得发展方面的能力,第二次世界大战后苏联的出色表现似乎也肯定了这一观点。因此,当苏联在20世纪50年代经济发展两倍于美国时,尽管有点令人尴尬但并不令人感到惊讶。一直到20世纪 70 年代苏联的发展率滑落到仅有我们一半时我们才有些吃惊。一直到 20 世纪 80 年代后期,当中央情报局和学术专家都开始报告苏联的经济增长接近零时,我们明显感到惊愕。但是剧变!没有人预料到会剧变。

仍然没有明确的解释确切说明苏联经济制度为什么会剧变——人们还没有找到剧变的关键所在。毫无疑问,经济失败的某些因素根植于历史之中:苏联文学中经常描绘官僚作风。也许最后的一击来自开放,这释放了长期被压抑的对经济状况的愤怒,也可能来自苏联试图获得星球大战的主动权——人们听到许多这样的猜测。我们明确知道的是,那一体制恶化的程度远远超过资本主义所经历过的最严重的经济危机,而经济恶化的元凶是中央计划体制本身。人们必然得出的结论是,无论在什么程度上社会主义都依赖这种不会起作用的体制……

中央计划的最大问题掩盖在给予经济以步调的程序之中。中央计划体制在很多方面类似于军事战役,同前者一样,生产的进行是通过来自最上层的一系列命令,而不是通过团指挥官、连长和排长的独立决定。这意味着经济在"运转",因为——也只能在这种程度上——每个螺母、螺栓、铰链、横梁、拖拉机和水力发电涡轮机的数量、质量、大小、重量以及出售价格都已事先决定。在最高司令部,国民生产总量的数字已经宣布。在非常低矮和阴暗的办公室里,螺母、螺栓和涡轮机的数量已经计算好,但显然,如果后者的计划没有完成,那么前者的计划也不可能达到。

因此计划要求所预期的国民生产这张大图,分割成无数个小块,就像拼图一样——这些小块由成千上万的企业进行生产,最后整件事情以合适的方式进行拼装。即使这张预期生产的地图年复一年地都不变化,这项工作也是极度困难的,当然,不改变是不可能的:总设计师们改变他们的目标,新的技术、劳动力短缺、坏天气以及简单的失误都会形成妨碍。1986 年,在"重组"正式明确之前,苏联最高计划委员会就主要的"产品组"发布了两千套的指令,如建筑材料、金属和自动车。然后国家物资供应委员会就将这些产品组分成 15 000 个类别——如木材、铜、卡车等——而负责每个类别的部依次细化为 50 000 种更具体的产品(墙面板、横梁、车床、木板),然后分成每个种类的具体产品(大、中、小墙面板)。这些计划然后通过生产的领导层分散到下面,等到达工厂经理和技术员层面后接受修改或者异议,此后再重新返回到部级层面。在这种错综复杂的程序中,最困难的一步是为企业确立"成功的标志"——即所期望的执行目标。许多年里都是用实物条款给定目标——多少码布或多少吨钉子——但是那会导致明显的困难。如果布用码来上交,则会织得很松散,让纺线生产更多码的布。如果钉子的产量由数量来决定,那么工厂就生产大量像大头针那样的钉子;如果按重量计算,就生产数量较少但很重的钉子。一本讽刺性杂志《鳄鱼》曾经刊登了关于一个工厂经理的卡通画,他骄傲地展示自己创纪录的产品,一颗巨大的钉子吊在起重机上。

当然,困难的是,不可避免的协调和错误无法由排长或团长的决定进行纠正,尽管他们能够看出战役已经偏离了预定计划。

既然共产主义已经剧变,我就对社会主义仍然作为一种重要经济形态的前景不怎么乐观。这种表述对那些记住马克思将社会主义界定为共产主义前一阶段的人,将是一种挖苦性的评论。但是计划经济的崩溃促使我们重新思考社会主义的含义。作为一种改造人性的半宗教性的构想,它在20世纪遭遇了重创。作为一种理性计划社会的蓝图,它已经破碎不堪。

卡罗尔·思卡尔尼克·勒夫:东欧共产主义的剧变

许多学者集中探讨共产主义剧变的原因和冷战结束的意义。同样具有重大历史意义的,是因这些发展而在东欧国家内部发生的变化。这些国家在不同程度上都开始着手议会制政府和资本主义的试验。在下面的选段中,卡罗尔·思卡尔尼克·勒夫考察了因共产主义剧变而产生的新欧洲。

 思考:西欧和东欧的新关系;勒夫说中欧国家努力"重返欧洲"指的是什么;世界上这个地区的未来前景。

材料来源:Carol Skalnik Leff, The Czech and Slovak Republics: Nation Versus State [New York: Westview Press (HarperCollins), 1977], p. 103.

欧洲共产主义的崩溃不仅产生了冷战后的全球新秩序,而且也产生了一个新欧洲,其中,受到东部实行一系列温和但持续不断的民主化和市场化试验的影响,冷战的分立正渐渐消失。如果不关注东欧正在发生的转变就不再可能研究西欧。我们对此进行关注有好几个理由,但是其中最引人注目、占据报纸头条的,是前南斯拉夫和前苏联猛烈的区域动荡。1989年以前,因苏联的统治而导致在这一地区出现了动乱和扩散的影响,但西欧与这一切都是隔绝的。共产主义的剧变意味着这一隔绝的结束——以及需要北约等现存机构对这些冲突做出应对,而在以前这些机构本无意处理这些事情。我们关注东部的另一个同样重要的理由,是中欧国家通过追求前所未有的目标,变共产主义经济为资本主义经济以及将濒死的政治制度重新设计为发挥功能的民主机制,不懈努力"重返欧洲"。在有时过度乐观的成功期待中,这些以前的社会主义国家已经在北约和欧盟的门外排队等候,希望进入一个繁荣和安全的团体,而这些小而脆弱的国家靠个人是无法获得这种繁荣和安全的。

从单个来讲,这些国家没有一个具备中国或苏联那样的国际影响力。但是它们集体的命运会塑造整体欧洲势力的轮廓,要么会加重它的政治和经济砝码,要么会因把注意力和资源转向处理地区冲突而减少它的砝码……

然而,我们用后共产主义一词是想提醒,我们不必因自己所看到的东西不再是共产主义就将其描绘为民主或资本主义。我们知道这些政体是从哪里开始转变的——是从集权的共产主义政体。我们不知道它们要转变成什么,时间太短,我们不能确定某种或所有正在进行的努力,结果会在经济和政治体制方面达到顶点,成为我们所称的其他地方的资本主义和民主体制。某些国家可能会非常充分地复制西欧的模型,加入欧盟和其他欧洲机构,比较而言可以被描绘为欧洲政治的变种。其他国家可能转变集权统治,但它仍然是后共产主义的集权统治,就像塞尔维亚的斯洛博丹·米洛舍维奇的体制一样,那种体制是建立在民族主义而非建设在社会主义基础之上的,而且包含着某种竞争政治的特征(如敌对的报纸或选举竞争),还有其他国家发现自己在以前的集权政治和稳定、合法民主成就之间悬而未决。民主化的学者们谈论"不稳定的"民主,是指它从自由选举到自由选举蹒跚而行,从没有组成一个统治有效、广泛认可和合法的政府。那里有许多民主的陷阱,但是这个制度从未奏效,而且磕磕绊绊地从一个危机走到另一个危机,通常依赖非常时期的行政权而不是依赖协商和妥协。俄国最后的结果可能就是这样。或者会出现这样的情况,其中体制获得了相对稳定但是民主不够充分,原因是某些政治力量被组织在这个体制中获得真正的权力,以及其他人(例如军人或前共产主义者)在舞台后面行使在民主上无法解释的力量。罗马尼亚或属于前苏联的一些国家可能属于这一范畴。

萨缪尔 P·亨廷顿:恐怖主义和文明的冲突

2001年9月11日,恐怖主义分子攻击了美国的目标,杀害了数千人的生命。试图解释这些行动原因的学者通常指出近年来的其他恐怖主义事例以及将西方世界和非西方世界分开的深层矛盾。萨缪尔 P·亨廷顿是其中最有影响和最具争议的人物。在他1996年发表的经常为人所引用的文章中,他认为文明之间的根本冲突——尤其是西方和伊斯兰文明之间——即将发生。下面的选段选自于2001年9月攻击后他才发表的作品,其中他强调了文明间冲突的危险正在增加,而且我们已经进入了"穆斯林战争的时代"。

 思考:亨廷顿如何解释当代穆斯林战争的原因;在亨廷顿看来,为什么存在着文明全面冲突的基本要素。

材料来源: Samuel P. Huntington, "The Age of Muslim Wars," *Newsweek*, December 17, 2001.

当代全球政治是穆斯林战争的时代。与其他文明的人们相比,穆斯林更加频繁地相互斗争和与非穆斯林作战。穆斯林战争取代冷战成为国际冲突的主要形式。这些战争包括恐怖主义战争、游击战争、内战和国家间的冲突。这些穆斯林暴力的事例会融合成伊斯兰和西方或者伊斯兰和其他地区文明间的大冲突。然而,那是不可避免的,而且牵涉到穆斯林的暴力很可能会一直扩散、多样化和日益频繁……

然而,总体而言,穆斯林战争时代源于更加一般的原因。这些原因不包括伊斯兰教义和信仰固有的性质,这些教义和信仰,同基督教的教义和信仰一样,是信徒们用来根据自己的愿望为和平或战争辩护的,当代穆斯林战争的原因在于政治,而非7世纪的宗教教义。

首先,过去几十年里最有重大意义的社会、文化和政治方面的发展,是伊斯兰意识、运动和身份几乎在各地的穆斯林民族中复苏。这种伊斯兰意识在很大程度上是对现代化和全球化的反应,而且在许多方面是非常具有建设性的。伊斯兰主义者组织通过提供社会自助、道德指导、福利、健康服务、教育和事业救济等,进而满足日益增长的城市穆斯林人口的需要——而所有这些服务通常是穆斯林政府所不能提供的。另外,在许多穆斯林社会中,伊斯兰主义者是极度残暴政府的主要反对者。伊斯兰的复苏也产生了一小部分极端主义者,他们成为反对非穆斯林的恐怖主义和游击战争的新成员。

其次,在整个穆斯林世界,尤其是在阿拉伯人中间,存在着对西方及其财富、力量和文化的不满、怨恨、嫉妒和仇视。这在一定程度上是西方帝国主义和在20世纪大部分时间统治穆斯林世界的结果。也在一定程度上是由特定的西方政策,包括美国1991年以来针对伊拉克的行动,以及美国和以色列长期保持亲密关系所造成的。从广义上来讲,是穆斯林民族对自己腐败、无效率和残暴政府的反应,是对他们看到西方政府支持这些政体的反应。

第三,穆斯林世界内部部落、宗教、种族、政治和文化的分化,刺激了穆斯林之间的暴力。它们也同样促使了穆斯林和非穆斯林之间的暴力,因为不同的穆斯林组织和政府,如沙特阿拉伯和伊朗,在推进自己的穆斯林派别方面相互竞争,并支持穆斯林组织与从波斯尼亚到菲律宾的非穆斯林作战。如果一两个国家支配了穆斯林世界,那么穆斯林中间的暴力,或者穆斯林和非穆斯林之间的暴力就不大会发生,但自从奥斯曼帝国解体以来这样的情况从没有出现过……

这些因素是穆斯林广泛实行暴力的源头。到目前为止,那种暴力大部分都是地区性的、有限的和分散的。它是否能够演化为伊斯兰同西方以及其他文明间剧烈的大型文明战争呢?很清楚,这就是奥萨马·本·拉登的目标。他宣布对美国的圣战,命令穆斯林不加区别地杀害美国人,并试图动员各地的穆斯林加入他的圣战。他的这种努力并没有成功,在一定程度上是因为在伊斯兰中有许多派别。另一方面,美国宣布对恐怖主义进行全球性的战争,但事实上有许多不同政府针对不同恐怖主义组织的战争。美国主要关注基地组织,其他政府则关注他们当地的恐怖主义分子。

不同文明全面冲突的基本要素是具备的。对9·11的反应以及美国的反应是严格以文明为界限的。西方国家的政府和人民绝对表示同情和支持,许诺加入美国与恐怖主义作战……非西方、非穆斯林的主要国家——俄罗斯、中国、印度、日本——可调节性地表示同情和支持。几乎所有穆斯林政府都谴责恐怖主义袭击,毫无疑问是担心穆斯林极端主义组织会对他们的独裁政体构成威胁。然而,只有乌兹别克斯坦、巴基斯坦和土耳其对美国的反应提供了直接支持,而且在主要的阿拉伯政府中,只有约旦和埃及支持美国的反应。在大多数穆斯林国家中,许多人谴责恐怖主义攻击,一小部分人明确赞同攻击,大多数人公开指责美国的反应。美国及其盟国使用军事力量对付其敌人的时间越长、越激烈,穆斯林的反应就越广泛和激烈。9·11促成了西方的一致,拖长对9·11的反应也会促成穆斯林的一致。

尼尔·弗格森:2001年9月11日后的未来

2001年9月11日,恐怖主义者对美国发动了袭击。在这之后的日子里,在许多人看来,美国以及世界大部分地区都进入了一个新的时代,因那次攻击而衍生出各种各样的变化。在下面的选段中,牛津的学者尼尔·弗格森认为,一定要在以前存在的历史潮流背景下来认识这一事件的重要性。他进一步分析在9·11后的十年里最重要的潮流有可能是什么。

> **思考**:你是否同意弗格森所说的主要潮流;你认为9·11的后果是什么;历史预言具有什么风险。

材料来源: Niall Ferguson, "2011," *The New York Times Magazine*, December 2, 2001, pp. 76-79.

从直接后果来看,摧毁世贸中心同萨拉热窝的暗杀以及轰炸珍珠港一样,确立了历史的新方向。一些冲动的评论家几乎从双塔倒下的那一天起就开始谈论"第三次世界大战"……尽管那一事件很悲惨和令人震惊,但是它远非人们普遍相信的那样是历史的转折点。

事实上,在给某个事件赋予特别重要意义时我们应该小心谨慎……对纽约和华盛顿的攻击尽管令人震惊,但是并没有改变某些潜在历史潮流的方向。假如攻击没有发生,世界在那些潮流下演化和发展到2011年,那时的面貌和攻击后发展到此时的世界面貌相比在许多方面没有太大的不同。

第一个深层的潮流是非常明显的:恐怖主义——也就是说无国家的组织为追求极端政治目标而使用暴力——向美国传播。这种恐怖主义长期存在于我们周围。劫持飞机并不是什么新鲜事:自从20世纪60年代后期,巴勒斯坦解放组织及其同情者系统地采用这种战术以来,已经有大约500起劫持事件。至于用飞机直接撞击民用目标的战术,与3 913名日本飞行员的所作所为有什么区别呢?他们在1944年和1945年执行神风攻击队使命,杀死了自己和更多的美国军人。

9·11事件中真正全新的东西是这种久经考验的东西联合运用,而且被应用于美国。据美国国务院的数字,在1995年和2000年间,全球恐怖袭击共有2 100多起。但是其中只有15起发生于北美,导致了7个人伤亡。令人感到新奇的,是国际恐怖主义成功地扩展到了美国……

坏消息是,针对藏匿恐怖分子的国家发动的战争再多,也不会排除进一步攻击的可能性。西欧与左翼和民族主义恐怖分子的战斗经历表明,针对恐怖主义的真正战争,必须由国内情报机构、警察部队和所有潜在目标周围的笨拙的安全卫队在后方进行……

第二个潮流是9·11没有对经济的回落起任何作用。20世纪90年代后期的资产通胀泡沫在恐怖分子攻击之前就已经达到顶峰。尽管这些攻击靠近华尔街,但9·11真正的撞击并没有对股票市场造成潜在的冲击——只是使它临时关闭……

然而,我们不能忽略,世界经济具有两个严重的弱点——这也早于9·11。

第一个弱点是全球化的非全球性质。世界的商品、资本和劳动力市场远没有完美地结合起来,反而明显地割裂开来。因此,美国、加拿大和墨西哥的绝大多数贸易现在都在北美自由贸易区进行,同样,大多数欧洲的贸易都在欧洲内进行。倒退到1913年,那时的国际资本确实是国际性的:1913年,63%的国际直接投资投向了发展中国家。但是1996年,这一比例仅仅是28%。由于美国能够根据其各种签证计划,从欧洲和亚洲经济体精挑细选最有资格和最有才能的工人,同时通过墨西哥后门放进来更多非技术性(不交税的)拉丁裔工人,劳动力的流动也被扭曲了。

正是由于这一关键原因,我们所称的全球化进程倾向于最终扩大国家间的不平等。20世纪60年代,世界人口中最富裕的前5位的总收入,是最贫困的后5位的30倍;1998年,比率是74∶1。1965年乍得的人均国民生产总值是美国的十五分之一,到1990年则是五十分之一。如果说在全球化的第一阶段有收入趋同的真正措施,那么现在这个时代则出现了明显的分歧。这样的不平等似乎容易导致穷困国家对超级富裕的美国产生怨恨……

更令人担忧的是对全球能源供应的中期看法。多功能运动车作为身份象征的出现,表明美国人对自己原油和汽油的供应多么沾沾自喜……

现实是严峻的。中东占有世界原油产量的31%但只消费6%。北美约占全球原油产量的18%但消费30%。然而更加发人深省的是世界原油存储的数字：北美储量是6%，中东占65%……普林斯顿大学的肯尼思·迪菲亚描绘说，全球石油产量将从2004年开始下降。10月在伦敦举行的英国皇家联合服务学会的会议上，专家们警告说，从2008年开始，非欧佩克原油的供应将直线下降——到2040年几乎下降到零——而且，除非有重大技术突破，从2010年开始就会出现实际的全球性短缺……

还有第三种潮流已经发挥作用10多年了：美国全球势力已经从非正式的帝国主义变成了正式的帝国主义。

从1945年以来，美国在很大程度上满足于间接影响周围的世界：通过跨国公司和货币基金组织等国际机构行使经济影响，通过"友好的"当地政体行使政治力量。

然而，正如英国在19世纪所发现的，非正式的帝国主义对要取得什么会有所限制。革命会推翻傀儡统治者。新政体会不履行债务、中断贸易、与邻国发动战争——甚至赞助恐怖分子。

美国会慢慢地、不假思索地直接介入远方国家的内部事务来应对这种危机。确实，它倾向于披着多边主义的面纱和以联合国或欧盟的名义做这些事情。但在波斯尼亚和科索沃所设定的先例是至关重要的。20世纪90年代所发生的事情，是那些地域变成了一种新的殖民地：国际保护国都由美国的军事和金钱力量来支撑……

有一种评论很多的潮流我还没有提到——人们所推测的民主西方和偏执的伊斯兰直接不可避免的"冲突"。从这种观点看，9·11是"暴露"的时刻而不是重新定向的时刻，因为美国人很晚才意识到一场冲突，而穆斯林世界已经战斗了数年，我并不相信这一点。

那主要是因为，现代穆斯林最突出的特征是令人惊讶的异质性和地理上的分散。种族或宗教团体间的暴力并没有将世界划分成大的集团。如我们在巴尔干所看到的（我们不要忘记，在那里我们倾向于与穆斯林站在一起），趋势是现存的政治单位产生分裂。因此，所有文明的冲突不是发生在传统的战场，而是在波斯尼亚那样的多文化国家的街道上——甚至在英国布拉福德那样的城市里，在那里，穆斯林年轻人团伙去年夏天发动了暴乱……

在这样的背景下，伊斯兰原教旨主义等运动的主要后果不是它们的向心力而是离心力影响。我们应该预计的不是整体文明间的冲突，而是随着宗教和种族冲突挑战现存多元文化的民族国家而不断走向政治瓦解。内战终究是1945年以来最频繁的战争：战后冲突中差不多有三分之二都发生在国家内部而不是国家之间。从南斯拉夫到伊拉克再到阿富汗，美国一直面对的不是统一的伊斯兰，而是陷入内部冲突的一系列脆弱的政体。（索马里、塞拉利昂和卢旺达也是如此）

马克·杰根史迈尔：宗教恐怖主义

恐怖主义不是新东西。然而，20世纪80年代和90年代恐怖组织发展惊人，而且采取了更加大胆的战术攻击军事和民用目标。21世纪最初几年发生的事件，如2001年9月11日对美国的攻击，2004年3月11日对西班牙的攻击，都表明恐怖主义可以变得多么极端。在

下面选自《上帝头脑中的恐怖：全球宗教暴力的兴起》的片段中，马克·杰根史迈尔对宗教恐怖主义集中进行了探讨。

 思考： 根据杰根史迈尔的说法，宗教恐怖主义的含义是什么；恐怖主义可能的原因；什么会促使人们采取恐怖主义行动。

材料来源： Mark Jugergensmeyer, *Terror in the Mind of God: The Global Rise of Violence*（Berkeley, CA：The University of California Press, 2001），pp.5-6, 11.

恐怖主义意味着恐怖。该词源于拉丁词 Terrere，意思"让人颤抖"，在18世纪末法国大革命的恐怖统治时期开始普遍用于政治，指对公民秩序的攻击。因此民众对暴力的反应——恐怖主义造成的颤栗——是该词含义的一部分。因此，恐怖主义行动的定义有我们、目击者——受惊吓的人——来界定而非由实施行动的人来界定是合适的。是我们——或者说我们的公共机构、新闻媒体——给暴力行为贴上了标签，使它们成为恐怖主义。（它们是公开的破坏行为，没有明确的军事目标，引起了广泛的恐惧。）

当我们发现通常出现于这些公开暴力活动中的其他特点，即用宗教进行辩护时，恐惧通常就会转变为愤怒。大多数人认为，宗教应该提供和平和安宁，而不是恐怖。然而在许多情况下，宗教不仅成为这些罪犯的意识形态，而且成为他们的驱动力和组织结构。诚然，有些恐怖行为是由政府官员实施的，运用某种"国家恐怖主义"来制服民众。斯大林的大屠杀、萨尔瓦多政府资助的杀人小分队、柬埔寨红色高棉的种族灭绝、波斯尼亚和科索沃的种族清洗以及中非政府鼓动的胡图族和图西族之间的暴力等均属此列。美国在越战中所实施的暴行也可被谴责为恐怖主义，广岛和长崎的原子弹爆炸也应被视为恐怖主义行为。

但是人们经常把"恐怖主义"一词与被剥夺公民权的团体所实施的暴力联系起来，它们孤注一掷，试图获得某些权力和影响。尽管这些团体不能像政府运用军队那样进行大规模屠杀，但这群人的纯粹性、极端的献身精神和难以描绘的危险性，使他们的影响远远超出了单薄的军事资源。这些团体的声音纯粹是由世俗原因引起的。他们曾经为左派意识形态所激励，如秘鲁的光辉道路和图帕克·阿马鲁和日本的赤军，他们也为种族或地区分离主义的希望所推动，如西班牙的巴斯克民兵和中东的库尔德民族主义者。

但更常见的是宗教刺激了恐怖主义行动——有时结合了其他因素，有时则作为主要的动机。……

正如这些事例所表明的，为了使恐怖主义行动获得成功，它需要支持团体，或者在很多情况下需要庞大的组织网络。从事这些行动的罪犯也需要大量的道德借口，为他们进行大规模的财产破坏进行辩护，或者为残忍地攻击他人生命，尤其是攻击他们几乎不了解以及那些根本没有个人恩怨的人寻求宽恕。它需要大量的内部信仰、社会认可以及和合法意识形态或人们所尊重的权威的赞同。由于这些行动需要道德、意识形态和组织的支持，因此大多数行动都出自集体决定——如导致在东京地铁释放神经毒气的阴谋以及哈马斯组织精心设计的爆炸等。

迈克尔·伊格纳蒂夫:伊拉克战争

2003年3月,联合国在"反对恐怖主义战争"的名义下迈出了重要一步。美国军队在英国军队支援和其他国家象征性的支持下,攻击了伊拉克。数周内,美国和英国的空军和地面部队打败了伊拉克抵抗者,推翻了用铁腕统治伊拉克达20多年的侯赛因·萨达姆和复兴社会党。从一开始,针对攻击伊拉克的原因以及是否明智就有许多争论。在下面的选段中,迈克尔·伊格纳蒂夫分析了这场战争的原因。伊格纳蒂夫是哈佛大学肯尼迪政府学院卡尔中心的主任。他称自己是一名自由主义者,勉强但坚定的伊拉克战争的支持者。

思考:在伊格纳蒂夫看来,布什政府入侵伊拉克的最重要的原因是什么;9.11事件在入侵伊拉克方面发挥了什么作用。

材料来源:Michael Ignatieff,"Why Are We in Iraq?" *The New York Times Magazine*, September 7, 2003, p.7.

干涉的结果是在伊拉克可以明显改善人权。但是布什政府入侵伊拉克并不只是确立人权。这次干涉最终也不是为了建立民主或拯救那些生命。在此我们触及问题的核心——布什政府干涉哪里符合美国长久干涉的历史。这样的干涉之所以发生,是某位总统相信这样做会增加他本人和国家的力量和影响。借用约瑟夫S·奈伊的定义,"力量就是获得自己所希望的结果的能力"。总统们进行干涉的原因是,成功的干涉可以提高美国获得自己所希望的结果的能力。

干涉伊拉克是保守派激进分子的功劳,他们相信,为了战略原因、安全原因和经济原因,中东的现状是不能维持的。他们想要干涉,是想要用美国的力量在整个地区引起一场革命。促使总统下这一赌注的是9·11事件,而且由于其中的15名劫机者来自沙特阿拉伯,因而意识到美国从1945年开始想当然地建立在沙特基础上的利益,其实是建立在沙滩上。新的柱石将是民主的伊拉克,它与以色列、土耳其和伊朗保持和平,不包庇任何恐怖分子,以合理的价格为世界经济输送原油,不再令人讨厌地算计自己的邻居。

正如保罗·沃尔福威茨差一点承认的那样,战争的"官方"理由——大规模杀伤性武器——并不是主要的。真正的原因是重建美国影响中东的支柱。美国人自己也许已经弄明白了这一点,但是告诉他们的当然不是这些。他们也没有被告知建立这样的支柱会花很多很多年。他们被告知的是——误导的和简单的——这次战争是合理的反"恐怖主义"行动,是要摧毁对准美国和以色列的大规模杀伤性军火库。

中东的战争、原油和动荡

图30.1所表现的是中东各国估计的原油储量,以及伊拉克的民族—宗教团体。这里的石油储备说明了,对世界许多依赖外部资源满足自己能源需要的地区而言,中东为什么具有如此重要的战略地位。伊拉克战争、伊拉克的内部分裂、巴勒斯坦和以色列的冲突以及源于

这一地区的国际恐怖主义的增多,都反映了中东的不稳定性和复杂性。

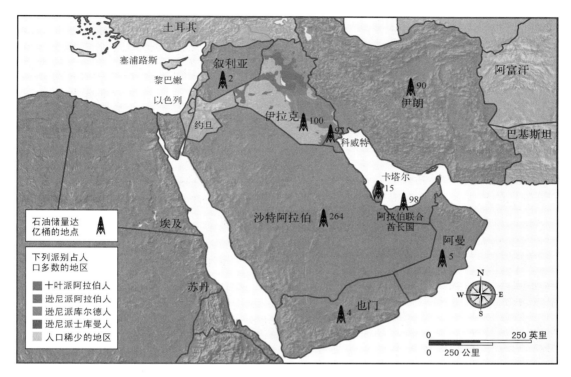

图 30.1　中东和伊拉克,2003

 思考:伊拉克战争在哪些方面改变了这一地区;那些在伊拉克努力建设一个稳定、统一国家的人所面临的问题。

托马斯 L·弗里德曼:全球化

考察共产主义衰落以来的西方历史的学者们,努力想出最能概括这一时期的词汇。有些学者聚焦于"全球化",将其视为这一时期的突出特征。而有些历史学家也用这个词汇来描述 1945 年后的世界,甚至用来指第一次世界大战之前那几十年的世界。现在全球化是指无论在数量还是质量上都完全不同的东西。下面的选段选自托马斯 L·弗里德曼为人广泛接受的著作《雷克萨斯和橄榄树》,其中他通过比较前面的冷战体制分析了"全球化体制"的含义。

 思考:弗里德曼的"全球化体制"指什么;它与"冷战体制"有何区别;构建全球化体制的三种"平衡"。

材料来源:Thomas L. Friedman, *The Lexus and the Olive Tree* (New York: Farrar, Straus, Giroux, 1999), pp. 7–12.

全球化体制同冷战体制不同,它一开始并不是静态的,而是活跃进行的历程:全球化包括不可阻挡的市场一体化,民族国家和科技达到前所未有的程度——在某种程度上,能够使个人、团体和民族国家比以前更远、更快、更深和更便宜地达到周围的世界,同时这种新体制也会使某些国家遭到严酷对待并远远落在后面,从而在这些国家出现强烈的反作用。

全球化背后的驱动观念是自由市场资本主义——越是让市场力量来控制,就越要使经济向自由贸易和竞争开放,经济就会越有效率、越繁荣。全球化意味着自由市场资本主义真正地向世界上每个国家扩散。全球化也有一套自己的经济原则——以使你的经济开放、放松管制和私有化为轴心。

同冷战体制不一样,全球化有其自己主导的文化,这就是它趋向均质化的原因。在以前的年代,这种文化的均质化是以地区性的规模而出现的——近东和地中海在希腊统治下的希腊化;中亚、北非、欧洲和中东在奥斯曼统治下的土耳其化以及苏联统治下东欧、中欧和部分欧亚大陆的苏联化。从文化上来讲,全球化在很大程度上是美国化的扩展——从巨无霸、苹果机到猫和老鼠。

全球化有其明确的技术——计算机化、小型化、电子化、卫星通讯、纤维光学和互联网。而这些科技促成了明确的全球化观点。如果冷战世界明确的观点是"分裂",那么全球化明确的观点就是"整合"。冷战体制的象征是高墙,它把每个人都分割开来。全球化体制的象征是环球信息网,它把每个人都联系起来。冷战体制明确的文献是"条约",全球化体制明确的文献是"协议"……

最后也最重要的是,全球化有其自己明确的权力结构,它比冷战的结构更加复杂。冷战体制无一例外都是围绕民族国家建立的,中心由两个超级大国美国和苏联进行平衡。

比较而言,全球化体制围绕三个平衡而建立,它们相互联结并相互影响。第一个平衡是传统的民族国家间的平衡。在全球化体制中,美国现在是唯一的超级大国,所有其他国家都在某种程度上屈从于它。在美国和其他国家之间的力量平衡仍然关系到这个体制的稳定……

全球化体制中第二个平衡是民族国家和全球市场之间的平衡。这些全球市场是由敲打鼠标而在全球转移资金的大量投资者构成的。我称他们为"电子牧群",而且这一电子牧群集中在华尔街、香港、伦敦和法兰克福等全球主要的金融中心,我称后者为"超级市场"。这些电子牧群和超级市场的态度和行为对今日民族国家有重大影响,甚至掌握着政府倒台的扳机……

美国可以通过扔炸弹毁灭你,超级市场可以使股票下跌来毁灭你。美国是维持全球化游戏盘的主角,但是并不是只有它影响游戏盘上的移动。今日这一全球化游戏盘是一块类似占卜板的场地——有时超级大国看得见的手移动盘上的棋子,有时是由超级市场看不见的手来移动。

在全球化体制中你必须注意的第三种平衡——确实也是最新的平衡——是个人和民族国家的平衡。因为全球化把限制人们移动和到达的许多堵高墙都推倒了,同时又把全世界连成了网络,这样就赋予个人更多的力量,可以前所未有地影响市场和民族国家。因此,你今天不仅有超级大国、超级市场,而且如我在本书后面部分要说明的,还有获得超级力量的个人。这些具有超级力量的个人有些有些愤恨,有些很好——但所有人现在都能直接在世界舞台上表演,而不需通过诸如政府、团体或任何其他公共或私人的机构等传统媒介。

J·R·麦克尼尔：生态威胁

在过去的几十年里，越来越明显的是，现代文明正在强行向大自然索取。学者们指出，全球的空气和水源已经被污染，世界的物种正在减少或毁灭，而且全球的资源受到威胁。下面的选段选自J·R·麦克尼尔的《阳光下的新事物：20世纪世界的环境史》，其中他考察了我们面临的生态和环境的双重问题以及制定对策应对这些问题的必要性。

 思考：我们所面临的生态问题的主要原因；针对这些问题已经实行了哪些政策。

材料来源：J. R. McNeill, Something New Under the Sun: An Environmental History of the Twentieth-Century World (New York: W. W. Norton & Co., 2000), pp. 360 – 362.

我之所以预见未来会出现可怕的生态和社会问题，是因为过去看到了一些事情。在本书中我试图对20世纪经历的生态变化进行测量。只有其中一部分可以很容易地简化为数字。这些数字简要表述在图表30.2中，这幅图版意在归纳性地测量20世纪的环境变化以及造成这种变化的某些因素……

图表30.2　二十世纪统计

项　　目	增加因子 19世纪90年代—20世纪90年代
世界人口	4
世界城市人口	3
世界城市人总数	13
世界经济	14
工业产量	40
能源使用	16
煤产量	7
空气污染	≈5
二氧化碳排放	17
二氧化硫排放	13
空气中铅排放	≈8
水消耗	9
海鱼捕获量	35
牛的数量	4
猪的数量	9
马的数量	1.1
蓝鲸数量（仅南太平洋）	0.002 5（99.75%减少）
鳍鲸数量	0.03（97%减少）

续 表

项　　目	增加因子 19 世纪 90 年代—20 世纪 90 年代
鸟类和哺乳动物种类	0.99(1%减少)
灌溉区域	5
森林地带	0.8(20%减少)
农　田	2

根据圣经,在创世的第五天,上帝命令人类充满并征服大地,并统治所有有生命的东西。在历史的大部分时间里,我们人类并没有履行这些(以及许多其他的)命令,不是不想努力而是因为缺乏力量。但是在 20 世纪,矿物燃料的利用、前所未有的人口增长和无数的科技变革使得人们最有可能实现这些教诲。鉴于目前流行的政治和经济体制,如果不进行尝试就是不明智的:大多数社会,以及所有大的社会,都以牺牲生态的缓冲性和未来的复原力为代价使自己目前的强大和财富最大化。20 世纪的总体政策是生产最多的资源、让自然发挥到最大限度,希望获得最好的结果。

我们利用新的力量,全面清除了对身体和人口、食物生产、能源利用和消费的历史束缚。那些充分了解生命为这些东西所束缚的人,谁都不会遗憾它们的消失。但是在清除它们的同时,我们导入了其他形式的束缚,也就是我们的星球接纳我们的活动所产生的废物、副产品和影响的能力。后面这些束缚过去曾偶尔造成困难,但那仅仅是局部的。到 20 世纪末,它们似乎全球性地限制了我们的选择。正如与它们斗争塑造了我们的过去一样,与这些束缚进行和解可以塑造我们的未来。

那些负责制定政策的人倾向于以我们所知道的世界为参考框架。这使他们根据自己的观察和经验——如我在前言中所称的永久混乱的政体——认为事情一切"正常"。事实上,用生态学的词汇而言,目前的状态已经严重偏离了整个人类历史,甚至整个地球史上任何持久性的、比较"正常"的状态。如果能够活 700 或 7 000 年,我们纯粹基于经验和记忆就可以理解这一点。但是对只能活 70 来年的生物来讲,需要研究遥远或最近的过去,了解可能性的范围是什么,了解什么可以继续存在。

 **本章问题**

1. 最近这些年离我们很近,使得人们难以了解什么潮流和发展具有最重要的历史意义。本章所选择的只是几种可能性。还有什么其他的可以选择呢?有什么证据可以表明它们的重要性?

2. 是否可以说,人们所称的近些年全新的东西大都并非真正全新的,只是因为我们通过它而生活,所以我们感觉它是全新的。如何来证明这样的观点?如何否认这种观点呢?

图书在版编目(CIP)数据

西方文明史读本:第7版/〔美〕舍尔曼著;赵立行译. —上海:复旦大学出版社,2010.8(2019.4 重印)
书名原文:Western Civilization 7/e
ISBN 978-7-309-07290-7

Ⅰ.西… Ⅱ.①舍…②赵… Ⅲ.文化史-西方国家 Ⅳ.K103

中国版本图书馆 CIP 数据核字(2010)第 091910 号

Dennis Sherman
Western Civilization, Sources, Images, and Interpretations (Seventh Edition)
ISBN:0-07-328475-0
ISBN:0-07-328474-2
Copyright © 2006 by The McGraw-Hill Companies, Inc.
All Rights reserved. No part of this publication may be reproduced or transmitted in any form or by any means, electronic or mechanical, including without limitation photocopying, recording, taping, or any database, information or retrieval system, without the prior written permission of the publisher.
This authorized Chinese translation edition is jointly published by McGraw-Hill Education (Asia) and Fudan University Press. This edition is authorized for sale in the People's Republic of China only, excluding Hong Kong, Macao SAR and Taiwan.
Copyright© 2010 by McGraw-Hill Education (Asia), a division of the Singapore Branch of The McGraw-Hill Companies, Inc. and Fudan University Press.

版权所有。未经出版人事先书面许可,对本出版物的任何部分不得以任何方式或途径复制或传播,包括但不限于复印、录制、录音,或通过任何数据库、信息或可检索的系统。
本授权中文简体字翻译版由麦格劳-希尔(亚洲)教育出版公司和复旦大学出版社合作出版。此版本经授权仅限在中华人民共和国境内(不包括香港特别行政区、澳门特别行政区和台湾)销售。
版权 © 2010 由麦格劳-希尔(亚洲)教育出版公司与复旦大学出版社所有。

本书封面贴有 McGraw-Hill 公司防伪标签,无标签者不得销售。
著作权合同登记号 图字:09-2009-145 号

西方文明史读本(第七版)
〔美〕丹尼斯·舍尔曼 著 赵立行 译
责任编辑/宋砚卓

复旦大学出版社有限公司出版发行
上海市国权路 579 号 邮编:200433
网址:fupnet@fudanpress.com http://www.fudanpress.com
门市零售:86-21-65642857 团体订购:86-21-65118853
外埠邮购:86-21-65109143
江苏省句容市排印厂

开本 787×1092 1/16 印张 33.25 字数 724 千
2019 年 4 月第 1 版第 4 次印刷

ISBN 978-7-309-07290-7/K·284
定价:88.00 元

如有印装质量问题,请向复旦大学出版社有限公司发行部调换。
版权所有 侵权必究

教师反馈表

McGraw-Hill Education,麦格劳-希尔教育公司,美国著名教育图书出版与教育服务机构,以出版经典、高质量的理工科、经济管理、计算机、生命科学以及人文社科类高校教材享誉全球,更以网络化、数字化的丰富的教学辅助资源深受高校教师的欢迎。

为了更好地服务中国教育界,提升教学质量,2003年**麦格劳-希尔教师服务中心**在京成立。在您确认将本书作为指定教材后,请您填好以下表格并经系主任签字盖章后寄回,**麦格劳-希尔教师服务中心**将免费向您提供相应教学课件,或网络化课程管理资源。如果您需要订购或参阅本书的英文原版,我们也会竭诚为您服务。

书名:	
所需要的教学资料:	
您的姓名:	
系:	
院/校:	
您所讲授的课程名称:	
每学期学生人数:	＿＿＿＿人　＿＿＿＿年级　　学时: ＿＿＿＿
您目前采用的教材:	作者:＿＿＿＿＿＿＿＿　出版社:＿＿＿＿＿＿＿＿ 书名:
您准备何时用此书授课:	
您的联系地址:	
邮政编码:	联系电话
E-mail:(必填)	
您对本书的建议:	系主任签字 盖章

麦格劳-希尔教育出版公司教师服务中心
北京-清华科技园科技大厦A座906室
北京 100084
电话:010-62790299-108
传真:010　62790292
教师服务热线:800-810-1936
教师服务信箱:instructorchina@mcgraw-hill.com
网址:http://www.mcgraw-hill.com.cn